WEISSRUSSLAND

Mit Minsk, Brest, Hrodna, Homel, Mahiljoŭ und Vicebsk

André Böhm, Maryna Rakhlei

TRESCHER VERLAG

1. Auflage 2016

Trescher Verlag
Reinhardtstr. 9
10117 Berlin
www.trescher-verlag.de

ISBN 978-3-89794-271-4

Herausgegeben von Bernd Schwenkros und
Detlev von Oppeln

Reihenentwurf und Gesamtgestaltung:
Bernd Chill

Lektorat: Sabine Fach
Stadtpläne und Karten: Johann Maria Just,
Martin Kapp, Bernd Chill
Druck: Druckhaus Köthen

Gedruckt auf chlorfrei gebleichtem Papier

Printed in Germany

Alle Angaben in diesem Reiseführer wurden
sorgfältig recherchiert und überprüft. Dennoch
können Entwicklungen vor Ort dazu führen,
dass einzelne Informationen nicht mehr aktuell
sind. Gerne nehmen wir dazu Ihre Hinweise und
Anregungen entgegen. Bitte schreiben Sie an
post@trescher-verlag.de.

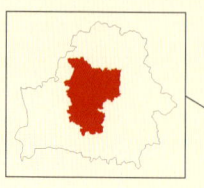

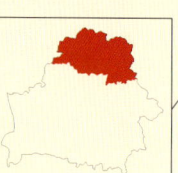

LAND UND LEUTE

MINSK UND MINSKER GEBIET

BREST UND BRESTER GEBIET

MAHILJOŬ UND MAHILJOŬER GEBIET

HOMEL UND HOMELER GEBIET

HRODNA UND HRODNAER GEBIET

VICEBSK UND VICEBSKER GEBIET

REISETIPPS VON A BIS Z

SPRACHFÜHRER

ANHANG

Vorwort	11
Das Wichtigste in Kürze	12
Die wichtigsten Sehenswürdigkeiten	14

LAND UND LEUTE   17

Zahlen und Fakten	18

Geografie   19
Administrative Einteilung	20
Staatssymbole	21
Bevölkerung	21

Geschichte   22
›Belarus‹ oder ›Weißrussland‹?	24
Frühgeschichte	25
Kiewer Rus‹ und Fürstentum Polack	25
Großfürstentum Litauen	26
Rzeczpospolita	27
Russisches Reich	28
Belarus im 20. Jahrhundert	30
Revolutionen, Belarussische Volksrepublik	30
Westbelarus als Teil Polens	31
Zweiter Weltkrieg	32
Nachkriegszeit	32
Perestroika	33
Unabhängigkeit	34
Die Ära Lukašenka	36
Tauwetter 2008–2010	38
Präsidentschaftswahl 2010	39
Der Terroranschlag in Minsk	40

Belarus heute   40
Politische Situation	41
Wirtschaftliche Situation	43
Ökologie	44
Medien	44
Sport	45
Die belarussische Identität	46
Religion	48
Familie, Beziehungen, Freundschaft	50
Sitten und Bräuche	52

Die Küche 56
Getränke 58

**Belarussische Sprache und
Literatur** 60
Schreibung und Orthographie 61
Sprachgeschichte 61
Belarussische Literatur 65
Musik in Belarus 69
Theater 70

MINSK UND
MINSKER GEBIET 73

Minsk 74
Stadtgeschichte 74

Das historische Zentrum 77
Um die Niamiha-Straße 77
Dreifaltigkeits-Vorstadt 80
Die Oberstadt 82

**Der Unabhängigkeits-
prospekt** 90
Vom Unabhängigkeitsplatz
    zum Oktoberplatz 91
Rund um den Oktober-Platz 99
Rund um den Siegesplatz 104
Rund um den
    Jakub-Kolas-Platz 106
Universitätsviertel 107
Der östliche Unabhängigkeits-
    prospekt 110

Jüdische Spuren 112
Synagogen und Friedhöfe 112
Das Ghetto Minsk 113
Gedenkstätte in Maly
    Trostinez 114
Jüdische Museen 114

**Minsker Viertel mit
Charakter** 115
Das südliche Stadtzentrum 115
Industrieviertel 117
Das Asmaloŭka-Viertel 117

Siedlung des Traktorenwerkes	117
Minsker Friedhöfe	118
Minsk-Informationen	120
Minsker Gebiet	**134**
Kurapaty	134
Minsker Meer	134
Freilichtmuseum Stročyca	135
Dudutki	136
Sluck	137
Zaslaŭje	142
Die Stalin-Verteidigungslinie	145
Naračanski-Nationalpark	146
Rakaŭ	146
Malaja Ljucinka	148
Valožyn	150
Chatyn	153
Budslaŭ	154
Hügel des Ruhms	154
Barysaŭ	155
Smilavičy	161
Njasviž	162
Mir (Hrodnaer Gebiet)	172

BREST UND BRESTER GEBIET 166

Brest	**180**
Geschichte	180
Sehenswürdigkeiten	181
Die Festung von Brest	185
Die Umgebung von Brest	**190**
Čarnaŭčycy	190
Kamjanec	191
Bjelavježa-Urwald	194
Voŭčyn	196
Pružany	196
Bjaroza	199
Vajcešyn	202
Ružany	202
Kosava	207
Motal	212
Varacevičy	212
Dastojeva	213
Nationalpark ›Prypjac‹	214

Pinsk 215
Sehenswürdigkeiten 217

MAHILJOU UND MAHILJOUER GEBIET 227

Mahiljoŭ 228
Sehenswürdigkeiten 229
Bychaŭ – Stary Bychaŭ 238
Škloŭ 255

Mahiljoŭer Gebiet 238
Bychaŭ – Stary Bychaŭ 238
Babruysk 240
Žyličy 246
Kryčaŭ 248
Mscislaŭ 250
Kloster Pustynki 254
Škloŭ 255
Kopys und Aleksandryja 258

HOMEL UND HOMELER GEBIET 261

Homel 262
Palast und Peter-
   und Paulskathedrale 262
Stadtrundgang 265

Homeler Gebiet 271
Vetka 271
Čačersk 271
Rahačoŭ 273
Rečyca 275
Juravičy 276
Mazyr 277
Naroŭlia 283
Turaŭ 284

HRODNA UND HRODNAER GEBIET 289

Hrodna 290
Stadtgeschichte 290
Hrodna heute 291
Altes und Neues Schloss 292

Vul. Zamkavaja (Schlossstraße)   296
Pl. Saveckaja (Sowjetplatz)   296
Vul. Saveckaja (Sowjetstraße)   299
Novy Svet   300
Gilibert-Park – ein ehemaliger
  botanischer Garten   300
Haradnica   300
Das religiöse Leben der Stadt   303
Jüdisches Hrodna   309
Königliche Landgüter   310

Hrodnaer Gebiet   314
Augustowski-Kanal   314
Hudzeviču   316
Lunna   316
Vaŭkavysk   318
Voŭpa   320
Svislač   321
Zelva   324
Slonim   326
Žyroviču   333
Wehrkirche von Synkaviču   336
Staryja Vasiliški   337
Navahrudak   337
Ljubča   343
Ščorsy   344
Lida   346
Bjarozaŭka   350
Iŭe   350
Žamyslaŭl   354
Ašmjany   354
Halšany   356
Kreva   359
Smarhon   360
Zalesse   362

VICEBSK UND VICEBSKER GEBIET   365

Vicebsk   366
Geschichte   366
Stadtrundgang   367
Das geistliche Vicebsk   372
Kunstfestival Slavischer Basar   376

Vicebsker Gebiet   379
Zdraŭnjova   379
Orša   379

Ljaŭki und Janka Kupala 385
Bešankovičy 386
Polack 388
Mosar 401
Udzela 403
Pastavy 403
Lučaj 407
Paryž 408
Rasony 408
Dzisna 409
Asveja 412
Vidzy 414
Braslaŭ 416
Braslaŭer Seen 423

REISETIPPS VON A BIS Z 430

SPRACHFÜHRER 456

ANHANG

Literatur 478
Belarus im Internet 480
Die Autoren 481
Register 482
Bildnachweis 489
Kartenregister 492

EXTRA

Lee Harvey Oswald, eine
Minsker Legende 103
Die Gürtel aus Sluck 141
Die Familie Radziwiłł 166
Der Dichter Adam Mickiewicz 211
Das Vicebsk von Marc Chagall 371
Persönlichkeiten aus Polack 393
Stanislaŭ Narbut 422

Auf dem plošča Svabody (Platz der Freiheit) in Minsk

Vorwort

Belarus ist keine Touristenhochburg, eher ein weißer Fleck auf der Landkarte Europas. Von Berlin aus gesehen ist Minsk beispielsweise so weit entfernt wie Wien. Allerdings nur in geografischer Hinsicht, denn mental liegt Belarus viel weiter weg. Dabei verbirgt das Land sehr viel mehr, als die Rede von der ›letzten Diktatur Europas‹ suggerieren mag.

Aufgrund der einzigartigen Lage zwischen zwei Kulturwelten, Ost und West, ist Belarus multikonfessionell und multikulturell geprägt: Katholiken, Protestanten, Juden und Muslime lebten hier über Jahrhunderte friedlich miteinander. Kein Wunder, dass die erste Verfassung Europas – das Statut des Großfürstentums Litauen – 1529 in altbelarussischer Sprache verfasst wurde.

Multikulturell sah Belarus auch aus: Im Zentrum jedes Ortes standen jahrhundertelang je eine orthodoxe und eine katholische Kirche sowie eine Synagoge. Dabei sahen die Kirchen einander meist zum Verwechseln ähnlich, so oft mussten sie für neue Machthaber ihre Konfession ändern. Aber nach vielen Kriegen und Feldzügen ist heute von zahlreichen Palästen, Burgen und Kultbauten nicht mehr viel übrig. Von der einst lebhaften jüdischen Gemeinde sieht man nur noch wenig.

Was bleibt, ist das wohl bestgehütete Geheimnis Europas – Belarus ist deswegen ein Reiseziel für erfahrene Touristen: Man muss sich alles vorstellen können, und es am besten davor irgendwo anders gesehen haben. Das Land wurde über Jahrhunderte von Polen, Schweden, danach von Russen, Deutschen und schließlich den Sowjets zerstört und wieder aufgebaut. Nach der Katastrophe des Zweiten Weltkrieges, der in Belarus verheerende Zerstörungen angerichtet hatte, wurde das Land in weiten Teilen neuerrichtet.

Belarus ist modern und altmodisch zugleich, es ist flüchtig, echt, romantisch, autokratisch, unverständlich, sowjetisch, grün und ruhig. Und sehr freundlich. Es vermischt geschickt Geschichten vieler Völker, erzählt von begrabenen Hoffnungen, unbekannten Siegen, bescheidenen Helden. Und von dem Weg der Selbstsuche und Identitäts(er)findung.

Man sagt, es sind mehr israelische Präsidenten in Belarus geboren als belarussische. Und es stimmt tatsächlich: Chaim Weizmann und Schimon Peres stammen aus Belarus – Aljaksandr Lukašenka regiert als erster und einziger Präsident seit 1994. Die jüdischen Mütter von Scarlett Johansson, Larry King und Marcello Mastroianni stammen aus Minsk. Marc Chagall wurde in Vicebsk geboren und hat diese Stadt sein ganzes Leben lang in seiner Kunst verewigt. Auf dem Foto, das Lee Harvey Oswald, der mutmaßliche Mörder des US-Präsidenten Kennedy, bei seinem Tod bei sich trug, war Minsk zu sehen. Und das Wappen der belarussischen Stadt Pružany ist auf dem Logo der Automarke Alfa Romeo abgebildet. Belarus ist Ihnen also näher, als Sie denken.

Das belarussische Flachland, in etwa vergleichbar mit der norddeutschen Tiefebene, wird keinen Naturliebhaber enttäuschen; es ist sehr wald- und wasserreich, mit vielen Flüssen, Seen und riesigen Sumpfgebieten.

Was Belarus aber genau darstellt, müssen Sie allerdings selbst herausfinden. Es gibt viel zu entdecken. Oder vielleicht auch neu zu entdecken.

In diesem Sinne: Gute Entdeckungsreise!

Das Wichtigste in Kürze

Anreise

Bei Minsk befindet sich der **internationale Flughafen**, zahlreiche europäische Fluggesellschaften bieten Umsteigeverbindungen nach Minsk an. Von einigen größeren Städten gibt es auch Direktverbindungen.
Die **Anreise auf dem Landweg** ist über Polen und Litauen möglich, an den Grenzen muss mitunter mit Wartezeiten von bis zu drei Stunden gerechnet werden.
Belarus verfügt über ein gut ausgebautes und relativ dichtes Straßennetz mit der Hauptstadt Minsk im geografischen Zentrum des Landes.
Einige **Fernstraßen** in Belarus sind **gebührenpflichtig**. PKW mit ausländischen Kennzeichen sowie alle Busse und LKW müssen an der Grenze ein Bordgerät der Firma Beltoll erwerben, das mit Guthaben aufgeladen werden muss. Man sollte unbedingt darauf achten, immer genug Guthaben aufgeladen zu haben, da ansonsten empfindliche Strafen drohen und man große Probleme bei der Ausreise bekommen kann.

Einreise

Für die Einreise nach Belarus ist ein **Visum** erforderlich, das relativ unkompliziert in

Touristeninformation in Polack

der jeweiligen belarussischen Botschaft des Heimatlandes erhältlich ist. An den Grenzübergängen bzw. am Flughafen werden keine Visa ausgestellt!
Man ist verpflichtet, eine **Auslandskrankenversicherung** abzuschließen.

Ortszeit

Die Zeitzone ist GTM +2 Std. Es gibt **keine Winterzeit**, d. h. im Winter beträgt der Zeitunterschied zu Deutschland/Österreich/Schweiz zwei Stunden, im Sommer eine Stunde.

Telefonieren

Landesvorwahl: +375
Der Mobilfunkstandard ist derselbe wie in der EU: GSM 900/1800. Eine Prepaid-Simkarte kann man von einem der drei Netzbetreiber (Velcom, MTC, life:) kaufen. Dafür braucht man seinen Pass.
Notfall-Nummern: Feuerwehr 101, Polizei 102, Unfallwagen 103, Gas-Alarm 104.

Unterkunft

Die Hotels in Belarus sind oft im Stil und in der Substanz sehr sowjetisch. Die meisten liegen gleich im Zentrum, am zentralen Platz und sind gewöhnlich renoviert. Reservierungen sind in touristisch interessanten Städten anzuraten. Auch in Kleinstädten, wo es manchmal nur ein Hotel gibt, sollte man sich vorher informieren. Wenn ein Hotel ausgebucht ist, kann man an der Rezeption fragen, ob sie ein anderes Hotel finden können – das Personal ist gewöhnlich hilfsbereit.

Verständigung

Die offiziellen Amtssprachen des Landes sind **Belarussisch** und **Russisch**, wobei die russische Sprache im Alltag und im öffentlichen Leben dominiert, etwa 12 Prozent der Bevölkerung nutzt das Belarussische. Sehr verbreitet ist auch die sogenannte **Trasjanka**, eine mündliche Mischsprache aus Belarussisch und Russisch. Fremdsprachen sind nicht sehr verbreitet, obwohl die Belarussen hilfsbereit gegenüber ausländischen Gästen sind. Russisch- sowie Englischkenntnisse können Ihren Aufenthalt in Belarus erleichtern.

Währung

In Belarus existieren keine Münzen, es gibt nur Geldscheine. Der belarussische Rubel (BYR) ist konvertierbar. Der **Umtauschkurs** schwankt häufig (Stand im Herbst 2015: 1 EUR = 20 000 BYR), aktuellste Informationen gibt es auf der Seite der Nationalbank: www.nbrb.by/engl/

Bei kürzeren Reisen nach Belarus empfiehlt es sich, genug **Bargeld** in ausländischer Währung (Euro) dabei zu haben, da man überall bequem und problemlos Geld wechseln kann.

Für das **Abheben am Automaten** (russ. банкомат – ›Bankomat‹) werden Gebühren verlangt, und die Summe des abzuhebenden Betrages ist aufgrund der hohen Rubelwerte stark begrenzt, man kann maximal ca. zwei Millionen Rubel abheben.

Fotografieren

An der Grenze oder auf dem Flughafen Minsk darf nicht fotografiert werden.

Handgemalte Kinowerbung in Minsk

Auch das Fotografieren von militärischen Anlagen etc. ist verboten. In letzter Zeit mehren sich Berichte, dass lokale Behörden nervös werden, wenn Touristen irgendwelche ›administrative Gebäude‹ fotografieren.

Ausführliche Informationen in den Reisetipps von A bis Z ab → S. 430

Der Oktoberplatz in Minsk mit dem Palast der Republik am Vorabend von Neujahr.

Die wichtigsten Sehenswürdigkeiten

Minsk ▾

Kein Weg führt an der Hauptstadt vorbei.
Minsk sieht jung aus, hat aber viele spannende Geschichten aus der Vegangenheit
zu erzählen. Im Umland findet man historische Städte wie Zaslaŭje, Freilicht-
museen wie Dudutki, die Gedenkstätten
Kurapaty und Chatyn sowie zahlreiche
Erholungsgebiete. → S. 74

Hrodna

Die Hrodnaer selber bezeichnen ihre
Stadt als ein großes Museum – kein Wunder, denn hier ist noch sehr viel historische Bausubstanz erhalten: das Alte und
das Neue Schloss und sehr viele Kirchen
und Klöster, so auch die Kaloža-Kirche aus
dem 12. Jahrhundert. Außerdem ist die
Stadt am Njoman eine sehr grüne Stadt.
→ S. 290

Polack

Die älteste Stadt des Landes ist nur eine
Kleinstadt, hat mit elf Museen aber sehr
viel Geschichte und Kultur zu bieten. Hier
wirkte einst Francysk Skaryna, der als ers-

ter die Bibel in eine ostslavische Sprache
übersetzte. Wahrzeichen der Stadt ist die
Sophienkathedrale. → S. 388

Palast der Radziwiłłs in Njasviž ▲

Das Schloss in Njasviž (16. Jh.), UNESCO-
Weltkulturerbe, sehr malerisch von einem Park und einem See umgeben, war
einst eine Residenz der Magnatenfamilie
Radziwiłł. Trotz der vielen Touristen lohnt
es sich, hier mal zu verweilen und in sich
zu gehen. Ebenfalls UNESCO-Weltkulturerbe und eine Radziwiłł-Residenz ist übrigens das 30 Kilometer entfernt liegende
Schloss in Mir. → S. 162

Wehrkirche in Synkavičy

Die Lage von Belarus zwischen westli-
chen-katholisch und russisch-orthodox
führte zu der Herausbildung einer belarussischen Gotik. Die Wehrkirche in
Synkavičy, deren ursprüngliche Funktion
in der Abwehr von Feinden bestand, ist
ein Paradebeispiel für diese architektonische Mischform – und außerdem sehr
schön abseits von großen Städten gelegen. Die zweite Wehrkirche auf belarussischem Boden befindet sich übrigens in
Muravanka. → S. 336

Homel

Homel ist mit einer halben Millionen Einwohner die zweitgrößte Stadt des Landes,
aber trotzdem sehr grün. Den Schlosspark

mit dem Palast, der Peter- und Paulska-thedrale und vielen kleinen architektonischen Formen direkt über dem Sož muss man gesehen haben. Von hier gelangt man über eine große Fußgängerbrücke direkt auf die andere Seite des Flusses und in die Natur. → S. 262

Bjelavježa-Urwald

So sah mal ganz Europa aus: der Urwald, dessen Ursprünge jahrtausendelang zurückliegen, ist UNESCO-Weltnaturerbe und umfasst über 12000 Arten; viele Tiere und Pflanzen sind nur hier anzutreffen. Hier wurde 1991 das Ende der Sowjetunion besiegelt und heute lebt hier der belarussische Weihnachtsmann. → S. 194

Sapieha-Palast in Ružany ▲

Die eindrucksvolle Ruine in Ružany zeugt immer noch davon, wie majestätisch und riesig der Palast der Sapieha-Familie einst war. Ziegelrote halbrunde Arkaden mit gepaarten toskanischen Säulen auf einer grünen Wiese mit weißen Schafen machen einen unvergesslichen Eindruck. Besonders beim Sonnenuntergang! → S. 202

Pinsk ▶

Das Juwel am Pina-Fluss ist mehr als sehenswert: Pinsk hat monumentale Kirchen und Klöster sowie einen Palast von Butrymowicz, aber es wirkt sehr gemüt-

lich und grün. Aus Pinsk stammen viele bekannte jüdische Familien sowie Chassidim-Gelehrte. → S. 215

Mscislaŭ ▲

Wie wenige andere belarussische Kleinstädte hat Mscislaŭ seinen historischen Stadtgrundriss mit Gebäuden aus dem 17. bis 19. Jahrhundert bewahrt; die Altstadt ist klein, ohne übertriebene Renovierungen und sehr authentisch. An deren Rande, in Pustynki liegt ein historisches, romantisches Kloster mit einer heilsamen Quelle und einer Wundererscheinung eines Jesusbildes. → S. 254

Belarus ist das größte europäische Binnenland, ist aber nicht dicht besiedelt. Es ist von der Landwirtschaft geprägt und hat viele Seen und riesige Sumpfgebiete; seit Kurzem blüht hier auch ländlicher Tourismus. Da die politischen und wirtschaftlichen Rahmenbedingungen in Belarus durch das autoritäre Regime eingeschränkt bleiben, entwickelt sich das Land nach eigenen Vorstellungen von Sozialstaat und Marktwirtschaft.

Umzug auf dem Festival ›Slavischer Basar‹ in Vicebsk

Zahlen und Fakten

Name: Republik Belarus
Fläche: 207600 Quadratkilometer, etwa so groß wie Großbritannien oder Rumänien.
Hauptstadt: Minsk
Weitere große Städte: Brest, Pinsk, Hrodna, Vicebsk, Homel, Mahiljoŭ
Lage: Staatsgrenzen mit Russland und der Ukraine im Osten und Süden sowie mit Polen, Litauen und Lettland im Westen und im Norden
Höchste Erhebung: Dsjaržynskaja Hara (345 m)
Wichtigste Flüsse: Dnjepr, Bjarezina, Prypjat und Njoman (Memel)
Größter See: Narač-See 79,2 qkm
Bevölkerung: ca. 9 500 000 Einwohner: Belarussen (83,7 %), Russen (8,3 %), Polen (3,1 %), Ukrainer (1,7 %)
Bevölkerungsdichte: 45,3 Einwohner/qkm

Die belarussische Flagge

Religion: Russisch Orthodoxe, Katholiken, Protestanten, Juden, Muslime
Staatsform: präsidiale Republik
Administrative Gliederung: sechs administrative Gebiete (Minsk, Homel, Mahiljoŭ, Hrodna, Brest und Vicebsk), 118 Rajony; es gibt 12 Städte (Städte mit über 100 000 Einwohnern), 92 Kleinstädte und 23390 Dörfer, darunter ca. 1500 Agrostädchen (Dörfer mit einer verbesserten Infrastruktur)
Stadt-/Landbevölkerung: 77 % aller Belarussen leben in städtischen Siedlungen
Amtssprachen: Russisch und Belarussisch, wobei das Russische sowohl den Alltag als auch die offizielle Korrespondenz (Behörden usw.) dominiert
Mitgliedschaft in internationalen Organisationen: UN-Gründungsmitglied, OSZE, WHO;
Integrationsprojekte im postsowjetischen Raum: Gemeinschaft Unabhängiger Staaten, Unionstaat von Belarus und Russland, Eurasische Union, usw.

Wichtige Wirtschaftszweige: Maschinenbau, chemische, petrochemische sowie Textilindustrie, Holzverarbeitung
Landwirtschaftliche Produkte: Getreide, Kartoffeln, Gemüse, Flachs
Bruttoinlandsprodukt: 58 Mrd US-Dollar (2014)
Inflationsrate: 16,2 % (2014)
Exportprodukte: Erdölprodukte, Kalidünger, chemische Erzeugnisse
Landeswährung: Belarussischer Rubel (BYR)
Zeitzone: GMT+02:00, 2 Stunden Zeitunterschied im Winter und 1 Stunde im Sommer
Nationalfeiertag: 3. Juli ist Unabhängigkeitstag; ursprünglich Tag der Befreiung vom Faschismus
KFZ-Zeichen: BY
Vorwahl: +375
Internet-Kennung: by.

Geografie

Belarus ist der größte Binnenstaat, der vollständig in Europa liegt. Mit einer Gesamtfläche von 207600 Quadratkilometern ist Belarus so groß wie Großbritannien oder Rumänien, etwa sechseinhalb Mal so groß wie Belgien, fünf Mal so groß wie die Niederlande oder die Schweiz und zweieinhalb Mal so groß wie Österreich.

Zwei Drittel seiner Staatsgrenzen teilt Belarus mit Russland und der Ukraine (im Osten und Süden), ein Drittel mit Polen, Litauen und Lettland (im Westen und im Norden). Die Entfernung von der Hauptstadt Minsk nach Vilnius beträgt 190 Kilometer; bis Riga sind es 480 Kilometer; bis Kiew: 470 Kilometer; bis Warschau: 550 Kilometer; bis Moskau: 700 Kilometer. Von Minsk nach Berlin sind es etwa 1100 Kilometer, rund 1200 Kilometer sind es bis Wien und 2000 Kilometer bis Bern.

Belarus liegt in der Osteuropäischen Ebene, etwa 70 Prozent des Landes entwässern nach Süden zum Prypjat und zum Dnjepr, der weiter durch die Ukraine ins Schwarze Meer fließt. Die größten Flüsse sind der Dnjepr, die Beresina, der Prypjat und die Memel (bel. Njoman). Belarus hat über 10000 Seen, der größte ist der im Norden gelegene Narač. Im Süden liegt ein großes Sumpfgebiet, das man in Belarus als Lunge Europas bezeichnet (bel. Palessje).

43 Prozent des Landes sind landwirtschaftliche Nutzflächen, etwa 40 Prozent sind bewaldet, 2 Prozent machen Seen und Flüsse aus. Die höchste Erhebung ist die Dsjaržynskaja Hara (345 m), die tiefsten Niederungen liegen etwa 50 Meter über dem Meer.

Die Vegetation des Landes besteht vorwiegend aus Birken, Kiefern, Fichten, Eichen und Espen, in den sumpfigen Gebieten im Süden gibt es Pinienwälder. In den Wäldern und Flüssen leben über 70 Säugetierarten, insbesondere Elche, Hirsche, Wildschweine, Wölfe, Biber, Füchse und Hasen. Zudem sind hier fast 300 Vogelarten beheimatet, darunter Kraniche und Störche, wobei letztere eine Art Nationaltier darstellen.

Landschaft mit Dorf

Land und Leute

Belarus, Verwaltungsbezirke

0   80   160 km

Administrative Einteilung

Belarus hat sechs administrative Gebiete mit Zentren in Minsk, Homel, Mahijoŭ, Hrodna, Brest und Vicebsk. Sie gliedern sich in 118 Rajony (diese entsprechen in etwa deutschen Landkreisen) und haben 12 Städte mit über 100 000 Einwohnern. 92 Siedlungen städtischen Typs (Kleinstädte und große Dörfer) und 23390 ländliche Siedlungen (Dörfer), darunter ungefähr 1500 sogenannte Agrostädchen (bel. аграгарадок, russ. агрогородок) – Dörfer mit einer verbesserten Infrastruktur und höherem Lebensstandard. 77 Prozent der Belarussen leben in städtischen Siedlungen. In den Dörfern hat man oft keinen Lebensmittelladen, keine Wasser- und Gasleitungen. Gekocht wird auf dem Land mit 50-Liter Gasflaschen mit einem Propan-Butan-Gemisch, geheizt wird mit Holz- und Kachelöfen, was nicht aufwendig ist: Gas wird direkt in Pfandflaschen von Staatsunternehmen oder vom Staat lizenzierten Privatunternehmen angeboten und geliefert, Holz kauft man bei lokalen staatlichen Förstereien. Oft kommen diese Lieferungen in einem Pferdewagen. Die sanitären Einrichtungen (in der Regel Plumpsklos) sehen aus wie Holzhäuschen; sie stehen über einem Erdloch und sind oft blau gestrichen. Gebadet wird in Banjas: Dampfbadehäusern, die oft mit dem Haus gebaut worden sind.

Staatssymbole

Die Nationalflagge sowie das Wappen wurden in ihrer gegenwärtigen Form 1995 in einem Referendum aus der Sowjetzeit übernommen; lediglich auf die Darstellung von Hammer und Sichel wurde verzichtet. Die Flagge ist rot-grün mit dem traditionellen weißen dekorativen Muster am linken Rand. Die Farbe Rot symbolisiert das Blut, das zur Verteidigung der Heimat vergossen wurde, die Farbe Grün repräsentiert die Wälder des Landes. Das Wappen zeigt den Umriss des belarussischen Staatsgebiets mit einer über den Globus aufgehenden Sonne. Den Rand bildet ein geflochtenes Banner aus Weizen und Blumen.

Die Nationalhymne ist 1955 von Nester Sakalouski komponiert worden, der Text stammt von Michas Klimkowitsch. 2002 wurde der Text an der Stelle, an der die Sowjetunion erwähnt wird, von Wladimir Karysna an die gegenwärtige politische Situation angepasst. Obwohl Belarus offiziell zweisprachig ist, wird nur die belarussische Version der Hymne gespielt.

Bevölkerung

Belarus hat 9 468 000 Einwohner, die Bevölkerungsdichte liegt bei 46 Personen pro Quadratkilometer. Minsk ist mit einer Einwohnerzahl von 1 921 800 mit Abstand die größte Stadt; am dichtesten bevölkert sind das Gebiet Homel (1 425 600) und der Barysaŭer Rajon (183 700).

Traditionell lebten die Belarussen auf dem Land, die Städte waren vorwiegend mit Juden besiedelt. Im Westen gab es viele Polen, im Osten viele Russen; die Szlachta, der Kleinadel, wurde polonisiert. Mehrere Kriege im Laufe der

›Wir Belarussen‹, Plakat in Minsk

Geschichte sowie die Niederlassungsfreiheit innerhalb der Sowjetunion haben dieses Bild verändert. Heute stellen Belarussen (83,7 Prozent) die größte ethnische Gruppe dar, Russen (8,3 Prozent), Polen (3,1 Prozent) und Ukrainer (1,7 Prozent) bilden die Minderheit. Die einst sehr zahlreiche jüdische Gemeinde zählt heute nur noch 0,1 Prozent.

Statistisch gesehen kommen auf 1000 Männer 1151 Frauen (1166 in den Städten, 1102 auf dem Land). 2013 waren 25 Prozent der Bevölkerung 14 bis 31 Jahre alt; 14 Prozent der Belarussen waren 65 Jahre und älter.

Die durchschnittliche Lebenserwartung, welche kontinuierlich steigt, liegt bei 72,6 Jahren und ist bei Männern (67,3 Jahre) und Frauen (77,9) unterschiedlich, was gewöhnlich auf eine ungesunde Lebensweise und vor allem den exzessiven Alkoholkonsum der Männer zurückgeführt werden kann.

Auch das Heiratsalter steigt an: mit durchschnittlich 25 Jahren heiratet die Frau und 27,1 der Mann. 2013 stammten 83,9 Prozent der Neugeborenen von Müttern, die verheiratet waren, 16,1 Prozent der Kinder kamen in einer ›wilden Ehe‹ zur Welt. Gleichzeitig liegt die Abtreibungsrate bei 26 je 100 Geburten; etwa 30 Prozent der Belarussen machen bereits vor dem 15. Lebensjahr ihre erste sexuelle Erfahrung.

Die Alphabetisierungsquote liegt mit 98 Prozent auf europäischem Standard-Niveau. Von 1000 Jugendlichen haben 169 einen Hochschulabschluss, 245 einen Fachhochschulabschluss.

Geschichte

Für die belarussische Geschichte, und somit auch für das Verständnis der belarussischen Kultur und des heutigen Belarus, sind mehrere Faktoren von Bedeutung:

Geografisch und geopolitisch war Belarus schon immer ein vor allem Agrarland in Mittelosteuropa, ohne Bodenschätze und Zugang zum Meer, zudem gab es nur wenig Industrie.

Belarus war genau genommen nie alleine ein unabhängiger Staat, sondern stets Teil verschiedener politischer Gebilde. Politisch lag es im Grenzbereich unterschiedlicher Interessenssphären, speziell zwischen Westeuropa (vor allem Polen) auf der einen Seite und Russland auf der anderen Seite. Belarus erlangte die Unabhängigkeit zum erste Male 1992, also sehr spät (mit Ausnahme der kurzlebigen Belarussischen Volksrepublik 1918), trotz mehrerer Unabhängigkeitskämpfe (Aufstände) seit Ende des 18. Jahrhunderts.

Belarus war immer schon multikonfessionell geprägt und befand sich kulturell und konfessionell ebenfalls im Grenzbereich: Im Westen wurde es von der römisch-katholischen Kirche beeinflusst, im Osten von der russisch-orthodoxen Kirche. Die Zahl der Kirchen und Klöster unterschiedlichster Glaubensprovenienz war schon immer groß. Und nicht zuletzt lebten in Belarus traditionell auch viele Juden, Moslems (Tataren) ließen sich hier nieder, die Reformation fand hier ebenso ihre Anhänger. Damit war wohl die Grundlage für die sprichwörtliche Toleranz der Belarussen geschaffen. Darüber hinaus sind bis heute auch im Alltag viele heidnische Traditionen erhalten.

Dorfhaus aus Holz

Belarus bildete zusammen mit Litauen (und der Ukraine) eine europäische Großmacht: das Großfürstentum Litauen, in dem die belarussische Kultur eine wichtige Rolle spielte und das Altbelarussische offizielle Amtssprache war. Die erste Verfassung in Europa wurde auf Altbelarussisch (einer ›belarussischen‹ Variante des Altkirchenslavischen) geschrieben. In Belarus wird dieser Zeitabschnitt heute als ›Goldenes Zeitalter‹ betrachtet. Als Belarus-Litauen infolge der Union von Lublin 1569 ein Staatsbündnis mit Polen eingeht, wächst die Bedeutung des Polnischen, was zu einem Niedergang der belarussischen Kultur und zu einem Verschwinden der Sprache in Adelskreisen führte.

Belarus war in politischer Hinsicht ein relativ friedliches Land, die Belarussen führten nie eine aggressive Expansionspolitik und lösten nie kriegerische Auseinandersetzungen aus. Trotzdem wurden die Belarussen oft ungewollt und ungefragt in Kriege verwickelt, die andere auf ihrem Territorium ausfochten und in denen das Land teilweise schwer verwüstet wurde. Hungersnöte, Epidemien, Bevölkerungsrückgang und Migrationsbewegungen waren die Folge.

Der politische und wirtschaftliche, insbesondere aber der kulturelle Einfluss durch das Russische Reich bzw. die Sowjetunion von den drei polnischen Teilungen (1772, 1793, 1795) bis heute äußert sich nach wie vor in einer Dominanz der russischen Sprache und Kultur und findet seinen Ausdruck konkret im ›russisch-belarussischen Unionsstaat‹ (einem in den 1990er Jahren geschlossenen politischen Bündnis zwischen den beiden Ländern).

Prägend nicht zuletzt die beiden Katastrophen des 20. Jahrhunderts: Der Zweite Weltkrieg und die deutsche Besatzung, unter der die meisten Juden im Lande ausgelöscht wurden und die Hälfte der Bevölkerung umkam, sowie die

Volksfest

Atomkatastrophe von Tschernobyl, unter der Belarus am meisten litt und die zu einem zumindest gesellschaftlichen Umdenken im Bezug auf Atomenergie führte. Hierdurch kam es zu zahlreichen Kooperationen und Partnerschaften zwischen Belarus und Deutschland (und anderen Ländern).

›Belarus‹ oder ›Weißrussland‹?

Der Eigenname des Landes setzt sich aus zwei Komponenten zusammen, bely (blr. белы; russ. белый) und ›Rus‹. ›Weißrussland‹ wäre somit die wörtliche Übersetzung für dieses Land. Bereits im 13. Jahrhundert taucht in einem Dokument die lateinische Bezeichnung ›Alba Rusia‹ für ›Weißrussland‹ auf. Ab dem 19. Jahrhundert setzt sich dann, vor allem im Zusammenhang mit der nationalen Befreiungsbewegung, die Bezeichnung ›Belarus‹ bzw. ›Belarussen‹ durch. Außerdem existieren für das Volk der Belarussen noch einige historische Bezeichnungen, u. a. Litwinen (Ліцьвіны) – eine etymologische Verwandtschaft zu Litauen und den Litauern (lit. Lietuva, blr. Litva/Літва) liegt hier durchaus vor. Im heutigen Belarus gibt es noch einige Dörfer, die Litva (Літва) heißen.

Im Deutschen wird traditionell der Begriff ›Weißrussland‹ benutzt. Im diplomatischen Sprachgebrauch und in Kreisen, die Kontakte zu Belarus pflegen (Politik, Kultur, Literatur usw.) bevorzugt man, vor allem in Abgrenzung zu Russland, die Bezeichnung Belarus. Zur Betonung der politischen und kulturellen Eigenständigkeit des Landes ziehen wir in diesem Buch die Bezeichnung Belarus vor, die übrigens auch der Duden aufführt.

›Rus‹, das eigentlich skandinavischen Ursprungs ist und von dem der spätere Name für ›Russland‹ stammt, ist die historische Bezeichnung für eine Landschaft im östlichen Europa. Die Kiewer Rus, ein altrussisches Großreich, kann als Vorläufer des heutigen Russland, Belarus und der Ukraine gelten. ›Weißruthenien‹ ist eine historische Bezeichnung für bestimmte Gebiete im heutigen Belarus und der heutigen Ukraine, die nicht erst, aber auch gerade im offiziellen Sprachgebrauch im Ersten Weltkrieg benutzt wurde (›Ruthenia‹ ist der lateinische Name für ›Russland‹ – ›Rus‹).

Frühgeschichte

Belarus wurde bereits in der Steinzeit vor ca. 100 000 bis 35 000 Jahren besiedelt. In den Gebieten Homel und Mahiljoŭ wurden vermutlich von Neandertalern hergestellte Feuersteinerzeugnisse aus dem Neolithikum gefunden. Die ältesten Siedlungen, die man bei Ausgrabungen fand, befinden sich in den Dörfern Juravičy (Homel‹er Gebiet, Rajon Kalinkavičy) und Berdyž (Homeler Gebiet, Rajon Čačersk). Diese beiden Siedlungen werden auf etwa 26 000 bzw. 23 000 vor Christus datiert.

Die Belarussen als Ethnos bildeten sich im achten/neunten Jahrhundert aus ostslavischen Stämmen heraus, den Dregowitschern, die im heutigen Zentral und in Südbelarus siedelten, den Kriwitschern (nördliches Belarus) und Radimitscher (östliches Belarus).

Kiewer Rus und Fürstentum Polack

Als älteste belarussische Städte gelten Polack (erste urkundliche Erwähnung 862), Vicebsk (947) und Turaŭ (980). Die meisten Städte wurden ungefähr vom 11. bis 13. Jahrhundert gegründet. Insbesondere das Fürstentum Polack entwickelte sich alsbald zu einem wichtigen politischen und wirtschaftlichen Zentrum. Im zehnten und elften Jahrhundert wurden praktisch alle ostslavischen Stammesbündnisse zu einem großen Staat zusammengeschlossen, der ›Kiewer Rus‹. Das Fürstentum Polack fiel ebenfalls unter den Einfluss Kiews, wurde aber bald de facto ein selbstständiger Staat.

Der Weg von den ›Warägern zu den Griechen‹ war eine von mittelalterlichen Händlern und Kaufleuten genutzte Route über die Wasserwege Osteuropas und verband das Baltikum und die Ostseeregion mit dem Schwarzen Meer und somit mit dem Orient. Belarus lag mitten auf diesem Handelsweg. Allmählich entstanden neue Städte, die

Solche sogenannten Steingötzen stammen aus vorchristlicher Zeit

zu politischen, ökonomischen und kulturellen Zentren wurden. Die Verbreitung des Christentums ab Ende des zehnten Jahrhunderts trug zur Entwicklung der Architektur, der Schriftkultur und der Kultur bei.

Gleichzeitig kündigten sich von mehreren Seiten Bedrohungen an. Im Westen machte der Deutsche Ritterorden territoriale Ansprüche geltend, vom Osten her drangen die Mongoltataren vor.

Großfürstentum Litauen

Das Großfürstentum Litauen (13. – 16. Jh.) war im späten Mittelalter zeitweise der größte Flächenstaat in Europa und umfasste das heutige Belarus und Litauen, ukrainische Gebiete (einschließlich Kiew), das westliche Russland und reichte vom Baltikum und der Ostsee bis zum Schwarzen Meer.

Zur offiziellen Amtssprache (Kultur-/Schrift-/Literatursprache) wurde das ›Altbelarussische‹ (›Westrussisch‹, Altkirchenslavisch mit belarussischen Elementen). Die Gesetze wurden in den sogenannten Statutes des Großfürstentums Litauen einer Art Grundgesetz zusammengefasst – für damalige europäische Verhältnisse eine sehr demokratische Verfassung. Insbesondere das 15. und 16. Jahrhundert werden in der belarussischen Geschichtsschreibung auch gerne als Goldenes Zeitalter bezeichnet.

Zunächst ließ sich der litauische Fürst Mindaugas (13. Jh.) in Navahrudak (heute Hrodnaer Gebiet) nieder. Er vereinte, teilweise mit Gewalt, einen Teil der litauischen und ostslavischen Länder und gründete das Großfürstentum Litauen. 1251 ließ sich Mindaugas taufen, 1253 wurde er vom Papst zum ersten und einzigen König Litauens gekrönt.

Gediminas (um 1275–1341) gehörte ebenfalls zu den großen Herrschern im Großfürstentum (Amtszeit 1316–1341): Er baute katholische und orthodoxe Kirchen und verheiratete eine seiner Töchter mit dem polnischen König Kasimir III. (Kazimierz III Wielki, der ›Große‹), und die anderen mit Fürsten, so dass er dadurch seinen Einfluss in der Region stärken konnte.

Pferdefuhrwerk auf dem Land

Im 14. Jahrhundert änderten sich die Machtverhältnisse: Polen im Westen und das Moskauer Großfürstentum im Osten gewannen an Macht und Einfluss. Hinzu kamen die Bedrohungen durch den deutschen Ritterorden. Großfürst war zu der Zeit Jahajla (Jagiełło), der nun zwischen Polen auf der einen Seite und Moskau auf der anderen Seite wählen musste. Er entschied sich für Polen (und für den katholischen Glauben) und gegen Moskau (und gegen die Orthodoxie). Im Schloss von Kreva (heute Hrodnaer Gebiet) heiratete er die noch minderjährige polnische Königin Jadwiga (Hedwig von Anjou), wodurch er als König Władysław Jagiełło den polnischen Thron bestieg.

Der deutsche Ritterorden übte nach wie vor Druck auf Polen und auf das Großfürstentum Litauen aus und besaß praktisch die ganze Ostseeküste, sodass Polen und Litauen keinen Zugang zum Meer hatten. In der Schlacht von Tannberg (Ostpreußen) am 14. Oktober 1410 unter Großfürst Vytautas wurde der deutsche Ritterorden vernichtend geschlagen (aus belarussischer Sicht Schlacht von Grunwald, Grunwald und Tannberg waren die beiden Orte, in deren Umgebung die Schlacht stattfand).

Insgesamt wurde der Einfluss des Großfürstentums nach einer Reihe von Kriegen im 16. Jahrhundert schwächer. Das Großfürstentum Litauen verband sich mit der polnischen Krone. Im Januar 1569 trat der erste polnisch-belarussische Sejm zusammen. Im Juli 1569 wurde die Union von Lublin unterzeichnet. Die gemeinsame Föderation von Polen und Litauen-Belarus, die Rzeczpospolita (Republik), war somit geboren.

Rzeczpospolita

Durch die Union von Lublin (1569) wurde ein föderaler Staat zwischen dem Großfürstentum Litauen und Polen gegründet. Formal bestand das Großfürstentum bis zum Ende des neuen Staatsbündnisses 1795 weiter und durfte auch seine Kultur weiter pflegen. Die Rzeczpospolita war eine konstitutionelle Monarchie mit einem Wahlkönig an der Spitze, die Macht teilten sich der König auf der einen Seite und die Magnaten (Hochadel) sowie die Szlachta (Kleinadel) auf der anderen Seite. Nach dem dritten litauischen Statut (1588), der das Land gegen die zunehmende Polonisierung schützen sollte, wurde Belarussisch die offizielle Staatssprache.

Ende des 16. Jahrhunderts wurde die Brester Kirchenunion geschlossen. Die konfessionellen Gegensätze sollten aufgehoben werden, indem die katholische und die orthodoxe Kirche ›vereint‹ werden sollten: zur sogenannten Unierten Kirche (mit dem Papst als Oberhaupt). Mitte des 16. Jahrhunderts schlossen sich viele Adelige im Großfürstentum der Reformation an. Belarus war multikonfessionell geprägt, dabei aber nicht gespalten. Neben Katholiken und Orthodoxen lebten in Belarus Protestanten und Moslems (Tataren, die das Territorium von Belarus ab dem 16. Jahrhundert besiedelten), ab dem 17. Jahrhundert auch Juden.

Die litauisch-belarussische Aristokratie wurde massenweise polonisiert, es entstand ein kultureller, sprachlicher und religiöser Riss zwischen den höheren und den niedrigeren Ständen. Mit dem Warschauer Reichstag 1696 wurde die (alt-) belarussische Sprache ›abgeschafft‹ zugunsten des Polnischen und durfte

Grabstelen aus Holz auf einem jüdischen Friedhof

zumindest in offiziellen Dokumenten und in der Öffentlichkeit nicht mehr benutzt werden (sie wurde aber von den Bauern weiter benutzt, was sicher ein Grund dafür ist, dass ihr bis heute der Ruf einer ›Bauernsprache‹ anhaftet).

Der Kosakenaufstand unter Bohdan Chmelnickyj (1648), der einen Kosakenstaat auch auf polnisch-belarussischem-litauischem Gebiet errichten wollte, schwächte beide Seiten – eine Situation, die Moskau für sich ausnutzte, indem es einige Territorien im Osten der Rzeczpospolita annektierte. Moskau war mit 100 000 Soldaten militärisch überlegen, die Rzeczpospolita verfügte nur über 10 000 Mann. Trotzdem gelang es der Rzeczpospolita im Verlaufe des russisch-polnischen Krieges die Territorien zurückzuerobern, die Orthodoxen dürften nicht mehr zur Szlachta gehören. Diese Kriege, die sich hauptsächlich auf belarussischem Territorium abspielten, riefen eine ökonomische und demographische Krise hervor, die belarussische Bevölkerung wurde um über 50 Prozent reduziert, Ackerland wurde für Jahrzehnte zu Ödland, viele wanderten aus.

Im Großen Nordischen Krieg (1709–1721) ging es um die Vormachtstellung im Ostseeraum. Die innere Schwäche der Rzeczpospolita nutzten alsbald die drei benachbarten Großmächte Russland, Preußen und Österreich aus, denen die Rzeczpospolita schon lange ein Dorn im Auge war. Mit den drei Teilungen 1772, 1793, 1695 wurde die Rzeczpospolita zerschlagen, das Königreich Polen und das Großfürstentum Litauen hörten auf als Staaten zu existieren.

Russisches Reich

Die drei Teilungen Polens stellten für die Entwicklung von Belarus deswegen eine Zäsur dar, weil Belarus seitdem ununterbrochen unter russischem Einfluss stand. Die Zugehörigkeit zum Russischen Reich war bis zur Oktoberrevolution (1917) geprägt durch eine Politik der Russifizierung sowie durch zahlreiche Konflikte.

Bei der Polacker Kirchenversammlung 1839 wurde die Brester Kirchenunion aufgehoben und die unierte Kirche zerschlagen. Die Gläubigen gerieten nun in die juristische Zuständigkeit der russisch-orthodoxen Kirche. Im Resultat wurden viele katholische und unierte Kirchen geschlossen oder den Orthodoxen übergeben – architektonisch teilweise auch in orthodoxe Kirchen umgebaut –, nicht-orthodoxe Klöster wurden aufgelöst. Belarus wurde zum Nordwestlichen Randgebiet erklärt.

In diesem ›Nordwestlichen Randgebiet‹ (Belarus und Litauen) kam es zu einem Aufstand der sogenannten ›Roten‹, einer Gruppe linksgerichteter radikaler Studenten, Bauern, Handwerker und Adeliger, angeführt von Kastus Kalinoŭski (1838–1864). Ziel war die Wiederherstellung der Rzeczpospolita, die Abschaffung des Absolutismus sowie das Selbstbestimmungsrecht der Bauern und die Lösung der nationalen Frage. Die Aufständischen hatten jedoch keinen einheitlichen Plan, sodass der Aufstand niedergeschlagen wurde. Nicht nur das Belarussische, sondern auch das Polnische und das Litauische wurden verboten. Belarus wurde in der Folge mit Lehrern und Geistlichen ›überschwemmt‹ mit dem Ziel, die Russifizierung innerhalb der Bevölkerung voranzutreiben. Kastus‹ Kalinoŭski ist bis heute ein Nationalheld der belarussischen Befreiungsbewegung und eine Symbolfigur für den Freiheitskampf. Er kämpfte gegen die Autokratie und die Leibeigenschaft und setzte sich für eine Unabhängigkeit von Belarus ein. Infolge des Aufstandes wurde er im Januar 1864 zum Tode verurteilt und im März in Vilnius gehängt. Sein politisches Vermächtnis, die Briefe von unter dem Galgen, wurden noch aus dem Gefängnis, wo er auch Gedichte schrieb, herausgeschmuggelt.

Die orthodoxe Kathedrale von Turaŭ

In den 1880er-Jahren gründeten in Petersburg belarussische Studenten die revolutionäre Organisation ›Homan‹. 1903 wurde die Hramada als erste politische Partei in Belarus gegründet. Die Agrarreform von Pjotr Stolypin (1862–1911; damals Premier- und Innenminister von Russland) 1906 führte zu einer Zwangsumsiedlung von Bauern aus Belarus nach Sibirien.

Belarus im 20. Jahrhundert

Wer durch Minsk läuft oder andere Städte im Land besucht, wird feststellen, dass in der Öffentlichkeit in Belarus heute vor allem drei historische Ereignisse aus der Sowjetzeit präsent sind: die Oktoberrevolution, der Zweite Weltkrieg und der Afghanistankrieg.

Auch im 20. Jahrhundert bleibt die belarussische Geschichte voller Widersprüche. Die Belarussen können ihre Rechte trotz zweier Revolutionen (1905, 1917) nicht durchsetzen. Es wird zunächst eine ›Belarussische Volksrepublik‹ ausgerufen (1918), anschließend die Belarussische Sozialistische Sowjetrepublik (BSSR) gegründet, die aber nur den östlichen Teil des Landes umfasst, da der westliche Teil zu Polen gehört. Und schon wieder wird Belarus zum Spielball der Mächte: Erst besetzen es die Deutschen, dann die Polen und schließlich die Rote Armee bzw. die Bolschewiken.

Revolutionen, Belarussische Volksrepublik, Teilung

Zu Beginn des 20. Jahrhunderts war das Analphabetentum immer noch sehr groß, die Bevölkerung betand zu ca. 75 Prozent aus Bauern, die jedoch nur 40 Prozent der landwirtschaftlichen Nutzflächen besaßen. Ein Bürgertum war praktisch nicht vorhanden. Die Revolutionen von 1905 und 1917 zeigten, dass in der Be-

Sowjetischer Panzer in einem Wohngebiet in Miadziel (Minsker Gebiet)

völkerung eine antirussische Stimmung herrschte. Noch während der deutschen Okkupation, nach Unterzeichnung des Friedensvertrages von Brest-Litowsk, proklamierten Vertreter einiger Nationalbewegungen unter den Bedingungen der deutschen Okkupanten die Gründung einer unabhängigen Belarussischen Volksrepublik. Am 25. März wurde die Unabhängigkeit verkündet, doch nachdem die deutschen Truppen Belarus verlassen hatten, nahm die Rote Armee das Territorium ohne nennenswerten Widerstand ein. Die Regierung der Belarussischen Volksrepublik floh nach Vilnius ins Exil. Die Belarussische Sowjetrepublik (BSSR) wurde 1920 proklamiert.

Im Friedensvertrag von Riga 1921 (infolge des russisch-polnischen Kriegs 1919–1921) bekam Polen die westlichen Gebiete von Belarus zugesprochen. Der östliche Teil blieb als BSSR sowjetisch.

Bis Ende des Jahrzehnts wurde eine Politik der Belarussifizierung durchgeführt. In den 1920er Jahren hatte Belarus, bedingt durch die vier Nationalitäten, vier Staatssprachen, nämlich Belarussisch, Russisch, Polnisch und Jiddisch. Jedoch besteht die Regierung der BSSR überwiegend aus Nicht-Belarussen. So führte die Reform der belarussischen Sprache 1933 zu einer Angleichung der belarussischen Sprache an das Russische (Russifizierung). Ab Ende des Jahrzehnts begann die Verfolgung der Intellektuellen und Kulturschaffenden in Belarus, die ihren traurigen Höhepunkt in den stalinistischen Säuberungen von 1936 bis 1940 erreichten.

Aufgrund einer tiefen Wirtschaftskrise in den Jahren nach der Revolution wurde die sogenannte Neue Ökonomische Politik (1921–1928) auch in Belarus durchgesetzt, indem man zum Beispiel einige marktwirtschaftliche Elemente einführte. Da man auch eine materielle Basis für den Aufbau des Sozialismus brauchte, führte dies zu einer Industrialisierung von Belarus. In den 1920er-/1930er Jahren wurden neue Industriezweige gebildet, vor allem Leicht-, Lebensmittel-, holzverarbeitende und chemische Industrie, später auch Maschinenbau sowie Textilindustrie. Einige der damals gegründeten Staatsunternehmen existieren heute immer noch, zum Beispiel ›Homelmaš‹ (Fabrik für landwirtschaftlichen Maschinenbau Homel). Die 1930er Jahre waren vor allem geprägt durch die Kollektivierung der Landwirtschaft.

Westbelarus als Teil Polens

So wie im sowjetischen Teil von Belarus nationale Bestrebungen im Keim erstickt wurden und eine Politik der Russifizierung durchgeführt wurde, so gab es im westlichen Teil von Belarus eine Politik der Polonisierung. Belarussische Schulen wurden geschlossen und durch polnische ersetzt. Außerdem wurden orthodoxe Kirchen in katholische umgewandelt – nicht selten unter Gewaltanwendung. Im Zeitraum von 1921 bis 1939 wurden in Belarus ca. 300000 sogenannte ›Kolonisten‹ angesiedelt, d. h. Polen, die für eine Polonisierung der hiesigen Bevölkerung sorgen sollten. Bei den Wahlen 1922 gründeten elf Abgeordnete und drei Senatoren auf westbelarussischem Gebiet den ›Belarussischen Abgeordnetenklub‹ mit dem Ziel, den Schutz der Interessen der belarussischen Bevölkerung in Polen zu gewährleisten.

Land und Leute

Wisentskulptur an der Autobahn M2 in der Nähe von Baranavičy

Zweiter Weltkrieg

Mit dem Zweiten Weltkrieg und der deutschen Besatzung (1941–1944) begann für die Belarussen die wohl grausamste Zeit ihrer jüngeren Geschichte. Auf Grundlage des Nichtangriffspaktes zwischen dem Deutschen Reich und der UdSSR, welcher auch ein geheimes Zusatzprotokoll über die polnisch besetzten Gebiete von Belarus beinhaltete, besetzte die Rote Armee am 17. September 1939 Westbelarus, während Deutschland sich den Rest von Polen einverleibte.

Die Sowjetunion trat 1941 mit dem Überfall der Wehrmacht in den Zweiten Weltkrieg ein – somit wurde Belarus abermals zum Schauplatz von Kriegshandlungen. Belarus wurde zum Generalbezirk innerhalb des Reichskommissariats Ostland erklärt, die Deutschen beseitigten zunächst die sowjetische Ordnung und gingen dazu über, die Einheimischen auszubeuten. Gemäß dem Generalplan Ost richteten die Nazis zur Vernichtung der Bevölkerung Ghettos sowie Konzentrationslager ein, wo ca. 1,7 Millionen Menschen (Zivilbevölkerung, Kriegsgefangene, Juden) vernichtet wurden. Gefangene wurden zu Zwangsarbeit nach Deutschland verschleppt. Tausende von Dörfern wurden verbrannt und zerstört, teilweise zusammen mit den Bewohnern.

In Belarus entstand eine zwar uneinheitliche, aber doch sehr aktive und engagierte Widerstandsbewegung; die Partisanenbewegung in Belarus war die größte in ganze Europa, und sie spielte eine entscheidende Rolle bei der Befreiung des Landes. Die Befreiung von Minsk fand am 3. Juli 1944 statt; heute ist der 3. Juli der Nationalfeiertag von Belarus.

Nachkriegszeit

Der Krieg hatte für Belarus große menschliche und materielle Verluste mit sich gebracht. Primäres Ziel war es nun, für einen Wiederaufbau der Volkswirtschaft und der Industrie zu sorgen. Der Staat kontrollierte nach wie vor alle Lebensbereiche. Da die Sowjetmacht noch nicht überall etabliert und vereinzelt sich noch Widerstand aus der Bevölkerung regte, waren die Repressionen hier besonders hart.

Die belarussische Wirtschaft spielte von den 1950er- bis in die 1970er Jahre für die Volkswirtschaft der UdSSR eine wichtige Rolle; das Land wurde im Volksmund als die ›Montagehalle‹ der sowjetischen Wirtschaft bezeichnet. Am besten entwickelten sich Maschinenbau und die chemische Industrie. Die rasante industrielle Entwicklung führte zu einer schnellen Urbanisierung und Landflucht.

Perestroika

Im Unterschied zu seinen Nachbarländern im Westen und Norden (Polen, baltische Staaten) musste Belarus nicht um seine Unabhängigkeit kämpfen. Als man mit der Perestroika ab 1986 einen Umbau des gesellschaftlichen, politischen und wirtschaftlichen Systems der Sowjetunion anstrebte, wurden Parteidirektiven gelockert, Eigeninitiative und Verantwortung willkommen geheißen, Freiheit und Marktwirtschaft zum Schlagwort.

1989 kam es zu einer tiefen Wirtschaftskrise. Als Konsequenz der neuen Politik und harten ökonomischen Situation führte die Nichteinmischung Moskaus zum Sturz der prosowjetischen Regime in Mitteleuropa: Polen, Tschechoslowakei, Rumänien.

Das Referendum gegen die Auflösung der UdSSR, die im März 1991 in mehreren, wenn auch nicht allen Republiken stattfand (so stimmten 77,85 Prozent der Belarussen für die Erhaltung der UdSSR, 22,15 Prozent dagegen), konnte die System-Desintegration nicht mehr stoppen. Fünf Tage nach dem Putsch in Moskau, nach dem misslungenem Versuch der Kommunisten die Macht zu ergreifen, verabschiedete der belarussische Oberste Sowjet am 25. August 1991

Am Tag der Sieges 2015 (9. Mai)

Werbung für heimische Produkte in Čačersk (Homeler Gebiet)

die Erklärung zur politischen und wirtschaftlichen Unabhängigkeit. Die Auflösung der Sowjetunion wurde am 10. Dezember 1991 im Bjalovieža-Wald, in Viskuli unterzeichnet.

Unabhängigkeit

Als Antwort auf die Perestroika entstand in Belarus noch Ende der 1980er Jahre eine nationalistische Bewegung und damit die Suche nach einer nationalen Identität. Es wurde die Gesellschaft der Belarussischen Sprache und die Partei ›Belarussische Volksfront‹ (BNF) gegründet. 1990 wurde ein Sprachengesetz verabschiedet, das den Gebrauch des Belarussischen als Staatssprache unterstützte. Die UNO bestätigte offiziell ›Belarus‹ statt ›Belorussia‹ als Landesname; offizielle Staatssymbole wurden die historische rot-weiß-rote Fahne und das Pahonia-Wappen.

Die BNF forderte eine Belarussifizierung des Landes und war zudem die wichtigste demokratische Kraft, die für breit gefächerte liberale Wirtschaftsreformen eintrat und die Souveränitätserklärung initiierte. Die bekannteste BNF-Figur ist der Historiker Sianon Pasniak. Am Anfang erfreute sich die BNF einer großen Popularität. Allerdings wurde mit der Zeit klar, dass die Partei, die von Literaten und Intellektuellen gegründet war, nicht die Interessen der belarussischen Mehrheit vertrat. Als sich Belarus problemlos von der Sowjetunion abgekoppelt hatte, verlor die Verabsolutierung der Unabhängigkeit, Sprache und Kultur in einer Zeit der schweren ökonomischen Krise für die Massen an Priorität.

Der Zerfall der Sowjetunion wurde zunehmend zur Belastung: Die Belarussen hatten zwar politisch gesehen an Freiheit gewonnen, in ökonomischer Hinsicht lagen sie jedoch am Boden. Die Wirtschaft, die stark mit den anderen Sowjetrepubliken verwoben war, kam zum Erliegen, Betriebe stagnierten, Renten und Löhne konnten über längere Zeit nicht ausbezahlt werden, die Verzweiflung innerhalb der Bevölkerung nahm zu.

Ein weiteres politisches Ziel der nationaldemokratischen Kräfte war der Aufbau einer parlamentarischen Demokratie, in der soziale und rechtsstaatliche Elemente eine wesentliche Funktion einnehmen sollten. Wichtige Befürworter dieses Kurses waren Stanislaŭ Šuškevič und Viačaslaŭ Kebič. Beide hatten zu früherer Zeit politische Ämter bekleidet: Šuškevič war im Obersten Sowjet der Republik Belarus und damit das erste Staatsoberhaupt des Landes, sein Verbündeter war der Ministerpräsident.

Obwohl beide Politiker den Wechsel zu einem demokratischen System und zu einer liberalen Marktwirtschaft befürworteten, zeigten sie keine Entschlossenheit zu handeln, was typisch für die postsowjetische Elite war, die für gewöhnlich nur die in Moskau gefällten Entscheidungen auszuführen wusste. Diese Halbherzigkeit spiegelte die am 15. März 1994 verabschiedete Verfassung der Republik Belarus wider: Der Präsident wurde zum Staatsoberhaupt und Leiter der Exekutive ernannt, zugleich wurden wichtige Funktionen aber dem Parlament zugeteilt.

Gleichzeitig beflügelte die Umbruchzeit das Entstehen einer Zivilgesellschaft. Der Pathos der Unabhängigkeit ermöglichte die Ausbildung neuer gesellschaftlicher Strukturen wie Parteien, Bürgerinitiativen, Verbände und Gewerkschaften. Unabhängige Medien und Forschungsinstitutionen konnten sich etablieren.

Die Beziehungen des neuen Staates mit dem Westen entwickelten sich rasant. Nachdem Belarus sein sowjetisches Kernwaffenarsenal unentgeltlich an Russland übergeben hatte, folgte im Januar 1994 ein Staatsbesuch des damaligen US-Präsidenten Bill Clinton.

Dennoch sank die Bereitschaft zu marktwirtschaftlichen Reformen und zur Liberalisierung der Politik in der belarussischen Gesellschaft immer mehr. Die Menschen sahen sich mit chaotischen Zuständen konfrontiert: live übertragene heiße Debatten im Parlament, zahlreiche Arbeiterproteste, viel Gerede, aber kaum ein Handeln der Behörden.

Graffiti in Mazyr

Bei gleichzeitiger Verschlechterung der makroökonomischen Lage entstand eine neue Schicht von sogenannten Neuen Reichen, wodurch die Reformen zunehmend mit illegaler Bereicherung und Korruption assoziiert wurden. Demokratie hieß in diesem Fall hilfloses Regieren und Anarchie. Viele Bürger sehnten sich nach der Stabilität der Sowjetzeit zurück.

Aljaksandr Lukašenka war derjenige, der diese Sowjet-Nostalgie auszunutzen wusste. Der heutige Präsident wurde 1990 in den Obersten Sowjet gewählt und versuchte mit allen Fraktionen, auch mit der populären Bewegung BNF, zusammenzuarbeiten, war aber oft anderer Ansicht. Er pflegt zu betonen, dass er der einzige Abgeordnete war, der gegen die in Viskuli 1991 unterzeichneten Verträge abstimmte. Die Aussage widerspricht allerdings der Tatsache, dass er bei der damaligen Sitzung gar nicht anwesend war.

Der kommunistische Karrierist, der volksnahe, ehemalige Kolchosen-Vorsitzende Lukašenka wusste instinktiv, was den Erwartungen der Gesellschaft entsprach, insbesondere der älteren Generation und der Landbevölkerung. Er versprach Stabilität und Sicherheit, eine enge Bindung an Russland sowie Kontrolle über die Oligarchen und die Auswüchse der Korruption. Sein Vortrag über die Maßnahmen zur Bekämpfung der Korruption im Obersten Sowjet führte zum Misstrauensvotum für Schuschkewitsch, der daraufhin sein Amt niederlegen musste.

Die Ära Lukašenka – zwei Jahrzehnte autokratischer Regierung

Am 10. Juli 1994 fand die erste freie und transparente Präsidentschaftswahl in Belarus statt, die Lukašenka in der Stichwahl mit 81 Prozent gegen Viačaslaŭ Kebič gewann.

Seine restaurative und populistische Politik erforderte keine Modernisierungsmaßnahmen, der kritischen Öffentlichkeit nahm sie immer mehr Raum: Demonstrationen wurden gewaltsam aufgelöst, Zeitungsverlage geschlossen, die

Die Residenz des Staatspräsidenten in Aleksandryja (in der Nähe von Škloŭ)

Land und Leute

Kinderchor in belarussischer Tracht

öffentliche Meinung manipuliert. Lukašenka brauchte keinen politischen Pluralismus und war des Ringens mit dem Parlament schnell überdrüssig. So wurden 1995 streikende Abgeordnete mit Gewalt aus dem Parlament entfernt. Die staatlichen Medien berichteten, sie hätten am Arbeitsplatz Alkohol getrunken und sich mit Frauen amüsiert.

Beim Referendum 1995, das Lukašenka initiierte, um seine Politik bestätigen zu lassen und seine Position zu festigen, bejahte die Bevölkerung mit fast 80 Prozent alle zentralen Fragen: Russisch bekam den Status der zweiten Staatssprache; sowjetische Staatssymbole wurden wieder eingeführt; der Kurs der wirtschaftlichen Integration mit Russland wurde bekräftigt.

Um den legalen Weg zu gehen, musste Lukašenka die Verfassung und das präsidial-parlamentarische System ändern und konnte sich trotz einer beispiellosen Konfrontation mit dem Obersten Sowjet durchsetzen. Durch ein Referendum aus dem Jahr 1996 wurde der Tag der Unabhängigkeit vom 27. Juli auf den 3. Juli verlegt, die Aufhebung der Todesstrafe wurde rückgängig gemacht. Es wurden auch Verfassungsänderungen unterstützt, die praktisch keine Gewaltenteilung vorsahen. Nach diesem Verfassungscoup verließen aus Protest der Ministerpräsident, mehrere Minister, Richter und der Leiter des Verfassungsgerichtes ihre Ämter. Die EU und die USA erkannten die Ergebnisse der undemokratischen Stimmabgabe nicht an; Europa fror die Ratifizierung eines Partnerschafts- und Kooperationsabkommen ein.

Seitdem wird die demokratische Entwicklung massiv beeinträchtigt. Der BNF-Anführer Sianon Pasniak musste fliehen und lebt seitdem im Exil in den USA. 1999 verschwanden spurlos drei politische Herausforderer von Lukašenka: der ehemalige stellvertretende Innenminister Jury Zacharanka, der ehemalige charismatische Leiter der Zentralen Wahlkommission und Abgeordnete Viktar

Hončar sowie der Geschäftsmann Anatol Krasoůski. 2000 verschwand Dzmitry Zavadski, der ehemalige Lieblingskameramann von Lukašenka. Diese Fälle wurden nie aufgeklärt.

2004 wurde ein weiteres Referendum durchgeführt, wonach die Verfassung dahingehend geändert wurde, dass der Präsident so lange im Amt bleiben kann, wie er vom Volk bestätigt wird. Seit der Parlamentswahl 2004 gibt es keinen einzigen Oppositionellen mehr im Parlament sowie keine Fraktionen. Inzwischen wurde die Verleumdung des Landes sowie des Präsidenten, die Tätigkeit im Namen einer nicht-registrierten Organisation sowie finanzielle Hilfe aus dem Ausland kriminalisiert.

Als Reaktion auf diese Entwicklungen und den Europarat-Bericht über die Verschwundenen aus den Jahren 1999 bis 2000 verhängte die Europäische Union Visa-Sanktionen gegen die Verdächtigen und diejenigen, die sich an Wahlfälschungen beteiligt haben.

Vor der Präsidentschaftswahl 2006, in der Zeit des wirtschaftlichen Aufschwungs und der Stabilität traten der Oppositionskandidat Aljaksandr Milinkevič und der ehemalige Rektor der BSU Aljaksandr Kazulin gegen Lukašenka an. Von diesen drei Aljaksandrs wurde Lukašenka mit 83 Prozent Sieger. Wladimir Putin gratulierte ihm zur Wiederwahl.

Vier Tage lang stand auf dem Oktober-Platz im Zentrum von Minsk ein Zeltlager von mehreren Hundert, meist jungen Protestierenden, die bei -15 Grad friedlich eine Neuwahl verlangten; in einer Sonderaktion wurde die Demonstration geräumt. In den nächsten Tagen wurde bei einer Demonstration, die sich zum Ziel genommen hat, die bereits Festgenommenen im Gefängnis zu besuchen, Kazulin verhaftet und zu fünfeinhalb Jahre Haft wegen ›schweren Rowdytums‹ verurteilt.

Im Herbst 2006 gab Lukašenka in einer Live-Pressekonferenz zu, die Wahlergebnisse gefälscht zu haben: so habe er de facto 93 Prozent der Stimmen bekommen, musste die Zahl jedoch nach unten korrigieren, damit sie »europäisch« aussehe. Diese Aussage erzeugte keinerlei Resonanz in der Gesellschaft, was darauf schließen lässt, dass auch die Mehrheit von manipulierten Wahlergebnissen ausgegangen war.

Seit 2008 erscheint Präsident Lukašenka bei offiziellen Treffen oft in Begleitung seines kleinen Sohnes Nikolai (geb. 2004). Mit seinem Vater trifft er den Papst, empfängt Staatsbesuche, nimmt an Militärparaden teil, geht zur Messe, besichtigt Betriebe sowie regelmäßige russisch-belarussische Militärübungen. Alles deutet darauf hin, dass das uneheliche Kind von Irina Abelskaja, der Leibärztin Lukašenkas, seine Nachfolge antreten soll.

Tauwetter 2008–2010

Die frühzeitige Freilassung von Kazulin Mitte August 2008 war der Anstoß für eine schrittweise Annäherung von Minsk an den Westen. Die Beobachter verbinden diese Entscheidung der belarussischen Regierung mit dem russisch-georgischen Krieg im August 2008 und der Überlegung, die Macht nicht aus den Händen gleiten zu lassen: Die geopolitische Schaukel zwischen der EU und Moskau erlaubte es Minsk, einen Nutzen aus beiden Verbindungen zu ziehen.

An den Braslaŭer Seen

Als Konsequenz setzte die EU im Oktober 2008 das Einreiseverbot aus (für alle, außer denjenigen, die der Mitschuld beim Verschwinden der Politiker in 1999–2000 verdächtig wurden). Im Mai 2009 wurde Belarus in das neue EU-Nachbarschaftsprogramm ›Östliche Partnerschaft‹ eingeladen, die Parlamentarische Versammlung des Europarates überlegte der belarussischen Delegation den Gast-Status zu gewähren.

Gleichzeitig konnte die belarussische Regierung dem Willen des Kreml nicht widerstehen, 2010 wurde die Zollunion von Belarus, Kasachstan und Russland lanciert. Diese sah weder eine Abschaffung der Zollgebühr für das russische Öl vor, noch senkte sie den Gaspreis, was für Minsk wichtig war – stattdessen hatte sie eine wichtige symbolische politische Bedeutung für Moskau.

Die Präsidentschaftswahl 2010

Die ›EU-Belarus-Flitterwochen‹ endeten mit den Präsidentschaftswahlen am 19. Dezember 2010, die von Manipulation und Intransparenz gekennzeichnet waren. Ein massiver Protest am Wahlabend endete vor dem Regierungsgebäude, als Dutzend Anwesende versuchten ins Gebäude zu gelangen. Offiziell wurde ein Staatsstreich verhindert, die Opposition bezeichnete diesen Vorfall als eine vom Staat vorbereitete Provokation. Als Ergebnis wurden 9 Präsidentschaftskandidaten festgenommen, sieben von ihnen landeten vor Gericht; ca. 700 Protestteilnehmer wurden verhaftet.

Die EU kritisierte das gewaltsame Vorgehen gegen Demonstranten und die politisch motivierte Verurteilung von über 30 Personen zu teilweise mehrjährigen Haftstrafen scharf. Sie beschloss neue Sanktionen: Die Liste der Einreiseverweigerungen wurde erweitert und ein Waffenembargo verhängt.

Eine schwere Wirtschaftskrise folgte 2011, der belarussische Rubel wurde um 189 Prozent abgewertet, die Lebensmittelpreise stiegen um 127 Prozent, die Auslandsschulden betrugen 70 Prozent des BIP. Zu dieser Zeit erwarb Russland das staatliche Energie- und Gasunternehmen Beltransgaz, die finanzielle Unterstützung vom Kreml wurde für 2011 auf 7,3 Milliarden US-Dollar eingeschätzt. Die Arbeitsmigration nach Russland und in die Ukraine betrug nach offiziellen Zahlen ca. 100 000 Belarussen.

Die schwierige ökonomische Lage sowie der Druck auf die Zivilgesellschaft provozierten im Sommer 2011 eine Reihe von weiteren Protesten: mehrere Wochen versammelten sich Tausende von Belarussen jeden Mittwoch im Zentrum der belarussischen Städte. Da Kundgebungen vorher genehmigt werden müssen, hatten die Protestierenden von Plakaten und Parolen abgesehen, stattdessen haben sie nur geklatscht. Doch auch diese Proteste endeten mit Verhaftungen, Gerichtsurteilen und Geldbußen.

Der Terroranschlag in Minsk

Am 11 April 2011 fand in der Minsker U-Bahn ein Bombenanschlag statt. Nach Angaben der Sicherheitskräfte war es eine ferngezündete, mit Nägeln und anderen Metallteilen versehene Bombe. Wenige Stunden nach der Explosion besuchte Präsident Lukašenka mit seinen Beratern und seinem kleinen Sohn Kolja die U-Bahn-Station ›Kastryčnickaja‹.

Zwei 26-jährige Verdächtige, Freunde aus Vicebsk, die Arbeiter Dzmitry Kanavalaŭ und Uladzimir Kavalioŭ wurden innerhalb von 24 Stunden gefunden und wegen Terrorismus angeklagt. Kanavalaŭ, der eingestanden hatte die Bombe gebaut und betätigt zu haben, erklärte diese Tat mit seinem ›Hass auf die Menschheit‹. Obwohl das Gerichtsverfahren live im Fernsehen übertragen wurde, nahm man keine Rücksicht auf die Aussage von Kavalioŭ derzufolge er unter Druck habe gestehen müssen. Zudem sagte er im Gerichtssaal aus, dass er nicht glaube, dass sein Freund Kanavalaŭ in dieser Angelegenheit verwickelt war. Die Verteidiger der beiden Männer erklärten, dass die Beweise für eine Verurteilung nicht ausreichten.

Am 30. November 2011 wurden beide zum Tode durch Erschießen verurteilt. Der Urteilsspruch löste internationale Kritik aus, denn auch Prozessbeobachter sahen die Schuld der Verurteilten nicht als erwiesen an. Trotz öffentlicher Diskussion über die Todesstrafe und das verhängte Urteil lehnte Präsident Lukašenka eine Bitte um Begnadigung ab. Mitte März 2012 wurden Kavalioŭ und Kanavalaŭ hingerichtet.

Belarus heute

Belarus wurde nach der Auflösung der Sowjetunion unabhängig und ist heute eine präsidiale Republik, die seit 1994 vom amtierenden Präsidenten Aljaksandr Lukašenka autoritär regiert wird. Westliche Beobachter bezeichnen das Land als ›die letzte Diktatur Europas‹. Belarus ist das einzige Land in Europa, das die Todesstrafe vollstreckt. Mit der Krise zwischen Russland und der Ukraine bekam Belarus aber mehr Ansehen als ökonomisch und politisch stabiles Land.

Schilderwald an einer Landstraße

Politische Situation

Belarus ist Mitglied in mehreren Unionen mit den ehemaligen Sowjetrepubliken und einer Staatenunion mit Russland, wovon es politisch sowie wirtschaftlich abhängig ist. Seit 2011 existiert eine Zollunion zwischen Belarus, Russland und Kasachstan, am 29. Mai 2014 unterzeichneten die drei Länder ein Abkommen zur Gründung einer Eurasischen Wirtschaftsunion, die im Januar 2015 in Kraft trat. Analog zur EU gehören zu den Zielen der Eurasischen Union: freier Personen- und Warenverkehr, Kapitalfluss und Austausch von Dienstleistungen sowie eine zukünftige Währungsunion.

Die Beziehungen zu Russland sind immer schwierig gewesen, Lukašenka charakterisierte den großen Nachbarn als ›Erzfreund‹. Weil Moskau die Wirtschaft als wichtiges Instrument der Politik versteht, wird Belarus durch Subventionen und Kredite gebunden: die besonders enge Beziehung bringt bezahlbares russisches Gas nach Belarus und sichert der hiesigen Industrie, die das russische Öl verarbeitet und nach Europa verkauft, eine entscheidende Einnahmequelle von Devisen. Dafür geht die russisch-belarussische Integration weiter, Teile der russischen Truppen sowie des Luftwesens sind in Belarus stationiert. Die Verhandlungen über Rohstofflieferungen, die nicht selten zu Konflikten führen – wie der Energiestreit im Jahr 2007 zeigte –, finden nicht mehr jährlich, sondern pro Quartal statt. Um die Abhängigkeit von Moskau zu verringern, baut das Land sein erstes Atomkraftwerk, wobei der Bau und die Abfallentsorgung wiederum von Russland ermöglicht wird.

Seit 2014 finden in Minsk die Verhandlungen zwischen Ukraine, Russland, OSZE und EU statt, der so genannte Minsker Prozess für eine Stabilisierung im Osten der Ukraine. Im Kontext der internationalen Bemühungen um eine friedliche Beilegung der Ukraine-Krise haben sich die Beziehungen zwischen Belarus und dem Westen belebt. Im Februar 2015 reiste Bundeskanzlerin Merkel nach Minsk, eine Reihe hochrangige Besuche aus Brüssel fand danach statt. Durch die

In Mscislaŭ

Wahl im Oktober 2015 hat sich Lukašenka seine fünfte Amtszeit gesichert. Da im Vorfeld politische Gefangene freigelassen wurden sowie keine Repressionen und Verhaftungen während der Wahlkampagne stattfanden, beschloss die EU, die Sanktionen gegenüber Belarus für mehrere Monate einzufrieren.

Wirtschaftliche Situation

Die belarussische Wirtschaft hat Züge einer Planwirtschaft, da Industrie und Landwirtschaft sich größtenteils in Staatshand befinden und der Staat rückwirkend Unternehmen verstaatlichen kann. Dank enger Wirtschaftskooperation mit Russland blieb die wirtschaftliche Situation bislang stabil, jedoch brachte die Anhebung der Rohölpreise durch Russland die durch die bisherige Vorzugsbehandlung bei den Rohstoffpreisen subventionierte Wirtschaft in Schwierigkeit.

2012 lag die Inflation bei ca. 60 Prozent, wobei Belarus den höchsten Leitzins Europas (2014: ca. 20 Prozent) besitzt. Seit einigen Jahren befindet sich das Land in einer der stärksten Finanzkrisen seit der Unabhängigkeit. Nach einem Wachstum von 7,7 Prozent im Jahr 2010 und 5,5 Prozent im Jahr 2011 ging das Wachstum 2012 auf 1,5 Prozent zurück. Nach dem ›Doing Business Report 2013‹ der Weltbank belegt Belarus den 64. Rang. Gelobt wurden das Geschäftsregistrierungsverfahren und die Bedingungen für eine Unternehmensgründung, kritisiert die Besteuerung. Heute positioniert sich Belarus als Transitland zwischen der EU und Russland, als Spezialisten-Land mit seinen qualifizierten Arbeitskräften, relativ niedrigen Standortkosten sowie einem hohen wissenschaftlichen und technischen Potenzial. Schwierige Fragen bleiben die Privatisierung und die Umsetzung marktwirtschaftlicher Reformen.

Das durchschnittliche Monatseinkommen in Belarus beträgt umgerechnet rund 400 EUR. Die Arbeitslosenrate liegt nach staatlichen Angaben bei 0,5 Prozent; vermutlich ist die tatsächliche Zahl aber deutlich höher. 25,5 Prozent der Arbeitnehmer sind in der Industrie beschäftigt; 13,8 Prozent im Handel; 10 Prozent im Bildungswesen; 10,2 Prozent in der Landwirtschaft; 7,9 Prozent in der Baubranche; 7,4 im Transport- und Logistiksektor.

Die wichtigen Industriezweige sind die Textilindustrie, die Holzverarbeitung und der Maschinenbau. Die Industrie zählt heute rund 600 staatliche Unternehmen, die 30 Prozent der gesamten Produktion erzeugen. Die Landwirtschaft wird durch Kollektivierung von zwei Hauptzweigen beherrscht: dem Anbau von Getreide und Kartoffeln sowie der Viehzucht.

Das Energie- und Gasunternehmen Beltransgaz gehört heute dem russischen Konzern Gazprom. Weitere bedeutende Unternehmen sind neben zwei Ölraffinerien in Mazyr und Navapolack die Verkehrsbetriebe Belaruskaja Čyhunka und Belavia Belarusian Airlines, das Automobilwerk BelAZ, der Kaliproduzent Belaruskali und der Fahrzeug- und Rüstungsproduzent Minsky Avtomobilny Zavod (MAZ).

Die Wirtschaftsbeziehungen zu Deutschland sind aktiver, als es erscheinen mag, und umfassten 2013 ein Volumen von 4,8 Milliarden Euro. Ein Hemmnis bleibt die fehlende WTO-Mitgliedschaft. Belarus verfügt ähnlich wie Deutschland kaum über eigene Rohstoffe, weswegen die erneuerbaren Energien und die Energieeffizienz ein wichtiges Kooperationsfeld sind.

Ökologie

Der Tschernobyl-GAU hat die ökologische Lage des Landes dramatisch verändert: 70 Prozent des radioaktiven Cäsium 137 fielen auf das Territorium von Belarus, rund ein Viertel des Landes ist zu unterschiedlichem Grad verseucht, besonders betroffen sind das Mahiljoŭer und das Homeler Gebiet. Jedes Jahr fahren zahlreiche Kinder aus den vom radioaktiven Niederschlag betroffenen Gebieten zur Erholung nach Deutschland. Für Besucher ist der Aufenthalt in Belarus dagegen unbedenklich. Aus Vorsorgegründen sollten jedoch Pilze, Beeren, Süßwasserfische und Wild in bzw. aus dieser Region gemieden werden.

Die Tschernobyl-Zone heißt in Belarus ›Radiation- und Ökologieschutzgebiet Polesien‹ (www.zapovednik.by/en); Tourismus ist in diesem Teil des Landes illegal, Besucher – gewöhnlich Wissenschaftler und Vertreter der Wohlfahrtsverbände – müssen die Erlaubnis der jeweiligen Gebietsverwaltung einholen. Eine Ausnahme gibt es im April, am Tag der Radunica, wenn Belarussen traditionell ihre Familiengräber besuchen.

Insgesamt verschlechtert sich die Umweltsituation durch die starke Entwicklung der chemischen und petrochemischen Industrie sowie der weit verbreiteten großen Viehzuchtfarmen, ohne dass geeignete Technologien für die Verarbeitung von organischen Abfällen im Land entwickelt werden. Ökologischer Anbau ist in Belarus noch nicht verbreitet.

Medien

Heute kann Belarus eine breite Medienlandschaft vorweisen: 1500 registrierte Printmedien, 250 elektronische Massenmedien und 9 Nachrichtenagenturen. Zwei Drittel der Medien sind in privater Hand, darunter nur 30 unabhängige Wochenzeitungen mit kleiner Auflage, die sich gesellschaftspolitischen Themen widmen.

Ernteskulptur bei Chojniki (Homeler Gebiet)

Mahnung an die Katastrophe von Tschernobyl an einer Bushaltestelle

Die Hauptaufgabe der staatlichen Medien – dazu zählen alle nationalen Fernsehsender – besteht in der Verbreitung eines positiven Bildes der Regierung und ihrer Politik. Weil Stellungnahmen des Präsidenten das Medienbild dominieren, nennen Belarussen die Abendnachrichten ›Der Tag von Lukašenka und der Wetterbericht‹.

Während die staatliche Presse bedeutende finanzielle Unterstützung aus dem Staatshaushalt bekommt, haben private Printmedien mit Einschränkungen zu kämpfen.

Mit dem Ausbau des Internets gewinnt die Online-Kommunikation jedoch immer mehr an Bedeutung. Sie dient für 6 800 000 Internet-Nutzer (die höchste Quote im ehemaligen postsowjetischen Raum) und 10 700 000 GSM-Nutzer zunehmend als Quelle alternativer Informationsbeschaffung.

Sport

Zu den beliebtesten Sportarten des Landes gehört Eishockey, weshalb Belarus über zahlreiche Eishockeystadien verfügt. In der größten »Minsk-Arena« wurde 2014 die Weltmeisterschaft ausgetragen, die Nationalmannschaft steht seitdem auf Platz elf der IIHF-Weltrangliste. Bei den Olympischen Winterspielen 2002 erreichten die Belarussen den vierten Platz. Bekannte Spieler aus Belarus sind Michail Hrabouski, die Brüder Andrei und Sergei Kostitsyn sowie der 2011 verunglückte Ruslan Salej.

Der belarussische Fußball erlebt momentan einen Aufschwung, doch es mangelt an genügend Spielern von Format, um konstante Leistungen zu erbringen. Bekannte Spieler sind u. a. Anton Puzila, Wassili Chamutouski und Aljaksandr Hleb, der lange für den VfB Stuttgart und den VfL Wolfsburg gespielt hat. Die Nationalmannschaft belegt Rang 40 der FIFA-Weltrangliste. Mit zehn Meister-

Sitz einer Zeitung in Minsk

titeln ist FK BATE Baryssau (Englisch: BATE Borisov) die erfolgreichste Vereinsmannschaft im belarussischen Fußball. 2012 bezwang BATE in der Gruppenphase der Champions League den späteren Titelträger FC Bayern München 3:1!

Sehr populär ist auch Tennis, hier konnten belarussische Spieler wichtige Erfolge erzielen: Victoria Azarenka ist bei den Frauen die derzeitige Nummer 2 der Weltrangliste. Natasha Zverava hat vier Einzel- und 80 Doppeltitel geholt u. a. den von Wimbledon, den US Open, French Open und Australian Open. Max Mirny war mehrmals Nummer Eins in der Doppel-Weltrangliste.

Der erfolgreichste Tischtennisspieler ist Uladzimir Samsonau. Er wurde 1995 Vizeweltmeister im Doppel und 1997 Vizeweltmeister im Einzel.

Die Nationalmannschaft im Handball nahm bisher einmal an einer Welt- und zweimal an einer Europameisterschaft teil (WM 1995, EM 1994 und 2008). Die bekanntesten Handballer des Landes Sjarhej Harbok und Andrej Klimovets spielen heute in der deutschen Handball-Bundesliga.

Bei den Olympischen Spielen konnten insgesamt 80 Sportler aus Belarus 72 olympische Medaillen erringen (10 Gold, 20 Silber, 39 Bronze). Bekannte Medaillengewinner sind der Weltmeister im Hammerwerfen Iwan Zichan, die zur Weltspitze zählende Diskuswerferin Iryna Jattschanka, und die mehrfache Weltmeisterin und Olympiasiegerin im Rudern Ekaterina Karsten.

Sehr beliebt sind die Biathletin Darja Domratschewa, die 2014 drei olympische Goldmedaillen gewann und die Schwimmerin Alexandra Gerassimenja, die ihrem Team mehrmals WM- und EM- Medaillen sowie zweimal olympisches Silber bescherte.

Die belarussische Identität

Die Belarussen beschreiben sich selbst als tolerant und konservativ. Das Leben in einem Gebiet, das von Krieg und Besatzung geprägt war, hat eine Mentalität der Anpassungsfähigkeit gegenüber häufig wechselnden Machthabern, eine Neigung zur Konfliktvermeidung und zum Konformismus hervorgebracht. Dieser belarussische Charakterzug lässt sich gut mit einem Zitat aus dem Dokumentarfilm von Juri Chaschtschewazkij zusammenfassen, in dem sich eine Belarussin im Gespräch folgendermaßen erklärt: ›Klar gibt es Gott, aber wir glauben nicht an ihn‹.

Gleichzeitig förderte diese Eigentümlichkeit die Ausbildung von Parallel-gesellschaften und künstlerischen Untergrundbewegungen, die sich dem offizi-ellen Regime und der Öffentlichkeit entzogen. Auch heute existieren doppelte Strukturen, regierungsnahe und freie Jugendorganisationen, Theatergruppen, Kommunistische Parteien, Gewerkschaften, Schriftsteller- und Journalistenver-bände nebeneinander.

In seinem Buch ›Der Abwesenheitscode‹ bringt der belarussische Philosoph Valjancin Akudovič die Identitätsproblematik seines Landes explizit zur Sprache. Darin erklärt er, dass die Belarussen aufgrund der verschiedenen politischen, re-ligiösen und kulturellen Einflüsse nie eindeutig definieren konnten, wer sie sind – weder die Merkmale einer ethnischen Nation noch die einer Kulturnation trafen auf sie zu. Das Fehlen einer gemeinsamen Sprache und Religion, das Aufgehen der Eliten in den unterschiedlichen Herrschaftsgebilden sowie die späte Eigen-staatlichkeit erschwerten den Prozess der Identitätsfindung erheblich.

Seit der Unabhängigkeit 1991 änderte sich die Selbstwahrnehmung der Bela-russen radikal. Die chaotische, aber offene Zeit der Perestroika, in der die Bela-russen geradezu über Nacht in einem eigenen Land aufgewacht sind, endete al-lerdings mit der Entscheidung für das »Rückkehrprogramm« von Aljaksandr Lukašenka. Statt des Umbaus der politischen, ökonomischen und sozialen Ins-titutionen behielt man die sowjetische administrative Struktur und blieb auf die-se Weise Objekt des Staates, kein Subjekt. Nichtdestotrotz bleibt der Philosoph Akudowitsch optimistisch, er glaubt an eine belarussische Nation, die in ihrem Bekenntnis zu einer zivilgesellschaftlichen und demokratischen Ordnung, einem Staat von freien und gleichen Bürgern unterschiedlicher Herkunft und Sprache, ihre Identität finden wird. In der heutigen Zeit der Globalisierung und einer zu-nehmend durch das Internet vernetzten Gesellschaft, wächst eine neue Generati-on in Belarus heran, die – wenn auch politisch nicht besonders aktiv – bereits an-ders denkt und sich anders versteht: unabhängig, europäisch und aufgeschlossen.

Der ›Ruhmeshügel‹ zwischen Minsk und dem Flughafen Minsk 2

Land und Leute

Jugendliche Festivalbesucher

Die neuesten Entwicklungen angesichts des Konflikts zwischen Ukraine und Russland, führen zu einem starken Interesse an belarussischer Kultur und Fragen der nationalen Identität. In vielen Städten werden Kurse der belarussischen Sprache abgehalten, die sehr gut besucht sind; populär geworden sind auch historische Führungen. Nach 25 Jahren Unabhängigkeit ist man daran gewöhnt, sich als Belarusse (nicht Russe oder Sowjetmensch) zu verstehen, allmählich möchte man aber auch genauer wissen, was sich hinter diesem Begriff verbirgt und sich mit der belarussischen Geschichte auseinandersetzen.

Religion

Im Altertum (vor dem 8. Jh.) dominierte auf dem heutigen Territorium von Belarus die heidnische Vielgötterei mit ihrem Hauptgott Piarun (bel. Пярун), Gott des Donners (bei den Germanen Odin/Wotan) und später Gott der Sonne und Fruchtbarkeit, Daždžboh (bel. Даждзбог).

Die erste Diözese des Christentums wurde 992 in Polack gegründet. Ende des 10. Jahrhundert verbreitete sich unter dem Einfluss der Kiewer Rus die orthodoxe Kirche sowie die kyrillische Schrift. Gegen Ende des 12. Jahrhunderts dominierten in Westeuropa die katholische und in Osteuropa die orthodoxe Konfession, wobei die Grenze ungefähr am Fluss Bug lag. Belarus – als Gebiet zwischen zwei religiösen Zonen – wurde von den Nachbarn Polen (Katholizismus) und dem Großfürstentum Moskau (Orthodoxie) stark beeinflusst.

Die Dominanz der orthodoxen Kirche im glaubenstoleranten Großfürstentum Litauen wurde 1385 mit der Union von Kreva und der Heirat des litauischen Großfürsten Jagiełło mit der minderjährigen polnischen Königin Hedwig unterbrochen. Um den polnischen Thron zu besteigen, musste Jagiełło zusammen mit dem litauischen Adel den katholischen Glauben annehmen. Auf diesem Weg wurde der Katholizismus im Laufe der Zeit die Religion des Adels und des Kleinadels (Szlachta).

Insgesamt war die religiöse Situation in Belarus jedoch von großer interkonfessioneller Toleranz gekennzeichnet. Im 15. und 16. Jahrhundert verbreiteten sich im Laufe der Niederlassung der Juden und Tataren das Judentum und der Islam. Der Protestantismus kam Mitte des 16. Jahrhunderts. Verbreitet waren vor allem der Kalvinismus, das Luthertum und der Arianismus.

Das 16. Jahrhundert war eine schwere Zeit für die orthodoxe Kirche: Konstantinopel geriet unter türkische Herrschaft, die Reformation schritt voran, die Katholiken lösten durch den Jesuitenorden den Prozess der Gegenreformation aus. Das hatte unmittelbare Auswirkungen auf Belarus, wo die orthodoxen Kirchen in protestantische umgewandelt wurden und die Magnatenfamilien zum Kalvinismus und zum Katholizismus wechselten. Der Krieg mit dem Großfürstentum Moskau machte Einfluss aus dem Osten unmöglich.

Die belarussische Reaktion auf die damaligen religiösen und konfessionellen Entwicklungen war die Schaffung einer Unierten (griechisch-katholischen) Kirche. Die 1596 in Brest geschlossene Kirchenunion hatte es sich zum Ziel gesetzt, die orthodoxe Kirche unter die Herrschaft des Papstes zu stellen, wobei orthodoxe Riten und die Liturgie erhalten blieben. 1839, als die unierte Kirche verboten wurde, bekannten sich etwa 70 Prozent der Belarussen zu ihr.

Mit den drei Teilungen der Rzeczpospolita (1772, 1793, 1795) wurde Belarus Ende des 18. Jahrhundert an das Russische Reich angeschlossen, welches die orthodoxe Kirche favorisierte. Diese Bevorzugung endete aber mit der Etablierung der sowjetischen Macht. Besonders starke Repressalien fanden in den 1930er Jahren statt, Kirchen wurden geschlossen, Priester hingerichtet oder nach Sibirien verbannt. Nach der Wiederherstellung der Messen unter deutscher Okkupation (1941–44) kam eine neue Repressionswelle in den 1950er Jahren. Sakralbauten dienten als Kinos, Lager, Geschäfte oder Sporthallen, bestenfalls wurden hier Museen untergebracht.

Ende der 1980er Jahre brachte die Perestroika eine Renaissance der Religionen, die Kirche wurde mit geistiger Stabilität, Ordnung und dem Anknüpfen an die Traditionen des Volkes verbunden.

Heute ist die russisch-orthodoxe Kirche die größte Glaubensgemeinschaft, ihr gehören etwa 70 Prozent an, etwa 20 Prozent sind Katholiken, der Rest der Bevölkerung verteilt sich auf mehrere Konfessionen, vor allem auf protestantische, unierte, muslimische und jüdische Gemeinden.

Seit dem Staatskirchenvertrag von 2003 stellt die belarussisch-orthodoxe Kirche, welche dem Patriarchen von Moskau unterstellt ist, die vom Staat

Die orthodoxe Schutz- und Fürbitten-Kirche in Polack

Land und Leute

Die Synagoge von Slonim

am stärksten unterstützte Glaubensrichtung im Land dar. Obwohl sie sich selbst außerhalb von Ideologien versteht, wird sie von der Regierung als ›Hauptideologe des Landes‹ bezeichnet.

Die Verfassung der Republik Belarus gewährleistet die Freiheit des Glaubens und das Recht auf religiöse Versammlungen, was der Sonderbeauftragte für die Angelegenheiten der Religionen und der Nationalitäten innerhalb der Präsidialadministration sowie der interkonfessionelle Rat kontrollieren.

Die orthodoxe und katholische Kirche sind in Belarus vor dem Gesetz gleich, die Weihnachts- und Osterfeiertage beider Konfessionen sind gesetzliche Feiertage, was einmalig im postsowjetischen Raum ist.

Anders als in anderen ostslawischen Staaten werden in Belarus auch noch heidnische Traditionen gepflegt. Mit der Verbreitung der christlichen Religionen wurde das Heidentum erst an die Stadtränder verdrängt (etwa im 15. Jh.), blieb aber als wichtiger kultureller Teil des ländlichen Lebens bis ins 20. Jahrhundert ein Bestandteil der Mentalität mit einer Reihe von Hausgeistern/дамавікі (Stallgeist/хлеўнік, Banjageist/лазнік,) und Waldgeistern (лесавік, палявік). Noch heute gibt es auf dem Lande einzigartige, zum Teil Tausend Jahre alte Traditionen, auf die sich viele moderne Feierlichkeiten (z.B. Kaljady, Dzjady) beziehen.

Familie, Beziehungen, Freundschaft

Die belarussische Familie ist konservativ und pflegt ein traditionelles Geschlechterrollenbild. Aufgrund des gesellschaftlichen und ökonomischen Drucks sind frühe Ehen, in denen das Paar nicht selten bei den Eltern bleibt und dort ihre Kinder aufzieht, weit verbreitet. Eine Familie wird anders als in Deutschland von drei Generationen gebildet, die Großeltern verbringen viel mehr Zeit mit ihren Enkeln, insbesondere während der drei Monate langen Sommerferien. Mit der moralischen und finanziellen Unterstützung durch die Eltern ist es für die 20-Jährigen einfacher, eine eigene Familie zu gründen.

Die letzten Statistiken bezeugen jedoch einen Wandel, der besonders in den Städten zu vernehmen ist: Die Zahl der Scheidungen übersteigt mittlerweile die der Eheschließungen (die Scheidungsrate nimmt den vierten Platz in der Welt ein), die Geburtenrate sinkt und das Durchschnittsalter bei Eheschließungen steigt weiter an – 25 Jahre bei den Frauen (37,5 bei der zweiten Ehe), 27,1 bei Männern (40,3 beim zweiten Versuch). Eheverträge sind nicht verbreitet. Übrigens: Als schlechtes Omen gilt die Eheschließung im Schaltjahr oder im Mai, in dieser Zeit werden viel weniger Ehen registriert.

Etwa 93 Prozent der Ehen werden zwischen Belarussen geschlossen, wobei immer mehr Frauen Ausländer heiraten (die Zahl hat sich in den letzten zehn Jahren verdoppelt). Die Mehrheit der Ausländer bilden Russen und Ukrainer, danach kommen Israelis und Bürger baltischer Staaten, dann Türken und Deutsche. Heute werden Ausländer gerne als potenzielle Lebensgefährten gesehen, weshalb der Sex-Tourismus in den Minsker Clubs immer mehr Fuß fasst.

Frauen sind gewöhnlich besser ausgebildet und im öffentlichen Leben gleichberechtigt, leiden aber dennoch an einem geringen Selbstwertgefühl (es wird geheiratet, da ›er sie will‹) und müssen bei erfolgreicher Karriere gleichzeitig perfekte Hausfrauen sein, was oft zu Enttäuschungen zwischen den Ehepartnern führt.

Auch in puncto Beziehung und Sexualität klaffen die Erwartungen auseinander: zwar können Bekanntschaften zwischen Männern und Frauen schneller zu mehr führen, die belarussische Frau hofft in der Regel jedoch auf eine feste Partnerschaft und Kinder.

Kinder in einem Vergnügungspark in Minsk

Land und Leute

Liedersingen während der Kaljady-Tage

Wenn sie auch manchmal verschlossen und unfreundlich im Umgang mit Fremden wirken, so freuen sich Belarussen generell über neue Bekanntschaften. Am einfachsten werden diese am festlichen Tisch geschlossen. Einerseits ähneln Belarussen dem Klischeebild, das den Berlinern zugesprochen wird: Schnauze mit Herz, unzugänglich von außen, aber eigentlich sehr herzlich. Andererseits erdulden Belarussen viel.

Homosexualität wird seit 1994 nicht strafrechtlich mehr verfolgt, das Thema wird aber im heutigen Belarus weitgehend tabuisiert. Antidiskriminierungsgesetze zum Schutz von Lesben und Schwulen gibt es nicht; LGBT-Organisationen (Gaybelarus, Jana, Lambda, usw.) und ihre Aktivisten sind nicht registriert und werden vom Staat nicht ernst genommen. Im öffentlichen Leben (anders als online!) sind Homosexuelle nicht präsent (keine LGBT-Treffpunkte oder Klubs).

Die Belarussen halten sich für tolerant und sind in den meisten Fällen nicht offenkundig homophob, glauben aber insgeheim, dass offene Homosexualität inakzeptabel ist. Das beste Beispiel bietet Präsident Lukašenka, der aussagt, dass die Existenz der Lesben dem männlichen Versagen geschuldet sei, während die Homosexualität der Männer der Natur widerspreche. Bekannt ist auch sein Kommentar zum damaligen deutschen Außenministers Guido Westerwelle: »Besser Diktator sein als schwul«. Lediglich junge Menschen stehen Lesben und Schwulen aufgeschlossener gegenüber. Dennoch wird homosexuellen Touristen geraten, ihre Sexualität nicht freimütig zur Schau zu stellen, da es als Provokation verstanden werden und zu Missverständnissen führen könnte.

Sitten und Bräuche

Wenn man die belarussischen Sitten und Bräuche als Ausdruck der Beziehung der Menschen zur Natur und zueinander analysiert, so findet man eine Mischung von heidnischen, kirchlichen und kommunistischen Festen im Alltag verankert. In der vorchristlichen Zeit feierte man den Anfang der Saat, die Ernte, den Frühlingsanfang sowie die Tage der einzelnen Götter. Dem Sonnenkalender entsprechend gab es Kaljady im Winter und Kupallje im Sommer. Feiertage differenzierten sich nach der Wichtigkeit, wobei die Nichtbeachtung der Regel verschiedene Unglücke mit sich brachte (vom Viehbestand bis Unglücksserien in der Familie).

Der belarussische Fotograf Andrei Liankevich hat einen Bildband ›Pagan‹ zu heidnischen Traditionen in Belarus veröffentlicht (ISBN 978–83–930962–0-6), wo er verbreitete sowie sehr lokale Traditionen schildert, die Bedeutung von einzelnen Kleidungsteilen und Objekten erklärt und die heidnischen Bräuche in belarussischen Dörfern sehr lebendig darstellt.

Kaljady

Die Kirche bekämpfte das Heidentum nicht nur mit Verboten, sondern legte auch eigene Feste mit heidnischen zusammen. ›Kaljady‹ nennt man die zwölf Weihnachtstage zwischen Weihnachtsabend am 25. Dezember bis zum Morgen des 6. Januar. Der Dreikönigstag für die Katholiken fällt auf das russisch-orthodoxe Weihnachten. Kaljady werden in manchen Gebieten nach der Tradition der russisch-orthodoxen Kirche als Svjatki (Святкі/Святки) später zelebriert: zwischen dem orthodoxen Weihnachtsfest (7. Januar) und dem Fest der Taufe des Herrn (19. Januar). Der Weihnachtsfeiertag wurde zu heidnischen Zeiten als Geburtstag der Sonne gefeiert und von der orthodoxen Kirche übernommen. Der Name Kaljady kann vermutlich aus dem Lateinischen Wort *kalendae* abgeleitet werden, die Bezeichnung für den ersten Tag eines Monats im römischen Kalender.

Umzüge mit Vorführungen und Gesang am Heiligen Abend – Kaljadavannje (bel. калядаванне) – sind ein weit verbreiteter Brauch in Mittel- und Osteuropa (Bulgarien, Polen, Russland, Serbien, der Slowakei, der Tschechischen Republik, Ukraine). Im Volksglauben erscheinen zu dieser Zeit besondere Ungeheuer und böse Geister, die durch Kaljadki, lustige Weihnachtslieder, vertrieben werden.

Die Weihnachtsumzüge gehen von Haus zu Haus, gekleidet in der Feiertagsversion der Nationaltracht. Die Ziege als Symbol der Fruchtbarkeit und des Wohlstands ist immer dabei – gleichzeitig glaubte man, dass Ziegen vom Teufel nach seinen Ebenbild geschaffen wurden und deshalb vor Unglück schützten.

Typisch für die Kaljady-Tage war auch die Batlejka (bel. батлейка), eine seit dem 17. Jahrhundert verbreitete Weihnachtskrippe bzw. eine Art Puppentheater, das Szenen aus Christi Geburt und Volkskomödien mit populären Helden zeigten.

Neujahr

Das Neujahr – Ščadrec (bel. Шчадрэц, von ščodry – großzügig) feierte man mit viel Gesang, der eine gute Ernte, Wohlstand und Glück wünschte. An diesem Tag wurde die schönste junge Frau (Ščodra) mit Haarbändern und einem Kranz geschmückt, sie leitete den Umzug. Der Tag diente auch dazu, Konflikte zu schlichten und gescheiterte Heiratsanträge zu wiederholen. Da in belerussischen Familien häufig unterschiedliche religiöse Überzeugungen zusammenkommen, gilt das Neujahr eher als Familienfest als Weihnachten.

Maslenica

Maslenica (bel. Масленіца; so viel wie ›Butterfest‹), die Woche vor der Fastenzeit, wurde traditionell ohne große Straßenfeste viel bescheidener als in Russland gefeiert, der Pfannkuchen als Maslenica-Symbol kam hier erst Ende des 19. Jahrhunderts auf. Dieses Fest diente dazu, sich vom Winter zu verabschieden und zur Fastenzeit vorzubereiten. So wurden kein Fleisch, dafür aber viele Milchprodukte gegessen, vor allem Masla, die Butter. Den letzten Sonntag vor der Fastenzeit nennt man Vergebungssonntag, da man an diesem Tag Verwandte und Freunde um Verzeihung bittet. Da die Fastenzeit sieben Wochen dauert, nahm man am letzten Tag davor sieben Mahlzeiten zu sich.

Danach findet die heidnische Tradition des Frühlingsrufen (Hukannje Vjasny, bel. Гуканне Вясны) statt, diese fällt mit dem Tag der Verkündigung des Herrn, den 7. April, zusammen. An dem Tag kamen die Störche, sie brachten Glück in den Hof, den sie als Zuhause wählten.

Ostern

Ostern nennt man in Belarus Vjalikdzeń, den Großen Tag (bel. Вялікдзень), dadurch wurden die Sonne und das Erwachen der Natur gefeiert sowie der Anfang der ›großen Tage‹ der Saat. Die heidnischen Rituale mussten eine gute Ernte, gesundes Vieh und die Fruchtbarkeit der Erde sichern. Der Gründonnerstag vor Ostern wird hier Sauberer Donnerstag genannt, an diesem Tag badet man und putzt das Haus. Am Samstag werden runde Osterkuchen aus Weizen gebacken und Eier gefärbt. In der Nacht geht man zur Messe, und danach werden die Eier sowie das andere in der Kirche geweihte Essen verzehrt.

Der Georgstag (23. April) wird in Belarus als Jurja (bel. Юрья) am 6. Mai, als Tag der Bauern und Anfang des Frühlings, gefeiert. Juri war der Heilige, der den Viehbestand und die Ernte schützte. Die Heiden zelebrierten an dem Tag den Sonnengott Jaryla und gingen mit Essensopfergaben in die Felder.

Volksfest in Braslaŭ

Land und Leute

Auf dem Festival ›Slavischer Basar‹ in Vicebsk

Radunica

Radunica (bel. Радуніца), ein heidnischer Gedenktag der Vorfahren, ist seit dem 12. Jahrhundert aus den Chroniken bekannt und wurde von der orthodoxen Kirche übernommen. Am 9. Tag nach Ostern gedenken die Belarussen ihrer Toten. Im Rahmen ihres Totenkultes spielen der 3. Tag (Begräbnis), der 9. Tag (Familientotenmahl), der 40. Tag (Himmelfahrt und Totenmahl) sowie der Jahrestag eine besondere Rolle. Heutzutage besucht man an Radunica die Familiengräber, auf die gefärbte Ostereier in Form eines Kreuzes gerollt werden. Auf den Gräbern wird ein symbolisches Mahl serviert, wobei man auch dem Verstorbenen ein Gläschen und ein Tellerchen hinstellt.

Kupallje

Das populäre Fest Kupallje oder Ivana Kupala (bel. Купалле, Івана Купала) feiert man in der Nacht vom 6. auf den 7. Juli. Der Name des Festes leitet sich vom altslavischen Wort *kupec* (bel. купець), brennen (vgl. lat. *cupido* = Begierde, Verlangen, Lust) ab. In der christlichen Zeit wurde das Fest mit dem Tag des Jan (Ivan) zusammenlegt und hat daher einen doppelten Namen (Ivana Kupala). Viele Bräuche von Ivan Kupala sind mit den zwei Elementen Wasser und Feuer verbunden, Pflanzen und Tieren werden an diesem Tag magische Kräfte nachgesagt. So gehen junge Frauen und Männer nackt in Flüssen und Seen schwimmen, springen über Lagerfeuer, lassen ihre selbstgeflochtenen und mit Kerzen bestückte Blumenkränze im Wasser treiben.

Weitere Feste

Am 19. August, dem orthodoxen Tag der Verklärung des Herrn, findet das Fest Apfel-Erlöser, Jablačny Spas (bel. Яблачны Спас) statt, das signalisiert, dass das Obst schon gereift ist und verzehrt werden kann.

Geerntet wird gemeinsam, in einer Talaka: das ist auch heute noch eine verbreitete Tradition der Dorfbewohner, freiwillig gemeinsame Arbeit in den Feldern und Gärten zu verrichten.

Das Erntefest heißt in Belarus immer noch Dažynki (bel. Дажынкі, oder auch: Першая Прачыстая); am 28. August wurde aus neuer Ernte gebackenes Brot und Gemüse in der Kirche geweiht. Das Ende der Bauernarbeit feiert man mit feierlichen Umzügen durch das Dorf und mit Gesang.

Am 14. Oktober, am Pakrovy (bel. Пакровы), dem christlichen Fest der Mariä Schutz und der Fürbitte, endeten alle Feldarbeiten, und die Hochzeitssaison wurde eröffnet. Dieser Tag diente auch als Parameter für das zukünftige Wetter.

Etwa drei Wochen nach Pakrovy folgt Dzjady (bel. Дзяды), der Herbstgedenktag der Vorfahren. Dzjady, was wortwörtlich auf Belarussisch ›Eltern‹, ›Vorfahren‹ heißt, gibt es auch in Polen und Litauen. Der Dichter Adam Mickiewicz hat dieser Tradition sein bekanntes Gedicht ›Dziady‹ gewidmet; dieser Brauch blieb in Belarus – wie vom Dichter beschrieben – erhalten.

Hochzeit

Zum kulturellen Vermächtnis gehören in Belarus heute auch Hochzeitstraditionen.

Wie in vielen anderen slavischen Ländern fingen sie mit der Heiratsvermittlung an, die Vermittler mussten mit den Eltern des Mädchens reden. Falls diese mit der Hochzeit einverstanden waren, wurde nach dem Mädchen gerufen, um zu hören, was sie sagt. Ein bis zwei Wochen danach besuchte die Brautfamilie den Bräutigam und dessen Haus als Brautschau. Danach fand im Brauthaus die Verlobungsfeier statt, wobei die Mitgift und der Hochzeitstag besprochen wurden. Der Hennenabend fand am Abend vor der Hochzeit statt: Die Freundinnen der Braut schmückten sie mit Bändern und sangen zusammen; es wurde auch ein Hochzeitsbaum mit Blumen geschmückt, genauer gesagt ein Birken-, Kirch- oder Tannenzweig, das Symbol der Jungfräulichkeit.

Die Hochzeit fing im Haus der Braut an, wo das junge Paar auf den Knetkessel gesetzt wurde, dahin kamen auch die Freunde des Bräutigams mit Geschenken für ein festliches Mahl. Hier wurde das Brot geteilt, als Symbol des gemeinsamen Lebens. Danach gingen alle in das Haus des Bräutigams zum feierlichen Essen. Dahin wurde in einer Truhe die Brautausstattung gebracht. Nach der kirchlichen Zeremonie wurde die Hochzeit mehrere Tage lang gefeiert und endete mit der Zeremonie des mit Honig gesüßten Wodkas, um die verlorene Jungfräulichkeit der Braut zu bejubeln.

Die Küche

Die belarussische Küche ist kein gastronomisches Paradies, ihre Gerichte machen aber satt. Sie ist ziemlich bäuerlich, fettig und leidet unter Klischees, auch im eigenen Land: Jeder Belarusse behauptet, dass die Kartoffel die belarussische Küche ausmacht. Die russischen Nachbarn nennen die Belarussen ›Kartoffelleute‹ (бульбаш: Bulbasch).

In Wirklichkeit wurde die belarussische Gastronomie durch den Kontakt mit Polen, Russland, der Ukraine, Litauen, Deutschland sowie den Tataren und Juden vielseitig beeinflusst und kann regionale Verschiedenheiten aufweisen.

Generell ist die belarussische Küche eine eigentümliche Mischung aus russischer und polnischer Küche. Heute kochen Belarussen tatsächlich sehr viel Kartoffeln (man sagt, es gibt 1001 Kartoffelgerichte) und reichlich Fleisch. Viele Variationen gibt es auch von kalten und warmen Suppen, die deftig und nahrhaft sind und mit Fleisch, Fisch, Knoblauch, gekochtem Gemüse und Kräutern zubereitet werden.

Belarussen essen traditionell viel Brot (vor allem dunkle Mehlsorten), zu Suppe und zu Hauptgerichten, auch gern zu Kartoffeln, Nudeln oder Fleisch. Lange Zeit kannte die belarussische Küche keine Hefe, bis heute wird Gebäck meistens mit Backpulver gebacken. Verbreitete Gewürze sind Pfeffer, Koriander, Muskatnuss sowie Minze und Kümmel (wird für Brot und Käse verwendet).

Milchprodukte sind ebenfalls sehr zahlreich und beliebt: Joghurt, Quark, Kefir, saure Sahne, Schmand, Molke und Dickmilch sind in allen möglichen Variationen in Supermärkten zu kaufen. Auch hier gibt es Besonderheiten zu entdecken, z. B. Rjaschenka, ein fermentiertes Sauermilcherzeugnis.

Populär sind auch Würste sowie eingelegtes Gemüse und Obst. Eingelegt wird so ziemlich alles, was in Belarus angebaut oder gesammelt wird: Weißkohl, Gurken, Äpfel, rote Beete, Heidelbeeren, Pilze, Früchte und Fisch. Sommer und Herbstanfang sind daher die beste und die einzige Zeit, frisches und sonnengereiftes Obst, Gemüse, Beeren und Pilze zu genießen. Außerhalb der Erntezeit gibt es sehr wenig Obst und Gemüse.

Die Belarussen sind fleißige Pilzsammler

Land und Leute

Belarussische Gerichte sind in der Regel einfach in der Zubereitung, aber dafür nicht weniger lecker. Grundlage bleibt die Kartoffel: gerieben, als Auflauf mit Schinken, gebacken im Ofen, als Pommes frites oder traditionell und sehr populär als draniki/babki (bel. дранікі oder бабкі) – Kartoffelpuffer gefüllt mit Fleisch, Pilzen oder anderem Gemüse.

Bliny (bel. бліны, russ. Блины, Plural) sind beliebte Eierkuchen, die in Form dünner Fladen zubereitet werden. Sie werden warm mit etwas Butter oder eingerollt mit unterschiedlichsten Füllungen (Quark, saure Sahne, Hackfleisch, gesalzener geräucherter Fisch oder Kaviar) gegessen. Zum Tee werden sie mit Konfitüre, Honig, Käse oder süßer Kondensmilch (Zguščonka/Sguschtschonka, bel. згушчонка, russ. сгущёнка) gereicht.

Syrniki (bel. сырнікі, russ. сырники, Plural) sind gebratene Klöße aus Quarkteig, ähnlich in der Zubereitung den sächsischen Quarkkäulchen. Für den Teig wird Quark mit Mehl, Eiern, Zucker und Salz vermengt. Syrniki werden mit Schmand, Puderzucker oder Konfitüre serviert.

Aus Quark gibt es leckere Quarkhäppchen (bel. глазураваныя сыркі, russ. глазированные сырки) zu kaufen: mit Schokolade glasierte süße Quarkriegel. Sehr lecker ist auch das hiesige Eis, das anders als im Westeuropa aus natürlicher Milch produziert wird. Natürlicher Joghurt ist dagegen schwer zu finden.

Getränke

Der Kwas (bel., russ. квас) ist ein seit tausend Jahren bekanntes ostslavisches, kohlensäurehaltiges Erfrischungsgetränk aus Wasser, Roggen und Malz. Der Kwas gilt als nicht alkoholisch, hat aber ungefähr 0,05–1,44 Prozent Al-

Eines der beliebtesten Erfrischungsgetränke: Kwas

kohol. Durch seine Milchsäurebakterien hat er eine verdauungsfördernde Wirkung. Das populäre Getränk riecht nach Brot und hat einen leichten Zitronengeschmack, der an Radler erinnert.

Im Sommer wird Kwas auf der Straße aus Tankwagen angeboten, die typischerweise gelb angestrichen und mit der Aufschrift ›Квас‹ versehen sind. In Supermärkten ist Kwas überall erhältlich.

Medavucha (bel. медавуха, russ. медовуха; vom Wort ›mjod‹ Honig), ein weiteres altslavisches und alkoholhaltiges Honig-Getränk, ist dagegen nur in Restaurants erhältlich. Bitte nicht mit dem gleichnamigen Wodka-

Hier gibt es kaltes Bier

Brand verwechseln! Medavucha wird durch Gärung verdünnter Beeren- bzw. Fruchtsäfte unter späterem Hinzufügen von Honig und Alkohol zubereitet. Der Alkoholgehalt variiert je nach Sorte (von 10 bis 16 Prozent), es gibt kalte und heiße Variationen sowie auch alkoholfreie Medavucha.

Zbicen (bel. збіцень, russ. сбитень) ist auch nur in Restaurants zu finden. Das ehemals weit verbreitete, alkoholfreie (manchmal auch alkoholhaltige) Heißgetränk besteht aus Wasser, Honig und Gewürzen. Es wurde im Winter mit Lebkuchen und Heilpflanzen getrunken.

Krambambulja ist die belarussische Imitation von Krambambuli, einem rotfarbigen Likör aus Danzig, der bei Studenten im 19. Jahrhundert sehr populär war. Er besteht aus Wodka, Honig und vielen Gewürzen, vor allem Zimt, Nelken, schwarzem Pfeffer und Muskatnuss, der Alkoholanteil variiert von 13 bis 43 Prozent.

Wodka ist nach wie vor sehr verbreitet. Der 40-prozentige Schnaps wird aus Kartoffeln oder Getreide hergestellt und während einer langen Mahlzeit konsumiert oder zwischendurch pur zu einem Trinkspruch getrunken.

Es existiert auch eine reiche Trinkspruch-Tradition: Eine dritte kurze Ansprache lautet gewöhnlich ›Auf die Liebe‹ oder ›Auf die Frauen‹, die vierte ›Auf die Eltern‹. Ein verbreiteter russischsprachiger Spruch ist ›Sa sdorovje‹ (Auf die Gesundheit). Auf Belarussisch sagt man: Budzma! (будзьма), weitere Sprüche sind Каб куля мінала, каб дзеўка кахала, каб шабля не брала (Dass die Kugel nicht trifft, dass die Frau liebt, dass der Säbel nicht tötet) oder Чарачка-каток, каціся ў раток (Liebes Trinkgläschen, komm in mein Mündchen).

Beim Anstoßen wird anders als in Deutschland nicht in die Augen geguckt, eher auf das Glas. Beim Trinken hält man die Luft an und trinkt das Gläschen auf einen Zug aus, anschließend atmet man tief aus und isst etwas. Wodka ohne Gesellschaft oder gar am Vormittag zu trinken ist in Belarus wie in ganz Osteuropa verpönt und gilt als Zeichen von Alkoholismus. Das Gleiche gilt, wenn man sich selbst einschenkt! Leere Flaschen werden immer unter den Tisch gestellt, damit man den Überblick behält, wie viele volle es noch gibt.

Plakatkampagne gegen Alkohol am Steuer

Sehr bekannt bzw. berüchtigt ist der Obstwein (bel. пладова-ягаднае віно, russ. плодово-ягодное вино), im Volksmund Tinte (bel. чарніла, russ. чернила) genannt. Der alkoholangereicherte Obst-und Beerenwein ist ein sehr billiges (ca. 1 EUR) alkoholisches Getränk (16–22 Prozent) von sehr geringer Qualität, es wird durch Gärung von Frucht- oder Beerensaft mit Zusatz von Wasser und Zucker produziert. In den letzten Jahren versuchte die Regierung, das Produktionsvolumen zu reduzieren. Es gibt eine reiche Sammlung von Namen für diese Obstweine, die nur Alkoholiker trinken: Das Lustige Karussell, Für Freunde, Fräulein Glück, Auf Bruderschaft, Die Hexe, Zum Markt, Alexander und Ich, Wiktor und Ich usw.

Belarussische Sprache und Literatur

Reisende, die Belarus besuchen und etwas Russisch können oder sich vor der Reise mit dem kyrillischen Alphabet vertraut gemacht haben, werden in Belarus bei der Ankunft oft verwirrt: Die Wegweiser und Straßenbeschilderung sind größtenteils belarussisch, aber die meisten Belarussen bevorzugen im Alltag das Russische und beherrschen es aus diesem Grunde besser als das Belarussische.

Das Belarussische ist eine eigenständige Sprache und kein Dialekt. An den Schulen und an den Hochschulen wird auch Belarussisch gelehrt, es gibt belarussischsprachige Schulen (ihre Zahl ist jedoch rückläufig). Und nicht zuletzt existieren eine belarussische Literaturgeschichte und eine aktive belarussischsprachige Literaturszene. Das Belarussische gehört zusammen mit dem Russischen und Ukrainischen zu den ostslavischen Sprachen innerhalb der indoeuropäischen Sprachfamilie, es ist auch dem Polnischen relativ nahe.

Die gegenseitige Verständlichkeit zwischen Belarussisch, Russisch und Ukrainisch ist groß – in etwa vergleichbar mit Niederländisch und Deutsch. Wer Russisch (oder Ukrainisch) kann, wird auch das Belarussische schnell und problemlos lernen und vieles ohnehin verstehen. Kennzeichnend für das Belarussische ist sicher, dass es strukturell zwischen dem Russischen/Ukrainischen auf der einen Seite und dem Polnischen auf der anderen Seite steht.

Schreibung und Orthographie

Das Belarussische benutzt wie das Russische, das Ukrainische und einige südslavische Sprachen das kyrillische Alphabet (Kyrillica), weist aber auch die Besonderheit auf, dass es prinzipiell mit vier (!) Alphabeten benutzt werden kann: die Kyrillica, eine bestimmte Variante des lateinischen Alphabets (Łacinka), das hebräische (aufgrund des Einflusses durch das Jiddische) und sogar das arabische Alphabet (durch die in Belarus ansässigen Tataren, die ab dem 16. Jahrhundert das Belarussische benutzten, aber das arabische Alphabet weiterverwendeten, zum Beispiel zur Lektüre des Korans). De facto wird nur die Kyrillica benutzt. Die Łacinka wird hauptsächlich von einer kleinen Gruppe von Personen benutzt, die sich bewusst für das Belarussische entschieden haben, und hat vor allem im Internet eine gewisse Verbreitung gefunden.

Belarussische Sprachgeschichte

Für die Entwicklung der belarussischen Sprache stellt das Jahr 1795 (Dritte Teilung der Rzeczpospolita) eine Zäsur dar. Bis 1795 war Belarus ein Teil des Großfürstentums Litauen und der Rzeczpospolita, danach kam es in den Einflussbereich des Russischen, wo es bis heute geblieben ist. Dies hatte Folgen für die Entwicklung von Sprache und Kultur.

Denkmal für das kurze ›u‹, einen belarussischen Buchstaben, in Polack

Land und Leute

Zunächst entsteht eine belarussische Sprache, wie auch das Russische und das Ukrainische, aus einer ostslavischen Sprache (Altrussisch), die Schriftdenkmäler sind meist religiösen Inhalts, wie auch sonst überall in Europa. Ab dem 13. Jahrhundert avanciert das ›Westrussische‹ oder Ruthenische (Altbelarussisch) zur Amtssprache (Kanzleisprache) im Großfürstentum Litauen. Die drei litauischen Statute von 1529, 1566 und 1588 sind in dieser Variante des Altbelarussischen verfasst. Nach der Union von Lublin (1569) sollten die polnische und die belarussische Sprache und Kultur zwar in der Rzeczpospolita gleichberechtigt koexistieren. De facto jedoch verdrängt das Polnische allmählich das Belarussische (Warschauer Reichstag 1696), welches im Großfürstentum Litauen als Kommunikationsmittel zumindest in der Öffentlichkeit (Politik Verwaltung, Wirtschaft) verboten wird. Dies hat zur Folge, dass vom späten 17. bis Anfang des 19. Jahrhunderts die belarussische Sprache vor allem auf belarussischem Territorium und vom ›einfachen‹ Volk benutzt, aber auch nach wie vor von einem Großteil der belarussischen Szlachta gesprochen wird.

Das Belarussische im 19. und 20. Jahrhundert

Mit der Dritten Teilung der Rzeczpospolita 1795 gerät das Belarussische in den Einflussbereich des russischen Imperiums. Eine moderne belarussische Literatursprache bildet sich auf der Grundlage belarussischer Dialekte erst langsam im 19. Jahrhundert heraus, doch wird diese Sprache hauptsächlich gesprochen und noch nicht geschrieben. Nach dem Kalinoŭski-Aufstand 1863/64 wird das Belarussische ganz verboten, ja einer regelrechten Verfolgung ausgesetzt.

Zu Beginn des 20. Jahrhunderts, nachdem das Belarussische für Publikationen wieder zugelassen wird, sehen sich Intellektuelle mit dem Problem konfrontiert, dass dem Belarussischen Wörter und Ausdrücke für viele Begriffe und Gegenstände, vor allem für Abstrakta, fehlen. Viele dieser Wörter werden nun aus dem Polnischen entlehnt.

1933 tritt eine bis heute gültige Rechtschreib- und Grammatikreform in Kraft, die das Ziel einer Russifizierung des Belarussischen hatte. Diese Reform ist sowohl von den intellektuellen im damaligen Westbelarus als auch von den im Ausland lebenden Belarussen (Diaspora) nie akzeptiert worden (teilweise bis heute nicht). Die Produktion von Publikationen in belarussischer Sprache sinkt, die Zahl russischsprachiger Bücher erhöht sich. Die Benutzung der belarussischen Sprache in der Öffentlichkeit gilt lange Zeit als verpönt.

Die erste Hälfte der 1990er Jahre ist zunächst geprägt durch eine probelarussische Kulturpolitik, die auf die Verbreitung der belarussischen Sprache, zum Beispiel an den Schulen, ausgerichtet ist. 1995, unter dem damals noch frisch gebackenen Präsidenten Aljaksandr Lukašenka, wird ein umstrittenes Referendum zur Einführung des Russischen als zweite Staatssprache durchgeführt. Seitdem sind das Russische und das Belarussische gleichberechtigt nebeneinander Amtssprachen in Belarus – seitdem wird das Belarussische wieder durch das Russische verdrängt, vor allem im öffentlichen Bereich (Politik, Wirtschaft, Verwaltung) und in den Bildungseinrichtungen.

Die Sprache ist trotz allem ein Faktor nationaler Identität, das Belarussische hat eher emotionale denn praktische Bedeutung, auch wenn die überwiegende Mehrheit de facto Russisch spricht: Mit der Familie, mit Freunden, in der Schule, auf der Arbeit und… na ja – bei den Behörden sowieso.

Rein belarussischsprachige Medien sind schwer zu finden. Es gibt wenige belarussischsprachige Zeitungen, viele überregionale, aber auch Lokalzeitungen sind zweisprachig. Ansonsten bieten die zumeist staatlichen Fernsehsender und Radiostationen aus Belarus ein zweisprachiges Programm. Besonders kurios sind zum Beispiel Nachrichtensendungen, in denen die Moderatoren und Journalisten ihre Beiträge auf Belarussisch präsentieren, die Interviewpartner aber auf Russisch antworten!

Eingang zur Linguistischen Universität in Minsk

Zwei sprachliche Phänomene insbesondere der letzten 20 Jahre zeigen auf, wie uneinheitlich einerseits das Belarussische ist und wie ambivalent andererseits die Belarussen mit der sprachlichen Situation umgehen: Es gibt zwei unterschiedliche Varianten des Belarussischen, die sich vor allem (aber nicht nur) in der Orthographie unterscheiden. Unter Narkamaŭka versteht man die offizielle Variante, die auf die Reform von 1933 zurückgeht, an den Schulen und Hochschulen unterrichtet und vor allem von staatlicher Seite benutzt wird. Viele belarussische Intellektuelle haben dieses reformierte Belarussisch nie anerkannt. Die klassische belarussische Rechtschreibung, besser bekannt als Taraškevica (blr. Тарашкевіца), basiert auf der Schulgrammatik von Branislaŭ Taraškevič und wird in bestimmten Medien (Literatur, Presse, Internet) von einer bestimmten Gruppe politisch und kulturell interessierter Personen bewusst eingesetzt.

Seit den 1990er Jahren hat sich zudem eine Art gesprochene Umgangssprache durchgesetzt, eine Mischung aus Russisch und Belarussisch, die auch als Trasjanka bezeichnet wird. Das Wort ›Trasjanka‹ kommt aus der Landwirtschaft und bezeichnet dort eigentlich aus Heu und Stroh gemischtes Viehfutter – also gewissermaßen minderwertiges Futtermittel. Und dieser Aspekt des ›Minderwertigen‹ ist entscheidend: Wer Russisch spricht, aber dabei belarussische Elemente beimengt (oder umgekehrt), der spricht weder die eine Sprache noch die andere ›gut‹ oder ›richtig‹. Ein prominentes Beispiel eines Trasjanka-Sprechers ist sicherlich der belarussische Präsident Aljaksandr Lukašenka, der ›dem Volk auf Maul schaut‹ und daher gerade im Bereich der Aussprache und der Lexik sprachlich gesehen keine gute Figur macht.

Land und Leute

Denkmal für Kirill von Turaŭ im Hof der Belarussischen Staatlichen Universität in Minsk

Aufgrund seiner geografischen Lage zwischen Ost und West und aufgrund seiner historischen und kulturgeschichtlichen Entwicklung hat das Belarussische eine beträchtliche Anzahl Germanismen, viele über das Polnische, übernommen. Gut zehn Prozent des belarussischen Vokabulars geht auf deutsche Wurzeln zurück und stammt vor allem aus den Bereichen Handel, Handwerk und Bauwesen/Architektur, aber auch Technik und Militär. Einige Beispiele: дах (Dach), мур (Mauer), комін (Kamin), кляштар (Kloster), гандаль (Handel), вага (Waage), друкар (Drucker), гарбар (Gerber), смак (Geschmack), шынка (Schinken), шмалец (Schmalz).

Belarussische Literatur

Belarussische Literatur? Es gibt provokante Stimmen, die meinen, es gäbe sie gar nicht. Im Folgenden soll das Gegenteil bewiesen und die belarussische Literatur in ihren Grundzügen präsentiert werden.

Altbelarussische Literatur

Zentren der mittelalterlichen (vor allem geistlichen) Schriftkultur sind Polack, Turaŭ und Vicebsk. In Polack wirkt die erste Nonne von Belarus, die belarussische Nationalheilige Euphrosyne von Polack (1104–1167), die Kunst und Kultur fördert und sich als Übersetzerin betätigt. Kirill von Turaŭ (12. Jh.) war ein Mönch, zu dessen Nachlass u. a. Gedichte und Predigten gehören.

Die belarussische Schriftkultur erlebt ihren Höhepunkt im 16. Jahrhundert, juristische Texte, Chroniken und Übersetzungsliteratur, aber auch hagiographische Schriften (Lebensbeschreibungen von Heiligen) gewinnen an Bedeutung. Die Belarussen lernen durch Francysk Skaryna (um 1490–1551), der als erster überhaupt die Bibel ins Belarusische übersetzt, den Buchdruck kennen. Humanistische und reformatorische Ideen dringen auch in das Land zwischen Njoman und Dnepr vor.

Berühmt ist auch das Lied vom Wisent (1523), ein Poem in lateinischer Sprache von Mikola Husoŭski (um 1470 – nach 1533), welches dieser in Rom auf diplomatischer Mission für Papst Leo X. schrieb – ein Text, in dem er nicht nur die Naturschönheit seines Landes beschreibt, sondern auch den Charakter seiner Nation, schließlich gilt der Wisent als ein Nationalsymbol für die Belarussen.

Symon Budny (1530–1598) setzt die Skarynschen Traditionen fort, jedoch in Njasviž, wo er die Katechesis druckt (1562), das erste auf dem Territorium von Belarus gedruckte Buch.

In der Barockliteratur ab der Union von Lublin (1569) kamen, vor allem auch im Zusammenhang mit der Kirchenunion von Brest (1596) und der Gegenreformation neue (antireformatorische) Tendenzen und neue Gattungen auf. Simeon von Polack (1629–1680), ein Mönch, beherrscht die in der barocken Literatur gängigen Gattungen.

18./19. Jahrhundert

Ab dem 18. Jahrhundert ist eine zunehmende Dominanz des Polnischen spürbar, nach den drei Teilungen der Rzeczpospolita geht es mit der belarussischen Literatur bergab. Zeiten von Verbot und Zensur beflügeln kreative Prozesse allerdings auch immer, so dass man sagen kann, dass sich die belarussische Literatur vor allem in der zweiten Hälfte des 19. Jahrhunderts aus ihrem Schattendasein herauskämpft.

Der Philomatenbund war eine idealistisch ausgerichtete studentische Untergrundvereinigung an der Universität Vilnius zu Beginn des 19. Jahrhunderts (gegründet 1817), dessen Mitglieder, obwohl keine aktiven Widerstandskämpfer, mit Repressionen zu kämpfen hatten und teilweise in die Verbannung geschickt wurden. Prominente Mitglieder waren Adam Mickiewicz, Ignacy Domeyko und Jan Čačot.

Jan Čačot (1796–1847) sammelte Volkslieder, die er in polnischer Übersetzung publizierte, um ein gebildetes Publikum zu erreichen und mündlich überlieferte Traditionen dem polnisch- und dem belarussischsprechenden Publikum nahe zu bringen. Seine Gedichte wurden von Stanisław Moniuszko vertont.

Wincenty Dunin-Marcinkiewicz (1808–1884), ein Teilnehmer des Aufstandes 1863/64, schrieb auf Polnisch und Belarussisch. Eines seiner bekanntesten Werke ist das Theaterstück Pinsker Szlachta (1866, erste Veröffentlichung 1918), das vor dem Hintergrund des niedergeschlagenen Aufstandes 1863/64, dessen treibende Kraft die Szlachta war, spielt.

Die ›Aeneis verkehrt herum‹ ist einer der ersten bzw. ältesten größeren Texte (anonym) in der belarussischen Literatur (1. Hälfte 19. Jh.) und basiert auf der Aeneis von Vergil. Die Abenteuer des Aeneas werden satirisch auf belarussische Realien der Zeit übertragen. Die Trojaner werden als belarussische leibeigene Bauern dargestellt, die Götter treten als Großgrundbesitzer auf.

›Taras auf dem Parnass‹ ist ein Poem, dessen Urheberschaft noch bis vor wenigen Jahren unbekannt war. Heute gilt Kanstancin Veranicyn (1834–1904) mit großer Wahrscheinlichkeit als Autor. Es ist der erste Text in der belarussischen Literatur, der die Sicht eines einfachen Landbewohners darstellt: Taras geht in den Wald und landet stattdessen auf dem Parnass (Berg in Griechenland, in der Antike Ort der Götter und Musen) und kommt dort mit Göttern zusammen.

Denkmal für Simeon von Polack in seiner Heimatstadt

Die ›Wiedergeburt‹ der belarussischen Literatur

Zu Beginn des 20. Jahrhunderts ist das Leben in Belarus immer noch stark agrarisch geprägt, der überwiegende Teil der Bevölkerung besteht aus Analphabeten. Eine Art Bildungsbürgertum ist in den Städten vorhanden, die aber polnisch und jüdisch dominiert werden. Das kulturelle Zentrum in der Region ist seinerzeit nicht Minsk, sondern Vilnius. Auch heute kann man in der litauischen Hauptstadt noch Orte besuchen, an denen einst belarussische Geistesgrößen wirkten.

1905 wird das Verbot der belarussischen Sprache aufgehoben. Die ersten drei Jahrzehnte des neuen Jahrhunderts sind dadurch charakterisiert, dass die belarussische Sprache langsam aus ihrem bäuerlichen Dasein tritt und zur Sprache von Bildung, Literatur und Kultur erhoben wird. Da sich bis dahin keine belarussische Literatur wirklich hatte entfalten können – Epochen, die man aus anderen Nationalliteraturen kennt, wie Romantik und Realismus, hatte es nie gegeben –, hat sie viel nachzuholen. Eine wichtige Rolle bei der Verbreitung von Literatur spielen die beiden Zeitungen Naša Niva und Naša Dolja, für die auch viele Literaten schreiben.

Die Belarussen assoziieren die Wiedergeburtsperiode vor allem mit dem Dreigestirn Janka Kupala (der sich nach dem populären Frühlingsfest benannte), Jakub Kolas und Maksim Bahdanovič, die als Schöpfer einer ›modernen‹ belarussischen Literatur und Literatursprache, als belarussische Nationaldichter gelten. Wer Belarus besucht, wird an diesen drei Namen ohnehin nicht vorbeikommen, denn viele Straßen und Einrichtungen sind nach ihnen benannt.

Nach der stalinistischen Sprachreform 1933 werden die meisten Literaten und Kulturschaffenden verfolgt, was seinen traurigen Höhepunkt mit den stalinistischen Säuberungen erreicht. Schriftsteller wie Janka Kupala und Jakub Kolas überleben alleine deswegen, weil sie so etwas wie die ›Superstars‹ der Literaturszene sind. Andere Schriftsteller haben nicht so viel Glück und werden erschossen. Die Repressalien gegen Kulturschaffende bedeuteten ungeheure menschliche und kulturelle Verluste und warfen die belarussische Kultur und Literatur um Jahre zurück.

Offiziell hält auch in der BSSR der sozialistische Realismus Einzug, insbesondere nach dem Krieg, der für das Kulturleben in Belarus eine empfindliche Zäsur bedeutete und in der Literatur eine wichtige Rolle spielen soll. Viele junge Schriftsteller, die aktiv am Krieg teilgenommen hatten, betreten jetzt die literarische Bühne. Der auch in Deutschland heutzutage bekannteste ist Vasil Bykaŭ (1924–2003), dessen Bücher, noch zu DDR-Zeiten, auch ins Deutsche übersetzt wurden. Ende der 1980er Jahre engagiert er sich in der Belarussischen Volksfront, deren Präsidentschaftskandidaten Zjanon Paznjak er 1994 unterstützt. Daraufhin wird er vom Lukašenka-Regime schikaniert und lebt einige Jahre im Exil in Deutschland, Finnland und Tschechien.

Die Schriftstellerin Swetlana Alexijewitsch (geb. 1948) steht wie kaum eine andere zwischen der Sowjetzeit und dem unabhängigen Belarus. Sie ist in ihrer Heimat sehr umstritten, schon alleine weil sie sich des Russischen bedient. Sie schreibt zu (post-)sowjetischen Themen, die in der (post-)sowjetischen Gesellschaft zuweilen tabuisiert werden: Zweiter Weltkrieg, Afghanistan-Krieg,

Tschernobyl. Sie fährt durch das Land, führt Interviews, lässt die Menschen selbst zu Wort kommen. So zum Beispiel Frauen, deren Männer als ›Liquidatoren‹ in Tschernobyl ums Leben kamen, oder Frauen, die im Zweiten Weltkrieg als Sanitäterinnen tätig waren oder selber zur Waffe griffen. Sie wurde mit dem Leipziger Buchpreis (1998), dem Friedenspreis des Deutschen Buchhandels (2013) und 2015 mit dem Literaturnobelpreis ausgezeichnet.

Literatur im unabhängigen Belarus (seit 1991)

Die belarussische Literatur hat sich in den letzten 25 Jahren rasant entwickelt, und das, obwohl sie kaum Unterstützung durch den Staat genießt. Die postsowjetische belarussische Literatur ist außerhalb eines engen Kreises von Schriftstellern, Verlegern, Literaturwissenschaftlern, Übersetzern und hart gesottenen Literaturfans kaum bekannt. Der überwiegende Teil der Schriftsteller publiziert in privaten Verlagen.

Das Forum für gegenwärtige Literatur ist bei weitem nicht mehr nur das ›klassische‹ Buch. Vielmehr finden Schriftsteller in Form von Projekten ihren Ausdruck, sie publizieren in nicht-staatlichen Zeitschriften, deren Zahl stark gewachsen ist, und viele Schriftsteller der Generation bis 50 sind im Internet aktiv.

Viele Schriftsteller arbeiten auch an internationalen Projekten mit oder gehen, gefördert von Stiftungen aus dem Ausland, für eine Zeitlang ins Ausland.

Ins Deutsche übersetzt wurde u. a. Ales Razanaŭ (geb. 1947), einer der bekanntesten Gegenwartsschriftsteller aus Belarus, der Gedichte mit tiefsinnigen, philosophischen Inhalten verfasst, mit dem Material Sprache experimentiert, neue literarische Ausdrucksformen bzw. Gattungen ›erfunden‹ hat. Weitere Schriftsteller, die Eingang ins Deutsche gefunden haben, sind Algirda Bacharevič (geb. 1975), Valžyna Mort (geb. 1981), Zmicer Višnioŭ (geb. 1973), Artur Klinaŭ (geb. 1965), Alena Brava (geb. 1966), Viktar Marcinovič (geb. 1977), Valjancin Akudovič (geb. 1950).

Musikantenskulpturen in Turaŭ

Musik in Belarus

In der belarussischen Kultur spielt die Musik (Folklore, Volkstänze, Theater) eine wichtige Rolle. In Belarus haben die Regionen, teilweise sogar einzelne Dörfer, ihre eigenen Traditionen, Lieder, Tänze und Bräuche.

Zwar stirbt die Erinnerung an diese Traditionen langsam aus – eine wohl weltweite Tendenz. Wer aber mit offenen Augen und Ohren durch das Land reist, auch fernab von großen Städten und wichtigen Verkehrswegen, mit den Menschen ins Gespräch kommt und sich auch mal in ein örtliches Landeskundemuseum wagt, wird schnell merken, dass es auch dieses Belarus noch gibt.

Charakteristische belarussische Musikinstrumente sind die Dudka (eine Art Schalmei), die Duda (eine Art Sackpfeife), die Gusli (ein Saitenstrument), der Gudok (ein mit Bogen gestrichenes Lautinstrument mit drei Saiten), die Lyra (Zupfinstrument), der Zymbal und die Schalejka (Blasinstrument). Diese Instrumente spielen in der Folklore und der Literatur eine große Rolle und werden auch von bestimmten Musikgruppen (Ethno-Rock, mittelalterliche Musik) gerne benutzt.

Die belarussische (Volks-)Musik ist ohne Tänze nicht denkbar, oft war es so, dass jedes Dorf seine eigenen Tänze hatte, die ansonsten außerhalb des Dorfes nicht bekannt waren. Das ganze Kalenderjahr (Arbeit, Jagd, Familienfeste wie Hochzeit, heidnische Feste usw.) werden behandelt. Bei den meisten Tänzen handelt es sich um Gruppentänze, an denen mehrere Pärchen teilnehmen. Eine besondere Tanzform stellt der sogenannten Karahod (›Ringelreihen‹) dar, eine Art Kreistanz mit Chorgesang. Auch die Polka, ein eigentlich aus Böhmen stammender Tanz, hat in Belarus Tradition. Bestimmte Musikensembles führen Tänze auf, so zum Beispiel die Bands Charoŝki und Ljavonicha. Ljavonicha – so heißt auch einer der bekanntesten Volkstänze der Belarussen. Traditionelle Dorfmusik und -gesang vereint viele Elemente aus jüdischer Tradition. Es existiert immer noch Polyphonie (Mehrstimmigkeit mit eigenständig geführten Stimmen) in der Volksmusik.

Moderne Pop- und Rockmusik

Wer sich im russischsprachigen Raum etwas auskennt, wird auch in Belarus auf russische Musik (in Diskotheken/Clubs usw.) stoßen. Beliebt ist natürlich auch englischsprachige Pop- und Rockmusik. Aus dem deutschen Sprachraum ist Rammstein sehr populär. In Kneipen/Bars und sogar in Restaurants und Cafés gehört (oftmals zu laute) Musik, neben Fernsehgeräten, zur allgemeinen Atmosphäre. In Restaurants treten abends oft Künstler auf, die eher unoriginelle Schlager- und Popmusik zum Besten geben, oft auch zu laut.

Belarussische Musik führt vor diesem Hintergrund leider ein Schattendasein. CDs findet man von den meisten Künstlern und Bands selbst in Minsk nur schwierig. Es sind vor allem Rockmusiker und Liedermacher, die sich der belarussischen Sprache bedienen. Bestimmte Bands wie N. R. M. und Ljapis Trubeckoj haben Kultstatus.

Ljavon Volski (geb, 1965) ist so etwas wie ein Rockidol in Belarus und ein musikalischer Tausendsassa: Er ist Mitbegründer und war bis 2010 Leadsänger der Gruppe N. R. M. und initiiert unermüdlich neue Projekte, so zum Beispiel

Belaja jablynja hromu (2010), einem Album mit vertonten Gedichten belarussischer Klassiker (Jakub Kolas u. a.). Die Gruppe N. R. M. (Niezaležnaja Res-
publika Mroja, ›Unabhängige Traum-Republik‹) wurde 1994 gegründet und
macht Rockmusik im Bereich Punk/Alternative/Grunge. Sowohl Ljavon Volski
als auch N. R. M. sind nicht immer linientreu und wurden schon öfter mit Auf-
trittsverboten belegt.

Eines von Volskis Musikprojekten ist die Gruppe Krambambulja (gegründet
2001), benannt nach dem gleichnamigen alkoholischen Getränk. Die Gruppe
macht leichte Rock-/Popmusik mit ironischen Texten und nimmt auch postsowjetische Realien aufs Korn.

Einige Bands greifen auch auf Motive aus der belarussischen Folklore und
Kulturgeschiche zurück. So macht die Gruppe Stary Olsa (gegründet 1999) mittelalterliche belarussische Musik und Musik der Renaissance und tritt auf Mit-
telaltermärkten und Ritterturnieren auf, gibt aber auch Konzerte.

Bei Liedermachern steht der Text im Vordergrund; so zum Beispiel Zmicer
(Todar) Vajcjuškevič (geb. 1971), der auch bei den Rockgruppen Palac (1990er
Jahre) und Kriwi (2000er Jahre) mitmachte und heute nur noch solo auftritt. Sei-
ne Internetseite mit Liedern zum herunterladen: www.todar.net.

Der Liedermacher, Viktar Šalkevič (geb. 1959) ist vor allem wegen seiner
humoristischen und satirischen Liedtexte bekannt. Er gehört auch zum Ensemble des Puppentheaters in Hrodna.

Theater

Das Theater in Belarus blickt auf eine lange Tradition zurück und ist ohne Musik kaum denkbar.

So zogen schon im Mittelalter bzw. zur Zeit der Alten Rus sogenannte Skomo-
rochi (blr. скамарох, russ. скоморох; so etwas wie Gaukler, Spielleute, Possen-
reißer, Volksunterhalter) durch das Land und traten auf Jahrmärkten und Volks-

Das Opern- und Ballett-Theater in Minsk

Aufführung des Korniag-Theaters in Minsk

festen auf, begleitet von Musikdarbietungen auf verschiedenen Instrumenten, und machten sich auch über Herrschaftsverhältnisse (weltliche Macht, Klerus) lustig, sodass sie verboten waren und auch verfolgt wurden.

Die ersten professionellen Theater in Belarus waren Hoftheater, das erste Theater war das der Radziwiłłs in Njasviž (18. Jh.). Schauspieler sind nicht nur die Adeligen selbst, sondern oft auch leibeigene Bauern, sodass man auch von Leibeigenentheater spricht (eine Besonderheit in Belarus). Viele Adelige betätigen sich selber als Verfasser von Dramen, so zum Beispiel Franciszka Urszula Radziwiłł (1705 – 1753), die das Hoftheater in Njasviž ab 1746 leitet. Es sind meistens Komödien, die aufgeführt werden und in denen belarussische Traditionen, Bräuche und Folklore eine Rolle spielen.

1917 wird die Erste belarusische Drama- und Komödiengesellschaft, 1920 das Belarussische Staatstheater (heute Janka-Kupala-Theater in Minsk) gegründet. Das Opern- und Balletttheater in Minsk wird 1933 gegründet.

Tradition hat in Belarus auch das Puppentheater (Batlejka). Die Themen waren ursprünglich religiös und bezogen sich auf Weihnachtsbräuche (die Weihnachtsgeschichte um Herodes), daher das Wort Batlejka, abgeleitet vom Wort Bethlehem (auch als Krippe u. ä. bezeichnet). Später wurden sie auf weltliche Themen ausgeweitet (Sozialsatire).

Minsk ist die Hauptstadt von Belarus und mit seinen etwa
zwei Millionen Einwohnern das kulturelle und wirtschaft-
liche Zentrum des Landes. Ein Hauptanziehungspunkt ist der
Unabhängigkeitsprospekt, ein in den 1950er Jahren
entstandener, weitläufiger Komplex klassischer sowjetischer
Architektur.
Minsk ist von historischen Städten, Gedenkstätten und Freiluft-
museen umgeben. Hier gibt es außerdem den höchsten
Berg, mehrere Skiorte und den Narač, den größten See des
Landes.

Blick über die Dreifaltigkeitsvorstadt und das Stadtzentrum von Minsk

MINSK UND MINSKER GEBIET

Minsk

Minsk (Мінск/Минск) ist die Hauptstadt und mit Abstand die größte Stadt von Belarus, etwa 2 der 9,5 Millionen Einwohner des Landes leben hier. Die Stadt an der Svislač ist eine grüne, ruhige Metropole.

Es gibt mehrere Hypothesen, woher der Name Minsk stammt. Man erzählt über einen heute nicht mehr existierenden Fluss Menka mit der indoeuropäischen Wurzel ›men‹, klein. Oder von ›menjat‹, eintauschen, wechseln, da Minsk immer schon an der Kreuzung wichtiger Handelswege lag.

Der historische Name war tatsächlich ›Men(e)sk‹, erst ab Ende des 16. Jahrhunderts mit der Polonisierung liest man in den Chroniken immer häufiger ›Minsk‹; diese Bezeichnung wurde vom Russischen Reich übernommen. Eine Weile hieß die Hauptstadt der BSSR ›Mensk‹, bis in den 1930er Jahren die belarussische Sprache reformiert wurde.

Stadtgeschichte

Die ersten Siedlungen sind seit dem 9. Jahrhundert bekannt, als die ostslavischen Stämme der Kriwitscher und Dregowitscher hier lebten. Als ›Mensk‹

wurde die Stadt in Chroniken das erste Mal 1067 in der Beschreibung einer blutigen Schlacht auf der Niamiha zwischen dem Kiewer und dem Polacker Fürsten erwähnt. Durch die mongolische Invasionen sowie die Auflösung der Kiewer Rus geschwächt, trat die Stadt 1242 freiwillig dem Großfürstentum Litauen bei.

1499 erhielt Minsk das Magdeburger Stadtrecht; 1513 wurde das erste Spital gebaut, 1591 die ersten Gewerbebetriebe. Im 17. Jahrhundert entstand ein neues Zentrum außerhalb des Minsker Schlosses: die Obere Stadt, Verchni Horad, mit dem Rathaus. Es entstanden Klöster der Jesuiten, Bernhardiner, Dominikaner und Basilianer; 1659 wurde die erste Apotheke eröffnet. Mit dem Umzug einer großen Anzahl von Polen und Juden nach Minsk sowie einer generellen Polonisierung des belarussischen Kleinadels in der Rzeczpospolita wuchsen katholische (und jüdische) Gemeinden.

Das friedliche Leben wurde durch den Russisch-Polnischen Krieg (1654–67) unterbrochen, als zu Kriegsbeginn Minsk von russischen Truppen besetzt wurde. Auch während des Großen Nordischen Krieges (1700–21) wurde die Stadt 1707 von schwedischen Truppen unter Karl XII. erobert und 1709 vom russischen Zaren Peter I. (dem Großen) zurückerobert. Im 18. Jahrhundert verlor Minsk seine wirtschaftliche Bedeutung innerhalb der Rzeczpospolita.

Ab 1793 gehörte Minsk zum Russischen Reich: Eine neue Hauptstraße, der heutige Unabhängigkeitsprospekt, und ein öffentlicher Park entstanden. 1795 wurde den Minskern durch den russischen Senat das Magdeburger Stadtrecht entzogen (das Minsker Rathaus wurde

Holzhäuser in der vulica Hercena

Karte hintere Umschlagklappe

1857 als Symbol der Selbstverwaltung entkernt). Mit der Entstehung des Ansiedlungsrajon, das Juden aus Russland verbannte, wuchs der Anteil der jüdischen Bevölkerung in Minsk ständig.

1812 befand sich die Stadt fünf Monate lang unter französischer Okkupation, danach wurde sie von russischen Truppen zurückerobert und geplündert. Von den ca. 11 000 Einwohnern blieben ca. 3500 übrig.

Im Jahre 1860 gab es etwa 27 000 Einwohner in Minsk, Verchni Horad wurde mit zwei- und dreistöckigen Häusern bebaut. 1871 eröffnete man die Eisenbahnlinie, die Moskau und Warschau verband.

1898 fand in Minsk die erste Tagung der Sozialdemokratischen Arbeiterpartei Russlands statt (später: Kommunistische Partei der UdSSR), 1900 der Gründungsparteitag der Sozialdemokratie des Königreichs Polen und Litauen. 1905 erfolgten mehrere Arbeiterdemonstrationen gegen den Zaren.

Im Januar 1919 wurde in Smolensk die Belarussische Sowjetische Sozialistische Republik gegründet, wobei Smolensk zu deren Hauptstadt wurde. Aber schon im Februar 1919 fusionierte die BSSR mit Litauen zur LitBelSSR, während des Krieges mit Polen 1919-21 wurde die Hauptstadt nach Minsk verlegt.

Von August 1919 bis Juli 1920 befand sich Minsk unter polnischer Besatzung, danach wurde es wieder von russischen Truppen zurückerobert. Die Grenzlage zwischen Polen und der 1922 gegründeten Sowjetunion führte zu einem spezifischen kulturellen und politischen Leben in der Stadt: Es gab illegale Druckereien, viele Varietés und ausgezeichnete Theaterstücke, sowie Schauspieler, Schmuggler, politische Aktivisten und Radikale. In den 1920er- und 1930er Jahren stand der Name der Stadt am

Modernes Minsk am Prospekt der Sieger (Pr. Peramožcaŭ)

Bahnhofsgebäude in den damals vier offiziellen Landessprachen: Belarussisch, Russisch, Polnisch und Jiddisch.

1921 wurde die Belarussische Staatliche Universität gegründet, 1928 die Akademie der Wissenschaften, seit 1929 gab es elektrische Straßenbahnen, seit 1933 einen Flughafen. Minsk wollte sich als konstruktivistische Stadt entwickeln, 1934 wurden vom belarussischen Architekten Iosif Langbard in diesem Stil die Nationalbibliothek und das monumentale Regierungsgebäude, später das Opernhaus errichtet. Die Bauten sind immer noch zu bewundern. Zu dieser Zeit entstand auch die ›Kochfabrik‹ mit drei Mittagshallen, wo gleichzeitig 1000 Personen speisen konnten.

Von Juni 1941 bis Juli 1944 war Minsk unter deutscher Besatzung. In der Stadt gab es drei jüdische Ghettos, wo bis zu 100 000 Juden, darunter auch deportierte Juden aus Deutschland, vernichtet wurden. Im Untergrund agierten kommunistische Gruppen und Partisanen, es gab einige jüdische Wider-

Blick über die Oberstadt

standsgruppen. Für jeden getöteten deutschen Soldaten wurden 10 Einheimische getötet, 100 für jeden deutschen Offizier.

In der Nacht auf den 22. September 1943 wurde Wilhelm Kube, der Generalkommissar für Belarus, durch eine Bombe getötet, die das von Partisanen rekrutierte Dienstmädchen Jelena Masanik unter seinem Bett versteckt hatte. Etwa 1000 Belarussen wurden aus Rache danach von den Nazis ermordet. Am 3. Juli 1944 konnte Minsk von der deutschen Besatzung befreit werden, aber die Stadt lag in Trümmern, von den einst 240 000 Einwohnern waren nur noch 35 000 übrig. Minsk wurde schnell (auch mit Hilfe von Kriegsgefangenen) wiederaufgebaut, wobei man zugunsten von Neubauten auf Restaurierungen weitgehend verzichtete. Der heutige Unabhängigkeitsprospekt wurde mit Lindenbäumen flankiert, als Erinnerung an den Sieg: Auf Belarussisch heißt Linde ›lipa‹ und Juli, der Befreiungsmonat ›lipen‹.

Die Stadt entwickelte sich in den folgenden Jahrzehnten zu einem der wichtigsten Maschinenbau-, Transport-, und Kulturzentren der Sowjetunion. 1972 wurde Minsk die elfte Stadt in der

UdSSR mit einer Million Einwohnern, es wurde der millionste Traktor ›Belarus‹ hergestellt. 1982 öffnete der internationale Flughafen ›Minsk‹ seine Pforten, 1984 die erste U-Bahn-Linie.

Seit 1991 ist Minsk die Hauptstadt der Republik Belarus, das politische, wirtschaftliche und kulturelle Zentrum. Es ist auch Sitz der Gemeinschaft Unabhängiger Staaten (GUS). Es gibt mehr als 250 Fabriken und Werke, 40 Prozent der Arbeiter sind im Produktionssektor angestellt. Die größten Arbeitgeber der Stadt sind das Minsker Traktorenwerk und das Minsker Automobilwerk. Außerdem gibt es noch eine große Fabrik für Kühlschränke und eine für Audio- und Videoelektronik.

Minsk hat heute etwa 20 Museen und mehrere Kunstgalerien, verfügt über 20 Theater, hat einen Staatszirkus, ein Opern- und Balletttheater, eine Staatliche Philharmonie, das staatliche Filmstudio ›Belarusfilm‹ sowie einen kleinen Zoo. Die Stadt ist auch Sitz von mehreren Dutzend staatlichen Hochschulen, vier Colleges sowie mehreren privaten Hochschulen.

Die Siegessäule am gleichnamigen Platz

Karte hintere Umschlagklappe

Das historische Zentrum

Die Geschichte von Minsk begann auf dem heutigen Platz des 8. März, als auf einem Hügel am westlichen Ufer der Svislač im 11. Jahrhundert ein ovales Holzschloss, umgeben von einem acht Meter hohen Erdwall und einer fünf Meter hohen Mauer, errichtet wurde.

Archäologen fanden hier Reste von 130 einstöckigen Holzbauten aus dem 11. bis 14. Jahrhundert. Laut Chroniken war das Minsker Schloss vom 12. bis 15. Jahrhundert fast unbesiegbar. Nach einem Brand 1547 und mehreren Zerstörungen verfiel die Anlage. Die letzten Verteidigungsanlagen wurden Anfang des 19. Jahrhunderts beseitigt. Beim Ausbau des heutigen praspekt Peramožcaŭ in den 1950er Jahren wurde der Erdwall eingeebnet.

Um die Niamiha-Straße

Um die vulica Niamiha ranken sich viele Legenden. Hier verlief der in Chroniken erwähnte Fluss, an dem 1067 der Kampf um Minsk stattfand, bei dem fast alle Bewohner uns Leben kamen. Der Fluss verläuft heute unterirdisch und die Minsker glauben, er bringe seitdem Unglück. Aber der Grund für die jährlichen Überschwemmungen liegt am unzureichenden Regenwasserableitungssystem.

Am Eingang in die **U-Bahn-Station Niamiha** erinnern Granitblumen an die 53 Opfer einer Massenpanik, die hier 1999 ums Leben kamen. Tausende Besucher eines Open-Air-Konzertes hatten versucht, sich vor einem plötzlichen Gewitter in der Station in Sicherheit zu bringen. An der Straße befand sich einst der Nižni Rynak (der Untere Markt), heute steht hier die älteste Kirche von Minsk. Seit dem 17. Jahrhundert gab es viele barocke und klas-

sizistische Gebäude mit Privatgeschäften. Als im Zweiten Weltkrieg hier das Ghetto Minsk eingerichtet wurde, hieß sie Chaim-Straße.

Noch um 1960 standen hier ein- oder zweistöckige, meist hölzerne Bauten, die mehrere Kriege überstanden hatten. Bis 1975 wurde alles abgerissen, als der neue Wohnblock mit der Einkaufspassage errichtet wurde. Es gab viel Kritik und Bedauern über die vernichtete alte, aber einzigartige Straße. Geld für den Weiterbau hatte die Stadt erst später: 2012 wurde gegenüber vom Einkaufszentrum eine Nachbildung ›Erinnerungen an die alte Niamiha‹ gebaut; eine Fußgängerbrücke verbindet jetzt diese zwei Welten. Trotz hartherziger Rekonstruktionen sind zwei alte kurze Straßenteile erhalten geblieben.

■ Peter-und-Paul-Kirche

Die orthodoxe Peter-und-Paul-Kirche im Stil der Renaissance ist die älteste in Minsk. Dort, wo sie steht, fing früher die vulica Rakaŭskaja an. Die Kirche

Erinnerung an die Opfer des Unglücks von 1999

Minsk und Minsker Gebiet

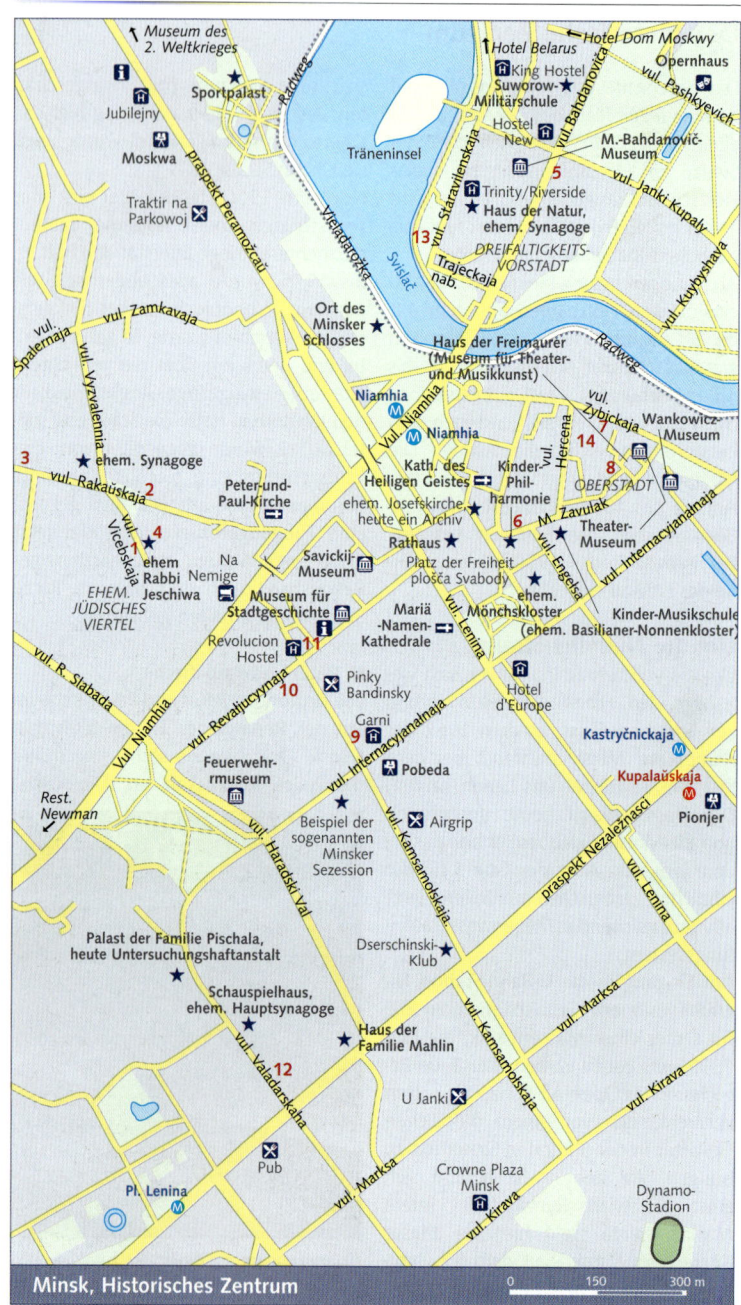

↑ *Museum des 2. Weltkrieges*

↑ Hotel Dom Moskwy
← Hotel Belarus
↑ Hotel Belarus

Opernhaus
vul. Pashkyevich

King Hostel
Suworow-
Militärschule

Sportpalast

Hostel
New

M.-Bahdanovič-
Museum
5

Jubilejny

Moskwa

vul. Janki Kupaly

Tränzeninsel

Traktir na
Parkowoj

Trinity/Riverside
★ Haus der Natur,
ehem. Synagoge

prospekt Peramožcau

13

DREIFALTIGKEITS-
VORSTADT

Svislač

vul. Kuybyshava

vul. Zamkavaja

Trajeckaja
nab.

Ort des
Minsker
Schlosses ★

Haus der Freimaurer
(Museum für Theater-
und Musikkunst)

vul. Spalernaja

vul. Vyzvalennja

Vuladarckkkk

Radwea

Niamhia

vul. Zybickaja

Wankowicz-
Museum

Vul. Niamhia

14

8

Niamhia

Hercena

OBERSTADT

3 ★ ehem. Synagoge

vul. Rakaŭskaja

2

Peter-und-
Paul-Kirche

Kath. des
Heiligen Geistes

Kinder-
Phil-
harmonie

Kinder-Musikschule
(ehem. Basilianer-Nonnenkloster)

4

ehem. Josefskirche,
heute ein Archiv

6

M. Zavulak

Theater-
Museum

vul. Internacyjanalnaja

vul. Vicebskaja

ehem
Rabbi
Jeschiwa

Na
Nemige

Savickij-
Museum

Rathaus ★

Platz der Freiheit
plošča Svabody

vul. Engelsa

EHEM.
JÜDISCHES
VIERTEL

Museum für
Stadtgeschichte

Mariä
-Namen-
Kathedrale

ehem.
Mönchskloster

vul. Lenina

Revolucion
Hostel

11

Vul. Niamhia

10

Pinky
Bandinsky

Hotel
d'Europe

vul. R. Slabada

vul. Revaljucynaja

9

Garni

vul. Internacyjanalnaja

Kastryčnickaja

Feuerwehr-
rmuseum

Pobeda

Kupalaŭskaja

Pionjer

Rest.
Newman

Beispiel der
sogenannten
Minsker
Sezession

Airgrip

vul. Haradski Val

vul. Kamsamolskaja

praspekt Nežaležnasci

vul. Lenina

Palast der Familie Pischala,
heute Untersuchungshaftanstalt

Dserschinski-
Klub

Schauspielhaus,
ehem. Hauptsynagoge

vul. Kamsamolskaja

vul. Marksa

Haus der
Familie Mahlin

12

vul. Valadarskaja

U Janki

vul. Kirava

Pub

Crowne Plaza
Minsk

Dynamo-
Stadion

Pl. Lenina

vul. Marksa

vul. Kirava

0   150   300 m

Die Peter und-Paul-Kirche

wurde 1612 für das orthodoxe Peter-und-Paul-Mönchskloster erbaut. Nach dem Anschluss an Russland 1793 hieß sie bis 1941 Katharina-Kirche. 1870 wurde sie mit wunderschönen Fresken ausgemalt. Nach dem Zweiten Weltkrieg diente sie erst als Lebensmittellager und wurde dann für ein Literaturarchiv umgebaut. Seit 1991 wird diese orthodoxe Kirche wieder von der Gemeinde als Gotteshaus genutzt.

■ **Jüdisches Viertel**
Blickt man von der Peter-und-Paul-Kirche nach oben, findet man links eine

---

Gastronomie (→ S. 123)

1 Tschechow
2 Talaka
3 Buvette
4 Rakaŭskij Browar
5 Stary Gorod
6 U Ratuschi
7 Tscherdak
8 Fers
9 Tapas Bar
10 TNT Rock Club
11 Sakon buterbroda
12 Waleria
13 Staravilenskaja Kortschma
14 Staromestny piwowar

Treppe zwischen zwei Wohnblöcken: Hier verläuft die **vulica Rakaŭskaja** bergauf und man kann einen Blick in die jüdische Vergangenheit dieses einstigen Minsker Vorortes werfen, der in der Sowjetzeit nicht eingeebnet wurde. Die meisten Häuser stammen vom Ende des 19. Jahrhunderts. Das Haus vul. Rakaŭskaja 1 war das Haus der Familie Rubinstein (19. Jh.), wo eine gemeindeeigene Jungenfachschule untergebracht war. Das Haus mit der Nummer 18 war einst eine Schuhfabrik und beherbergt heute Büros und ein Restaurant; das Haus der jüdischen Hochzeiten (Nr. 19, 18. Jh.) steht heute leer. Die ehemalige Synagoge (Nr. 24, 1864) wurde für die Armen errichtet und diente bis in die 1960er Jahre als Kino, es ist jetzt eine Schach- und Damespielschule. Die Tapetenfabrik von Shifmanovich (Nr. 25, Ende 19. Jh.) wurde 1892 gegründet; heute hat hier die Brotfabrik Nr. 1 ihren Sitz.

Die winzige **vulica Vicebskaja** ist noch ein Juwel, das zu verschwinden droht. Die Synagoge und Rabbi-Jeschiwa (Nr. 10, 1888) bot 160 Menschen Platz und war bis 1921 in Betrieb, seit 1999 beherbergt das Gebäude eine Brauerei und ein Restaurant. Die Talmud-Tora-Schule (Nr. 29A, Ende 19. Jh.) wurde 1921 geschlossen, in den 1930er Jahren war hier eine Jüdische Pädagogische Fachhochschule untergebracht.

Die **vulica Zamkavaja** ist nicht einfach zu finden. Nehmen Sie die vulica Vicebskaja weiter nördlich, die in die vulica Vyzvalennja übergeht, bis zur Kreuzung Špalernaja/Zamkavaja, die nach rechts abgeht. Diese Straße führte seit dem 11. Jahrhundert zum ›zamak‹, dem Schloss von Minsk. Noch im 20. Jahrhundert wurde hier mehr Jiddisch und Tatarisch als Russisch oder Belarussisch gesprochen.

Minsk und Minsker Gebiet

Das neue Museum des Zweiten Weltkrieges

■ Tataren-Siedlung

Schon Ende des 14. Jahrhunderts kamen Tataren nach Belarus, um den Vernichtungskriegen der Mongolen zu entgehen. Während der Tatarenangriffe im 15. und 16. Jahrhundert wurden oft Tausende Gefangene genommen, manche von ihnen kamen dadurch nach Minsk. Neben der Rakaŭskaja verliefen einst die Bolschaja Tatarskaja (heute vulica Dzimitrava) und die Malaja Tatarskaja, es gab mehrere Moscheen und einen großen Friedhof.

Nach dem Zweiten Weltkrieg und der späteren Rekonstruktion des Viertels ist nichts von der Tatarensiedlung geblieben. An deren Stelle verläuft heute der praspekt Peramožcaŭ, stehen der Sportpalast und das Hotel ›Jubilejnaja‹. Seit 2003 wird eine Moschee in der vulica Hrybajedava gebaut, wo sich der alte islamische Friedhof befand. Sie wird die erste Moschee in Minsk seit der Zerstörung der historischen Moschee im Jahre 1962 sein.

■ Praspekt Peramožcaŭ

Der praspekt Peramožcaŭ ist unverwechselbar sowjetisch. Der Mitte der 1960er Jahre gebaute Boulevard hieß einst Gartenmagistrale, er ist sehr breit und verläuft neun Kilometer an der Svislač und an den Parks entlang.

Von 1980 bis 2005 war der Prospekt nach Pjotr Mascherow benannt, dem beliebtesten Politiker aus Sowjetzeiten. 2005 wurde die Straße zu Ehren der Veteranen des Zweiten Weltkrieges in Prospekt der Sieger (Peramožcaŭ) umbenannt. Hier befindet sich das neue große **Museum des Zweiten Weltkriegs** unter einer Reichstagkuppel.

Dreifaltigkeits-Vorstadt

Die Dreifaltigkeits-Vorstadt liegt seit dem 12. Jahrhundert auf dem hohen Dreifaltigkeitshügel am östlichen Ufer der Svislač, sie war dadurch vom Stadtschloss abgeschnitten und trotz eigener Verteidigungsanlagen angreifbar.

Der Name stammt von der **Dreifaltigkeitskirche**, der ersten katholischen Kirche von Minsk, die hier vom litauischen Großfürsten Jagiełło gegründet wurde. Die Hauptstraße war die Dreifaltigkeitsstraße (heutige: vulica Bahdanoviča), eine Verlängerung der vulica Niamiha.

In diesem Vorort gab es viele Kirchen und Klöster. Noch in der Mitte des 19. Jahrhunderts sah das Leben in der Dreifaltigkeits-Vorstadt ziemlich bunt und kontrastreich aus, hier wohnten Bauern, Arbeiter, Kaufleute, arme Angestellte und Grundbesitzer. Aber beim Wiederaufbau von Minsk wurde alles zerstört, was alt und unnötig war. Anstelle des Dreifaltigkeitsmarktes baute man das Opernhaus (1938), statt des Christi-Himmelfahrts-Klosters errichtete man das Verteidigungsministerium (1946) in der vul. Kamunistyčnaja 1.

In den 1980er Jahren wurde in der vulica Staražoŭskaja an der Svislač entlang ein 12-stöckiges Wohnhaus errichtet; 2013 baute man hier trotz des Denkmalschutzgesetzes einen großen, modernen Wohnkomplex, wodurch die altstädtische Aussicht zerstört wurde.

Vor der Dreifaltigkeits-Vorstadt wurde 1996 auf der **Träneninsel** (offiziell: Insel des Mutes und der Trauer) ein Kapellenmonument in Gedenken an die im Ausland gefallenen Soldaten errichtet. Auf der Insel findet man auch einen trauernden Engel sowie einen symbolischen Tisch, an den man sich traditionell für die Trauerzeremonie und zum gemeinsamen Essen versammelt. Ein Besuch dieser Gedenkstätte ist bei Hochzeitsgesellschaften sehr beliebt.

Was man heute in der Dreifaltigkeits-Vorstadt sieht, ist eine Nachbildung. Der Vorort wurde in den 1980er Jahren wieder aufgebaut, wofür teilweise Bauten aus dem 17. und 18. Jahrhundert abgerissen wurden. Trotzdem ist das Viertel einen Besuch wert: Hier gibt es viele Cafés, Galerien, Museen sowie in der letzten Zeit auch Hostels. Eine besondere Atmosphäre ergibt sich durch das System der gemütlichen, auf unterschiedlichen Ebenen gelegenen Höfe.

Hier ein paar Adressen, die man besuchen kann:

Trajeckaja nabiarežnaja 2, 4, 6: Hier gibt es eine Kunstgalerie (Бомонд), eine antiquarische Buchhandlung (Вянок), die wie ein Buchladen aus dem 19. Jahrhundert aussieht, sowie ein Souvenirgeschäft (Славутыя майстры);

Bahdanoviča 1: Vor dem Haus steht die Skulptur von Jasep Drasdowitsch, einem bekannten belarussischen Maler.

Bahdanoviča 7A: Das Maxim-Bahdanovič-Museum ist dem bekannten belarussischen Dichter gewidmet, Di-So 10–18 Uhr.

Bahdanoviča 9A: Die heutige Ausstellungshalle ›Haus der Natur‹ befindet sich in der ehemaligen Synagoge (1874), was man an den typischen großen

Die Brauerei ›Alivariya‹ kann besichtigt werden (vul. Bahdanoviča 39)

Fenstern erkennt; davor steht eine Skulptur ›Mädchen mit der Eule‹.

Bahdanoviča 21: Hier gibt es eine Kunstgalerie (Славутасць) u. a. mit handgefertigten Souvenirs.

Bahdanoviča 23: Ein spannendes Wohnhaus (1936) im Stil des Konstruktivismus.

Bahdanoviča 29: Das um 1881 errichtete Gebäude gehörte als Krankenhaus zum katholischen Nonnenkloster der Mariaviten, bis es 1849 von den russischen Behörden in das Minsker Priesterseminar umgebaut wurde. Nach der Revolution 1917 war es eine belarussische Schule und Zeitungsdruckerei. Seit der Rekonstruktion 1955 hat der Bau zwei Etagen sowie zwei neue Flügel bekommen und dient der **Suworow-Militärschule**, benannt nach dem russischen General.

Bahdanoviča 39: Die Brauerei ›Bohemia‹ (Богемия) wurde 1894 von Karol Hutten-Czapski gebaut, einem Magnaten, Leiter der öffentlichen Verwaltung in Minsk und erfolgreichem Geschäftsmann aus einem polnisch-belarussischen Adelsgeschlecht. 1896 erwarb

Das Opernhaus

die Brauerei Franz Leckert aus Bayern, der schon die Brauereien in Homel und Mahiljoŭ besaß. Das Sowjetregime enteignete die Brauerei 1917 und benannte sie sehr geschickt nach einem linken jüdischen Revolutionär: Minsker Hirsch-Leckert-Brauerei Nr. 3. Die Kriege haben diese Fabrik verschont, sie wurde 1925 und 1968 renoviert. Seit 1994 heißt die **Brauerei ›Alivariya‹** (Аливария), deren Mehrheitsaktionär die dänische Carlsberg Group ist. In der vul. Kisialjova 30 finden täglich außer Mittwoch bis zu drei Gruppenführungen mit Verkostung statt (12–17 Uhr, ca. 5 Euro).

■ **Opernhaus**
Das gewaltige vom Architekten Iosif Langbard 1938 im Konstruktivismus-Stil errichtete Gebäude mit Elementen von Art Déco wurde während der deutschen Besatzung als Pferdestall und als Lager genutzt, die Innenausstattung wurde nach Deutschland geschickt. 1947 begann die Renovierung des Gebäudes, 1950 wurde der Park angelegt. Von 2006 bis 2009 wurde das Theater nochmals renoviert, im Park installier-

te man einen Brunnen mit Musik- und Lichtshow sowie die Skulpturengruppen ›Das Ballett‹ und ›Die Opernmuse‹. Der Pijanerski-Park rechts vom Opernhaus bietet sich für einen angenehmen Spaziergang an der Svislač an. Hier steht das **Marat-Kasej-Monument** (1959), zu Ehren des lokalen Pioniers, Helden und Kindersoldaten. Der 14-jährige aus Minsk war bei den Partisanen und nahm an verschiedenen Kämpfen teil. Laut offizieller Version soll er feindliche Soldaten auf sich zukommen gelassen haben, bevor er seine letzte verbliebene Granate zündete. Diese Geschichte kennt jedes in der Belarussischen Sowjetrepublik aufgewachsene Kind.

Die Oberstadt
Die Oberstadt, **Verchni Horad** (Верхні горад/Верхний город), ist das Herzstück von Minsk gestern und heute. Anfang des 16. Jahrhundert wurde hier ein neues Zentrum für Handel und

Hofdurchgang in der Oberstadt

Blick über die Oberstadt, links steht die Kathedrale des Heiligen Geistes

Kultur gegründet, als Minsk 1499 das Magdeburger Stadtrecht (daher auch ein Rathaus) erhielt.

Im 17. Jahrhundert wurde in Verchni Horad viel gebaut, vor allem aus Ziegelstein. Wie alles in Minsk damals, erfüllten Häuser und Kultbauten auch Verteidigungszwecke. Nach der Kirchenunion von Brest entstanden hier viele neue Gotteshäuser.

Im 18. Jahrhundert bekam die Oberstadt mit dem Bau des Jesuiten-Kollegiums ihr unverwechselbares Gesicht. Wie für eine barocke Stadt üblich, gab es keine rechteckigen Häuser, die Ecken waren abgeschrägt, die Grundrisse trapezförmig. Daher waren die Straßen nie gerade, was einen besonderen Mikrokosmos schuf.

Im 18. und 19. Jahrhundert wurde nicht mehr gebaut, nur renoviert. Die Altstadt hat den Zweiten Weltkrieg, aber nicht die Wiederaufbaumaßnahmen überstanden. Die alten Häuser wurden gnadenlos abgerissen, Nachbildungen aus Beton und modernen Ziegelsteinen errichtet. Die einzelnen noch vorhandenen Altbauten sind einfach zu erkennen.

■ **Kathedrale des Heiligen Geistes**

Der Svislač zugewandt steht ein echtes Wahrzeichen von Minsk und Verchni Horad: die russisch-orthodoxe Kathedrale des Heiligen Geistes. Der schneeweiße barocke Minsker Dom ist die wichtigste russisch-orthodoxe Kirche im belarussischen Exarchat.

Die 1642 errichtete Kirche diente seit 1870 als orthodoxes Gotteshaus und war von 1918 bis 1943 geschlossen.

Es gab Versuche seitens der orthodoxen Kirche, dem Bau auch architektonisch eine orthodoxe Gestalt zukommen zu lassen. Bisher scheiterten diese Initiativen, und die Kathedrale behielt äußerlich das Aussehen des Wilnaer Barock.

In der Kathedrale befinden sich **Reliquien der heiligen Sophia von Sluck**, sie sind links vom Hauptaltar zu sehen und werden am 1. April gefeiert.

Die Kathedrale besitzt auch eine Reihe von Ikonen aus dem 17. bis 19. Jahrhundert, die wichtigste darunter ist aber eine viel ältere: die **Ikone der Mutter Gottes von Minsk**. Die wundertätige Ikone wurde laut kirchlicher Sagen vom Evangelisten Lukas gemalt

Die ehemalige Josefskirche

und von Maria selbst gesegnet. Fürst Vladimir I., Christianisierer der Rus, brachte sie 988 aus Byzanz nach Kiew, wo sie mehrere Angriffe der Mongolen überlebte. Am 26. August 1500 kam die Ikone über auf dem Wasserwege nach Minsk, wurde in der Schlosskirche installiert und lockte viele Pilger an. Diese Ikone mit einem goldenen Beschlag findet man heute links von der Königstür im Altar. Jährlich wird sie am 26. August mit einer Messe gefeiert.

Gleich rechts von der Kathedrale steht unter dem roten Dach die ehemalige katholische **Josefskirche**. Hier wurde 1624 ein Bernhardiner-Mönchskloster gegründet. Dieses umfasste mehrere Wohnblöcke, eine Kantine, eine Schule, ein Krankenhaus sowie eine Handelshalle und eine Bibliothek. Mit dem Anschluss an Russland wurde das Kloster 1864 geschlossen und die Gebäude wurden als Kasernen genutzt. Die Kirche wurde 1872 in ein Archiv umgewandelt, das Innere ist nicht erhalten. Durch die umstrittene Rekonstruktion der 1980er Jahre gingen die Gräber der Mönche verloren, die Wohnhäuser

um den ehemaligen Komplex wurden abgerissen und neu errichtet.

Heute beherbergt der Kirchenbau das Staatliche Museumsarchiv für Literatur und Kunst und ist einen Schnupperbesuch wert.

Links vor der Josefskirche steht der ehemalige Klosterbau, rechts die neugebauten Handelshallen, die heute ein Restaurant beherbergen.

■ **Platz der Freiheit**

Hier liegt auch der Platz der Freiheit, plošča Svabody, mit dem Rathaus, das Herz von Verchni Horad.

Das weiße **Rathaus** wurde ursprünglich um 1600 als Symbol der städtischen Selbstverwaltung (deswegen auch: Freiheitsplatz!) erbaut und bekam eine der ersten Uhren in der Stadt. Als Minsk dem Russischen Reich angeschlossen und das Magdeburger Recht 1795 der Stadt entzogen wurde, diente das Gebäude als Musikschule, als Polizei, später als Theater mit Aufführungen auf Russisch, Polnisch und Ukrainisch.

Mitte des 19. Jahrhunderts ließ Nikolai I. das Gebäude abreißen, da es die Einwohner an die Traditionen der alten Zeit und an das Magdeburger Recht erinnere.

Das Rathaus am Platz der Freiheit

Karte S. 78

Von 2002 bis 2003 wurde das Rathaus wiederaufgebaut und beherbergt heute im Erdgeschoss eine **historische Ausstellung über Minsk** mit dessen Nachbildung. Im ersten Stock, wo einst Magistratssitzungen stattfanden, befindet sich eine Halle für Feierlichkeiten. Um das Gebäude herum stehen Skulpturen zur Minsker Geschichte. Wo einst ein Denkmal für den russischen Zaren und ein Brunnen standen, blickt man in einen der Rathaussäle. Der 32 Meter hohe Turm trägt das Stadtwappen, zu jeder vollen Stunde ertönt die 19-Sekunden Melodie aus dem ›Lied über Minsk‹ (von Igor Lutschenok).

Das Gebäude **plošča Svabody 7** steht auf dem ehemaligen Gelände des 1654 gegründeten Jesuitenklosters; im 18. Jahrhundert wurde hier ein zweigeschossiges Jesuitenkolleg gebaut. Der Legende nach übernachteten hier der schwedische Karl XII. und der russische Zar Peter I. (der Große) sowie der französische General Louis-Nicolas Davout. Nach dem Feuer 1797 wurde der Bau rekonstruiert und diente 1799 bis 1917 als Haus des Minsker Bürgermeisters. Nach der Revolution befand sich hier das Volkskommissariat und wurde die erste Gründungsurkunde der Belarussischen Volksrepublik unterschrieben. Die Rekonstruktion der 1960er Jahre veränderte den Bau dramatisch. Heute ist es die landesweit beste **Musikschule** für begabte Kinder.

Rechts davon (Svabody 9) liegt die **Maria-Namen-Kathedrale**, die Bischofskirche des römisch-katholischen Erzbistums Minsk-Mahiljoŭ, die wie eine Zwillingsschwester der orthodoxen Kathedrale des Heiligen Geistes aussieht. Der Barockbau wurde 1710, in polnisch-litauischer Zeit, als Jesuitenkirche errichtet. Nach einem Brand 1797 und der Erhebung zur Kathedrale 1798

Die katholische Maria-Namen-Kathedrale

wurde er erweitert und innen im Stil des Rokoko neu ausgestattet. Die sowjetische Zeit beraubte die Kathedrale ihrer Türme, die Fassade wurde vereinfacht und sie diente bis 1994 als Sporthalle. Erst 1997 wurde das Gotteshaus wieder geweiht.

Weiter auf dieser Straßenseite, am plošča Svabody 15 (praktisch in der Lenin-Straße Richtung vulica Niamiha) befand sich im 18. Jahrhundert der **Gutshof der Familie Przezdziecki** (s. auch Zaslaŭe). Seit 2012 ist dieser Stadtpalast eine Kunstgalerie, die Werke des belarussischen Malers Michail Sawizkij zeigt (Mi–So 11–19 Uhr).

Die ehemalige Kirche des Heiligen Geistes, heute eine **Konzerthalle der Kinder-Philharmonie** (2011), findet man vor dem Eingang ins Rathaus (plošča Svabody 2). Die 1636 errichtete Kirche gehörte zu einem Komplex aus zwei Klöstern. Schon 1795 wurde die Kirche an die Orthodoxie übergeben. 1936

Das Haus der Freimaurer (Theatermuseum)

■ Theatermuseum

Die nette, schmale Straße Musyčny za-vulak 5 ist das sogenannte **Haus der Freimaurer** (2. Hälfte 18. Jh.). Woher der Name stammt, ist unklar. Diese Gemeinschaft wurde in Minsk 1816 gegründet und schon 1822 verboten. Laut einiger Angaben zeigt der Grundabriss dieses Hauses das Freimaurer-Symbol und wurde von dieser Gemeinschaft ohne Fenster erbaut, andere sagen, hier fanden ihre Treffen statt oder hier lebten deren Mitglieder. Heute befindet sich hier das **Staatliche Museum der Theater- und Musikkunst** in Belarus mit einer stattlichen Sammlung von Musikinstrumenten (Di–So 10–17.30 Uhr).

■ Vulica Zybickaja

Diese Straße ist seit dem Mittelalter für ihre Bedeutung als Handelsstraße bekannt. Noch im 19. Jahrhundert hatte sie Wohnhäuser auf zwei Seiten, zwei Fabriken, ein Gymnasium. Die Minsker glauben, hier kann man Gespenster treffen, ob Mönche oder Soldaten. Ein bekanntes Gespenst ist die sogenannte Er-

von den Kommunisten gesprengt, wurde die Kirche 2011 wiederaufgebaut. Rechts davon steht das **ehemalige Basilianer-Mönchskloster** aus dem 17. Jahrhundert (plošča Svabody 23), eines der ältesten erhaltenen Bauwerke in Minsk. Nach der Schließung des Klosters befand sich hier das erste Minsker Gymnasium. Der einst zwei-, seit dem 19. Jahrhundert dreistöckige Bau ist heute Sitz der Minsker Kreisverwaltung der Gewerkschaften und beherbergt mehrere Restaurants.

Hinter der ehemaligen Kirche des Heiligen Geistes steht das 1650 errichtete Gebäude des ehemaligen Basilianer-Nonnenklosters (vulica Engelsa 1), heute eine **Kinder-Musikschule**. Der weiße Bau mit einem Giebel unter dem roten Dach wurde ausnahmsweise vorbildlich rekonstruiert.

Das Gebäude vul. Engelsa 3 ist das **Haus der Familie Frenkel** (1797), wo in den 1830er Jahren Stanislaw Moniuszko mit seinen Eltern wohnte, der bekannte belarussisch-polnische Komponist und Dirigent.

Graffiti in der vulica Revaljucyjnaja

Karte S. 78

trunkene aus dem Nassen Haus, die im Keller von ihren Eltern eingeschlossen wurde, damit sie nicht zu ihrem Freund weglief. Sie starb während einer der häufigen Svislač-Überschwemmungen.

Das Haus in Zybickaja 23 (ca. 18. Jh.) war ursprünglich Teil des Bernhardiner-Mönchsklosters und hatte im 19. Jahrhundert im ersten Stock ein städtisches Leihhaus, das Erdgeschoss befand sich im Besitz der hiesigen Feuerwehr. Das Haus in der Zybickaja 27 ist leider ein typisches Beispiel für historische Rekonstruktion in Belarus: Es wurde abgerissen und wiederaufgebaut.

■ Vulica Revaljucyjnaja

Die im 16. Jahrhundert entstandene vulica Revaljucyjnaja verband die Unterstadt (Nižni Horad) mit dem Stadtwall und entwickelte sich im 19. Jahrhundert zu einer der wichtigsten Straßen. Anfang des 20. Jahrhunderts gab es hier mehrere Hotels, Cafés, technische Büros sowie Kliniken.

Im Gebäude mit der Hausnummer 10 ist das **Museum für Stadtgeschichte** untergebracht (Mi–So 11–19 Uhr).

Das Haus der Familie Warhaftig (Nr. 15, 19. Jh.) war ein privates jüdisches Krankenhaus, seit 1922 befand sich hier das Institut für belarussische Kultur, aus dem sich 1929 die Akademie der Wissenschaften entwickelte. Heute hat hier die Botschaft von Schweden ihren Sitz.

■ Dserschinski-Klub

In der vulica Kamsamolskaja Nr. 30 (1948) befindet sich der Dserschinski-Klub, in dem einst KBG-Mitarbeiter aßen und tanzten und sich Filme, Konzerte und Theaterstücke ansahen. Hier fanden auch Gerichtsprozesse statt. Die Innenausstattung im Stil des Stalin-Empire (Stuck, Balkone, Kronleuchter) ist wunderbar erhalten und renoviert. Heute wird das Gebäude für Theateraufführungen und Konzerte benutzt. Eine Büste von Felix Dserschinski sowie mehrere Brunnen sieht man in der Grünanlage in der vulica Kamsamolskaja.

Die Straße endet beim Eingang ins **Dynamo-Stadion.** Dieses Fußballstadion für 40 000 Zuschauer mit einer Leicht-

Minsk und Minsker Gebiet

Das Dynamo-Stadion

athletikanlage wurde 1934 auf einem alten jüdischen, 1883 geschlossenen Friedhof eröffnet.

■ Vulica Internacyjanalnaja

An dieser Straße lagen mehrere Klöster, die durch unterirdische Gänge miteinander verbunden waren, aber während des Umbaus der Straße größtenteils zerstört wurden.

Das Haus im Eklektik-Stil (Nr. 11) war ein **Hotel** mit einem Restaurant von Berk Sutin (1880er Jahre), dem Onkel des bekannten jüdischen Malers Chaim Soutine (s. auch Smilaviĉy). 2011 wurde das Hotel unter dem historischen Namen eines anderen Hotels (›Garni‹) wiedereröffnet, Die 50 Zimmer sind dem Stil des 19. Jahrhunderts nachempfunden; auf dem Dach befindet sich eine Art Aussichtsplattform.

Das Haus mit der Nummer 16 ist die 1913 erbaute **Bank der Familie Lourie**, das am besten erhaltene Beispiel der sogenannten Minsker Sezession.

Interessant ist auch die Hausnummer 20: An der Stelle wurde 1633 das Christi-Verklärungs-Kloster gegründet, das 1872 russisch-orthodox wurde. Die

Das Gebäude vulica Internacyjanalnaja 16

Bauten wurden später für einen Stalin-Klub benutzt. 1950 errichtete Architekt Iosif Langbard aus diesen Ruinen das **Kino Pobeda** (russ. Sieg) . Es hatte ursprünglich drei Säle und einen Sommerpavillon. ›Pobeda‹ ist das einzige belarussische Mitglied der Europa Cinemas, des europäischen Filmtheater-Netzwerkes zur Förderung der Filmindustrie in Europa.

Das 2007 wiederaufgebaute **Hotel d'Europe** (Nr. 28) steht auf den Fundamenten eines Radziwiłł-Palastes sowie des gleichnamigen Hotels. Der Palast der Radziwiłł-Familie (17. Jh.) wurde Ende des 18. Jahrhundert vom Bürgermeister von Minsk Jan Bajkow erworben, 1825 rekonstruiert und als Stadttheater eröffnet. Das Gebäude im Stil des Klassizismus brannte schon 1835 nieder, wurde aber renoviert und später im 20. Jahrhundert von Banken genutzt. 1984 wurde der Bau entgegen öffentlicher Proteste abgerissen. Das Hotel wurde hier im 19. Jahrhundert von einem der reichsten jüdischen Geschäftsleute in Minsk, Veniamin Polak, errichtet und Anfang des 20. Jahrhunderts im Jugendstil umgebaut. Das Hotel wurde 1944 zerbombt.

Das Haus mit der Nummer 33A war im 18. Jahrhundert das Stadthaus der Familie Wankowicz, die seit den Zeiten des Großfürstentums viele bekannte Politiker und Richter hervorbrachte. Es besteht aus einem Holz- und einem Ziegelflügel, die im Jahr 2000 rekonstruiert wurden und heute das **Museum des Malers Walenty Wankowicz** beherbergen. Hier ist eine Dauerausstellung mit Hofporträts aus dem 17. bis 19. Jahrhundert zu sehen.

■ Feuerwehrmuseum

Die **vulica Haradski Val** (Гарадскі Вал/Городской Вал) verläuft anstelle des

Karte S. 78

Stadtwalls, der bis zur ersten Hälfte des 19. Jahrhunderts den Stadtrand von Minsk markierte bzw. schützte.

Die alte Feuerwache im Gebäude mit der Hausnummer 12 (1885) ist heute ein empfehlenswertes Museum, das veranschaulicht, wie sich belarussische Städte gegen Brände schützten (Mo–Fr 9–13 und 14–18 Uhr).

Im Park gegenüber steht das **Adam-Mickiewicz-Denkmal** zu Ehren des bekannten polnischen Schriftstellers belarussischer Abstammung.

■ Vulica Valadarskaha

Den neogotischen **Palast der Familie Pischala** (Nr. 2, 1825) erkennt man nicht gleich. Der dreistöckige Komplex mit vier runden Türmen wurde als Stadtresidenz gebaut, aber bei der Fertigstellung an die Stadtverwaltung verkauft und seitdem ausschließlich als Gefängnis benutzt.

Hier saßen viele bekannte belarussische Aktivisten, Revolutionäre, sogenannte Volksverräter sowie Schriftsteller, zum Beispiel Jakub Kolas und Wincenty Dunin-Marcinkiewicz, ein. Es gab nur drei Ausbruchsversuche, wovon einer er-folgreich war, und zwar von Felix Dserschinski, dem Gründer der sowjetischen Geheimpolizei und somit des KGB. Die heutige Untersuchungshaftanstalt (im Volksmund Wolodarka genannt) hat etwa 2000 Insassen und aufgrund ihrer Baufälligkeit keinen guten Ruf.

Das Gebäude mit der Hausnummer 5 wurde 1901 bis 1906 als Synagoge erbaut, finanziert durch Spenden der jüdischen Bevölkerung, und diente bis 1921 als Hauptsynagoge in Minsk. Nach der Revolution und bis 1941 war hier ein Klub untergebracht, danach das Kino ›Kultura‹. Nach einem Brand im Zweiten Weltkrieg wurde der Bau renoviert und beherbergt heute das **Nationale Schauspielhaus** der Republik Belarus;

Das **Haus der Familie Mahlin** (Nr. 9, 19. Jh.) hat einen großen historischen Wert: Hier wurde am 25. März 1918 die dritte Gründungsurkunde unterschrieben und damit die Unabhängigkeit der Belarussischen Volksrepublik erklärt, des ersten belarussischen Nationalstaates. Dieser Tag gilt heute als einer der wichtigsten Daten der belarussischen Geschichte.

Minsk und Minsker Gebiet

Gefängnis im Pischala-Palast

Der Unabhängigkeitsprospekt

Die Flaniermeile der Stadt ist der Unabhängigkeitsprospekt (praspekt Nezaležnasci/праспект Незалежнасцi/проспект Независимости). Die Straße hat eine 200-jährige Geschichte als wichtige Verkehrsader und spiegelt dadurch auch die Geschichte des Landes wider.

Von 1801 bis 1919 hieß die Straße Zacharjevskaja, benannt nach Sachar Kornejew, dem zweiten Gouverneur von Minsk von 1796 bis 1806. Russland hatte Pläne zum Aufbau der größten Städte entwickelt, und so wurde diese ruhige Straße am Rande des Ortes zur neuen Hauptstraße, abseits des Zentrums, aber nah am Bahnhof und an der Trasse Moskau–Warschau. Das Straßenraster im neuen Teil von Minsk hatte eine klare geometrische Form, die Wohnblocks waren rechteckig. In der vulica Zacharjevskaja wohnten die Reichen, es gab hier viele Geschäfte, Hotels, Kinos und Restaurants, mehrere Kirchen, Pferde-, Lebensmittel- und Holzmärkte sowie einen Stadtpark (heute: Gorky-Park). Das Feuer von 1835 vernichtete fast alle Holzgebäude in Minsk, die ersten Steingebäude wurden südlich der Zacharjevskaja errichtet. 1910 wurde diese Straße als erste in Minsk asphaltiert.

Laut Bauplänen Ende der 1930er Jahre sollte Minsk eine Hauptstadt des Konstruktivismus werden, aber nach dem Krieg wurden die sogenannten Volkspaläste Mode: die neuen neoklassischen Gebäude waren sehr geräumig und hatten protzigen Außenschmuck. Sie standen als Beweis der Standhaftigkeit der kommunistischen Regierung und als Symbol für den Sieg.

In den 1950er Jahren hieß die Straße Stalin-Prospekt, in dieser Zeit wurde sie auch neu bebaut. Die Erbauer des Kommunismus und des neuen Lebens wollten nicht, dass der Stalin-Prospekt eine große Höhendifferenz hat, er wurde teilweise ein bis drei Meter ge-

Karte S. 92, 104, 108

▲ *Brunnen am Unabhängigkeitsplatz*

hoben oder gesenkt. Der 24 Kilometer lange Prospekt wurde durch fünf große Plätze ergänzt. Beim Bau wurden auch deutsche Kriegsgefangene eingesetzt. Zwischen 1961 und 1991 hieß diese Flaniermeile Lenin-Prospekt. Mit der Unabhängigkeit wurde die Straße wieder umbenannt und trug von 1991 bis 2005 den Namen von Franzysk Skaryna, des Aufklärers und Buchdruckers aus der alten belarussischen Stadt Polack.

Nach einer angeblichen Anfrage von Veteranen wurde der Straßenname 2005 ziemlich unerwartet noch mal geändert und ist seitdem Unabhängigkeitsprospekt.

Den praspekt Nezaležnasci kann man zu Fuß gut erkunden und Minsk von seiner monumentalen Seite kennenlernen. Es gibt viele Geschäfte und Cafés sowie eine farbenfrohe nächtliche Beleuchtung. Dank des einzigartigen erhaltenen sowjetischen Ensembles und aufgrund des Fehlens von Reklametafeln, werden hier in der UdSSR spielende Filme gedreht. Die belarussische Regierung hat vorgeschlagen, den Prospekt in die UNESCO-Weltkulturerbe-Liste aufzunehmen.

Der Minsker Philosoph, Künstler, Architekt Artur Klinaŭ (geb. 1965) hat den ersten Mythos über seine Stadt geschaffen. Er sagt: Minsk wurde nach dem Zweiten Weltkrieg als **Sonnenstadt der Träume** (bel. горад СОНца) errichtet, eine perfekte Stadt eines utopischen Imperiums, welche die Errichtung des allgemeinen Glücks als Ziel hatte. Endlose Boulevards, sonnige Parks, reich verzierte Paläste für das Volk, Monumentalbauten, Kolonnaden und riesige Skulpturen. Artur Klinaŭ bietet auch Führungen an (Tel. +375/ 29/6534838, arturklinau@gmail.com), die Preise sind verhandelbar.

Vom Unabhängigkeitsplatz zum Oktoberplatz

Die Straße beginnt an ihrem südwestlichen Ende vor dem Unabhängigkeitsplatz, an dem der Regierungs- und Parlamentssitz liegt. Hier befindet sich das Zentrale Wahlkomitee, die Präsidialbibliothek mit einem Museum und weiteren Institutionen.

Am Ende der Sowjetzeit hat der Lenin-Platz, wie er damals hieß, viele Proteste und Demonstrationen gesehen. 1991 wurde der Platz auch Unabhängigkeitsplatz genannt (die U-Bahn-Station behielt den Namen Lenin-Platz). Das dreistöckige moderne unterirdische Einkaufszentrum ›Stoliza‹ (Столица) wurde gebaut, ebenso ein unterirdischer vierstöckiger Parkplatz für 500 Autos. Zwischen Blumenbeeten steht ein Brunnen mit Musik- und Lichtshow. Er ist mit den Wappen der sechs Gebietshauptstädte geschmückt.

Am Abend der vorletzten Präsidentschaftswahl (19. Dezember 2010) war dieser Ort Schauplatz der Demonstration, der etwa 40 000 Menschen gegen Wahlfälschungen protestierten. Videos zeigen, wie Hunderte durch polizeiliche Sondereinheiten zusammengeschlagen wurden, 700 festgenommen, darunter alle Oppositionskandidaten.

■ Regierungs- und Parlamentsgebäude

Der riesige Bau im Stil des Konstruktivismus wurde 1930–34 nach einem Entwurf von Iosif Langbard gebaut, einem in Belarus geborenen Architekten jüdischer Abstammung. Interessant ist, dass 1938 der Bau einen Zwillingsbruder in Mahiljoŭ bekommen hat: In dieser Zeit lag Minsk zu nah an der polnischen Grenze und verlor seinen Hauptstadtstatus. Während der deutschen Besatzung zwischen 1941 und 1944 fun-

Minsk und Minsker Gebiet

Unabhängigkeitsprospekt, westlicher Abschnitt

0   300 m

Sehenswürdigkeiten

1   Simon- und Helenakirche
2   ehem. Kochfabrik
3   Belarussische Staatliche Universität
4   Zentraler Buchladen
5   Broŭka-Museum
6   Puppentheater
7   Janka-Kupala-Theater
8   Palast der Republik
9   Präsidialadminsitration
10   T-34 Panzer
11   Zentralhaus der Offiziere
12   Theologie-Institut
13   Holzhaus von Frau Rschezkaja
14   Haus von Lee Harvey Oswald
15   Staatliche Linguistische Universität
16   Deutsche Botschaft

Gastronomie (→ S. 123)

1   Brew Bar Minsk
2   Café London
3   Salodki falwarak
4   Djed
5   Drozhzhi United
6   Pinta
7   Klub Doodah King
8   Bar Strawinski
9   Food Republic
10   Bar Sweet & Sour
11   Grunwald
12   Staromestny piwowar
13   News Café
14   Kuchmistr
15   Kaljannaja 1
16   Hany Bany
17   Blondes and Brunettes

gierte das Gebäude als Hauptquartier der SS, der Gestapo und der Luftwaffe, hier wurden Lebensmittel gelagert. Das Regierungsgebäude hat etwa 1000 Büros und 15 Sitzungssäle. Der wichtigste ist der Ovale Saal, wo die Parlamentarier und Senatoren tagen. Hier hängt ein Kronleuchter in Form eines Sterns, der fünf Tonnen wiegt und 500 Glühbirnen hat.

Das riesige Regierungsgebäude

Minsk und Minsker Gebiet

Das Gebäude wird bewacht und darf nicht fotografiert werden. Bewacht und geschützt wird es vor Raben und Tauben: Es wird Habichtsgeschrei vom Tonband in regelmäßigen Abständen gespielt, um sie zu verscheuchen.

Davor sieht man ein Monument: Lenin spricht zu den Soldaten, die an die Front gehen. Ein Hochrelief am Postament zeigt Szenen der Oktoberrevolution, die Verteidigung der Heimat, die Industrialisierung des Landes und die Kollektivierung der Landwirtschaft. Vorne auf der Fahne sind die Worte in der alten Variante der belarussischen Sprache zu erkennen: ›Unter dem Banner Lenins zum Sieg des Kommunismus‹ (bel. Уперад пад сьцягам Леніна да перамогі комунізму).

■ **Kirche des heiligen Simon und der heiligen Helena**

Nicht zu übersehen ist die römisch-katholische Kirche (1905–10), sie ist ein bekanntes Wahrzeichen der Stadt. Die neoromanische rote Backsteinkirche wurde mit finanzieller Unterstützung des belarussischen Adligen Edward Woynillowicz als Andenken an seine Kinder erbaut, die jung verstorben waren. Zur damaligen Zeit war die

›Rote Kirche‹ das höchste Gebäude in Minsk. Nach der Revolution war Woynillowicz 1918 gezwungen das Land zu verlassen, sein Nachlass bei Minsk wurde ausgeplündert. 1923 wurden alle Kirchengeräte in der Roten Kirche von den neuen Mächten beschlagnahmt, 1932 wurde sie geschlossen. Das Gebäude diente zunächst als Polnisches Theater, danach als Filmstudio und Haus des Films. 1990 hat die katholische Gemeinde die Rote Kirche wieder übernommen und restauriert. 2006 wurden die Überreste des 1928 in Bydgoszcz gestorbenen Edward Woynillowicz hierhin umgebettet.

Die Kirche hat auch ein eigenes Theater im Keller mit einer einzigen Schauspielerin und Dutzend Theaterstücken sowie eine hübsche kleine Leihbibliothek, mit belarussischen und polnischen Büchern.

Vor der Roten Kirche steht auch ein **Monument des Erzengels Michael** (1996), der einen Drachen besiegt. Die Kirche hat auch ein eigenes Theater im Keller und eine hübsche kleine Leihbibliothek mit belarussischen und polnischen Büchern.

2000 wurde links von der Roten Kirche eine **Gedenkglocke** errichtet als Anden-

Die Kirche des heiligen Simon und der heiligen Helena

ken an die Opfer der atomaren Katastrophen in Tschernobyl, Hiroshima und Nagasaki. Eine Replik der ›Engel‹-Glocke von der Urakami-Kathedrale in Nagasaki, die die Bombardierung überlebte, wurde von der römisch-katholischen Gemeinde Japans geschenkt. Das Monument hat auch Erde aus Jerusalem, Fukushima, sowie aus Tschernobyl, Hiroshima und Nagasaki. Die Glocke hat eine Schnur, sodass jeder sie im Gedenken an die Opfer läuten kann.

■ Ehemalige Kochfabrik

Das große helle Gebäude im konstruktivistischen Stil (1930-35) hinter der Kirche in der vulica Sviardlova 2 hat eine spannende Geschichte. Es war die erste so genannte Kochfabrik in Minsk. Damals diente die Architektur nicht nur künstlerischen sondern auch sozialen Zwecken. Erbaut wurden in den 1920-/1930er Jahren Brotfabriken, Markthallen und neuartige Lebensmittelgeschäfte. Die Sowjetmenschen sollten sich zusammen mit den Genossen und Kameraden weiterentwickeln, soziale Kontakte knüpfen, ihre ideologische Ausbildung auf ein höheres Ni-

veau bringen. Dabei sollten vor allem auch die Frauen von ihren Aufgaben im Haushalt entlastet werden.

Die Kochfabrik mit 478 Köchen versorgte drei Mittagshallen und ein Restaurant, wo gleichzeitig 1000 Menschen speisen konnten. Die Kochfabrik hatte eine eigene Feuerwehr und einen Abholdienst mit Pferdekutschen. Täglich wurden 30 000 dreigängige Mittagsmenüs produziert sowie 25 000 Fertiggerichte für andere Gastronomiebetriebe. Hiesige Mensen mit einzelnen Eingängen hatten riesige Fensterscheiben und waren dadurch sehr hell und gemütlich trotz der Größe – ein Novum für die damalige Zeit.

Heute ist es ein Entertainment-Komplex mit Bowling, einem Café, Restaurant, Club und Disko. Davor steht das ziegelrote **Museum für Filmgeschichte** in Belarus (Sviardlova 4, Mo–Sa 10–17.30 Uhr).

■ Universität

Am Unabhängigkeitsplatz stehen die Gebäude der **Pädagogischen Maxim-Tank-Universität** (links vom Regierungsgebäude), die **Belarussische Staatliche Universität** (gleich gegenüber), die

Die ehemalige Kochfabrik

Karte S. 92

Hauptgebäude der Belarussischen Staatlichen Universität

Minsker Stadtverwaltung und die **U-Bahn-Verwaltung**, wo statt des Turmhahns das Symbol von Belarus –ein Wisent – zu erkennen ist.

Die Belarussische Staatliche Universität ist die Hauptuniversität im Lande, sie hat 20 Fakultäten, 180 Lehrstühle, 4 Forschungsinstitute, 13 Forschungszentren, 41 Forschungsstätten, 4 Museen. Sie wurde 1921 gegründet, die ersten Professoren kamen aus Moskau, Kasan und Kiew. Wie es in Minsk damals üblich war, unterrichtete man auf Russisch, Belarussisch, aber auch auf Polnisch und Jiddisch. Der Campus wurde auf einem alten jüdischen Friedhof aus dem 17.–18. Jahrhundert errichtet. Schon in den 1930er wurde die BSU zur führenden Uni in der BSSR, sie hatte vier Fakultäten (Medizin, Geisteswissenschaften, Arbeiterfakultät, Pädagogik), eine Abteilung für Postgraduierte, etwa 1400 Studierende und trug zur Gründung der Akademie der Wissenschaften bei.

Anfang der 1930er Jahre, als sich Physiknobelpreisträger Albert Einstein entschlossen hatte, Berlin zu verlassen, bot sein ehemaliger langjähriger Assistent, der aus Brest stammende Yaakov Gromer, ihm eine Stelle in Minsk an.
Es scheiterte aber nicht an der Absage des Gelehrten. Die Entscheidung traf der judenfeindliche Stalin höchstpersönlich und er sagte, wie man glaubt: ›Lasst diesen Zionisten seine Geige in der Synagoge zu Hause spielen‹.

Während des Krieges agierte die BSU in der Nähe von Moskau und kehrte schon im August 1944 zurück nach Minsk. Nach und nach wurden neue Gebäude für die BSU errichtet, die ersten ausländischen Studenten kamen 1961, die Uni wurde weiter ausgebaut und verbessert. 1999 erhielt die BSU den offiziellen Status der Hauptuniversität der Republik Belarus.

■ **Rund um das Postamt**
Zurück zum Prospekt der Unabhängigkeit: Die nächste Adresse wäre das schicke **Postamt** (1949–53), von hier wird der Postdienst in der Stadt organisiert. 1677 wurde die erste Postkutschenstation gegründet, wo Pferde gewechselt und die Post sortiert wurden und Fahrgäste aussteigen konnten. Im Unterschied zum Großfürstentum Litauen mussten die Postreisenden im Russischen Reich eine Erlaubnis dafür vorweisen.

Das alte Gebäude ist mit weißem Marmor dekoriert. Der Saal in Rotondeform ist äußerst bemerkenswert mit der 30 Meter hohen Kuppel in der Mitte und einem riesigen Kronleuchter. 15 farbige Glasfenster zeigen Denkmäler der belarussischen Architektur aus dem 11. bis 18. Jahrhundert.

Gegenüber befindet sich das **Hotel Minsk** (1957–67), wo vor hundert Jahren Geschäfte für Schuhe, Tabak, Parfümeriewaren sowie die Hotels ›Odessa‹, ›Garni‹ und ›Nowo-Berlin‹ (Neu-Berlin) standen.

Minsk und Minsker Gebiet

Das Kino ›Centralny‹

Das **3D-Kino Centralny** am praspekt Nezaležnasci 13 (1950-54) hat mit der modernen Ausstattung seinen protzigen sowjetischen Charme nicht verloren. Auf der anderen Seite findet man die **Kunstgalerie Mastazki Salon** (Unabhängigkeitsprospekt 12) mit (etwas überteuerten) Souvenirs und Ausstellungen lokaler Künstler (Mo–So 10–20 Uhr).

■ Innenministerium und KGB

Das Gebäude Nezaležnasci 15–17 teilen sich das Innenministerium und der KGB, der in Belarus nicht umbenannt wurde.

Der aus Georgien stammende Lawrentij Zanawa, Innenminister der BSSR 1938–41 und Minister für Staatssicherheit von 1943–51, hat den Bau sehr eng mitverfolgt, bei dem Tausende deutsche Kriegsgefangene zum Einsatz kamen. Er ließ das Zifferblatt der Uhr am Gebäude gegenüber schwarz bemalen. Diese Uhr stammte aus Königsberg und landete nach dem Krieg in Minsk. Sie ist heute die älteste öffentliche Uhr in Minsk.

Im rechten Flügel des KGB-Gebäudes befindet sich bis heute der **Dserschin-**

ski-Klub (1948), benannt nach dem sowjetischen Revolutionär Felix Dserschinski, der in Dserschinsk (damals: Koydanava) als Spross einer belarussisch-polnischen Adelsfamilie geboren wurde. Dserschinski gilt als Vater der sowjetischen Geheimpolizei und somit des KGB.

Seine Statue begrüßt die Besucher im Dserschinski-Klub, wo einst KBG-Mitarbeiter saßen und tanzten und sich Filme, Konzerte und Theaterstücke ansahen. Hier fanden auch Gerichtsprozesse statt. Die Innenausstattung im Stil des Stalin-Empire (Stuck, Balkone, Kronleuchter) ist wunderbar erhalten und renoviert. Heute wird diese Szene für Theateraufführungen und Konzerte benutzt.

Im Hof befindet sich die **KGB-Untersuchungshaft**, im Volksmund ›Amerikanka‹ genannt, da sie wahrscheinlich nach einem amerikanischen Projekt aus den 1920er Jahren gebaut wurde und Joliet Prison, einem Gefängnis in Chicago, ähnelt. Dieses runde Gebäude ist berüchtigt dafür, dass die Gefangenen aufgrund der Bauspezifik hier nichts hören und niemanden sehen können. Ende der 1930er Jahre fanden hier Hunderte geheimer Erschießungen von sogenannten Volksverrätern (Literaten, Aktivisten, Wissenschaftler) statt. Aber auch in der heutigen Zeit hat die Amerikanka einen schlechten Ruf.

■ Einkaufszentrum GUM

Am Nezaležnasci-Prospekt 19 (1948-52) findet man zunächst den **Zentralen Buchladen** (mit vielen Stadtplänen, Fotoalben und Souvenirs) sowie ein Süßwarengeschäft und einen Laden mit traditionellen Souvenirs.

Das Einkaufszentrum GUM (Niezaležnasci 21) ist einen Besuch wert, auch wenn man nichts kaufen will. Wo Ende

Karte S. 92

des 19. Jahrhunderts Markthallen und Werkstätten waren und das erste Kino stand, wurde 1951 ein sowjetisches Warenhaus errichtet. GUM bot damals alles an, was ein sowjetischer Mensch brauchte, und sogar Mangelware wie Plüschtiere oder Nylonstrümpfe. Zur Innenausstattung gehörten eine breite Marmortreppe mit Glasfenstern, eine schicke Dekoration und eine Ladeneinrichtung aus echtem Holz. Heute werden hier hauptsächlich in Belarus hergestellte Produkte angeboten – ideal für Touristen auf der Suche nach Souvenirs.

Gegenüber vom GUM steht die **Nationalbank** (1947-52) und auf der anderen Seite der Lenin-Straße eine McDonalds-Filiale – die erste in Belarus, sie wurde 1996 eröffnet.

■ **Leninstraße**

Die vulica Lenina ist eine der schönsten sowjetischen Ecken in Minsk und wurde Anfang der 1950er Jahre als Komplex gebaut. In der kleinen Grünanlage, unweit des Büros des Roten Kreuzes steht eine **Henry-Dunant-Büste**, zur Erinnerung an den Gründer dieser Organisation und ersten Friedensnobelpreisträger.

Am Ende dieser Grünanlage, an der Kreuzung in der Karl-Marx-Straße 30, haben viele bekannte Schauspieler, Gelehrte sowie Politiker gelebt.

Das **Nationale Kunstmuseum** (vulica Lenina 20) wurde 1939 in Minsk gegründet, aber die Sammlung hat den Zweiten Weltkrieg nicht überstanden. 1957 bekam das Museum dieses neue Zuhause und damit die Chance auf einen Neuanfang. Die Damen auf dem Giebel symbolisieren das Aufblühen der belarussischen Kunst; zwei Monumente am Eingang verkörpern ›Skulptur‹ und ›Malerei‹. Im alten und neuen Teil des Museums sind mehrere Sammlungen ausgestellt: Ikonen, Gemälde, Skulptur, Volkstrachten und Handwerke aus Belarus sowie russische Kunst des 18.–20. Jahrhunderts und kleine Sammlungen mit Kunstobjekten aus europäischen Ländern und Asien. Das Museum ist nicht so groß wie vergleichbare Museen in Europa, zeigt aber vielfältige Seiten der belarussischen Kunst und ihrer Geschichte (Mi–Mo 11–19 Uhr, → S. 131).

Minsk und Minsker Gebiet

Das KGB-Gebäude

Der Eingang zum Einkaufszentrum GUM

Rund um den Oktober-Platz

Geht man den Unabhängigkeitsprospekt weiter, sieht man schöne Sowjetbauten mit Restaurants und Cafés (1949-54). Der auf zwei Etagen gelegene **Supermarkt ›Centralny‹** ist bekannt für sein prächtiges Aussehen und seine farbige Deckengemälde und Säulenknöpfe mit Hammer und Sichel, schönen Bäuerinnen und glücklichen Arbeitern. Hier gibt es auch ein Café und ein Stehbuffet mit belegten Broten und Torten für den kleinen Hunger.

Gleich nebenan ist der Eingang in die **U-Bahn-Station Kastryčnickaja**. Unten auf der Plattform fand am 11. April 2011 das erste und bisher einzige Bombenattentat in der belarussischen Geschichte statt, bei dem 15 Menschen ums Leben kamen, mehr als 300 verletzt wurden – woran jetzt eine Gedenktafel sowie Kerzen und Blumen erinnern.

Von hier gelangt man zum **Oktober-Platz** (Kastryčnickaja plošča/Кастрычніцкая плошча/Октябрьская площадь). Auf dem früheren neuen Markt befand sich einst der Palast der Sapieha-Familie. Ab 1952 stand ein zehn Meter hohes Stalin-Monument in der Mitte des Platzes; mit dem Beginn der Entstalinisierung musste das Monument innerhalb einer Nacht im November 1961 spurlos entfernt werden.

Für den **Palast der Republik** (Палац Рэспублікі/Дворец Республики) wurde der Platz noch einmal erweitert. Im Volksmund wird der Palast der Republik wegen seines dunklen Aussehens ›Sarkophag‹ genannt. 1985–2001 dauerte die Bauarbeiten, verzögert durch wirtschaftliche und politische Schwierigkeiten. Der Palast ist 45 Meter hoch und hat zwei Säle für 2700 und 500 Personen, mehrere Allzweck-Konferenzräume, einige Cafés und eine Bar. Hier oder auch davor finden Konzerte und Festivals sowie internationale Konferenzen und offizielle Feierlichkeiten statt.

Links vom Palast verkaufen Künstler ihre Werke sowie Souvenirs unter freiem Himmel.

Zwischen dem Museum und dem Palast der Republik findet man den größten Brunnen in Minsk, aus dem im Sommer 1300 bunte Wasserstrahlen sprudeln.

Daneben steht der **Kulturpalast der Gewerkschaften** (1949–54), der mit einem ziemlich protzigen Saal für 850 Leute prahlt. Anfang der 2000er Jahre wurde das Gebäude mit seinen Tanzsälen und Unterrichtsräumen gründlich renoviert.

Noch anzumerken wäre, dass der Oktober-Platz in den letzten Jahrzehnten Schauplatz mehrerer großer politischer Aktionen und Proteste war. Nach den Präsidentschaftswahlen 2001, 2006 und 2010 fanden hier Demonstrationen statt; und 2006 gab es hier fünf Tage lang (bei Frosttemperaturen) ein Zeltlager mit Protestierenden. Keine Aktionen werden auf diesem gut bewachten Platz im Zentrum der Hauptstadt toleriert. Man nennt ihn auch einfach ›Plošča‹, der Platz (bel. Плошча).

■ Aljaksandraŭski-Park

Gegenüber vom ›Plošča‹ liegt der Aljaksandraŭski-Park mit dem ersten Brunnen in der Stadt: Als Minsk 1874 eine Leitung mit artesischem Grundwasser bekam, wurde zu diesem Anlass ein Brunnen eingeweiht. Der ›Junge mit Schwan‹ war noch vor 50 Jahren mit Fröschen umgeben und hatte kein Feigenblatt vorne, sondern war ganz nackt. Die Minsker nennen die Skulptur ›Panikowskij‹ nach einem bekannten tollpatschigen Helden, der Gänse geklaut hat (aus dem Buch ›Das goldene Kalb‹ der russischen Schriftsteller Ilf und Petrow). Den Park kennt man deswegen auch als Panikowka.

1979 wurde auf der Engels-Straße ein Gedenkstein aus Granit installiert, wo 1942 unweit des Brunnens Partisanen erhängt wurden. Darauf sind symbolische Fußabdrücke und Stacheldraht zu sehen.

Im Park steht auch das älteste Theater des Landes: Als 1884 das Gebäude des ehemaligen Stadttheaters in Minsk abgebrannt war, wurde hier 1890 das neue gebaut (vulica Engelsa 7). Wie schon bei den ersten Aufführungen wird das heutige Repertoire des **Janka-Kupala-Theaters** stark von Inszenierungen mit ausgeprägter nationaler Thematik dominiert, darunter die Werke von Janka Kupala. Ob modern oder klassisch, alles im Janka-Kupala-Theater läuft ausschließlich in belarussischer Sprache. Die Theaterkasse war übrigens einst die erste öffentliche Toilette (→ S. 132).

Das geheimnisvolle sechsgeschossige Gebäude hinter dem Park ist die **Präsidialadministration** (Marx-Straße 38), offiziell arbeiten der Präsident

Das Kino ›Pionjer‹

Lukašenka und sein Team von hier aus. Deswegen (Vorsicht!) darf es nicht fotografiert werden.

Der Bau wurde 1939–47 für das Zentralkomitee der Kommunistischen Partei errichtet.

Gegenüber in der vulica Engelsa 20 steht das wunderbar renovierte **3D-Kino Pionjer** (Пионер), das in der Sowjetzeit einen großen Wintergarten mit Fischen und Wellensittichen hatte. Es teilt den Bau mit dem ältesten **Puppentheater** im Lande (Тэатар Лялек), das 1938 in Homel gegründet wurde. Die Aufführungen sind auf Belarussisch und Russisch, der Tradition nach ist das Abendrepertoire für Erwachsene mit Stücken von Anton Tschechow, Adam Mickiewicz, Gerhart Hauptmann, Janka Kupala. Sehr empfehlenswert für alle, die der Landessprachen mächtig sind (→ S. 132).

Gegenüber vom frisch renovierten Fünf-Sternehotel ›President‹ (vulica Engelsa 13) steht das **Theater für die Jungen Zuschauer** (Engelsa 26). Es wurde

Der Kulturpalast der Gewerkschaften

Karte S. 92

1931 gegründet und hat seit 1956 in diesem Gebäude seinen Sitz. Kinder können hier Aufführungen auf Russisch und Belarussisch von Jakub Kolas, Frances Burnett, Molière, William Gibson besuchen(→ S. 132).

■ Zentralhaus der Offiziere

Östlich des Parks liegt das Zentralhaus der Offiziere. Noch vor 100 Jahren befanden sich hier der orthodoxe Bischofssitz (1885) und die Mariä-Schutz-und-Fürbitten-Kirche. Der belarussische Architekt Iosif Langbard nutzte 1934–39 die Wände dieser Kultbauten für seine konstruktivistischen Sowjethäuser. So bildet heute die ehemalige Kirche einen Teil des linken Gebäudeflügels, der Zentralteil war Bischofssitz. Der Langbard-Bau mit vier Etagen und vier unterirdischen Geschossen, 100 Sälen so groß wie drei Fußballfelder zusammen, einer Turnhalle und der ersten Schwimmhalle im Lande war damals ein Unikat für Minsk. 1974 wurde das Zentralhaus der Offiziere renoviert, es hat ein Theater, einen Kinosaal für 600 Leute sowie Tanz- und Turnhallen. Die hiesige Bibliothek verfügt über 120000 Bände.

Rechts vom Haus der Offiziere, am Nezaležnasci -Prospekt steht sein Antagonist/Gegenstück: das **Theologie-Institut** der Belarussischen Staatlichen Universität.

Gleich daneben, in der Nezaležnasci 26 liegt das **ehemalige Museum für Kirche und Archäologie**. Es wurde 1913 im pseudorussischen Stil als Teil des Bischofssitzes zum Jubiläum der Zarenfamilie Romanow gebaut. Zwei Türme symbolisieren christliche Glaubensrichtungen: die katholische und die russisch-orthodoxe Kirche. Deren Sammlungen wurden zu Sowjetzeiten anderen Museen in der BSSR übergeben. Seit 1999 gehört das Gebäude der orthodoxen Kirche.

Links sieht man ein Postament mit einem **T-34 Panzer**, der unter Leitung von Dmitri Frolikow als erster im Juli 1944 im Laufe der Befreiungsoperation nach Minsk kam.

Hinter dem Monument verläuft eine der wenigen Kopfsteinpflasterstraßen in Minsk zum Ufer der Svislač hinunter.

■ Ehemalige Lenin-Nationalbibliothek

In der Čyrvonaarmieyskaja 9 steht die ehemalige Lenin-Nationalbibliothek. Gegründet wurde sie 1922, 1932 zog sie in dieses Gebäude im Konstruktivismus-Stil um (Architekt Georgij Orlow), eines der ersten Bibliotheksgebäude in der UdSSR. Anfang der 1940er Jahre galt die Lenin-Bibliothek in Minsk mit ihren mehr als zwei Millionen Bänden und Dokumenten als eine der 30 besten auf der ganzen Welt. Im Zweiten Weltkrieg wurden etwa 80 Prozent der Sammlung nach Deutschland gebracht, der Bestand wurde danach neu aufgebaut, aber viele einmalige Werke blieben verloren.

2006 zog die Bibliothek in ein neues Gebäude um (Diamant des Wissens,

T-34-Panzer vor dem Zentralhaus der Offiziere

Minsk und Minsker Gebiet

→ S. 110). Im historischen Altbau sitzt heute das Oberhaus des belarussischen Parlaments.

■ **Zirkus**

Das Gebäude Nezaležnasci 32 ist der Staatliche Zirkus (1954–59) mit einer Arena mit traditionellen 13 Metern im Durchmesser und 1650 Zuschauerplätzen. Während der letzten Renovierung (2008) blieben nur die Tragwände, aber die Innenausstattung behielt ihren Stil aus den 1950er Jahren mit Deckenstuck und Kristallkronleuchter.

In der oberen Etage befindet sich das **Museum für belarussische Zirkuskunst**, dort ist eine Zirkusschule für Kinder geplant. Ein neues Programm gibt es alle anderthalb bis zwei Monate. Die Kasse befindet sich rechts vom Gebäude (www.circus.by/en). Links vom Zirkus befand sich einst das erste Kraftwerk der Stadt (1894), das anlässlich des Baus eines Hotels und Wohnblocks am Svislač-Ufer abgerissen wurde. Das umstrittene und intransparente Projekt konnte nicht gestoppt werden, da Minsk zur Eishockey-WM Hotels brauchte. Die Eigentümer haben sich verpflichtet, das Kraftwerk renoviert wiederherzustellen, momentan ist es in zerlegter Form gelagert.

■ **Janka-Kupala-Park**

Gegenüber dem Zirkus liegt der weitläufige Janka-Kupala-Park mit einer Statue des belarussischen Dichters (1972). Iwan Luzewitsch nannte sich nach dem heidnischen Fest Kupallje. In dieser Nacht bekommt der Farn, der sich durch Sporen verbreitet, wunderschöne Blüten. Man glaubte, wer blühenden Farn findet, wird immer glücklich. So steht das Monument von Kupala neben einer Farnblüte aus Bronze. Weiter sieht man einen Brunnen, wo

junge Mädchen in der Kupallje-Nacht ihre Blumenkränze schwimmen lassen: Diejenige, deren Kranz schneller an das andere Ufer schwimmt, wird schneller einen Bräutigam finden, heißt es.

Im Park steht zudem das zweigeschossige **Janka-Kupala-Museum**, das nach dem Zweiten Weltkrieg an der Stelle gebaut wurde, wo das verbrannte Haus des Dichters von 1927 bis 1941 gestanden hatte. Führungen auf Englisch sind möglich.

Im Park am Fluss kann man Boote und Katamarane mieten.

Am anderen Svislač-Ufer (Nezaležnasci 31A), wohin man über die Sacharjewskij-Brücke gelangt, steht das bescheidene grüne einstöckige **Holzhaus von Frau Rschezkaja**. Hier fand 1898 die erste Tagung der Sozialdemokratischen Arbeiterpartei Russlands statt, auf der diese marxistische Partei, die Vorgängerin der Kommunistischen Partei der Sowjetunion, offiziell ins Leben gerufen wurde. Dieses Haus ist aber eine Kopie, die beim Umbau des Prospekts 1953 näher an das Ufer gerückt wurde. Hier fanden zu Sowjetzeiten Feierlichkeiten statt, Preisverleihungen, die Aufnahme neuer Mitglieder in die kommunistische Partei; Gäste und ausländische Delegationen wurden hier empfangen. Die Ausstellung ist leider nur auf Russisch (Do–Di 10–18 Uhr.)

Im sowjetischen Palast daneben, am Anfang der vulica Kamunistyčnaja 4, Wohnung Nr. 24 wohnte **Lee Harvey Oswald**, der mutmaßliche Mörder des amerikanischen Präsidenten John F. Kennedy, mit seiner Frau Marina. Die Einzimmerwohnung liegt im dritten Obergeschoss, das sind die zwei ersten Balkone von links.

Daneben steht das alte **Fernsehzentrum** von 1956 (Kamunistyčnaja 6), wo heute zwei Fernsehsender arbeiten.

Lee Harvey Oswald, eine Minsker Legende

Der Amerikaner, der sich als Marxist, aber nicht als Kommunist verstand, kam im Oktober 1959 nach Moskau und beantragte politisches Asyl. Nach einer Absage beging er einen Selbstmordversuch, so bekam er eine Niederlassungserlaubnis. Die Behörden der UdSSR schickten den vermutlichen Spion nach Minsk, und im Januar 1960 wurde Oswald beim Minsker Radiowerk angestellt. Die ersten zwei Monate lebte er im Hotel ›Minsk‹, danach zog er in eine Einzimmerwohnung nahe Siegesplatz mit zwei Balkonen mit Blick auf die Svislač (Kamunistyčnaja 4-24) um, die sehr nah am Radiowerk lag. Eine Einzelwohnung war damals ein unerreichbarer Traum für die meisten Menschen in der Sowjetunion, für den Überläufer Oswald war es aber sehr schnell möglich, denn er sollte sehen, wie schön es ist, in der UdSSR zu leben.

Von Oswalds Alltag weiß man nicht nur aus seinem Tagebuch. Der amerikanische Schriftsteller Norman Mailer arbeitete Anfang der 1990er Jahre mit KGB-Archiven in Minsk für sein Buch ›Oswald's Tale: An American Mystery‹ (1995): Oswald wurde auf Schritt und Tritt begleitet, seine Wohnung wurde abgehört und es gab ein Guckloch für den Geheimdienst.

Oswald ging gern tanzen, genoss die Aufmerksamkeit, hatte viele Affären, verbrachte viel Zeit in Cafés am Siegesplatz, besuchte die Oper und ging ins GUM einkaufen. Der ausländische Metallarbeiter verstand bald, wie düster das Leben im kommunistischen Land war. Sein Gehalt war etwa so groß wie das des Direktors des Radiowerks, es gab aber kaum Möglichkeiten es auszugeben. In seinem Tagebuch schrieb Oswald bereits Anfang 1961, dass er zurück in die USA wollte. Ironie des Schicksals: Das erste belarussische Staatsoberhaupt, der Leiter des Obersten Sowjets Stanislaw Schuschkewitsch gab Oswald im Radiowerk Russischunterricht. Er fand ihn unspektakulär und nicht besonders mutig.

Seine Minsker Kollegen erzählen, dass Oswald (den alle ›Alik‹ nannten) mürrisch und launisch war, arbeitsam, aber nicht zu eifrig und nur das erledigte, war er tun musste. Interessant ist, dass keiner seiner Bekannten in Minsk ihn für einen Attentäter hielt. Man glaubt, er war nicht zielstrebig genug, ziemlich egoistisch, und konnte nicht gut schießen: Einmal ging er zusammen mit Freunden auf die Jagd und konnte (trotz Armee-Spezialisierung als Scharfschütze) keinen Hasen treffen und verletzte beinahe einen Freund.

Im März 1961 traf Oswald an einem Tanzabend im Kulturhaus der Gewerkschaften die 19-jährige Russin Marina Prussakowa. Sie lebte bei der Familie ihres Onkels in Minsk und studierte Pharmakologie. Schon Ende April 1961 heirateten sie und feierten mit 20 Gästen bei ihrem Onkel, der in derselben Straße wohnte. Ihr erstes Kind wurde 1962 im 3. Krankenhaus geboren, bekam den Namen des Vaters, wie es in der UdSSR üblich war und hieß June Lee Oswald. Das junge Paar stritt sich damals oft, Marina wollte nicht ausreisen, aber entschied sich doch mit in die USA zu kommen. Im Mai 1962 ging die Familie nach Dallas.

Man glaubt, dass Oswald anderthalb Jahre später, am 22. November 1963, als Einzeltäter den amerikanischen Präsidenten John F. Kennedy erschoss. Der 24-jährige selbst wurde zwei Tage später erschossen. In seiner Geldtasche fand man ein Foto mit Marina auf dem Balkon in Minsk mit Blick auf die Svislač.

Rund um den Siegesplatz

Der monumentale Siegesplatz (pl. Peramohi, Плошча Перамоri/Площадь Победы) ist noch ein Relikt aus der sowjetischen Zeit der belarussischen Hauptstadt. Der 40 Meter hohe Granitobelisk mit der höchsten Auszeichnung der UdSSR, dem Siegesorden, wurde 1954 zum zehnjährigen Jubiläum der Befreiung von Minsk errichtet. Das Postament zeigt belarussische Partisanen und Soldaten, das Schwert des Sieges und vier Blumenkränze versinnbildlichen die vier Kampffronten.

Die Ewige Flamme symbolisiert das ewige Gedenken an die Gefallenen in Kriegen. Eine unterirdische Ring-Galerie bildet ein **Memorial** mit 566 Helden der Sowjetunion, die diesen höchsten Ehrentitel in der Befreiungsoperation verdient haben. Die **Wohnhäuser** um den Platz mit den davorliegenden Grünanlagen bilden einen gemeinsamen Komplex; die Aufschrift auf den Dächern heißt ›Die Heldentat des Volkes ist unsterblich‹ (russ. Подвиг народа бессмертен) – gemeint ist hier der Kampf gegen Nazideutschland.

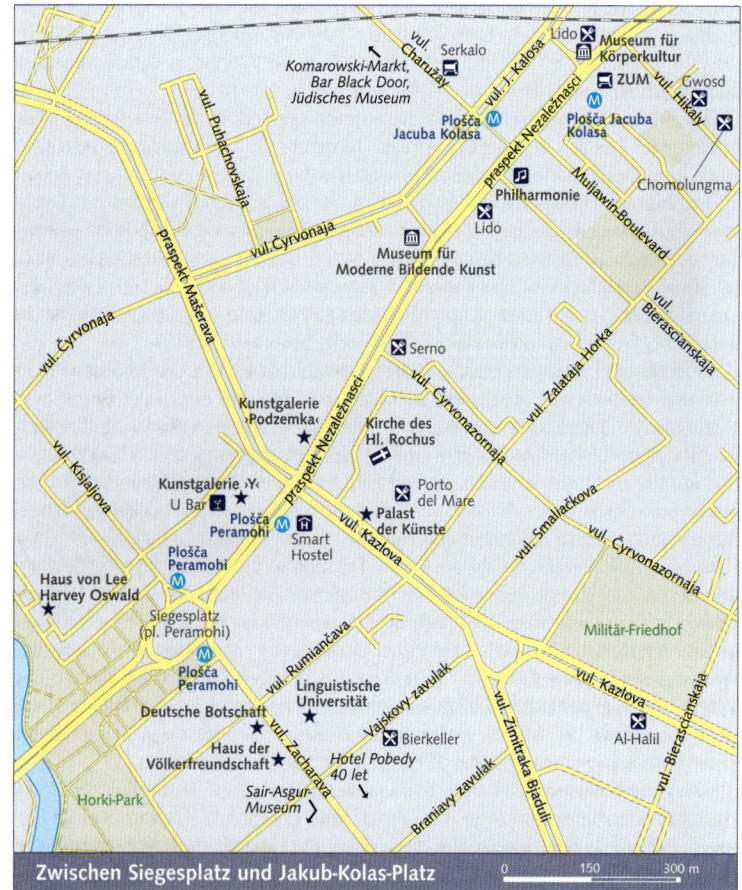

Zwischen Siegesplatz und Jakub-Kolas-Platz

0   150   300 m

Eingang zum Horki-Park

Minsk und Minsker Gebiet

Der **Horki-Park**, heute nach dem sowjetischen Schriftsteller Maxim Gorki
(bel. Horki) benannt, war der erste
Stadtpark, gegründet vom Gouverneur
Sachar Kornejew. Am Svislač-Ufer sieht
man eine Skulptur von Gorki mit seinem buschigen Schnurbart, und (bei
der kleinen Brücke mit dem Damm)
auch ein Kornejew-Gedenkstein. Der
Horki-Park verfügt über eine Stern-
warte sowie viele Attraktionen und
im Sommer Fahrgeschäfte für Kinder
und Erwachsene sowie ein Riesenrad.
Es gibt auch mehrere Cafés, Rauchen
im Park ist untersagt, und es wird kein
Alkohol verkauft.

Ab dem Siegesplatz ändert sich das
Aussehen des Nezaležnasci-Prospekts.
Die Bebauung erfolgte in den 1960er
Jahren, die Wohnblocks wirken schlich-
ter, die Straße wird breiter.

In der vulica Zacharava 26 befindet
sich die **Botschaft der Bundesrepublik
Deutschland**, die auch Österreich, die
Schweiz sowie die Benelux-Länder ver-
tritt (www.minsk.diplo.de)

Daneben steht das kleine und feine
Haus der Völkerfreundschaften (Zacharava 28). Gegenüber befindet sich

die **Minsker Staatliche Linguistische
Universität**, wo 18 Sprachen gelehrt
werden und ausländische Studenten
Russisch und Belarussisch lernen können (www.mslu.by).

Auf der anderen Seite des Prospektes
steht die bekannte **Kunstgalerie Kurzes ›U‹** (›Ў‹, Nezaležnasci 37A) mit
einem ›Made in Belarus‹-Souvenir-Shop
und Buchladen sowie einem Café, wo
sich Künstler und Intellektuelle der
Stadt treffen (www.ygallery.by).

Die vulica Kazlova 3 beherbergt den
Palast der Künste: eine Ausstellungs-
und Konzerthalle mit einem Buchladen.
Gleich dahinter findet man die katholische Dreifaltigkeitskirche, bekannt als
die **Kirche des hl. Rochus** (1861–64).
Die erste katholische Dreifaltigkeitskirche wurde in Minsk von Jagiełło
1409 aus Holz gebaut, nach mehreren
Bränden wurde sie mehrmals wiederaufgebaut. Mitte des 19. Jahrhunderts
bekam die katholische Gemeinde von
den russischen Behörden überraschen-
derweise die Erlaubnis, eine Steinkirche
zu errichten. Im 17. Jahrhundert erhielt
sie eine Statue des heiligen Rochus aus
dem Kloster der Barmherzigen Brüder

Die bekannte Kunstgalerie ›Kurzes U‹

vom heiligen Johannes von Gott (katholischen Krankenpflegeorden) aus Rakaŭ. Man glaubte, sie habe 1848–1853 in Minsk die Cholera-Epidemie beendet. Im 18. und 19. Jahrhundert lag neben der Kirche ein Friedhof, der durch die Cholera um mehrere tausend Gräber erweitert werden musste. Der neogotische Kultbau hatte eine Organistenschule; zu den Feierlichkeiten des heiligen Rochus am 16. August kamen Tausende Pilger. In den 1920er Jahren wurde die Kirche geschlossen; die Orgel, Kirchengeräte sowie die Rochus-Figur galten seitdem als verschollen; der Bau diente als Bücherlager. Bei dem Prospekt-Aufbau wurde der alte Friedhof aufgelöst, die Kirche verschwand hinter Wohnblöcken. 1984 wurde der Bau renoviert, bekam eine neue Orgel aus der Tschechoslowakei und wurde für Konzerte klassischer Musik benutzt. Seit 1991 gibt es in der Rochus-Kirche wieder Messen (an Tagen ohne Konzerte); eine neue Rochus-Skulptur (1998) steht wieder rechts im Altar.

Das **Museum für Moderne Bildende Kunst** (Nezaležnasci 47) ist klein, bietet aber eine gute Möglichkeit einen Anblick in die Welt moderner Kunst in Belarus zu gewinnen (Di–So 11–19 Uhr).

Rund um den Jakub-Kolas-Platz

Seit 1972 sitzt der große belarussische Dichter zwischen Birken auf einem großen Felsbrocken. An seinen Seiten sind beliebte Helden seiner Bücher zu sehen: Die Bäuerin Hanna lauscht dem Musikanten Symon, die Partisanen Dsed Talasch und Panas verfolgen Feinde.

Das Gebäude Nezaležnasci 50 ist die **Belarussische Staatliche Philharmonie** (1963) mit zwei Bühnen für 688 und 200 Zuschauer für Konzerte klassischer und kirchlicher Musik, sie wurde 2005 renoviert (www.philharmonic.by/en).

Unter der Adresse Unabhängigkeitsprospekt 54 findet man das **ZUM**. Der kleine Bruder des GUM (→ S. 96) mit seinem Türmchen wurde 1964 gebaut und war für seine Abteilung mit Elektrowaren bekannt (www.tsum.by)

Auf der anderen Seite (Nezaležnasci 49) steht die heutige **Belarussische Staatliche Universität für Körperkultur**; das Gebäude wurde 1939 für die Kommunistische Partei gebaut. Hier gibt es mehrere öffentliche Turnhallen sowie eine Schwimmhalle. Wer Errungenschaften der belarussischen Sportler

Am Jakub-Kolas-Platz

Karte S. 104

kennenlernen möchte, kann hier das **Museum der Körperkultur** besuchen (Mo–Fr 11–17, Pause 13–14 Uhr).

Das Gebiet um den Jakub-Kolas-Platz war seit dem 16. Jahrhundert als sehr sumpfig bekannt. Eine Legende erzählt, wie sich ein Verrückter namens Chwedar Komar mit einem Mönch um einen gefundenen goldenen Schatz gestritten habe, beide sind in den Sumpf gefallen und ertrunken. Deswegen wurden die Sumpfgebiete **Komarowka** genannt. Das hier gelegene Dorf gehörte bis 1812 der Radziwiłł-Familie und wurde später ins größer gewordene Minsk eingemeindet. 1911 wurde hier zur Forschung und praktischen Nutzung der Sümpfe ein Zentrum eingerichtet. Diese Gegend galt als armer Vorort, der von schlecht bezahlten Handwerkern bewohnt wurde. Heute liegt sie im Stadtzentrum.

■ **Komarowski-Markt**
In der **Straße Very Charužey** (Веры Харужай/Веры Хоружей), die hinter dem Jakub-Kolas-Monument anfängt, liegen eine große Markthalle und ein Basar.

Der Komarowski-Markt wurde 1979 eröffnet, um Privatpersonen sowie Kolchosen und Firmen den Einzelhandel mit Obst, Gemüse, Fisch und Fleisch zu ermöglichen und ist bis heute sehr populär. Er ist einen Abstecher wert: Stände mit so riesigen Bergen von frischen Milchprodukten, Fleisch, Wurst und Süßigkeiten sieht man sonst nirgendwo in Belarus.

2002 stellte man an der Markthalle Skulpturen von Schbanow auf, die populäre Fotoobjekte geworden sind: ein Brunnen mit Gänsen aus Bronze, einen Fotografen, eine Dame, die mit ihrem Hund spazieren geht; am Eingang verkauft eine Babuschka Sonnenblumenkerne.

Universitätsviertel

Ab dem Jakub-Kolas-Platz ist der Unabhängigkeitsprospekt das Zuhause für die **Polytechnische Universität** und ihre Studentenwohnheime. Die Belarussische Nationale Technische Universität wurde 1933 gegründet und bietet heute 49 Fachrichtungen an.

Das **Kino Oktjabr** (Октябрь) am pr, Nezaležnasci 73 wurde 1975 eröffnet, beherbergt heute einen Club und ein Café mit russischem Billard. Nach alter sowjetischer Tradition ist im Kino-Foyer immer noch ein Wintergarten mit einem Käfig mit Wellensittichen vorhanden.

Auf der gegenüberliegenden Seite dominiert das monumentale Gebäude der **Nationalen Akademie der Wissenschaften**. Es wurde 1931 nach einem Projekt von Iosif Langbard gebaut. Die 1928 gegründete Akademie vereinigt heute 29 wissenschaftliche Institute. Seit 1997 werden diese vom Präsidenten Lukašenka mittels Dekreten in Struktur und Forschungsrichtung beeinflusst, was der Wissenschaft nicht unbedingt Nutzen bringt.

Die Alma Mater der belarussischen Maler, Bildhauer, Schauspieler und Regis-

Hauptgebäude der Nationalen Technischen Universität

Minsk und Minsker Gebiet

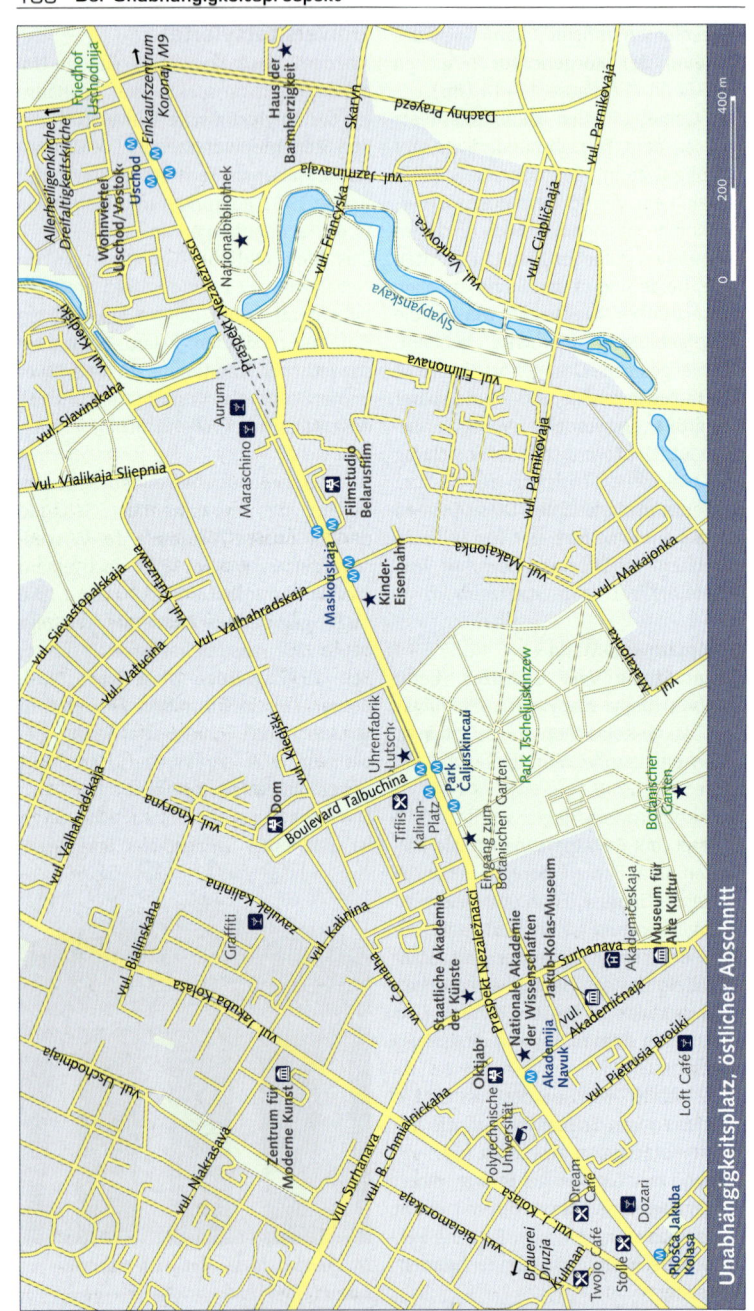

Unabhängigkeitsplatz, östlicher Abschnitt

seure in Minsk, die **Staatliche Akademie der Künste** liegt am Nezaležnasci 81.

Ihr gegenüber befindet sich ›Akademkniga‹, die größte Buchhandlung für Fachliteratur.

Dieser zweite Teil des Nezaležnasci-Prospekts endet am **Kalinin-Platz** mit einem Monument von Michail Kalinin. Der erfolgreiche sowjetische Politiker leitete 1923–46 das Präsidium des Obersten Sowjets der UdSSR.

■ Botanischer Garten

Der Garten wurde 1932 auf dem Gelände der ehemaligen Landwirtschaftsmesse in einer Kiefernheide gegründet und bietet sich für einen angenehmen Spaziergang an. Seit 2007 steht eine pyramidenförmige Orangerie mit tropischen Pflanzen und Vögeln im Park, die auch in der Wintersaison geöffnet ist. Ansonsten hat der Garten nach einer Renovierung viel von seiner natürlichen Wildheit verloren, er wirkt zu gepflegt. Rauchen und alkoholische Getränke sind im Botanischen Garten untersagt (Mai–Oktober, Di–So 10–19 Uhr).

■ Park Tscheljuskinzew

An den Botanischen Garten ist der Park Tscheljuskinzew (1932) angeschlossen, der über 100-jährige Kiefernbäume verfügt. Hier befand sich einst der Wald von Komarowka (oder: Komarowka-Park). Noch Ende der 1930er Jahre ließ hier das Innenministerium der UdSSR Insassen der Minsker Gefängnisse erschießen. 1934 wurde der Park zu Ehren des sowjetischen Schiffs ›Tscheljuskin‹ (russ. Челюскин) genannt, das im selben Jahr während einer Expedition ins Nordpolarmeer ins Packeis geriet und versank.

Im nordöstlichen Teil befindet sich ein **Massengrab**, in dem 1941–44 gefallene Untergrundkämpfer und Zivilisten begraben sind. Der Park wurde 2009 gründlich renoviert, alte Attraktionen wurden durch neue ersetzt. Rauchen und Alkohol sind auch hier verboten. Der Haupteingang des Parks fungiert seit Sommer 2012 als Kunstmuseum unter freiem Himmel, wobei Kopien der Bilder auf dem Zaun ausgestellt sind.

Gegenüber vom Eingang beginnt der **Boulevard Talbuchina** mit vielen alten Bäumen; hier befindet sich ein Massengrab mit mehr als 10 000 sowjetischen Soldaten und Zivilisten, die 1941-44 gefallen sind.

Das Gebäude Nezaležnasci 95 ist die Minsker **Uhrenfabrik ›Lutsch‹** (Луч: was auf Russisch ›Sonnenstrahl‹ heißt), seit 1955 werden hier mechanische und elektronische Armbanduhren produziert. Sie gehört heute einer Schweizer Firma.

Am östlichen Parkrand liegt der Bahnhof der **Kinder-Eisenbahn 8**, (Niezaležnasci 86), sie wurde 1955 eröffnet. Die Bahn wird von jungen Eisenbahnarbeitern verwaltet und verkehrt seitdem von Mai bis September zwischen zwei

Eingang zum Tscheljuskinzew-Park

Stationen (ca. 4 km Fahrt zu ›Soss-nowyj Bor‹, Kiefernhain): die Lokführer, Zugleiter, Schaffner und Bahnhofsvorsteher sind ebenfalls Kinder.

Der östliche Unabhängigkeits-prospekt

An der nächsten Kreuzung hinter dem Tscheljuskinzew-Park hat man die Wahl: Rechts, in der vulica Makajonka, steht das Gebäude vom Ersten Staatlichen Fernsehsender BT. Links, in der vulica Valhahradskaja, findet man eine Oase des einstöckigen Minsk, hier befindet sich ein Viertel mit kleinen privaten Holzhäusern. Aber auch hinter dieser Kreuzung hört der Unabhängigkeitsprospekt noch nicht auf.

■ **Filmstudio Belarusfilm**

Unter der Adresse Nezaležnasci 98 findet man das Nationale Filmstudio Belarusfilm (bel. Беларусьфільм). Trotz seiner Gründung im Jahre 1924 in Minsk wurden die Filme zuerst in Moskau und Sankt Petersburg gedreht. 1939 zog ›Belarusfilm‹ nach Minsk um. Hier wurden nach dem Zweiten Weltkrieg viele Kinderfilme und historische Filme gedreht, basierend auf hiesigen Geschichten oder Büchern belarussischer Literaten. Wegen der großen Anzahl von Kriegsfilmen zum Zweiten Weltkrieg, die hier entstanden, nennt man dieses Filmstudio im Volksmund ›Partisanfilm‹. Seit 1972 gibt es ein Trickfilmstudio, das sich viel mit der belarussischen Geschichte und Kultur auseinandersetzt.

Kein Wunder, dass der erfolgreichste Film tatsächlich über den Krieg ist: ›Komm und sieh‹ (1985), ein Antikriegsfilm des russischen Regisseurs Elem Klimow, nach literarischen Vorlagen des belarussischen Schriftstellers Ales Adamowitsch. Die Aufforderung

im Titel leitet sich aus der Bibel ab: die Verwüstungen zu betrachten, die durch die vier Reiter der Apokalypse angerichtet werden. ›Komm und sieh‹ gewann 1985 auf dem Internationalen Filmfestival in Moskau, aber da der Film psychologisch schwer zu ertragen ist, wurden immer Rettungswagen vor die Kinos gestellt. Der Film wurde auch im Ausland (DDR und BRD) gezeigt und genoss bei internationalen Kritikern und Regisseuren Anerkennung.

Seitdem gab es keinen internationalen Erfolg mehr. ›Belarusfilm‹ muss heute durch die Produktion russischer Filme überleben: Moskau hat hohe Preise und Staus, ist mit Werbung bedeckt, Minsk bietet Fachleute und ein gemütliches Ambiente, in dem man gut arbeiten kann. Russland hat sich geweigert, die Originale der Filmproduktionen an Belarus zurückzugeben (zu Sowjetzeiten wurden sie immer nach Moskau geschickt), da die Lagerbedingungen in Minsk angeblich mangelhaft seien, was nicht unbedingt der Wahrheit entspricht (www.belarusfilm.by/en/).

■ **Neue Nationalbibliothek**

Das Wohnviertel **Uschod/Vostok**, der Osten (bel. Усход, russ. Восток) wurde 1966 errichtet. Die 16-stöckigen Gebäude sind mit thematischen Mosaiktafeln geschmückt: Minsk – Stadt der Helden, Minsk – Stadt der Arbeiter, Minsk – Stadt der Wissenschaft, Minsk – Stadt der Kunst.

Dominiert wird diese Landschaft von der neuen Nationalbibliothek: das 74 Meter hohe Gebäude im Form eines Rhombenkuboktaeders (das so kompliziert aussieht, wie es geschrieben wird) wird mit einem Diamanten verglichen; es symbolisiert den Wert des Wissens sowie die Schönheit und die Vielfalt der Welt. Das Projekt der Architekten

Karte S. 108

Wiktor Kramarenko und Michail Winogradow hatte schon 1989 den Wettbewerb gewonnen, der Bau wurde aber erst von 2002 bis 2006 realisiert. Der ›Diamant des Wissens‹ wiegt 115000 Tonnen (ohne Bücher), beherbergt 20 Lesesäle mit insgesamt 2000 Arbeitsplätzen und bewahrt etwa neun Millionen Speichereinheiten auf, bei Kapazitäten für 14 Millionen. Vor der Bibliothek steht ein Monument des belarussischen Aufklärers und Buchdruckers Franzysk Skaryna.

Originell ist die Beleuchtung: Die Außenfläche des Gebäudes stellt einen riesigen, bunten Bildschirm dar, der jeden Tag bei Sonnenuntergang aktiviert wird und bis Mitternacht leuchtet. Kurioserweise ist darauf oft soziale Werbung zu sehen, zum Beispiel Aufrufe, Feuermelder zu Hause zu installieren.

Die Nationalbibliothek verfügt über mehrere Konferenzräume, auch für internationale Gipfeltreffen, sowie über ein Arbeitszimmer für den Präsidenten Lukašenka. Es gibt mehrere Cafés, ein Restaurant, eine Turnhalle mit Sauna-Komplex, eine Galerie und ein Kinderzimmer.

Hier findet man auch die **beste Aussichtsplattform in Minsk**. Obwohl das Gebäude ziemlich abseits des Zentrums liegt, erhält man einen guten Überblick aus der Vogelperspektive über die belarussische Hauptstadt. Man kann täglich von 12 bis 23 Uhr (letzter Einlass: 22.30 Uhr; Tickets kosten weniger als 1 Euro) mit einem Aufzug hochfahren und die Aussicht bei schönem Wetter von draußen, aber sonst auch von drinnen aus dem ›Graf Café‹ im 22. Stock genießen. Vorsicht: Der Eingang liegt auf der anderen Seite vom Haupteingang.

Organisierte Führungen auf Russisch, Belarussisch oder Englisch sind möglich

Die neue Nationalbibliothek

(Di-So 10–18 Uhr; ekskursii@nlb.by; www.nlb.by).

Südöstlich der Bibliothek, in der vulica Skaryny 11 steht das **Haus der Barmherzigkeit** (1993–2002). Dieser große Komplex in der Form eines russisch-orthodoxen sechseckigen Kreuzes vereint eine Kirche (mit Ikonostase aus Porzellan), eine Schule, eine Bibliothek, ein Krankenhaus, einen blumenreichen Wintergarten, eine Näherei und eine Autowerkstatt.

■ Friedhof Uschodnija

Weiter am Unabhängigkeitsprospekt liegt der Friedhof Uschodnija/Vostochnoje (Усходнія могілкі/Восточное кладбище). Hier auf dem Nezaležnasci 161 wurde 1952 ein Friedhof angelegt – gleich gegenüber der Ruhestätte der deutschen Soldaten (1943–45), von der heute nichts mehr übrig ist.

Nördlich vom Friedhof gibt es zwei nagelneue riesige russisch-orthodoxe Kathedralen mit goldenen Kuppeltürmen: die **Allerheiligenkirche** und die **Dreifaltigkeitskirche**.

Das Gebäude Unabhängigkeitsprospekt 150 ist das 15. Gebäude der Technischen Universität (1979–1986) in der auffälligen Form eines Flugzeuges, in dem sich u. a. die Fakultät für Architektur befindet.

Südöstlich davon liegt das **Silicon Valley von Belaru**s, der High-Tech-Park mit 134 IT-Unternehmen, ausländischen Firmen und Joint Ventures. Sie genießen staatliche Unterstützung und zahlen keine Steuern (Web: www.park.by).

Jüdische Spuren

Juden lebten schon vor dem 16. Jahrhundert in Belarus. Ab 1579 bekamen sie vom polnischen König Stefan Batory Privilegien und durften in den Städten Handel treiben. 1633 wurden die Rechte erweitert, sie durften Land besitzen, Gewerbe gründen und Häuser bauen. Laut Chroniken gab es 1649 in Minsk eine Synagoge, zehn jüdische Buchläden und einen jüdischen Friedhof.

Mit der Einführung des Ansiedlungsrajons 1791 durften die Juden nur im Westen des Russischen Reiches leben und arbeiten, d. h. im Raum vom Baltischen bis zum Schwarzen Meer. Der Erlass hat dazu beigetragen, dass die jüdische Gemeinde in Belarus schnell wuchs.

Am Ende des 19. Jahrhunderts waren fast 90 Prozent der Kaufleute und 90 Prozent der Handwerker in Minsk jüdisch. Insgesamt waren vor dem Zweiten Weltkrieg mehr als 40 Prozent der Einwohner jüdisch.

Im Ghetto Minsk, dem zweitgrößten in Europa (nach Lemberg), wurden zwischen 1941 und 1943 mehr als 100 000 Juden vernichtet, darunter ca. 20 000 aus Westeuropa. Insgesamt fielen etwa 700 000 belarussische Juden dem Holocaust und dem Vernichtungskrieg zum Opfer.

Mitte August 1941 besuchte Reichsführer-SS Heinrich Himmler dieses Ghetto und war bei einer Vernichtungsaktion anwesend, und da es die erste Massenerschießung für ihn war, fiel er fast in Ohnmacht. Seine Sorge war, dass nicht alle gleich sterben würden, wofür es vielleicht andere Methoden geben könnte. Er wollte auch, dass deutsche Soldaten, die oft selbst eine Familie hatten, keine Frauen und Kinder erschießen müssten. Hitler war nur auf einer Stippvisite in Minsk: Eine propagandistische Dokumentation zeigt ihn, wie er über Minsk fliegt, später beim Verlassen des Flugzeuges und unter seinen Vertretern in Minsk.

Schon 1945 wurde die jüdische Gemeinde wieder offiziell registriert, aber die Erneuerung dauerte nicht lange: 1949-50 wurden jüdische Aktivisten als Nationalisten verfolgt, festgenommen und hingerichtet und 1953 nach dem Tod von Stalin rehabilitiert. 1988 wurde der Minsker Verein für jüdische Kultur gegründet und bis heute sind zwei Synagogen wieder in Betrieb, es gibt mehrere jüdische Organisationen und Kindergärten sowie ein kleines Museum für Geschichte und Kultur der Juden in Belarus.

Synagogen und Friedhöfe

Die orthodoxen Juden gehen in die **Zentrale Synagoge** (vulica Krapotkina, Крапоткіна/Кропоткина 22). Sie wurde 2005 an der Stelle gebaut, wo die 2002 abgerissene Synagoge von 1910 stand. Die Hauptsynagoge (vulica Daumana, Даумана 13В) ist die **Chabad-Chassidisch**. Die Residenz des Großrabbiners hat eine längere Geschichte: Das Gebäude wurde ca. 1907 als Brauerei gebaut und beherbergte danach das Bekleidungswerk ›Komsomolzin‹. Es wurde als Schadensersatz der jüdischen Gemeinde übergeben.

Ehemalige Synagogengebäude findet man in der vul. Vicebskaja 10 (heute Brauerei), Rakaŭskaja 24 (heute Schach- und Damespielhaus), Bahdanoviča 9a (heute Haus der Natur), Valadarskaha 5 (heute Nationales Schauspielhaus). 1965 fiel die älteste erhaltene Synagoge (1573) der Rekonstruktion der Niamiha-Straße zum Opfer; sie stand am Anfang der Straße bei der Brücke, auf der anderen Seite des heutigen Haus der Modelle und war bis 1924 in Betrieb, erhalten blieb nur das Fundament.

2001 riss man die Synagoge (1870) in der vulica Dzimitrava 3 ab. Sie wurde ebenfalls bis 1924 als Synagoge genutzt, umfasste auch eine Schule und eine Bibliothek. Zu Sowjetzeiten diente sie als Künstlerwerkstatt.

Es gab in Minsk drei **jüdische Friedhöfe**. Noch Ende des 19. Jahrhundert wurden zwei für Bestattungen geschlossen, einer befand sich an der Stelle der Belarussischen Staatlichen Universität am Unabhängigkeitsplatz, die andere unter dem Dynamo-Stadion.

Der dritte jüdische Friedhof existierte unweit der vulica Niamiha von 1868 bis 1946 zwischen den heutigen Straßen: Kalektarnaja (Калектарная/Коллекторная), Ierussalimskaja (Іерусалімская/Иерусалимская), Suchaja (Сухая), Gebelewa (Гебелева). 1972 und dann 1990 wurde der Friedhof zerstört, was man heute sieht, ist eine geräumige Parkanlage mit ca. 15 Grabsteinen und mehreren Monumenten in Erinnerung an die Juden, die aus Bremen, Düsseldorf und Hamburg nach Minsk deportiert wurden und hier im Ghetto starben.

Das Ghetto Minsk

Das Ghetto war ein abgeriegelter Bezirk um den heutigen Jubilejnaja-Platz (von der vulica Kalektarnaja im Norden bis zur Niamiha im Süden), wo ca. 75 000 jüdische Einwohner sowie deportierte Juden aus Deutschland sowie Polen und Litauen von August 1941 bis Ok-

Die Gedenkstätte ›Jama‹ im ehemaligen Gheto

tober 1943 gefangen gehalten wurden. Arbeitsfähige wurden zu Zwangsarbeiten in der Stadt verpflichtet. Im Sonderghetto innerhalb des Ghettos Minsk (zwischen vulica Suchaja und vulica Špalernaja) lebten deutsche Juden, die man Hamburger nannte, da die ersten Gruppen aus Hamburg deportiert worden waren. Die Regeln im Ghetto waren sehr streng, es gab keine Heizung, kein fließendes Wasser; man fror, war krank und unterernährt. Einige Gruppen leisteten Widerstand. Eine davon leitete Michail Gebelew, zu seinen Ehren wurde eine der im Ghetto gelegenen Straßen benannt. Auch Einheimische versuchten den eingesperrten Juden zu helfen.

Das Ghetto wurde am 21. Oktober 1943 durch die Ermordung der meisten Gefangenen ausgelöscht, es gab kaum Überlebende. Ein kleineres Ghetto (unweit des heutigen Jakub-Kolas-Platzes) existierte solange, bis Minsk am 3. Juli 1944 befreit wurde. Die **Gedenkstätte Jama** (dt. die Grube) (vulica Melnikayte, Мельнікайтэ/Мельникайте) ist eine Gedenkstätte an dem Ort im ehemaligen Ghetto Minsk, an dem im März 1942 500 Juden erschossen wurden. Das Monument aus schwarzem Marmor mit den Namen der Opfer wurde 1947 von Überlebenden installiert, es war das erste in der UdSSR. Im Jahre 2000 wurden 27 schwarze aufsteigende Bronzefiguren eingebaut.

Gedenkstätte in Maly Trostinez

Im Dorf Maly Trostinez, etwa zehn Kilometer südöstlich vom Minsker Stadtzentrum, gab es mehrere Orte für Erschießungen, Verbrennungen oder Tötungen im Gaswagen sowie ein Vernichtungslager, nach der Zahl der Getöteten das viertgrößte nach Auschwitz, Maidanek und Treblinka. Hier arbeiteten die Häftlinge in der Landwirtschaft und in verschiedenen Handwerksbetrieben und produzierten für den Bedarf der Minsker Ordnungspolizei. Zwischen 1942 und 1944 wurden hier nach sowjetischen Angaben mehr als 150 000 Menschen ermordet, überwiegend Juden aus Deutschland, Österreich, Tschechien, Polen sowie aus Minsk, Bobrujsk, Borissow, Polack. Deutsche Historiker sprechen von 40 000 bis 60 000 Menschen. Die 1963 errichtete Gedenkstätte wurde 2015 in Kooperation mit der deutschen Regierung erweitert und feierlich eröffnet.

Jüdische Museen

Sehenswert (und deutschsprachig) ist die **Deutsch-belarussische Geschichtswerkstatt** in der vulica Suchaja 25, die sich beim ehemaligen jüdischen Friedhof, im Ghetto Minsk, in einem alten gelben Holzhaus befindet. Die Ausstellungen erzählen über das Ghetto Minsk und das Vernichtungslager in Maly Trostinez (Mo–Fr 9–17 Uhr; www.gwminsk.com/de).

Eine weitere Adresse wäre das **Museum für Geschichte und Kultur der Juden in Belarus** (Charužay 28, → Karte S. 104). Das 2002 eröffnete kleine Museum ist das erste seiner Art und zeigt etwa 10 000 Exponate. Das Museum sammelt und katalogisiert Unterlagen, Bücher und Artefakte. Die amerikanische Schauspielerin Lisa Kudrow hat hier Informationen zu ihren jüdischen Vorfahren aus Belarus recherchiert (Mo–Fr 12–17, So 14–17 Uhr).

Ein **Israelisches Kulturzentrum** (Kamsamolskaja 12a) bietet Ausstellungen sowie thematische Abende über jüdische sowie israelische Kultur. Mehr Infos, leider nur auf Russisch auf der israelischen Seite www.l4u.org.il/minsk.

Minsker Viertel mit Charakter

Die belarussische Hauptstadt hat mehr zu bieten als ihre zentralen Boulevards; viele angrenzende Stadtviertel sind stilvoll und bewahren eine einzigartige Atmosphäre, manche laden sogar zu einer Art Zeitreise ein.

Das südliche Stadtzentrum

Der Hauptbahnhof in Minsk ist die Station **Minsk Passażyrski**. Die erste Station in Minsk wurde 1872 erbaut. Während des Zweiten Weltkrieges wurde der Bahnhof zerstört und danach wiederaufgebaut. Das alte Bahnhofsgebäude (1946) sieht man immer noch rechts von dem neuen. Der neue Bahnhof, der Ende Dezember 2000 eingeweiht wurde, ist das Zentrum des innerbelarussischen Verkehrs und bietet internationale Verbindungen. Der Bahnhof verfügt durch die Station ›Leninplatz‹ (Плошча Леніна) über eine Anbindung an die Minsker Metro, hat Ausgänge zum **Zentralen Omnibusbahnhof** (автовокзал «Центральный»)

sowie in der vierten Etage des Hotels ›Express‹.

Der **monumentale Wohnkomplex** gegenüber dem Hauptbahnhof ist mit seinen Türmen und Skulpturen als einladendes Tor in die Stadt konzipiert.

Die **vulica Kirava** hat ihren Charme praktisch verloren; die Straße ist in den letzten Jahren chaotisch bebaut, gesichtslose Bürogebäude sowie Kasinos bestimmen das Straßenbild.

Der **Michaylaŭski-Skwer**, eine ruhige grüne Insel mit Blumenbeeten und Bänken, ist auch wegen seiner Skulpturen als Fotomotiv sehr beliebt.

Ein Stück weiter an der Kirava steht das **Dynamo-Stadion.** Das Fußballstadion, das 40 000 Zuschauern Patz bietet und auch eine Leichtathletikanlage hat, wurde 1934 auf einem alten jüdischen, 1883 geschlossenen Friedhof eröffnet. Es wird gerade renoviert.

Ein Spaziergang durch die **vulica Marksa** ist sehr empfehlenswert, die alten Bauten haben einen eigenen Charakter,

Der Minsker Hauptbahnhof bei Nacht

viele Museen sowie Cafés und Restaurants sorgen für eine ruhige und nette Atmosphäre.

Das Industrieviertel vom Ende des 19. Jahrhunderts

Dieses Viertel fällt heute nicht mehr auf, gelegen am Svislač-Ufer und der Metro-Station ›Pjeršamayskaja‹ ist es zwischen den Betonklötzen der Schnapsbrennerei ›Kristall‹ sowie der Konzerthalle ›Minsk‹ versteckt. Es ist aber durchaus einen Abstecher wert: Rote Backsteingebäude zeugen von einer Epoche der Industrialisierung und des Wachstums.

Die **vulica Kastryčnickaja** hat eine Straßenbahnlinie und den Charme einer wichtigen Geschichte, die sich gut an die Gegenwart anpassen kann. Hier gibt es mehrere moderne Cafés und Klubs. In der Hausnummer 14 befand sich die Brennerei der Brüder Rakaŭschik (1893), die über viele Häuser und Geschäfte in Minsk verfügten. Yankel und Zelman Rakaŭschik setzten auf die Qualität ihrer Produktion und wurden schnell bekannt. Anfang des 20. Jahrhunderts beschäftigten sie ca. 150 Arbeiter und lieferten ihren Wodka an den Zarenhof. Nach der Revolution 1917 wurde das Werk enteignet und wurde als Schnapsbrennerei ›Kristall‹ bekannt. Heute ist es das Minsker Hefe-Werk.

Das Asmaloŭka-Viertel

Nach dem Zweiten Weltkrieg wurde in Minsk ein Viertel nach dem anderen gebaut. Das Wohnviertel Asmaloŭka liegt auf dem historischen Dreifaltigkeitshügel, einst standen hier mehrere Klöster. Heute kennt man es als das Viertel hinter dem Opernhaus (→ S. 82).

Nach einem Plan des Architekten Michail Osmolowski wurden bis 1949 Wohnblocks für belarussische Offiziere und ihre Familien errichtet: Auf acht Hektar Land wurden mehr als 40 zweigeschossige Häuser gebaut, jedes hatte acht Wohnungen, die Innenhöfe sind immer noch sehr grün und sehr ruhig. Die **charmanten Wohnhäuser** sind ziemlich schlicht, aber mit Kolonnen und Pilastern dekoriert, manche haben hölzerne Eckbalkone.

Am Anfang der 1950er Jahre wurde die südliche Seite der vulica Kamunistyčnaja bebaut, bekannt ist das sogenannte **Haus mit der Turmspitze** (1956) an der Kreuzung Kamunistyčnaja/Čyrvonaja, das man sehr gut vom Svislač-Ufer aus sieht. Hier im Firmenladen der Minsker Schokoladenfabrik ›Kommunarka‹ kann man heiße Schokolade trinken und den Duft der frischen Pralinen genießen.

Die Siedlung des Traktorenwerkes

Ein weiteres sehenswertes Viertel für interessierte Zeitreisende wäre die Siedlung, die nach dem Zweiten Weltkrieg für die Arbeiterfamilien des Traktorenwerkes gebaut wurde. Man steigt in der Metro-Station ›Traktorny Sawod‹ aus und landet im Minsk der 1940er-/1950er Jahre. Diese drei- bis vierstöckigen Häuser im Stalin-Empire-Stil mit Arkaden, Erkerstuben und Pilastern wurden von deutschen Kriegsgefangenen, Soldaten und Offizieren errichtet. Die Minsker erzählen, die Deutschen hätten mit großem Eifer gearbeitet, als ob sie Deutschland wiederaufbauten und nicht Minsk.

Das stilvolle Wohnviertel liegt in den Straßen vulica Kašavoha (Кашавога/Кошевого), vulica Stachanaŭskaja (Стаханаўская/Стахановская), vulica Nachimava (Нахімава/Нахимова) und vulica Klumava (Клумава/Клумова).

In der Siedlung des Traktorenwerks

Sehr empfehlenswert ist auch der **Antonaŭski-Park** (Антонаўскі парк/ Антоновский парк) am Slepjanka-Kanal sowie der **Park** der Straße vulica Daŭhabrodskaja (Даўгабродская/ Долгобродская) entlang. Viel Spaß bei der Reise in die Vergangenheit!

Minsker Friedhöfe

Seit Ende des 18. Jahrhundert sind drei große Friedhöfe in Minsk bekannt: der Friedhof für Orthodoxe im Park der heutigen vulica Staražoŭskaja, für Unierte in der heutigen vulica Solotaja Gorka (s. auch Kirche des Hl. Rochus), für Katholiken Kalvaria-Friedhof (für jüdische Friedhöfe siehe: Jüdische Spuren, S. 112).

■ Kalvaria

Kalvaria (von lat. calva – Schädel, Totenkopf; griech. Golgatha) gilt als der älteste erhaltene Friedhof in Minsk (vulica Prytyckaha, Metro ›Puškinskaja‹), er ist offiziell über 170 Jahre alt, inoffiziell über 600. Im 17. Jahrhundert war

hier eine hölzerne Karmeliten-Kirche, im 18. Jahrhundert gehörte sie dem Franziskaner-Orden und wurde 1839 aus Stein neugebaut. Heute ist sie als die katholische **Kirche der Kreuzerhöhung** bekannt. Auf dieser Nekropole sind Familienmitglieder bekannter adeliger belarussisch-litauisch-polnischer Adelsgeschlechter bestattet. Hier liegen hiesige Dichter, politische Aktivisten und Künstler aus dem 19. Jahrhundert.

Hier befinden sich auch Gräber der 1812 gefallenen französischen Soldaten, der 1915 gefallenen Soldaten aus Österreich, Opfer des Polnisch-Sowjetischen Krieges 1919–20, Opfer des Kommunismus der 1930er Jahre, 3000 Juden aus dem Minsker Ghetto und im Zeitraum von 1941 bis 1944 gefallene sowjetische Soldaten.

Ab 1967 galt Kalvaria als geschlossen, aber Ende der 1990er Jahre erlaubte die Minsker Stadtverwaltung sogenannte kommerzielle Beerdigungen, was teilweise zur Vernichtung alter Gräber führte.

■ **Militärfriedhof**

Der Militär-Friedhof in der vulica Kazlova (Metro ›plošča Peramohi‹) ist eine Art belarussisches Pantheon. Er existiert seit den 1840er Jahren und gehörte bis Anfang des Ersten Weltkrieges dem Militär; hier wurden nur Soldaten und Offiziere begraben, daher auch der Name. Danach war dieser Friedhof nur für die Elite bestimmt: Politiker, Helden und Künstler wurden hier bestattet. Seit Ende der 1950er Jahre ist der Friedhof geschlossen, bleibt aber als Nekropolis der belarussischen Geschichte gut gepflegt. Hier sind aber nicht nur Belarussen begraben, sondern auch Polen und Juden.

Die **Alexander-Newski-Kirche** (1896-98) erkennt man gleich als russisch-orthodoxes Gotteshaus, das zu Ehren des Sieges im Russisch-Osmanischen Krieg (1877–78) erbaut wurde. Eine der ersten Bomben im Juni 1941 landete in dieser Kirche, explodierte aber nicht, die Kirche wurde deswegen während der Sowjetzeit nie geschlossen.

Auf dem Militär-Friedhof liegen die größten Dichter des modernen Belarus begraben: Janka Kupala (mit seiner

Das Grab des Dichters Jakub Kolas auf dem Militärfriedhof

Frau und seiner Mutter) und Jakub Kolas (mit seiner Frau Maria), der Schriftsteller Kuzma Čorny (der belarussische Dostojewski) sowie Paŭliuk Trus.

Hier ist auch Usevalad Ihnatoŭski (1881–1931) begraben, der erste Präsident der belarussischen Akademie der Wissenschaften, sowie Alexander Tscherwjakow (1892–1937), Leiter des Zentralexekutivkomitees der BSSR, der nach heftiger Kritik aus Moskau in den Freitod ging.

Rechts vom Friedhof befindet sich das Massengrab von 27 Jugendlichen, die an Silvester 1946 durch einen Brand ums Leben kamen.

Zu erwähnen wäre auch die Gedenkstätte für die Opfer des Erdbebens im armenischen Spitak 1988 sowie das Grab der Amerikanerin Ruth Waller, die Frau von Theodor Waller, des Leiters der UNRRA, Nothilfe- und Wiederaufbauverwaltung der Vereinten Nationen. 1945-48 half die Sportlerin dabei, das Land wiederaufzubauen.

Kalvaria: Polnisches Geheimratsgrab

Minsk und Minsker Gebiet

Minsk-Informationen

Allgemeines
Vorwahl: +375/(0)17

Touristinfo/Reiseveranstalter
Information Tourist Center Minsk, vul.Revaljucyjnaja13, Büro 119; Tel. 2033995; Mo-Do 8.45-13, 14-18, Fr 8.45-13, 14-16.45, Sa, So Ruhetag; www.minsk-tourism.by. (→ Karte S. 78)

National Tourism Agency, praspekt Peramožcaŭ 19; Tel. 2269900; Mo-Do 9-18 (Pause 13-13.45), Fr 9-16.45 (Pause 13-13.45), Sa, So Ruhetag; www.eng. belarustourism.by. (→ Karte S. 78). Hier werden Ausflüge in alle Regionen des Landes angeboten bzw. vermittelt.

TsentrKurort: pr. Nezaležnacsi 67, Tel. 2202222, www.otpusk.by (russ.); Mo-Fr 9-18, Sa 10-15. Reiseveranstalter, der ebenfalls Ausflüge von Minsk aus anbietet **Stadtplan**: Minsk. Map & Panorama, 1:37000, 2010, englischsprachige Ausgabe (www.kvadrograf.by).

Links
Minsker Stadtverwaltung: www.minsk. gov.by/en
Offizielle staatliche Tourismus-Webseite: www.belarus.by/en
Tipps: www.34mag.net/post/minsk (en)

Stadtmagazin: www.citydog.by (ru)
Kulturleben der Hauptstadt: www.afisha. tut.by (ru)
Freizeit-Informationen: www.relax.by, www.3n60.by (ru)
Tickets: www.kvitki.by (ru)
Kinoprogramm: www.kinopark.by (ru)

Verkehr
Der **Flughafen** liegt etwa 40 km östlich von Minsk; erreichbar mit dem Taxi (bis 40 Euro), mit dem Bus 300 (bis/vom Hauptbahnhof, ca. 2 Euro) oder mit der Regionalbahn. (→ hintere Umschlagkarte)
Hauptbahnhof: Pryvakzalnaja 1; Tel. 105, 2257000; Karten online: www.rw.by/tickets. (→ Karte S. 92)
Busbahnhöfe: Tel. 114; Karten online: www.ticketbus.by.
Centralny: vul. Babruyskaja, 6 (beim Hauptbahnhof), Tel. 2260994. (→ Karte S. 92)
Paŭdnjova-Zachadnaja/Jugo-Zapadnaja, vul. Čychunacnaja 41/1, Tel. 2263188. (→ hintere Umschlagkarte)
Uschodni/Vostočny: vulica Vanjejeva 34; Tel. 2485821. (→ hintere Umschlagkarte)
Aŭtazavodskaja: Partyzanski praspekt 148; Tel. 2434640. (→ hintere Umschlagkarte)
Slavinskaha: vul.Slavinskaha 18, Tel. 2677102. (→ hintere Umschlagkarte)

Der Hauptbahnhof

Taxi: Stolica: 135; Almaz: 7788, Tel. 3060778; Taxi-City: 158; +375/(29)/ 1111158.

Autoverleih

www.prokatauto.by

Hertz: Hotel Minsk, Nezaležnasci 11/1, Büro 3, Tel. 2099091.

Avis: Hotel Minsk, Nezaležnasci 11/2, Büro 329, Tel. 2347990; Flughafen Minsk, Tel. 3347990.

Europcar: Hotel Minsk, Nezaležnasci 11/2, Büro 319, Tel. 2099009; Hotel Victoria, Peramožcaŭ 59,Tel. 2099009; Flughafen, Tel. 2792241.

Weitere Anbieter: www.en.arentcar.by; www.car24.by; www.citycars.by.

Nahverkehr

Das Zentrum von Minsk kann man zu Fuß erkunden: Stadtpläne gibt es in Kiosks und Buchläden.

Für alle anderen Ecken gibt es den gut entwickelten Nahverkehr. Die Tickets, die sowohl für Bus, O-Bus und Straßenbahn gelten, sind in Kiosken erhältlich und müssen in den Fahrzeugen entwertet werden; ein Ticket reicht für eine Fahrt mit einem Fahrmittel; jedesmal, wenn Sie umsteigen, müssen Sie sich eine neue Fahrkarte holen. Monats- und andere Zeitfahrkarten funktionieren elektronisch und müssen bei jeder Fahrt validiert werden.

Die **Metro** hat zwei Linien, die sich einmal kreuzen, Jetons dafür kauft man an der Kasse am Eingang (bitte aufpassen, die Metro hat zwei Türen: jeweils für **Eingang**/Уваход/Вход und **Ausgang**/Выхад/Выход). Ein Jeton reicht ebenfalls für eine Fahrt; erhältlich sind auch elektronische Karten für mehrere Fahrten, für 10 Tage oder einen Monat.

Hotels

Die Hotels in Minsk sind vergleichsweise teuer und fallen fast alle unter zwei Kategorien: aus Sowjetzeiten und günstig (die meisten sind staatlich, Frühstück im Preis gewöhnlich nicht inbegriffen, alte gewöh-

nungsbedürftige Einrichtung, abgestandene Luft) oder modern und teuer (privat, vor kurzem errichtet, oft nicht sehr zentral gelegen, Wi-Fi, Klimaanlagen, alle Kreditkarten). Viele Hotels sind über große internationale Webseiten (z.B. booking.com) buchbar.

Akademitscheskaja (Академическая), Surhanava 7, Tel. 2842701; DZ ab 37 Euro. Sehr zentral, unweit des Unabhängigkeitsprospekts und des Botanischen Gartens, dafür sehr schlicht, alte Möbel, kein bewachter Parkplatz; ein schlichtes, aber sehr gutes chinesisches Restaurant liegt im Erdgeschoss. (→ Karte S. 108)

Pobedy 40 let (Победы 40 лет), Azhura 3, Tel. 2947963, (russ.); DZ ab 45 Euro. Sehr schlichte Einrichtung, aber gute Lage, ein Café, Wi-Fi, Lagerraum; ca. 800 m vom Siegesplatz; von dort fahren die Busse 18, 19, 37, 39, 57 oder Tram 1, 4, 7. (→ Karte S. 104)

Express (Экспресс***), plošča Pryvakzalnaja 3, Tel. 2256463; DZ ab 30 Euro. Ein altes Hotel gleich beim Hauptbahnhof, ist modernisiert, hat Tagungs-, Lagerräume und einen bewachten Parkplatz. (→ Karte S. 92)

Dom Moskwy (Дом Москвы***), vulica Kamunistyčnaja 86, Tel. 2378330, (russ.); DZ ab 88 Euro. Neueres Hotel nördlich der Träneninsel mit Blick auf die Altstadt und den Fluss. Restaurant, bewachter Parkplatz, Wi-Fi, Konferenzräume. (→ Karte S. 78)

Belarus (Беларусь***), Staražoŭskaja 15, Tel. 2097537, www.hotel-belarus.com (engl.); DZ ab 75 Euro. Am Flussufer nicht zu übersehen; 24 Etagen, kürzlich renoviert mit Schwimmbad, Fitness, Kasino, mehreren Bars, Cafés, Restaurants, einige auf der Aussichtsplattform. (→ Karte S. 78)

Sputnik (Спутник***), Bryleŭskaja 2, Tel. 2203619, www.de.sputnik-hotel.com (dt.); DZ ab 85 Euro. Unweit des Hauptbahnhofs, gut renoviert; Parkplatz, Bar, Restaurant, Friseursalon, Sauna, Wi-Fi. (→ Karte hintere Umschlagklappe)

Das Hotel ›Europa‹

Jubilejny (Юбилейный***), praspekt Peramožcaý 19, Tel. 2269037, (engl.); DZ ab 105 Euro. Sehr zentral, gut renoviert, CCTV, Wi-Fi, Restaurants, Bars, Tagungsräume, aber auch ein Kasino, Bowling, Friseursalon, bewachter Parkplatz. (→ Karte S. 78)

IBB Hotel*, Prospekt gazety Praúda/ Газеты Правда 11, Tel. 2703994, (engl.); DZ ab 90 Euro. Eine deutsche Einrichtung, daher keine Überraschungen; ruhig gelegen abseits des Zentrums, 500 m von der U-Bahn-Station Petrovščina, mehrere Tagungsräume, Restaurant Westfalia. (→ Karte hintere Umschlagklappe)

Minsk (Минск****), Nezaležnasci 11, Tel. 2099074, (dt.), DZ ab 160 Euro. Liegt praktisch am Unabhängigkeitsplatz, ist nicht unbedingt ruhig, aber sehr gut renoviert; hat mehrere Konferenzräume, Restaurants, Bars, Schönheitssalon, Sauna, Solarium, einen bewachten Parkplatz sowie Fitness, Klub, Kasino. (→ Karte S. 92)

Garni (Гарни***), vulica Internacyjanalnaja 11, Tel. 2297600, ww.hotel-garni. by(engl.), DZ ab 138 Euro. Im Jahre 2012 in einem historischen Hotelgebäude eröffnet. Restaurant und Tagungsräume, die Zimmer haben Einrichtungen im Stil des 19. Jh., sind neu und modern, Klimaanlage, Wi-Fi. (→ Karte S. 78)

Europe***, vulica Internacyjanalnaja 28, Tel. 2298333, www.hoteleurope.by (dt.); DZ ab 290 Euro. In der historischen Oberstadt, ein Hotel par excellence, schönes Atrium, mehrere Tagungsräume, Restaurants, Bars, Cafés, bewachte Tiefgarage, Sauna und Solarium, Arzt. (→ Karte S. 78)

Crowne Plaza Minsk***, vulica Kirava 13, Tel. 2005354, DZ ab 215 Euro. Sehr modernes, schickes Hotel im Zentrum, Tagungsräume, Wi-Fi, Massagesalon, Solarium und Spa, Fitness sowie Restaurants, Bars, Nachtklub, Kasino. (→ Karte S. 78)

President Hotel***, vulica Kirava 18, Tel. 2297000, (engl.); DZ ab 240 Euro. Gründlich modernisiertes Luxushotel gleich bei der Präsidialadministration, Konferenzräume, Wi-Fi, mehrere Restaurants, Bars, Hamam, Schwimmbad, Fitness, Billard, Banja, bewachter Parkplatz. (→ Karte S. 92)

Apartments

Sehr populär und viel günstiger ist es, eine Wohnung zu mieten. Der Markt ist groß und bietet alles von Luxusapartments bis einfach möblierten Wohnungen für eine Nacht oder einen Monat, ab 10 Euro pro Person. Vieles findet man auch online auf Russisch oder auch auf internationalen Seiten (u.a. booking.com) und auf der populären Seite www.airbnb.com.

Unsere Liste ist eher für diejenigen, die Russisch sprechen:

Belrent: Tel. +375/29/3430283, www.bel-rent.by/en

Aparton: Tel. +375/29/1159000, www.aparton.com

Arenda kwartir: Tel. +375/29/1112222, www.vip-kvartira.by.

Studio Minsk: Tel. +375/29/1191669, www.studiominsk.com.

Flat for Rent: Tel. +375/29/6565588, www.flatforrent.by.

VIP Appartments 24/7: Tel. +375/29/3844356, www.minsk-rent.com.

Hostels

Hostels gibt es in Minsk erst seit 2010, und jedes Jahr werden neue eröffnet. Im Prinzip sind sie alle ziemlich klein und sehr ähnlich, viele befinden sich in einer umgebauten Wohnung. Daher zeigt unsere Liste die zentralsten; viele sind auch über internationale Hostel-Webseiten buchbar oder über www.hostel-traveler.by (de).

In der Dreifaltigkeits-Vorstadt (→ Karte S. 78)

Hostel New, vulica Bahdanoviča 23, ab 18 Euro p. P.

Trinity Hostel, vulica Staravilenskaja 12, www.hostel-traveller.by(en); ab 10 Euro p.P.

Riverside Hostel, Staravilenskaja 14, Wohnung 13, ab 11 Euro p. P.

King Hostel, Staražoŭskaja 8, Wohnung 208, ab 13 Euro p. P.

Im Zentrum

Revolucion Hostel, Revaljucyjnaja16, ab 12 Euro p. P. (→ Karte S. 78

Marks Hostel, Marksa 8, Wohnung 99, ab 11 Euro p. P. (→ Karte S. 92)

Smart Hostel, Čyrvonaja 22, Wohnung 38; ab 15 Euro p. P. (→ Karte S. 104)

Like Hostel, Kirava 1, ab 10 Euro p .P. (→ Karte S. 92)

Café-Restaurants

Unter Café versteht man in Belarus nicht nur einen Ort für Kaffee und Kuchen. Meist handelt es sich dabei um unkomplizierte Restaurants und Bistros.

Fers (Ферзъ), Musyčny zavulak ½. Winzig, aber sehr gemütlich, mitten in der Altstadt, bietet eine Auswahl an Kaffee, Tees und Alkohol; eine Sommerterrasse liegt in einem der wenigen Hinterhöfe der Stadt; Mo–Fr 10–23, Sa–So 11-23 Uhr (→ Karte S. 78)

Eschednewnik (Ежедневник), Kalvaryyskaja 33. Ein sehr gemütliches Bistro mit hausgemachten Geschmack im besten Sinne des Wortes, gut geeignet für Frühstück, Lunch und Abendessen; tgl. 8–23 Uhr. (Metro Maladziožnaja)

Tapas Bar, Internacyjanalnaja 9/17. Das gemütliche Café wirbt mit dem billigsten guten Wein in der Stadt, hat aber viel mehr zu bieten: wunderbare Speisen, Nachtische und entspanntes Ambiente; tgl. rund um die Uhr außer 7–8 Uhr. (→ Karte S. 78)

Sakon buterbroda (Закон бутерброда), Revaljucyjnaja12. Sehr beliebt und oft sehr voll ist dieses unterirdische Café, es gibt Frühstück, Lunch und lustige Abende. Von 17–19 Uhr zahlt man einen Cocktail für zwei; tgl. 12–24 Uhr. (→ Karte S. 78)

AirGrip, Kamsamolskaja 19. Wegen des italienischen Besitzers sowie für sein leckeres Eis und echten Kaffee, aber auch italienische Speisen bekannt. Schöne Sommerterrasse und fast rund um die

Uhr geöffnet: Mo–So 10–03 Uhr. (→ Karte S. 78)

Dream Café, vulica Kolasa 8. Wird als sehr ›berlinerisch‹ bezeichnet. Viele Kaffeesorten, günstige Preise, Live-Musik, Jazz-Konzerte und Abendprogramm mit alten europäischen Filmen. Hier kann man auch Bücher umtauschen; tgl. 8–23 Uhr. (→ Karte S. 108)

Djed (der Opa) hat sein winziges Café (Кафе) im Hof hinter der vulica Kirava 11; hier wird Kaffee nach eigenen Rezepten für Enkelgeneration der Minsker täglich höchstpersönlich vom Chef gebrüht, tgl. 9–21 Uhr. (→ Karte S. 92)

Hany Bany, Miasnikova 35. Klein, aber auch seelenvoll, hier gibt es guten Kaffee, Tees, günstige Fassbiere und gute Laune; tgl. 11–23 Uhr. (→ Karte S. 92)

BrewBarMinsk, Nezaležnasci 14, Winzig, bietet dafür aber den besten Kaffee in der Stadt, So–Do 10–24, Fr, Sa 10–02 Uhr. (→ Karte S.92)

Café London, Nezaležnasci 18. Das traditionelle Café ist zwar klein, hat aber eine zweite Etage; umfangreiche Tee- und Kaffeekarte sowie leckere Getränke, Cocktails und vegetarische Speisen; So–Do 10–24 Fr, Sa 10–02 Uhr. (→ Karte S. 92)

Beliebte Adresse: Food Republik

Für einen frischen Kuchen auch zum Mitnehmen geht man zu **Salodki falwarak** (Салодкі фальварак) (Nezaležnasci 37 sowie vulica Tanka 2), Mo–So 10–23 Uhr. (→ Karte S. 92)

Serno (Зерно) Nezaležnasci 46. Viele Kaffee- und Teesorten, leckeres Gebäck, Smoothies, Limonaden und kostenloses WLAN; tgl. 09–23 Uhr. (→ Karte S. 104)

Fast-Food

Lido (Лидо), Nezaležnasci 49/1. Unter Touristen wegen des Mensa-Ambientes sehr beliebt: man hat die (optische!) Wahl aus einer langen Reihe regionaler und internationaler Gerichte (Suppe, Pizza, Eis); hier zu speisen ist schnell, einfach und günstig; Mo–Fr 8–23, Sa, So 11–23 Uhr. (→ Karte S. 104)

Stolle (Штолле), Nezaležnasci 53 sowie Kazlova 8 und Rakaŭskaja 23. Kuchen und Pasteten mit allen möglichen Füllungen (Fisch, Fleisch, Früchte, Gemüse), die man auch zum Mitnehmen kaufen kann; Mo–So 10–23 Uhr. (→ Karte S. 108)

Food Republic, Kupaly 25. Zehn Restaurants, Geschäfte und eine Bar unter einem Dach; Mo–So 12–24 Uhr. (→ Karte S. 92)

Bistro Pit-stop (Пит-стоп), Nezaležnasci 154 (Metro Barysaŭskaja) sowie Kalvaryyskaja 24 (Metro Maladziožnaja), jeweils im Einkaufszentrum Korona. Hier gibt es nahrhafte, gute, sehr günstige Speisen; Mo–So 9–22 Uhr. (→ hintere Umschlagkarte)

LAVKA, Kastryčnickaja 23. Leckere heiße und kalte belegte Brote, Tees und Kaffes; von 9–21 Uhr kann man drinnen speisen, zum Mitnehmen sind sie rund um die Uhr zu haben. (Metro Pieršamajskaja, → hintere Umschlagkarte)

Buvette, Rakaŭskaja 34. Populäre Bäckerei mit einer großen Auswahl an frisch belegten Broten, Kuchen, Säften und Salat (leider keine Toilette); Mo–So 10–23 Uhr. (→ Karte S. 78)

Twojo Café (Твоё кафе), vulica Kulman 9, beim Einkaufszentrum Monetka und Komarowka-Markt. Ideal gelegen und empfehlenswert für einen schnellen Imbiss, bietet u. a. Pizza und Kebab; Mo–So 9–21 Uhr. (→ Karte S. 108)

Maestro (Маэстро), im Einkaufszentrum Stoliza (Unabhängigkeitsplatz). Sehr günstiges und schmackhaftes Essen, viele gute nationale Gerichte, Alkohol und Selbstbedienung, sehr voll während der Mittagszeit; Mo–So 10–22 Uhr. (→ Karte S. 92)

Besondere Empfehlungen

In Minsk sowie im ganzen Lande gibt es zahlreiche gastronomische Angebote, die für Einheimische typisch und für Besucher etwas Besonderes sind. Hier wird jederzeit ein Gläschen Bier, ein Wodka oder Birkensaft getrunken, dazu gibt es ›belarussische Tapas‹: gekochte Wurst und gekochtes Ei, Draniki, Bliny sowie sparsam belegte Brote zur Auswahl: zwei Scheiben Salami oder ein Stück Käse.

Büffet im Erdgeschoss des Supermarktes Centralny (Центральный), Nezaležnasci 23. Warme und kalte belegte Brote, Kuchen, Eis, Tee, Kaffee, Säfte sowie eine gute Bar mit alkoholischen Getränken, alles hinter einer Theke; tgl. 9–23 Uhr. (→ Karte S. 92)

Bar im Haus des Fotos, vul. Miasnikova 78. Diese Bar in der Nähe des pl. Miasnikova kennen nicht viele, sie ist klein und gemütlich, mit großem Fenster. Abends ist es hier voll, wenn Stammkunden bei Cognac, Bier vom Fass und belegten Broten das Tagesgeschehen bereden; Mo–Fr 9–20 Uhr, Sa 9–18 Uhr. (→ Karte S. 92)

Pub Pinta (Пинта), Bersona 16. Sehr günstig, ausschließlich belarussisches Bier und – kein Wunder – supernostalgisches sowjetisches Ambiente; tgl. 12–2 Uhr. (→ Karte S. 92)

Pinky Bandinsky, vul. Komsomolskaya 13. Ironischerweise ist in einem autori-

Im Supermarkt Centralny

tären Land ein neues Café populär, das einem (schicken!) Gefängnis nachempfunden ist. Benannt ist es nach einem Helden aus dem Film Grand Budapest Hotel, es hat sehr moderate Preise und nettes Publikum; So–Do 12–01 Uhr, Fr, Sa 12–03 Uhr. (→ Karte S. 78)

Restaurants
Belarussische Küche

Schban (Жбан), vulica Broŭki 16. Verspricht nur frische Produkte und zaubert schöne belarussische Küche daraus, vor allem Gerichte aus Schweinefleisch sowie Bliny sind zu empfehlen, am Wochenende gibt es Konzerte und Disko; So–Do 8–23, Fr, Sa 8–02 Uhr. (→ Karte S. 108)

Kuchmistr (Кухмистр), vulica Marksa 40. Exzellente Auswahl der belarussischen sowie regionalen Küche für Feinschmecker, bekannt auch durch gute Wodka-Auswahl, z. B. mit Meerrettich; tgl. 12–23 Uhr. (→ Karte S. 92)

Grunwald, vulica Marksa 19. Hat einen deutschen Namen, bietet aber den ganzen Tag über traditionelle belarussische Gerichte sowie leckere Steaks und das mit schnellem Service; Mo–Fr 8–24 So–Sa 10–24 Uhr. (→ Karte S. 92)

U Janki (У Янки), vulica Marksa 21. Pelze und Gewehre an den Wänden und Fleisch ohne Ende auf der Karte – eine perfekte Wahl für alle Fleischliebhaber, die die belarussische Küche kennenlernen wollen; tgl. 11–23 Uhr. (→ Karte S. 78)

Traktir na Parkowoj (Трактир на Парковой), Peramožcaй 11. Nicht unbedingt belarussisch, aber sehr slavisch mit typischen Gerichten und Obstweinen. Das Restaurant ist wie eine Bauernhütte eingerichtet mit einem richtigen Ofen, es spielen Musiker und es wird getanzt, im Sommer steht der Grill auf der Terrasse; tgl. 12–24 Uhr. (→ Karte S. 78)

Kamyanitsa (Камяніца) beim Gorky-Park, Pjeršamayskaja 18. Klassische Speisen aus der Zeit des Großfürstentums Litauen werden von Kellnern in Nationaltracht mit volksmusikalischer Begleitung serviert. Fleisch gibt es hier in allen Variationen, aber auch Vegetarier werden satt; es gibt Souvenirs auf der Speisekarte und am Wochenende wird zu Live-Musik getanzt; tgl. 12–23 Uhr. (→ Karte S. 92)

Talaka (Талака), in der historischen vulica Rakaŭskaja 18. Der einzigartige Keller bietet perfektes Essen in nationalen Traditionen in der Einrichtung einer Bauernhütte mit weißen Wänden und Bänken aus alten Betten und Wagen; bitte reservieren (Tel. +375/17/2032794) und gern solange bleiben, wie Sie nur können; tgl. 10–6 Uhr. (→ Karte S. 78)

Wassilki (Васильки), Nezaležnasci 8 (außerdem 16 und vul. Kolasa 37). Populäre Restaurantkette mit günstigen schlichten nationalen Speisen, aber guter Auswahl sowie Pizzen; tgl. 8–23 Uhr. (→ Karte S. 92)

Stary Gorod (Старый город), Bahdanoviča 19, in der Dreifaltigkeits-Vorstadt. Ein stark von Touristen frequentiertes Lokal mit sehr guten und preiswerten klassischen belarussischen Gerichten. Man hat die Wahl zwischen einem gemütlichen Keller im Winter und einer Terrasse im Sommer; So–Do 12–24, Fr, Sa 12–02 Uhr. (→ Karte S. 78)

Staravilenskaja Kortschma (Старовиленская корчма), vulica Staravilenskaja 2. Sehr schön im Sommer, wenn die Tische am Ufer zum Speisen an frischer Luft einladen (und das Personal etwas unfreundlich werden könnte); tgl. 9–24 Uhr. (→ Karte S.78)

Verchni Horad (Верхний Город), pl. Svabody 4. Hier gibt es einzigartige Gerichte sowie einen Ausblick auf die Altstadt, es ist neu, aber manche Speisen sind schon legendär (welche, müssen Sie aber selbst feststellen!), exzellente Fischgerichte und traditionelle alkoholische Getränke; So–Do 10–24, Fr, Sa 10–02 Uhr. (→ Karte S. 78)

Bierlokale

Bier kann man in Minsk fast überall bekommen, aber besondere Orte gibt es auch.

Bierkeller, pereulok Wajskowy 12. Acht Fassbiere, darunter Paulaner, Kölsch und Kriek werden hier ausgeschenkt, das Essen ist auch ganz ordentlich und nicht teuer; Do–Sa 12–2, So–Mi 12–24 Uhr. (→ Karte S. 104)

Staromestny piwowar (Староместный пивовар), Marksa 21 (→ Karte S. 78) sowie Hercena 4 (→ Karte S. 92). Eine neue kleine Brauerei, in deren beiden Filialen man auf zwei Etagen Biere sowie deftige Speisen genießen kann; So–Do 12–24 Uhr, Fr, Sa 12–2 Uhr.

Rakaŭskij Browar (Раковский Бровар), in der ehemaligen Synagoge in vulica Vicebskaja 10. Die kleine Brauerei ist alt, aber immer noch sehr populär. Es gibt vier einheimische Biere und eine gute Auswahl an nationalen Speisen (traditionelle Suppen und Fleischgerichte); tgl. 12–24 Uhr. (→ Karte S. 78)

Druzja (Друзья), vul. Kulman 40. Das einzige Lokal in Minsk mit eigenem IPA-Bier (India Pale Ale). Das Lokal ist riesig und bietet sich für große Gruppen an; So–Do 12-2, Fr-Sa 12-3 Uhr. (→ Karte S. 108

Gwosd (Гвоздь) und **Clever Irish Pub**, vul. Hikala 5. Hier gibt es viele Biere (Guinness, Kilkenny, Kozel, Leffe) sowie gutes Essen; es werden auch Souvenirs mit ›Gwosd‹ (Nagel) verkauft; der Irish Pub hat ein große Auswahl von Whiskeys; Gwosd: Do–Sa 12-2, So–Mi 12–24 Uhr; Clever Irish Pub: Mo–Do: 16-2, Sa–So ab 12 Uhr. (→ Karte S. 104)

Gambrinus (Гамбринус), plošča Svabody 2. Der ›Gastropub‹ bietet zwölf Fassbiere und 100 Flaschensorten in vier thematischen Räumlichkeiten an– britisch, tschechisch, belgisch und Carlsberg; das Bier ist nicht gerade günstig; Do–Sa 12-2, So–Mi 12–24 Uhr. (→ Karte S. 78)

U Ratuschi, Hercena 1, in ehemaligen Kloster-Handelshallen. Ein beliebter Ort, wo Biere und Live-Jazz zusammenkommen; die Speisekarte ist nicht lang, aber die Gerichte sind gut genug, um bis zum Morgen zu trinken; tgl. 12-2 Uhr. (→ Karte S. 78)

Waleria, vul.Valadarskaha 7. Eine charismatische Bar im Keller mit deftigen belarussischen Gerichten, guten Bieren und Kaffees; tgl. 10–23 Uhr. (→ Karte S. 78)

Pub, Marksa 6. Neu, aber stilvoll und gemütlich, die Lage ist ideal; tgl. 12–24 Uhr. (→ Karte S. 78)

Internationale Küche

News Café, Marksa 34. Leckere Speisen und gute Bedienung, ein Lieblingsort für Minister, Geschäftsleute und Oppositionelle, die perfekte Küche wird ergänzt durch gute Weine und stilvolle Einrichtung; Reservierung wird empfohlen (Tel. +375/29/1031111); Mo–Fr 8–24, Sa, So 11–24 Uhr. (→ Karte S. 92)

Newman, Niamiha 36. Hier gibt es die besten Steaks in Minsk, in der angeschlossenen Bar-Galerie gibt es Kunst und Filme zum Wein; Mo–Do 12–24, Fr 12–2, Sa 12–24 Uhr, So 12–23 Uhr. (→ Karte S. 78)

Tiflis (Тифлис), Talbuchina 3. Georgische Küche vom Feinsten, authentische Einrichtung und gute Stimmung; tgl. 11–23 Uhr. (→ Karte S. 108)

Restaurant-Klub **Bella Rosa**, Hikala 3. In diesem schicken Restaurant gibt es perfekte italienische Küche; So–Do 12–24, Fr, Sa 12-2 Uhr. (→ Karte S. 104)

Chomalungma (Джомалунгма), Hikala 7. Ausgezeichnete nepalesische Küche, viel Platz und umfangreiche Speisekarte mit vielen traditionellen Gerichten und Getränken; tgl. 12–23 Uhr. (→ Karte S. 104)

Porto Del Mare, Kazlova 3. Dieses Fisch-Restaurant lässt keinen hungrig, es sieht wie ein Schiffsdeck aus, und das Essen schmeckt wirklich mediterran; tgl. 12–24 Uhr. (→ Karte S. 104)

Al-Halil (Аль Халиль), Kazlova 14. Die palästinensische Küche ist sehr authentisch, günstig und lecker, dafür in gewöhnungsbedürftiger (fast sowjetischer!) Einrichtung; tgl. 11–23 Uhr. (→ Karte S. 104)

Gurman (Гурман), zwei Filialen: Peramožcaŭ 1 (→ Karte S. 92) sowie Kamunistyčnaja 7. Das bekannte Pelmeni-Restaurant hat Maultaschen für jeden Geschmack sowie eine sehr gemütliche Atmosphäre; die Filiale in der Kamunistyčnaja liegt neben einer Musikschule, die eine perfekte Musikbegleitung für die Sommerterrasse liefert, mitten im einzigartigen Wohnviertel Asmaloŭka; tgl. 8–23 Uhr. (→ Karte S. 92)

Bars und Klubs

Auch Nachtschwärmer kommen in Minsk auf ihre Kosten. Hier ist unsere exklusive Liste von Klubs sowie Bars, wo viel Wert auf Musik gelegt wird.

Schastje jest, Hercena 12; tgl. 12–02 Uhr. Mitten in der Altstadt hat diese sehr freundliche, preiswerte und gemütliche Weinbar eröffnet. Der Name bedeutet soviel wie ›Glück gibt es‹. (→ Karte S. 78)

Bar Tscherdak (Чердак – Dachboden), vul. Zybickaja 9. Mitten in der Altstadt, relativ neu und gemütlich, es gibt selbst entworfene Cocktails und Suppen, aber auch andere Speisen; So–Do 12–24, Fr, Sa 12–5 Uhr. (→ Karte S. 78)

Doodah King, vul. Bersona 14. Ideal für diejenigen, die Whisky, Live-Blues und RocknRoll bis zum Morgen genießen können, deftige Gerichte werden auch serviert! Tgl. 11–5 Uhr. (→ Karte S. 92)

Bar Strawinski (Стравінскі), Nezaležnasci 25B. Gute Cocktails und sehr leckere Speisen, die Glasstheke in der Mitte sorgt für eine gemütliche Atmosphäre; So–Mi 17–2, Do-Sa 17–5 Uhr. (→ Karte S. 92)

U Bar (Ў бар), Nezaležnasci 37A. Keine typische Wein-Bar, weil die Stammgäste hier Künstler und Intellektuelle sind; coole Tapas gibt es zum guten Wein; So–Do 12–24, Fr-Sa 12–2 Uhr. (→ Karte S. 104)

Dozari, Nezaležnasci 58. Der beste moderne Klub, hier spielen die begehrtesten DJs. Auf zwei Etagen gibt es u. a. die Bar Mojito, eine riesige Tanzfläche (mit eigenem Showballett) sowie einen Karaoke-Raum; gespielt werden meistens MTV-Hits sowie Electrohouse; sehr wichtig hier ist aber Türkontrolle: man muss die passende Garderobe tragen, und Frauen ohne schickes Kleid und hohe Absätze werden keinen Einlass finden; Mi–So 22–6 Uhr. (→ Karte S. 108)

The Black Door, Charužay 29A. Auch dieser Klub und Lounge Bar hat eine strenge Türpolitik, damit alles drin perfekt bleibt: wunderbare Speisen, Cocktails und Chill-out-Dj-Sets; tgl. 12–6 Uhr. (→ Karte S. 104)

Blondes and Brunettes, Kamsamolskaja 38. Auch ein Klub dieser Kategorie, hier wird Funk und Musik aus den Sechzigern gespielt. (→ Karte S. 92)

Bar Maraschino sowie **Club AUroom**, Nezaležnasci 117A. Beide liegen im 17. Stock eines Geschäftszentrums (Александров Пассаж), gelten als teuer und dafür makellos; Di-Do 18–2, Fr, Sa 18–6, So 18–2 Uhr. (→ Karte S. 108)

Coyote (Койот), Nezaležnasci 117A, rechts vom Geschäftszentrum. Dieser Old-School-Klub ist lässig, spielt Rock-Musik und lädt oft Cover-Bands ein; tgl. 18–6 Uhr, außer am letzten Sonntag im Monat. (→ Karte S. 108)

STIRLITZ Spy Bar: Es gibt kein Schild und man gewährt Eintritt nur denjenigen, die das Passwort kennen. Einzelheiten auf www.stirlitz.by. Wir trauen uns aber, die Adresse zu verraten: Kastryčnickaja 23; Fr-Sa 18–6 Uhr. (Metro Pieršamajskaja)

Kaljannaja 1 (Кальянная 1), Marksa 33. Hier ist es einzigartig dunkel, es gibt viele Kissen, Wasserpfeifen und DJ-Musik am Wochenende; die Auswahl an Tees, Speisen und Alkohol ist riesig; Mo–Do, So 10–2, Fr, Sa 10–4 Uhr. (→ Karte S. 92)

TNT Rock Club, Revaljucyjnaja 9. Für Rockfans, die klassische Bands auf Bildschirmen sowie moderne Gruppen live bei Bier und Speisen erleben möchten. Die Atmosphäre hier ist nostalgisch und gemütlich; Mo–Do 12–2, Fr-Sa 12–4 Uhr. (→ Karte S. 78)

Sweet & Sour, Marksa 14. Diejenigen die das Amerika der 1930er Jahre lieben, werden sicherlich diese Bar toll finden, hier spielt man Jazz und die fantastische traditionelle Cocktailkarte für Kenner ändert sich jede Woche; Mo–Sa 16–2 Uhr. (→ Karte S. 92)

Loft Café, vulica Broŭki 22. Dieses Lokal bietet thematische Abende, lädt in seine Galerie Ausstellungen und Künstler ein; organisiert Mode-Märkte, auf denen hiesige Designer eigene Kleider und Schmuck verkaufen. Abends Tanz und Konzerte; Mo–Do 11–24, Fr–Sa 11–5 Uhr. (→ Karte S. 108

Casta Diva, Krapotkina 91A. Sehr beliebt in der LGBT-Community. Es ist nicht unbedingt einfach zu finden, aber das ist Teil des Konzepts: Darkrooms und laute Musik tragen noch mehr zur Anonymität bei; tgl. 21–6 Uhr. (In der Nähe des Komarowka-Marktes, hintere Umschlagkarte)

Graffiti (Граффити), Kalinina 16. Der Klub ist wunderbar klein und legendär für die alternative Musikszene in Belarus; mittwochs gibt es Jazz, donnerstags Blues und Funk am Freitag, die Wochenende sind für Konzerte und Tanzen reserviert; auf der Karte stehen belarussische Gerichte und belarussisches Bier, aber auch Cocktails; So–Do 11–23, Fr–Sa 11–2 Uhr. (→ Karte S. 108)

Hooligan (Хулиган), Kastryčnickaja 16. Trotz des gewalttätigen Namens geht es in dieser Bar sehr friedlich und hipstermäßig zu, die Speisekarte bietet viele vegetarische Gerichte sowie günstigen Alkohol an. Es gibt Partys mit freiem Eintritt, Rock'n Roll und Chill-out-Konzerte sowie Filmabende (Riesenleinwand); So–Do 12–2, Fr, Sa 12–4 Uhr. (Metro Pieršamajskaja, hintere Umschlagkarte)

Re:public, Prytyckaha 62. Der Klub ist der größte der Stadt und schmeißt ganze Rock- und DrumnBass-Festivals sowie Konzerte und Partys. Kein Wunder, dass Papa Roach hier gespielt hat; es gibt günstigen Alkohol, aber nur Häppchen zu essen. (Metro Kuncaŭščina, hintere Umschlagkarte)

Einkaufen

Einkaufen in Minsk ist nicht unbedingt günstig, aber es gibt eine reiche Auswahl von Waren ›Made in Belarus‹.

Manchmal trifft man noch auf die alte sowjetische Einkaufsprozedur: An der Kasse nennt man die bevorstehenden Einkäufe und bezahlt, mit der Quittung geht man dann in die entsprechende Abteilung und nennt noch mal die bezahlten Waren, um sie ausgehändigt zu bekommen.

Kaufhäuser

Kaufhäuser in Minsk sind nicht nur schön, sondern auch sehr praktisch: hier kann

Das Einkaufszentrum ›ZUM‹

Die Zentrale Buchhandlung am Unabhängigkeitsprospekt

man alles kaufen, es gibt immer ein kleines Café und ein Kinderzimmer. Diese sind die größten:

GUM, Nezaležnasci 21, Mo–Sa 9–22, So 10–20 Uhr (Metro Kastryčnickaja). (→ Karte S. 92)

ZUM, Nezaležnasci 54, Mo–Sa 9–21, So 10–18 Uhr. (Metro plošča Jakuba Kolasa). (→ Karte S. 104)

Na Nemige, vulica Niamiha 8, Mo–Sa 9–22, So 10–20 Uhr. (Metro Niamiha). (→ Karte S. 78)

Belarus, vulica Žylunoviča 4, Mo–Sa 9–21, So 10–19 Uhr. (Metro Partyzanskaja, → hintere Umschlagkarte)

Einkaufszentren
Stoliza, unter dem Unabhängigkeitsplatz, Mo–So 10–22 Uhr. Viele Geschäfte (auch Souvenirs) und Cafés (Metro plošča Lenina, → Karte S. 92)

Korona, vulica Kalvaryyskaja 24, Mo–So 9–2 Uhr (Supermarket), 10–22 Uhr (Geschäfte) (Metro Frunzenskaja, → hintere Umschlagkarte). Eine weiteres Korona-Einkaufszentrum gibt es an der Metrosta-

tion Barysaŭsky Trakt am nordöstlichen Stadtrand. (→ hintere Umschlagkarte)

Serkalo, vulica Charužay 6B, Di–So 10–19 Uhr (Metro plošča Jakuba Kolasa, → Karte S. 104)

Expobel, vulica Baravaja 5, Mo–So 9–23 Uhr (am nordöstlichen Stadtrand, am Abzweig der M3 vom Stadtring, → hintere Umschlagkarte)

Bücher, Souvenirs
Nach Mitbringseln sucht man am besten in Buchläden, Galerien und Souvenirgeschäften.

Buchladen am Unabhängigkeitsprospekt, Nezaležnasci 14, Mo–Fr 10–20, Sa 10–18 Uhr (Metro plošča Lenina, → Karte S. 92)

Zentrale Buchhandlung, Nezaležnasci 19, Mo–Fr 10–21, Sa 10–20, So 10–19 Uhr (Metro Kastryčnickaja, → Karte S. 92)

Galerie Y, Nezaležnasci 37A, Mo–So 10–22 Uhr (Metro plošča Peramohi). Buchladen und mehrere besondere Souvenirläden. Sehr zu empfehlen und eine Art Zentrum für belarussische (belarussischsprachige) Literatur in Belarus ist die Buchhandlung ›Lohvinaŭ‹ (→ Karte S. 104)

Galerie Podsemka, Nezaležnasci 43, Mo–Sa 10–20 So 11–18 Uhr (Metro ploš-ča Peramohi). Antiquarische Buchhandlung und Souvenirshop. (→ Karte S. 92)

Wjanok, Trajeckaja nabiarežnaja 4, Mo–Sa 10–19 Uhr (Metro Niamiha, → Karte S. 78)

Lakomka, Nezaležnasci 19, Mo–Fr 9–20 Uhr, Sa, So 9–18 Uhr. Süße Souvenirs. (→ Karte S. 92)

Buchhandlung Znanie (Дом книги Зна-ние), vul. Karla Marksa 36; direkt an der U-Bahn-Station Kupalaŭskaja. Hier arbeitet eine sehr nette Verkäuferin, die nicht nur sehr gut, sondern auch sehr gerne Deutsch spricht und deutschsprachigen Gästen gerne behilflich ist! (→ Karte S. 92)

Besondere Adressen

Komarowski-Markt (Komarowskij Rynok), vulica Charužay 8, Di–So 9–19 Uhr (Metro plošča Jakuba Kolasa). Hier verkaufen Omas und belarussische Firmen ihre frischen und eingelegten Produkte: Fleisch, Fisch, Gemüse, Obst, Gewürze usw. (→ hintere Umschlagkarte)

Markt für alles ›Ždanoviči‹ (mit mehreren Einkaufszentren), vulica Cimirazeva 123–129, Di–So 9–20 Uhr; am nordwestlichen Stadtrand. Von der Metrostation Kamennaja Horka kann man mit den Bussen 125 oder 140 ca. 10 Min. bis zur Endstation fahren, oder vom Hauptbahnhof mit Marschrutkas. Hier gibt es alles von Autos bis zu Kleidung und Antiquitäten. (→ hintere Umschlagkarte)

Museen

Leider sind in den Museen von Minsk die Beschriftungen zu den Exponaten nur in Ausnahmefällen ins Englische übersetzt.

Nationales Kunstmuseum, vulica Lenina 20; 11–19 Uhr, Kasse bis 18.30; Di ge-schlossen. Das Museum gibt einen schönen und informativen Überblick über belarussische Kunstschätze. (→ Karte S. 92)

Museum für Stadtgeschichte, vulica Revaljucyjnaja10; Mi–So 11–19 Uhr. Das Museum liegt in der historischen Oberstadt und erzählt, woher Minsk und die Minsker stammen. (→ Karte S. 78)

Museum des Bildhauers Sair Asgur, vul. Azhura 8; Mi–So 11–18 Uhr; südlich des Gorki-Parks. Eine echte Augenweide: Büsten und Skulpturen von Lenin und anderen legendären sowjetischen Personen.

Freilichtsteinmuseum, hier in der Parkanlage an der Kreuzung vulica Šuhajeva/vulica Akademika Kupreviča findet man Steingötzen aus allen belarussischen Regionen. (→ hintere Umschlagkarte)

Nationales Historisches Museum, vul. Marksa 12; Di–So 11–19 Uhr. (→ Karte S. 92)

Museum für Natur und Ökologie, vul. Marxa 12; Di–So 11–19 Uhr. (→ Karte S. 92)

Museum für Bücher in der Nationalen Bibliothek, Nezaležnasci 116; Di, Mi, Fr 10.30–19, Do, Sa, So 10–18, im Juli und August: Di, Mi, Fr 10.30–19, Mo, Do, Sa 10–18 Uhr. (→ Karte S. 108)

Museum des Großen Vaterländischen Krieges, praspekt Peramožcaŭ 8; Di, Do, Fr, Sa 10–18, Kasse bis 17 Uhr; Mi, So 11–19, Kasse bis 18 Uhr; Mo geschlossen. (→ Karte S. 92)

Museum für Moderne Bildende Kunst, Nezaležnasci 47; tgl. 11–19, Kasse bis 18.30 Uhr; So, Mo geschlossen. (→ Karte S. 104)

Maxim-Bahdanovič-Literaturmuseum, Bahdanoviča 7A; Di–So 10–18 Uhr. (→ Karte S. 78)

Staatliches Museum für Theater- und Musikkunst in Belarus, Musyčny zavulak 5; Di–So 10–17.30, Kasse bis 17 Uhr. (→ Karte S. 78)

Zentrum für Moderne Kunst, Niakrasava 3; Mo–Fr 14–20 Uhr. (→ Karte S. 108)

Das Janka-Kupala-Museum

Staatliches Jakub-Kolas-Museum, Akademičnaja 5; tgl. 10–17 Uhr; Di geschlossen. (→ Karte S. 108)

Staatliches Janka-Kupala-Museum, Kupaly 4; Juni–August: Di, Mi 10.30–19, Do 10.30–21, Fr 10.30–18.30, Sa, So 9.30–18 Uhr, Mo geschlossen; in anderen Monaten: 10–17.30 Uhr, So geschlossen. (→ Karte S. 92)

Museum für belarussische Filmgeschichte, Sviardlova 4; tgl. 10–17.30 Uhr, So geschlossen. (→ Karte S. 92)

Museum der Ersten Tagung der Sozialdemokratischen Arbeiterpartei Russlands, Nezaležnasci 31A; tgl. 10–18 Uhr, Mi geschlossen. (→ Karte S. 92)

Museum für Alte Kultur in Belarus, Surhanava 1(2); Mo–Sa 9–16 Uhr. (→ Karte S. 108)

Feuerwehrmuseum, Haradski Val 12; Mo–Fr 9–18, Pause 13–14 Uhr. (→ Karte S. 78)

Museum für Geschichte und Kultur der Juden in Belarus, Charužay 28; Mo–Fr 12–17, So 14–17 Uhr, Sa geschlossen. (→ hintere Umschlagkarte)

Kunstgalerie des Malers Michail Savickij, plošča Svabody 15; Mi–So 11–19, Kasse bis 18.30 Uhr. (→ Karte S. 78)

Theater

Theateraufführungen gibt es auf Russisch oder Belarussisch (oder gar ohne Worte). Karten sind an den jeweiligen Theaterkassen vor Ort erhältlich, die ab 14 Uhr geöffnet sind.

Das Nationaltheater ist das **Janka-Kupala-Theater** (vulica Engelsa 7, → Karte S. 92), empfehlenswert wäre auch das **Opern- und Balletttheater** (plošča Paryžskay Kamuny 1, → Karte S. 78), das **Schauspielhaus/Dramen-Theater** (vulica Valadarska-ha 5, → Karte S. 92), das **Musiktheater** (Mjasnikova 44, → Karte S. 92), das **Puppentheater** (Engelsa 20, → Karte S. 92) und das **Kindertheater** (Engelsa 26, → Karte S. 92). Ein engagiertes modernes Theater ohne Worte und ohne feste Spielstätte ist das **Korniag-Theater**, alle Infos gibt es online, leider nur auf Russisch: www.korniag.livejournal.com.

Zu erwähnen sind auch die beiden großen Konzerthallen der **Philharmonie** (Niezaležnasci 50, → Karte S. 104) und im **Palast der Republik (**Kastryčnickaja plošča 1, → Karte S. 92).

Ein gutes Programm bietet auch der **Staatszirkus** (Nezaležnasci 32, → Karte S. 32). Nicht nur für Kinder eine Attraktion.

Kinos

Alle Filme in Belarus werden ins Russische synchronisiert (mit raren Ausnahmen im Kino Raketa, s.u.). Aber die Kinos in Minsk sind auch sehenswert, wenn man keinen Film sehen möchte, denn sie sind schön wie Museen, wenn sie auch sehr modern ausgestattet sind. Hier sind die zentralsten:

Avrora, vulica Prytyckaha 23, Metro Puškinskaya. (→ hintere Umschlagkarte)

Belarus, Ramanaŭskaja Slabada 28, Metro Frunzenskaja. (→ hintere Umschlagkarte)

Dom Kino, vulica Talbuchina 18, Metro Park Tscheljuskinzew. (→ Karte S. 108)

Mir, vulica Kazlova 4A, Metro plošča Peramohi. (→ Karte S. 78)

Moskwa, praspekt Peramožcaŭ 13, Metro Niamiha. (→ Karte S. 78)

Oktjabr, Nezaležnasci 73, Metro Akademija Navuk. (→ Karte S. 108)

Pionjer, vulica Engelsa 20, Metro Kupalaŭskaja/Kastryčnickaja. (→ Karte S. 78)

Pobeda, vulica Internacyjanalnaja 20, Metro Kastryčnickaja. (→ Karte S. 78)

Centralny, Nezaležnasci 13, Metro plošča Lenina. (→ Karte S. 92)

Raketa, Pracoŭny zavulak 3, Metro Praletarskaja. (→ hintere Umschlagkarte)

Ein Radweg verläuft quer durch die Stadt

Sonstiges

Minsker Zoo, vulica Taškentskaja 40, www.minskzoo.by/en; Mo–So 10–21 Uhr; Anfahrt von Metro Aŭtazavodskaja mit den Bussen 16, 21, 22, 917, 926. Der Zoo ist sehr klein. (→ hintere Umschlagkarte)

Die **Eisbahnen** sind sehr beliebt, sowohl im Sommer als auch im Winter kann man in Minsk Schlittschuh laufen: im Eispalast in Prytyckaha 27 (Metro Spartyŭnaja, → K→ hintere Umschlagkarte) oder in der Minsk-Arena am praspekt Peramožcaŭ 111 (Bus 1, 44, → hintere Umschlagkarte). Eine **Eisbahn unter freiem Himmel** gibt es im Winter am Sportpalast (praspekt Peramožcaŭ 4A, → Karte S. 78); tgl. 11–23 Uhr.

Der Radweg in Minsk verläuft 27 km von Nordwest nach Südost durch die ganze Stadt, wobei er mehr oder weniger dem Verlauf des Flusses folgt. Er bietet eine schöne Möglichkeit die Stadt zu erkunden. **Fahrräder** kann man an folgenden Stellen mieten: Xsport, vulica Suchaja 23, Metro Frunzenskaja, Mo, Mi–So 10–19 Uhr (www.xsport.by); Extreme sport, vulica Biady 29, täglich 10–19 Uhr (www.extremesport.by) sowie an der Minsk-Arena, tgl. 8–23 Uhr (www.minskarena.by, → hintere Umschlagkarte).

Banja: Kaleinoŭskaha 12 (täglich rund um die Uhr), Zamkavaja 33, Nezaležnasci 86a (täglich rund um die Uhr).

Delfinarium: vulica Prytyckaha 27.

Schwimmhallen: vulica Surhanava 2a (Di–So 9–20 Uhr), Nezaležnasci 49 (Sa 7–22 Uhr, So 7–21:45 Uhr).

Reiten ist auch sehr populär, wir können eine Anlage im Dorf Buceviči empfehlen, hier ist die Atmosphäre sehr locker und es wird gutes Englisch gesprochen; Mo–So 9–20 Uhr (nach vorhergehender Abstimmung); Tel. +375/(0)29/3222044, www.verhom.by (russ.). Buceviči liegt etwa 30 km nördlich von Minsk und ist über die P58 zu erreichen.

Minsk und Minsker Gebiet

Minsker Gebiet

Kurapaty

Am nordöstlichen Rand von Minsk, im bewaldeten Gelände gleich bei der heutigen Minsker Ringautobahn fanden zwischen 1937 und 1941 Massenerschießungen statt: Die sowjetische Geheimpolizei NKWD ermordete und verscharrte hier heimlich zahlreiche Menschen, Schätzungen sprechen von 30 000 bis zu 250 000 Opfern.

Die offizielle Propaganda behauptete, dass in Kurapaty (Курапаты/Куропаты) Opfer der faschistischen Okkupation begraben seien. Es war der bekannte Historiker und Politiker Sianon Pasniak, der durch Ausgrabungen im Frühling 1988 sowie Angaben von Zeugen aus Nachbardörfern die Wahrheit aufdeckte und die pro-demokratische Volksbewegung in Belarus ins Leben rief.

1994 besuchte der damalige Präsident Bill Clinton dieses Gelände und stiftete ein Denkmal in Form einer Bank mit der Aufschrift: Zum Gedenken vom amerikanischen Volk an das belarussische Volk (bel. Ад народу ЗША народу Беларусі дзеля памяці), sie wurde bisher mehrmals von Unbekannten beschädigt, aber immer wieder restauriert. Freiwillige errichteten am Wald entlang Hunderte hölzerne Kreuze. Im Jahre 2001 standen hier Demonstranten vor Bulldozern, um den Bau eines neuen Autobahnrings zu verhindern, ca. 100 Kreuze wurden vernichtet, Menschen von der Polizei verprügelt und vor Gericht gestellt. Doch der Widerstand hatte Erfolg: Der Autobahnring verläuft nicht durch Kurapaty. Die jüdische Gemeinde von Belarus errichtete 2004 ein Gedenkstein aus Granit für die jüdischen und anderen Opfer mit der Aufschrift auf Jiddisch und Belarussisch: ›Unseren Glaubensbrüdern – Juden, Christen und Muslimen – den Opfern des Stalinismus von den belarussischen Juden.‹

Mehrere Baustellen in der Umgebung gefährden das Mahnmal heute immer noch. Der belarussische Präsident Lukašenka, selber Historiker, hat Kurapaty bisher nie besucht.

Anreise: Kurapaty befindet sich fußläufig von der Endstation ›Zialjony Lug‹ (Зялёны Луг): Bus 13, 13д (13d), 24, 87, 109a; O-Bus 1, 46, 53.

Minsker Meer

Der Zaslaŭjer Stausee (Заслаўскае вадасховішча/Заславское водохранилище) ist der größte Stausee in Belarus, wegen seiner Größe wird er umgangssprachlich auch als Minsker Meer (Мінскае мора/Минское море) bezeichnet. Er liegt am Oberlauf des Flusses Svislač, östlich der Stadt Zaslaŭje

Die Gedenkstätte Kurapaty

Karte vordere Umschlagklappe

und etwa 10 Kilometer nordwestlich der Hauptstadt Minsk. Der Stausee wurde 1956 als Trinkwasserreservoir angelegt und ist ein sehr populäres Naherholungsgebiet mit insgesamt rund zehn Kilometern Sandstrand.

An den Ufern liegen mehrere Sanatorien, Sportlager und Kinderferienlager. In den letzten Jahre üben sich hier die Liebhaber von Windsurfing und Yachting – für Belarus exotische Sportarten. Für kurze Tagesausflüge ist die Infrastruktur immer noch nicht gut entwickelt – am besten man nimmt Essen und Getränke für ein Picknick mit.

Das älteste Kurhotel ist das **Sanatorium Junost** am westlichen Ufer. Es gibt eine Schiffsanlegestelle, ein Café, eine Bar, ein Restaurant sowie einen Ruderboot- und Tretbootverleih. Eine Pontonbrücke führt zur ›Insel der Liebe‹ (Eintritt 2 Euro). Das sowjetische Flair auf diesem Gelände ist mehr als deutlich spürbar – die Infrastruktur wurde in den 1970er- bis 80er Jahren aufgebaut (www.yunost.by).

Wenn Sie aber eine Fahrt zum Minsker Meer unternehmen, gehört der Besuch beim **Yachting Club** unbedingt dazu. Ein Café mit Windschutz ist bis 19 Uhr offen und lädt auch bei ungünstiger Witterung ein (www.yachting.by).

Anreise: Mit der Regionalbahn Richtung Maladečna oder Belarus bis Station ›Minskaje Mora‹ (Мінскае мора/ Минское Море), die Fahrt dauert ca. 20 Min.

Freilichtmuseum Stročyca in Azjarco

Nur eine halbe Stunde von der Innenstadt von Minsk entfernt liegt das Freilichtmuseum Stročyca (Строчыца-Азярцо/Строчица-Озерцо). Hier sind hölzerne Baudenkmäler aus allen Regionen des Landes zu sehen. Häuser,

Am Minsker Meer

Scheunen, Mühlen, Taverne, Kirche und andere Holzbauten wurden von ihren Originalstandorten hierher gebracht. Sie sind Zeugnisse des vor- und frühindustriellen ländlichen Wohnens, Arbeitens und Lebens.

Stročyca ist nicht nur ein Freilichtmuseum, sondern ein lebender Kalender der belarussischen Volkskultur, ein beliebter Standort für Ethno-Festivals, Open Airs und Volksfeste. Das Hauptfest ist Kupalle, das Fest der Sommersonnenwende, im September findet das Folk-Fest ›Kamianitsa‹ statt.

Besonders sehenswert ist die orthodoxe **Mariä-Schutz-und-Fürbitte-Kirche** – die Holzkirche ist über 300 Jahre alt. Schmiedewerkstatt, Getreidelager, eine Dorfschule und das Fischerhaus sind ebenfalls einen Besuch wert. Viele der Legenden sind mit dem Müller und seiner Magie verbunden. Bei einem Rundgang durch die **Mühle** bekommt man einen Eindruck vom faszinierenden Verarbeitungsprozess von Weizen und

Roggen. Aus den kleinen Fenstern im oberen Stockwerk bietet sich ein atemberaubender Ausblick auf das Dorf. Eine **Schenke** (Kartschma) bietet Ge-

richte und Getränke der traditionellen belarussischen Küche. Grundsätzlich wird der Witterung entsprechende Kleidung und festes Schuhwerk empfohlen.

ℹ Freilichtmuseum Stročyca

Geöffnet: Nov.–April 10–14, Mai–Okt. 10–18 Uhr, Mo und Di Ruhetag.

Eintritt: ca. 2 Euro; Führungen (Ru oder Bel, nach Anmeldung) ca. 8 Euro.

Infos: www.etna.by, Tel. +375/17/ 2094163 an den Werktagen, sonst +375/29/6978901.

Anfahrt:

Mit dem Auto ca. 5 km nach Südwesten von dem Automarkt ›Malinaŭka‹ Richtung Dorf Azjarco (Азярцо/Озерцо) oder mit **Regionalbussen** von der Bushaltestelle ›Paŭdnjova-Zachadnaja/Jugo-

Zapadnaja‹ (U-Bahn ›Michalova‹) Richtung Haradzišča, Dubjancy, Zapadnyja Mohilki, Kolchose Kalinina.

Busfahrplan:

Bus Nr. 203: tägl. 9.15, 12, 13.15, 15.50 Uhr, Mo–Fr zusätzlich 17.30 Uhr; hält direkt am Museum.

Busse Nr. 262, 363, 277, 325, 357: tgl. 9.40, 10, 10.28, 11.35, 12.20, 13.10, 14.15, 14.40, 14.55, 16.05, 16.30, 17 Uhr; diese Busse fahren bis kurz vor das Museum.

Dudutki

Dudutki (Дудуткі/Дудутки) ist eines der interessantesten Volkskulturmuseen in Belarus und ein Muss für jeden Touristen. Man sollte mindestens einen halben Tag einplanen. Das erste Privatmuseum des Landes wurde 1992 gegründet und weist nicht sehr viel alte Architektur vor, aber es zeigt sehr anschaulich die verschiedensten Gewerke. Das Museum ist auch für selbstständige Besichtigungen zugänglich, aber nur während einer **Führung** kann man die Geheimnisse von altertümlichen Gewerben und den Sinn von Volksbräuchen erfahren, die Tour dauert etwa zweieinhalb Stunden. Für Kinder ist eine alkoholfreie Führung vorgesehen. Man besucht die Käserei, die Brennerei, die Schmiede und die Töpferei. In der Landbäckerei gibt es hausgemachtes Brot und Kwass.

Das Museum besitzt eine Lizenz zur Herstellung von Branntwein und produziert einen der besten **Samahonka** des Landes. Tipp: Bestellen Sie eine Flasche zum Mitnehmen als schöne

Erinnerung an Belarus (ca. 10 Euro). Der Unterschied zu industriell hergestelltem Wodka ist riesengroß. Spritzen Sie zum Überprüfen der Qualität ein wenig Samahonka auf die Handinnenfläche und reiben Sie die Hände. Wenn der Alkoholgeruch verweht, riecht es nach Weizenbrot. Nach alter Tradition bekommt man nach dem Wodka saure Gurken auf Brot mit Honig.

Das Museum besitzt eine interessante **Sammlung von Oldtimern**: Willy's, VW-Käfer, das kleine Bubble-Auto Fiat Topolino, Chrysler, Hanomag, Tschaika, Moskwitsch, GAZ-67, Amphibienfahrzeug, Horch – ein Beutefahrzeug aus dem Zweiten Weltkrieg sowie GAZ–12 ZIM – eine repräsentative Limousine der Oberklasse.

Auf dem großen Feld werden Festivals, Historienspektakel und Spiele für Kinder organisiert. Außerdem bietet Dudutki Saunabesuche und Übernachtungen im Gasthaus (Tel. +375/29/3038107).

In der Selbstbedienungstaverne ›Kartschma‹ kann man sich unkompliziert zu jeder Tageszeit verpflegen. Die freund-

◀ Karte vordere Umschlagklappe

Ritterspektakel in Dudutki

lichen Köchinnen sind sehr hilfsbereit. Kleine Imbisse und Drinks findet man in der Bar **Schynok** (auf der linken Seite der Hauptstraße von Dudutki). Schy-

nok (bel. шынок) ist die Bezeichnung für eine traditionelle Raststätte, die noch aus der Zeit der Rzeczpospolita (16.–18. Jh.) stammt.

ℹ Dudutki

Tourbuchung und Auskunft: Tel. +375/ 29/6025250; www.dudutki.by/eng.
Öffnungszeiten: Di–Mi 10–17 (Eintritt bis 16) Uhr; Do–So 10–18 (Eintritt bis 17) Uhr; Mo geschl.
Eintritt: inkl. Verkostung in der Käserei, Erwachsene ca. 5 Euro; Kinder ca. 3 Euro (Eintritt für Vorschulkinder frei)**.**
Führung für Erwachsene (ab 4 Personen) ca. 7 Euro, inkl. Verkostung.
Führung für Kinder (ab 20 Personen): ca. 5 Euro, ohne Verkostung, ca. 2 St.

Anfahrt:
Das Museum hat eine Fläche von 160 ha und liegt ca. 40 km südlich von Minsk. Die Autofahrt vom Minsker Stadtzentrum dauert ca. 45–60 Min.
Anreise mit ÖPNV, ca. 1 Stunde Fahrt:
Abfahrt vom Busbahnhof ›Uschodni/Vostočny‹ Bus 323 Richtung Dudutki, Mo– Fr 8.40; 12.55; 16.10; Sa, So 9.40; 12.55; 16.10 Uhr.
Vom Busbahnhof ›Centralny‹: 9.50; 13 Uhr; 17.55 Uhr.

Sluck

Sluck ist eine Kleinstadt mit einer großen Geschichte. Der Name stammt vom Fluss Slučʹ (Случ), dessen Name vom Wort ›Luka‹, der Bogen des Flusses, abgeleitet ist. Das Slucker Fürstentum war bis Ende 18. des Jahrhundert der Hort der Orthodoxie in Belarus.

1005 das erste Mal in Chroniken erwähnt, wurde die Stadt 1160 zur Hauptstadt des Fürstentums und ab 14. Jahrhundert Teil des Großfürstentums Litauen. Im 15. Jahrhundert war Sluck eine der größten feudalen Städte. Seit 1612 gehörte die Stadt der Radziwiłł-Familie, man gründete eine

Denkmal für Sophia von Sluck

Bibliothek und verfasste die Slucker Chronik, eine Geschichte der Region in altbelarussischer Sprache. 1617 wurde eine kalvinistische, 1624 die erste öffentliche Schule, 1689 ein Jesuiten-Kollegium eröffnet. Das 17. und 18. Jahrhundert sahen große Unruhen, aber auch viel Entwicklung: Unter der Radziwiłł-Familie wurde Sluck zu einer Festung mit einer Zitadelle, die von Bastionen, Gräben und Wallschildern umgeben war.

1767 wagte die sogenannte Slucker Konföderation einen Aufstand gegen Stanisław II. August Poniatowski, den König von Polen. Ziel war die Gleichberechtigung mit den Katholiken und das Recht auf eine eigene militärische Organisation.

Im 18. Jahrhundert war die Stadt berühmt wegen der sogenannten Slucker Gürtel (→ S. 141), die von den Adligen im ganzen Reich getragen wurden. Von 1751 bis in die 1760er Jahre hin-

ein hatten die Radziwiłłs in Sluck eine Theatertruppe für Oper, Ballett und Drama; 1756 wurde eine Ballettschule gegründet.

Seit 1793 war Sluck Teil des Russischen Reichs, aber erst 1846 konnte der russische Staat die Stadt von den Radziwiłłs kaufen, so verlief die weitere Entwicklung von Sluck ohne Selbstverwaltungsmöglichkeiten.

Im Ersten Weltkrieg besetzten die Deutschen Sluck 1918 und eröffneten ein belarussisches Gymnasium. Ein Jahr später kam Sluck an die UdSSR, von August 1919 bis Juli 1920 gehörte die Stadt zu Polen. Im November und Dezember 1920 wurde Sluck zum Zentrum eines antibolschewistischen Aufstandes, der die Unabhängigkeit der Belarussischen Volksrepublik ›von Polen und den Kommunisten in Moskau‹ zum Ziel hatte, aber von der Roten Armee niedergeschlagen wurde. Den 27. November begeht man bis heute in Sluck als Tag der Helden.

Von Juni 1941 bis Juni 1944 war Sluck wieder von den Deutschen okkupiert, es gab hier drei Vernichtungslager, in denen 25 000 Menschen ermordet wurden, darunter ca. 6000 Juden.

Legendär sind einige Frauen aus dem Haus der Slucker Fürsten, dem Geschlecht Olelkovič. So war im 16. Jahrhundert **Anastassia** von Sluck nach dem Tod ihres Mannes für die Verteidigung gegen die Tataren zuständig und nahm auch persönlich an Kämpfen teil. **Sophia von Sluck** war im 17. Jahrhundert die letzte Fürstin und Besitzerin von Sluck. Als Waise stand ihr ein riesiger Nachlass zu. Ihre Vormunde waren den Radziwiłłs gegenüber schwer verschuldet und so heiratete Sophia Janusz Radziwiłł der Kalvinist war. Dennoch vermählten sie sich in der orthodoxen Tradition und Sofia holte eine

Karte vordere Umschlagklappe ▲

Erlaubnis für ihr Eigentumsland ein, es nicht zum Uniatismus oder zum Katholizismus konvertieren zu müssen. Ihre Kinder waren sehr jung verstorben und sie selbst starb mit 26, aber ihr Mann blieb dem Versprechen treu, Sluck orthodox zu halten. Es wurde eine Bastion der Orthodoxie. Sophia von Sluck wurde 1983 heilig gesprochen. Am Zusammenfluss von Sluč und Byčok an der vulica Bahdanoviča steht ein Monument für sie. Ihre Reliquien befinden sich in der Kathedrale des Heiligen Geistes in Minsk (→ S. 83).

Aus Sluck stammt auch der bekannte belarussische Künstler und Designer **Wladimir Tsessler** (geb. 1951), der zahlreiche Plakate, Skulpturen, Grafiken, aber auch Werbeplakate geschaffen hat.

Viele meist jüdische Familiennamen verweisen auf die Herkunft aus Sluck: Slucki, Slucker, Sluckerow.

■ **Stadtrundgang**

Im 19. Jahrhundert änderte sich die Struktur der Stadt: Der Palast der Radziwiłł-Familie verfiel zusammen mit den Manufakturen, der Ort war über die Mauer gewachsen und die Fernstraße verlief praktisch durch ihr Zentrum. Das alte Sluck ist jetzt nur noch fragmentarisch vorhanden.

Der Haupt- bzw. Busbahnhof liegen gleich in der vulica Lenina 90, die ins historische Zentrum führt, wohin man zu Fuß laufen oder den Bus 1, 4, 12, 16, 18 nehmen kann.

Im Zentralpark zwischen vulica Lenina und vulica Vilenskaja, wo die Flüsse Sluč und Byčok zusammenfließen, liegt **der Ursprung von Sluck**. Hier befand sich Mitte des 1. Jahrhunderts eine Siedlung, wovon ausgegrabene Artefakte zeugen.

Gegenüber dem Park, in der vulica Lenina 171, steht **das ehemalige Ritterhaus** (19. Jh.), in dem sich das **Landeskundemuseum** von Sluck befindet. Die Ausstellung ist empfehlenswert und bekannt für seine Exponate aus dem 12. bis 18. Jahrhundert. Das Museum zeigt tausende archäologische Funde sowie Kachelplatten, Geschirr, Bilderteppiche und einen 2013 erworbenen Slucker Gürtel (Di–So 10–18 Uhr).

Unweit liegen die Filialen: das **Ethnografische Museum** von Sluck mit einer

Minsk und Minsker Gebiet

Die älteste Schule des Landes in der vul. Kamsamolskaja 7

Konzerthalle in Sluck

Ausstellung zum Leben der lokalen Bauern im 19. Jahrhundert (Lenina 153, Di–Sa 10–18 Uhr) sowie die **Staatliche Kunstgalerie** mit Malerei und Skulpturen aus unserer Zeit (Kapylskaja 2, Di–So 10–18 Uhr).

Sehenswert ist auch **die älteste Schule in Belarus**: Dieses öffentliche Gymnasium Nr. 1 (erbaut ca. 1852) in der Kamsamolskaja/Камсамольская/Комсомольская 7 wurde noch 1617 von den Radziwiłłs als kalvinistische Hochschule und Jungengymnasium gegründet.

In der vulica Čyrvonaarmejskaja/Красноармейская/Чырвонаармейская 2 stehen Bauten des **Bernhardiner-Klosters** (1793), es wurde 1671 gegründet, heute ist es eine Fabrik für Butter und Käse.

Etwas abseits des Zentrums in der Sacyjalistyčnaja/Сацыялістычная/Социалистическая 90 steht das wunderschöne blaue hölzerne Gebäude der **Erzengel-Michael-Kirche** (ca. 1750). Sie hat drei Schiffe, ist sehr geräumig, wobei die drei Kuppeln einen eigenen Raum sowie Größe im Inneren schaffen.

 Sluck

Vorwahl: +375/(0)1795.
Banken, **Geschäfte** und **Cafés** findet man in der vulica Lenina

Hotel Sluck, Lenina 199, Tel. 552361; DZ ab 19 Euro. Zwei Gebäude, ein Café, eine Bar, Schönheitssalon, Solarium.

Sluck ist ca. 100 km von Minsk entfernt; aus Minsk fahren mehrfach täglich **Busse** sowie **Marschrutkas** vom Busbahnhof ›Uschodni/Vostočny‹, die Fahrt dauert ca. 2 Std. Aus Minsk gibt es keine direkte Zugverbindung, am besten erreicht man Sluck mit der Bahn aus Osipoviči.

Empfehlen kann man das **Restaurant Wescha Grada** (Вежа Града), Lenina 146, das **Café Belorusskoe Bistro** (Белорусское бистро), Lenina 175, das **Café Spatkanne** (Спатканне) in Lenina 185, das **Café Slutsch** (Случь), vulica Bahdanoviča 26, und das **Café Maestro** (Маэстро) an der vulica Vilenskaja im Stadtpark.

Karte vordere Umschlagklappe ▲

Die Gürtel aus Sluck

In Sluck wurden ab den 1730er Jahren ganz besondere Gürtel produziert. Zur traditionellen Männerkleidung des Adels im 17. und 18. Jahrhundert in der Rzeczpospolita (bodenlanger Mantel, ärmellos oder mit geschlitzten Ärmeln) wurde als Gürtel eine 2 bis 4,5 Meter lange und 30 bis 50 Zentimeter breite seidene Schärpe mit hängender Säbelkoppel getragen. Die Schärpe wurde längs zusammengefaltet; dabei wurde die Schärpe wochentags mit der spärlich dekorierten Seite nach außen getragen, und sonntags mit der reich dekorierten Seite. Die Schärpen wurden ursprünglich aus der Türkei importiert, dann entstanden in der Rzeczpospolita Webermanufakturen (genannt ›Persijarnja‹, aus Persien: bel. персіярня), die wohl bekannteste wurde in Sluck von der Familie der Radziwiłłs betrieben.

Die Slucker Gürtel wurden aus feiner Seide, Gold-und Silberfäden gewebt, die Blumenverzierung wurde aus belarussischen Volksmustern und orientalischen Motiven kombiniert. Am teuersten waren die vierseitigen Gürtel, die in der Mitte gefaltet waren. Für die Slucker Manufaktur wurde ein Meister aus der Türkei, Ovanes Madscharanz, eingeladen. Er war armenischer Herkunft und wurde laut lokaler Tradition Jan Madzarski genannt.

Die Weberausbildung dauerte sieben Jahre, nur Männer konnten Gürtel in Sluck produzieren: Man glaubte, goldene und silberne Fäden verlieren den Glanz, wenn sie von Frauen angefasst werden. Nachdem die lokalen Handwerker den Prozess der Herstellung beherrschten, entstanden auch lokale Muster mit Vergissmeinnicht, Kornblumen, Gänseblümchen, Ahorn- und Eichenblättern. Die Muster wurden von Malern und nicht von Webern entwickelt. Für einen Gürtel brauchte man 400 bis 800 Gramm Gold.

Es gab viele Manufakturen in Njasviž, Warschau, Krakau, Danzig oder Moskau, sie alle wurden von der in Sluck stark beeinflusst. Nach dem Anschluss an Russland 1772/95 wurden diese Gürtel allmählich verboten und immer weniger getragen. 1848 wurde die Herstellung der Gürtel in Sluck komplett eingestellt, seitdem sind sie ein begehrtes Sammelobjekt geworden. Die Weberei-Technologie für die Herstellung der Slucker Gürtel gilt als verloren.

Heute können die Gürtel vor allem in Museen in Moskau und Sankt-Petersburg bewundert werden. Belarus versucht die Gürtel, die während der Kriege zu Sowjetzeiten sicherheitshalber nach Russland gebracht wurden, zurückzugewinnen, aber bisher vergeblich. Seit 2013 gibt es einen einzigen Originalgürtel im Landeskundemuseum in Sluck.

In Sluck gibt es eine Firma, die Gürtel und anderes textiles Kunsthandwerk im Stile der Slucker Tradition herstellt: Gürtel, Tischdecken, belarussiche Trachtenartikel u.a. Die Firma betreibt ein Museum mit einem großen Souvenirladen. Im Museum wird die Geschichte dieses Textilhandwerks sehr anschaulich dargestellt. Besucher können die Produktion eines modernen Slutsker Gürtels miterleben und im Laden lässt sich sicher so manches schöne Mitbringsel erstehen: **Slutskie Poyasa**, vul.Tutarynava (Тутаринова/Тутарынава) 16, Tel.+375/ (0)1795/36809, www.slutskie poyasa.by; Di–So 9–17.30 Uhr (Pause 13– 13.30 Uhr)

Zaslaŭje

Nordwestlich von Minsk liegt Zaslaŭje (Заслаўе/Заславль), einer der ältesten Orte in Belarus. Er wurde Ende des 10. Jahrhunderts vom Kiewer Fürsten Vladimir I. Svjatoslavič gegründet.

Vladimir war der uneheliche Sohn von Svjatoslav I. aus dem Geschlecht der Rurikiden. Nach dem Tod seines Vaters entflammte ein Streit zwischen seinen Halbbrüdern Oleg und Jaropolk, Oleg wurde getötet. Mit Hilfe der Waräger, einem Söldnerheer aus Schweden, eroberte Vladimir Nowgorod, eines der beiden Machtzentren der Kiewer Rus.

Als er erfuhr, dass Rahneda, die Tochter des Fürsten Rahvalod aus Polack, seinem Bruder Jarapolk als Frau versprochen wurde, eroberte er Polack. Legenden sagen, Rahvalod hat Rahneda gefragt, wen sie gern heiraten würde, und sie wählte Jarapolk und nicht Vladimir, da sie keinen Sohn einer Sklavin heiraten wollte. Dafür schändete sie Vladimir vor ihrer Familie und erschlug ihre Eltern und die beiden Brüder vor ihren Augen. Dann zwang Vladimir sie zur Ehe und ging nach Kiew, das sich ihm unterwarf.

Seine wichtigste Errungenschaft war die Christianisierung der Kiewer Rus 988. Die Chroniken erzählen, dass Vla-

dimir ein eifriger Anhänger des Heidentums war (er hatte sieben offizielle Frauen und ca. 800 offizielle Gebieterinnen in unterschiedlichen Städten), aber eine Religion wählen wollte, die sein Land vereinen und womöglich mit neuen Regionen verbinden sollte. So ließ er sich von Gelehrten beraten. Den muslimischen Glauben lehnte er Legenden zufolge ab, da es für die Rus unmöglich sei, nicht zu trinken.

Vladimir wählte das Christentum und die byzantinische Prinzessin Anna. Für diese Heirat musste er sich von seinen heidnischen Frauen scheiden lassen, was er auch tat. Die Christianisierung brachte dem Land einen erheblichen kulturellen und sozialen Aufschwung: Kirchen und Klöster wurden gebaut und die altbulgarische bzw. altkirchenslavische Schriftsprache übernommen.

Als Vladimir seine Frau Rahneda bei Kiew besuchte, wo sie lebte, versuchte sie laut der Chroniken aus Rache und Beleidigung auch für die Ermordung ihrer Familie, ihn im Schlaf mit einem Dolch zu töten, aber er erwachte. Als er sie zu erschlagen versuchte, wurde sie von ihrem Sohn Izjaslav verteidigt. Eine andere Legende besagt, dass Rahneda ihn gesandt hat, den Vater zu töten.

Anschließend wurde Rahneda zusammen mit Izjaslav zurück nach Polack geschickt und ließ sich in der neugegründeten Stadt nieder, die nach dem Sohn Izjaslavl benannt wurde (heute: Zaslaŭje). Nach der Scheidung trat sie ins Kloster ein und nahm den Namen Anastasia an. Sie war die erste weibliche Nonne in Belarus.

Archäologische Ausgrabungen zeigten, dass die Stadt nach russischer Tradition (wie z. B. Nowgorod) gut befestigt war. Ab dem 14. Jahrhundert war Zaslaŭje Teil des Großfürstentums Litauen. Ab

▲ *In Zaslaŭje gibt es viele alte Holzhäuser*

Karte vordere Umschlagklappe

1539 gehörte es der Glebovič-Familie, die hier eine protestantische Gemeinde gründete, eine kalvinistische Kirche (die im 17. Jahrhundert katholisch und im 19. Jahrhundert orthodox wurde), eine orthodoxe und eine unierte Kirche baute. 1676 gründete die letzte Vertreterin dieser Familie Kristina Barbara mit ihrem Mann Kazimierz Jan Sapieha ein Dominikaner-Kloster.

Ab 1678 gehörte Zaslaŭje der Sapieha-Familie, ab 1753 Antoni Tadeusz Przezdziecki. Seit 1793 war es Teil des Russischen Reiches.

■ **Stadtrundgang**

Der Hauptbahnhof liegt gleich im Zentrum des alten Zaslaŭje, über die vulica Saveckaja (Richtung Osten) erreicht man den Marktplatz. Auf dem Weg dorthin entdeckt man viele **hölzerne Wohnhäuser** aus dem 19. und beginnenden 20. Jahrhundert.

Am Marktplatz fängt die vulica Zamkavaja/Замкавая/Замковая an, die zum **Schlosshügel** führt. Vom Schloss von Zaslaŭje (man nennt es ›Wal‹ von bel. вал) blieben nur Teile vom Erdwall und die Ruinen vom Einfahrtstor (11.–16. Jh.) erhalten.

Die wunderschöne orthodoxe **Christi-Verklärungskirche** (16./17. Jh.) ist das Wahrzeichen von Zaslaŭje. Sie wurde als kalvinistische Kirche innerhalb des Stadtschlosses von der Glebovič-Familie gebaut und hatte eine Schule, wo Kinder verschiedener sozialer Schichten lernten. Hier hat Symon Budny gelebt und gearbeitet – belarussischer Humanist, Philosoph, Bibelübersetzer und führender Vertreter der Reformation in Belarus. 1628 wurde diese Kirche katholisch.

Die Sapieha-Familie gründete hier 1676 ein Dominikanerkloster und die Kirche ging dabei zum Kloster über. 1678

Die Christi-Verklärungskirche

errichtete man den 37 Meter hohen Turm, die Verteidigungsfassaden wurden rekonstruiert und architektonisch an die Renaissance angepasst. 1833 wurde das Dominikanerkloster aufgelöst und das Gebäude an die unierte Kirche übergeben. Aber schon sechs Jahre später fiel sie an die orthodoxe Kirche. Während des Zweiten Weltkrieges wurde das Gebäude als Lager benutzt, später für das Landeskundemuseum umgebaut. In den 1990er Jahren kehrte die Kirche zur orthodoxen Gemeinde zurück. Heute ist dieses Gebäude ein wahrer Zeuge der wechselvollen Landesgeschichte.

Unweit der Kirche findet man ein Steinkreuz sowie Gedenksteine, die von der langen Geschichte des Schlosses zeugen. Heute finden hier im Sommer Ritterturniere sowie traditionelle Buhurte (bel. бугурт) statt, ruppige ritterliche Kampfspiele.

Zwischen der vulica Vjalikaja und der Rynkavaja liegt die katholische **Kirche**

Reste des Schlosshügels in Zaslaŭje

Mariä Geburt (1774–99/1868), die hier anstelle einer alten Holzkirche von Antoni Tadeusz Przezdziecki im Barockstil errichtet wurde. Ende des 19. Jahrhunderts bis 1941 wurde diese Kirche orthodox, seit 1998 ist sie wieder katholisch.

Läuft man die vulica Vjalikaja Richtung Norden hinunter, gelangt man zum alten Friedhof.

Die Familie Przezdziecki, die in Zaslaŭje im 18. und 19. Jahrhundert ihre Hauptresidenz hatte und die Stadt besaß, hinterließ nicht nur diese Kirche.

Der **Familiengutshof** (18.–19. Jh.) erbaute der italienische Architekt Carlo Spampani in einem kosmopolitischen architektonischen Stil, der in der Rzeczpospolita im 18. Jahrhundert populär war. Das Gut war ein großer Industrie- und Wirtschaftskomplex mit Ställen und Nebengebäuden. Das Familienhaus ist teilweise erhalten. Um das Haus herum lag eine große Parkanlage mit Skulpturen und Brunnen.

Weiter nördlich liegt das **Schlösschen** (bel. Sametschak, Замэчак): der älteste Schlosshügel in Belarus. Hier, zwischen vulica Minskaja/vulica Dzjaržinskaja befand sich im 10. und 11. Jahrhundert

die ursprünglich für Rahneda erbaute Stadt. Das ›Schlösschen‹ war rund, es stand am Ufer des Flusses Čarnicy und war von einem Erdwall mit Graben umgeben. Nach ihrer Rückkehr von Kiew nach Belarus blieb Rahneda in Zaslaŭje und ließ sich hier taufen. Vermutlich stand im ›Schlösschen‹ auch das orthodoxe Kloster, in dem Rahneda als Nonne lebte. In den 1990er Jahren wurde hier ein Monument zum tausendjährigen Jubiläum der Christianisierung der Rus eingeweiht. Die runde Struktur des ›Schlösschens‹ ist immer noch sichtbar. Ein eindrucksvolles **Denkmal für Rahneda** und ihren kleinem Sohn (1993) findet man neben der vulica Saveckaja 104.

■ **Freilichtmuseum ›Zaslaŭje‹**

Das Museum für Kultur und Geschichte findet man in der vulica Rynkavaja 4 (Рынкавая/Рыночная). Hier kann man Stadtpläne für Zaslaŭje sowie Souvenirs kaufen und sich über den Stadtrundgang beraten lassen.

Das Museum umfasst eine empfehlenswerte Ausstellungshalle mit historischen Artefakten aus dem 10. bis 14. Jahrhundert, Bilderteppiche sowie ländliche Musikinstrumente. Das Frei-

Im Freilichtmuseum ›Zaslaŭje‹

Karte vordere Umschlagklappe

lichtmuseum besitzt eine historische Dampfmühle (1910) und typische dörfliche Wirtschafts- und Lagergebäude. Das Kindermuseum für Mythologie hat zwei Teile: Es präsentiert echte Tiere und Vögel in ihrem natürlichen Umfeld sowie mythologische und heidnische Wesen und Geister in ihren märchenhaften Häusern, leider nur auf Russisch bzw. Belarussisch (9–17 Uhr, Mo geschl., Tel. +375/17/5441152, www. zaslaue.by).

 Zaslaŭje

Vorwahl: +375/(0)17
Um den Marktplatz gibt es **Bank**- und **Postfilialen**.

Zaslaŭje liegt ca. 25 km nordwestlich von Minsk; mehrmals täglich fahren **Regionalzüge** Richtung Maladečna/Маладзечна, an der Station ›Belarus/Беларусь‹ aussteigen (ca. 30 Min. Fahrt).

Hotel Avenue (Авеню), Saveckaja 100A; Tel. 5447217, www.hotel.avenue-center.by; DZ ab 40 Euro. Komfortable Zimmer, Café, Spa; bietet auch Transport nach Minsk und zum Flughafen.
Café Schynok (Шынок), Saveckaja 38. Belarussische Nationalgerichte sowie Getränke, ein bisschen kitschig, aber sehr gemütlich.
Café Gaszinez (Гасцінец), Saveckaja 30. Einfach, das Essen macht aber satt.

Die Stalin-Verteidigungslinie

Die Stalin-Verteidigungslinie wurde ab 1929 (als West-Belarus zu Polen gehörte) an den damaligen Westgrenzen der UdSSR errichtet. Sie bestand aus einer Vielzahl von Betonbunkern und erstreckte sich von der Ostsee bis zum Schwarzen Meer; im heutigen Belarus verlief sie über Vicebsk, Mahiljoŭ, Homel und Zhytomir. Als der Zweite Weltkrieg 1939 ausbrach und West-Belarus dem Hitler-Stalin-Pakt entsprechend an die UdSSR überging, verschob sich die Westgrenze der Sowjetunion um 300 Kilometer nach Westen. Stalin befahl, an der neuen Grenze die sogenannte Molotow-Linie zu errichten und dafür die Stalin-Linie aufzugeben.

Das heutige riesige Freiluftmuseum bei Lašany wurde 2005 eröffnet: Die Verteidigungsanlagen wurden renoviert bzw. neuerschaffen, man findet zwei Maschinengewehr-Bunker, Kanoniere und Befehls-und Beobachtungsposten für die Artillerie. Die Ausstellung unter freiem Himmel zeigt neu erstellte technische Ausrüstung, alle Arten von Schützengräben, Panzersperren und Bunkern sowie eine große Anzahl an Waffen für Artillerie, Panzer, Flugtechnik. Das Museum hat eines von drei Stalin-Monumenten in Belarus (weitere zwei sind in Svislač und auf einem Betriebsgelände in Sluck zu finden).

Es gibt Führungen, und auch Schießen (Platzpatronen) mit unterschiedlichen Maschinenpistolen wird angeboten. Man kann auch in verschiedene Pan-

Exponate an der Stalin-Verteidigungslinie

zerfahrzeugen als Passagier mitfahren. Das Soldaten-Café ›Na Priwale‹ (На привале) bietet sehr leckere quasi-Feldküche mit Suppen und deftigem Brei. Der Besuch der Stalin-Verteidigungslinie ist ein Muss für alle Fans des Computerspiels ›World of Tanks‹ des belarussischen Spieleentwicklers Wargaming.

net. ›World of Tanks‹ besitzt seit 2013 einen Eintrag im Guinness-Buch der Rekorde für die meisten zur gleichen Zeit auf einem Server anwesenden Spieler (190541 Leute). Ebenfalls 2013 feierte die Firma ihr 15-jähriges Bestehen mit einem einwöchigen Event auf dem Museumsgelände.

🏛 **Stalin-Verteidigungslinie**

Infos: Tel. +375/17/5032020, www.stalin-line.by.
Öffnungszeiten: Di–So 10–18 Uhr
Eintritt: ca. 4 Euro für Erwachsene, 2 Euro für Kinder; Führung 6 Euro Erwachsene, 4 Euro für Kinder; ein Schuss ca.

1 Euro, Fahrten für bis 10 Personen ab 80 Euro.
Anfahrt: am einfachsten mit der Marschrutka N700-T vom Hauptbahnhof Richtung Čyrvonaje/Krasnoje (Чырвонае/Красное), Haltestelle ›Lašany-Dorf‹ (Лашаны/Лошаны)

Naračanski-Nationalpark

Belarus wird wohl zu Recht als ›Land der Tausend Seen‹ bezeichnet. Die meisten liegen im Norden und Nord-Westen des Landes, fast alle sind eiszeitlichen Ursprungs.

40 von diesen Seen liegen im Nationalpark ›Naračanski‹, in dem 900 Arten höherer Pflanzen vertreten sind, darunter mehr als 30 seltene und gefährdete Arten. Beträchtliche Teile der Sumpfwiesen wurden früher trockengelegt und sind heute mit Wäldern, Wiesen und Strauchdickicht bedeckt, die etwa 180 Arten von Nist- und etwa 40 Arten von Zugvögeln Heimat bieten. In den Seen leben 32 Fischarten. Der Narač ist mit einer Fläche von 80 Quadratkilometern der größte See in Belarus. Er ist 9 bis 24 Meter tief und 10 Kilometer breit.

Der Nationalpark ›Naračanski‹ ist auch durch Urlaubsmöglichkeiten bekannt: In der **Kursiedlung Narač** am Nordufer liegen Sanatorien und ein Campingplatz, Infos darüber findet man auch auf Deutsch unter www.naroch.com.

Das **Dorf Narač** liegt etwa zwei Kilometer nördlich des Sees und der Kur-

siedlung. Hier steht eine sehenswerte neogotische katholische Andreas-Kirche (1897–1904) mit einem schönen hölzernen Glockenturm (18. Jh.) und einem Pfarrhaus (1903). Im Dorf befindet sich auch eine orthodoxe Ilja-Kirche (1860) und das Anwesen der Piekutowski-Familie (Ende 19. Jh.) mit einer Brauerei, einem Getreidesilo und einem Park (19. Jh.)

Im Ersten Weltkrieg wurde in Narač und Umgebung die deutsche Armee stationiert: Die Frontlinie verlief hier, alle Bewohner wurden umgesiedelt. 1922 bis 1939 war der Ort unter polnischer Besatzung. Deswegen gibt es hier viele polnische Friedhöfe sowie Gräber aus dem Ersten Weltkrieg sowie einen jüdischen Friedhof mit einem Mahnmal: 1940/41 wurden hier hunderte einheimische Juden ermordet.

Rakaŭ

Rakaŭ (Ракаў/Раков) ist heute ein Agrarstädchen, 35 Kilometer nordwestlich von Minsk gelegen. Den Ort kennt man seit dem 14. Jahrhundert, er gehörte bekannten Familien des Großfürstentums Litauen. Im 17. Jahrhundert kam unter der Familie Sanguszko der Aufschwung: Eine kalvinistische Kirche wurde gegründet, ein Dominikaner- (1686) sowie ein Basilianerkloster (1703). Die Stadt war ein großes Handelszentrum mit zwei Jahresmärkten und Handelswegen, die sich hier kreuzten.

Seit 1793 gehörte Rakaŭ zum Russischen Reich und wurde im 19. Jahrhundert durch Fabriken für landwirtschaftliche Maschinen, ein Sägewerk, eine Ziegelfabrik sowie 16 Töpfereien bekannt. Die hiesige bemalte Keramik (Geschirr und Spielzeug) wurde in ganz Europa verkauft.

Anfang des 20. Jahrhunderts waren 60 Prozent der Bevölkerung jüdisch, 30 Prozent katholisch, 15 Prozent russisch-orthodox.

Zwischen 1921 und 1939 gehörte Rakaŭ zu Polen, die Grenze zur BSSR war nur 1,5 Kilometer entfernt, was diesen Ort sehr attraktiv für Schmuggler und Spione machte: In die UdSSR brachte man Spiritus und Drogen, nach Polen Gold, Pelze, Edelsteine. Es gab hier 100 Restaurants, 200 Läden, mehrere Kasinos und Bordelle. Dieser Abschnitt der Geschichte endete 1939 mit der Rückkehr in die BSSR.

Heute ist Rakaŭ durch Sanatorien, Erholungsstätten und Sommerlager bekannt, die in seinem Umkreis in den Kieferwäldern versteckt liegen. Es ist sehr einfach mit Bus oder Marschrutka Richtung Hrodna zu erreichen (ca. 40 Min.).

■ Stadtrundgang

Rakaŭ kennenzulernen ist einfach: Der Busbahnhof liegt gleich an der zentralen vulica Minskaja. Nördlich davon ist ein großer See, am südlichen Ende davon sieht man einen **Schlosshügel**, wo im 16. Jahrhundert ein Schloss

mit mehreren Verteidigungsanlagen stand. Daneben erhebt sich die neogotische **Kirche Unserer Lieben Frau vom Rosenkranz und des hl. Dominik** (1904–06), sie wurde mit Ziegeln aus Wilna als Teil des Dominikanerklosters errichtet. Nach dem Zweiten Weltkrieg stand sie leer, seit den 1990er Jahren wird sie wieder von der Gemeinde genutzt. Links von der katholischen Kirche erkennt man das Fundament der Poststation (1887).

Daneben befand sich im 19. und 20. Jahrhundert der ehemalige **Gutshof der Familie Zdziechowski**. In der Zeit von Marian und Kazimierz Zdziechowski galt Rakaŭ als Athen des Nordens und zog viele herausragende Denker seiner Zeit. Marian war Professor an der Jagiellonen-Universität in Krakau und Rektor der Universität Wilna. Er setzte sich mit den Ideen der Zusammenarbeit aller slavischen Völker auseinander, ebenso mit der Modernisierung der katholischen Kirche und der Krise der europäischen Kultur; er stand mit Leo Tolstoi und Nikolai Berdjajew in Briefkontakt. Der Gutshof, in dem sich diese Geistesgrößen versammelten, ist leider nicht erhalten.

Die Verklärungskirche in Rakaŭ

Vor der katholischen Kirche auf dem plošča Svabody(Freiheitsplatz), neben dem Kaufhaus, findet man eine einzigartige private Galerie: Das **Landeskundemuseum von Felix Januschkewitsch** zeigt Exponate aus unterschiedlichen Zeiten. Hier findet man alte Unterlagen, Möbel, Musikinstrumente, Gürtel und Keramik-Teile. Zu jedem Exponat erfährt man eine Geschichte. Das älteste Artefakt stammt aus dem 17. Jahrhundert. Es gibt auch ein Familienstück: Ein Vorfahr von Januschkewitsch war Sekretär des großen Dichters Adam Mickiewicz und hat seinen kleinen Reisearbeitstisch behalten können. In der vulica Minskaja steht die orthodoxe **Kirche der Verklärung** (1730–93). Sie wurde im Barockstil als unierte gebaut und 1866 an die orthodoxe Kirche übergeben. Das Eingangstor mit der Glocke wurde 1886 zum 25-jährigen Jubiläum der Abschaffung der Leibeigenschaft errichtet.

Läuft man die vulica Minskaja und die vulica Puškina hinunter, kommt man zum alten **jüdischen Friedhof**, wo der älteste Grabstein von 1642 stammt; keine der vier Synagogen ist erhalten. Auf dem Gelände steht ein Monument als Erinnerung an 112 Juden, die hier im Herbst 1941 von den Nazis getötet wurden.

Im Norden des Ortes befindet sich eine **wundertätige Wasserquelle** mit einer kleinen Kapelle. Die Quelle ist seit dem 15. Jahrhundert bekannt, die Legende erzählt von einem blinden alten Mann, dem sie das Sehvermögen wiedergab. Zu Sowjetzeiten gab es Versuche, diese Wasserquelle durch Meliorationsarbeiten trockenzulegen, es gelang aber nicht. Bis heute tritt das Wasser ans Tageslicht und verschwindet nach 150 Metern wieder unter der Erde. Die chemische Analyse ergab einen höheren Anteil an Silber-Ionen, was dieses Wasser sehr lange frisch hält.

ℹ 🚌 Rakaŭ

Vorwahl: +375/(0)1772.
Rakaŭ liegt ca. 30 km nordwestlich von Minsk und ist sehr einfach mit dem Bus oder der Marschrutka Richtung Hrodna zu erreichen (ca. 40 Min.).
Die Bank, die Busstation sowie die meisten Geschäfte liegen in der vulica Minskaja. Zu empfehlen wäre das **Café Stary Rakaŭ** (Стары Ракаў) am plošča Svabody 2.

Malaja Ljucinka

Der kleine Ort (Малая Люцінка/Малая Лютинка) ist wegen des ihn umgebenden Urwalds und eines historisch-gastronomischen Gutshofs bekannt.

Der **Naliboki-Urwald** (bel. Налібоцкая пушча) ist der größte in Belarus (14 000 Quadratkilometer) und hat viele Geschichten zu erzählen. Hier lag die Grenze zwischen Litwa und der Rus (Belarus und der Ukraine), Mitte des 13. Jahrhunderts scheiterten die Versuche aus dem Süden, über den Wald das Großfürstentum zu erobern.

Die heutige Riesenfläche erklärt man mit äußerst kargen Böden, die lange die Landwirtschaft dieser Region verhinderten. Dieser Nachteil gab Forstwirtschaft und Handwerk Auftrieb, verbunden mit

Die Quelle wirkt angeblich Wunder

Karte vordere Umschlagklappe

der Gewinnung und Verarbeitung von Mineralien (Raseneisenerz, Ton, Quarzsand, usw.). Es entstanden Minen, Schmieden, Glashütten und Keramikwerkstätten. Die Naliboki-Glashütte (bel. гута: huta) von Anna Radziwiłł war die erfolgreichste in der Rzeczpospolita, bekannt waren auch die Porzellanmanufaktur in Svjeržan und die Keramikfabrik in Rakaŭ. Das Hüttenwerk in Rudnja beschäftigte Mitte des 19. Jahrhunderts mehr als 200 Arbeiter. Dieser wirtschaftliche Boom ließ Ende des 19. Jahrhunderts nach, da es den Wettbewerb gegen riesige industrielle Gebiete im Donbass (Ukraine) und im Ural (Russland) verlor.

Immer noch spricht man hier ein wunderschönes literarisches Belarussisch –kein Wunder, lebte doch **Wincenty Dunin-Marcinkiewicz**, Vater der neuen belarussischen Literatur, so lange in Łjucinka: Er kam 1840 mit 32 Jahren hierher und blieb, hier sind seine bedeutendsten Werke entstanden. Sein Haus brannte ab, es sind nur die Zementstufen zu sehen sowie der Stamm des alten von ihm gepflanzten Lindenbaums. Der große Belarusse wurde unweit von Łjucinka (bei Tupalščyna) zusammen mit seiner Frau Maria beigesetzt.

Damit hören die **Naliboki-Geschichten** nicht auf: Zur Zeit des Zweiten Weltkrieges waren hier mehr als 20 000 Partisanen aus ganz unterschiedlichen Gruppen tätig. Die meisten waren prosowjetisch, sie hatten eine eigene Infrastruktur, sogar Flugplätze. Darüber hinaus gab es auch Vertreter der Armija Krajowa (polnische Heimatarmee aus Freiwilligen) und jüdische Gruppen, die autonom waren, aber auch solche, die unter dem Sowjetkommando standen. In Naliboki fanden zudem Juden aus vielen Ghettos (Navahrudak, Mir, Minsk) Zuflucht.

Der amerikanische Film ›Defiance – Für meine Brüder, die niemals aufgaben‹ mit Daniel Craig erzählt über jüdische Gruppierungen in Naliboki sowie den Kampf der Belskij-Brüder (s. Navahrudak). Ein bekanntes Partisanen-Drama von Belarusfilm, das in Naliboki spielt, ist ›Im August 1944‹ (В августе 44-го). Heute fährt man aus einem anderen Grund nach Malaja Ljucinka, denn dort gibt es den gastronomischen Gutshof ›**Marcinova Gus**‹ (bel. Марцінова Гусь) am Ufer des Flusses Łjucinka. Hier kann man sich ausruhen, schön schlafen und richtig gut essen. Ein Museum zeigt belarussische Kultur des Kleinadels in dieser Region im 19. Jahrhundert. Der Wirt, Ales Bely, der mehrere Bücher sowie eine Enzyklopädie zur nationalen und historischen Küche der Belarussen verfasst hat, wird den Gast kulinarisch nicht enttäuschen. ›Marcinova Gus‹ hat ein nationales Restaurant, aber auch eine Banja, es gibt hier Volksmusik-Konzerte und Tanzabende, man kann hier auch Seminare und feierliche Events für Gruppen veranstalten.

🛏️🚌 **Malaja Ljucinka**

Marcinova Gus, Tel. +375/29/6137085, www.lucynka.org, a.biely68@gmail.com. Übernachtung mit Verpflegungab 20 Euro p. P.
Anreise: Mit dem **Auto**: Aus Minsk auf M7, nach Ivjanjec abbiegen, bis ins Dorf Padnievičy, danach nach Pjaršai (Пяршаи/Першай) fahren; aus Hrodna/ Vilnius: von M7 (E28) nach Pjaršai danach nach Padnievičy abbiegen. Mit dem **Bus** fährt man aus Minsk nur bis Padnievičy (Падневічы/Падневичи) Pjaršai (Першӓи/Першай) (ca. 1–1,5 Std.), danach ca. 7 Km per Anhalter oder durch die wunderschönen Landschaften zu Fuß.

Valožyn

Valožyn (Валожын/Воложин) kennt man seit dem 14. Jahrhundert, als diese Kleinstadt den fünf Brüdern Valožynski gehörte. Beim Aufstand 1481 gegen den König von Polen Kazimir IV. Jagiełło sind sie alle gestorben. Danach gehörte die Stadt den unterschiedlichen einflussreichen Adelsfamilien Monwid, Radziwiłł, Czartoryski und Tyszkiewicz. 1681 wurden das Bernhardiner-Kloster und die Kirche gegründet, 1780 metallurgische Öfen für Eisen- und Roheisenverhüttung. Von 1803 bis 1939 gehörte Valožyn der Tyszkiewicz-Familie, die im Stadtzentrum einen Familienpalast mit einer Orangerie sowie einem Park und einem Tiergarten baute. Mit Unterstützung durch die Tyszkiewicz gab es im 19. Jahrhundert eine weltbekannte Talmud- und Tora-Hochschule, sie hatte etwa 400 männliche Studierende aus der Region sowie aus Ägypten, England, Syrien und den USA.

Von 1921 bis 1939 gehörte Valožyn zu Polen, danach zur Sowjetunion. Zur Zeit des Zweiten Weltkrieges wurde die jüdische Bevölkerung, die praktisch 90 Prozent der Einwohner ausmachte, in mehreren Aktionen in der Stadt und benachbarten Ghettos ermordet.

Heute ist Valožyn Standort mehrerer Fabriken, es werden hier Brot, Wurst, Milch, Bier sowie Möbel und Keramik hergestellt.

■ Stadtrundgang

Die vulica Saveckaja (Савецкая/Советская) führt durch d**as historische Zentrum**: Der plošča Svabody (плошча Свабоды/площадь Свободы) liegt unweit des Busbahnhofes auf dem ehemaligen Schlosshügel, hier sieht man heute mehrere klassizistische Bauten vom Anfang des 19. Jahrhundert gleich nebeneinander.

An der südlichen Seite des plošča Svabody steht das **Schlosspark-Ensemble** der Tyszkiewicz-Familie, es wurde 1782–1806 gebaut und ist ziemlich gut erhalten. Dieses polnisch-belarussische Adelsgeschlecht aus dem Großfürstentum Litauen war eines der mächtigsten und wohlhabendsten in der Rzeczpospolita.

▲ *Gedenktafel an der Jeschiwa von Valožyn*

Karte vordere Umschlagklappe

Drei zweigeschossige Bauten im Stil des Klassizismus mit schönen Säulenhallen und zahlreichen dekorativen Elementen bilden einen Hof, der sich zum Hügel hin öffnet. Einst befand sich im zentralen Teil eine Orangerie unter einer Kugelkuppel mit Orangenbäumen und Palmen, heute haben hier ein Rekrutierungs-, ein Notarbüro und die Redaktion der Lokalzeitung ihren Sitz. Die anderen Flügel beherbergen die Militäreinheit, das Bezirksamt für die Polizei und die Verkehrspolizei. Hinter dem Palast liegt der ehemalige Park.

Auf dem schönen Freiheitsplatz steht die katholische **St.-Josef-Kirche** (1816). Der klassizistische palastförmige Bau hat einen Portikus mit sechs Säulen dorischer Ordnung. Rechts davon steht **ein Glockenturmtor** (1830), die Glocken hängen in drei Bögen und werden von einem Giebel bekrönt. Daneben befindet sich ein Monument zu Ehren von Papst Johannes Paul II. (2007).

Auf der anderen Seite der historischen vulica Saveckaja, hinter dem Kulturhaus in der vulica Kirava 2 (Кірава/Кирова), steht die **Jeschiwa von Valožyn** (1806), die bedeutendste Toraschule im 19. Jahrhundert, die auch ›Mutter aller Jeschiwot‹ oder die ›Jeschiwa der Jeschiwot‹ genannt wurde. Diese erste Toraschule in Osteuropa wurde von Chajim ben Isaak Valožynjer (d. h. von Valožyn, 1749–1821, in Valožyn geboren und hier verstorben) als Reaktion auf die Ausbreitung des Chassidismus im Jahre 1803 gegründet. Er fing mit zehn Schülern an, als der Ruf der Schule sich verbreitete, stieg die Zahl der Schüler an und betrug nach zehn Jahren 400.

Die Schüler, meist Jugendliche, lebten von der Außenwelt weitgehend abgeschnitten und wurden finanziell von der Jeschiwa unterstützt. Sie wurden

Kulturhaus in Valožyn

von Gelehrten ausschließlich in den religiösen jüdischen Traditionen unterrichtet, säkulare Themen sowie der Gebrauch der Landessprache waren nicht erlaubt. 37 Absolventen wurden bedeutende Rabbis.

Für die Juden im Russischen Reich war Valožyn ›das litauische Jerusalem‹, für die russischen Behörden war die Stadt das Zentrum des Judentums. Die Jeschiwa wurde mehrmals geschlossen und setzte seit 1892 ihren Betrieb im Untergrund fort.

Beim Einmarsch der Deutschen in Valožyn 1941 zählte die Jeschiwa 64 Schüler. Einige von ihnen konnten sich in die Wälder retten und schlossen sich den Partisanen an, die meisten wurden umgebracht – wie die gesamte lokale jüdische Bevölkerung. Heute leben keine Juden mehr in Valožyn. Nach dem Krieg diente das Gebäude als Restaurant, danach als Laden. Schimon Peres (geb. 1923), aus Višnjewa unweit von Valožyn stammender Staatspräsident von Israel und Friedensnobelpreisträger, besuchte die Stadt 1998. Seit 2000 gehört das Gebäude der jüdischen Gemeinde in Belarus, es wird restauriert.

Am Busbahnhof in Valožyn

Hinter der Jeschiwa, zwischen der vulica Kirava und der vulica Njakrasava/Някрасава/Некрасова, liegt **der alte jüdische Friedhof**, das älteste Grab stammt von 1642. Hier liegt der Begründer der Jeschiwa, Chajim von Valožyn, und hier befinden sich sechs jüdische Massengräber aus dem Zweiten Weltkrieg. 1995 wurde am Ort der Massenvernichtung ein Denkmal mit Schriften in Belarussisch und Hebräisch errichtet.

Sehenswert ist auch die hölzerne orthodoxe **Heilige-Konstantin-und-Helena-Kirche** (1866), sie war vor, während und nach dem Zweiten Weltkrieg in Betrieb, aber nicht zu Sowjetzeiten. Der Turm im traditionell weiß-blauen Bau hat fünf Glocken, die zwischen 25 und 380 Kilo wiegen. Links von der Kirche wurde in den 1990er Jahren eine Holzkapelle errichtet.

Baulich interessant ist auch die vulica Horkaha/Горкага/Горького mit **neoklassizistischen Wohnhäusern aus den 1920er Jahren**.

Beim Dorf **Kapuscina**, 1000 Meter südöstlich steht ein ehemaliges Bernhardiner-Kloster, das seit 1885 orthodox ist.

 Valožyn

Vorwahl: +375/(0)1772.
Taxiruf: +375/(0)29/6159562.

Aus Minsk mit dem Bus oder der Marschrutka vom Busbahnhof ›Paŭdnjova-Zachadnaja/Jugo-Zapadnaja‹ in Minsk (Metro Michalovo), ca. 1,5 Std.; oder aus Hrodna, ca. 1 Std.
Omnibusbahnhof: vulica Ščarbiny/Шчарбіны/Щербины 52.

Das jährliche Festival des jungen Schlagersängers ›Adna Siamlja‹ (Адна зямля), das ›Gemeinsame Land‹, findet im Juni und Juli im Valožyner Rajon statt.

Das **Hotel Korona (**Корона) in der vulica Partyzanskaja 1 wurde 2012 eröffnet, es ist sehr sauber, sehr modern und hat ein Café; DZ ab 30 Euro; Tel. 60050.
Es gibt das **Café Perschai** (Першаи) in der Saveckaja 10 und das **Restaurant Isslotsch** (Ислочь) in der Kamsamolskaja 4.

Karte vordere Umschlagklappe

Chatyn

Nördlich von Minsk liegt Chatyn (Хатынь). Chatyn ist die **nationale Gedenkstätte**, die an die 5295 im Zweiten Weltkrieg von Deutschen zerstörten belarussischen Dörfer erinnern soll. Das Mahnmal wurde 1969 anstelle des ehemaligen Dorfes mit diesem Namen errichtet, das im März 1943 zusammen mit der ganzen Bevölkerung von Mitgliedern der deutschen SS niedergebrannt wurde.

Am 22. März 1943 beschossen belarussische Partisanen wenige Kilometer westlich von Chatyn eine deutsche Autokolonne, wobei der Kompaniechef, Hauptmann Hans Woellke, sowie drei ukrainische Schutzmannschaftsangehörige ums Leben kamen. Woellke, deutscher Leichtathlet, der bei den Olympischen Sommerspielen 1936 in Berlin das Kugelstoßen gewann und den ersten deutschen Olympiasieg geholt hatte, galt als Liebling von Adolf Hitler. Aus Rache für seinen Tod wurde Chatyn am selben Tag geplündert, alle Dorfbewohner (152 Personen, darunter 76 Kinder) wurden lebend in einer Scheune verbrannt. Nur drei Kinder sowie der 56-jährige Dorfschmied Iossif Kaminskij konnten sich aus dem Feuer retten.

Chatyn wurde in den 1960er Jahren als Standort für die Nationale Gedenkstätte ausgewählt. Diese Wahl erklärten manche westlichen Historiker mit der Absicht, ein sowjetisches Staatsverbrechen 1940 an ca. 4400 polnischen Offizieren im russischen Dorf Katyn, durch Ausnutzung der Namensähnlichkeit (Хатынь vs. Катынь) zu verschleiern.

Die Geschichte mehrerer solcher Dörfer beschreiben Augenzeugenberichte, die von den belarussischen Schriftstellern Janka Bryl und Ales Adamowitsch in einem Buch zusammengefasst wurden (›Ich komme aus einem verbrannten Dorf‹). Sie dienten auch als Grundlage für das Drehbuch von ›Geh und sieh‹, dem preisgekrönten Film von ›Belarusfilm‹.

Das eindrucksvolle **Mahnmal** (Bildhauer Juri Gradow, Leonid Lewin, Sergej Selichanow) gibt das Dorf Chatyn wieder: Auf einer 50 Hektar großen Fläche erkennt man Straßen und 26 Steinquader, wo einst Wohnhäuser standen. Auf dem Gelände rundherum stehen wie Kamine aussehende Obelisken, sie tragen Bronzetafeln mit den Namen der Bewohner des jeweiligen Hauses sowie eine Gedenkglocke, die jede Minute läutet. Aschfarbige Betonplatten weisen die Wege.

Im Zentrum der Komposition steht die sechs Meter hohe Bronzeskulptur von Iossif Kaminskij, dem einzigen Erwachsenen, der das Massaker überlebte, es symbolisiert einen unbesiegten Menschen. Das Massengrab hat einen Gedenkkranz aus weißem Marmor, des-

In der Gedenkstätte Chatyn

sen Seite die Worte der Verstorbenen an die Lebenden enthält, die andere von den Lebenden an die Verstorbenen. Davor brennt die Ewige Flamme als zeitlose Erinnerung an die Opfer des Zweiten Weltkrieges.

> **ℹ Gedenkstätte Chatyn**
>
> www.khatyn.by/de
>
> **Anreise**: Die Gedenkstätte liegt zwischen Logojsk und Pleščanicy/Плешчаницы/Плещеницы, 54 km nördlich von Minsk und hat leider keine direkte Busanbindung. Man erreicht sie mit einer Stadtführung oder alternativ mit dem Bus Richtung Pleščanicy bis Abbiegung nach Chatyn und danach ca. 5 km zu Fuß.

Budslaŭ

Die Stadt liegt am Fluss Servač (Сэрвач/Сервечь), zwei Kilometer von der Eisenbahnstation Budslaŭ (Будслаў/Будслав) entfernt. Sie wurde 1504 das erste Mal in Chroniken erwähnt, als dieser Ort an Bernhardiner-Mönche übergeben wurde. Der Name stammt offensichtlich vom belarussischen Nachnamen Budslaŭ (bel. будаўнік–budaunik, Baumeister).

Ab 1793 war sie Teil von Russland, 1918 wurde sie von der deutschen Armee okkupiert. 1921–39 gehörte sie zu Polen. 1941–44 wurden unter deutscher Besatzung mehrere hundert einheimische Juden ermordet.

Besichtigen kann man die schöne gelbweiße spätbarocke **Bernhardinerkirche** am Čyrvonaja plošča (Чырвоная плошча/Красная площадь). Sie wurde vom deutschstämmigen Architekten Andrei Kromer aus Polack gebaut. Zum kleinen Kloster gehörten eine Schule, eine Musikschule, eine Religionsschule und ein Krankenhaus.

Die Kirche besitzt eine für Belarus einzigartige **Marienikone** aus Rom: Diese

hatte der Minsker Herzog Jan Pac von Papst Clemens VIII. geschenkt bekommen, im Jahre 1613 wurde sie den Mönchen gestiftet. Diese Ikone wurde 1998 zur Schutzheiligen von Belarus ernannt; seitdem trägt die Maria-Himmelfahrts-Kirche den Ehrentitel einer Basilica minor, den der Papst einem bedeutenden Kirchengebäude verleiht.

Die **Kapelle von Sankt Barbara** hat einen einzigartigen Altar aus Holz (1643–47). Neben der Kirche steht ein Pfarrhaus (19. Jh.); in den 1990er Jahren wurde daneben eine Papst-Residenz ›Basilica minor‹ für besondere Gäste und Feste erbaut. Seit 1992 kommen wieder Pilger nach Budslaŭ. Am 2. Juli feiert man die Maria-Ikone beim großen katholischen Budslaŭ-Fest (Будспаўскі фест).

> 🚌 🚆 **Budslaŭ**
>
> **Anreise**: Es gibt keine direkte Zuganbindung aus Minsk; man fährt etwa 2 Std. mit der Regionalbahn aus Maladečna (Hin: 08.54, 12.50, 20.13 Uhr; Rück: 16.04, 18.16 Uhr); mit dem Bus aus Minsk kommt man in 3 Std. hierher.
>
> Der Busbahnhof liegt im Zentrum des Dorfes, der Hauptbahnhof liegt ca. 3 km nordwestlich. Beim Ausstieg (Station ›Budslaŭ‹) läuft man Richtung des Dorfes Ravjačka (Равячка/Ревячка), Budslaŭ liegt nördlich davon.
>
> **Cafés** usw. findet man um den Roten Platz und die Kirche.

Hügel des Ruhms

Dieses Mahnmal des Zweiten Weltkrieges liegt 20 Kilometer nordöstlich von Minsk, unweit des internationalen Flughafens (Abb. S. 47). Hier fanden im Juli 1944 Schlachten der Operation Bagration statt, eine Offensive der Roten Armee an der deutsch-sowjetischen Front, benannt nach dem Fürsten und General Pjotr Bagration, ihr ist die Rückeroberung von Minsk zu verdan-

Karte vordere Umschlagklappe

ken. 1966 fiel die Entscheidung ein Mahnmal zu errichten. Zwischen 1967 und 1969 reisten Tausende Zeitzeugen mit Erde aus allen Ecken der Sowjetunion, in denen auch gekämpft worden war, an. Dann waren Architekten und Ingenieure an der Reihe – sie bauten einen Hügel in Anlehnung an einen Grabhügel auf.

Das Mahnmal wurde 1969 eröffnet, die Hügelhöhe beträgt 35 Meter, 241 Stufen führen zum 35,6 Meter hohen Obelisken an der Spitze. Vier Bajonette symbolisieren vier Fronten, die an der Befreiung von Belarus beteiligt waren. Sie sind so hoch, dass sie sich vom Wind bewegen lassen. Unten bei den Bajonetten steht in russischer Sprache die Inschrift: ›Zum Ruhm der Sowjetarmee, der Befreier-Armee!‹ (Армии Советской, Армии-освободительнице – слава!), es sind Orden von diesem Krieg abgebildet sowie sieben symbolische Gesichter (ein junger und ein alter Soldat, eine junge Partisanin, ein alter Partisan, ein Pilot, ein Panzersoldat). Innerhalb des Hügels liegt eine Kapsel mit dem Brief an die Nachkommen. Am Eingang sind unter freiem Himmel Panzer und Kanonen vom Zweiten Weltkrieg ausgestellt.

Anreise: mit allen Bussen und Marschrutkas aus Minsk Richtung Smaljavičy.

Barysaŭ

Barysaŭ (Барысаў/Борисов) liegt an der Mündung des Scha (Сха) in die Bjarezina (Бярэзіна/Березина), 76 Kilometer von Minsk entfernt.

Barysaŭ kennt man in Belarus vor allem aufgrund seines Fußballklubs BATE Barysaŭ. Der in Deutschland bekannte Aljaksandr Hleb begann hier 1998 seine Profikarriere, danach kam er zum VfB Stuttgart, FC Arsenal und FC Barcelona.

Ein historisches Ereignis ist mit der Stadt verbunden: Im Jahre 1812 war die Schlacht an der Bjarezina bei Barysaŭ die letzte im Russlandfeldzug vor dem Rückzug der französischen Armee. Hier wurde Napoleon endgültig von der zaristischen Armee und dem eisigen Winter besiegt. In der französischen Sprache wird der Ausruf ›C'est la bérézina!‹ noch heute für eine Katastrophe verwendet.

Mit der Stadt sind einige bekannte Namen verbunden: Anatoli Tschubais (geb. 1955), der russische Reformator, Politiker und Unternehmer, stammt aus Barysaŭ. Hier studierte Andrej Gromyko (1909–1989), der berüchtigte Mister No, Außenminister der Sowjetunion, Unterzeichner der UN-Gründungscharta. Geboren wurde auch er in Belarus: in Staryje Gromyki bei Homel. Aus Barysaŭ stammt auch Chaim Laskow (1919–1982), der Ende der 1950er Jahre Generalstabschef der israelischen Streitkräfte war.

■ Geschichte

Barysaŭ wurde 1102 gegründet: Der Polacker Fürst Boris Vseslavič besiegte die baltischen Jatwinger und errichtete eine Stadt mit eigenem Namen,

Historienspektakel zur Erinnerung an den Sieg über Napoleon

Die Christi-Auferstehungskathedrale von Barysaŭ

im 12. Jahrhundert war eine Holzfestung entstanden, Archäologen fanden Reste davon sowie Hünengräber. Diesen Teil von Barysaŭ nennt man heute Starabarysaŭ (Старабарысаў/ Староборисов), das sogenannte Alte Barysaŭ.

Die vom Grundriss her ovale Stadtfestung hatte fünf Bastionen, sie lag zwischen Scha und Bjarezina, so dass sie vom Wasser fast vollständig umgeben war. Die Hauptstraße (heute vulica 3-ha Internacyjanala) nahm an der Festung ihren Anfang, verlief am Marktplatz vorbei und führte aus der Stadt.

Gelegen an der Kreuzung der Landwege vom Westen nach Osten mit einer Verbindung zu den südlichen Ländern über die Wasserstraßen Bjarezina und Dniepr entwickelte sich Barysaŭ schnell zu einem der bekanntesten Handels- und Handwerkszentren. Es gehörte den Magnaten-Familien Ogiński und Radziwiłł und wurde 1654–67 zeitweilig von Russen und Polen erobert und besetzt. Ab 1793 war es ein Teil Russlands, erhielt 1796 ein Wappen: Der blaugekleidete Apostel Petrus mit dem Schlüssel zur Stadt über zwei rotbedachten silbernen Türmen symbolisiert die Stärke und den offenen Weg für einen friedlichen Handel.

1806, nachdem ein Wassersystem den Dnjepr mit der Westlichen Dvina durch die Bjarezina verband, erhielt Barysaŭ einen Hafen und entwickelte sich zu einem Zentrum des Schiffbaus. Im 19. Jahrhundert wurden die ersten Steingebäude erbaut. Das südliche Ufer, heute Novabarysaŭ (Новабарысаў/Новоборисов), das Neue Barysaŭ, genannt, entstand erst mit dem Bau der Eisenbahnstation 1871 (Linie Moskau–Brest). Drei Viertel der heutigen Stadt liegen hier.

Im Ersten Weltkrieg wurde Barysaŭ von den Deutschen besetzt, von 1919–20 von den Polen. Ab 1924 gehörte es zur Sowjetunion. Während des Zweiten Weltkrieges gab es sechs Todeslager in der Umgebung, wo 40 000 Menschen darunter 7000 Juden, ermordet wurden.

■ Alt-Barysaŭ

Das Gesicht der Stadt, sowohl in Novabarysaŭ als auch in Starabarysaŭ, ist stark durch sowjetische Bauten geprägt.

Die Anfänge von Barysaŭ liegen am nördlichen Ufer. Die historische vulica 3-ha Internacyjanala (3-га Інтэрнацыянала/ 3-го Интернационала) führt an teilweise erhaltenen Wohnhäusern aus dem 19. Jahrhundert vorbei zum Marktplatz (heute: Platz des 900-jährigen Jubiläums von Barysaŭ) mit mehreren Kirchen und einer großen Handelshalle. Die frisch renovierte orthodoxe **Christi-Auferstehungskathedrale** (1874) steht auf der vulica Lapacina 34 (Лапаціна/ Лопатина) und dominiert den Marktplatz. Sie wurde aus Backstein im pseudorussischen Stil gebaut, hat drei hölzerne Ikonostasen, eine für Moskau und Jaroslavl typische märchenhafte weiße Außendekoration und himmelblaue Zwiebeltürme. Das Eingangstor mit dem Glockenturm wurde 1907 gebaut. Zur Zeit der Sowjetunion diente die Kathedrale als Getreidespeicher, bis sie 1941 von den Deutschen wiedereröffnet wurde.

Davor steht das **Denkmal zu Ehren des Stadtgründers**, des Polacker Fürsten Boris Vseslavič: Er zeigt mit seinem Schwert dahin, wo die Stadt gegründet wurde. Hinter seinem Rücken steht ein Engel mit dem Gesicht der Nonne Ewpraxija, der Cousine von Euphrosyne von Polack.

Daneben findet man das älteste Gebäude der Stadt, das ehemalige **Schatzamt** (1807, Lapacina 32) und eine typische rotweiße einstöckige **Markthalle** (1892, Lapacina 38).

Die katholische **Kirche der Geburt der Jungfrau Maria** (3-ha Internacyjanala 28) im Stil des Klassizismus stammt vom Anfang des 19. Jahrhunderts und war bis 1937 ein Gotteshaus, danach wurde der Turm vor der Fassade entfernt, das Gebäude diente als Kino, Sporthalle und stand eine Weile leer. 1990 wurde der Turm wieder angebracht und die Kirche an die katholische Kirche übergeben.

Beim angenehmen Spaziergang rund um den Marktplatz entdeckt man 100 bis 150 Jahre alte Bauten; die meisten davon waren vor dem Zweiten Weltkrieg in jüdischer Hand. Auf der 3-ha Internacyjanala 50 steht eine alte Apotheke (Anf. 20. Jh.), eine Schule auf der Dzjarzynskaha (Anf. 20. Jh.), die erst ein Gymnasium für Mädchen und später eine jüdische Schule war. Auf der vulica Marozava steht noch ein altes Gymnasium (Ende 19. Jh.).

Die älteste Kirche in Barysaŭ ist eine hölzerne **Mariä-Schutz-und-Fürbitte-Kirche** (Ende des 18. Jahrhunderts) beim alten Friedhof. Hinter der Dzjarzynskaha 33 sieht man das Gebäude der ehemaligen orthodoxen Kirche, wo sich seit den 1990er Jahren wieder Altorthodoxe (Altgläubige) versammeln (s. auch Babruysk).

Die **Reste der Stadtfestung** (12.–14. Jh.) sieht man immer noch am Bjarezina-Ufer, zwischen der vulica Hohalya und der Lapacina, hinter der Ausnüchterungszelle. Mitte des 19. Jahrhunderts wurde hier ein Gefängnisschloss gebaut, wovon heute nur die majestätischen Wände zeugen. Seit 1951 steht es verlassen. Die verbliebenen Teile beherbergen die erwähnte Ausnüchterungszelle.

■ **Jüdisches Leben**

Mitte des 19. Jahrhunderts hatte Barysaŭ so viele jüdische Einwohner wie russisch-orthodoxe, die Hälfte war katholisch, es gab nur wenige Protestanten oder Moslems. Die Stadt besaß 13 Synagogen, von denen drei Gebäude immer noch stehen, aber keinen religiösen Zwecken mehr dient, obwohl eine kleine jüdische Gemeinde existierte.

Die ehemalige **Hauptsynagoge** (1912/1962) steht auf der Internacyjanala 49 (heute das Pionierhaus), die ehemalige ›**Chevra Thilim**‹ (1911) findet man auf der Lapacina 41, sie ist heute eine Sporthalle; daneben auf der Lapacina 39 steht die ehemalige Synagogen-Schule Talmud Torah (Anf. 20. Jh.). Auf dem Fabrikgelände an der Kamsamolskaja 78 befindet sich eine weitere ehemalige **Synagoge** vom Ende des 19. Jahrhunderts.

Historische **jüdische Friedhöfe** entdeckt man zwischen den Straßen vulica Zaslonava, 1-ha Maja, Novaja, Vicebskaja, und zwischen Puhačova, Marozava, Zarečnaja.

■ **Neu-Barysaŭ**

Die Bjarezina teilt Barysaŭ in zwei Teile, wobei Alt-Barysaŭ wesentlich niedriger gelegen ist. Diese Bezirke sind durch den Fluss und grüne Zonen getrennt, und am ›neuen‹ Ufer liegen auch zwei gut ausgestattete Stadtstrände. Überqueren kann man den Fluss über eine Fuß- sowie eine Straßenbrücke.

Novabarysaŭ am südlichen Bjarezina-Ufer ist eine sehr typisch sowjetische Stadt: geräumige Hauptstraßen von Riesenhäusern flankiert, große, leere Plätze und Chruschtschowka-Plattenbauen in den Seitenstraßen.

Man kommt am **Hauptbahnhof** im Jugendstil (Anf. 20. Jh.) an und landet gleich auf dem praspekt Revaljucyi

Minsk und Minsker Gebiet

Alt und Neu in Barysaŭ

(праспект Рэвалюцыі/проспект Революции), links davon liegt der **Stadtpark** mit dem bekannten Denkmal mit zwei (ziemlich betrübten) Eisbären, von denen jeder Stadtbewohner ein Foto hat. Hinter dem Park, an der Kreuzung Hastella/Enhelsa steht der **Schuchow-Wasserturm** (1927, Шухаўская вежа/Шуховская башня), der nach seinem Konstrukteur, dem russischen Ingenieur Wladimir Schuchow benannt ist. Der Turm war eine Weiterentwicklung der Wassertürme und ist der (sehr kleine) Bruder des Eiffelturms und einer der ersten Hyperboloide.

Zurück zum Hauptprospekt findet man das **Büro des FK BATE Barysaŭ** (pr. Revaljucyi 16, Büro 7). Weiter auf dieser Seite der Hauptstraße trifft man auf ein Denkmal für die Partisanin Łjudmila Čaloŭskaja, sie hat in der hier legendären Brigade agiert und wurde mit 19 erschossen.

Der **Zentralplatz** mit seinem unvermeidlichen Lenin-Denkmal ist groß und wirkt leer, um ihn herum stehen Verwaltungsgebäude, das zentrale Kaufhaus und ein paar Cafés. Sehenswert sind die Wohnhäuser auf dem Prospekt im Stil des Konstruktivismus (1929–30), eins davon beherbergt das Restaurant ›Priwal‹ (Привал: das Biwak), ein Andenken an 1812.

Auf der vulica Haharyna (Richtung Bjarezina, Starabarysaŭ und Straßenbrücke) sieht man das **Denkmal zu Ehren der T-34-85 Mannschaft von Pawel Rak**, die zur Befreiung von Barysaŭ beigetragen hat. Da der Originalpanzer abbrannte, ist der IS-2 ausgestellt.

Auf der Revaljucyi 67 steht **das Landeskundemuseum** (Di–Fr 9–18, Sa–So 9–17 Uhr, Mo geschlossen), es zeigt eine ethnografische Sammlung zur Geschichte der Region, zur Geschichte der Konfessionen und des Buchdrucks, eine Sammlung über den Krieg 1812, über die Okkupation 1941–44 und die Partisanenbewegung.

Mahnmal am Schlachtfeld bei Bryli

Im Park zwischen praspekt Revaljucyi 73 und 75 kann man den **Brückenkopf** besichtigen. Diese Wehranlage zur Sicherung der Flussbrücke wurde im April/Mai 1812 von Ingenieuren der russischen Armee im Vorfeld des Krieges für die Verteidigung von Barysaŭ errichtet. Das Übersetzen der französischen Truppen über die Bjarezina fand deswegen in Studzjonka statt. Im Frühling 1813 wurden diese Batterien mit Hilfe von französischen Kriegsgefangenen renoviert.

■ **Studzjonka**

Studzjonka (Студзёнка/Студенка) liegt 15 Kilometer von Barysaŭ entfernt an der P63. Hier wurden zwischen 25. und 27. November 1812 die Truppen Napoleons besiegt: Beim Übergang über die Bjarezina kamen 10 000 Franzosen ums Leben. Der Krieg 1812 war für das frisch annektierte Belarus kein eigener: Die Belarussen haben teilweise als Söldner an der Seite Napoleons gegen Russland gekämpft, aber auch mit Russen gegen Franzosen. Das Schlachtfeld und das Mahnmal liegen vor dem **Dorf Bryli** (Брылі/Брили), auf der sogenannten Bryli-Wiese, Bryljoŭskaje Polje (Брылёўскае поле/Брилевское поле), am anderen Bjarezina-Ufer von Studzjonka. Hierzu kursiert die Legende, dass Napoleon beim Überqueren des Flusses sein in Russland geraubtes Kriegsgut bzw. eine Kutsche voll Gold verloren hat. Es wurden mehrere erfolglose Versuche unternommen, den Schatz zu finden.

ⓘ Barysaŭ
Vorwahl: +375/(0)177.

Aus Minsk fahren mehrmals täglich Busse sowie Marschrutkas vom Bahnhof ›Uschodni/Vostočny‹ (ca. 1,5 Std. Fahrt) oder mit der Regionalbahn bis Barysaŭ oder Richtung Orša.

Hauptbahnhof: Pryvakzalnaya plošča; durchs Zentrum fahren die Busse 1 und 4, die Marschrutka 1-T; zum Landeskundemuseum kommt man mit Bus 7.
Busbahnhof: Budaŭnikoŭ/Stroitelej33; durchs Zentrum und nach Starabarysaŭ fahren die Busse 11, 11a und 12 sowie die Marschrutkas 11-T, 12-T.

◀ Karte vordere Umschlagklappe

Hotel Bjarezina (Березина), pr. Revaljucyi 4, Tel. 731327; DZ ab 13 Euro.
Hotel des Fleischkombinats (Мясокомбинат), Horkaha 107, Tel. 735269, www.borisovmeat.by/ru/infrastructure; DZ ab 7 Euro.
Cafés und Restaurants liegen am pr. Revaljucyi sowie an der vulica Haharina und der vulica 3-ha Internacyjanala.

Die Barysaůer **Glashütte** ist mehr als 100 Jahre alt und bekannt für ihre preiswerten und hochwertigen Kristallwaren. Ein Geschäft ›Borissovskiy Chrustal‹ (Борисовский хрусталь) gibt es direkt an der Fabrik, vulica Tolscikava 2; tgl. 9.30–18.30 Uhr.

Smilavičy

Das Dorf Smilavičy (Смілавічы/Смиловичи) am Wolma-Fluss ist seit 1438 bekannt. Das Dorf gehörte unterschiedlichen bekannten Familien wie den Sapieha, Zawisz, Ogiński, Moniuszko oder Wankowicz. Anfang des 20. Jahrhunderts gab es drei orthodoxe Kirchen, eine Moschee, eine katholische Kirche, fünf Synagogen, eine Brauerei, eine Bierbrauerei, eine Poststation, 58 Läden, neun Kneipen sowie Böttchereien, Webereien, Schmieden, Imkereien, Keramik-, Bekleidungs- und Lederwerkstätten. Es wohnten hier fast 3500 Menschen, ein Drittel war jüdisch. Die neue Macht hatte eigene Pläne, zwischen 1920 und 1937 wurden alle Kirchen gesprengt, heute kann man sie nur auf Bildern des Malers Napoleon Orda sehen. Während des Zweiten Weltkrieges wurden hier etwa 2000 Menschen ermordet, die meisten von ihnen Juden.
Die heute 6000 Einwohner gehören etwa 20 Nationalitäten an, es gibt eine Ledergerberei, eine Fabrik für Filzstiefel, sowie einen Ausstellungsraum über den Maler Chaim Soutine. Anfang der 1990er Jahre wurden in Smilavičy eine orthodoxe Georgskirche sowie eine Moschee erbaut.

■ Stadtrundgang
Die zentrale Straße, die vulica Horkaha, läuft an einer großen Grünanlage vorbei, die einst ein Park war; hier befindet sich der **Moniuszko-Gutshof** vom Anfang des 19. Jahrhunderts. Der Palast besteht aus zwei miteinander verbundenen Flügeln, beim Bau des älteren wurden neogotische Mauern eines früheren Palastes verwendet, der von Marcian Ogiński gebaut worden war. Ende des 19. Jahrhunderts wurde der zweite Teil im Stil der Neogotik mit Jugendstilelementen errichtet. Heute wirkt das verlassene Gebäude sehr nostalgisch, die weißen Wände sind blass, die Eingangstür stammt offensichtlich aus Sowjetzeiten. Zu sehen ist auch ein zweigeschossiges Wirtschaftsgebäude; an der Kreuzung vulica Horkaha/vulica Sadovaja steht das Wächterhäuschen aus Backstein (Ende 19. Jh.) und die alte Mauer (Anf. 20. Jh.).
Im Jugendkulturzentrum (vulica Revaljucyjnaja 20) wurde 2008 eine Ausstellung eröffnet: ›L'Espace de Soutine‹, die das Leben des jüdischen Malers **Chaim Soutine** in zwei Hallen zeigt: seine Kindheit in Smilavičy (›In der Heimat‹) und sein künstlerisches Schaffen in Frankreich (›Ein Pariser Café‹). Dieses kleine Museum kann nur Fotokopien seiner Werke sowie ausgedruckte Fotos von ihm und seinen Briefen zeigen; es ist ein erster Versuch, den Maler zurück nach Hause zu bringen und seinen heutigen Landsleuten von ihm zu erzählen.

Chaim Sutin wurde in einer armen Familie als zehntes von elf Kindern geboren. Sein Vater Zalman war Schneider und träumte davon, dass Chaim ein Schuster werden sollte. Als er Geld klaute, um Bleistifte zu kaufen, dachte noch keiner, wie bekannt er einmal sein würde. Soutine wurde 1893 von der Familie zu einer Kunstschule nach Minsk geschickt, mit Unterstützung von reichen Juden konnte er sein Studium in Vilnius fortsetzen. 1913 kam er nach Paris und wohnte und arbeitete im Künstleratelier ›La Ruche‹ zusammen mit Marc Chagall, Fernand Léger, Amedeo Modigliani und anderen. Er wurde schnell bekannt, hatte Mäzene sowie Anhänger, die seine Werke kauften. Unter der deutschen Besatzung ab Juli 1940 war Soutine als registrierter Jude gezwungen, Paris zu verlassen. Er starb im August 1943 während einer Operation wegen schweren Magendurchbruchs und wurde auf dem Friedhof Montparnasse beigesetzt.

Von der jüdischen Vergangenheit blieb in Smilavičy nicht viel übrig, aber es gibt noch den großen alten **jüdischen Friedhof** am westlichen Rande des Städtchens. Man läuft die vulica Dzjaržynskaha (Дзяржынскага/Дзержинского) hinunter bis zum Busbahnhof, wo die vulica Respublikanskaja (Рэспублiканская/Республиканская) anfängt, an deren Ende der Friedhof auf einer Wiese liegt.

1965 wurde hier ein **Monument für die im Zweiten Weltkrieg Gefallenen** errichtet. Damals war es nahezu unmöglich mit der Aufschrift auch die Juden zu erwähnen (›Hier liegen 2000 sowjetische Bürger von Smilavičy, von faschistischen Henkern am 14. Oktober 1941 erschossen‹), aber das Monument steht genau an der richtigen Stelle. Unweit davon liegt eine Filzfabrik mit einem Firmenladen, man kann sich danach orientieren.

An der Straße P69 weiter nördlich von Smilavičy befindet sich ein großer **Tataren-Friedhof.**

 Smilavičy

Vorwahl: +375/(0)1714.

Der Ort ist sehr schnell aus Minsk mit dem Bus oder Marschrutka vom Busbahnhof ›Aǔtazavodskaja‹ erreichbar (ca. 45 Min.).
Omnibusbahnhof: vulica Dzjaržynskaha.

Cafés findet man in der vulica Dzjaržynskaha 17 oder gleich bei der Einfahrt aus Minsk an der Tankstelle, vulica Mahiljoǔskaje Šase 1A (Simnij sad: Зимний сад).

Museum von Chaim Soutine: vulica Revaljucyjnaja 20, Tel. 53246, www.soutine-smilovichi.by (ru); Mo–Fr 9–17, Pause 13–14 Uhr, Sa 9–14 Uhr.

Firmenladen der Filzfabrik mit den besten belarussischen Filzstiefeln, vulica Respublikanskaja 47, www.valenki.by (ru); Mo–Fr 8–17, Sa, So 8–15 Uhr.

Njasviž

Jeder Belarusse wird Besuchern des Landes zwei Orte ganz besonders ans Herz legen: Die beiden Kleinstädte Njasviž und Mir (→ S. 172) gut 100 Kilometer südwestlich von Minsk. Hier befinden sich die wahrscheinlich prominentesten Sehenswürdigkeiten des Landes, die Residenz der Radziwiłls in Njasviž und das Schloss in Mir, beide aus dem 16. Jahr-

▲ Karte vordere Umschlagklappe

hundert und beide Weltkulturerbe der UNESCO. Njasviž war ab 1533 die Residenzstadt der Radziwiłłs, Mir fügten sie 1569 ihren Ländereien hinzu.

Ein **kleiner Tipp** vorab: Besuchen Sie Njasviž unbedingt, aber am besten nicht am Wochenende – Touristenalarm! An den anderen Tagen ist es doch deutlich ruhiger und entspannter...

Njasviž (heute ca. 14 000 Einwohner) ist ein Städtchen relativ jungen Datums, zum ersten Male wurde es 1446 erwähnt. Die wichtigen heute bekannten Architekturdenkmäler – neben dem Schloss vor allem das heute immer noch bestehende Rathaus im historischen Stadtzentrum, wo mehrere Straßen aus verschiedenen Richtungen zusammenliefen – sind dem 16. Jahrhundert zuzuordnen, als die Stadt zur Residenz der Radziwiłłs wurde. Das Städtchen ging 1513 durch Heirat in den Besitz der Radziwiłłs über. 1547 erlangte Mikołaj Czarny Radziwiłł, der Sohn Jan Radziwiłłs, den Titel ›Fürst des Heiligen Römischen Reiches‹, und macht Njasviž zu seiner Residenz. Deren Bedeutung wuchs ab 1586, als ihr das Madgedurger Stadtrecht verliehen wurde. Ab 1586 bildete Njasviž auch mit dem Schloss als Residenz das Zentrum der Njasvižer Ordination.

Das Städtchen in seiner heutigen Form samt Schloss wurde in einer relativ kurzen Zeit (1584–1616) gebaut, um die Siedlung wird ein Wall mit Wassergräben und Deichen gelegt, vier Steintore führten in die Stadt. Die Bauarbeiten leitete Giovanni Maria Bernadoni, ein Baumeister aus Italien. Dass sich die Stadt ab Ende des 16. Jahrhunderts zu einem wichtigen urbanen Zentrum in der Region mauserte, war vor allem dem Engagement von Mikołaj Krzysztof Radziwiłł Sierotka zu verdanken. Er erbte eine Siedlung, die vor allem aus Holzbauten bestand, die er nun durch Steingebäude ersetzte. Sirotka ließ sich dabei von seinen Mittelmeerreisen inspirieren und verwandelte Njasviž in eine für damalige Verhältnisse mitteleuropäische Stadt. Er lockte Händler und Handwerker nach Njasviž und belebte so die Wirtschaft.

Die Stadt entwickelte sich schnell, 1562 wurde die erste Druckerei auf dem heutigen belarussischen Staatsgebiet eröffnet. Im 16./17. Jahrhundert wurden in einer Schule alte Sprachen, Religion und Naturwissenschaften gelehrt. Im 18. Jahrhundert gab es dann eine Manufaktur, eine Hofkapelle, ein Theater, das größte Ballett Europas (eröffnet 1740), eine Kadettenanstalt und eine Schule für Flottenoffiziere der Privatarmee von Radziwiłł im zwei Kilometer südlich gelegenen Dorf Alba.

■ Zentrum der Buchdruckkunst

Njasviž war ein Zentrum der Buchdruckkunst. 1562 wurde hier eine Druckerei eröffnet, in der Symon Budny

und Vasil' Cjapinskij tätig waren und in der Budny die ersten Bücher in belarussischer Sprache druckt. Symon Budny sprach sich für Toleranz, für die Freiheit des Wortes und gegen Zensur aus, er war ein Befürworter des Anthropozentrismus und ein Gegner der Kindstaufe und der Todesstrafe und lehnte die von den Jesuiten propagierte Unsterblichkeit der Seele ab. Er teilte mit Vasil' Cjapinski das christlich-anthropologische Weltbild, sie waren beide Vertreter der Reformation in Belarus, später vor allem des Antitrinitarismus (theologische Lehre, die die Dreifaltigkeit ablehnt). Insbesondere verband beide die Auffassung, die ›Volkssprache‹ (Belarussisch) und die eigene Kultur müssten mehr gefördert werden (wie aktuell, wenn man die heutige sprachliche Situation in der Republik Belarus in Betracht zieht!).

■ Wiege des belarussischen Theaters

Njasviž kann als eine Wiege des Theaters in Belarus gelten, wurde hier doch das erste Theatergebäude des Landes errichtet. Das Ensemble im barocken Njasvižer Hoftheater, das von 1740 bis 1791 bestand, wurde ab 1746 von Franciszka Urszula Radziwiłł geleitet. Zunächst eher ein Laientheater, wurde es ab 1753 professionalisiert. Als Schauspieler traten Adelige, Kadetten aus der Stadt, angeheuerte Schauspieler und Leibeigene auf. Die Stücke in polnischer, italienischer, französischer und deutscher Sprache, teilweise von Urszula Radziwiłł selber verfasst, wurden im ›Comedyhouse‹ in Alba bei Njasviž aufgeführt. Danach entstanden im ganzen Land ähnliche Theatertraditionen, u. a. in Sluck (Radziwiłł), in Slonim (Kazimir Ogiński), in Hrodna (Tyzenhaus), in Minsk (›Komödientheater‹), in Svislač (Tyszkiewicz), in Ružany (Sapieha).

Karte S. 163

Torgebäude des Radziwiłł-Palastes in Njasviž

Die Familie Radziwiłł

Die Radziwiłłs (blr. Радзівіл; russ. Радзивилл) waren die wohl mächtigste und einflussreichste Magnatenfamilie des Großfürstentums Litauen. Sie besaßen zahlreiche Ländereien im heutigen Belarus, in Litauen und in Polen und auch in der heutigen Ukraine. Die Familie brachte viele Politiker, Staatsmänner und Vertreter des Klerus hervor und baute Schlösser, ließ Kirchen, Schulen, Krankenhäuser und andere Einrichtungen errichten, viele Vertreter des Adelsgeschlechtes traten als Mäzene in Kunst und Kultur in Erscheinung. Der Familienname erscheint auch häufig in den Varianten Radziwiłł (deutsch) oder Radzivill (belarussisch).

Njasviž (mit Mir) sowie Kleck (im Norden) und Olyka (im Süden, heutige Ukraine) machten den feudalen Besitz der Radziwiłłs vom 16. bis zum 18. Jahrhundert aus. 1586, in dem Jahr, in dem Njasviž das Magdeburger Stadtrecht verliehen wird, wird die Njasvižer Ordination, die der älteste männliche Radziwiłł erbt, gegründet. Sie blieb bis 1938 im Besitz der Radziwiłłs, deren Nachfahren auch jetzt noch über den Globus verteilt leben. Sinn der Gründung der Ordinationen: Das Land sollte immer im Besitz der Familie bleiben und nur vom Vater auf den Sohn vererbt werden, ohne Verkauf oder Verpfändung.

Der 100 000-BYR-Geldschein zeigt übrigens eine Abbildung des Schlosses in Njasviž. Dieser Geldschein, der wie alle anderen in Moskau vom russischen Staatsunternehmen ›Gossnak‹ gedruckt wurde, provozierte einen Skandal. Die Turmspitze des Schlosses trug statt des Radziwiłł-Wappens ein russisch-orthodoxes Kreuz. Problematisch daran ist nicht nur die Änderung an sich: Die Radziwiłłs waren katholischen Glaubens und gemäß diesem sollen nur Kultbauten das Kreuz tragen und keine Paläste. Es folgte keine Stellungnahme von ›Gossnak‹ dazu.

Prominente Radziwiłłs

Barbara Radziwiłł (1520–1551): Sie verlor nicht nur ihren Vater sehr früh, sondern auch ihren Ehemann, Stanisław Haštold (1507–1542), Wojewode von Navahrudak und Trakai. Sie galt als sehr gebildet, beherrschte mehrere Sprachen und trat als Mäzenin auf.

Als sie sich in den polnischen Königssohn Sigismund (den späteren König Sigismund II. August) verliebte und ihn sogar heiratete, war ihre Schwiegermutter, die aus Mailand stammende Königin von Polen Bona Sforza, eine sehr rigorose und durchsetzungsfähige Dame, strikt gegen diese nicht standesgemäße Verbindung. Dennoch wurde Barbara 1550 zur Königin von Polen gekrönt, starb aber schon ein halbes Jahr später, woraufhin das Gerücht die Runde machte, die Schwiegermutter hätte sie vergiftet, was bis heute nicht bewiesen wurde. Möglicherweise starb Barbara aber auch ganz banal an Gebärmutterhalskrebs. Angeblich spukt sie bis heute als Schwarze Dame in einem der Schlosstürme...

Mikołaj Czarny Radziwiłł (der ›Schwarze‹) (1515–1565): 1547 wird der Cousin von Barbara als erste Person im Großfürstentum Litauen von Kaiser Karl V. in den Reichsfürstenstand erhoben. Beeinflusst durch Reisen nach Frankreich und Deutschland, schließt er sich der Reformation an und wird Kalvinist. Unter ihm wird das Fürstentum Njasviž gegründet.

■ **Schloss der Radziwiłłs**

Das barocke Schloss steht am Ende einer langen von Bäumen gesäumen Allee. Ein relativ großer See erstreckt sich von Nordosten nach Südwesten über das ganze Stadtgebiet bis zur Radziwiłł-Residenz im kleinen Dorf Alba. Hinter und um das das Schloss herum liegt der große weitläufige Park.

Da das Schloss im 16. Jahrhundert erbaut und bis zum 19. Jahrhundert immer wieder umgebaut wurde, sind verschiedene Stile und Epochen festzustellen, die den Einfluss mehrerer Hausherren und Bauherren erkennen lassen (Renaissance, Barock, Klassizismus). Der Bau des Schlosses beginnt 1583. An die Stelle einer Holzbefestigung (Mitte 16. Jh.) lässt Mikołaj Radziwiłł Sirotka ein Steinschloss bauen; Architekt ist der Italiener Jan Maria Bernadoni, der auch andere Gebäude in der Stadt baut. Bis Anfang des 17. Jahrhunderts sind die Arbeiten mehr oder weniger abgeschlossen.

Das zentrale Gebäude gegenüber dem Eingangstor bewohnten die Radziwiłłs: ein dreistöckiger Bau mit kleinen achtseitigen Ecktürmen (bis heute mit geringfügigen Veränderungen erhalten). Rechts davon stand das dreistöckige Kasernengebäude mit einem hohen Wachturm, links ein zweistöckiges Wirtschaftsgebäude. Überdies gehörten zum Gebäudekomplex das Haus des Polizeimeisters, eine Bäckerei sowie ein Stall. Die isoliert stehenden Gebäude wurden in den nachfolgenden Jahrhunderten umgebaut und bildeten dann einen geschlossenen Cour d'honneur, der so weitläufig ist, dass man meinen könnten, man befände sich auf dem Marktplatz in der Stadt.

Archiv- und Literaturquellen geben Auskunft über das damalige Interieur des Schlosses. In den Gebäuden gab es zwölf Säle und viele weitere Räume, die mit Holzschnitzarbeiten, Stuckverzierungen, Wandmalereien und schmucken Kaminen verziert waren. Die Porträtsammmlung der Njasvižer Galerie zählte ungefähr 1000 Gemälde, darunter Porträts von Iwan dem Schrecklichen, Vytautas und Jahajla. Die Hofbibliothek mit ihren 20 000 Bänden befand sich in einem Saal mit Büsten antiker Philosophen. In der Bibliothek – der größten

Kriegsdenkmal vor dem Schloss Njasviž

Minsk und Minsker Gebiet

Privatbibliothek in der gesamten Rzecz-pospolita – wurden seltene Manuskripte und alte gedruckte Ausgaben aufbewahrt, das Archiv beherbergte viele historische Dokumente, Urkunden und Korrespondenzen, darunter Briefe von Peter I., Ludwig XV., Ludwig XVI., Karl XI. und Bohdan Chmelnickij. In einem der Säle gab es ein ganzes Arsenal von Ritterrüstungen und anderen fürstlichen Attributen. Im Hetmansaal befand sich eine große Sammlung Slucker Gürtel.

Das Schlossmuseum wurde 2012 eröffnet. Bei der Restaurierung zwischen 2001 und 2012 wurden nicht nur modernste Verfahren angewandt, sondern das Schloss teilweise rekonstruiert. Dieses und die Tatsache, dass nicht viele Originalgegenstände aus dem Besitz der Radziwiłłs vorhanden waren, führt dazu, dass die Inneneinrichtung heute einen wenig authentischen Eindruck macht.

■ **Schlosspark**

Der in den 1870er Jahren angelegte weitläufige Park ist mit seinen vielen verschlungenen Wegen, künstlichen Gewässern (Teichen), Bogenbrücken und Skulpturen inmitten der Natur sehr romantisch. Unweit des Parkeingangs steht am See der **Stein der Wünsche**, ein Gedenkstein, installiert 1903 vom damaligen Hausherrn Anton Wilhelm Radziwiłł aus Dankbarkeit für seine Frau. Dieser Findling ist bei Touristen sehr beliebt: Es heißt, dass, wenn man in eine der Ritzen eine Münze oder einen Geldschein hineinwirft und sich etwas wünscht, geht dieser Wunsch in Erfüllung...

Der sogenannte **Alte Park** wurde 1878 nördlich vom Schloss angelegt. Es wurden Bäume (Samen, Setzlinge) aus den besten Försterein von Belarus und sogar aus Berlin geliefert. Letzter Gärtner war Antonij Hlinski, der sich sogar

dann noch um den Park kümmerte, als die Sowjets aus dem Schloss ein Sanatorium gemacht hatten.

Am 23. Oktober 1941 ereignete sich das traurigste Ereignis in der Geschichte des Alten Parks: Die Nazis erschossen hier 1500 Juden. Als das Sowjetregime im Schloss ein Sanatorium einrichtete, wurden neue Skulpturen im Sowjetstil errichtet und ein Teil der alten Skulpturen entfernt.

An der Stelle, wo im Alten Park die Skulptur **Brunnen der Undine** steht, soll eine Wassernymphen-Göttin gelebt haben. Die Bauern der Gegend nannten dieses Gewässer ›Heiße Wiese‹, da einige Wasserstrahlen nicht einmal im Winter gefrieren. Auf einem Findling ist eine Meerjungfrau mit zwei Schwänzen installiert. Undinen sind die als Meerjungfrauen in Erscheiung tretenden Geister junger Mädchen, die aus Liebeskummer Selbstmord begangen haben – schöne Mädchen, die oft mit ihrem schönen Gesang und ihrer Anmut junge Männer in den See locken und sie somit ins Unglück stürzen oder zu ihren Liebhabern machen. In der Nähe befindet sich eine **Sonnenuhr** (aufgestellt 1993). Diese Anlagen waren früher ein wichtiges kompositorisches Element in solchen Parks, konnte man ihnen doch praktischerweise ganz einfach die Uhrzeit ablesen! Nachdem die Sommer-/Winterzeit in Belarus jedoch 2011 abgeschafft wurde und die Uhren nicht mehr umgestellt werden, zeigt die Sonnenuhr nicht mehr die ›korrekte‹ Ortszeit, sondern die deutsche Zeit (März bis Oktober) oder die litauische (Oktober bis März)!

■ **Alba**

Alba, der zweite Park in Njasviž, befindet sich am südlichen Stadtrand, er ist älter und gehörte zur ehemaligen

Karte S. 163 ▲

Das Slucker Tor

Sommerresidenz der Radziwiłłs. Hier gab es die Eremitage, einen Palast und einen kleinen Sommerpalast, eine Marine- und Artillerieschule, eine Tapetenmanufaktur sowie eine Schnapsbrennerei (gegründet von Karol Stanisław Radziwiłł, genannt ›Pane Kachanku‹ – ›geliebter Herr‹). Das gesamte Parkgelände in Alba mit den Teichen und künstlichen Seen war für Belarus einzigartig. Seine Reste – Alleen, Kanäle, einheimische und exotische Bäume– laden heute immer noch zu romantischen Spaziergängen ein.

■ **Befestigungssystem**

Ab 1586 ließ Mikołaj Radziwiłł Sirotka eine Verteidigunsanlage um die Stadt bauen, die einen hohen fünfeckigen Erdwall mit einem Wassergraben und mit sieben Bastionen umfasste und die Stadt von allen Seiten umgab. In die Stadt führten nun fünf Tore mit Zugbrücken: das Slucker Tor, das Klecker Tor, das Wilnaer Tor, das Mirer Tor und das Schlosstor. Auch die Klöster waren Bestandteil der Verteidigungsanlage, da sie den direkten Weg zum Schloss sozusagen

›versperrten‹, also ein Hindernis für angreifende Feinde darstellten. Nach dem Anschluss an Russland (nach 1795) verlor die Stadtbefestigung ihre Bedeutung. Heute sind nur noch das Sluzker Tor und der Turm des Schlosstores erhalten.

Das **Slucker Tor** (Ende 16. Jahrhundert/ Anfang 17. Jahrhundert; Barock) ist darüber hinaus das einzige erhaltene Stadttor dieser Art in ganz Belarus. Ursprünglich hatte das Tor einen kleinen Turm mit einem Zeltdach. Im Erdgeschoss befand sich ein Raum für die Wächter und Zöllner; jeder, der die Stadt verließ oder hineinwollte, musste eine Zollgebühr entrichten. Im Obergeschoss war die Kapelle der Heiligen Gottesmutter untergebracht.

Der **Schlossturm** (2. Hälfte 16. Jahrhundert; Gotik, Renaissance) steht neben der Jesuitenkirche und ist der älteste erhaltene Steinbau in der Stadt, der seine ursprüngliche, vorbarocke Architektur beibehalten hat. Die geweißten Karniese und Fenstereinfassungen bilden einen Kontrast zum roten Backstein der Mauern und der Dachziegel. Heute dient er der Jesuitenkirche als Glockenturm.

■ Kirchen und Klöster

Die **jesuitische Corpus-Christi-Kirche** (1587–93/1705) in der vul. Mickiewicza ist die älteste Barockkirche der Rzeczpospolita bzw. von Belarus und die zweitälteste weltweit. Sie wurde bisher nie geschlossen oder umgebaut. Radziwiłł Sirotka ließ sie zusammen mit dem Jesuitenkollegium, welches bis 1826 existierte, nach dem Vorbild der Jesuitenkirche Il Gesù in Rom bauen. Die Pläne stammen wie die des Schlosses vom italienischen Architekten Jan Maria Bernadoni. Zum Gotteshaus gehört ein Pfarrhaus (Ende 16./Anf. 17. Jahrhundert; vul. Mickiewicza 5, gegenüber der Kirche); zwischen Kirche und Straße steht das Symon-Budny-Denkmal, rechts von der Kirche die Bulgarin-Kapelle (1747). Es gibt eine alte, noch funktionierende Orgel. In der Krypta befindet sich die **Familiengruft der Radziwiłłs**. Es ist eine dreischiffige Kuppelbasilika mit einer Apsis. Im Inneren ist das Gotteshaus mit Fresken, Skulpturen und Basreliefes verziert. Auch ein Radziwiłł-Sirotka-Denkmal ist in der Kirche vorhanden.

Auf der anderen Seite der vul. Leninskaja/vul. Sluckaja, auf einer kleinen Anhöhe im südlichen Teil der Altstadt, befindet sich das **ehemalige Benediktinerinnenkloster** (gegründet 1590, gebaut 1590–96, ebenfalls von Bernardoni; vul. Čkalava 9), in dem heute eine weiterführende Schule untergebracht ist. Zu dem Gebäude-Komplex gehören auch ein Glockenturm (1763), über den man das Gelände betritt, ein Wohnhaus (1593–96), Wirtschaftsgebäude sowie das Wächterhäuschen. Kirche und das Wohngebäude bilden eine Einheit. Gut erhalten ist nur der quadratische Barockturm mit den Klostermauern.

Das barocke **Bernhardinerkloster** (1598; Architekt Bernadoni; vul. Hejsika) wurde 1594 (eventuell schon 1589) gegründet und 1864 aufgelöst, die Kirche im gleichen Jahr in eine orthodoxe Kirche umgewandelt und in den 1950er Jahren endgültig zerstört. Teilweise erhalten ist das **Wohngebäude des Klosters** (1594-98/1793/1892), das man sehen kann, wenn man vom Schlossturm über die vul. Hejsika bis zum Ende geht.

■ Weitere Sehenswürdigkeiten

Zentrale Anlaufstelle im historischen Stadtkern sind die Markthallen mit dem Rathaus (um 1596; Spätbarock/Renaissance).

Das **Rathaus** ist das älteste erhaltene Rathaus in Belarus. Es hat einen hohen Turm, welcher nach allgemeiner Meinung das Magdeburger Stadtrecht symbolisiert, das der Stadt 1586 verliehen wurde. Ab dem 17. Jahrhundert wurde das Rathaus umgebaut und änderte deutlich seine äußere Gestalt. Erst Anfang des 21. Jahrhunderts bekam das Gebäude sein ursprüngliches Aussehen zurück. Aus einer Gravur von Tomasz Makovskij (1604) kann man deutlich ablesen, dass das Rathaus eine Turmuhr sowie eine Aussichtsplattform

Die Jesuitenkirche von Njasviž

Karte S. 163

besaß. Das Rathaus ist auf drei Seiten von den Marktständen umgeben.

Die **Marktstände/Markthallen** (um 1596) bestehen aus einem System verschiedener kleiner Läden, wie sie typisch für solche Bauten sind. Der hufeisenförmige Innenhof diente der Warenannehme und dem Ausladen von Waren. Heute werden diese Läden immer noch (oder schon wieder) als Geschäfte genutzt.

Das **Haus des Handwerkers** (1771; Barock) steht in der vul. Čapaeva 4/2. Das im Volksmund als das ›Haus auf dem Markt‹ bekannte Wohnhaus wurde 1771 gegenüber dem Rathaus gebaut. Hierbei handelt es sich um das einzige in Belarus erhaltene Wohnhaus mit einer barocken Fassade, wie sie für die Stadtarchitektur in der ersten Hälfte des 18. Jahrhunderts charakteristisch war. Die ursprüngliche Architektur lässt sich aufgrund mehrerer Umbauten im Laufe der Jahrhunderte heute nur schwer rekonstruiren. Möglicherweise bestand das zweistöckige Haus aus einem Wohn- und einem Geschäftsbereich. Es vereint eine Kombination aus Holzarchitektur (Obergeschoss) und Ziegelstein (Erdgeschoss), was vom Platz aus nicht zu erkennen ist, da die Hauptfassade (Ziegelstein) dem Gebäude einen repräsentativen, mo-

Das älteste Rathaus in Belarus

numentalen Charakter verleiht. Heute ist hier die Kinderbibliothek untergebracht.

Ein Spaziergang auf der **vul. Leninskaja** und auf der **vul. Sluckaja** lohnt sich, denn es gibt hier noch einige weitere interessante Gebäude aus der Zeit um 1900 zu bewundern, so zum Beispiel eine Gaststätte (vul. Leninskaja 13) und ein Hotel (vul. Leninskaja 19; 1897–1903).

 Njasviž

Vorwahl: +375/0)1770.
Anreise: siehe bei Mir, → S. 172
Internet: www.nesvizh.by (Stadt Njasviž, nur russ.) www.niasvizh.by (Schloss; blr., russ., engl.)

Palac, direkt im Schloss, Tel. 59675, +375/44/7786604, www.palacehotel. by (en). Mit Restaurant Hetman, Café Straŭnja (s. u.). Pro Nacht und Person ab ca. 30 Euro. Kinder bis 2 Jahren kosten-

los; Kinder bis 12 Jahre kostenlos, wenn sie bei den Eltern im Bett schlafen.
U Leanida, vul. Leninskaja 26 (Stadtzentrum), Tel. 64316, +375/29/6550767. Gutshaus, es werden Exkursionen nach Minsk, Navahrudak, Mir, Stadtführungen durch Njasviž (auf Anfrage), Billard, Angeln, Schaschlik etc. angeboten. Übernachtung ca. 15 Euro.

In der Umgebung:
Haradzejski Falvarak, Haradzeja, vul. Haharyna 7, Tel. 58700, www.hotel.

gsr.by (en). Etwa 15 km nördlich neben der Zuckerfabrik gelegen. Übernachtung ab ca. 30 Euro pro Person. Kinder unter fünf Jahre kostenlos. Café, Schwimmbad, Sauna, Fitnessraum, Friseur.

Njasvižskija vytoki, Dorf Kačanoviçy, vul. Pobedy 1, Tel. +375/29/3920512. Holzhaus (Gutshof), 5 km südöstlich von Njasviž entfernt, am See und an der Uša. Banja, Reiten, Fahrradfahren. Selbstverpflegung oder vorher vereinbarte Mahlzeiten (belarussische Küche). Preis ist Verhandlungssache.

Die ersten beiden Etablissements sind Teil des Schlosshotels (bzw. Museums). Weder die Auswahl an Gerichten noch der Service lassen vermuten, dass hier einst Adelige wohnten, und auch bei den Preisen handelt es sich um Touristenpreise. Wer also noch keinen allzu großen Hunger verspürt, der sollte vielleicht warten, bis er wieder in der Stadt ist.

Straŭnja (Café Schlosshotel); tgl. 11–23 Uhr.

Hetman (Restaurant Schlosshotel); tgl. 11–24 Uhr, Sa, So bis 1 Uhr. Belarussische und europäische Küche.

Barbara, vul. Zamkavaja 5 (neben dem Schloss); tgl. 10–22 Uhr, Sa, So 10–2 Uhr.

Die folgenden Einrichtungen entsprechen eher belarussischen Gepflogenheiten und Vorlieben und sind wenig auf Touristen eingestellt. Wenn Sie aber belarussische Realien kennenlernen möchten, dann nur hereinspaziert:

Novoe Mesto, vul. Sluckaja 33.

Nescerka, vul. Saveckaja 5.

Čabarok, vul. Leninskaja 13.

Radziwiłł-Schloss, vul. Leninskaja/vul. Hejsika 1; www.niasvizh.by (en, de); tgl. 9.30–18.30 (Sommer); 9–18 Uhr (Winter).

Landeskundlich-geschichtliches Museum, vul. Leninskaja 96. Regionalgeschichte, u. a. Gerberwerkstatt, Schmiede, Bauernhütte, Exponate zu Handel und Handwerk der Njasviž-Region.

Mir (Hrodnaer Gebiet)

Das Schloss mit seinen roten Mauern und fünf Türmen sieht man schon von weitem. Mir (Mip; russ. Мир) ist zwar ein kleines, überschaubares Städtchen (ca. 2500 Einwohner), hier tummeln sich aber das ganze Jahr hindurch Touristen. Das Schloss ist seit 2011 wieder vollständig der Öffentlichkeit zugänglich, es gibt sogar ein Hotel und ein Restaurant. Die privaten Häuser sind im Wesentlichen ein- bis zweistöckig, viele davon auch aus Holz, so dass man sich um 100 Jahre zurückversetzt fühlt.

Eine Erklärung zur Herkunft des Ortsnamens besagt, dass es vom Wort Emir stamme – da früher ein tatarischer Trupp hier stationiert war. Eher unwahrscheinlich erscheint die Auffassung, es komme vom russischen Wort Mir für ›Frieden‹ (Nähe zur einstigen russisch-litauischen Grenze).

Zum ersten Male erwähnt wurde das Städtchen 1395. Ab 1486 gehörte es dem Geschlecht der Iliničs. Fürst Jury Ilinič gründete hier 1555 eine Grafschaft, die er 1569 an den Fürsten Mikołaj Radziwiłł Sirotka vermachte. Dieser baute das Schloss nicht nur in eine Residenz um, sondern finanzierte auch die beiden Kirchen (die katholische und die orthodoxe) und errichtete das Rathaus sowie ein Krankenhaus. Im 19. Jahrhundert ging das Schloss dann in den Besitz der Wittgensteins über. Die letzten Schlossbesitzer waren von 1891 bis 1939 die Svjatapolk-Mirski. Ende des 16. Jahrhunderts/Anfang des 17. Jahrhunderts wurde Mir in eine mit Wällen umgebene Festung umgebaut.

Im 17./18. Jahrhundert entwickelte sich Mir zu einem bekannten Handels- und Handwerkszentrum in der Region, ab der zweiten Hälfte des 18. Jahrhunderts siedelten sich hier Zigeuner an. Überhaupt zeichnete sich Mir als ein multikonfessionelles Zentrum mit einer katholischen und einer orthodoxen Kirche sowie einer Holzmoschee (nicht erhalten) aus. Ab der zweiten Hälfte des 17. Jahrhunderts war Mir ein jüdisches Schtetl, das eine Reihe berühmter Rabbiner hervorbrachte und in dem es zahlreiche Synagogen und andere jüdische Einrichtungen gab. Heute stehen noch vier Synagogen, eine Jeschiwa und ein Cheder. In der Zwischenkriegszeit war Mir polnisch, ab 1939 dann wieder Teil der Sowjetunion.

■ Sehenswürdigkeiten

Als hätte sich in den letzten zwei Jahrhunderten nichts geändert, befinden sich auf dem **Marktplatz** (pl. 17 verasnja) die Marktstände, um die herum sich die (ehemaligen) Wohnhäuser der Handwerker und Händler verteilen. Auf der nördlichen Seite des Marktes steht die orthodoxe Dreifaltigkeitskirche aus der Mitte des 16. Jahrhunderts (nach einem Brand von 1865 restauriert), südlich davon, an der vul. Čyrvonaarmejskaja, die katholische Nikolaikirche (1599–1605).

Die **Dreifaltigkeitskirche** (1533–1550; pseudorussisch), eine ehemalige Uniertenkirche, wurde als Kirche des Basilianerklosters errichtet, seit 1839 ist sie orthodox. Die Kirche hat einen Turm, fünf Kuppeln, einen kreuzförmigen Grundriss und besteht aus dem Hauptteil, einer halbrunden Apsis und einem rechteckigen Narthex.

Bei der **Nikolaikirche** (1599–1605; Renaissance) handelt es sich um eine dreischiffige Basilika mit drei Türmen.

Unter der Apsis befindet sich eine Krypta. Zu der Kirche gehören eine Schule und ein (ehemaliges) Spital; an der Hauptfassade gibt es ein eingemauertes Schild mit lateinischer Inschrift, die auf das Jahr 1609 datiert ist.

Gegenüber der Nikolaikirche steht das Gebäude der **ehemaligen Apotheke** (2. Hälfte 19. Jh.) ein einstöckiges rosa verputztes Gebäude mit rotem Ziegeldach.

In Mir existiert eine Fachschule für Kunstrestauration, deren Absolventen an den Restaurierungsarbeiten im Schloss teilnehmen.

■ Das Schloss von Mir

Zum Gebäudekomplex gehören das eigentliche Schloss und die Erdwälle (16./17. Jh.) sowie der Park mit einem kleinen künstlichen See und einer Grabkapelle. Das Schloss wurde vermutlich in den 1520er Jahren (das exakte Datum ist nicht bekannt) errichtet, an der Stelle einer ehemaligen, kurz vorher von den Tartaren verbrannten Siedlung. Es ist ein Paradebeispiel für die belarussische Befestigungsarchitektur im 15./16. Jahrhundert und symbolisiert wie kaum ein anderes Bauwerk

Das prächtige Schloss Mir

Häuschen am Marktplatz von Mir

in Belarus das historische und kulturelle Erbe der Belarussen. Es wechselte mehrmals den Besitzer, wurde erweitert und veränderte sich bis Anfang des 20. Jahrhunderts ständig. 1568 übernahmen die Radziwiłłs die Stadt mit dem Schloss und führten sie auf ihren kulturellen und wirtschaftlichen Höhepunkt. Ab Ende des 18. Jahrhunderts verfiel das Schloss langsam zu einer Ruine. 1891 erwarb das Schloss der Kosakenataman Fürst Nikolaj Svjatopolk-Mirski vermutlich nur, weil ihm der Name gefiel. Svjatapolk-Mirski stammte nicht aus Mir und hatte mit Mir nicht im Geringsten etwas zu tun! Das Schloss vereinigt in sich mehrere architektonische Stile, insbesondere Gotik und Renaissance, aber auch barocke Elemente. Ursprünglich, noch unter dem ersten Besitzer Fürst Ilinič, hatte es Verteidigungsfunktionen, was an den mächtigen, bis zu sieben Metern dicken Mauern und Türmen zu erkennen ist, die gut vor feindlichen Angriffen schützen konnten. Zunächst existierte eine einfache Zitadelle mit einer Schutzmauer und fünf Backsteintürmen. Das Schloss mit grünen Wällen war von

Bastionen und Wassergräben umgeben, daher schwer zugänglich, und spiegelte Stärke und uneingeschränkte Macht wider. Ursprünglich hatten die Mauern eine Höhe von bis zu 13 Metern (heute: 25 m) bei einer Dicke von etwa drei Metern. Das Schloss hat vier Ecktürme und einen fünften zentralen, dem Dorf zugewandten Turm in der Mitte der Westmauer. Der Park (mit dem Teich) wurde erst Ende des 19. Jahrhunderts angelegt, 1904 kam die Grabkapelle hinzu.

Unter Sirotka ging der ursprüngliche Verteidigungscharakter zugunsten einer rein repräsentativen Residenz verloren. Entlang der Süd- und der Westmauern entstand ein Wohnkomplex, bestehend aus einstöckigen Wirtschaftsgebäuden und Pferdeställen. Im Keller befanden sich nun die Speicher und Lagerräume, das Erdgeschoss beherbergte Wirtschaftsräume, im ersten Obergeschoss wohnten die Bediensteten und war die Hofverwaltung untergebracht, im zweiten Obergeschoss befanden sich die Gemächer der Hausherren.

Mit großem Enthusiasmus machte sich Ende des 19. Jahrhunderts Fürst Svjatapolk-Mirski an die Umgestaltung seiner neu erworbenen Errungenschaft: Er baute eine Schnapsbrennerei und errichtete einen zweistöckigen Palast als Mittelpunkt des neuen Parks. Unter seinem Sohn Michail begann 1922 der Wiederaufbau des Schlosses.

1939, nach der Besatzung des bis dahin zu Polen gehörenden Westbelarus, nahm die Rote Armee das Schloss in Beschlag. 1942 richteten die deutschen Besatzer hier ein Ghetto ein, die meisten Juden wurden am 13. August 1942 in einem Wald bei Mir erschossen; einige konnten auch die Flucht ergreifen, da Oswald Rufeisen (ein polnischer Jude, der seine jüdische Abstammung verschwiegen hatte und für die deutschen Besatzer in Mir arbeitete) sie vor der geplanten ›Säuberung‹ des Ghettos gewarnt hatte. Nach der Befreiung 1944 kamen im Schloss Ortsbewohner unter, die während des Krieges obdachlos geworden waren. Die letzte Familie zog erst 1962 aus.

Ab Anfang der 1990er Jahre wurde das Schloss aufwendig restauriert. Man hat versucht das Interieur (Säle, Innenein-richtung) im Originalzustand wieder herzustellen. Es sind vor allem Möbel, Waffen, Gobelins usw. zu sehen (Anf. 17.bis Mitte 18. Jh.). Es werden auch diverse Musikveranstaltungen, Mittelaltermärkte und Kunstfestivals durchgeführt. Außerdem gibt es hier ein Restaurant und ein Hotel (s. u.).

Jedes Jahr im Juni findet im und am und um das Schloss herum das **Kunstfestival Mirski Zamak** statt, ein Potpourri von Kunst, mittelalterlicher Musik und Ritterturnieren, sowie das dreitägige Musikfestival ›Musikalische Abende im Mirer Schloss‹. Darüber hinaus gibt es andere Veranstaltungen, die sich in der einen oder anderen Form mit der Geschichte und Kultur von Belarus beschäftigen, so zum Beispiel das ›Mir Music Festival‹ (Interpretation mittelalterlicher belarussischer Musik in Form elektronischer Musik) sowie Ritterturniere und Kinderfeste.

■ Der Park

Den ursprünglichen italienischen Park legte Sirotka im 17. Jahrhundert an, inspiriert durch eine Italienreise. Daher

Glanzvolle Säle im Schloss Mir

Minsk und Minsker Gebiet

Die orthodoxe Kirche am Marktplatz

fanden hier vor allem Renaissance-Elemente Anwendung: ein Park mit Alleen, Orangerie und Teichen.

Im Laufe der Jahrhunderte verfiel nicht nur das Schloss, sondern auch der Park. Fürst Svjatapolk-Mirski legte an seiner Stelle Ende des 19. Jahrhunderts einen neuen Park auf der Rückseite des Schlosses an. Die Insel auf dem kleinen künstlichen See kann über eine Brücke erreicht werden. Architektonische Komponente des Parks ist die Grabkapelle aus rotem Backstein hinter dem Schloss, die als private Hauskirche und als Familiengrabmal der Svjatopolk-Mirskis diente. Sie entspricht dem neoromanischen Stil, auf der nach Süden ausgerichteten Hauptfassade ist ein großes Mosaik des Erlösers Pantokrator angebracht.

■ Friedhöfe

Auf dem **orthodoxen Friedhof** (vul. Tankistaŭ).stehen eine hübsche kleine orthodoxe Kirche, die Georgskirche

(1910) und eine kleine Grabkapelle aus Stein (2. Hälfte 19. Jh.).

Außerdem gibt es in der Stadt noch einen katholischen (vul. Leningradskaja/vul. 1 Maja) und einen tatarischen Friedhof.

■ Jüdisches Leben

Einige der historischen Gebäude aus der Zeit, als Mir ein bedeutendes jüdisches Shtetl war, sind noch erhalten. Die meisten stehen westlich vom Marktplatz (vul. Kirava).

Die zweistöckige **Hauptsynagoge** hat vier Säulen unter einem dreieckigen Giebel; nach anderen Quellen könnte dies auch eine Jeschiwa (Talmud-Hochschule, in der Rabbiner ausgebildet werden) gewesen sein.

Mit ihr harmoniert die **Kaufmannssynagoge** (19. Jh.), die direkt daneben steht, sehr gut, ist sie doch farblich gleich gestaltet, mit einem Stockwerk ist sie nur kleiner und macht einen bescheideneren Eindruck. Ein drittes weiß geputztes einstöckiges Haus ist ebenfalls eine **Synagoge** (Ende 19. Jh.), die in einigen Publikationen auch als Mikve (rituelles Bad im jüdischen Glauben) angegeben wird (Ecke vul. 17 verasnja/vul. Kirava). Die **Jeschiwa** in Mir (gebaut vermutlich 1847; zwischen vul. Kirava und vul. Leningradskaja) wurde 1815 gegründet und war mit 250 Schülern die zweitgrößte

in Belarus (nach der in Valožyn, → S. 150). Außerdem gehört zu diesem Gebäudekomplex ein **Cheder** (religiöse Grundschule im Judentum; um 1893) mit Pension (um 1900; Lage: vul. Kirava). Der **jüdische Friedhof** ist bekannt seit 1731 (aber vermutlich viel älter), hier gibt es ungefähr 100 Gräber (Lage: vul. Saveckaja/nördlicher Stadtrand).

 Mir

Vorwahl: +375/(0)1596.

Von Brest und Minsk M1, von dort P54 oder P11 ca. 20 km Richtung Njasviž bzw. P64 oder P11 nach Mir. Ab Hrodna M6 Richtung Minsk und nach knapp 100 km rechts abbiegen P11 über Navahrudak nach Mir und weiter nach Njasviž.

Ab Minsk Ostbahnhof/Hauptbahnhof, Fahrzeit ca. 2 Std. Nach Mir auch ab Hrodna, Baranavičy, Navahrudak möglich. Nach Njasviž auch ab Pinsk und Baranavičy möglich.

Nur nach Njasviž: Regionalbahn Minsk–Baranavičy, Ausstieg in Haradzeja (Fahrzeit ca. 2,5 Std. ab Minsk), von dort weiter mit dem Bus (fährt regelmäßig, nach jeder Elektritschka).

Hotel Mirskij Zamok, vul. Čyrvonaarmejskaja 2, Tel. (Hotel) 28292, +375/29/9303118, www.mirzamak.by (en). Hotel, Restaurant, Bar: Übernachten im Schloss, belarussisch speisen. Auch Sauna und Billard.
Zamkovoe predmeste, (liegt direkt am Schloss), Tel. +375/29/6208671, www. mirzamok.by (ru). Hotel, Café, Gutshaus mit drei Zimmern und Küche. Platz für

bis zu zehn Gäste, Fahrradverleih, Ausreiten. Übernachtung ca. 20 Euro. Banja (50 Euro).
Hotel Mir, vul. 17 verasnja 2, Tel. 23851. Mitten im Ortszentrum, am ehemaligen Marktplatz. Sehr schlicht, aber sauber; Übernachtung ab ca. 20 Euro. Keine Speisemöglichkeit (nebenan ist das **Café Rahneda**).
Café Mirum, ul. Čyrvonaarmejskaja 1a (gegenüber Schloss).

Schloss Mir, ul. Čyrvonaarmejskaja 2, www.www.mirzamak.by (en); tgl. 10–18 Uhr, Di geschl.; letzter Montag im Monat Eintritt frei!
Stadtgeschichtliches Museum Mir, vul. 2-i zavulak Kirava 2 (hinter dem Marktplatz) Tel. +375/29/9294268 (Viktar). Das ist ein kleines privates Museum, untergebracht im Gebäude des ehemaligen Gasthauses, in dem der belarussische Dichter Uladzislaŭ Syrakomlja (1823–1862) einst das Gedicht ›Der Postbote‹ schrieb. Eine hübsche kleine Ausstellung über das Städtchen Mir vor dem Krieg, als die Einwohner unterschiedlicher Konfessionen und Religionen friedlich miteinander lebten. Es zeigt viele persönliche Alltagsgegenstände der Einwohner. Bei geplantem Besuch bitte vorher Viktar kontaktieren und Termin vereinbaren (er spricht nur Russisch, ist aber sehr freundlich und erzählt gerne über Mir).

Das Brester Gebiet, das westliche Tor ins Land, grenzt an Polen und die Ukraine und bietet eine gute Möglichkeit das historische und moderne Belarus zu erkunden: Hier gibt es Urwald, einstmals prachtvolle Paläste an Stellen, an denen sich Fuchs und Hase gute Nacht sagen, sowie die typisch sowjetische Architektur der heutigen Kleinstädte.

Das ›Mut‹-Monument in der Festung Brest

Brest

Fährt man aus Westeuropa mit dem Zug nach Belarus, so landet man immer zunächst in der Grenzstadt Brest (Брэст/Брест): Der Fluss Bug ist die natürliche Grenze zwischen Polen und Belarus.

Die Zugfahrt über diese EU-Grenze ist auch keine gewöhnliche: Da die Spuren in Belarus und weiter östlich 89 Millimeter breiter sind als in Westeuropa, werden hier die Fahrgestelle der Eisenbahnwaggons gewechselt. Eine breitere Spur war stabiler für schwere Frachtgüter; aus militärischer Sicht könnten Züge aus Westeuropa auf Grund der unterschiedlichen Spurweiten zuerst nicht durchfahren. Die Spurumstellung dauert etwa zwei Stunden, die man im Waggon verbringen muss, da man sich direkt an einem Grenzübergang befindet.

Brest ist ein gutes Beispiel für große Städte in Belarus. Es ist alt, im Laufe der Geschichte gehörte es zu verschiedenen Staaten, deren Grenzen andauernd verschoben wurden. Brest wurde verbrannt, zerstört und mehrmals wiederaufgebaut. Daher sieht die 300 000-Einwohner-Stadt heute trotz ihres hohen Alters jung aus.

Geschichte

Brest ist seit 1019 als Handelszentrum und als Burg-Stadt bekannt (später hieß es auch Berestje, Brest-Litowsk, Brest-nad-Buham). In den ersten Jahrhunderten war die Stadt unter dem Einfluss von Turaŭ, der alten Hauptstadt der slavischen Dregowitschen, und 900 kam sie unter die Herrschaft der Rjurikiden der Kiewer Rus. Brest war eine der wenigen belarussischen Städte, die von den Tataren erobert wurden.

1319 kam die Stadt unter die (litauische) Macht von Gediminas, danach herrschten die Großfürsten Keistut (Kęstutis) und Jagiełło. In den 1380er Jahren bekam Großfürst Vytautas mit Hilfe von Teutonen und Söldnern die Stadt von Jagiełło. Die Ritter wurden von Harry of Lancaster geleitet, der später (1413–22) als Henry V. König von England wurde.

Im Brester Eisenbahnmuseum

1390 erhielt Brest als erste Stadt des heutigen Belarus das Magdeburger Recht. Im 16. Jahrhundert war Brest eine der größten Städte in der Region, bekannt für seine Handwerkszünfte. 1559 wurde eine protestantische Druckerei gegründet, und 1563 kam die Brester Bibel (polnisch: Biblia Brzeska) heraus, die erste vollständig ins Polnische übersetzte kalvinistische Bibel.

1596 wurde in der Brester Nikolaikirche die Kirchenunion (als Kirchenunion von Brest bekannt) zwischen den orthodoxen Bischöfen des polnisch-litauischen Staates geschlossen, die dem Patriarchat von Konstantinopel und der römisch-katholischen Kirche unterstanden. Das Ziel war der Schutz der Orthodoxie im Osten der Rzeczpospolita vor den Ansprüchen des 1589 gegründeten Moskauer Patriarchats. Die orthodoxen Bischöfe behielten nach der Kirchenunion ihre traditionelle Liturgie nach byzantinischem Ritus und eine eigenständige kirchliche Hierarchie bei.

Im 17. Jahrhundert studierte am Brester Kolleg der belarussische atheistische Philosoph Kazimierz Łyszczynski, der aus der Nähe von Brest stammte. Er behauptete, dass Gott vom Menschen geschaffen sei (homo est creator Dei) und Religion eine Art der Unterdrückung sei. Vom polnischen Sejm wurde er für sein Werk ›De non existentia Dei‹ (Über die Nichtexistenz Gottes) zum Tode verurteilt, 1689 in Warschau geköpft und verbrannt.

1657 wurde Brest von Schweden erobert und verbrannt, 1660 von Moskauer Truppen, 1706 wieder vom schwedischen König Karl XII. (Großer Nordischer Krieg), 1794 nach dem Kosciuszko-Aufstand von Alexander Suworow, dem Feldherr von Katharina der Großen. Seitdem war Brest ein Teil des Russischen Reiches und verlor all-

Die Nikolaikirche in der vul. Saveckaja

mählich seine politische, nicht jedoch seine wirtschaftliche und militärische Bedeutung.

Die Russen errichteten 1836–42 eine Festung zur Sicherung der Westgrenze gegen Polen am Zusammenfluss von Muchawez und Bug. Sie wurde praktisch statt der Altstadt gebaut, Brest wurde um rund zwei Kilometer in östliche Richtung verschoben. 1918 wurde in Brest der Friedensvertrag von Brest-Litowsk zwischen dem Deutschen Reich und Sowjetrussland unterschrieben.

Nach dem polnisch-sowjetischen Krieg gehörte die Stadt 1919 wieder zu Polen (bis auf 19 Tage im August 1920, als die Bolschewiki an der Macht waren), seit 1939 wieder zu Belarus.

Sehenswürdigkeiten

Das heutige Stadtzentrum ist nicht alt. Seinen Kern bilden die vulica Saveckaja (вуліца Савецкая/улица Советская),

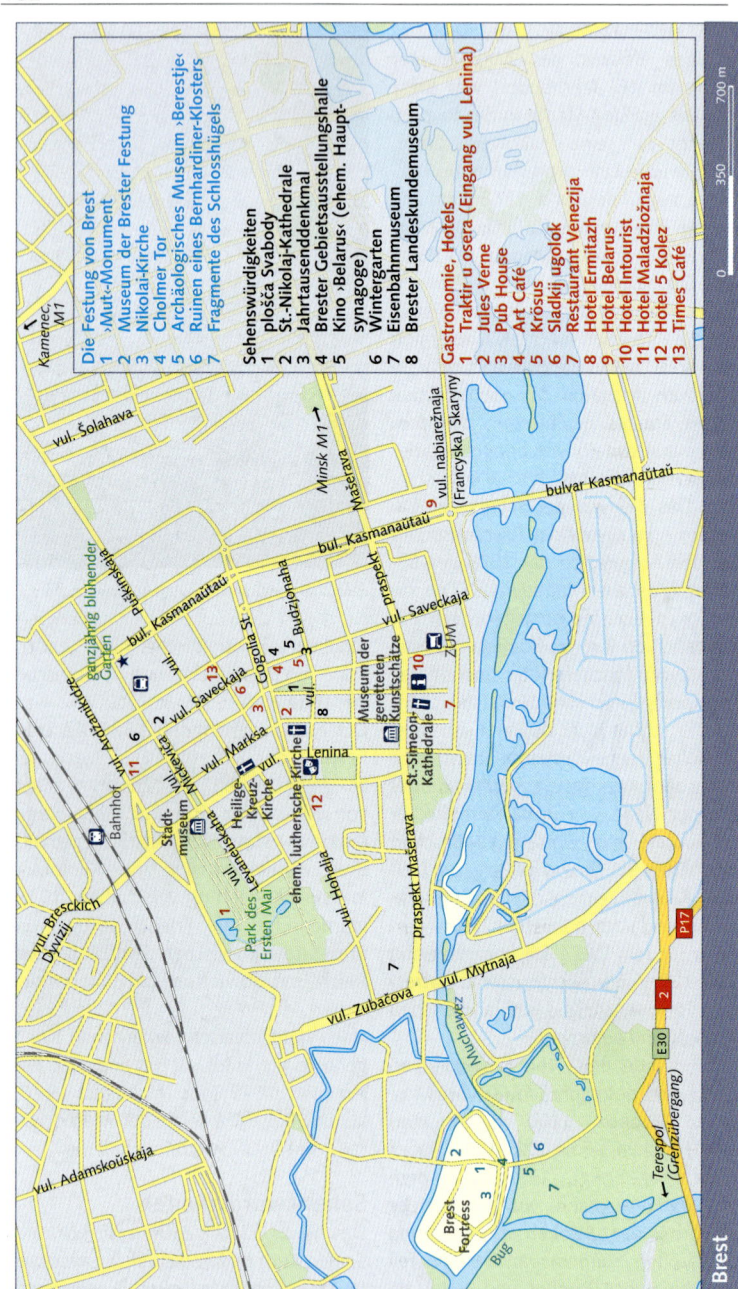

Die Festung von Brest

»Mut«-Monument
1 Museum der Brester Festung
2 Nikolaj-Kirche
3 Cholmer Tor
4 Archäologisches Museum »Berestje«
5 Ruinen eines Bernhardiner-Klosters
6 Fragmente des Schlosshügels
7

Sehenswürdigkeiten

1 plošča Svabody
2 St.-Nikolaj-Kathedrale
3 Jahrtausenddenkmal
4 Brester Gebietsausstellungshalle
5 Kino »Belarus« (ehem. Hauptsynagoge)
6 Wintergarten
7 Eisenbahnmuseum
8 Brester Landeskundemuseum

Gastronomie, Hotels

1 Traktir u osera (Eingang vul. Lenina)
2 Jules Verne
3 Pub House
4 Art Café
5 Krösus
6 Sladkij ugolok
7 Restaurant Venezija
8 Hotel Ermitazh
9 Hotel Belarus
10 Hotel Intourist
11 Hotel Maladziožnaja
12 Hotel 5 Kolez
13 Times Café

Brest

die vulica Lenina (вуліца Леніна/улица Ленина), die vulica Marksa (вуліца Маркса/улица Маркса), die vulica Budzjonaha (вуліца Будзёнага/улица Буденого) und die vulica Maskoŭskaja (вуліца Маскоўская/улица Московская).

Entlang **der vulica Saveckaja** (вуліца Савецкая/улица Советская) spazierenzugehen ist wohl die beste Weise, Brest kennenzulernen. Die Straße ist eine Fußgängerzone mit vielen Blumenbeeten, Bänken und Cafés. Die Fassaden sind frisch gestrichen, die Gebäude wurden renoviert. Und seit Sommer 2009 gibt es einen uniformierten Laternenwächter, der jeden Abend (scheinbar) die Laternen anzündet. Sobald er fertig ist, geht die Straßenbeleuchtung an.

Das **Kino Belarus** (Saveckaja 62) ist das größte in der Stadt. 1862 wurde an dieser Stelle das sechseckige Gebäude der Hauptsynagoge gebaut, die 1944–45 in ein Kino umgebaut wurde. 1970 errichtete man ein modernes Kino, wobei die Innenwände der ehemaligen Synagoge als tragende Strukturen verwendet wurden.

In der Sommerzeit ist der kleine Platz daneben von Straßencafés und Souvenirständen besetzt. Für mehr Kultur geht man in die **Brester Gebietsausstellungshalle** (Saveckaja 54; (10–18 Uhr, Mo geschlossen), dort ist lokale Kunst zu sehen sowie auch andere Ausstellungen westlicher Art.

An der Kreuzung Saveckaja/Hohalja steht ein **Jahrtausenddenkmal**. Es wurde 2009 mit Hilfe von Spenden der Bürger errichtet. Ein Schutzengel segnet Brest, im unteren Teil sieht man historische Personen: den Fürsten Wladimir Wassilkowitsch, den Großherzog von Litauen Vytautas, Mikołaj Czarny Radziwiłł und Einwohner der Stadt – in

Gestalt eines Chronisten, einer Mutter und eines Soldaten.

An der gleichen Kreuzung (Saveckaja 46) gibt es auch eine witzige Straßenskulptur namens ›Altstadt‹, die zwei Häuser mit Schornsteinen und Katzen darauf darstellt und im Volksmund ›Verliebte Katzen‹ genannt wird. Kurioserweise verkleidet diese Skulptur ein vier Meter hohes Entlüftungsrohr.

Die Häuser in der vulica Saveckaja haben auffällig große Fenster im Erdgeschoss, hier befanden sich Anfang des 20. Jahrhunderts jüdische Verkaufsstände und Geschäfte. In den oberen Etagen hat man gewohnt. **Menachem Begin** (1913–1992), Ministerpräsident und Außenminister Israels, wurde übrigens in Brest geboren.

In der vulica Hohalja wurden 28 **Straßenskulpturen** installiert (Juli 2013), die meisten davon zeigen Geschichten aus Büchern von Nikolai Gogol, aber auch den Kleinen Prinzen.

Der Erste Weltkrieg zerstörte unzählige Gebäude in der Stadt, danach wurde

Das Brester Jahrtausenddenkmal

Die vulica Maskoŭskaja

viel Neues gebaut. Der zuständige Architekt war der Warschauer Juljan Lisiecki (1881–1944), der in Karlsruhe studiert hatte. Zahlreiche Häuser in der vulica Levaneŭskaha stammen von diesem polnischen Architekten.

Einen schönen Spaziergang am Abend bieten der **Park des Ersten Mai (**Park Peršaha Maja) und die benachbarten Boulevards: die **vulica Levaneŭskaha** (вуліца Леванеўскага/улица Леваневского), die **vulica Mickeviča** (вуліца Міцкевіча/улица Мицкевича); auch der dreieckige **plošča Svabody** (плошча Свабоды/площадь Свободы). Die vulica Famina zeigt eine Sammlung von Straßenlampen mit wunderschön restaurierten Laternen.

Einen eigenen Charme besitzt die acht Kilometer lange **vulica Maskoŭskaja** (улица Московская/вуліца Маскоўская). Sie verbindet den historischen Teil der Stadt mit dem neuen Zentrum. Hier liegen Sportstätten, eine Eishalle, das Baseball-Stadion und das Jugendzentrum.

Die 500 Meter lange Uferstraße **vulica Francyska Skaryny** ist von Pappeln gesäumt und führt am Muchawez vorbei.

Auf der südlichen Seite befindet sich ein Sandstrand, ideal für Spaziergänge und zum Schwänefüttern.

Nehmen Sie noch weiter nördlich die vulica 28. Lipjenja/Ijulja bis zur Kreuzung mit der vulica Kastryčnickay revaljucyi/ Oktjabrskoy revoljucii und dem **Brester Ruderkanal**. An dieser Straße befindet sich ein Radweg, und man kann in der Sommerzeit Boote und Fahrräder mieten.

■ **Sehenswerte Kirchen**

Die hellgrüne orthodoxe **St.-Simeon-Kathedrale** (unter der schönen Adresse vulica Marksa 84) hat eine majestätische dreistufige Ikonostase und Formen der Moskauer Architektur. Sie wurde 1865–68 gebaut und 1988 renoviert. Besonders gelungen ist die Rekonstruktion der Innenmalerei. Alle fünf Kuppeln wurden durch vergoldete ersetzt. Heute ist sie die wichtigste Kirche in der Stadt.

In der vulica Marksa 37 steht ein **Bürogebäude** – das einst eine lutherische Kirche (1938) war – im für ein religiöses Gebäude untypischen Stil des Konstruktivismus.

Karte S. 182

Das erste hölzerne Gebäude der **St.–Nikolai-Kathedrale** (Kreuzung vulica Saveckaja 10/Mickeviča) wurde 1895 zerstört. Der Neubau, eine Kreuzkuppelkirche im russisch-byzantinischen Stil, wurde durch Spenden von Marinesoldaten der russischen Pazifikflotte ermöglicht. Die Architektur der 1906 eingeweihten Kirche ist daher einem Schiff nachempfunden. Die Kirche birgt bedeutende Reliquien wie ein Teil des Kreuzes, an dem Jesus gekreuzigt wurde, die Reliquien des heiligen Theodosius von Tschernigow und ein Heiliges Kreuz mit dem Stein von Golgatha in Jerusalem. Am Kirchengebäude befinden sich Gedenktafeln für die russischen Teilnehmer am Russisch-Japanischen Krieg. Zu Sowjetzeiten befand sich hier 30 Jahre lang das Archiv des Brester Gebiets (Abb. → S. 181).

Praktisch schräg gegenüber steht **der botanische Wintergarten** (vulica Mickeviča 28/1; 11–18 Uhr, Mo, Di geschlossen). Hier wachsen in drei Klimazonen (tropisch, subtropisch, Wüste), mehr als 1500 Pflanzen. Zwei Aquarien zeigen die Unterwasserwelt von Südostasien und des Amazonas, in einer Extraabteilung leben Papageien, japanische Wachteln und Tauben.

Die klassizistische katholische **Heilig-Kreuz-Kirche** (auch sie unter einer atheistischen Adresse, vulica Lenina 34) wurde 1856 errichtet. Hier wird eine wichtige christliche Ikone aufbewahrt: ein Heiligenbild der Muttergottes aus dem 17. Jahrhundert. Zu Sowjetzeiten war hier ein Museum untergebracht. Auf eine kleine Anekdote verweisen die Bewohner von Brest über das Lenin-Monument vor der Kirche: Man glaubte stets, der Arbeiterführer zeigt, wo es zu einem besseren Leben entlangging, hier weist er mit seinem ausgestreckten Arm genau auf die Kirche.

Die Heilig-Kreuz-Kirche

Es gibt auch schöne alte Friedhöfe in Brest: den **Trišin-Friedhof** (vulica Maskoŭskaja, neben dem Jugendkulturzentrum), den **Katholikenfriedhof** (Kreuzung vulica Puškina/ Waladarskaha) oder den **Balachovič-Friedhof** für polnische Soldaten (Druhaja Prachadnaja/ Vtoraja Prochodnaja vulica) neben der vulica Belakuskaja).

Die Festung von Brest

Die Brester Festung (Брэсцкая крэпасць/Брестская крепость) liegt 30 Gehminuten vom Zentrum entfernt (einfach dem praspekt Mašerava Richtung Westen folgen) und besteht aus mehreren Museen. Die Festung kann man jeden Tag ohne Mittagspause besichtigen (www.brest-fortress.by; engl.).

Die heutige Festung von 1842 wurde zum Teil auf künstlichen Inseln errichtet. Der Initiator des Projektes war Karl Oppermann, ein russischer Militäringenieur mit deutschen Vorfahren. Das Gelände war von einem Erdwall mit bis zu zehn Metern Höhe umgeben, zwischen Inseln wurden Grachten und Brücken gebaut. Die Gesamtfläche der Befestigungsanlagen betrug vier Quadratkilometer, bis zu 12000 Personen konnten hier einquartiert werden; die Dicke der Wände erreichte zwei Meter, die Befestigungsanlagen waren insgesamt 30 Kilometer lang. Im 19. Jahrhundert galt die Festung als die größte im Russischen Reich. Zweimal, 1939 und 1941, befand sie sich im Wege deutscher Soldaten, einmal während des Überfalls auf Polen, da Brest-Litowsk damals in Polen lag, und später während des Überfalls auf die UdSSR, wobei Brest schon Teil des sowjetischen Belarus war.

Am 26. August 1941 besuchten Adolf Hitler und Benito Mussolini die Brester Festung. Auf Fotos sind sie zwischen Trümmern zu sehen, stolz auf die erfolgreiche Kriegsführung.

Am Eingang der Festung hören die Besucher die Bekanntgabe, dass das faschistische Deutschland die Sowjetunion überfallen habe, begleitet vom Klang von fliegenden Kampfjets und militärischen Liedern. Das Echo ertönt zwischen den roten Ziegelgebäuden und Monumenten. Die Brester Festung wurde im Morgengrauen des 22. Juni 1941 attackiert. Sie war mehrere Wochen eingekreist und wurde erbittert verteidigt, obwohl der deutsche Plan war, sie bis zum Mittag zu erobern. Mehr als 8000 sowjetische Soldaten, aber auch Frauen und Kinder (fast 10 000 Leute insgesamt) waren dort vor Kriegsanfang stationiert. Keiner von denen, die nicht entkommen konnten, überlebte.

Das riesige Monument mit einem trauernden Soldaten symbolisiert den Mut der Festungsbesatzung (auf der anderen Seite sind Basreliefs aus dem Krieg). Davor befinden sich Reste des ehemaligen Jesuitenkollegs (17.–18. Jh.), das später als Kommandantur diente, aber auch als Offizierskasino. Vor dem ›**Mut**‹-**Monument** sind der Platz für Trauerzeremonien mit Gedenktafeln für die verstorbenen Verteidiger und ein Obelisk in Form eines Bajonettes sowie die Ewige Flamme. Am Ufer findet man das Monument ›Durst‹.

Karte S. 182

▲ *Eingang zur Festung Brest*

Rechts vom Eingang steht das Museum der Brester Festung (9–18 Uhr, Mo geschlossen) und das Kunstmuseum mit Handwerksgegenständen (10–18 Uhr im Sommer, 10–17 Uhr im Winter, Mo, Di geschlossen).

Weiter nördlich steht die **Nikolaikirche** (1856–79, 1928, 1990er Jahre). Sie wurde als orthodoxe Garnisonskirche gebaut, wobei aber die Wände teilweise von der frühen katholischen Augustiner-Kirche stammen. 1919 wurde sie zu einer katholischen Kathedrale umgebaut. Nach dem Zweiten Weltkrieg wurde sie konserviert und 1994 wieder als orthodoxe Kirche eröffnet. Sie sieht jetzt wieder aus wie die orthodoxe Kirche des Jahres 1879.

Interessant ist, dass die Brester Festung erst Mitte der 1950er Jahre nach einer Reihe von Veröffentlichungen über die Heldentaten ihrer Verteidiger von der sowjetischen Propagandamaschinerie entdeckt wurde. 1955 wurde ein kleines Museum eingerichtet; 1965 bekam die Festung den Ehrentitel der Heldenfestung verliehen. Erst 1971 wurde die Gedenkstätte eröffnet.

Sehr empfehlenswert ist auch das **archäologische Museum ›Berestje‹** auf der Hospitalny-Insel südlich der Hauptbastion. Hier gelangt man durch das **Cholmer To**r, das Wahrzeichen der Festung. Dort befindet sich unter einem imposanten hallenartigen Gebäude eine slavische Zitadellen-Siedlung aus dem 13. Jahrhundert in ihrer ursprünglichen Form. Diese alte Siedlung auf der Hospitalny-Insel wurde von Archäologen in den späten 1960er Jahren ausgegraben. 1982 wurde auf dem Gelände eine Ausstellung eingerichtet, die einen Teil des Handwerkerviertels darstellt: 30 Wohn-und Gewerbebauten, oder besser gesagt, zwei Straßen. Ausgestellt sind ausgegrabene Werkzeuge,

Das Cholmer Tor in der Festung

Brest und Brester Gebiet

Haushaltsgegenstände, Schmuck und sogar Schachfiguren (10–18 Uhr, Mo, Di geschlossen).

Neben dem Museumsgebäude findet man Fragmente des Schlosshügels, auf dem einst die **Burg von Brest** stand. Die ursprünglichen Holzbauten wurden nach einem Brand aus Stein und Holz neu errichtet. In der Burg fand im Dezember 1409 ein geheimes Treffen des Großfürsten von Litauen, Vytautas, mit dem polnischen König Jagiełło statt. Sie entwickelten eine Strategie für die Schlacht von Grunwald – die entscheidende Schlacht gegen die Kreuzfahrer, am 15. Juli 1410 wurde sie auch erfolgreich umgesetzt. Damit wurde die deutsche Expansion in Belarus gestoppt, sie sollte sich aber später mit dem Ersten Weltkrieg fortsetzen.

Weiter südlich sieht man die **Ruinen eines Bernhardiner-Klosters** (18.–19. Jh.)

Brest

Vorwahl: +375/(0)162
www.city-brest.gov.by
Das **Intourist-Büro** (Iнтурыст/Интурист) bietet Führungen für 20–30 Euro: Stadtführung (ca. 3 Std.), ›Jüdisches Brest‹, ›Orthodoxes Brest‹, Führungen durch Museen der Stadt und durch die Brester Festung. pr. Mašerava 15, Tel. 200510. Weitere **Reiseagenturen**, die auch Tagesausflüge anbieten: Bresttourist, vul. Šaǔčenki/Шаўчэнкi 6, Tel. 259039, www. brestturist.by; Globus-K, Lenina 39, Tel. 231411. Piligrim, Saveckaja 49, Tel. 202751.

Brest ist die erste Haltestelle bei der Anfahrt aus der EU; aus Minsk kommt man am einfachsten mit dem Zug, es gibt tgl. mehrere Züge (3,5–5 Std.).
Von allen drei Minsker Busbahnhöfen fahren tgl. 2–3 Busse (5–6 Std.) sowie 3–5 Marschrutkas (4,5–5 Std.).
Hauptbahnhof: Pryvakzalnaja plošča 1.
Busbahnhof: vulica Mickeviča 35.
Taxi: BUG, Tel. 409963; Bravo, Tel. 239640.
Autovermietung: Easyday: Mašerava 15, Tel. +375/29/8882007; Europcar/RENT-ALCARGROUP: Hauptbahnhof, Pryvakzalnaja plošča 1, Tel. 0800/7895047 (aus Deutschland).

Hermitage (Эрмитаж), Čkalava 7, Tel. 276000, www.hermitagehotel.by (engl.); DZ ab 115 Euro. Sehr modern und zentral, Restaurant, geschmackvoll eingerichtete Zimmer, Spa, Schönheitssalon, Fitnessraum, Touristeninformation.
Belarus (Беларусь), Boulevard Šaǔčenka 6, Tel. 221646, www.brestturist.by (engl.); DZ ab 75 Euro. Sowjetisches Erbe von Brest, gut renoviert, verfügt über ein Restaurant, eine Bar, Wechselstube, Gepäckaufbewahrung, einen bewachten Parkplatz. Es gibt auch ein **Touristenbüro**, bei dem man Ausflüge buchen kann.

Intourist (Интурист), Mašerava 15, Tel. 202082, www.brestintourist.by (engl.); DZ ab 40 Euro. Liegt im Zentrum, hat ein Kasino, ein Restaurant, Bar, 24/7, Wechselstube, eine Gepäckaufbewahrung, einen bewachten Parkplatz, ein Touristenbüro sowie Massage-, Schönheits- und Friseursalon.
Molodjoschnaja (Молодежная), Komsomolskaja 6, Tel. 216376; DZ ab 25 Euro. Nicht weit vom Bahnhof, gemütlich und sauber.
5 Kolez (5 Колец), vulica Hohalja 9, Tel. 208495; DZ ab 22 Euro. Neu und zentral gelegen, neben dem Park, unweit des Bahnhofs; nettes Personal, Sauna, Fitness- uund Tennisraum sowie ein Café mit belarussischer Küche.
Rynkoǔka, beim Dorf Cjuchiničy, www. rinkavka.by (engl.); DZ ab 45 Euro. Nördlich am Stadtrand, am Fluss Ljasnaja, tolles rustikales Ambiente, privater Sandstrand und kostenfreie Leihfahrräder, Pavillons und Grilleinrichtungen. Wandern, Radfahren, Angeln und Reiten zählen zu den möglichen Aktivitäten. Der Komplex bietet seinen Gästen im Außenbereich einen Spielplatz, einen kleinen Zoo und einen Volleyballplatz.

Zitadelle (Цитадель) in der Brester Festung, tgl. 10–22 Uhr.
Traktir u osera (Трактир у озера), Park des Ersten Mai, tgl. 12–23.30 Uhr, Eingang von der Lenin-Str., slavische Küche, hausgemachte Liköre; ausgestattet mit Holzmöbeln im slavischen Stil, offene Feuerstelle in der Mitte.
Jules Verne (Жюль Верн), Hohalja 29/Marksa, tgl. 12–24 Uhr. Italienische und indische Küche, sehr gemütlich.
Venecija, (Венеция), Internazionalnaja 5. Mit der besten Pizza in der Stadt.
Times Café, Saveckaja 30, tgl. 8.30–23 Uhr. Frühstück, Suppen, sehr lecker.
Art Café, Saveckaja 53. Sehr gute Desserts, westlicher Geschmack und westliche Preise.

Sladkij ugolok (Сладкий уголок), Puškina 29, tgl. 10–22 Uhr. Riesige Auswahl an Desserts und Tees.

Pub House, Hohalja 40. Gute Auswahl an gezapften Bieren.

Krösus (Крез), Saveckaja 65, tgl. 12–24 Uhr. Pub und Internet-Café, große Auswahl an Bieren, polnisch- und deutschsprachiges Personal.

Eisenbahnmuseum, praspekt Mašerava 2, in der Nähe der Festung; tgl. 10–17 Uhr, Mo geschl., auch Führungen möglich. Dieses Freiluftmuseum zeigt mehr als 50 polierte und renovierte historische Lokomotiven, Waggone und Züge, alles zum Anfassen.

Stadtmuseum von Brest, ulica Levaneŭskaha 3; tgl. 10–18 Uhr, Mo, Di geschl., für das Fotografieren muss man bezahlen. Stadtgeschichte seit der Gründung 1019 bis 1939.

Brester Landeskundemuseum, vulica Marksa 60, tgl. 10–18 Uhr, So, Mo geschl. Viele Ausstellungsstücke sind in ihrer Art einzigartig: archäologische Funde, kreative Bügeleisen, handgeschriebene Bücher, riesige Samoware, Modelle verschiedener Schlösser, alte Schreibmaschinen, Spieluhren.

Museum der geretteten Kunstschätze, vulica Lenina 39, tgl. 10–18 Uhr, Mo, Di geschl. Ein einzigartiges Museum: Die hier ausgestellten Kunstwerke wurden von den Brester Zollbeamten beim Schmuggelversuch konfisziert. Es gibt einen Saal mit asiatischer Kunst, mit russischen Ikonen, Handwerkskunst, Malereien, Möbelstücken. Bei einer Führung erfährt man einiges über die Besonderheiten der russisch-orthodoxen Ikonografie sowie über Mittel und Wege der Schmugglerbanden.

Kino Belarus und 5D Kino, Saveckaja 62. Das **Brester Schauspieltheater** (vulica Lenina 21, www.bresttheatre.com) bietet unterschiedliche klassische Stücke von Tschechow bis Shakespeare an.

Im Januar findet das Internationale Festival der klassischen Musik statt.

Die **Musikalischen Abende im Januar** haben Kammer- und Orgelmusik im Programm.

Das siebentägige internationale **Theaterfestival Bjelaja Vježa** (Белая вежа), findet im September statt und bietet klassische dramatische sowie lustige avantgardistische Stücke, Puppen- Schatten-Tanz- und Straßentheater.

In der Hohalja-Str. werden Ende August, vor Weihnachten und Ostern **Märkte unter freiem Himmel** abgehalten. Hier kann man Obst, Gemüse, Honig, Backwaren und kleine handgemachte Spielsachen kaufen.

Am letzten Wochenende im Mai kommen Motorradfahrer aus Belarus, Russland, der Ukraine, Polen und den baltischen Staaten nach Brest. Das **Biker-Festival** findet im Wellness Center ›Orljonok‹ statt. Jeder kann sich am Fest beteiligen.

Am 28. Juli wird der **Geburtstag von Brest** gefeiert. In der ganzen Stadt, besonders vor den Sportstätten und im Park Peršaha Maja, gehen Einwohner spazieren, nehmen an Wettbewerben, teil oder lauschen den Konzerten. Am Abend gibt es Feuerwerk.

Einkaufszentrum ZUM, praspekt Mašerava 17, tgl. 9–21 Uhr. Das zentrale Kaufhaus wurde vor 60 Jahren eröffnet und ist sehr sowjetisch erhalten; im Erdgeschoss gibt es Souvenirs zu kaufen.

Supermarkt Korona, Maskoŭskaja 210, tgl. 9–2 Uhr. Der größte Supermarkt der Stadt hat auch ein Geschäft für Haushaltwaren, ein Restaurant und ein Bistro.

Zentralmarkt Brestsky rynok, vulica Karbyšava 25, tgl. 7–19 Uhr, 1. Mo im Monat geschl. Hier gibt es frisches Obst, Gemüse, Fleisch, Fisch, Beeren.

Die Umgebung von Brest

Von Brest aus kann man gut die Umgebung mit dem Bus, Zug oder Marschrutkas bereisen. Belarus ist für seine **Seen** bekannt. Das Brester Gebiet ist hierbei keine Ausnahme. Nur 40 Kilometer südlich von Brest in Richtung des Dorfes Damačava, wo die Seen Rahaznjanskaje, Belaje und Čornaje liegen, kann man sich davon überzeugen. Der Čornaje-See lässt sich mit einem gemieteten Boot erkunden. Hier kann man sein Zelt aufschlagen, fischen und den Fang auf dem Lagefeuer grillen.

Pjaty fort – die ›Fünfte Festung‹ in der Nähe von Brest ist ein Ziel für Geschichtsinteressierte. Sie wurde in der zweiten Hälfte des 19. Jahrhunderts erbaut. Die ehemalige Verteidigungsanlage kann heute jeder besuchen und Kriegsgeräte, Karten usw. bestaunen, durch dunkle Bunkeranlagen gehen und versuchen, die zurückgebliebenen Inschriften der deutschen Soldaten zu entziffern (tgl. 9–18 Uhr, www.brestfortress.by; engl.).

Čarnaŭčycy

Dieses kleine Dorf ist seit dem 15. Jahrhundert bekannt. Sein langer, komplizierter Name stammt höchstwahrscheinlich vom Familiennamen Tschernawtschiz.

Im 16. Jahrhundert war Čarnaŭčycy (Чарнаўчыцы/Чернавчицы) Residenz von Mikołaj Krzysztof Radziwiłł (genannt Sierotka, das Waisenkind), das Zentrum einer Grafschaft, die rund 40 Dörfer umfasste. Hier wurde 1585–95 eine katholische **Kirche der Dreifaltigkeit** errichtet, ein einzigartiges Denkmal der belarussischen Architektur mit Elementen der Gotik, Renaissance und Verteidigungsarchitektur. Der Kultbau in der Bresckaja vulica (Брэсцкая/Брестс-

кая) im Stadtzentrum, etwa 500 m vom Omnibusbahnhof, dominiert den Horizont des Dorfes. Die Kirche freut sich über jeden Besuch: die Türen sind immer auf, der Weg für Touristen ist gut beschildert. Katholisch erbaut, war sie zurzeit der russischen Herrschaft 1867–1918 orthodox.

In Belarus sind nur wenige Kirchen dieser Art (besonders aus dieser Zeit!) erhalten. Eine Besonderheit stellt der runde Turm mit Merkmalen der Verteidigungsarchitektur auf der Südseite dar. Diese Türme sind in der belarussischen Architektur des 15.–17. Jahrhunderts zu sehen. Durch Kombination der lokalen Gotik und Renaissance mit diesen neuen architektonischen Trends entstand eine einzigartige künstlerische Symbiose – eine Basis für die Entwicklung des nationalen Barocks. Massive gotische Wände (1,3 m), gotische halbrunde Fensteröffnungen mit tiefen Nischen zusammen mit geometrischem Mustern an Gewölbestrippen aus der Renaissance-Architektur sind durch barocke hölzerne polychrome Skulpturen (18. Jh.) erweitert. Der Ornat hier ist mit Sluck-Gürteln umrahmt.

Die Kirche hatte einst eine schöne Ikone ›Unsere Liebe Frau von Čarnaŭčycy‹ – Maria wurde in einem Boot (Symbol für Kirche und Erlösung von der Sünde) mit einer weißen Lilie gezeigt, die Reinheit symbolisiert. Während des Ersten Weltkrieges versuchte man sie sowie viele Kirchengeräte in Russland zu retten. Heute gilt sie als verloren.

Wenige Hundert Meter in der Bresckaja vulica entfernt steht die orthodoxe hölzerne Kirche von St. Paraskewa (ca. 1733, umgebaut 19. Jh.). Sie überrascht durch eine komplexe Form und grellblaue Wände.

Karte vordere Umschlagklappe ▲

Anfahrt: Der Ort liegt 20 km von Brest, 7 km von Matykaly, auf der Straße Brest–Kamjanec; aus Brest fahren täglich mehrere Busse und Marschrutkas (30 Min.–1 Std. Fahrt). Es gibt keine Übernachtungsmöglichkeiten oder Cafés.

Kamjanec

Kamjanec (Камянец/Каменец) wurde 1276 vom Fürsten Wladimir Wassilkowitsch von Wolhynien in einer Gegend gegründet, die seit dem 10.–11. Jahrhundert bekannt war. Der Architekt Oleksa hat einen 30 Meter hohen Turm aus Stein auf einem Hügel am südlichen Ufer des Flusses Lesnaja gebaut, er befand sich innerhalb eines kreisförmigen Dammes und dominierte die hölzerne Befestigung. Die Ansiedlung wurde mehrmals besetzt und verbrannt, u. a. 1375–78 von teutonischen Kreuzfahrern sowie bei bewaffneten Auseinandersetzungen zwischen dem Staat Litauen und Polen.

1503 erhielt Kamjanec das Magdeburger Recht; ab 1583 war das Wappen der Stadt der Kamenecer Turm auf blauem Grund. Ab 1795 gehörte Kamjanec zum Russischen Kaiserreich, bis 1940 wurde es Kamjanec-Litowski. 1918 war es Teil der erklärten Belarussischen Volksrepublik, 1921–39 gehörte es zu Polen, danach zur Sowjetunion.

■ Der Weiße Turm

Die Hauptattraktion liegt unweit des Omnibusbahnhofes, von dort kommt man über die vulica Pamežnaja/Pograničnaja 30 (Памежная/Пограничная) Richtung Norden zum Turm zu Kamjanec aus dem 13. Jahrhundert.

Man sieht den hochaufragenden einzeln stehenden Turm schon von weitem. Er ist zwar als ›Bjelaja Vježa‹ (weißer Turm, bel. Белая вежа) bekannt, ist aber immer ziegelrot gewesen, da auf diese Weise eventuelle Schäden von Feinden nicht gleich erkannt werden konnten.

Brest und Brester Gebiet

Der ›Weiße‹ Turm war schon immer rot

Er hat höchstwahrscheinlich dem nördlich von Kamjanec an der polnisch-belarussischen Grenze gelegenen Urwald Białowieża (bel. Bjelavježskaja Pušča) seinen Namen gegeben (→ S. 194). Es gibt auch ein polnisches Dorf namens Białowieża. Der Turm war Zeuge vieler blutiger Schlachten der vergangenen Jahrhunderte. Kreuzritter sowie polnische, litauische und Moskauer Truppen stürmten Kamjanec wiederholt.

Der monolithische Bau macht einen mächtigen Eindruck, er ist rund 30 Meter hoch, mit einem Außendurchmesser von 13,6 Metern, die Wände sind 2,5 Meter dick. Die Gesamtfläche beträgt mehr als 300 Quadratmeter, damit so viele Verteidiger wie möglich Platz hatten. Die Innentemperatur beträgt das ganze Jahr hindurch immer etwa 12 Grad.

Das Fundament, die Wände und das Gewölbe des Turmes sind aus großformatigen Ziegeln gebaut. Fünf Ebenen mit Schießscharten sind durch eine interne Holztreppe verbunden. Die Spitze des Turmes hat 14 Zinnen, jede Zinne besitzt eine Öffnung, die von Verteidigern zur Beobachtung benutzt wurde. Die Herkunft des Spitznamens ist unklar. Im 19. Jahrhundert, als der russische Adel in Bjelavježa regelmäßig zur Jagd war, wurde in russischen Büchern der Turm irrtümlich am Ufer des Flusses Bjelaja (bel., russ. für ›weiß‹) statt Lesnaja (›forstlich‹) erwähnt. Weiß angestrichen wurde der Turm zum ersten Mal erst in der Mitte 20. Jahrhunderts.

Heute ist der Weiße Turm ein einzigartiges Denkmal der Verteidigungsarchitektur und auch der einzige verbliebene: seine Pendants in Brest, Turaŭ, Polack, Hrodna und Navahrudak blieben nicht erhalten.

Der Turm zu Kamjanec wurde lange renoviert, jetzt beherbergt er eine Niederlassung des Brester Regionalmuseums. Es gab auch Kritik zur Rekonstruktion, da die Eichenholztreppe durch eine eiserne ersetzt wurde, sie entspricht nicht der historischen Realität und nimmt viel Platz weg. Die Schießscharten werden jetzt durch Glasfenster geschützt, was in einem Denkmal des 13. Jahrhunderts seltsam ironisch anmutet. Die Überreste des Erddamms und die hölzerne Festung wurden im 19. Jahrhundert demontiert. Das Museum zeigt auf drei Etagen viele Karten und anschauliche Nachbildungen (im Sommer tgl. 10–18, im Winter 10–17 Uhr; Mo, Di geschlossen). Die Aussichtsplattform ist von Mai bis Oktober geöffnet und bietet eine Möglichkeit durch die Zinnen die Gegend zu erkunden. Tipp: Fragen Sie nach den Graffiti im Turm. Die ältesten Beschriftungen dort stammen aus dem 17. Jahrhundert!

■ Stadtrundgang

An der Kreuzung vulica Lenina/Hohalja, unweit des Turmes, steht **das Denk-**

Denkmal für den Gründer der Festung ▲ *Kamjanec*

Karte vordere Umschlagklappe

mal für den Gründer der Festung in Kamjanec, den Fürsten Wladimir Wassilkowitsch von Wolhynien. Er steht in Lebensgröße neben einem Wisent, was Stärke und Würde symbolisieren soll. Die Figurengruppe wurde 1988 vom belarussischen Bildhauer Aljaksandr Lyščyk errichtet.

Neben dem Turm zu Kamjanec (Lenina 1) steht das schöne weiße Gebäude eines **alten Gymnasiums** (1931). Die Einheimischen erzählen, dass für die Stufen jüdische Grabsteine verwendet wurden. Davor erkennt man einen typischen Bau einer sowjetischen Schule, heute Schule Nr. 1 von Kamjanec.

Mehr als 30 Stufen führen zur orthodoxen **Kirche von St Simeon** an der Kreuzung vulica Lenina/Hohalja (1914–31) im pseudorussischen Stil. Sie ist gut renoviert und birgt eine in Warschau Ende des 19. Jahrhunderts angefertigte Ikonostase aus Mooreiche. Dahinter liegt der lokale Marktplatz.

Die katholische, elegante weiße **Kirche von St. Peter und Paul** (1925) liegt in der vulica Saveckaja. Eine hölzerne Kirche mit zwei Türmen brannte 1924 nieder, der unvollendete Steinbau wurde zu Sowjetzeiten als Café, dann als Lager benutzt. 1992 bekam die katholische Gemeinde das Gebäude wieder, es wurde 2001 renoviert.

(Übrigens: Neben der Kathedrale befinden sich eine Diskothek und die lokale Niederlassung des KGB!)

Der **alte katholische Friedhof** (18.–20. Jh.) befindet sich im Zentrum der Stadt. Hier liegen viele gut erhaltene Gräber und eine katholische Kapelle (1990er Jahre). Davor, an der Kreuzung vulica Čkalava/Praletarskaja steht ein Mahnmal für die im Zweiten Weltkrieg ermordeten Juden.

Die **ehemalige Hauptsynagoge** mit **einer ehemaligen Juristen-Schule** (Beth Midrash, 19. Jh.) in der Nabjarežnaja vulica (вуліца Набярэжная/Набережная улица) erkennt man leicht an ihren roten Dächern. Sie befindet sich unweit des Turmes. Die Synagoge war dreistöckig; nach dem Krieg wurde sie als Betrieb und Lebensmittelgeschäft benutzt, und ist heute ein weiß gestrichenes privates Wohnhaus. Die ehemalige Schule beherbergt jetzt das Regionale Militärkommissariat.

Das Gebäude der jüdischen Talmud-Schule (Knesset Beit Yitzhak) in der vulica Bresckaja 21 (Брэсцкая/Брестская) wurde beim Bau des Kulturhauses benutzt (1930er Jahre). Ein **alter jüdischer Friedhof** (19. Jh.) lag einst auf dem Gelände, wo jetzt das Büro des Staatlichen Versicherungsunternehmens ›Belgosstrach‹ steht (Bresckaja 48).

 Kamjanec

Vorwahl: +375/(0)1631
www.kamenets.by (ru)
Tipp: Fahrradverleih beim Stadion ›Kolos‹ (Колос), Levaneŭskaha/Левоневского 56, Tel. 21663, 21699, fksit@tut.by; tgl. 10–22 Uhr, Pause 13–14 Uhr.

Omnibusbahnhof: vulica Pamežnaja/Pograničnaja 30
Kamjanec liegt 39 km von Brest, an der P-83 (Brest-Kamjanjuki-Straße). Aus

Brest fahren täglich Busse und Marschrutkas im 30–60 Min.-Takt, die Fahrt dauert etwa 1 Std.

Hotels liegen weiter nördlich in Kamjanjuki am Eingang zum Nationalpark (15-30 Min. Fahrt mit Bus/Marschrutka), dort gibt es auch einen Zeltplatz
In der Hauptstraße Bresckaja/Брестская gibt es viele **Cafés**, in denen man belarussische Hausmannskost bekommt.

Teile des Nationalparks sind unberührt

Bjelavježa-Urwald

Etwa 50 Kilometer von Brest entfernt liegt der Bjelavježa-Urwald (Белавежская пушча/Беловежская пуща), ein Naturschutzgebiet auf beiden Seiten der belarussisch-polnischen Grenze (**Belovezhskaya Pushcha National Park**). Da der Eingang beim Dorf **Kamjanjuki** ist, fährt man dahin oder nach Kamjanec, mit einem Bus oder mit dem Auto. Der Park ist nach dem ›Weißen Turm‹ (belarussisch: Bjelaja Vježa) in Kamjanec benannt. Es gibt auch ein polnisches Dorf Białowieża, aber warum es ›weißer Turm‹ heißt, kann keiner erklären. Heute gehört die Hälfte dieses unberührten Waldes zu Belarus, die andere Hälfte liegt in Polen; von Norden bis Süden misst das Waldgebiet 64 Kilometer, von Westen bis Osten 52 Kilometer.

Die Ursprünge des Waldes reichen ins Jahr 8000 vor Christus zurück, in Chroniken wird er 983 zum ersten Mal erwähnt. Der Wald ist heute als UNESCO-Weltnaturerbe anerkannt. Einst war ganz Europa mit demselben Wald bedeckt, aber nur hier hat er sich in dieser Form erhalten. Die Flora und Fauna umfasst über 12 000 Arten, viele Tiere und Pflanzen sind nur hier anzutreffen. Neben Arealen, die nicht betreten werden dürfen, existieren innerhalb des Nationalparks frei zugängliche Schutzgebiete. In diesen wird zwar auf eine Entnahme von Bäumen verzichtet, jedoch wird die Entnahme von wertvollem Altholz praktiziert. Manche Bereiche des Nationalparks werden forstwirtschaftlich genutzt.

Wenn man Glück hat, kann man auf eines der wilden Tiere treffen, vielleicht sogar auf einen Wisent, dem Symbol der Pušča und von Belarus. Nach dem Ersten Weltkrieg waren sie in freier Wildbahn ausgestorben. Es wurden Tiere aus Tiergärten in Deutschland und Schweden eingekauft und bis 1939 erfolgreich gezüchtet. Den Zweiten Weltkrieg haben sie überstanden.

Den Wald kann man auf markierten Radwegen mit gemieteten Fahrrädern

Karte vordere Umschlagklappe ▲

erkunden, zu Fuß, auf einem Pferd oder gar mit einer Kutsche, einem Auto oder Bus. Es werden thematische Führungen durch den Park angeboten (Geschichte, Tierwelt, Pflanzenwelt), man kann dort Sport treiben (Tennis, Volleyball, Ski sind zu mieten) und auch zelten. Im Naturschutzpark gibt es drei Hotels, zwei Gasthäuser und ein Sportzentrum.

Fast im Zentrum des Waldes befindet sich das **Anwesen Viskuli**, wo am 8. Dezember 1991 Vertreter von Belarus, Russland und Ukraine ein Dokument unterzeichneten, das das Ende der Sowjetunion besiegelte und die Gründung der Gemeinschaft Unabhängiger Staaten beschloss. Die Residenz wurde in den 1950er Jahren für kommunistische Parteibonzen gebaut. Für Besucher ist sie leider geschlossen.

In der **Residenz vom belarussischen Weihnachtsmann**, Väterchen Frost, sind aber Besucher jeder Zeit herzlich willkommen. Seit 2003 sind die Türen ganzjährig täglich von 9–17 Uhr für Kinder und Erwachsene offen. Auf dem Anwesen wächst eine Riesenfichte – wenn nicht die höchste in Europa, dann sicherlich in diesem Wald.

Tiere kann man nicht nur in Gehegen (tgl. 9–20 Uhr) beobachten, sondern sich mit ihnen auch im Naturkundemuseum bekannt machen (täglich 9–20 Uhr) .

 Bjelavježa-Urwald

Planen Sie, wenn möglich, ihren Besuch im Voraus. Da Bjelavježa im Grenzgebiet liegt und es sich um einen Naturschutzwald handelt, gibt es eine Menge Restriktionen. Aber es ist einen Besuch wert. Am einfachsten ist eine Organisation über einen der Reiseveranstalter in Minsk (→ S. 120) oder Brest (→ S. 188), die auch Tagesausflüge anbieten. Die Regierung plant, für Besucher des Nationalparks zukünftig eine dreitägige visafreie Einreise zu ermöglichen.

Website des Nationalparks: www.npbp.brest.by (ru).

Banken gibt es in Kamjanjuki oder Kamjanec, aber auch im Restaurant (10–17 Uhr). Ausländer können im Park auch in **Dollar** oder **Euro** zahlen, was sonst im Lande offiziell nicht gestattet ist.

Mit dem **Auto** aus Brest 65 km über die P83 (Brest–Kamjanjuki); aus Minsk 380 km über die M1 (Minsk–Brest) bis Žabinka, dann P7 bis Kamjanec und danach über die P-83 bis Kamjanjuki; alternativ M1 (Minsk–Brest) bis Slonim, danach P21 bis Kamjanec und dann über die P-83 nach Kamjanjuki.

Aus Brest fahren 3-4 **Busse und Marschrutkas** täglich (ca. 1 Std. Fahrt); aus Kamjanec verkehren täglich zahlreiche Busse und Marschrutkas im 30–60-Minutentakt (Dauer 15–30 Min).

Die **Hotels am Eingang zum Nationalpark** (DZ ab 25 Euro) sind modern und bequem. Sie sind sich alle ziemlich ähnlich, da in der gleichen Zeit gebaut; es gibt Restaurants, eine Sauna, Banja, Schwimmhalle, Billard, mehrere Konferenzhallen. Man kann hier Urlaub auch mit Kindern genießen. Im Hotel kann man Fahrräder mieten, auf dem Gelände gibt es Kiosks mit Knabbereien und Getränken. Führungen sind in Fremdsprachen möglich, das Naturkundemuseum bietet Audio-Führungen an.

Buchungen sind telefonisch (+375/1631/56200), per Fax (+375/1631/56398) oder per Mail (beltour07@mail.ru) möglich.

Museum der Natur, in Kamjanjuki, Tel. +375/1631/56267; tgl. 9–18 Uhr. Ausgestopfte lokale Tiere sowie eine Sammlung von Insekten und Pflanzen.

Voŭčyn

Die **Dreieinigkeitskirche** in Voŭčyn (Воўчын/Волчин), eine der schönsten katholischen Barockkathedralen in Belarus, wird derzeit renoviert, die Inneneinrichtung wird praktisch wiederaufgebaut. Die Kirche liegt im Zentrum, gleich bei der Hauptchaussee (P9) und ist nicht zu übersehen.

Der Bau ist sehr schlicht, hat eine kompakte, quadratische Form und ein Walmdach mit einem Turm mit Barockdom. Seit 2013 gibt es wieder eine Uhr mit Glockenspiel, so wie sie bis 1938 existierte.

1927 wurde die Kathedrale zur Grablege des letzten Königs von Polen, Stanislaw August Poniatowski, der in Voŭčyn 1732 geboren und 1733 in dieser Kirche getauft worden war. Bis dahin lagen seine sterblichen Überreste in Leningrad (St. Petersburg), wo er 1798 verstorben war. Dass er nicht vorher in seine Heimat überführt wurde, hatte mit seinem geringen Ansehen in Polen zu tun: Poniatowski unterzeichnete die Veträge zur ersten Teilung der Rzeczpospolita. Nach dem Zweiten Weltkrieg wurde die Kirche geschlossen, das Gebäude als Düngerlager benutzt, das Grab besudelt. 1992 wurden die Überreste von Poniatowski nach Warschau gebracht und in die Johanneskathedrale umgebettet.

> 🚌 **Voŭčyn**
> Aus Brest fahren täglich 2–3 Busse sowie mehrere Marschrutkas; die Fahrt dauert etwa 1,5 Std. Hotels und gastronomische Einrichtungen gibt es vor Ort nicht.

Pružany

Pružany (Пружаны) wurde 1487 erstmals erwähnt (vor 1589 hieß es Dobučin). Der Ort liegt am Zusammenfluss des Flusses Mucha und des Wez-Kanals, wo der Fluss Muchawez beginnt. Der Name könnte vom Stamm der Prußen (Preußen) abgeleitet werden, die von Teutonen aus der Gegend vertrieben worden sind.

Im 16. Jahrhundert gehörte Pružany der Königin von Polen und Großfürstin von Litauen Bona Sforza. Diese italienische Prinzessin aus dem Adelsgeschlecht der Sforza brachte Renaissance-Einflüsse und förderte die wirtschaftliche und landwirtschaftliche Entwicklung in der Rzeczpospolita. 1589 mit dem Magdeburger Recht bekam Pružany als Andenken an die aus Mailand stammende Bona Sforza von deren Tochter Anna das Wappen der Familie Sforza geschenkt: eine blaue Schlange auf silbernem Hintergrund, in derem Maul ein Baby erscheint. Das ist ein Symbol für eine ewig junge Kraft, die die Welt erneuert. Diese Schlange ist übrigens auch ein Teil des Logos der italienischen Automarke Alfa Romeo.

Ab 1795 war der Ort Teil Russlands. Die Stadt befand sich während des Ersten Weltkrieges unter deutscher Okkupation, gehörte danach 1919/20 zu Polen, 1920/21 zur Sowjetunion, 1921 bis 1939 zu Polen und seit 1939 zu Belarus.

Während Zweiten Weltkrieges gab es ein jüdisches Ghetto in Pružany, 1943 wurden von hier 10000 Juden über Birkenau nach Auschwitz deportiert. Auf dem jüdischen Friedhof steht ein Mahnmal dazu.

■ Sehenswürdigkeiten

Vom **Omnibusbahnhof** (vulica Lazo 3) läuft man einfach ins Stadtzentrum über die vulica Šyrmy Richtung Westen. Das historische Zentrum ist der Saveckaja plošča (Савецкая плошча/Советская площадь) mit der Alexan-

Karte vordere Umschlagklappe ▲

Die Alexander-Newski-Kirche

der-Newski-Kirche und den Handelshallen aus dem 19. Jahrhundert. Der neue administrative Teil liegt auf der Saveckaja vulica (Савецкая вуліца/Советская улица) und vulica Ryhora Šyrmy (Рыгора Шырмы/Григория Ширмы).

Die orthodoxe **Alexander-Newski-Kirche** (1857–80) auf der vulica Kamunistyčnaja 1 hat einen sehr typischen Turm über dem Eingang. Sie wurde auf dem ehemaligen Marktplatz als katholische Kirche vom polnischen Architekten Henryk Marconi gebaut, gestiftet durch den damaligen Besitzer von Pružany Walenty Szwykowski. Nach dem Aufstand 1863/64 wurde der orthodoxen Kirche eine wichtige Rolle bei der Russifizierung von Belarus zugeordnet, alle Provinz- und Rajonstädte sollten eine orthodoxe Kirche erhalten. So wurde das Kirchengebäude der orthodoxen Kirche übergeben und 1864–80 nach dem Plan eines russischen Architekten umgebaut. Die schöne weißgelbe Kirche mit dem blauen Dach und blauen Zwiebelkuppeln ist eine Dominante und ein Wahrzeichen des alten Pružany.

Die Kirche birgt die Ikone ›Muttergottes, die weint‹ (auch: ›Pružany Kreuzestod‹) aus dem 14. Jahrhundert, die 1934 Tränen/Myrrhe geweint haben soll. Das Phänomen dauerte zwei Wochen und wurde von der Kirche als Wunder bestätigt. Der 9. April wird jetzt als Namenstag der Ikone gefeiert. Seit 2006 befinden sich hier auch Reliquien des russischen Fürsten Alexander Newski (1220–1263), der von der Orthodoxie als Heiliger verehrt wird.

Sehenswert ist auch die **alte Kaufhalle** (Ende 19. Jh.). Die Einkaufspassage, ›Weiße Stände‹ genannt, auf dem Saveckaja plošča (Kreuzung vulica Šyrmy/Saveckaja) hat eine für ihre Zeit und Funktion typische Struktur mit Verkaufsständen und einer umlaufenden Galerie. Diese Kaufhalle ist ein Beispiel für bürgerliche monumentale Architektur, die Barock und Klassizismus vereinigt; es sind wenige dieser Gebäude in Belarus erhalten geblieben.

Brest und Brester Gebiet

Die ›Weißen Stände‹

Die **Altstadt** befindet sich zwischen der Hauptstraße Saveckaja bis Kamsamolskaja im Süden und dem Fluss Muchawez im Norden. Hier konzentrieren sich Steinbauten aus der zweiten Hälfte des 19. Jahrhunderts. Eine alte **Volkshochschule** (1868) sieht man in der vulica Kamsamolskaja 1/Kreuzung Saveckaja. Ein weiteres Wahrzeichen ist die **Skulptur am Zusammenfluss des Flusses Mucha und des Wez-Kanals** (2009) an der Kreuzung Saveckaja/Kupaly. Man sieht Figuren eines leidenschaftlichen Paares, das über die Wellen steigt.

Läuft man weiter die Saveckaja vulica entlang, sieht man das grüne Gebäude der alten **Apotheke** von 1811 (Saveckaja 20).

Nicht weit davon, in der Saveckaja 39, steht die elegante katholische **Kirche der Himmelfahrt der Jungfrau Maria** (1878/83). 1939 empfing der künftige Kardinal Kazimierz Świątek die Priesterweihe in dieser Kirche (s. auch Pinsk), er wird in der Stadt sehr geschätzt.

Nach dem Zweiten Weltkrieg wurde diese Kirche geschlossen und 1950 als Haus der Kultur rekonstruiert. Im April 1993 wurde sie zurück an die Gläubigen übergeben, renoviert und im August 1998 wieder eröffnet.

■ Prusžanski Palazyk

Ein außergewöhnliches Anwesen findet man in der Saveckaja 50: Mitte des 19. Jahrhunderts legte Walenty Szwykowski hier einen Park an und baute einen prachtvollen Palast. Nach der Restaurierung befindet sich dort ein Museum. Das Szwykowski-Anwesen (1854–75) ist bekannt als Prusžanski Palazyk (bel. für ›kleiner Palast in Pružany‹). Walenty Szwykowski (1817–1902) war sehr gebildet, aber kinderlos. Er trug auf verschiedene Art und Weise zur Eröffnung einer öffentlichen Bibliothek, einer Pferdepost, einer Dorfschule und zum Bau der katholischen Kirche in der Stadt bei. Die Familie führte Theaterstücke auf und veranstaltete musikalische Abende und Verlosungen. Die Bibliothek verfügte über einen Bestand von 1407 Bänden in Polnisch, Russisch, Deutsch und Französisch.

Der Prusžanski Palazyk

Das italienisch aussehende ›Palästchen‹ wurde von Franciszek Maria Lanci gebaut, dem italienischen Architekten aus Warschau. Diese asymmetrische Villa hat eine bizarre Form und verbindet Neorenaissance und Jugendstil. In den 1860er Jahren begann der Niedergang des Anwesens. Walenty wanderte nach Belgien aus, wo er als Gärtner arbeitete. Nach dem Tod seiner Frau 1888 zog er nach Warschau um. Walenty und seine Frau Hermine Szwykowski sind auf dem katholischen Friedhof in Pružany begraben. 1895 verkaufte Walenty den Palast an Gräfin Wera Kleinmichel, die nur selten dort gewohnt hat und das Anwesen vermietete. Nach der Oktoberrevolution 1917 emigrierte sie nach Paris. 1920–30 saß die Rajonadministration im Palazyk, danach beherbergte er eine Forschungsstation, dann einen Kindergarten und eine Poliklinik. Jetzt steht das historische Gebäude unter Denkmalschutz und stellt dem **Landeskundemuseum** seine Räume zur Verfügung. Es gibt das typische Interieur des 19. Jahrhunderts wieder und zeigt eine historische, eine naturwissenschaftliche und eine ethnografische Ausstellung. Ein besonderes Exponat ist die holzgeschnitzte Ikone ›Das letzte Abendmahl‹ aus dem 16. Jahrhundert (Mi–So 10 –18, Pause 13–14 Uhr).

Östlich vom Museumseingang steht ein **Steingötze**, der als ›Pružany-Götze‹ bekannt ist. 1986 wurde er im Dorf Bućki an einer archäologischen Stätte vorchristlicher Zeit ausgegraben und 1999 nach Pružany gebracht. Das Götzenbild aus hellgrauem Stein ist einen Meter hoch und etwa 50 Zentimeter breit. Man erkennt Augen, Nase, Mund, auf der Brust ist ein Kreuz in einem Kreis zu sehen.

■ **Alte Friedhöfe**

Empfehlenswert sind auch alte Friedhöfe im südlichen Teil von Pružany. Die christliche Friedhöfe (zwischen Zarečnaja vulica/vulica Horka und zwischen vulica Horka/Kofanava) haben eine katholische (1852) und eine orthodoxe Kapelle (Ende 20. Jh.). Auf dem katholischen Teil liegen deutsche Soldaten aus dem Ersten Weltkrieg sowie polnische Soldaten (1919–21). Östlich davon liegt der alte jüdische Friedhof (zwischen vulica Horyna-Kaljady/Hastela), wo bei den Grabsteinen ein Monument für die gefallenen Juden zu sehen ist.

Bjaroza

Bjaroza (wortwörtlich: Birke, бяроза/ береза) wurde 1648 das erste Mal in Chroniken erwähnt und hieß (vor 1940) Bjaroza-Kartuzskaja oder Kartuz-Bjaroza. Die Stadt liegt an der Grenze zwischen zwei geografischen Regionen, getrennt durch den Fluss Jasselda: Ein Teil ist bewaldet und der andere liegt auf dem Pružany-Plateau, einer landwirtschaftlich genutzten Hochfläche. Diese Grenze gilt auch für zwei Dialekte, den von West-Polesien und den von Hrodna-Baranavičy. Durch ein Privileg von Sigismund I., Großherzog von Litauen und König von Polen, bekam Bjaroza im 15–16. Jahrhundert eine wichtige Handelsrolle. Um 1611 wurde es von Leo Sapieha gekauft, Kanzler des Großfürstentums Litauen und überzeugtem Katholik. Sein Sohn Kazimierz Leo Sapieha, der von ihm den Glauben sowie die intellektuellen Fähigkeiten erbte, studierte in München und Ingolstadt, an der belgischen Uni Löwen, in Bologna und Padua. Er war derjenige, der eine Kartause, ein Kloster des Kartäuserordens, gründete.

Die Entstehung der Kartause war von großer Bedeutung für Bjaroza. Neue Eigentümer unterstützten die Entwicklung von Handel und Handwerk, aber trotz Bemühungen blieb Bjaroza keine wohlhabende Gemeinde, wurde mehrmals verbrannt, auch im Großen Nordischen Krieg (1700–21). Als Folge der Dritten Polnischen Teilung (1795) wurde Bjaroza Teil des Russischen Reiches. Im Ersten Weltkrieg wurde die Stadt seit 1915 von deutschen Truppen besetzt, ab 1919 gehörte Bjaroza zu Polen. Am Anfang des Zweiten Weltkrieges waren von den etwa 5000 Einwohnern der Stadt rund 4500 Juden. Diese wurden nun gezwungen, in zwei neu eingerichteten Ghettos zu wohnen, 1942 wurden sie getötet.

■ Sehenswürdigkeiten

Nach vielen Kriegen und Jahren sowjetischer Macht erkennt man nicht viel von der langen Geschichte wieder: 1974 wurde die Stadt grundlegend verändert, traditionelle einstöckige Holzhäuser wurden durch Wohnblocks ersetzt. Eine Vielzahl von **Denkmälern und Gedenktafeln** ist den sowjetischen Kämpfern und Opfern des Zweiten Weltkrieges gewidmet. Das größte befindet sich auf dem Kamsamols-

Die Peter-und-Paul-Kirche in Bjaroza

Karte vordere Umschlagklappe

kaja plošča/Kreuzung mit der vulica Čyrvonaarmieyskaja/Krasnoarmeyskaja, gegenüber dem Haus der Kultur (Saveckaja 18). Hier sind 368 Soldaten und Partisanen bestattet. Auf einem Podest steht ein Rotarmist mit Maschinenpistole und Helm in der Hand. Um das Podest wurden 22 Tafeln mit den Namen der hier Bestatteten gelegt. Vor dem Denkmal brennt die Ewige Flamme.

Ebenfalls im Zentrum steht die orthodoxe **Kirche von St. Peter und Paul** (vulica Saveckaja 1). Sie wurde 1772 gebaut, 1867 im russischen Stil umgebaut. Ungewöhnlich sind die beiden Türme: Ein Steinglockenturm erhebt sich über dem Haupteingang, ein weiterer, dieser aber in der typischen Zwiebelform, steht am hinteren Ende des Gebäudes.

■ Kloster des Heiligen Kreuzes

Am westlichen Stadtrand liegt am Ende der vulica Puškina die Ruine des einst größten und reichsten Klosters im Großfürstentum Litauen. An dieser Kartause im Stil des Hochbarock wurde 41 Jahre lang gebaut (1648–89).

Eine große Zeremonie mit Verlegung des Grundsteins fand 1648 in Anwesenheit vom Gründer Kazimierz Leo Sapieha sowie von dem römisch-katholischen Nuntius Jan de Torres aus Rom statt. Die Kirche in der Kartause wurde 1666 fertiggebaut, im Jahr des Todes von Kazimierz Leo Sapieha, der in der unterirdischen Krypta der Klosterkirche beigesetzt wurde. Diese Krypta beherbergte die Überreste von 15 Sapiehas und 42 anderen Adeligen.

Wie man immer noch erkennen kann, war die Kartause für mehr als ein Dutzend Mönche ein riesiger Komplex mit einer Kirche, Zellen, Refektorium, Bibliothek, Krankenhaus, Apotheke und zahlreichen Nebengebäuden. Das

System war nicht nur schön, sondern auch praktisch und autonom und konnte sich gut verteidigen, es wurde von einem Wassergraben und Mauern mit kleinen Türmen umgeben.

Das Kloster des Heiligen Kreuzes war die einzige Kartause im Großfürstentum. Die katholische Ordensgemeinschaft der Kartäuser ist eine der ältesten: Sie wurde 1084 vom heiligen Bruno aus Köln (Cartusia) in einer bergigen Gegend in der Nähe von Grenoble gegründet. Die Satzung des Ordens, 1134 beschlossen, war die strengste aller katholischen Orden; sie forderte Einsamkeits- und Schweigegelübde, geistige Entwicklung, körperliche Arbeit, Pflicht war Gastfreundschaft, Nächstenliebe und der Kirchenbau.

Die Ruine der Kartause Bjaroza

Erstaunlich war aber nicht nur ihre Einsamkeit, sondern die Größe ihrer Besitztümer: Etwa 2500 Personen, also praktisch ganz Bjaroza, arbeiteten für das Kloster. Es wurde Bier gebraut und Wein hergestellt, Seife und Dachstein gefertigt. Die Mönche waren reich, sie hatten von den Bauern geleistete Corvée (unbezahlte Arbeit), riesige Grundstücke und Darlehen auf die Sicherheit von Immobilien und Schmuck sowie ein Monopol auf den Wodka-Verkauf. Anfang des 18. Jahrhunderts, während des Großen Nordischen Krieges wurde die Kartause das erste Mal zerstört, aber wiederaufgebaut. Bereits nach der Ersten Polnischen Teilung (1772) blieben nicht mehr alle Mönche in der Kartause, die Satzung wurde erleichtert.

Der rechtliche Grund für die Schließung des Klosters war die Teilnahme dreier Mönche am Aufstand gegen Russland 1831. 1860–70 wurde ein erheblicher Teil des Klosters auf Beschluss der kaiserlichen Regierung abgerissen. Nach der Ermordung des polnischen Innenministers Bronislaw Pieracki richtete die polnische Staatsführung am 16. Juni 1934 in einem der Gebäude ein Konzentrationslager ein, in dem Kommunisten und ukrainische Nationalisten interniert wurden. Das Lager blieb bis 1939 in Betrieb, als sowjetische Truppen die Stadt besetzten. 1941–43 waren die Deutschen an der Reihe: Eine Polizeikaserne diente zur Unterbringung der Wachmannschaften und in der anderen waren die Zellen.

Beide Gebäude existieren noch, wobei die ehemalige Polizeikaserne nur noch eine Ruine ist. Im ehemaligen Zellenbau sind heute Kultureinrichtungen sowie verschiedene Läden und eine Cafeteria eingerichtet (vulica Lenina 104). Vor den Gebäuden wurde ein Obelisk aufgestellt, der auf Russisch daran erinnert, dass an diesem Ort ›Tausende Revolutionäre aus West-Belarus, West-Ukraine und Polen, Kämpfer für die soziale und nationale Befreiung der Werktätigen‹ interniert waren.

Trotz ihrer historischen und künstlerischen Einzigartigkeit ist die Kartause heute nicht mehr erhalten. Noch vor 1989 diente das Gelände als Schweinestall und Schrottplatz; auch Kartoffeln wurden hier gelagert. Auf dem ehemaligen Klosterfriedhof befinden sich jetzt

Brest und Brester Gebiet

die Ruinen des Eingangstores (zweite Hälfte des 17. Jahrhunderts), des Turmes der St. Joseph-Kirche (1648-61), Fragmente der Wände und Türme der Kartause.

ℹ Bjaroza
Vorwahl: +375/(0)1643

🚆 🚌

Bjaroza zu erreichen ist sehr einfach: Bahnen und Busse fahren mehrmals täglich aus Minsk, Brest oder Baranaviču (aussteigen bei ›Bjaroza-Kartuszkaja‹); mit dem Auto aus Minsk (258 km) fährt man Richtung Dzjaržynsk, biegt Richtung Stoŭbcy ab, danach geht es bis zur Abbiegung nach Baranaviču, später nach Ivacevičy.

Omnibusbahnhof: Lenina 1, Tel. 22267. **Hauptbahnhof:** Pryvakzalnaja 1, Telefon 47802.

🛏

Jasselda, vulica Lenina 58, Tel. 22367; DZ ab 20 Euro. Das alte zweistöckige Gebäude aus Sowjetzeiten liegt im Zentrum, die Zimmer sind schlicht, aber gerade noch angenehm.

Vor der Kartause steht ein **Denkmal** für die hier von den Deutschen während des Zweiten Weltkrieges im Zuge einer Massenerschießung ermordeten Menschen (vulica Puškina).

Hotel in der vulica Čyrvonaarmiejskaja/ Krasnoarmeyskaja 142, Tel. 42920; DZ ab 14 Euro. Eher ein Studentenheim, aber sauber und ruhig.

In der Hauptstraße, der vulica Lenina liegen viele Cafés und Restaurants: **Centralnyj** (Центральный), Lenina 61; **Café Molodežnoje** (Молодежное), Lenina 95; **Bar Fair-Play** (Фэйр-плэй), Lenina 97.

🏛

Kunstgalerie und lokales Landeskundemuseum, vulica Lenina 67 und Lenina 104 (Rote Kaserne), Tel. 22771; Mi-So 9-18 Uhr. Die Dauerausstellung stellt Ikonen, Münzen und lokales Kunsthandwerk aus. Die Ausstellungshalle hat acht Räume, einer davon den Afghanistan-Kriegern gewidmet, die aus der Region stammen. Das Museum dient auch als **Touristenbüro** und hilft die Region zu erkunden.

Vajcešyn

20 Kilometer südöstlich von Bjaroza liegt der Ort Vajcešyn (Вайцешын/ Войтешин) mit einem für Belarus einzigartigen Landeskundemuseum, dem **Museum für Landesleben**. Alle 300 Exponate haben die lokalen Einwohner besorgt: russischer Ofen, Tische, Geschirr, Kerosinlampen, Krosny (eine traditionelle belarussische Webmaschine), Hausikonen und Korbwiegen. Es gibt auch Ausstellungsstücke, die man nicht erwartet, wie zwei Meter hohe hölzerne Stelzen. Sie wurden im Frühjahr und im Herbst benutzt, um durch sumpfiges oder schlammiges Gelände zu gehen.

Angeboten werden auch Workshops: Hier lernt man, wie man aus Stroh und Weinreben traditionelle Puppen fertigt; oder man macht sich mit der traditionellen Stickerei und Wycinanki vertraut – einer Kunst, Muster aus Papier zu schneiden. Das Museum befindet sich in einer Bibliothek (Vajcešyn, vulica Čyrvonaarmiejskaja/Krasnoarmeyskaja 2, Tel. +375/1643/50405; Mi, Fr, Sa, So 11–15 und 17–21 Uhr).

Ružany

Ružany (Ружаны) ist ein absolutes Highlight und ein Muss für jeden Besucher: Das Dorf am Fluss Ružanka liegt

◀ Karte vordere Umschlagklappe

in einer malerischen, weitläufigen Gegend. Im Dorf stehen einige schöne Sakralbauten und ein ehemaliger Sapieha-Palast aus dem 18. Jahrhundert. Er ist nicht renoviert, wirkt aber deswegen umso eindrucksvoller.

Die erste schriftliche Erwähnung von Ružany (Ražany) stammt aus dem Jahre 1552. Der Namensursprung ist unbekannt, er klingt wie Rose (bel. ружа: ruža), Weizen (russ. рожь: rož), Rus (Русь) oder der Mädchenname Ružana (Ружана).

Dieser Ort gehörte seit 1598 (232 Jahre mit kurzen Unterbrechungen!) den bekannten Sapiehas, von denen viele wichtige Positionen in der Regierung des Großherzogtums Litauen innehatten. Ružany wurde durch die Herstellung von Tuch, Teppichen, Gobelins, Kunstgürteln und vielen anderen Produkten sowie für seine Märkte und Messen berühmt. 1637 erhielt Ružany das Magdeburger Recht. Im 17. Jahrhundert gab es hier mehr als 400 Häuser, eine Fliesen-Manufaktur und eine Ziegelei, eine Basilianer-Schule, zwei Klöster, eine katholische und eine orthodoxe Kirche.

Schon im 17. Jahrhundert begann der Niedergang, Ružany wurde allmählich zu einer der ärmsten Städte. 1698 rebellierten die Konföderierten und die Szlachta (aus dem Althochdeutschen slahta, Adelsgeschlecht) gegen Sapieha; während des Großen Nordischen Krieges (1700–21) wurde die Stadt stark zerstört.

1915 besetzten deutsche Truppen Ružany; 1919–20 sowie 1921–39 gehörte es zu Polen, seit 1939 zur BSSR.

■ Jüdische Geschichte

Im 17. Jahrhundert kamen die ersten Juden nach Ružany. Anfang des 20. Jahrhunderts waren bis zu 70 Prozent der Bevölkerung jüdisch, es standen zehn Synagogen (fast alle waren aus Holz) in der Stadt, und auch in den Nachbardörfern gab es große jüdische Gemeinden. Die Belarussen betrieben Landwirtschaft, während die jüdische Bevölkerung überwiegend in der Stadt lebte, Kleidung und Schuhe produzierte sowie mit polnischen Waren handelte. Es gab jüdische und polnische Schulen. Hier wurde Yehiel Michael Pines (1843–1913) geboren, einer der An-

Ruinen der Arkaden des Sapieha-Palastes

Brest und Brester Gebiet

führer von Hovevei Zion/Chibbat Zion (übersetzt: ›Zionsliebe‹), einer populär gewordenen Bewegung für Landerwerb und den Wiederaufbau Palästinas, die unter russischen Juden nach den Pogromen von 1881/82 entstand und sich gegen Ende des 19. Jahrhunderts über ganz Europa ausbreitete. Die Bewegung gilt als Beginn des organisierten Zionismus.

Vor dem Zweiten Weltkrieg waren etwa 4000 von 5000 Bewohnern jüdisch, die meisten davon überlebten den Krieg nicht. Als 1939 Hitler Polen überfiel, flüchteten viele polnische Juden ins heutige Belarus (u. a. zu ihren Verwandten), besonders junge Juden waren sehr optimistisch und positiv gegenüber der Sowjetmacht eingestellt. Sie konnten zu jener Zeit nicht mehr frei Handel treiben, waren aber bei öffentlichen Institutionen wie Schulen angestellt.

■ Der Sapieha-Palast

Vom Omnibusbahnhof (Saveckaja/Савецкая/Советская 17) erkennt man schon im südöstlichen Teil von Ružany die ehemalige Residenz der Familie Sapieha. Seit langem steht diese eindrucksvolle Ruine mit zwei gut erhaltenen Säulengängen mitten in einer grünen Wiese.

Ružany war im Besitz der Sapiehas, der reichsten Familie im Großfürstentum Litauen. Das ›belarussische Versailles‹ wurde 1598–1605 von Leo Sapieha gebaut. Dieser herausragende Staatsmann, der in Leipzig studiert hatte, ist Hauptverfasser der belarussisch-sprachigen Statuten des Großfürstentums Litauen, die als erste Verfassung Europas angesehen werden.

Ursprünglich hatte der Palast Verteidigungscharakter, sein zweistöckiges kreuzförmiges Steingebäude wurde durch drei rechteckige Türme ergänzt. Nach dem Krieg mit Schweden und lokalen Auseinandersetzungen wurde der Palast beschädigt und verlor seinen Verteidigungscharakter. Bei Renovierungen 1784–88 wurde er vom Hofarchitekten Jan Samuel Becker (er hatte sächsische Wurzeln) in eine repräsentative Schlossanlage umgebaut und perfekt in die malerische Landschaft der Region integriert.

Zum Stil des Palastes gibt es unterschiedliche Meinungen: Das Gebäude vereinigt Elemente des Barocks und des Klassizismus ins sich. Das zweigeschossige Hauptgebäude besaß ein hohes sogenanntes französisches Dachgeschoss. Die Hauptfassade hatte dreizehn Fenster und endete mit einem hohen dreieckigen Giebel mit einem Flachrelief und grotesken Skulpturen an den Ecken. Die Zimmer waren spiegelgenau symmetrisch angeordnet.

Lange, quadratische, zweistöckige Häuser standen senkrecht zum Palast und waren mit ihm durch halbrunde Arkaden verbunden. Gepaarte toskanische Säulen hatten ein Triglyphenfries; Klammern aus Eiche unterstützten den Sims. Die Fassaden der Palastgebäude waren mit rustizierten Pilastern, Girlanden, Skulpturen und verschiedenen Bordüren geschmückt.

Der östliche Block teilte eine große Treppe in zwei gleiche Teile auf, in ein Theater und eine Arena. Das Theater war eines der größten in Belarus, architektonisch kombinierte es italienische Züge und neue Trends der französischen Architektur des 18. Jahrhunderts. Hier feierten Magnaten die Könige der Rzeczpospolita. Der wichtigste Teil dieser Feierlichkeiten waren Theaterstücke, aufgeführt von Sapiehas Theatergruppe mit 100 leibeigenen Schauspielern, Musikern und Tänzern.

Karte vordere Umschlagklappe ▲

Die katholische Dreifaltigkeitskirche

Wandmalerei aus der Sowjetzeit in Kosava

Das Repertoire bestand aus französischen und polnischen Bühnenwerken.
Das westliche Gebäude war für die Galerie bestimmt und besaß eine reiche Sammlung von Familienporträts sowie Werken niederländischer Maler (17. Jh.) und Paolo Veroneses aus Venedig. Gleichzeitig mit dem Palast errichtete man eine Papierfabrik sowie Wolle- und Leinenmanufakturen, in denen Teppiche und künstlerische Gürtel produziert wurden.

Da die Sapiehas vergeblich versuchten, den Anschluss an Russland zu verhindern, wurde ihre Opposition bestraft: Nach der Dritten polnischen Teilung wurde das Vermögen der Magnaten konfisziert, und das Magdeburger Recht wurde Rużany entzogen. 1786 wurde die monumentale Schlossanlage an den jüdischen Geschäftsmann Ari Leib Pines als Tuch- und Leinentextilienfabrik vermietet.

Um 1834 hörte der Park wegen der Produktion praktisch auf zu existieren. Die Schlossanlage brannte 1914 nieder und wurde 1930 teilweise renoviert, aber 1944 wieder zerstört.

Noch heute sieht man die Überreste der wichtigsten Gebäude (Haupt- und Ostblöcke), zwei Arkaden und das Eingangstor mit Flügeln an den Seiten. Ein unvergessliches Erlebnis! 2008 hat die Restaurierung begonnen. 2012 wurden das zentrale Eingangstor und die beiden Flügelhäuser sehr sorgfältig fertig restauriert. Jetzt befindet sich dort ein **Museum** zur Schlossanlage und zur Sapieha-Familie (Mi–So 9–18, Pause 13–14 Uhr).

■ **Weitere Sehenswürdigkeiten**
Weitere Höhepunkte befinden sich um den ehemaligen Marktplatz weiter nördlich der Sapieha-Residenz.

Die monumentale bauliche Gestaltung um die vulica Čkalava/Чкалава/Чкалова und den Platz reicht bis in das 17.–18. Jahrhundert zurück: Zwei Denkmäler der Barockarchitektur, die katholische **Dreifaltigkeitskirche** und die orthodoxe **Peter-und-Paul-Kirche**, stehen einander gegenüber.

Am nordöstlichen Stadtrand (an der P-85) liegt der alte christliche Friedhof mit der schönen katholischen **Kapelle von St. Kasimir** (1792). Dort sind auch Gefallene des Ersten Weltkriegs begraben.

Von der jüdischen Geschichte ist nicht viel übrig geblieben. Eine alte **Synagoge** (ca. 1775) steht in der vulica Kolasa/Коласа/Колоса 6. Sie wurde noch bis 1940 betrieben, danach als Lager, Mühle, Kesselraum und Garage benutzt. Nicht das zerfallene Äußere, sondern die teilweise erhaltene Innenausstattung und die Wandmalereien machen immer noch einen großen Eindruck. Den jüdischen Friedhof findet man nördlich vom christlichen.

■ **Umgebung von Pružany**
Nördlich von Pružany liegt das Naturschutzgebiet ›Ružany Urwald‹ (Ружанская пуща). Es wurde 1986 gegründet,

Karte vordere Umschlagklappe ▲

um die einzigartige Natur zu bewahren, die Eichen-, Hainbuch- und Lindenwälder, viele Pilzarten und bedrohte Pflanzen einschließt. Viele Pflanzen sind in das Rote Buch eingetragen, Jagen und Angeln sind untersagt. Auf einer Gesamtfläche von 2778 Hektar leben Rehe, Elche, Wildschweine, Marder, Luchse, Hasen, Biber, Nerze, Fischotter, Waschbären, Wölfe sowie Schwarzstörche, Birkhühner, Rotmilane und Waldohreulen.

 Ružany

Vorwahl: +375/(0)1632

 Ružany liegt 140 km von Brest und 38 km von Ivacevičy entfernt, an der Kreuzung der Straßen Pružany–Slonim und Vaŭkavysk–Kosava, an der Kreuzung P-44/P-85 sowie P-50 und ist mit dem Auto gut erreichbar; 3 Mal tgl. fahren Busse aus Ivacevičy (2,5 Std.).

Busbahnhof: Saveckaja 17, Tel. 31167.

Ružanskij (Ружанский), Kirava 10A, Tel. 32013; DZ ab 19 Euro. Neues Gebäude außerhalb des Stadtzentrums, davor steht ein Café (buchbar über www.booking.com).

Ružilona (Ружилона), Lenina 1, Tel. 32337; DZ 13 Euro. Gleich vor der Peter-und-Paul-Kirche im Zentrum, ein altes Gebäude, Eingang beim Geschäft Falexan (Фалексан).

Essen kann man in den **Cafés Ružanka** und **Papierni**a, die zusammen in der vulica 1 Maja 1 (1 Мая) liegen.

Kosava

Kosava (Косава/Коссово), 1494 erstmals in Chroniken erwähnt, war im Besitz von unterschiedlichen Familien, darunter die Chreptowicz, Sapiehas, Flemming, Czartoryski und Pusłowski. Ab 1795 war Kosava Teil des Russischen Reiches, ab 1921 gehörte es zu Polen, ab 1939 zur BSSR.

Eine der Führungspersönlichkeiten des ultraorthodoxen Judentums in Israel, Avrohom Yeshaya Karelitz (1878–1953), wurde in Kosava geboren. In seinem bekannten Hauptwerk ›Chazon Ish‹ erklärte der Rabbiner und Talmudgelehrte in 22 Bänden die Torah. Vor dem Zweiten Weltkrieg machen die Juden zwei Drittel der Bewohner aus. Gleich im Juni 1941 wurde hier ein Ghetto mit mehr als 4000 Juden gegründet, im Frühling 1942 wurden in der Gegend etwa 4500 Juden ermordet.

Heute bewahrt das Dorf die Atmosphäre der Vorkriegszeit mit ihren einst robusten Backsteinhäusern, alten Alleen und engen Gassen. In der Nähe von Kosava, in Maračoŭščyna, steht ein märchenhafter, 1839 vom Grafen Wandalin Pusłowski erbauter Palast mit einem dendrologischen Park.

■ Sehenswürdigkeiten

Gleich vor dem Omnibusbahnhof, in der vulica Vjasjolaja (Вясёлая/Весёлая) 2, steht die weißblaue orthodoxe **Kirche von Sankt Antonius** (1868) mit einem schönen Eingangstor.

Die katholische **Dreifaltigkeitskirche** (vulica Lenina/Леніна/Ленина 39) wurde 1877 von Wandalin Pusłowski im neoromanischen Stil gebaut. Während des Zweiten Weltkrieges stand sie (glücklicherweise) leer, sodass die mechanische Orgel erhalten blieb. Erhalten sind auch Gobelinornate von 1781 und 1852 sowie hölzerne Skulpturen eines Engels und von Johannes dem Täufer. In einer hölzernen Kirche wurde hier 1746 der polnische Nationalheld Tadeusz Kosciuszko (s. u.) getauft: Erst Mitte des 20. Jahrhunderts entdeckte man einen entsprechenden Eintrag im Kirchenregister.

Das Dorf bewahrt zwei schöne **alte Friedhöfe** mit Friedhofskapellen. Die quadratische, hölzerne orthodoxe Georgskirche (18. Jh.) steht auf dem Friedhof in der vulica 3-ha Ljutaha/3 Fevralja (3-га Лютага/3-го Февраля) an der P-44, am südwestlichen Rand der Stadt. Der katholische Friedhof hat eine Steinkapelle (1859) und ein Grab von Teilnehmern des Aufstandes von 1863–64. Der Grabstein wurde 1928 eingeweiht. Der katholische Friedhof liegt am östlichen Rande der Stadt, am Ende der vulica Lenina, Ausfahrt Richtung Ivacevičy.

■ Maračoŭščyna

Der Ort liegt 1,5 Kilometer vvon Kosava entfernt, am Ende der vulica Kascjuški/ Касцюшкі/Костюшко und ist seit 1529 bekannt.

Andrzej Tadeusz Bonawentura Kosciuszko wurde am 4. Februar 1746 (nach dem neuen Stil: am 12. Februar) in Mereszowszczyzna, Polesien, Polen-Litauen, im heutigen Belarus geboren. Als Adeliger und politischer Aktivist nahm er 1776–83 im Rang eines Generals am Unabhängigkeitskrieg der USA an der Seite George Washingtons teil. 1784 kehrte er in die Rzeczpospolita zurück und leitete 1794 den nach ihm benannten Aufstand gegen die Teilungsmächte Russland und Preußen. Im selben Jahr wurde er schwer verletzt und ins Gefängnis nach St. Petersburg gebracht. 1796, nach der Begnadigung durch den Zaren, ging Kosciuszko ins Exil in die USA, später in die Schweiz. Von dort aus führte er seinen Kampf für die polnische Unabhängigkeit fort, jedoch vergeblich: Er starb 1817. Als polnischer Nationalheld wurde er in der Kathedrale zu Krakau auf dem Wawel beigesetzt.

Das einfache, einstöckige **Geburtshaus von Kosciuszko** (an der H-699) gehörte ursprünglich der Sapieha-Familie und der Pusłowski-Familie. 1943 wurde es von Partisanen verbrannt.

Kosciuszko ist in Australien, USA, Frankreich und Litauen bekannt, nach

Das Kosciuszko-Haus ist heute ein Museum

Der Pusłowski-Palast

ihm wurde sogar der höchste Berg des australischen Festlandes benannt. Zu Hause zu Sowjetzeiten kannten ihn allerdings nicht viele, nicht einmal in Kosava. Die erste Gedenktafel wurde 1996 von Polen gestiftet. Das heutige Gebäude mit dem Strohdach wurde 2004 auf dem Fundament aus dem 18. Jahrhundert nach Zeichnungen von Napoleon Orda aus dem 19. Jahrhundert wiederaufgebaut und beherbergt heute ein **Museum** (vulica Kascjuški 118; Mo–So 10–18 Uhr; Führungen leider nur auf Belaruss./Russ. möglich). In 50 Metern Entfernung steht das **Café Bei Tadeusz** (У Тадеуша).

Der **Pusłowski-Palast** und der umliegende Park wurden 1838 von dem belarussisch-polnischen Architekten Franciszek Jaszczold geplant. Wandalin Pusłowski baute seinen Palast gleich gegenüber von Kosciuszkos Anwesen. Der Industrieunternehmer und Graf besaß eine Tuchfabrik, eine Ziegelfabrik, eine Brauerei und eine Stahlhütte (auf bel: ›huta‹ (гута), deswegen haben viele Ortschaften in Belarus diesen Na-

men) und brauchte ein repräsentatives Gebäude.

Die palastartige Residenz ist architektonisch eine Kombination von klassischen Techniken und Neogotik. Die Fassade ist 120 Meter lang. Laut einigen Angaben symbolisiert jeder der zwölf Türme des Schlosses einen Monat; die größten vier sind die zentralen Türme: Mai, Juni, Juli und August. Es besteht auch eine Ähnlichkeit zum Hohenzollern-Schloss im polnischen Kamieniec Ząbkowicki, das nach Entwürfen des preußischen Architekten Karl Friedrich Schinkel gebaut wurde.

Viele Legenden ranken sich um den Pusłowski-Palast, von dem man glaubt, es gebe keinen schöneren im Lande. Jeder Raum besaß eine eigene Farbe, eine individuell gestaltete Inneneinrichtung, gute akustische Eigenschaften, dekorative Kamine, teure Gobelins, Teppiche und einen entsprechenden Namen (Silberner Raum, Goldener Raum). Der Palast hatte 132 Zimmer und wurde so gebaut, dass die Sonne jährlich zwei Tage in einem Raum blieb und danach weiter zog. Das System der internen Passagen und Fenster ließ das Sonnenlicht in jeden Winkel des Schlosses eindringen.

Der Park wurde hinter dem Palast auf einem Hügel angelegt und fiel stufenweise ab. Die Hänge waren mit Treppen, Skulpturen und zwei Brunnen mit großen Schüsseln dekoriert. Von den Terrassen blickt man immer noch auf die schöne Landschaft mit Wäldern, kleinen Flüssen und Seen. Allerdings ist das Schicksal des Palastes eher typisch für Belarus: Nach dem Aufstand von 1863/64 wurde er konfisziert und an den russischen Adel übergeben. Unter polnischer Besatzung nutzte man ihn als Administrationsgebäude, 1939–41 war er Sitz der Roten Armee. Während der deutschen Besatzung wurde das Gelände als Ghetto benutzt und 1943 von den Partisanen niedergebrannt. Lange Zeit stand die schöne Ruine leer, wurde weder verkauft noch renoviert. Seit 2008 wird der Palast nun restauriert.

🚍 🚌 Kosava

Die Stadt liegt unweit der Trasse M–1 (15 km) von Ivacevičy über die P-40; mit der **Bahn** kommt man bis Ivacevičy, es fahren mehrfach am Tag Züge über Minsk, Brest, Baranavičy (2–3 Std.). Von Ivacevičy fahren 3 Busse täglich sowie mehrere Marschrutkas (20–30 Min. Fahrt). Man kann auch aus Minsk mit dem **Bus** kommen (4 Std.). **Tipp**: Nicht in ›Kosava‹ aussteigen, sondern eine Haltestelle weiter in ›Milejki‹ (Милейки/ Милейки), was genau vor dem Pusłowski-Palast sowie dem Kosciuszko-Haus liegt.

🛏 🍽

Der **Bauernhof Raduga** (Радуга) in der vul. Kascjuški/Касцюшкі/Костюшко 23 ist schlicht, aber sehr gepflegt; DZ ab 13 Euro; Tel. +375/29/9187207.
Die nächsten **Hotels** und **Cafés** befinden sich in Ivacevičy.

Das wiedererrichte Mickiewicz-Anwesen bei Zavossje

Der Dichter Adam Mickiewicz

Adam Mickiewicz gilt als Nationaldichter von Polen, ein Romantiker, der durch Dichten die Wiederherstellung von der durch Russland geteilten Rzeczpospolita anstrebte. Für jeden Belarussen ist er ein belarussischer Dichter. Für die Polen ist es entscheidend, dass er auf Polnisch schrieb – wenngleich mit vielen regionalen Merkmalen der polonisierten belarussischen Szlachta. Die Belarussen weisen darauf hin, dass er über seine Heimat schwärmte und seine Werke auf Folklore aus der Gegend basieren, wo seine ganze Familie herkam. Und er stammte aus dem Rajon Navahrudak, dem Herzen des historischen Belarus.

Das Epos ›Herr Thaddäus‹ (pol. Pan Tadeusz), heute das meistgelesene Buch in Polen nach der Bibel, fängt so an:»Litauen (Litwa), du meine Heimat, du bist wie die Gesundheit. Nur wer diese verloren hat, weiß das Verlorene zu schätzen.« Das beschriebene Schloss Horeszków ist das Schloss in Mir.

Am 24. Dezember 1798 wurde Adam Mickiewicz in Zavossje geboren, aber schon 1803 zog die Familie nach Navahrudak um. Zu dieser Zeit war Zavossje im Besitz von Adams Onkeln. Viele Leute, Orte, Charaktere aus seiner Kindheit hat der Dichter in ›Herr Thaddäus‹ verewigt. Die Mickiewiczs waren Herren über Zavossje bis 1806; das Anwesen existierte bis zum Ersten Weltkrieg.

Adam Mickiewicz ging auf eine Dominikanerschule in Navahrudak und studierte in Wilna. Er engagierte sich im Kultur- und im Bildungsbereich und entwickelte eine Leidenschaft für belarussische Folklore. Er fing an zu schreiben – seine Werke verfasste er auf Polnisch, was zu der Zeit in seiner Gegend gesprochen und geschrieben wurde. Beeinflusst wurde Mickiewicz von seiner unglücklichen Liebe zu Marylja Wereszczakówna. Sein ganzes Lebens lang widmete er ihr Gedichte und beschrieb sorgfältig Orte bei Navahrudak, wo ihre gemeinsamen Spaziergänge stattfanden.

Danach kamen Festnahmen, Inhaftierungen und die Verbannung nach Zentralrussland. Schließlich erhielt Mickiewicz die Erlaubnis auszureisen, ab 1829 reiste er durch Europa, war eine Weile in Berlin, besuchte Johann Wolfgang von Goethe in Weimar, lebte in Dresden, Rom und danach in Paris, wo er Slavistik am Collège de France unterrichtete und Bibliothekar an der Bibliothèque de l'Arsenal war. 1855 verstarb der Dichter im Alter von 58 Jahren in Konstantinopel an der Cholera. Sein einbalsamierter Körper wurde nach Frankreich geschickt und auf dem Friedhof der polnischen Emigranten in Montmorency (Val-d'Oise) bei Paris beigesetzt. 1890 wurde er in die Königsgruft des Wawel in Krakau umgebettet.

Das wiedererrichtete Anwesen in Zavossje stellt einen typischen Hof vom Ende des 18. Jahrhunderts dar: ein Haus mit Strohdach und mehreren Lehmhäusern: Getreideschober, Stall und eine Dreschscheune. Von hier bestaunte der junge Adam die Landschaften, ›sammelte Farben für Helden‹. Das Museum liegt südlich-östlich von Zavossje, Richtung Novyja Vaykoviču; (10–17 Uhr, Mo, Di geschlossen; Tel. +375/1634/32510).

Tipp: Der beste Reiseführer für diesen Ort wäre selbstverständlich ›Herr Thaddäus‹.

Anfahrt: 138 km von Minsk, 20 km nördlich von Baranaviču, von dort mit dem Bus oder der Marschrutka 1–2 Mal täglich erreichbar (20–35 Min. Fahrt); mit dem Auto über E30/M1 Richtung Dzjarżynsk, bei H-277 abbiegen; das Museum liegt 2 km vom Dorfzentrum entfernt.

Motal

Das heutige Dorf Motal (Мот411ль/Мотоль) am Fluss Jaselda zwischen Drahičyn und Pinsk war einst groß und bekannt. Es wurde 1422 erstmals urkundlich erwähnt, 1589 erhielt es das Magdeburger Recht von der polnischen Königin Bona Sforza. Die aus Mailand stammende energische Adelige gründete hier eine ihrer Residenzen und brachte ein Dutzend Italiener als Bedienstete mit. Die Residenz ist nicht erhalten, aber lokale Bewohner haben immer noch untypische aus dem Italienischen transliterierte Familiennamen.

Heute kennt jeder in Belarus das eintägige **kulinarische Festival Leckerbissen aus Motal** (bel. Мотальскія прысмакі), das Mitte August stattfindet. Keiner geht hungrig zurück: Hier gibt es Schlösser aus Wurst, Speck und Fleisch, Türme aus Käsesorten, Skulpturen aus Obst und Gemüse sowie auch Buden mit deftigen Fleischsuppen und Soljankas, Stände mit Kuchen, Piroggen, Quiches und traditionell geräuchertem Fisch.

Ein weiterer Anziehungspunkt ist das **Volkskundemuseum**. Motal war immer eine erfolgreicher Standort für die Produktion von Handtüchern, Tüchern sowie Koschuchs (bel. кожух): Pelz- und Wolljacken bis zu den Kniekehlen oder Knöcheln. Das zweistöckige Museum zeigt eine Sammlung von Volkskunst aus dem späten 19. Jahrhundert. Selbst das Gebäude des Volksmuseums ist anziehend: es ist aus Holz gebaut und sonnig-gelb angestrichen (plošča Lenina 1. Mo–So 10–17 Uhr; Tel. +375/1652/58753).

Am zentralen Platz (plošča Lenina) gibt es auch Cafés, eine Bank, einen Geldautomaten und ein Hotel. Unweit steht eine hölzerne orthodoxe **Kirche der Verklärung unseres Herrn** (1888).

Chaim Weizmann, der erste Präsident Israels, wurde in Motal geboren (und studierte in Darmstadt und Berlin). Sein Geburtshaus (ebenfalls gelb) findet man heute im Zavulak Laznevy/Лазневы/Банный 1. Die Weizmann-Familie wohnte in diesem Haus bis 1894. Ein Museum über Chaim Weizmann und die jüdische Gemeinde in Polesien ist in Planung, der genaue Eröffnungstermin steht aber noch nicht fest.

 Motal

Vorwahl: +375/(0)1652

Mit Bussen/Marschrutkas aus Pinsk Richtung Motal oder Tyškoviču/Тышка-вічы mehrmals am Tag; oder aus Drahičyn oder Ivanava, auch mehrfach täglich.

Hotel Hatel Fest (Гатэль Фэст), im Zentrum, plošča Lenina 1, Tel. 58566; DZ ab 18 Euro. Alte Ausstattung, aber sauber. Daneben gibt es mehrere **Cafés** (Чабарок, Кавярня).

Bauernhof Ljavonicha na Jaselde (Лявониха на Ясельде), Zavulak Komsomolskij 6, Tel. 58284; DZ ab 24 Euro. Empfehlenswert, sauber und gemütlich.

Bauernhof Solotaja rybka (Золотая рыбка), vulica Mironavay 3. Tel. +375/29/1751967; DZ ab 20 Euro. Klein, aber fein.

Varacevičy

Varacevičy (Варацэвічы/Вороцевичи), bekannt seit 1497, ist der Geburtsort des belarussisch-polnischen Malers und Komponisten **Napoleon Orda**. Der belarussische Napoleon wurde 1807 geboren, sein Name ist für Belarus untypisch, war aber in der Zeit sehr in Mode. Er begann in Wilna Mathematik zu studieren, wurde aber wegen seiner Mitgliedschaft in der revolutionären Studentenvereinigung 1826 ausgeschlossen. 1932 ging er ins Exil nach Paris und lernte den polnisch-belarussischen Dichter Adam Mikkiewicz sowie die Komponisten Franz Liszt, Frédéric Chopin und Giuseppe Verdi kennen. Er schrieb zahlreiche Musikstücke, malte und reiste viel.

1856 wurde Orda amnestiert und kam nach Varacevičy zurück. Leider verlor er laut Gerichtsurteil mit dem Tod seiner Mutter 1859 das Recht auf das Anwesen. Und so reiste Orda weiter. Fast 25 Jahre lang malte er Anwesen und historische Gebäude im heutigen Belarus, Polen, Litauen und in der Ukraine. Bei seinem plötzlichen Tod 1883 in Warschau hinterließ er mehrere Tausende Zeichnungen, Aquarelle und Gravuren.

Vom **Geburtshaus** (ca. 18. Jh.) sind heute nur Reste des Fundamentes erhalten, man sieht auch ein paar Bäume aus dem Park und den alten Teich. 2013 wurden Bauarbeiten begonnen, das Haus wird wiederaufgebaut (nach Zeichnungen von Orda selbstverständlich). 2007 wurde das **Orda-Museum** mit mehreren Ausstellungsräumen eröffnet, zu sehen sind seine Gravuren und Zeichnungen sowie Bilder von lokalen Künstlern. Das Museum veranstaltet auch Führungen, Seminare und Konzerte.

Am einfachsten findet man das Museum über die orthodoxe **Heilig-Kreuz-Kirche** (1869–74), hier steht ein Gedenkstein für Orda. Das Museum liegt weiter westlich davon.

> **ℹ️ Orda-Museum in Varacevičy**
>
> **Geöffnet**: Mo-Sa 9-18, Pause 13-14 Uhr; So 9-14, Kasse bis 12 Uhr; Tel. +375/1652/21694).
> **Anfahrt**: Mit dem Auto über die M10, bis Snitava/Снітава/Снитово abbiegen und bis Varacevičy fahren; mit dem Bus/Marschrutkas 2-5 mal tgl. (15-25 Min. Fahrt) Richtung Snitava, Ovzičy (Овзічы/Овзичи), Zaruddje (Зарудде/Зарудье).

Dastojeva

Dastojeva (Дастоева/Достоево) ist seit 1473 bekannt. Es ist zwar nicht der Geburtsort des russischen Schriftstellers und Philosophen Fjodor Dostojewski (1821–1881), aber aus diesem Ort stammt seine Familie und sein Name: Vor 500 Jahren bekam hier die Familie von Danila Rtischtschew Land, baute ein Anwesen und nannte sich fortan ›Dostojewsk‹, die Familie aus Dostojevo, wie der Ort auf russisch heißt. Hier wurde Michail geboren, der Vater von Fjodor Dostojewski. Da erwartet wurde, dass er, wie alle seine männlichen Vorfahren Priester werden würde, er aber Medizin studieren wollte, brach er mit 15 Jahren mit der Familie und ging nach Moskau. Er gründete eine eigene Familie und wollte von seinen Vorfahren in Polesien nichts mehr wissen. Sein Sohn Fjodor Dostojewski wusste zwar von seinen Wurzeln in Dastojeva und Polesien, reiste aber nie hin.

Alles, was man besichtigen kann, steht in der vulica Lenina: Neben einer neuen orthodoxen **Dreifaltigkeitskirche** (1998) steht ein **Dostojewski-Denkmal**, das einen sitzenden, nachdenklichen Fjodor Dostojewski zeigt (1995). Gleich daneben steht eine nach ihm benannte Schule, in der 1982 ein **Museum über die Dostojewskis** gegründet wurde. Das Museum besitzt 3000 Exponate sowie viele Archivmaterialien über die Vertreter der Familien und persönliche Gegenstände von verschiedenen Familienmitgliedern, die in Bela-

Brest und Brester Gebiet

Frühjahrshochwasser im Nationalpark Prypjac

rus, der Ukraine oder Russland lebten. Das Museum ›bewohnt‹ zwei Klassenzimmer und ist tagsüber geöffnet (vulica Lenina 2;Tel. +375/1652/472 38; www.dostoewo.ivanovo.by).

Zum bevorstehenden Jubiläum 2021, wenn der 200. Geburtstag Fjodor Dostojewskis gefeiert wird, soll das Anwesen der Familie wiederaufgebaut werden.

Anfahrt: mehrfach täglich fahren Busse/Marschrutkas aus Ivanava (40–50 Min. Fahrt).

Nationalpark ›Prypjac‹

Nach der Eiszeit war dieser Teil von Polesien mit Gletscherschmelzwasser gefüllt und wurde auf mittelalterlichen Karten als Herodotisches Meer bezeichnet, da der griechische Historiker in seinen Werken dieses Sumpfgebiet beschrieben hat. Einige von diesen Torfmooren sind bis heute erhalten. Das Gelände zeichnet sich durch so hohe Staunässe aus, dass bei saisonbedingtem Hochwasser bis zu 70 Prozent der Parkfläche überflutet werden können.

Der Nationalpark wurde gegründet, um die einzigartige Natur der Polesien-Region zu erhalten und deren Veränderungen durch die Tieflandtrockenlegung zu untersuchen. Die Flora umfasst mehr als 950 Arten von Gefäßpflanzen und 196 Arten von Moosen, etwa 500 Hektar sind von Preiselbeeren bedeckt. Weltweit gefährdete Vogelarten wie Seggenrohrsänger, Schelladler, Wachtelkönig oder Moorente leben hier. Das Pripyat-Flusstal spielt eine Schlüsselrolle als Vogelschutzgebiet und ist ein wichtiger Wanderkorridor für Vögel, die aus Überwinterungsgebieten in Westeuropa zu ihren Brutplätzen in der Waldzone des europäischen Teils von Russland zurückkehren.

Im Park gibt es ein Museum der Natur, es stehen mehrere Hotels sowie Campingplätze zur Verfügung (ab 10 Euro p. P.). Es gibt ausgeschilderte Rundgänge, auch Ruderboote werden verliehen. Für die weniger Aktiven gibt es Ausflüge mit kleinen Fahrgastschiffen.

ℹ **Nationalpark ›Prypjac‹**

Die **Verwaltung** sitzt in Ljaskaviçy, Telefon +375/2350/98496, +375/29/1250095; www.npp.by/en.

Anreise: Aus Minsk kommt man mit dem Bus vom Omnibusbahnhof ›Uschodni/Vostoçny‹ bis Turaŭ oder Žytkaviçy und von dort mit der Marschrutka nach Ljaskaviçy. Aus Brest/Pinsk oder Homel fährt man bis Žytkaviçy mit dem Zug.

Karte vordere Umschlagklappe

Pinsk

Pinsk (Пінск/Пинск) nicht zu besu-chen, wäre bei einer Belarus-Reise undenkbar. Mit ihrer gut erhaltenen Altstadt, den Baudenkmälern und his-torischen Gebäuden steht diese Stadt an der zweiten Stelle nach Hrodna in Belarus, was die historische Substanz betrifft.

Diese Stadt im westlichen Polesien ist seit 1097 aus der Kiewer Chronik be-kannt. Der Name kommt vom Fluss, dessen Name vom slavischen Wort-stamm ›pin‹ stammt (Halt, Hafen, Was-serwirbel), vom Wort ›pena‹ (Schaum) oder vom lateinischen pinus (Kiefer). Die Stadt lag (und liegt immer noch!) nur am linken Ufer des Pina-Flusses, in seiner scharfen Biegung nach Norden. Dadurch war sie seit ihrer Gründung sehr gut zu verteidigen. Die Zitadelle mit ovalem Grundriss stand auf dem Hügel über dem Fluss, auf sie liefen alle Straßen zu. Daneben gab es ei-nen Platz mit dem Rathaus, eine Ein-kaufspassage, religiöse Gebäude sowie Wohnhäuser des Adels, der Kaufleute und Handwerker. Pinsk hatte Zugang zu den beiden Flüssen Pina und Pripjat und über den Wasserweg zur Ostsee und zum Schwarzen Meer.

Im 13. Jahrhundert blühte das Fürsten-tum Pinsk auf: Die Stadt befand sich zwischen den Fürstentümern Navah-rudak (heutiges Belarus) und Halych-Wolynien (heutige Ukraine), 1320 wurde Pinsk Teil des Großherzogtums Litauen, seit 1523 gehörte es der pol-nischen Königin Bona Sforza. 1581 erhielt die Stadt das Magdeburger Recht und hatte eine große jüdische Gemeinde.

Pinsk erlebte auch viel Zerstörung, es wurde von Tataren, Polen und ukraini-schen Kosaken erobert. Während des Krieges zwischen Moskau und Polen-Litauen (1654–67) litt die Stadt stark unter den Angriffen der Moskauer Ar-mee. Der schwedische König Karl XII.

Brest und Brester Gebiet

Bürgerhaus in der vulica Zaslonava

Jüdische Bethalle in Pinsk

besiegte Pinsk 1706 und verbrannte die Stadt mit allen Vororten. 1793 wurde Pinsk Teil des Russischen Reiches.

Trotz aller Kriege entwickelte sich die Stadt weiter und war im 19. Jahrhundert zu einem wichtigen Zentrum des Handels geworden. Es gab zwei Gerbereien, eine Kupferfabrik, eine Brauerei, eine Tabakfabrik und eine Mühle. 1857 wurde ein Gymnasium, 1865 ein Krankenhaus, 1882 eine Eisenbahnstation, 1885 eine Schiffsreparaturwerft und 1892 die Zündholzfabrik ›Progress–Vulcan‹ eröffnet.

Die Geschichte nahm ihren Lauf: 1915/19 kam die Stadt unter deutsche Okkupation, danach kurz unter sowjetische; 1920 wurde sie an Polen angegliedert. 1939/41 befand sie sich wieder unter sowjetischer, 1941/44 unter deutscher Okkupation.

Heute stammen die meisten Denkmäler in Pinsk aus dem 17. und 18. Jahrhundert. Pinsk ist grün und gemütlich, hat viele Plätze und Boulevards. Die heutigen Einwohner unterscheiden sich in ›Pintschuks‹ und ›Pintschanins‹: Weil ›Pintschuk‹ belarussischer klingt, behaupten Erstere, die wahren Lokalpatrioten zu sein.

Die jüdischen Einwohner nehmen einen wichtigen Platz in der Geschichte von Pinsk ein. Pinsk nennt man auch das Jerusalem von Polesien, in der Geschichte der Stadt sind mehrere Religionen verflochten. Auch heute gibt es hier 15 Religionsgemeinschaften: drei orthodoxe, eine katholische, eine jüdische und zehn protestantische.

Die Stadt ist auch ein bekanntes Zentrum der **zionistischen Bewegung**. Die Juden wurden 1495 aus Litauen verbannt und kamen nach Belarus, wo ihnen oft regionale Vergünstigungen zuteilkamen. Zu Beginn des 16. Jahrhunderts entstand in Pinsk eine der größten und bedeutendsten jüdischen Gemeinden in Belarus, und im Laufe der Zeit dominierte die jüdische Bevölkerung.

Von besonderer Bedeutung war der Vorort **Karolin**, einer der Ursprungsorte des osteuropäischen Chassidismus (Karolin-Stolin). Diese mystische Bewegung entstand als Reaktion auf die Judenpogrome von ukrainischen Kosaken, als in Osteuropa über 700 jüdische Gemeinden vernichtet wurden. Die Chassidim wurden von anderen Gemeinden zuerst nicht anerkannt, wegen ihrer strengen, teils ekstatischen

Karte S. 218 ▲

Frömmigkeitspraktiken, ihrer Philosophie und wegen der Wichtigkeit des persönlichen und gemeinschaftlichen religiösen Erlebnisses. Anhänger des Chassidismus wurden in den 1770er Jahren aus den jüdischen Gemeinden ausgeschlossen und mehrmals mit dem Bann belegt. Chassidim aus Karolin-Stolin kann man heute auf der ganzen Welt treffen: Sie leben in Israel, Amerika, Russland, England, Mexiko und der Ukraine.

Im Zarenreich hatte Pinsk den größten Anteil an jüdischer Bevölkerung im heutigen Belarus, ca. 75 Prozent. 1914 waren 49 von 54 Unternehmen in jüdischen Händen, die zentralen Straßen hatten im Erdgeschoss jüdische Geschäfte. Bis zum Zweiten Weltkrieg war das öffentliche Leben in Pinsk von Juden geprägt: Am Sabbat waren die Fabriken geschlossen, viele Handwerksgruppen hatten ihre eigene kleine Synagoge. Verkehrssprache war Jiddisch. Im Pinsker Ghetto wurden praktisch alle jüdischen Bewohner der Stadt vernichtet, 10 000 von insgesamt 27 000 sogar an einem einzigen Tag.

Golda Meir (1898–1978), spätere israelische Ministerpräsidentin, geboren in Kiew, lebte von 1903 bis 1906 in Pinsk, ihre Mutter Bluma Neiditch stammte aus der Stadt. Die Mutter von Steve Ballmer, des ehemaligen Vorstandsvorsitzenden von Microsoft, Beatrice Dworkin, stammte ebenso aus Pinsk. Die Eltern des amerikanischen Modedesigners Ralph Lauren lebten vor ihrer Migration in die USA in Pinsk.

Sehenswürdigkeiten

Die Stadt erkundet man am besten vom Ufer der Pina (Піна/Пина) aus, das die Einheimischen in drei Teile gliedern: den alten, ›polnischen‹ mit einem **Flusshafen**, wo ein Schiff (mit einem guten Café!) vertäut ist, den neuen mit einer Kastanienallee und den modernen, mit den unverzichtbaren Symbolen des modernen Belarus: einem Eispalast, einem Tennisplatz, einem Fußballplatz, einer Laufbahn und anderen Sporteinrichtungen. Oft ist das Ufer in dichten Nebel gehüllt.

Die Pina und die Pinsker Sehenswürdigkeiten kann man auch vom Motorschiff ›Pinsk‹ bewundern.

■ **Himmelfahrtskirche**
und Franziskanerkloster

Das Wahrzeichen der Stadt und deren katholisches Herz ist die **Kirche der Himmelfahrt der Jungfrau Maria** und das **Franziskanerkloster** (umgegeben von den Straßen Charužay, Lenina, Kamsamolskaja sowie dem Pina-Fluss). Der katholische Komplex steht gleich am Ufer und gilt als das älteste Erbe aus dem Großherzogtum Litauen. Er wurde 1396 aus Holz gebaut, die Errichtung einer ersten Steinkirche erfolgte 1510, mit Materialien aus baufälligen Gebäuden der Stadt – eine Manifestation der belarussischen Praktikabilität und Wirtschaftlichkeit! Kein Wunder, dass die Belarussen manchmal die ›Deutschen Osteuropas‹ genannt werden.

1712–30 entstand die heutige Version des Komplexes. Zwischen der Hauptstraße und dem Fluss befinden sich das Kloster, die Maria-Kirche und der Glockenturm von 1817, der heute ein bisschen schief à la Pisa steht. Sie bilden zusammen mehrere gemütliche Höfe, die man von außen gesehen nicht erwartet. Das ganze Ensemble ist dem berühmten Krakauer Schloss Wawel ähnlich.

Die adrette barocke Maria-Kirche hat sieben Altäre (sechs aus Holz und einer aus Stuck) und 225 Skulpturen und andere geschnitzte Kunstwerke von

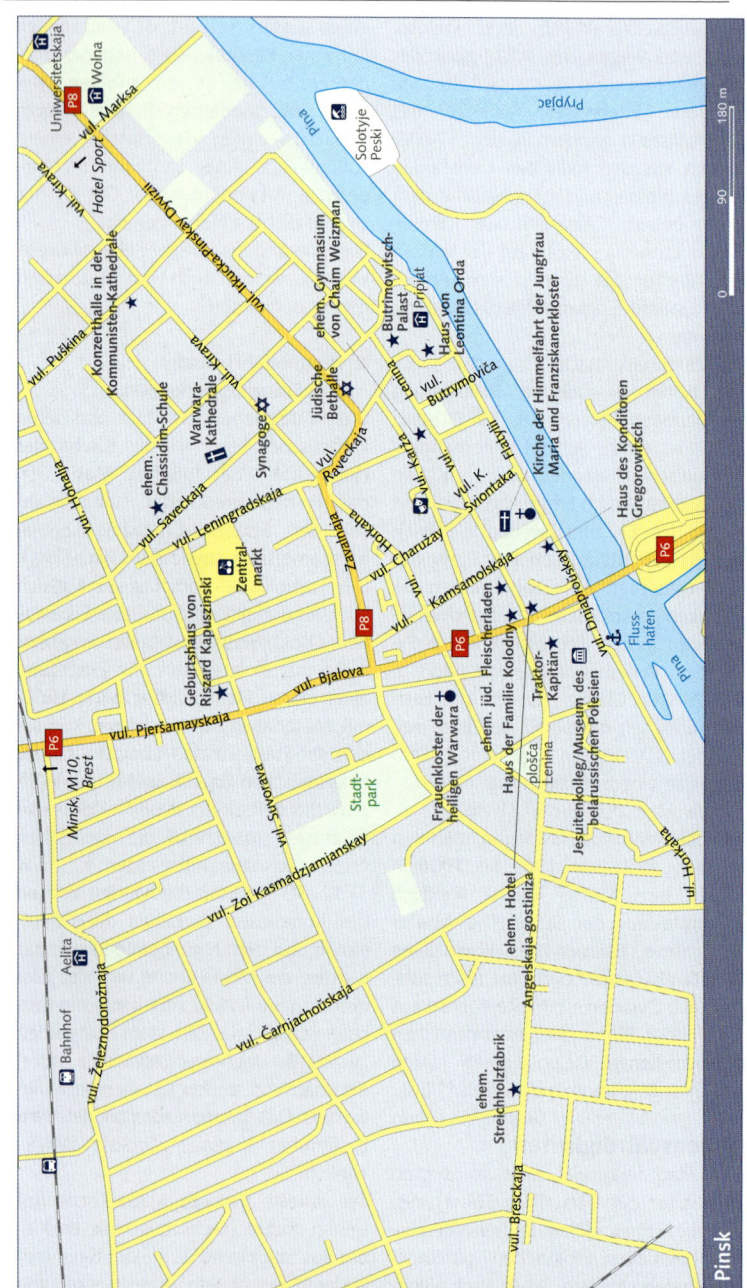

Pina

Prypjac

Solotyje
Peski

180 m

90

0

Uniwersitetskaja

Wolna

vul. Marksa

P8

Hotel Sport

vul. Kirawa

vul. Trakcko-pinskay Dywizii

Konzerthalle in der
Kommunisten-Kathedrale

vul. Puškina

vul. Hohalja

ehem.
Chassidim-Schule

Warwara-
Kathedrale

vul. Kirawa

Synagoge

ehem. Gymnasium
von Chaim Weizman

Jüdische
Bethalle

vul.
Raveckaja

vul. Kariža

vul. Saveckaja

vul. Leningradskaja

Zentral-
markt

Zavalnaja

vul. Horkaha

Butrimowitsch-
Palast

Pripját

Haus von
Leontina Orda

vul.
Butrymovíča

vul. Lenina

vul. K.
Sviontaka

vul. Flatkíli

Kirche der Himmelfahrt der Jungfrau
Maria und Franziskanerkloster

Haus des Konditoren
Gregorowitsch

P6

Fluss-
hafen

Pina

vul. Charužay

P8

vul. Kamsamolskaja

P6

vul. Dnjaprouskay

Geburtshaus von
Riszard Kapuszinski

vul. Bjalova

ehem. jüd. Fleischerladen

Traktor-
Kapitän

Haus der Familie Kolodny

plošća
Lenina

Jesuitenkolleg/Museum des
belarussischen Polesien

ul. Horkaha

P6

vul. Pjerŝamayskaja

Minsk, M10,
Brest

vul. Suvorava

Stadt-
park

Frauenkloster der
heiligen Warwara

ehem. Hotel
Angelskaja gostiniza

vul. Zoi Kasmadzjamjanskay

Aelita

vul. Ŝeleznodorožnaja

Bahnhof

vul. Ĉarrjachoŭskaja

ehem.
Streichholzfabrik

vul. Bresckaja

Pinsk

Das Franziskanerkloster

Meister Jan Schmitt, die im Original erhalten sind. Der Innenraum ist mit vergoldeten Schnitzereien verziert. Den Hauptaltar schmückt eine Komposition ›Stigmatisierung des heiligen Franziskus‹ und eine Kopie eines Gemäldes von Bartolomé Esteban Murillo, die ›Himmelfahrt der Jungfrau Maria‹.

Aber die Hauptattraktion ist die **Pinsker Madonna** von Alfred Isidore Römer. Der Bildhauer und Maler (1823/97) mit sächsischen Wurzeln studierte in Vilnius, Dresden, Paris sowie Belgien und Italien und arbeitete in ganz Europa. Wenige Jahre vor seinem Tod stellte er Maria als eine Frau aus Pinsk (und zeichnete sie nach der Natur) und Symbol der lebensspendenden Mutterliebe dar. Auf dem Gemälde sind auch Poleschuks zu erkennen: So sahen Bauern Ende des 19. Jahrhunderts in diesem Teil von Belarus aus.

Einzigartig ist auch die Orgel (1833/37) von Adalbertus Grodnicki, einem Meister aus Vilnius. Das Instrument kann mit einigen Superlativen aufwarten: Es hat 1049 Stimmen, 36 Register, 1/2 Oktaven, pneumatische Pedale, 1498 Posaunen, einige der Holzposaunen sind bis zu vier Meter hoch. Diese Orgel ist die älteste im Lande, die noch spielbar ist.

Seit 1954 wurde die Maria-Kathedrale von Kardinal **Kazimierz Świątek** geleitet. In der Sowjetzeit, als die katholische Kirche unterdrückt wurde, wurde er 1941 in Brest zum Tode verurteilt. Der Ausbruch des Zweiten Weltkrieges verhinderte die Vollstreckung seiner Strafe. 1944 wurde der junge Priester erneut verhaftet und zu zehn Jahren Konzentrationslager verurteilt, die er in Sibirien und jenseits des Polarkreises in Workuta verbrachte.

Kurz nach seinem 80. Geburtstag, am 26. November 1994, wurde Świątek von Papst Johannes Paul II. zum Kardinal ernannt. Er starb mit 96 Jahren am 21. Juli 2011 in einem Krankenhaus in Pinsk. Seine Überreste wurden in einem Marmor-Sarkophag in die Krypta unter dem Altar gelegt. Der Tradition nach sollte er in Minsk begraben werden, sein Wille war aber, in Pinsk zu bleiben, der wichtigsten Stadt in seinem Leben.

Als junge Journalistin hatte ich das Glück, dem Kardinal zu seinem 90. Geburtstag zu gratulieren und habe es gewagt, ihn zu fragen, woher er die Kraft

Der Butrimowitsch-Palast

nehme weiterzumachen und Schwierigkeiten zu überstehen. Sein Geheimnis war: ›Bleiben Sie fröhlich, halten Sie den Kopf hoch‹.

■ Jesuitenkolleg

Der nächste Halt im Zentrum wäre das Jesuitenkolleg (1635/48), in dem sich heute das Museum des belarussischen Polesien und eine Ballettschule für Kinder befinden (vulica Dnjaproŭskay Flatylii/Bjalova). Die längere Fassade liegt am Ufer, die kürzere am plošča Lenina (früher Marktplatz). Die Ecke ist mit einem massiven sechseckigen Wohnturm gesichert, eine Art Stützpfeiler und Verteidigungsanlage zugleich. Das Fundament hat eine Tiefe von fünf Metern, um die zwei Meter dicken Mauern des Kollegiums zu halten. Diese Art monumentaler Architektur kann man überall im Zentrum sehen; sie bewahrt Spuren der Renaissance (in der Wand- und Fensterdekoration) und Barock (im Dach mit geformten Giebel und Voluten). Der Komplex ist gut erhalten und bildete einst das Herz des historischen Zentrums. Das Kolleg wurde restauriert. Seine Uhr spielt heute ein Kriegslied zum Gedenken an alle Gefallenen. Daneben steht ein einzigartiger **Traktor**

als **Monument**, er hat sogar einen Namen: der Kapitän.

Das **Museum des belarussischen Polesien** (plošča Lenina 22; tgl. 10–17.30 Uhr, Montag geschlossen) wurde schon 1926 eröffnet, zog aber erst 1996 ins Jesuitenkolleg um. Dauerausstellungen erzählen die Geschichte der Pinsker Region von der Antike bis ins 19. Jahrhundert; es gibt eine einzigartige Sammlung von Fliesen, Büchern, Dokumenten und Stichwaffen sowie ethnographische Artefakte. Das Museum präsentiert auch belarussische Kunst des 20. Jahrhunderts, die Lebenswelt der Region sowie die Geschichte der Partisanenbewegung in Polesien. Die Gemäldesammlung gilt als zweitgrößte im Land nach dem Kunstmuseum in Minsk. Die bekanntesten Exponate sind das Statut des Großfürstentums Litauen, gedruckt 1694, ein Sarkophag aus dem 12. Jahrhundert, ein Notizbuch von Königin Bona Sforza und ein Holzfahrrad, konstruiert vom lokalen Meister Wassili Iljutschik.

■ Butrymowicz-Palast

Der weiß-gelbe Butrimowitsch-Palast mit dem roten Dach (1784–90) steht auch am Pina-Ufer (vulica Lenina 44/ Kreuzung vulica Butrymoviča). Den Grundstein für dieses Gebäude legte der letzte König von Polen Stanislaus August Poniatowski (→ S. 196). Im Volksmund ›Pinski Mur‹ (Pinsker Mauer) genannt, ist der Palast symmetrisch, drei Gebäude bilden einen Vorgarten, offen zum Fluss hinaus. Später entstand zwischen der Pina und dem Palast ein Boulevard. Der mittlere Gebäudeteil hatte mehrere Repräsentationsräume, die Seitenflügel beherbergten Wohnzimmer und Büros. Von kunsthistorischer Bedeutung ist der ovale Saal, der in die Terrasse übergeht.

Karte S. 218

Der Bauherr Matheus Butrymowicz (1745–1814) war ein Nachkomme einer der ältesten Familien von Litauen und Samogitien (Niederlitauen). Er hegte ein besonderes Interesse an der Entwicklung der Industrie- und Handelskammern von Polen und Litauen, besonders an den Fähigkeiten der jüdischen Einwohner. Er schuf einen experimentellen Bauernhof im Sumpfgebiet und gründete Schulen für die Kinder der Handwerker und Bauern.

Nach seinem Tod gehörte seiner Tochter dieser Palast, danach seiner Enkelin Hortensia Skirmunt (Orda), Schwester von Napoleon Orda (→ S. 212). 1901 brannte der ›Mur‹, viele Werke von Napoleon Orda gelten nach dem Ersten Weltkrieg als verloren. Hortensia Skirmut versuchte die Pracht wieder herzustellen; nach ihrem Tod 1933 fiel der Palast an den Staat. Nach dem Zweiten Weltkrieg war hier eine Druckerei, danach das Kino ›Pionier‹, danach ein Kinderzentrum.

Das später gebaute Hotel ›Pripyat‹ überschattete den ›Mur‹, beim Bau wurde das alte, aber gut funktionierende Entwässerungssystem des Palastes gestört. Die Rekonstruktion wurde 2009 abgeschlossen, heute befindet sich hier ein Standesamt.

In der Warwara-Kathedrale

■ **Warwara-Kathedrale**

Unweit des Butriwomitsch-Palastes erhebt sich die orthodoxe Warwara-Kathedrale (vulica Saveckaja 34), die Teil eines 1705 gegründeten Bernhardinerklosters war. Nach dem gescheiterten Aufstand gegen Russland wurde sie 1831 wie viele andere Kirchen in eine orthodoxe umgewandelt und bewahrt jetzt die Ikone ›Unsere Liebe Frau von Jerusalem‹ (15. Jh.) und mehrere Ikonen aus dem 18 Jahrhundert.

■ **Jüdisches Pinsk**

Den Vorort Karolin (früher Karlin) erkennt man heute an der sogenannten **Kommunisten-Kathedrale** (Kirava 37). Die Karl-Borromäus-Kirche wurde 1695 von Jan Karol Dolski, dem Gründer Karolins, gegründet, aber erst 1870–82 gebaut. Dieser Bürgermeister von Pinsk war für die erhebliche Erweiterung der Stadt Ende des 19. Jahrhunderts verantwortlich. Die Kommunisten-Kirche hat aber nichts mit Kommunismus zu tun. Sie war für die aus Italien gekommenen Vertreter einer ›Mönchs-Kommune‹. Heute befindet sich hier die **Konzerthalle von Pinsk**.

Karolin wurde im 19. Jahrhundert auch durch die lokale jüdische Salzmafia bekannt, die den **Salzhandel** zwischen Königsberg und Dnipropetrowsk kontrollierte. Sie regulierte den Preis und die Knappheit von Salz und verdiente damit gutes Geld.

Vor dem Zweiten Weltkrieg waren mehr als 75 Prozent der Einwohner jüdisch (ca. 20000), es gab 42 **Synagogen** in der Stadt. Geblieben sind nur zwei: das **Haus von Aaron Perlow**, dem Gründer des Karlin-Chassidismus – diese ziegelrote Bethalle (vulica Irkucka-Pinskay Dyvizii 12/Kreuzung Saveckaja vulica) von 1904 wurde 1941 geschlossen und erst 1993 wieder der jüdischen Gemeinde übergeben. Eine **zweite Synagoge** (Kirava 10a) stammt aus dem Jahre 1889.

An der Kreuzung Bresckaja/vulica Zoi Kasmadzjamjanskay befindet sich eine **archäologische Stätte**: die ehemalige Zitadelle und der Ursprung von Pinsk. Ein Fragment des Erdwalls kann man immer noch am Anfang der vulica Horkaha sehen.

Einen Besuch wert ist auch der **historische Friedhof** (19. Jh.) in der vulica Spakoynaja (wortwörtlich: Ruhige Straße). Er schließt einen katholischen (polnischen), orthodoxen, jüdischen und Soldatenfriedhof (deutsche Soldaten aus dem Ersten Weltkrieg) zusammen. Ein jüdischer Friedhof befindet sich an der Kreuzung vulica Teljefonnaja/Parkavaja.

■ **Weitere Sehenswürdigkeiten**

Für alle, die Zeit haben, hier noch ein paar weitere Tipps für einen erlebnisreichen Spaziergang im historischen Zentrum.

Die **vulica Lenina** (вуліца Леніна/улица Ленина) ist eine der schönsten Straßen in Pinsk: *Lenina 2*: Das Hotel ›Angelskaja gostiniza‹ von Movshe Shmidt

(1920er, Jugendstil) war das erste Haus in Pinsk, mit einem Telefongerät und einer Toilette in jedem Zimmer. Hier gab es das eleganteste Kleidergeschäft in der Stadt, ein Postamt, einen Frisiersalon, sowie ein Restaurant-Kabarett, das durch seine ›fordancerka‹ bekannt war – Mädchen, die mit dem Tanzen ihr Geld verdienten. Nach der Rekonstruktion wurde eine alte polnische Schrift offenbart: ›A. L. Goldberg Sprzedaż komisowy‹ (A. L. Goldberg Auftragsverkauf).

Lenina 5: Haus der Familie Kolodny (Kol). Moshe Kol wurde ein bekannter israelischer Politiker, der die Unabhängigkeitscharta unterschrieb. Ende des 19. Jahrhunderts war in dem Gebäude das Hotel ›Paris‹ untergebracht. Heute dient es als Verwaltungsgebäude;

Lenina 9: Anfang des 20 Jahrhunderts war dies ein Fleischerladen von Levin Morduch und Goldin Ber, heute ein staatliches Fleischgeschäft.

Lenina 36: Im ›Haus von Naimon‹ (Anf. 20. Jh.) befand sich im Erdgeschoss eine bekannte Konditorei der Gregorowitsch-Familie; 1939 tagte im Obergeschoss der erste Stadtrat; heute beherbergt das Haus Geschäfte;

▲ *Traktor vor dem Landeskundemuseum*

Karte S. 218

In der vulica Lenina

Lenina 38: Das rote Haus aus Backstein gehörte Leontina Orda, der Schwiegertochter des Malers Napoleon Orda.

Lenina 39: Dies war einst ein Gymnasium, in dem unter anderem Chaim Weizman lernte, der erste Präsident von Israel, sowie Sir Isaac Shoenberg, ein Hochfrequenztechniker, der das moderne Fernsehen in England entwickelte.

In der **vulica Horkaha** (Горкага/Горького) 63 steht an der Kreuzung mit der plošča Kirava ein Gebäude aus den 1930er Jahren; vor dem Zweiten Weltkrieg war es ein jüdisches Waisenhaus, eine kleine Gruppe von Kindern konnte mit Missionaren nach England und Südafrika fliehen; heute ist es Sitz der staatlichen Versicherungsgesellschaft.

An der **Kreuzung Horkaha/Peršamayskaja** stehen die orthodoxe Kathedrale der Auferstehung (erbaut 1990) und das Frauenkloster der Heiligen Warwara (erste Erwähnung 1521).

■ Parks

Nicht zu vergessen die schönen Parks! An der Stelle des Ljaščanski-Parks lag einst auch ein Vorort mit einer wunderschönen Kathedrale und einem Frauenkloster, er befindet sich zwischen dem Pina-Ufer und der vulica Irkucka-Pinskay Dyvizii. Auf der anderen Seite befindet sich der Strand von Pinsk, Solotye peski (Goldener Sand). Ein weiterer Park liegt im historischen Zentrum, zwischen vulica Suvorava und vulica Zavalnaja.

ℹ Pinsk

Vorwahl: +375/(0)165
Informationen:
www.mypinsk.com (russ.)
www.ipinsk.by (russ.)
www.pinsk.gov.by (engl.)

Pinsk ist leicht erreichbar, mehrfach am Tag fahren Züge, Busse und Marschrutkas; mit dem Zug aus Minsk (5,5–6,5 Std.), aus Brest (4 Std.); mit dem Bus/Marschrutkas: von Minsk-Uschodni/Vostočny (3,5–5 Std.), aus Brest (ca. 3–4 Std.). Anschlussmöglichkeiten in Baranaviči, Ivanava.

Der **Hauptbahnhof** liegt nördlich des Zentrums: vul. Čyhunačnaja/Železnodorožnaja 19, Tel. 355453.

Der **Omnibusbahnhof** liegt gleich daneben: vul. Čyhunačnaja/Železnodorožnaja 16, Tel. 355449.

Am besten erkundet man Pinsk zu Fuß, das Zentrum ist überschaubar und gemütlich.

Pripjat (Припять), vulica Dnjaproŭskay Flatylii 31, Tel. 359633, www.andre. by; DZ ab 37 Euro: Das am besten renovierte Hotel der Stadt befindet sich gleich am Pina-Ufer, neben dem Butrimowitsch-Palast, es ist sehr modern und ein wenig kitschig.

Aelita (Аэлита), Čyhunačnaja/Železnodorožnaja 27, Tel. 355457; DZ ab 17 Euro. In der Nähe des Hauptbahnhofs, ziemlich klein und dazu alt.

Wolna (Волна), vulica Irkucka-Pinskay Dyvizii 48, Tel. 354665; DZ ab 20 Euro. Schlicht und sauber.

Uniwersitetskaja(Университетская), vul. Irkucka-Pinskay Dyvizii 46, Tel. 379370; DZ ab 20 Euro. Einfach und gut renoviert.

Sport (Спорт), vulica Rakasoŭkaha 17, Tel. 330256; DZ ab 12 Euro. Das Hotel liegt abseits des Zentrums und bietet kleine nette Zimmer, die alt eingerichtet sind.

Viele **Cafés und Restaurants** gibt es in der vulica Lenina und am Ufer (vul. Dnjaproŭskay Flatylii). Die populärsten sind: **Grand** (Lenina 7a), **Achmad** (Lenina 55), drei gastronomische Einrichtungen im **Hotel Pripjat**: Restaurant Retro, Café D-Kafe und Klub Andre (vulica Dnjaproŭskay Flatylii 31).

Weitere Restaurants und Cafés: **Pinskaja Schljachta** (vulica Bjalova 2), **Tawerna** (Karža 14), **City** (Pjeršamayskaja 145) und **Nesterka** (Centralnaja 82).

Das **Polesien-Schauspielhaus** (Charužay 10) ist einen Besuch wert – nicht nur für Theater-Fans. Das Gebäude mit Jugendstil-Elementen (1911–12) wurde als erstes Kino (mit dem Namen Kasi-

no!) gebaut, später auch für öffentliche Gerichtsverfahren benutzt. Das Interieur des Theaters ist prachtvoll, mit Riesenfenstern und grünen Vorhängen bis zum Boden.

Museum des belarussischen Polesien, plošča Lenina 22, Tel. 35-84-02; 10–17.30 Uhr, Mo geschl.

Im Februar finden traditionell Konzerte unter dem Namen **Musikabende im Februar** (Февральские музыкальные вечера) statt.

Einmal in zwei Jahren wird in Pinsk das **Gitarrenmusikfestival Karoliner Fiesta** (Королинская фиеста) organisiert.

Ebenfalls alle zwei Jahre können sich **Handharmonika-Musiker** (Wiwat, bajan!) versammeln.

Noch seltener, einmal in 2–3 Jahren gibt es ein internationales **Festival der Folklore**: Palesski karahod (Палескі карагод).

Jährlich findet das internationale **Biker-Fest Pinsk** Ende des Sommers oder im September statt.

Vor 100 Jahren hat man noch vom Wasser aus gehandelt, heute gibt es nur die für das ganze Land üblichen lokalen Märkte.

Der **Zentralmarkt** liegt an der Kreuzung Suvorava/Leningradskaja. Lebensmittelgeschäfte gibt es in der Leningradskaja, der Horkaha und der Lenina.

Belarussische **Souvenirs** gibt es bei **Pawlinka** (Kirava 2).

Ausgezeichnete lokale **Honigwaren** findet man in **Nektar Polessja** (Kamsamolskaja 17). Die Imkerfamilie Kačanovskij ist für guten Honig schon seit 1554 bekannt! Im Laden gibt es Honiggetränke – mit Gewürzen und Kräutern, aber auch Alkohol.

◀ Karte S. 218

Die sogenannte Kommunisten-Kathedrale in Pinsk

Das Mahiljoŭer Gebiet an der Grenze zu Russland war einst der westliche Vorposten der Kiewer Rus. Wechselnde Zugehörigkeiten zu Russland, zum Großfürstentum Litauen und zur Rzeczpospolita führten zu zahlreichen Kriegen und Auseinandersetzungen.
Dennoch blieben einige interessante historische Kleinstädte bis heute erhalten.

MAHILJOŬ UND MAHILJOŬER GEBIET

Ritterturnier in Mscislaŭ

Mahiljoŭ

Mahiljoŭ (Mariнёў/Могилев) nennt man auch die zweite Hauptstadt von Belarus. Die Stadt am Dnjepr-Ufer, die drittgrößte des Landes, erlebte über Jahrhunderte eine bewegte Geschichte, kann aber davon heute nicht mehr viel vor Augen führen. Die Beweise, wie es in Belarus so oft der Fall ist, wurden verbrannt, zerstört oder haben nicht überlebt.

Der Name stammt vermutlich von einem Eigennamen, ›Mahila‹ (wortwörtlich: Grab), vom Fürsten Leo Mohij (Mahutny, ›der Mächtige‹) aus Galizien, der 1267 die Stadt gründete. Volkslegenden erzählen von einem Hünen mit dem Namen Mašeka (bel. Машэка), auf dessen Grab ein Hügel entstand – Mahila ljva (Löwengrab).

1577 erhielt Mahiljoŭ das Magdeburger Recht und ein Wappen mit einem Steinturm auf blauem Grund. 1616 wurde eine Druckerei gegründet, die bis 1773 existierte.

Vieles in der Entwicklung von Mahiljoŭ wurde durch seine grenznahe Lage bestimmt oder beeinflusst. Im 17. Jahrhundert hatte sich die Stadt zu einem wichtigen Gewerbe- und Handelszentrum entwickelt, die dazu über ein perfektes defensives System verfügte: drei Befestigungsanlagen aus Wassergräben und Erdwällen, auf denen eine Mauer mit Türmen und zwölf Toren stand.

Während des Krieges mit Schweden 1655–60 eroberten die Russen die Stadt, aber 1661 wurden in einer Revolte alle Russen getötet. Für den Heldenmut im Kampf gegen Russland erhielt Mahiljoŭ die gleichen Rechte wie die damalige Hauptstadt Wilna. Im Jahre 1708 wurde es im Auftrag von Peter I. (dem Großen) gebranntschatzt. Nach dem Großen Nordischen Krieg wurde Mahiljoŭ wiederaufgebaut, konnte seine ehemalige Bedeutung aber nicht wiedererlangen.

Ab 1772 war es Teil von Russland und musste sich anpassen: Als Teil der Rzeczpospolita war die Stadt ein katholisches Zentrum, im Russischen Reich ein orthodoxes. 1813 befand es sich vier Monate lang unter französischer Besatzung; 1918 war es polnisch und seit 1919 sowjetisch.

Mahiljoŭ kann man auch als die letzte Hauptstadt des Russischen Imperiums betrachten: Während des Ersten Weltkrieges, 1915–17, als hier die Front verlief, befand sich hier das Hauptquartier des Zaren Nikolaus II. Unterwegs aus Mahiljoŭ nach Sankt Petersburg verzichtete er auf den Thron.

Während des Zweiten Weltkrieges gab es mehrere Konzentrationslager in der Region um Mahiljoŭ; damals waren fast 20 Prozent der Einwohner jüdisch, die meisten wurden 1943 ermordet.

Fassaden in Mahiljoŭ

Karte S. 230

Das wiederaufgebaute Rathaus

Heute zeigt Mahiljoŭ ein ziemlich junges Gesicht. Eine Reihe von interessanten Straßen wurde im 18. bis 20. Jahrhundert bebaut. So sehr sich die Stadt um die Unabhängigkeit von Russland bemühte, so sehr ist sie bis heute mit Russland eng verbunden: Viele arbeiten für oder mit russischen Unternehmen zusammen.

Sehenswürdigkeiten

Das Zentrum von Mahiljoŭ bildet der Platz **plošča Slavy** (плошча Славы), der seit dem 16. Jahrhundert bekannt ist und mal Marktplatz, danach Gubernatorskaja und Dumskaja hieß. Er diente dem Handel (die meisten Läden waren in jüdischer Hand), außerdem fanden hier Versammlungen statt. Als Mahiljoŭ an Russland fiel, wurden die Markthallen und andere Bauten abgerissen, am Rand des Platzes wurden vier zweistö-

ckige Gebäude im klassizistischen Stil errichtet: das Gouverneurshaus (im Ersten Weltkrieg das Hauptquartier des Obersten Befehlshabers Zar Nikolaus II.), das Gouvernementshaus, das Haus des Vizegouverneurs und ein administratives Gebäude für das Gericht, die ärztliche Verwaltung, das Archiv.

Nur das letzte Gebäude steht noch, hier befindet sich ein umfangreiches, aber regionales **Landeskundemuseum** (plošča Slavy 1, 9.30–17.30, Kasse bis 17 Uhr). Auf dem Platz sieht man auch eine Gedenktafel ›**An die Kämpfer für die sowjetische Macht**‹ (1982). Als Andenken an Gefallene brennt hier die Ewige Flamme. Die Bronzestatue einer Frau symbolisiert den Sieg und die Erneuerung des Lebens. Im Volksmund wird sie ›**Oxana flüchtet vor Lavsan**‹ genannt: Hinter ihrem Rücken am Rande der Stadt befindet sich die Kunstfaserfabrik, die Lavsan produ-

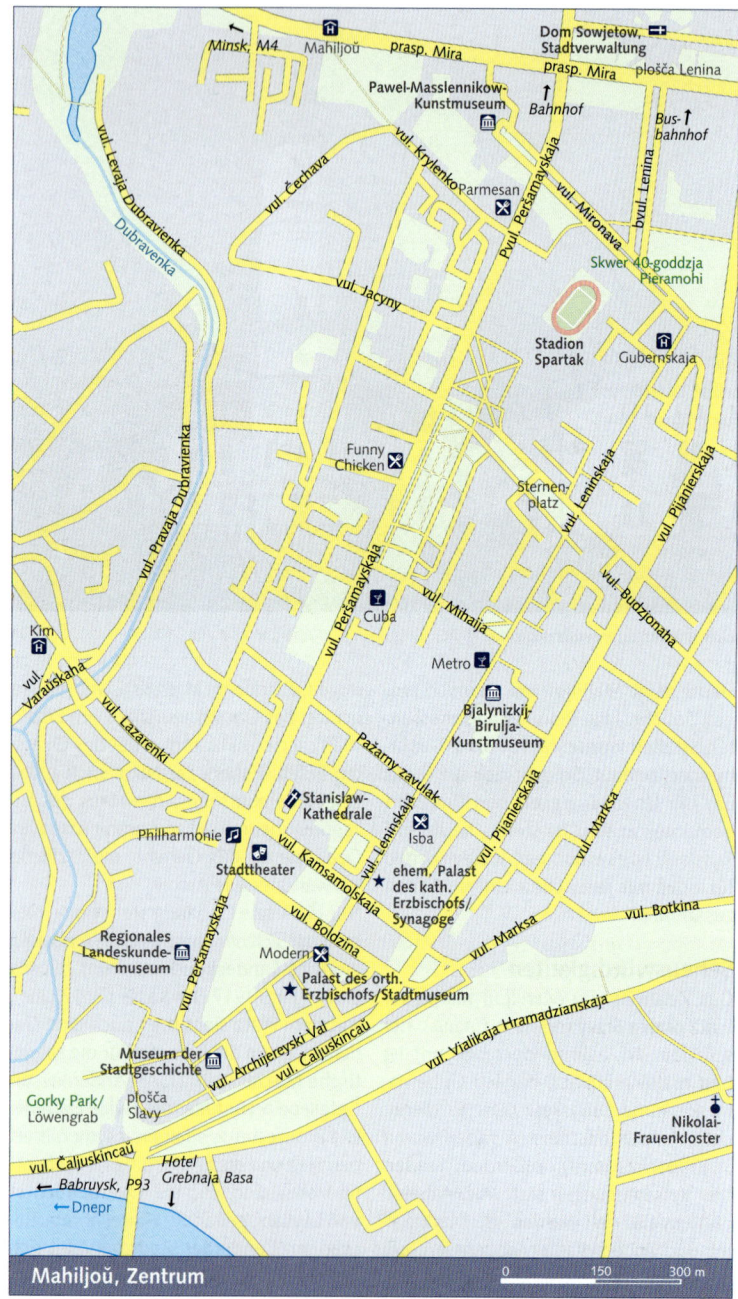

zierte, einen sowjetischen Kunststoff auf Polyesterbasis.

Rathaus

Das Rathaus wurde 2008 nach Zeichnungen aus dem 17. Jahrhundert rekonstruiert. Der Bau war einst das höchste Gebäude in der Stadt, 1780 hatten hier Zarin Katharina II. und Kaiser Joseph II. die Stadt von oben betrachtet. Das Rathaus überstand den Zweiten Weltkrieg und wurde, obwohl eine entsprechende Entscheidung gefallen war, von den Kommunisten nicht renoviert, sondern 1957 gesprengt.

Heute befindet sich im Rathaus das **Museum der Stadtgeschichte** (vulica Leninskaja 1A, 9–18 Uhr, Kasse bis 17 Uhr, Mo, Di geschlossen).

An das Museum der Stadtgeschichte grenzt der **Gorky-Park** – hier befand sich der Schlosshügel, das Herz der Stadt. Laut Legenden, die Historiker nicht überprüfen können, liegt hier das Löwengrab. Der Park ist in Mahiljoŭ sehr beliebt. 2013 wurde hier eine neue orthodoxe **Kirche der heiligen königlichen Märtyrer und Büßer** gebaut.

Palast des Erzbischofs

Rechts vom Rathaus beginnt die vulica Archijereyski Val. Zwischen ihr und der Leninskaja vulica steht der Palast des orthodoxen Erzbischofs Georgij Konisskij (im Hof zwischen Archijereyski Val und vulica Leninskaja). Konisskij war ein bedeutender Gemeindeleiter der russisch-orthodoxen Kirche sowie Erzbischof von Mahiljoŭ, Orša und Mscislaŭ.

Der Palastkomplex ist nur teilweise erhalten und ein schönes Beispiel für die Wohnarchitektur in Mahiljoŭ. Äußerlich findet man die typischen Merkmale des Barock: Fassadenstuck, Nischen und reich verzierte Fensterrahmen. Am 6. August 1993, am Tag der Heiligsprechung von Konisskij, wurde vor dem Haus ein Kreuz errichtet.

Leninstraße

Am plošča Slavy beginnt die Fußgängerzone vulica Leninskaja (ehemalige Bolšaja Sadovaja, was die Schilder ebenfalls zeigen), die den Blick auf historische Bauten eröffnet. Hier wohnte einst die kaufmännische jüdische Elite und betrieb ihre Geschäfte.

Das Haus mit der **Nummer 25** ist der **ehemalige Palast des katholischen Erzbischofs** Stanislaw Bogusch-Sestrzenzewitsch (1780/1857), er war auch Literat, Wissenschaftler und Onkel des Schriftstellers Wincenty Dunin-Marcinkiewicz (s. Babruysk). Er studierte in Westeuropa, diente in der preußischen Armee, danach in der Garde des Großfürstentums Litauen, nach einer Verletzung beendete er seine Militärkarriere. Er verliebte sich als junger Lehrer in eine der Töchter der Familie Radziwiłł. Ihr zuliebe verzichtete er auf seinen lutherischen Glauben und wurde Katholik. Es gab keine Hochzeit, aber Bogusch-Sestrzenzewitsch widmete trotzdem sein Leben dem Katholizismus. 1798 bekam er den Rang eines Metropoliten der römisch-katholischen Kirche des Russischen Reiches und verlegte seine Residenz nach St. Petersburg. Vor seiner Abreise befreite er alle seine Leibeigenen aus Industrieanlagen, schenkte jedem ein Pferd, Weizen und etwas Geld, so dass sie Holz kaufen und eigene Häuser bauen konnten. 1780 übergab Katharina II. die Karmeliten-Kirche der Himmelfahrt der Jungfrau an die Katholiken, die immer noch zu Ehren von Bogusch-Sestrzenzewitsch ›Stanislaw-Kathedrale‹ genannt wird (siehe unten).

Nach dem Feuer 1857 wurde das Haus vom jüdischen Kaufmann Shmerka Zuckermann erworben und zu einer Synagoge umgebaut, die als Hauptsynago-

Der Palast des Erzbischofs Konisskij

ge und Residenz des Rabbiners bis zur Schließung 1925 diente. Heute ist es eine Sportschule der olympischen Reserve.

Das **Haus des Kaufmanns Anoschko** (1698) ist **in der Leninskaja 37** zu sehen. Als das beste Steinhaus wurde es Kaiser Josef II. bei seinem Besuch zur Verfügung gestellt. Es war bis zur Revolution ein Ritterhaus, danach die Karl-Marx-Stadtbibliothek. Seit 1982 ist es das Witold-Bjalynizkij-Birulja-Museum. Die Landschaftsbilder dieses Malers sind gekennzeichnet durch dessen Liebe zu Belarus und seine Begeisterung für die Wasserwege Dnjepr, Pripjat und Soż (9–17 Uhr, Mo, Di geschlossen).

Hinter dem Haus **Leninskaja 45** liegt der **Tulskij Dworik** (Тульский дворик): Ein kitschiger Innenhof aus Tula wurde in Kooperation mit dieser russischen Stadt gestaltet. Da findet man alles, wodurch Tula bekannt ist: einen Riesensamowar zum Klettern (der gar nicht heiß ist!) und das Rathaus von Tula.

An der Kreuzung Leninskaja und Budzjonaha liegt der **Sternenplatz** (Звездная площадь). 2003 wurde hier eine 7-Meter-Skulptur von einem Sterndeuter mit einem 4-Meter-Teleskop installiert, außen herum stehen 12 Stühle mit Stern-

zeichensymbolen. Im Inneren des Teleskops, das nach oben gerichtet ist, befindet sich ein starker Scheinwerfer, der abends mit solcher Kraft leuchtet, dass er angeblich aus dem Weltraum gesehen werden kann. Die ganze Komposition von Wladimir Schbanow dient auch als Sonnenuhr. Der Sternenplatz hat auch große Tafeln mit Namen von Stars, die in Mahiljoŭ geboren sind: Künstler, Sportler, Schauspieler.

Unweit des Platzes, in der **vulica Budzjonaha** (Будзёнага/Буденного) 15/34 steht ein **Haus im konstruktivistischen Stil (1934)**, eines der ersten modernen Wohnhäuser in der Sowjetzeit.

In der **Leninskaja 53** sieht man die **Nikolai-Rimski-Korsakow-Musikschule**. Die Büste davor zeigt aber eindeutig seinen deutschen Kollegen, nämlich Johann Sebastian Bach.

Der **Moskowskij Dworik** (Московский дворик) liegt in der **Leninskaja 61**. Der Innenhof wurde zusammen mit der Moskauer Stadtverwaltung gestaltet: Der Kinderspielplatz sieht wie der Kreml aus und die Hauswände zeigen Moskauer Aussichten.

In der Leninstraße von Mahiljoŭ

Karte S. 230

■ Dom Sowjetow

Am Ende der Leninskaja vulica befindet sich ein schöner Park: Der Skwer 40-goddzja Peramohi/40-letija Pobjedy (Parkanlage zum vierzigsten Jahrestages des Sieges). Links davon führt der Boulevard Mira (праспект Мiра, проспект Мира) zum Lenin-Platz mit einem Lenin-Denkmal und dem **Dom Sowjetow**, dem Sitz der Mahiljoŭer Stadtverwaltung. Dieser jüngere Bruder des Regierungsgebäudes in Minsk wurde 1937–39 gebaut: Da Minsk sehr nah an der polnischen Grenze war, wollte man Ende 1939 die Hauptstadt nach Mahiljoŭ verlegen. Das Problem wurde aber anders gelöst. Durch den deutsch-sowjetischen Nichtangriffspakt wurde Belarus erweitert. Und Minsk blieb Hauptstadt.

Gegenüber vom Dom Sowjetow steht heute die **Belarussisch-Russische Universität** (praspekt Mira 43), dieses ehemalige Gefängnis ist mit einem unterirdischen Durchgang zur Stadtverwaltung verbunden.

Das Dom Sowjetow sollte einst zum Regierungssitz werden

■ Kathedrale der Drei Heiligen

Orthodoxe Architektur in ihrer schönsten Ausprägung findet man hinter dem Dom Sowjetow in der Peršamayskaja (Першамайская, Первомайская) 75. Die Mahiljoŭer Kathedrale der Drei Heiligen wurde 1903–14 gebaut, sie hat sieben Kuppeln und eine Kreuzform. Im Ersten Weltkrieg betete Zar Nikolai II. hier. 1961–89 diente sie als Kulturhalle der Fabrik ›Strommaschina‹, oft gab es Tanzabende. Der Glockenturm und die Kuppel wurden neu gebaut, als hier 1989 die Kathedrale wieder eröffnet wurde. Eine Maria-Ikone aus dieser Kirche hat die Stadt dreimal gerettet. Heute sieht man eine Kopie rechts von der Ikonostase. Sie wird jährlich am 1. April gefeiert. Der ›Geburtstag‹ der Kathedrale ist der 12. Februar.

■ Kunstmuseum

An der Kreuzung Peršamayskaja/Mironava 33 steht das Mahiljoŭer Pawel-Masslennikow-Kunstmuseum (benannt nach dem russischen Maler). Das neoklassische, pseudorussische Gebäude wurde 1903–14 als Bauernland-Bank errichtet, hatte eine eigene Wasserheizung, Klimaanlagen, Strom sowie eine Telefonleitung. 1917 wurde hier eine kommunistische Zeitung gedruckt, danach hatten das Historische Museum und ein Teil des KGB-Archivs hier ihren Sitz. Aus dem Museum verschwand während des Zweiten Weltkrieges das Kreuz der Euphrosyne von Polack (→ S. 394). Verloren ist auch eine Sammlung von Manuskripten, Briefen, Münzen und Ikonen. Seit 1991 befindet sich hier das Kunstmuseum mit einer ortskundigen Sammlung von Malereien, handwerklicher Kunst und Ikonen. Eine Abbildung des Museums findet man auf dem 200 000-Rubel-Geldschein (10–18 Uhr, Mo geschlossen).

Das Haus in der **Peršamayskaja 34** ist ein ehemaliges Rittergebäude (zweite Hälfte 19. Jh.). Im Jugendstil aus zwei Teilen errichtet, verband man diese danach miteinander. 1905 versammelten

Mahiljoŭ und Mahiljoŭer Gebiet

Die Kathedrale der Drei Heiligen

de Bürger einen Missetäter getötet und mussten zur Strafe aus den Steinen ihrer eigenen Häuser eine neue Kirche bauen. 1752 wurde eine katholische Kirche der Himmelfahrt der Jungfrau fertiggestellt. 1788, als Stanislaw Bogusch-Sestrzenzewitsch Erzbischof wurde, nannte man die Kathedrale nach ihm. Sie war die katholische Hauptkathedrale des Russischen Reiches.

Besonders sehenswert sind die gut erhaltene **Fresken aus dem 18. Jahrhundert** mit biblischen Geschichten, Geschichten des Karmelitenordens und sogar einem Panorama von Mahiljoŭ. Die Gemälde sind malerisch, Formen sind mit Farben unterstrichen, Farbgebung und Bilder selbst sind harmonisch, ohne zu viele kleine Details. Neben typischen barocken Mustern sind hier Bilder mit Symbolen der Rzeczpospolita und des Großfürstentums Litauen zu sehen.

1956 wurde die Kathedrale geschlossen, im Gebäude befand sich das Archiv der BSSR, die Orgel mit Röhren aus Keramik wurde zerstört. In Mahiljoŭ glaubt man, dieses Instrument sei für den Vatikan die zweitwichtigste Orgel auf der Welt gewesen. Seit 1991 ist die Kirche wieder in Betrieb. Jährlich findet hier das Internationale Festival für Kirchenmusik ›Mahutny Boža‹ statt (bel. Магутны Божа: Gott, der Allmächtige).

sich hier Musikliebhaber, nach 1917 war hier ein Klub, nach 1944 der Sitz der regionalen Verwaltung der kommunistischen Partei sowie eine Konzerthalle. Seit 2006 befindet sich hier die Kulturabteilung der Stadtverwaltung.

An der Kreuzung Peršamayskaja/Lazarenka-Parkanlage steht der **Denkmal-Bogen** (1780/1950er), der Ende des 18. Jahrhunderts zu Ehren von Katharina II. gebaut wurde. Zu Sowjetzeiten war es eine Ehrentafel mit den Namen der besten Arbeiter, Handwerker und Kommunisten. Heute bewahrt der Bogen seinen imperialistischen Stil und trägt sowjetische Worthülsen.

■ Stanislaw-Kathedrale

Etwas abseits, in der Kamsamolskaja 4/ Kreuzung Peršamayskaja steht die historische, katholische Stanislaw-Kathedrale (1738–52, 1788, 1818). Hier stand einst ein hölzernes Karmelitenkloster, das abbrannte. Eine lokale Legende besagt, in der hölzernen Kirche hätten wütenden

■ Philharmonie und Theater

Die Philharmonie (Peršamayskaja 10) und das Stadttheater (Peršamayskaja 7) stehen einander direkt gegenüber. Mahiljoŭ brauchte ein Theater, hatte aber kein Geld dafür. Durch Spenden konnte man 1888 das Stadttheater schließlich bauen. Einfach war es nicht: Der Platz lag dort, wo sich einst der Verteidigungswall befand, der 1809 dem Erdboden gleichgemacht wurde. Das Gebäude brauchte ein mehr als zehn

Karte S. 230 ▲

Das imposante Stadttheater

Meter tiefes Fundament, doch man hatte für technische Ausrüstung (Vorhang aus Eisen, Feuerleitern, Wasserleitungen) nicht genug Geld zur Verfügung. Weil Backsteine aus der Region nicht gut genug waren, wurde das Projekt geändert und vereinfacht. Dieses Theater war das erste in Belarus mit eigenem Gebäude. Hier wurden Konzerte veranstaltet und Filme aufgeführt; Zar Nikolai II. war oft hier, als er in Mahiljoŭ lebte.

1985 wollte das Kulturministerium der BSSR das Stadttheater abreißen und ein neues errichten. Die Einwohner haben erfolgreich dagegen protestiert. 15 Jahre dauerten die Renovierungsarbeiten, und 2001 öffnete das Haus seine Türen wieder. Vor dem Theater steht eine **Dame mit Hund** (2003), eine Komposition von Wladimir Schbanow (ihre ›Schwester‹ ist vorm Kamaroŭka-Markt in Minsk zu sehen).

In der Peršamayskaja 8 befindet sich das **Ethnographische Museum** (10–18 Uhr, Mi, Do geschlossen). Es steht auf dem Fundament eines Jesuitenkollegs aus dem 18. Jahrhundert, original erhalten von diesem Gotteshaus ist die auf den Hof hinausgehende Mauer.

■ Ehemalige Jüdische Berufsschule

An der Kreuzung Voraŭskaha 11/Plechanava 23 steht die ehemalige jüdische Berufsschule (1903). Das Gebäude aus rotem Backstein im Eklektik-Stil war die erste große jüdische Berufsausbildungsinstitution, die durch private Spenden und Zuschüsse von all-russischen jüdischen Organisationen unterstützt wurde. Hier wurden die jungen Leute für metall- und holzverarbeitende Industrie ausgebildet; es gab auch Unterricht für Erwachsene.

■ Friedhöfe

Mahiljoŭ besitzt 13 Friedhöfe, nur vier davon werden als solche noch genutzt. Eine schöne Straße ist die vulica Lazarenka, an der auch ein alter polnischer (katholischer) Friedhof liegt; zwei Straßen nördlich davon ist der alte lutherische Friedhof. Zwei historische Friedhöfe, Maschekowskoje und Jewrejskoje (jüdischer), erreicht man über die vulica Katoŭskaha und die vulica Darvina östlich vom Stadtzentrum.

■ Nikolai-Frauenkloster

Was man sich auf keinen Fall entgehen lassen sollte, ist das orthodoxe Nikolai-Frauenkloster (gegründet 1636), das älteste in Mahiljoŭ. Vom Ardžanikidze-

Die Nikolaikirche im Wilnaer Barock

Mahiljoŭ und Mahiljoŭer Gebiet

Platz hat man eine schöne Aussicht auf Podnikolje, den Hügel mit dem historischen Komplex.

Dieser liegt in der vulica Sutry/Сутры/ 19, am östlichen Dnjepr-Ufer, südöstlich vom Stadtzentrum. Das Frauenkloster war von 1637 bis 1719 in Betrieb, danach wurde es in ein Mönchskloster umgewandelt, das 1754 geschlossen wurde. Die **Nikolaikirche** (1669–72) ist ein wunderschönes Beispiel für den Wilnaer Barock und die Mahiljoŭer architektonische Tradition. Der prächtige Kultbau beeindruckt mit vierreihigen, vergoldeten geschnitzten Ikonostasen, die 1672 von regionalen Handwerkern angefertigt wurden. Die ältesten Wandmalereien stammen vom Ende des 17. Jahrhunderts. Da die Nikolaikirche zu groß war und im Winter nicht beheizt werden konnte, gab es auch eine sogenannte ›warme‹ Winterkirche: die St.–Onuphrius-Kirche.

Die Archäologen und Historiker glauben, Mahiljoŭ hat noch nicht alle seine Geheimnisse verraten. Zu überprüfen sind zum Beispiel die Legenden über unterirdische Gänge und Siedlungen. 2005 brach eine Straße ein, unter der ein Schacht entdeckt wurde, der so tief wie ein neunstöckiges Gebäude war. Was verbirgt sich noch alles in dieser Stadt?

 Mahiljoŭ

Vorwahl: +375/(0)222
Taxiruf: 107, 156, 163, 181

Mit dem Zug: aus Minsk mehrfach täglich (3.5 Std.) sowie aus Brest; Mit dem Bus: mehrfach täglich vom Uschodni/ Vostočny-Omnibusbahnhof; Mit Marschrutkas: mehrfach täglich, fast jede Stunde, 2 Std. unterwegs.
Hauptbahnhof: Pryvakzalnajaplošča/Прывакзальная плошча/Привокзальная площадь 20; 00375 (222) 392735
Omnibusbahnhof: Leninskaja/Ленинская улица 93; 00375 (222) 224808

Hotel Gubernskaja (Губернская), Leninskaja 56/6, Tel. 284575, www.gubernsky.by; DZ ab 60 Euro; auch über www.booking.com buchbar. Das beste und teuerste Hotel der Stadt liegt im historischen Zentrum, Frühstück inkl., WiFi.
Hotel Kim (Ким), Lazarenka 27, Tel. 229113, www.kim-hotel.by; DZ ab 50 Euro. Neues und sehr modernes Hotel mit Sauna, Fitnesseinrichtungen und Schwimmhalle.
Hotel Mahiljoŭ (Могилёв), praspekt Mira 6, Tel. 468138; DZ ab 25 Euro; über booking.com oder www.mogilev. amaks-hotels.ru buchbar. 1,5 km vom Omnibusbahnhof, 3 km vom Hauptbahnhof, am Dubrowenka-Fluss, gut renoviert, mit Bar und Sauna.
Hotel Grebnaja Basa (Гребная база), vulica Vjalikaja Čaŭskaja 2a; DZ ab 14 Euro. Sehr einfaches Hotel außerhalb des Zentrums, am Dnjepr-Ufer; erreichbar mit Bus 7, 8, 18, 24, 40, Marschrutkas 1, 11, 16, 18, 35.
Hostel Sewerjanka (Северянка), zavulak Mečnikava 5, Tel. 241761; DZ ab 8 Euro. Außerhalb des Zentrums im Park, Dusche/WC auf der Etage; erreichbar mit Bus 1, 7, 24, Marschrutkas 1, 2, 3, 8, 35.

In Mahiljoŭ finden das ganze Jahr hindurch Festivals statt:
Im Frühjahr und im Mai krönt der **Knete-Storch** (Пластилиновый аист) den besten jungen Dichter.
Das Internationale **Theaterforum für die Jugend** M@**rt.**контакт (Martkontakt) findet im März statt.
Im Juni gibt es das Internationale **Festival für Kirchenmusik Mahutny Boscha** (Магутны Божа).
Am 3. Juli feiert man den **Tag der Stadt**.

Konzertreihen mit klassischer Musik gibt es im Frühling und Herbst (Могилевская музыкальная весна, Могилевская музыкальная осень).

Ein Internationales **Animationsfilm-Festival Animajowka** (Анимаёвка) findet im September statt.

Im Oktober gehen das **Festival und der Wettbewerb der populären Musik Solotoj Schljager** (Золотой шлягер) über die Bühne.

Café Modern (Модерн), Leninskaja 15; 9–23 Uhr. Mit Selbstbedienung.
Café Isba (Изба), Leninskaja 29; Café: 11–23 Uhr, Restaurant: 18–5 Uhr. Hausgemachte slavische Küche.
Funny Chicken, Peršamayskaja 26; 10–23 Uhr. Fast-food-Restaurant.
Café Parmesan (Пармезан), Peršamayskaja 34/1; 9–23 Uhr. Im italienischen Stil, das offiziell beste Café in Mahiljoŭ von 2013.
Restaurant Salchino (Салхино), vulica Lazarenka 50; 12–24 Uhr. Belarussische und georgische Küche.
Restaurant Chalet (Шале), Darvina 4; 11–23 Uhr. Bekannt für Fleischgerichte, europäische Küche.

Cuba, Peršamayskaja 29; Mi–So 22–5 Uhr. Die beste Wahl für die europäisch geprägte Jugend.
Metro (Метро), vulica Mihaja 13/36; Mo–So 22–5 Uhr, Fr–Sa 22–6 Uhr. Richtet sich ans russlandaffine Publikum.

Einkaufspassage Alisa (Алиса), Leninskaja 41; Mo–Fr 10–20 Uhr, Sa–So 10–20 Uhr.
Panorama (Панорама), Krylenka 10, Mo–Fr 10–20, Sa–So 10–18 Uhr.

Buyničy

Das **Buyničskaje polje** (Буйничское поле, Buyničy-Feld) ist eine Gedenkstätte (1995) zu Ehren der schweren Schlachten, die hier zwei Wochen lang im Juni 1941 stattfanden. Durch einen Bogen kommt man auf eine Allee, die zu einer traditionellen slavischen Kapelle führt. Auf weißem Marmor stehen Soldatennamen; darunter sind gefundene Reste umgebettet. Es wird auch militärische Ausrüstung aus dem Zweiten Weltkrieg ausgestellt. Gekämpft wurde hier schon 1595, während einer antifeudalistischen Revolte, 1812 wurde Blut in den Schlachten gegen Napoleon vergossen.

Eine Attraktion ist der **Tiergarten** (Заасад/Зоосад) von etwa 100 Hektar Fläche. Eine Safari mit der roten Parkeisenbahn ermöglicht bei gemächlicher Geschwindigkeit die Bekanntschaft mit freilebenden Wölfen, Bären, Dachsen, Elchen, Rehen, Wildschweinen und sibirischen Tigern. Der Stolz der lokalen Tierwelt sind die Wisente. Hier sieht man auch Bergschluchten, die ein Gletscher hinterlassen hat. Kostenlos für Kinder bis 3 Jahre (Tel. +375/222/457304; Mo–Fr 10.30–20.30; Sa, So 9.30–21 Uhr; geschlossen am 2. und 4. Montag jedes Monats).

Ganz in der Nähe, bei der hölzernen Windmühle, findet man ein **Belarussisches Kulturdorf** aus dem 19. Jahrhundert. Es ist kein Museum, alles wurde neu gebaut. Es gibt eine Reihe von stilisierten Holzhäusern zu sehen, und man kann beobachten, wie Handwerker im 19. Jahrhundert gearbeitet haben. Ihre Arbeiten sind auch käuflich zu erwerben. Zu probieren gibt es auch ›Samogon‹ (selbstgebrannter Wodka). Auf dem Gelände gibt es ein Café, ein Restaurant und ein Hotel; es ist immer geöffnet (Öffnungszeiten der Werkstätten 10–18 Uhr, Mo, Di geschlossen; Tel. +375/222/471100, www.karchma.by/en).

Mahiljoŭ und Mahiljoŭĕr Gebiet

Anfahrt: Buyničy liegt nur wenige Kilometer südlich von Mahiljoŭ. Man erreicht es über die vulica Čaljuskincaŭ und die P93 (6 km Richtung Babruysk) mit dem Auto oder mit dem Bus 3, 15, 44. Oder man nimmt die Marschrutkas 2, 9, 43 (Haltestelle: Zaasad/Заасад/ Зоосад). Vom Busbahnhof in Mahiljoŭ fährt der Bus 3; vom Hauptbahnhof die Marschrutka 2.

Mahiljoŭer Gebiet

Bychaŭ – Stary Bychaŭ

Die Festungsstadt Bychaŭ (Быхаў/ Быхов) am westlichen Dnjepr-Ufer ist bekannt seit 1393. Sie gehörte den Familien Švitrigaila, Chodkiewicz und Sapieha. Eine Festungsstadt hat gewöhnlich keine einfache Geschichte und Bychaŭ ist da keine Ausnahme. Im 17. Jahrhundert wurde die Stadt mehrmals von Kosaken und Moskauer Truppen besiegt. Während des Großen Nordischen Krieges (1700–21) war Bychaŭ wegen seiner geografischen Lage wieder gefährdet.

Seit 1772 war Bychaŭ Teil Russlands und beteiligte sich an Aufständen gegen das Zarenreich. Aber die russische Herrschaft brachte nicht nur Zerstö- rung. Die Stadt wuchs in dieser Zeit planvoll um die Burg, den alten befestigten Stadtteil und den Marktplatz herum. Es wurden Bürgersteige aus Holz anlegt und für eine Straßenbeleuchtung gesorgt. Seit 1781 hatte Bychaŭ ein eigenes Wappen: zwei auf rotem Hintergrund gekreuzte Schienenkanonen, seit 1872 eine Wetterstation. 1902 fuhren mit der Verlegung der Eisenbahnstrecke Mahiljoŭ–Žlobin die Züge auch durch Bychaŭ. 1916 wurde der Bau der Brücke über den Dnjepr abgeschlossen. Ab 1918 gehörte Bychaŭ zur Sowjetunion. In Bychaŭ haben heute Industriebetriebe ihren Sitz (Metall, Milch, Holz), es gibt ein Landeskundemuseum und drei Lenin-Denkmäler. Man kann die Schloss-

Die Synagoge von Bychaŭ

ruinen, die Synagoge und die Dreifaltigkeitskirche besichtigen.

Vom **Bahnhofsgebäude** (Anf. 20. Jh.) kommt man der vulica Lenina (вуліца Леніна/ улица Ленина) entlang ins Zentrum, zum Dreieck Lenina/Puškina/ Smaljačkova. Die **Lenina** ist die zentrale Straße (im Volksmund ›Broadway‹ genannt) – hier ist es sehr nett und provinziell, mit alten zweistöckigen Bauten vom Anfang des 20. Jahrhunderts und administrativen Gebäuden aus der Sowjetzeit. Viele Cafés und Geschäfte laden zum Bummeln ein. Vor der typischen schneeweißen Kreisverwaltung (Lenina 31) steht eines der drei Lenin-Denkmäler. Am Ende der Straße liegt der Kastryčnickaja/Oktjabrskaja plošča (Кастрычніцкая плошча/ Октябрьская площадь) mit einer Gedenktafel zum Zweiten Weltkrieg.

■ **Schlossruine**

Weiter östlich, am Rande von Bychaŭ, steht eine mächtige Ruine, die von überall her zu sehen ist. Das Schloss der Familien Chodkiewicz und Sapieha (1610–19) im Barockstil wurde von der Stadt mit Erdwall und Wassergräben getrennt, sie erkennt man immer noch. Die Anlage am westlichen Dnjepr-Ufer (Kreuzung P120/vulica Dorachava) besteht aus mehreren Gebäuden. Im Herrenhaus lagen die wichtigsten Säle mit dem Eingang durch eine Galerie; in der zweiten Etage befanden sich die Wohnräume. Das Hauptgebäude hatte auch einen hohen Wachturm. Es gab Kasernen und Wehrtürme an den drei Ecken des Gebäudes.

Wie in anderen belarussischen Städten waren die Einwohner von Bychaŭ militärisch organisiert, vereint in Dutzend- und Hundertschaften. Sie waren mit Hieb- und Schusswaffen bewaffnet, hatten ihre Banner (militärische Fahnen) und Trompeten und meldeten sich regelmäßig beim Lokalgouverneur.

Während der deutschen Okkupation wurde die Schlossanlage als Ghetto für Juden aus der Region sowie für Funktionäre der kommunistischen Partei benutzt. Zu Sowjetzeit war es eine Entzugsklinik. Bis vor kurzem befand sich im ehemaligen Schloss eine Möbelfabrik: Ende der 1990er Jahre wurde das Gebäude von einem Geschäftsmann mit dem Namen Sapieha gemietet. Bei einem Brand 2004 wurde das Dach zerstört und das Gebäude schwer beschädigt.

Heute steht die Anlage unter Denkmalschutz und es werden Spenden für eine Restaurierung gesammelt, doch es fehlen noch etwa zehn Millionen Euro. Das renovierte Gebäude soll später an das lokale Landeskundemuseum übergeben werden, das bislang keine Ausstellungshalle hat. Der Hof der Festungsstadt soll zum Konzertsaal unter freiem Himmel werden.

■ **Synagoge**

Die ehemalige Synagoge (Kreuzung vulica Saveckaja/P120) wurde Anfang des 17. Jahrhunderts im Barockstil gebaut und gilt als ein Unikum in Belarus. Das Gebäude hat heute kein Dach mehr, ist aber immer noch ein beindruckendes Beispiel für Wehr- und Verteidigungsarchitektur. Der Kultbau ist quadratisch, hat fast zwei Meter dicke Wände, die Fenster und Schlupflöcher sind in beträchtlicher Höhe angebracht. Die westliche Fassade wird von einem Wehrturm flankiert, in dem eine Wendeltreppe aus dem Keller in den Dachboden führt.

Von der einst so großen jüdischen Gemeinde gibt es heute nicht mehr viele sichtbare Spuren in Bychaŭ. Ein **alter jüdischer Friedhof** (18.–20. Jh.) befindet sich hinter dem christlichen, auf dem eine schöne Kapelle aus dem 19. Jahrhundert steht. Beide liegen am nördlichen

Mahiljoŭ und Mahiljoŭer Gebiet

Rand der Stadt am Beginn der vulica Mikicinskaja/Мікіцінская/Никитинская, neben vulica Praletarskaja am westlichen Dnjepr-Ufer.

■ Sowjetisches Erbe

Für Sowjet-Charme-Liebhaber wäre der westliche Teil von Bychaŭ sehr empfehlenswert. Westlich vom Hauptbahnhof liegt ein **Flugplatz**, denn bis in die 1990er Jahre beherbergte Bychaŭ eine Raketenbasis und eine Marineflieger-Garnison der Baltischen Flotte.

Im ehemaligen Kontrollpunkt am Eingang ist nun das **Café Admiral** (Адмирал) untergebracht. Die vulica Saveckaja führt direkt ins Zentrum der Garnison zum **Heldenplatz**. Im Umkreis des Platzes gibt es Büsten von Pilotenhelden und Büsten von Kriegspiloten, die mit dem Orden ›Held der Sowjetunion‹, dem höchsten Ehrentitel, ausgezeichnet wurden. Bewacht vom Lenin-Denkmal vor dem Kulturhaus der Offiziere, wirkt der Platz ein wenig in Vergessenheit geraten – so wie die sowjetischen Helden selbst.

Die vulica Avijacyjnaja (вуліца Авіяцыйная/улица Авиационная), die hinter dem Kulturhaus anfängt, führt zu zwei gut erhaltenen Start- und Landebahnen. Die kleinere wird heute für Drag-Racing benutzt. Die Hauptbahn ist 4000 Meter lang, die Betonplatten sind einen Meter dick.

■ Ludčycy-Höhe

Im Ort Ludčycy (Лудчыцы/Лудчицы), zehn Kilometer südlich von Bychaŭ, befindet sich ein Ehrenmal für die sowjetischen Kämpfer aus dem Zweiten Weltkrieg. Die Gedenkstätte Ludčycy-Höhe (Лудчицкая высота) ist einem Kampf um diesen Hügel (150,9 m) gewidmet und zeigt sechs Helden dieser Schlacht. Untypischerweise sitzt auf dem Hügel die Symbolfigur eines alten Mannes, der eine altertümliche Harfe spielt und damit die Soldaten ehrt.

ℹ Bychaŭ

Vorwahl: +375/(0)223

🚋 🚍

Bychaŭ hat eine gute Zug- und Busanbindung an Mahiljoŭ; es liegt an der P97 und P120, sowie an den Straßen M8, E95.

Von Minsk fährt täglich (außer Mi) ein Bus vom ›Uschodni/Vostočny‹-Busbahnhof (ca. 5 Std.); es gibt von Minsk keine direkte Zuganbindung, nur über Mahiljoŭ, Žlobin, Orša.

🛏 ✖

Hotel Dnepr (Днепр), vulica Lenina 22, Tel. +375/223/152141; DZ ab 10 Euro. Daneben gibt es ein Restaurant, ein Café und eine Bank.

Café Spadchyna (Спадчына), zavulak Savecki 1, gleich gegenüber der ehemaligen Synagoge.

Babruysk

Babruysk (Бабруйск/Бобруйск) wurde 1387 das erste Mal schriftlich erwähnt. Aber das Land war schon seit Ende des 3.–2. Jahrhunderts vor Christus besiedelt; archäologische Befunde zeugen auch von Handel mit Rom über Wasserstraßen. Die Siedlung am Zusammenfluss von Bobrujka in die Beresina wurde nach slavischer Tradition nach dem kleineren Fluss genannt. Babruysk ist wahrscheinlich vom slavischen bobr (Bieber) abgeleitet.

Die Stadt profitierte stark von ihrer geografischen Lage an der wichtigsten Wasserroute, von der Steuererhebung und von der Versorgung durch die Kaufleute. Babruysk hatte das Magdeburger Recht, gehörte zum Großfürstentum Litauen und war im Besitz der Familien Radziwiłł,

Karte S. 241

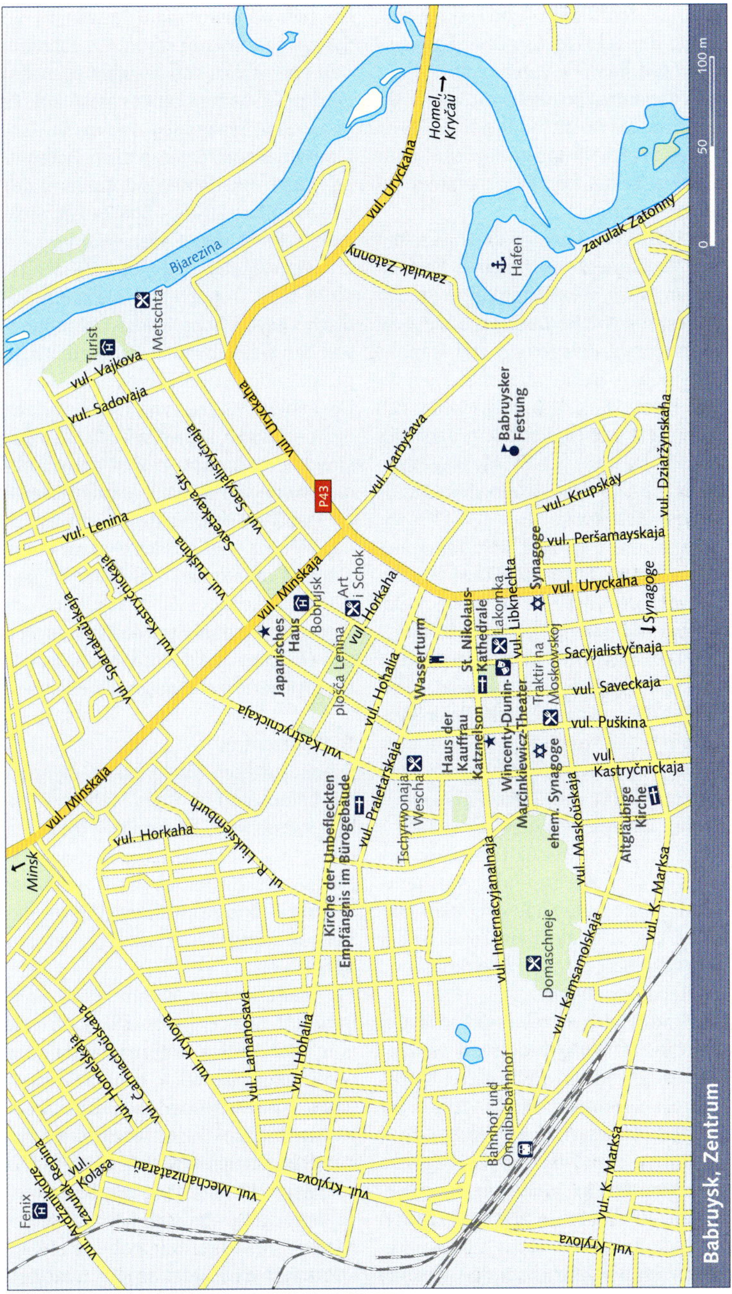

Babruysk, Zentrum

Mahiljoŭ und Mahiljoŭer Gebiet

Map labels:

Homel, Kryčaŭ
vul. Uryckaha
Bjarezina
zavulak Zatonny
Hafen
Turist
Metschta
vul. Vajkova
vul. Sadovaja
vul. Uryckaha
Babruysker Festung
P43
vul. Karbyžava
vul. Saveckaja Štr.
vul. Saveckaja
vul. Krupskay
vul. Dziaržynskaha
vul. Peršamayskaja
vul. Uryckaha
Synagoge
Synagoge
vul. Lenina
vul. Puškina
vul. Minskaja
Bobruisk
Art Schok
vul. Horkaha
St. Nikolaus-Kathedrale
Lakomka
vul. Libknechta
Sacyjalistyčnaja
vul. Saveckaja
Japanisches Haus
plošča Lenina
Wasserturm
Traktir na Moskoŭskoj
vul. Kastryčnickaja
vul. Puškina
vul. Kastryčnickaja
vul. Spartakaŭskaja
Haus der Kauffrau Katznelson
Wincenty-Dunin-Marcinkiewicz-Theater
ehem. Synagoge
vul. Maskoŭskaja
vul. Kastryčnickaja
Wescha
vul. Praletarskaja
Altgläubige Kirche
vul. K. Marksa
Minsk
vul. Minskaja
Kirche der Unbefleckten Empfängnis im Bürogebäude
Tschyrwonaja
ul. R. Luksemburg
vul. Horkaha
vul. Internacyjanalnaja
Domaschneje
vul. Kamsamolskaja
vul. Krylova
vul. Lananosava
vul. Hamiackaja
vul. Hornaja
vul. Kalasa
vul. Andamickaja
vul. Mechanizatarau
vul. Krylova
Bahnhof und Omnibusbahnhof
vul. K. Marksa
vul. Krylova
Fenix
zavulak Repina

Scale: 0   50   100 m

Goštautas und Tryzna. Eine Festung zum Schutz der Schätze gab es in Babruysk schon seit dem 14. Jahrhundert.

Nach der dritten polnischen Teilung 1795 fiel es an das Russische Reich. 1796 erhielt es das Stadtwappen: ein Schiffsmast mit zwei gekreuzten Holzstämmen auf silbernem Grund.

Von 1807–1836 bauten die Russen auf dem Fundament der früheren Festung und an Stelle der Altstadt eine moderne Festung. 1812 überstand sie eine viermonatige Belagerung von Napoleons Truppen, diente aber später nur als Gefängnis. Die Stadt entwickelte sich in der Zeit schnell, vor allem dank des Handels über die Straße Moskau–Warschau (1848), des Zugverkehrs (1873) und der Holzindustrie.

1918 wurde Babruysk von den Deutschen, 1919–20 von den Polen besetzt. Während des Zweiten Weltkrieges gab es hier mehrere Lager und Ghettos (100 000 Bewohner wurden ermordet). Ab 1939 gehörte es zur Sowjetunion. 1949 gab es eine gescheiterte Initiative vom Zentralkomitee der Kommunistischen Partei in der BBSR zum 70-jährigen Jubiläum von Stalin Babruysk in Stalinsk umzubenennen.

Heute wird die Wirtschaft von Babruysk von der chemischen und petrochemischen Industrie dominiert (Betrieb ›Belschina‹), es ist zudem ein Zentrum der Holzwirtschaft (Möbel, Sperrholz) und Landtechnikindustrie.

Die Stadt hat auch eine **jüdische Geschichte**. Im 16. Jahrhundert werden Juden in Chroniken erwähnt; sie hatten Zollstellen gemietet und brauchten für den Verkauf bestimmter Produkte keine Steuern zu entrichten. Im 18. Jahrhundert bildeten die Juden die Hauptgemeinde. Bekannt war die Wohltätigkeit der jüdischen Bevölkerung, viele Projekte wurden durch Spenden von rei-

chen Einwohnern und Beiträgen an die Synagogen finanziert. Im 19. Jahrhundert entwickelte sich die Stadt zu einem Zentrum jüdischen Lebens in Belarus. Es gab vierzig Synagogen, und lokale Rabbiner erlangten einen großen Bekanntheitsgrad. Hier lebten die Anführer des Chabad-Chassidismus und es gab viele aktive zionistische Organisationen.

Erst vernichteten Polen und danach faschistische Truppen fast die ganze jüdische Bevölkerung in der Umgebung; von den Überlebenden wanderten viele gegen Ende der Sowjetzeit aus.

Die heutige Stadt ist von Touristen noch nicht entdeckt. Daher ist auch die Infrastruktur noch nicht so weit entwickelt, die Einwohner sind dafür umso hilfsbereiter. Der ältere Teil der Stadt liegt westlich der Festung, der moderne sowjetische Stadtteil im Norden, unschwer an den Wohnblöcken zu erkennen. Überall im Stadtgebiet gibt es Straßenzüge mit kleinen Häusern und Gärten, die Babruysk ein fast dörfliches Aussehen verleihen.

■ Stadtzentrum

Schon auf dem Stadtplan merkt man die halbovale Form der Stadtentwicklung seit dem 18. Jahrhundert, die durch den Verlauf der Beresina bedingt ist. Der historische Teil bewahrt heute viele alte ein- und zweistöckige Wohn- und Verwaltungsgebäude aus den letzten 150 Jahren.

Ins Stadtzentrum kommt man vom Bahnhof und Omnibusbahnhof entlang der **vulica Internacyjanalnaja** (Інтэрнацыяльная вуліца/Интернациональная улица), an der auch ein großer Stadtpark liegt. Das Holzhaus der **Kauffrau Katznelson** (1912) (Internacyjanalnaja 25) überstand die Zeitläufte, da das erste sowjetische Revolutionskomitee dort seinen Sitz hatte. Darüber informiert eine Tafel an der heutigen

Karte S. 241

Die Kirche der unbefleckten Empfängnis in Babruysk

Stadtbibliothek. Interessant ist, dass es sehr viele Juden mit diesem Namen in Babruysk gab. Ein alter Scherz besagte, dass, wenn man einen Stein wirft, immer ein Katznelson getroffen werde. Der aus Babruysk stammende Berl Katznelson war ein israelischer Arbeiterführer und Mitbegründer des israelischen Gewerkschaftsbundes Histadrut.

Allerdings entdeckt man die Stadt am besten mit einem Spaziergang über die **vulica Sacyjalistyčnaja** (Сацыялістычная вуліца/Социалистическая улица) (im Volksmund: Socialka). Die meisten Bauten stammen vom Anfang des 20. Jahrhunderts, sie sind zwei- bis dreistöckig, damit die Festung immer noch über alle anderen Gebäude herausragte. Sie sind im Jugendstil gehalten oder stilisiert nach dem lokalen Verständnis von Barock oder Klassizismus.

Seit 1924 existiert das **Landeskundemuseum** in der Sacyjalistyčnaja 56 (10–18 Uhr, Mo, Di geschlossen).

An der Kreuzung mit der Maskoŭskaja liegt der **Siegesplatz** mit einem Panzer von der Besatzung von General Bacharew, der 1944 als erster nach Babruysk kam.

Die einzige katholische **Kirche der Unbefleckten Empfängnis der Seligen Jungfrau Maria** (1901–12) trägt sowjetische Narben (Kastryčnickaja/Oktjabrskaja 121). Der Eingang in die neugotische Kirche geht durch ein fünfstöckiges administratives Gebäude, das 1968 statt des zerstörten Turms gebaut wurde.

■ Festung

Weiter südlich und am Dnjepr-Ufer entlang liegt die vom bedeutenden polnisch-belarussischen Ingenieur, Schriftsteller und Historiker Teador Narbut (1784–1864) und vom deutschstämmigen Ingenieur Karl Opperman (1765–1831) entworfene Verteidigungsanlage, die der Sicherung der westlichen Grenzen diente. Da sie im historischen

Zentrum von Babruysk, auf der alten Festung (14.–18. Jh.) errichtet wurde, siedelte man im Jahre 1811 die Einwohner der Stadt um. Die Kasernen lagen im westlichen Teil, im östlichen befanden sich die Lagerhallen und die Artillerieanlagen. Es gab keine Außenwand, nur einen Burggraben. Ab 1873 verliefen Zugschienen durch die Festung: Die Station ›Beresina‹, die zur Versorgung diente, wird aber heute nur noch für den Güterverkehr genutzt. Es gab vier Tore, die in alle vier Himmelsrichtungen zeigten. Die Anlage war für etwa 7000 Soldaten gedacht.

Laut örtlicher Legenden gab es eine Zelle klein und rund wie ein Ei, in der man nach drei Tagen verrückt wurde. Unter Polen diente die Festung als Kriegsgefangenenlager, hier kamen Tausende Soldaten der Roten Armee ums Leben. Unter deutscher Besatzung war die Babruysker Festung ein Lager für sowjetische Soldaten, ca. 40000 sowjetische Kriegsgefangene sind hier begraben.

Die Festung war ziemlich groß (rund drei Kilometer lang); aber nur wenige Basteien sind erhalten. Was man heute besichtigen kann, sind **einzelne Basteien, Kasernen und Lagerhäuser**, die zwischen den Straßen vulica Libknechta, Krupskay und Novy Svjet liegen (nördlich und südlich der monumentalen Babruysk-Arena). Das **ehemalige Jesuitenkloster** (1732–47; später Zeughaus und eine Arrestanstalt) findet man schräg gegenüber der Zavulak Zatonny 8. Der **Opperman-Turm** in der vulica Račnaja (am Bobrjanka-Fluss, neben der ›Beresina‹-Station) wird heute als Gefängnis genutzt.

■ Kirchen der Altgläubigen

Eine Besonderheit sind die Kirchen der Altgläubigen, von denen es drei gibt.

Diese Gemeinde wehrte sich gegen Gottesdienstreformen und löste sich etwa 1666 von der russisch-orthodoxen Tradition. Im zaristischen Russland verfolgt, siedelten die Altgläubigen sich vor allem in den jeweiligen Randbereichen des russischen Imperiums, im heutigen Belarus, an. Interessant ist, dass sie rein sprachlich nicht als ›Abspalter‹, sondern als Bewahrer der ursprünglichen Traditionen zu betrachten sind.

Die Altgläubige Kirche der Altorthodoxen Pomorischen Gemeinde von der Ikone der Gottesmutter von Kasan steht in der Marksa 104. Die Altgläubige Kirche der Gemeinde von Nikola vom Anfang des 20. Jahrhunderts findet man auf dem Altgläubigen Friedhof, am nördlichen Rande von Babruysk, vulica Kambinackaja 171a. Eine Altorthodoxe Pomorische Gemeinde von Mariä-Schutz und Nikola (1956) liegt in der Nabjarežnaja 162 V.

■ Jüdisches Erbe

Eine weitere Seite von Babruysk ist das jüdische Erbe. Synagogen, die als solche genutzt werden, gibt es heute drei: Sacyjalistyčnaja 36; Maskoŭskaja 28; Praletarskaja 31a.

Von den einst vierzig Synagogen stehen nur noch wenige Gebäude. Die ehemalige Synagoge in der Sacyjalistyčnaja 34 Kreuzung Bachareva beherbergt heute einen Verlag. Ein Archiv befindet sich im Gebäude der ehemaligen Synagoge in der Libknechta 59 (Anf. 20. Jh.), ein Landeskundezentrum für Jugend ›Babranja‹ (junger Biber) in der Dzjaržynskaha 50 (Anf. 20. Jh.). Noch ältere (Ende 19. Jh.) ehemalige Synagogen liegen in der Kamsamolskaja 53 und Puškina 110. Eine ehemalige Jeschiwa und ein Studentenwohnheim dienen heute als Wohnblock (Dzjaržynskaha 22/Uryckaha 35). Eine ehemalige Jü-

Karte S. 241

dische Schule steht an der Kreuzung Sacyjalistyčnaja 103/Libknechta 37. Der jüdische Friedhof liegt abseits des Zentrums (vulica Minskaja/Kreuzung Ardžanikidze).

■ Sowjet-Bauten

Die neuere Geschichte von Babruysk wird von monumentalen sowjetischen administrativen Gebäuden und Plattenbauten erzählt. Anfangen kann man am **Lenin-Platz**: Der plošča Lenina (площча Леніна/площадь Ленина) grenzt an die vulica Kastryčnickaja/Oktjabrskaja und hat alles, was dazu gehört. Ein Riesenplatz mit Brunnen und Blumenbeeten wird von sowjetischen ›Palästen fürs Volk‹ flankiert, eine siebenstöckige Stadtverwaltung (1976) ist auch da. Die umliegenden Straßen Horkaha, Minskaja und Lenina lassen keinen Ostalgie-Fan gleichgültig.

Gebäude in der vul. Minskaja

Ein weiterer interessanter Häuserblock liegt am nördlichen Stadtrand. Zwischen vulica Uljanaŭskaja (вуліца Ульянаўская/улица Ульяновская) und vulica 50 Hod/Ljet VLKSM (вуліца 50 год УЛКСМ/улица 50 лет ВЛКСМ) stehen monumentale **romantische Bauten** aus den 1980er Jahren, die kreativ für ihre Zeit sind: das Hotel ›Jubilejnaja‹, 1982 (50 Hod/Ljet VLKSM 26), daneben das Wohnheim des ›Belschina‹-Betriebes, davor der Palast der Künste (1989) mit einer Riesenstatue, die Ikarus mit zerbrochenem Flügel auf dem Giebel zeigt, sowie ganz abstrakte große Metall-Monumente.

 Babruysk

Vorwahl: +375/225
Reisebüros: Wisit-Tur (Визит-Тур), Puškina 151, Tel. 553898.
Babruysker Büro von Mahiljoŭturist, Marksa 60 Tel. 707664.
Web: www.bobr.by (Ru)
Hotelinformationen findet man über www.bobr.by/business/rest/hotel/.

Hauptbahnhof: Čyhunačnaja/Železnodorožnaja (Чыгуначная/Железнодо-рож-ная 13).
Busbahnhof: Stancyjonnaja/Станцыён-ная/Станционная 5.

Bobrijusk (Бобруйск), Saveckaja 97/26, Tel. 520708; DZ ab 20 Euro. In der Altstadt an einem Park gelegen.
Turist (Турист), Vojkova 20, Tel. 492001, www.turist.bobr.by; DZ ab 47 Euro. Liegt weit außerhalb des Zentrums, hat aber eine Aussichtsplattform, drei Saunas, Konferenzhallen sowie ein Touristenbüro.

Babruysk liegt im Mahiljoŭer Gebiet, hat aber bessere Bus- sowie Zuganbindung an Minsk (mehrmals täglich, von allen Bahnhöfen; ca. 2.5 Std. Fahrt); mit dem Bus oder Marschrutka auch aus Mahiljoŭ einfach erreichbar.

Fenix (Феникс), Ardžanikidze 46a, Tel. 431586; DZ ab 18 Euro. Kleines Hotel unweit des Bahnhofs.

Lakomka (Лакомка), Sacyjalistyčnaja 81; Mi–So 10–18 Uhr, Mo, Di geschl. Kleines, gemütliches Café.

Domaschneje (Домашнее), Internacyjanalnaja 45; So–Do 11–24 Uhr, Fr–Sa 11–4 Uhr. Ein großes Café (mit Abenddisko) im Stadtpark.

Schiraf (Жираф), Haharina 18; 8–2 Uhr. Hier gibt es die besten Pfannkuchen in der Stadt.

Café auf dem Schiff Metschta (Мечта), Čonharskaja 193; So, Sa: 13–21 Uhr. Am Strand beim Schlammheilbad nördlich der Festung am Ufer.

Tschyrwonaja Wescha (Чырвоная вежа), Puškina 194/19, Mo geschl., Di–So 12–2 Uhr. Nettes Ambiente, gute Küche.

Traktir na Moskowskoj (Трактир на Московской), Sacyjalistyčnaja 97; 11–0 Uhr. Gemütlich und sehr beliebt.

Sommerrestaurant Art i Schok (**Art и Шок**), Sacyjalistyčnaja 105; Mo–Do, So 12–24 Uhr, Fr, Sa 12–2 Uhr. Belarussische und italienische Küche.

Seit 2003 findet Ende Juni das internationale **Volksfest Kranz der Freundschaft** (Венок дружбы) statt.
Am 29. Juni wird der **Tag der Stadt** gefeiert.

Žyličy

Dieses Dorf (Жылічы/Жиличи) ist seit 1816 bekannt. Zu verschiedenen Zeiten gehörte das Land hier den Familien Trabski, Chodkiewicz und Sapieha, seit dem 18. Jahrhundert der Großgrundbesitzerfamilie Bulgak, die einen Palast baute.

Ignatij Bulgak kämpfte 1812 gegen Napoleon, bis er bis nach Paris kam und mit einer reichen Gemäldesammlung zurückkehrte. Er organisierte einen sehr erfolgreichen landwirtschaftlichen Betrieb, hatte 30 000 Hektar Land, eine Stärkefabrik, eine Brauerei und produzierte sehr guten Zucker.

Der Palast von Žyličy wird nach und nach restauriert

Karte vordere Umschlagklappe

Der Palast im Stile des Klassizismus wird heute das **Versailles von Žyličy** genannt, er ist größer als der Butrimowitsch-Palast in Pinsk oder der Radziwiłł-Palast in Njasviž. Das zweistöckige Hauptgebäude in U-Form hatte 100 Räume; jeder hatte eine individuelle Gestaltung und eine reiche farbige Dekoration. Der Flügel mit der Hofkirche hatte Bogenfenster und weit auseinanderliegende Pilaster. Das Regenwasser floss vom Dach in unterirdische Röhren direkt bis in die Teiche. Im südlichen Flügel befand sich die Orangerie; im Sommer standen tropische Palmen, Zypressen und Apfelsinenbäume im Park. Es gab auch ein Schwimmbecken mit einer spektakulären Kolonnade. Ignatij Bulgak war ein großer Musikfan, viele seiner Säle haben eine wunderschöne Akustik; und ein Saal besitzt eine dritte Etage für die Musiker, die auch eine eigene Treppe hatten. Der riesige Innenhof (so groß wie ein moderner Fußballplatz) wurde für Konzerte genutzt. Im **Park** standen zahlreiche Skulpturen, aber auch gemütliche Pavillons, schöne Teiche, schmiedeeiserne Brücken usw. Das Gelände von rund 18 Hektar wurde durch einen Komplex mit Teichen, Obstgärten und zahlreichen Nebenanlagen ergänzt und erreichte damit eine Gesamtfläche von 100 Hektar. Im Park standen auch seltene Bäume wie Silberahorn, europäische Lärche und Rotesche. Mit der Revolution 1917 wurde das Land mit allen Bauten enteignet, in Žyličy wurde eine Kolchose gegründet und im Palast eine landwirtschaftliche Fachschule untergebracht. Nach dem Ersten Weltkrieg galten die Gemäldesammlung und die Bibliothek als verloren; vermutlich landeten Bücher und Bilder nach der Revolution in Museen Russlands. Während des Zweiten Weltkrieges wurde die Anlage von Deutschen als Krankenhaus genutzt und die Orangerie abge-

Eingang zum Palast

baut. Die gefallenen Soldaten wurden im Park bestattet.

Nach dem Krieg kam wieder neues Leben in die Gebäude, sie wurden wieder als Fachschule benutzt und daher regelmäßig renoviert. Stuck aus dem 19. Jahrhundert, Engel und römische Götter bekamen UdSSR-Mosaikwappen und Lenin-Porträts als Nachbarn, Klassizismus wurde geschickt mit ›Sozrealismus‹ gemischt.

Leider haben sich die Restaurateure gegen den Erhalt dieses Stiles entschieden, seit 2000 laufen die **Restaurationsarbeiten** nach Fotos von Edgar Bulgak, die Lenin-Mosaiken und gut erhaltenen sowjetischen Parkettböden wurden entfernt. Ein nördlicher Flügel ist schon fertig, in ihm befindet sich die Kunstschule von Žyličy. Da es keine Fotos vom einstigen Interieur gab, ist es heute neutral: weiße Wände und Kristallkronleuchter. Restauriert werden auch die Hofkirche, das Hauptgebäude und der verlorene südliche Flügel mit der Orangerie.

Der **Hauptpalast** ist immer noch beeindruckend und rein farblich einfach unvergesslich. Die tiefblau-grünen Wände kontrastieren mit weiß-roten Dekorationen an der Decke. Von besonderem In-

Im Inneren des Hauptpalastes

teresse sind die bunten Kassettendecken und die polychromen Stuckverzierungen. Breite farbige Friese tragen Flachreliefs mit Szenen von Jagd, Kampf, Opfer. Säulen und Pilaster sind vergoldet, wobei Gold mit Quecksilber vermischt wurde, damit es länger hält (echtes Gold hat einen Mattblick in der Sonne, erzählen die Kuratoren). Viele der Teile sind aus Holz gefertigt, es gibt zahlreiche Spiegel und Spiegelflächen.

Der Park ist immer noch groß, aber seit langem ungepflegt, daher sind zum Beispiel die Alleen verloren.

> **ℹ Žyličy**
>
> Das Dorf liegt 20 km von Babruysk entfernt, 7 km nördlich von der P43 (Babruysk–Kryčaŭ). Der Palast steht südlich der Hauptstraße durchs Dorf in der vul. Mira/вуліца Міра/улица Мира 5; Tel. +375/2237/32339; tgl. 9–18 Uhr (13–14 Uhr Pause), So, Mo geschl.

Kryčaŭ

Kryčaŭ (Крычаў/Кричев) am Ufer des Flusses Sož ist seit 1136 bekannt. Es war und ist zwar eine Kleinstadt, spielte aber eine wichtige ökonomische, politische und vor allem militärische Rolle, da es immer an der Grenze zu Russland lag. 1633 bekam die Stadt für ihre Treue das Magdeburger Recht und ein Wappen (ein goldenes Kreuz und ein Silberschwert auf rotem Hintergrund).

Katharina II. schenkte diese Region ihrem Favoriten Grigory Potjomkin. Er annullierte das Magdeburger Recht und machte die Einwohner zu seinen Leibeigenen; fast 2000 Leute nahm er mit nach Cherson in der heutigen Ukraine, das er besaß und entwickeln wollte. 18 Jahre dauerte das Gerichtsverfahren für das Stadtrecht, das die Bewohner Kryčaŭs verloren.

Aber Potjomkin hat auch viel zur Entwicklung der Region beigetragen. Unter ihm wurde Kryčaŭ zum Schiffbauzentrum für das Schwarze Meer. Aus gutem hiesigen Holz wurden Jachten und Galeeren gebaut, die über den Sož und den Dnjepr ihren Zielort in der Ukraine erreichten. Eine Reihe von Experten und Dienstleistern aus Europa wurde nach Kryčaŭ eingeladen und gut finanziert – Imker, Ingenieure, Gärtner, Schiffsbauer, Kupferwerker, Mechaniker, Schuster, Spezialisten für Milcherzeugung, Maurer und sogar Prostituierte. 1778/87 errichtete Potjomkin einen schicken Palast im Stil des Klassizismus für sich (2006/08 renoviert). Aber nach dem Besuch von Katharina II. verkaufte Potjomkin die Stadt unerwartet an den lokalen Magnaten Iwan Holynski.

In den letzten Jahrhunderten hat sich das Gesicht der Stadt stark verändert, es ist schwer zu sagen, wo sich einst die Werft befand. Aber man kann immer noch am Zentrum von Kryčaŭ den Stadtplan von 1778 wiedererkennen: Angesichts des komplizierten Reliefs wurde die Stadt nicht radikal von den neuen russischen Besitzern umgebaut. So wiederholen die Straßen vulica Kamsamolskaja, Saveckaja, Kaaperatyŭnaja, Siracinskaja, Sožavaja die alten Wege aus dem 18. Jahrhundert. Die Hauptader – vulica Leninskaja – läuft parallel zum Sož auf den Spuren ihrer Vorgängerin.

■ Kryčaŭ heute

Die Straße Babruysk–Moskau teilt Kryčaŭ in zwei Teile, der südliche am Sož-Fluss gilt als besser entwickelte, die meisten Administrativgebäude befinden sich dort. Kryčaŭ besitzt fünf Parks, viele Grünanlagen und ein paar kleine Seen.

Der Hauptbahnhof in Kryčaŭ liegt nördlich (Puhačova/Пугачова/Пугачева 6), man kommt ins Zentrum über die vulica Kamsamolskaja und Leninskaja, oder mit jedem Bus in dieser Richtung. Den Omnibusbahnhof (Biruzova/Бірузова/Бирюзова 14a) erreicht man über die Leninskaja vulica in den zentralen Teil oder man nimmt den Bus 3, 4, 7, 8.

Der **Palast von Potjomkin und Holynski** im Stil des Klassizismus (Leninskaja 59) wurde 1778–87 von Iwan Starow gebaut, der für Potjomkin auch das bekannte Taurische Palais in St. Petersburg baute. Das Gebäude zeigt Merkmale des pseudogotischen Stils, der Ende des 18. Jahrhunderts sehr verbreitet war. Die Hauptfassade ist mit facettierten Pylonen mit Zinnen verziert, aber der Teil, der auf den Park hinausgeht, sieht ganz klassizistisch aus. Der Palast war U- und E-förmig (auf Russisch: П und E stehen für Potjomkin und Ekaterina II.); er hat 72 Zimmer; in der Mitte jeder Etage liegen runde Hallen, die zum Hof zeigen. Die Enfilade-Innenräume waren reich mit Stuck dekoriert, hatten Kamine und Öfen.

Ab 1918 war hier ein privates Gymnasium untergebracht, danach eine Schule, später ein Internat. In den 1980er Jahren wurde der Palast sorgfältig renoviert. Heute befindet sich hier ein Standesamt und das **Landeskundemuseum des Kryčaŭer Rajons** (Öffnungszeiten 9–18 Uhr, Mo geschlossen). Das Museum erzählt die Geschichte der Region von der Antike bis 1772 und danach; sowie die Geschichte von dem Palast. Stolz wird erzählt, dass alles im Palast Made in Belarus ist (Möbelstücke, Kristallkronleuchter, Geschirr, Gardinen). Der einst 10 Hektar große Park ist gut gepflegt und blumenreich.

Kryčaŭ erkundet man über die Straßen **Kaaperatyŭnaja, Husakoŭskaha, Kirava, Libknechta, Kalcholznaja, Padhornaja vulica**, wo die wenigen roten Backsteinbauten vom Ende des 19. Jahrhunderts stehen. Sie sind als Wohnhäuser gebaut, haben einen quadratischen oder rechteckigen Grundriss und dienen immer noch ihren ursprünglichen Zwecken.

Die hölzerne **Nikolaikirche** (Sožavaja/ Сожавая/Сожевая 43) steht auf dem historischen **Schlosshügel**. Man glaubt, eine Kirche habe es hier als Teil von Verteidigungsanlagen und der Burg schon seit mehreren Jahrhunderten gegeben. Das heutige Gebäude wurde Ende des 19. Jahrhunderts errichtet und 1943 renoviert. Die Kirche steht auf drei traditionellen Holzblöcken und besitzt ein schönes Satteldach.

Auf dem Hügel kann man sich auch die **Reste des Ringwalls** (11.–18. Jh.) ansehen. Hier lag vom 11. bis zum 13. Jahrhundert zwischen Sož und dem Nebenfluss ein Detinec, der innere Teil der Burg. Vom 14. bis 18. Jahrhundert besaßen die Verteidigungsanlagen fünf Türme –

die Burg musste sich mehrmals in der Geschichte gegen russische Belagerungen wehren.

Juden lebten in Kryčaů seit Ende des 15. Jahrhunderts; im 19. Jahrhundert waren 35 Prozent der Stadtbewohner jüdisch, es gab fünf Synagogen. Die meisten wohnten in der Nähe des Schlosshügels. Den **alten jüdischen Friedhof** (Ende 17. – Anfang 20. Jh.) findet man in der vulica Žukoůskaha (unweit vulica Saveckaja). Viele Gräber sind gut erhalten, nur die Bedeutung der Kultstätte hat aufgrund christlicher Beisetzungen abgenommen. Zu Sowjetzeiten war in Kryčaů ein Luftregiment stationiert. Das erkennt man daran, dass die 100 Kilometer lange Straße aus Mahiljoů durch den Wald stabil betoniert ist und sich immer noch in sehr gutem Zustand befindet.

🚌 🚆 **Kryčaů**

Aus Minsk: drei Busse täglich vom ›Uschodni/Vostočny‹-Omnibusbahnhof (ca. 5 Std. Fahrt); ein Zug an ungeraden Tagen; aus Mahiljoů eine Reihe von täglichen Zügen und regionalen Bussen.
Hauptbahnhof: vulica Puhačova/Пугачева 12.
Busbahnhof: vulica Kamsamolskaja/ Комсомольская 82.

🛏 🍴

Hotel Sož (Сож), Leninskaja 39, Tel. +375/(0)2241/51367; DZ 7 Euro. Neben dem Potjomkin-Palast und der Nikolaikirche.
Cafés gibt es in der Leninskaja 48, Saveckaja 49, Maskoůskaja 13 oder am Hauptbahnhof.

Mscislaů

Mscislaů (Мсціслаў/Мстиславль) ist eine zauberhafte alte belarussische Stadt. Es wurde 1135 in Chroniken als eine Festung im Smolensker Fürstentum erwähnt. Die Stadt hatte aufgrund ihrer geografischen Lage am Fluss Wichra (Flussgebiet von Sož und Dnjepr) und an der Kreuzung der Handelswegen aus dem Westen nach Moskau, von den Warägern zu den Griechen, eine ökonomische Bedeutung. 1569 war sie Hauptstadt eines Herzogtums mit Orten wie Mahiljoů, Orša, Kryčaů. Seit 1634 hat sie das Magdeburger Recht, seit 1637 stehen hier ein Karmelitenkloster

und eine Karmelitenkirche, seit 1690 eine Jesuitenmission.

Vom 16. bis 18. Jahrhundert war der Ort für Töpferei, Kunsthandwerk und Zierkeramik bekannt. Fliesen aus Mscislaů zeichneten sich durch reiche Farben und dekorative Motive aus. Der berühmteste Meister war Stepan Polubess, der im 17. Jahrhundert nach Moskau gebracht wurde, um die Paläste der Zaren zu schmücken. Zu Beginn des Russisch-Polnischen Krieges (1654–67) wurde es von Russen besiegt und vernichtet. Seit 1772 war es Teil des Russischen Reiches, 1781 bekam es ein neues Wappen statt der historischen

◀ Karte S. 251

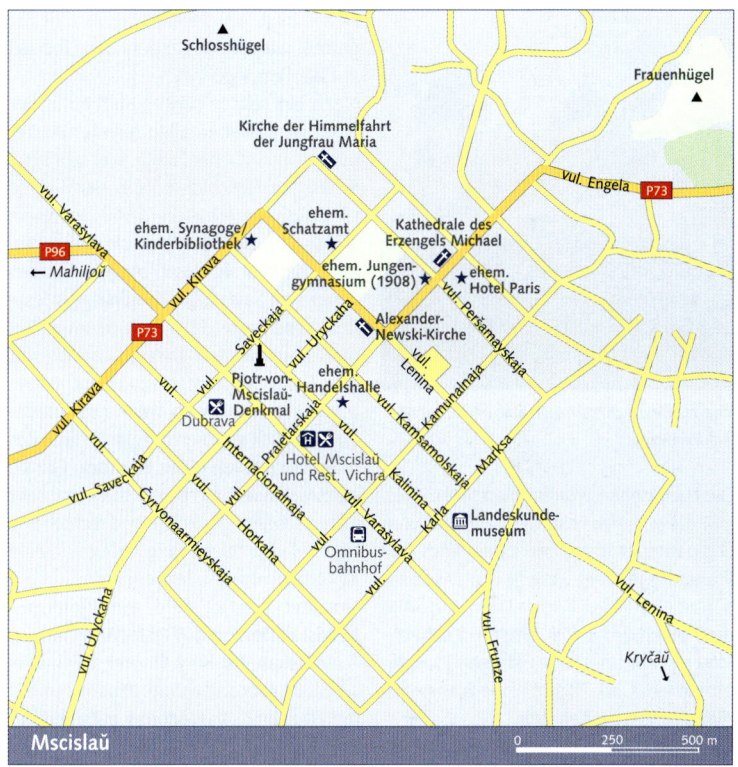

Mscislaŭ

0 250 500 m

Hand mit einem Schwert: ein laufender roter Wolf auf silbernem Grund unter dem russischen Doppeladler.

Ab 1919 gehörte Mscislaŭ zur UdSSR, erst zur Russischen Sowjetrepublik, ab 1924 zur BSSR. 2000 wurde das neue Wappen bestätigt, das zwei historische vereint, das Motiv mit dem jetzt sitzenden roten Wolf und der Hand mit dem Schwert.

Mscislaŭ konnte seinen Stadtgrundriss mit Gebäuden aus dem 17. bis 19. Jahrhundert bewahren. Seit 1985 befindet sich das historische Zentrum unter Denkmalschutz.

Da es keine Eisenbahnstation und somit nicht viel Bewegung gibt, erlebt man die Stadt so, wie sie ist: klein, verlassen, ohne übertriebene Renovierungen und sehr authentisch. Zur Altstadt kommt man von der Bushaltestelle über die vulica Varašylava Richtung Norden.

■ Sehenswürdigkeiten

Das heutige Zentrum liegt in den Vierteln beim Stadtpark um die vulica Lenina, beim Kulturzentrum (Praletarskaja 42) und der Kreisverwaltung (Kalinina 21). Rechts von der Verwaltung liegt die **Handelshalle** (Anf. 20. Jh.).

Die Peršamayskaja 14 ist das beeindruckende Gebäude des **ehemaligen Jungengymnasiums** (1908), die Peršamayskaja 15 zeigt das ehemalige **Hotel Paris** (Париж) (Ende 19. Jh.). Es gab auch ein Hotel ›Berlin‹, es ist aber nicht erhalten.

Die Himmelfahrtskathedrale am Fuße des Schlosshügels

Die Hauptsehenswürdigkeiten sind die Hügel, die von der Festungsstadt und vom Schlosshügel übrig geblieben sind. Der **Frauenhügel** liegt abseits von Mscislaŭ, am südwestlichen Wichra-Ufer. Dort kann man einen Erdwall in Ringform sehen – ein Fragment des Schlosshügels (1. Jahrhundert n. Ch.). Es gibt keine Bauten aus dieser vorslavischen Zeit.

Der **zweite Schlosshügel** hat mehr zu bieten, er stammt aus dem 12. bis 18. Jahrhundert. Der Hügel ist viel höher, einst war er von tiefen Gräben und einem großem Erdwall umgeben. Am Fuße des Berges steht eine Karmelitenkirche: **Kirche der Himmelfahrt der Jungfrau Maria** von 1617, renoviert 1746–50 (vulica Kirava/Кірава/Кирова 4). Das Karmelitenkloster sowie dessen Kirche waren einst architektonische Juwelen von Mscislaŭ. Der Grundriss der Kirche ist untypischerweise fast quadratisch und wirkt von außen sehr asketisch. Der Eindruck täuscht: Das Innere dieser katholischen Kirche ist prächtig mit Stuck und Fresken aus der zweiten Hälfte des 17. Jahrhunderts in barockem Stil ausgeschmückt. Die zwei wichtigsten stellen die Einnahme von Mscislaŭ durch die Russen 1654 dar. Ein

Fresko zeigt, wie die katholischen Priester getötet werden, das andere den Überfall auf die Festung.

Noch ein sehr wichtiger Kultbau in der Stadt ist das **ehemalige Jesuitenkloster** mit keiner einfachen, dafür aber sehr belarussischen Geschichte. Von der Anlage ist die Kirche erhalten (1640, renoviert 1730–38). Seit 1842 ist sie die orthodoxe Kathedrale des Erzengels Michael (Kreuzung Saveckaja/Kalinina). Als Jesuitenkirche hatte das Gebäude zwei Türme, diese wurden aber zusammen mit dem Giebel abgerissen; die Hauptfassade bekam Fenster. Auch wenn das Äußere an Ausdruck verloren hat, hinterlässt der Innenraum einen guten Eindruck: Größe, massive Säulen und Barockstuck sind sehr ästhetisch. Auf der linken und rechten Seite der Kirche blieben ein Kolleg und eine Apotheke unverändert erhalten.

Vor der Kirche steht ein **Pjotr-von-Mscislaŭ-Denkmal** (Петр Мстиславец) – ein bekannter Buchdrucker, der in dieser Stadt geboren wurde. Zusammen mit dem Russen Iwan Fjodorow publizierte er 1563 das erste gedruckte Buch in russischer Sprache, das exakt datiert werden kann (›Apostol‹). Er musste sich von Fjodorow trennen, von Moskau nach Wilna fliehen, zerstritt sich dort mit Verlegern,

Aufgang zum ehemaligen Schlosshügel

Straßenszene in Mscislaŭ

musste deswegen vor Gericht, woraufhin er auch Wilna verließ. Wann und wie er starb, ist unklar.

Ein weiterer schöner Kultbau ist die **Alexander-Newski-Kirche** (Lenina/Леніна/Ленина 30). 1727 wurde hier eine Bernhardinerkirche errichtet, 1870 wurde sie zu einer orthodoxen Kirche umgebaut. Hinter der Apsis im Kirchenhof wurden während des Zweiten Weltkrieges deutsche Soldaten begraben. Holzkreuze sind nicht mehr zu sehen, aber höchstwahrscheinlich sind die Überreste nicht umgebettet worden.

Von der **jüdischen Geschichte** ist in Mscislaŭ leider nicht viel zu sehen. Eine Synagoge vom Ende des 19. Jahrhunderts steht in der Peršamayskaja vulica, eine andere in Kirava 13. In Mscislaŭ sorgten die Juden für die Wasserversorgung: Das Wasser aus dem Kahal-Brunnen (das grüne Häuschen ist immer noch zwischen der Lenina und der Peršamayskaja vulica zu sehen) wurde in Holzfässern geliefert. Das jüdische Viertel lag um den Platz vor dem Schlosshügel herum. Dort standen ihre Sauna, eine Synagoge, es gab Geschäfte und Handwerkerläden. Eine Gemeinde lebte am südwestlichen Wichra-Ufer.

Ab 1921 waren der Cheder und die Jeschiwot illegal; 1941 wurde die Mehrheit der Juden von den Nationalsozialisten in der heutigen vulica Zaslonava/Заслонава/Заслонова (zwischen Troizki-Berg und Schlosshügel) ermordet. Dort findet man jetzt einen Gedenkstein; die Nationalität der Opfer wird aber nicht erwähnt.

 Mscislaŭ

Der Ort liegt 95 km von Mahiljoŭ entfernt, 19 km von der Eisenbahnstation Chodasy (Ходасы/Ходосы) (Linie Orša–Kryčaŭ). Es gibt täglich mehrere Busse aus Mahiljoŭ; aus Minsk nur Fr–So vom ›Uschodni/Vostočny‹-Omnibus_bahnhof um 7.40 (ca. 5 Std. Fahrt)

Busbahnhof: Varašylava/Ворошилова 788, 500 m südwestlich des Stadtzentrums.

Hotel Mscislaŭ (Мстиславль) Praletarskaja 57, Tel. +375/2240/20779; DZ

ab 7 Euro. Nah am Busbahnhof und der Alexander-Newski-Kirche;
Café Dubrava (Дубрава), Saveckaja 19.
Café Vichra (Вихра), Praletarskaja 57.

Landeskundemuseum, Kalinina 49, Mi–Fr 8–18; Sa 8–17 Uhr; Mittagspause 13–14; So 10–15 Uhr ohne Pause. Die Geschichte von Mscislaŭ und Region wird anschaulich in diesem sehr interessanten (wenn nicht einem der reichsten) lokalen Museum erzählt.

Seit 2001 findet Mitte Juni das **Belarussische Kammermusikfest** (Беларускі фэст камэрнай музыкі), Ende Juli das **Festival der mittelalterlichen Kultur Ritterfest** (Рыцарскі фэст) statt.

Kloster Pustynki

Laut Chroniken wurde das **Kloster der Himmelfahrt der Jungfrau Maria** oder Uspensski-Kloster 1380 als Basilianerkloster bei Pustynki (Пустынкі/Пустынки) gegründet. Aber viele schriftliche Zeugnisse über seine Existenz gibt es leider nicht: 1918 wurde alles von der atheistischen Sowjetmacht vernichtet.

Lokale Legenden erzählen, dass Lengvenis (bel. Лугвен-Сымон), der Sohn des litauischen Großfürsten Algirdas und Enkel von Gediminas, an einer schweren Augenkrankheit litt und allmählich das Augenlicht verlor. Eines Nachts träumte er von einem Greis, der ihm sagte, er solle in einer öden Gegend eine Quelle finden und sich mit diesem Wasser das Gesicht waschen. Lengvenis war heidnisch (Heidentum war zu jener Zeit sehr verbreitet), trotzdem suchte er nach der Quelle und fand sie unweit von Mscislaŭ. Und er konnte tatsächlich wieder sehen. Auf dem Baum vor der Quelle fand er eine Maria-Ikone und ließ aus Dankbarkeit an dem Ort eine Kirche zu Ihren Ehren bauen, und ließ sich dabei auf den Namen Semjon christlich taufen.

Das Kloster liegt am Fluss Osljanka und war im 16. Jahrhundert das größte im östlichen Teil von Belarus. Es erhielt dank der heilsamen Quelle immer viele Spenden und konnte so auch schwere Zeiten überstehen. 1839 wurde es an die orthodoxe Gemeinde übergeben, die meisten Basilianer gingen nach Galizien.

Schon 1870 wurde die Mariä-Himmelfahrt-Kirche umgebaut: nach der orthodoxen Tradition bekam sie an den Seiten zwei Querschiffe, um einen kreuzförmigen Grundriss zu erhalten; im Zentrum war jetzt eine Kuppel. An der östlichen Seite wurde 1865 die Mariä-Schutz-Kirche erbaut, dazu noch zwei Wohnblocks. Anfang des 20. Jahrhunderts war das Kloster bekannt und reich, wurde 1918 aber wieder geschlossen, seitdem gilt die Maria-Ikone als verschwunden. Die Anlage diente als Jugendstrafanstalt und Kolchose mit Ställen. 1943 versuchten die deutschen Truppen die Anlage zu sprengen. Bis 1960 wurden die verschont gebliebenen Bauten als Waisenhaus genutzt, als Altersheim, danach als eine Schule. In den 1970er Jahren gab es an der Quelle

Kloster Pustynki

Karte vordere Umschlagkarte

eine Banja für Parteifunktionäre. In den 1980er Jahren stand die Klosteranlage leer. Seit 2003 wird hier wieder renoviert und gebaut. Es kommen jährlich Tausende Besucher, besonders aus Russland, das gleich um die Ecke liegt. Es wohnen fünf Mönche im Kloster, denen weltliche Freiwillige, die außerhalb der Anlage wohnen, zur Hand gehen.

Das wichtigste Heiligtum ist die Wundererscheinung eines Bildes von Jesus in der **ehemaligen Schule**. Das Wunder passierte 2003, als es im Kloster wieder Mönche gab. Für diese war es ein Anzeichen dafür, dass die Wiederherstellung des Klosters eine heilige Angelegenheit ist. Man sagt, das Bild werde mit den Jahren noch deutlicher.

Die **Heilquelle** ist bei der Kirche der Jungfrau Maria Geburt zu finden. Wassertrinken sowie Eintauchen in die fünf Grad kalte Quelle wird sehr empfohlen.

Die Anlage wirkt sehr sauber, die Mönche und die Novizen sind sehr freundlich und alle Türen sind wortwörtlich im Kloster offen, auch in der ehemaligen Schule mit dem Jesus-Bild. Es gibt viele Besucher, aber die Atmosphäre ist entspannt. Das Kloster feiert seine Maria-Ikone (heute: eine Kopie) am Tag von Maria Entschlafung, am 28. August.

Anfahrt: Das Kloster liegt 1,5 km südlich vom Dorf Pustynki oder 7 km nördlich von Mscislaŭ. Man kommt nur mit dem Auto/Taxi hin, es gibt keine Bus- oder Zuganbindung, aber die Reise lohnt sich.

Škloŭ

Wenn Belarussen Škloŭ (Шклоў/Шклов) hören, denken sie an Gurken und an Aljaksandr Lukašenka. Škloŭ ist alt und klein, sieht aber exemplarisch sauber und nagelneu aus. Ob das Gurken-Geld dazu beigetragen hat, oder die Tatsache, dass die Stadt regelmäßig von Lukašenka besucht wird, ist ungewiss.

Die Quelle von Pustynki wird immer rege besucht

Der Name kommt vom belarussischen Wort ›schklo‹ (Glas). Die Stadt wird in Chroniken Anfang des 16. Jahrhunderts erwähnt, aber die Gegend war schon lange Zeit davor besiedelt. In der Nähe liegt Staryj (Altes) Škloŭ, hier wurden Überreste einer Siedlung gefunden (5. Jahrhundert v. Chr.). Die Ausgrabungen dauern an, es wurden viele verschiedene Keramiken, einschließlich Fliesen, Gürtelschnallen und Trillerpfeifen geborgen. Unter den Funden gibt es auch eine silberne Leibikone, auf der Maria und Jesus als Kind eine Blume in der Hand halten. Sie gilt als älteste belarussische Ikone (11. Jh.).

Ein Steinzeit-Abgott (als Idol aus Škloŭ bekannt) wurde 1963 am Fluss Serebjanka ausgegraben. Er wurde wahrscheinlich ins Wasser gekippt, als das Land christianisiert wurde. Heute kann man diesen einzigen in Belarus gefundenen heidnischen Abgott im Historischen Museum in Minsk besichtigen.

1769 brannte Škloŭ ab, was zu einer neuen Stadtplanung führte: Der Ort entwickelte sich weiter in nördliche Richtung. Der zentrale quadratische Platz war ein Marktplatz mit einem Rathaus, das im Komplex mit Handelshallen, einem Postamt, einer Kirche, einem Kloster und einer Schule errichtet wurde.

Ein wichtiges Jahr für Škloŭ war 1772, als dieser Teil von Belarus an das Russische Reich ging. Katharina II. war bekannt für ihre Leidenschaft für gutaussehende Männer, sie hatte etwa zwei Dutzend offizielle bzw. halb-offizielle Liebhaber, von denen sie schwärmte und die sie beschenkte. Der wichtigste von ihnen, Grigori Potjomkin, hatte zu entscheiden, wer als nächster antreten durfte und wann es Zeit für ihn war, zu gehen.

1778 war Škloŭ das Abschiedsgeschenk der Zarin für Semjon Soritsch. Er hatte viel für die Stadt geleistet, hatte den Handel entwickelt, eine Kadettenanstalt für die Kinder verarmter Adeliger eröffnet, und mehrere Manufakturen für Wolle, Seide, Seil und andere Textilien gegründet. Salzgurken aus Škloŭ wurden an die Zarin und sogar bis nach Frankreich geliefert.

Das Kaufhaus von Škloŭ mit historischen Abbildungen

Die **Jüdische Gemeinde** war immer groß, Juden lebten hier seit dem 17. Jahrhundert. Als Belarus Ansiedlungsrajon des Russischen Reiches wurde, wurde Škloŭ zu einem Zentrum jüdischer Weberei, bekannt für die Produktion von Arbekanfes (von Männern getragenes kleines, viereckiges Untergewand mit Schaufäden) und zeremoniellem Ornat.

Vor dem Zweiten Weltkrieg gab es in Škloŭ zwei Holzsynagogen und eine jüdische Siebenjahresschule; rund 25 Prozent der Bevölkerung waren Juden. Mehr als 7500 Juden wurden in Škloŭ und Umgebung 1941-43 hingerichtet. Einen einzigartigen jüdischen Friedhof gibt es in Ryžkavičy.

Jüdische Frontsoldaten schafften es, dass 1955 die sterblichen Überreste ihrer Familien und Freunde aus einem (zu der Zeit mit Kartoffeln bebauten) Feld exhumiert und nach Ryžkavičy verlegt wurden. Da man manche der Opfer identifizierte, gibt es auch individuelle Gräber, nicht nur Massengräber. Vor der Flachsfabrik steht ein jüdisches Monument. Eine Stele steht auch am westlichen Dnjepr-Ufer, wo Ermordungen stattfanden, und erinnert an alle im Krieg Gefallenen.

■ Sehenswürdigkeiten

Man kommt in Škloŭ am Hauptbahnhof (Anf. 20. Jh.) an und nimmt die Kalcholznaja vulica nach Süden, um das Stadtzentrum zu erkunden.

Unterwegs liegt der **Stadtpark** mit einem Semjon-Soritsch-Denkmal (2007). Es war Teil des Anwesens von Alexander Kriwoschein. Seine Besonderheit machen viele Alleen aus, im Zentrum steht eine fast 300 Jahre alte Pappel. Man glaubt, dass schon Katharina II. den jungen Baum gesehen habe, der heute ›Katharina-Pappel‹ genannt wird.

Karte vorde Umschlagklappe

Das Rathaus von Škloŭ

Auf der Ljnosawodskaja 1 steht die von Kriwoschein gebaute **Flachsfabrik.** Die **Papierfabrik** ›Spartak‹ ist auf der Fabryčnaja 26 zu sehen. Es ist die einzige in Belarus, die Zeitungspapier produziert. An der Kreuzung zur vulica Fabryčnaja geht die Kalcholznaja in die vulica Saveckaja über. An der Kreuzung sieht man das Kulturhaus und die regionale Bibliothek (Saveckaja 2), den neuen Omnibusbahnhof und den Zentralmarkt. Davor steht ein **Gurken-Denkmal** des Mahiljoŭer Künstlers Andrei Worobjow (2007). Die Blumenbeete sind mit künstlichen Blumen geschmückt.

Die Bushaltestellen hier sind reichlich dekoriert mit bunten Holzmustern, die wie schmiedeeiserne aussehen. Ab und zu sieht man Frühbeete neben den Wohnblocks: Dort werden Gurken angebaut. Mitten auf der vulica Leninskaja steht das **Rathaus**, das nach einem Stadtbrand 1772 hier neu errichtet wurde. Es wurde von einstöckigen Einkaufspassagen flankiert, die einen riesigen rechteckigen Hof bildeten. 1999 wurde das Rathaus renoviert und die Handelshallen wiederaufgebaut. Heute ist es eine Schule, im Rathaus ist das Schulmuseum untergebracht.

Gleich davor befindet sich die **Alleja Herojeŭ** – eine Gedenkstätte (1985) für die hier gefallenen Soldaten sowie fünf Helden der Sowjetunion und neun Helden der Sozialistischen Arbeit. 2005 wurde sie renoviert. Neben dem Panzer wurde ein Obelisk für die in Afghanistan gefallenen Soldaten errichtet.

Die katholische **Peter-und-Paul-Kirche** (1849) auf der Leninskaja 126 ist vermutlich auf dem Fundament des Soritsch-Theaters errichtet worden. Während der Zeit des Sowjetatheismus diente sie als Kino, später als Speichergebäude, seit 1999 ist sie wieder eröffnet.

Die russisch-orthodoxe **Kirche der Verklärung** (1905) in der vulica Saveckaja 57 war auch während der Sowjetzeit in Betrieb, sie ist gut renoviert.

Vom jüdischen Erbe sind **zwei ehemalige Synagogen** zu sehen: Eine aus dem 19. Jahrhundert wird heute als Butter-

Im Inneren der Verklärungskirche

fabrik (Internacyjanalnaja 64) genutzt, und eine von 1790 ist ein Wohnhaus (vulica Dzikuna 99).

Geht man über die Brücke (davor wird übrigens ein Eisstadion gebaut) landet man auf dem östlichen Dnjepr-Ufer vor dem Mahnmal des Zweiten Weltkrieges:

78 Stufen sind es bis zur Stelle. Der Ort wird gern von Hochzeitsgesellschaften besucht.

RyžkaviČy ist ein Dorf, das gleich am südlichen Rande von Škloŭ beginnt und seit kurzem als Teil dieser Kleinstadt eingemeindet ist. Der alte jüdische Friedhof liegt am südwestlichen Ende von RyžkaviČy. Er hat einen Eingang, gebaut wie ein Korridor mit Steinmauern, die auf einen Hügel hinaufführen. RyžkaviČy ist auch als Geburtsort von Halina Lukašenka (geb. 1955) bekannt. Ihren künftigen Mann lernte sie in der Schule kennen, 1975 heirateten sie und bekamen danach zwei Söhne. 1994, als Lukašenka zum Präsidenten gewählt wurde, weigerte sie sich, nach Minsk umzuziehen. Seitdem leben sie getrennt, sie besuchte nicht einmal die Inaugurationszeremonie. Ihr Haus mit dem grünen Dach hinter einem hohen Ziegelsteinzaun kennt jeder. Es ist bekannt, dass sie eine Zeit einen Kindergarten in RyžkaviČy leitete und heute in der Regionalen Kreisverwaltung von Škloŭ (Leninskaja 76) in der Abteilung Gesundheit arbeitet und Einweisungen in Sanatorien verteilt

---

Škloŭ

Die Kleinstadt liegt 30 km nördlich von Mahiljoŭ und ist am einfachsten von dort erreichbar; aus Minsk fährt täglich ein direkter Zug (Hrodna–Uneča) um 23.07 Uhr (ca. 5 Std. Fahrt), mit Umsteigen fährt man über Orša oder Mahiljoŭ; mit dem Bus vom ›Uschodni/Vostočny‹-Omnibusbahnhof auch mit Umsteigen in Orša oder Mahiljoŭ; Marschutkas aus Minsk gibt es 4 Mal am Tag.

Hauptbahnhof: Vakzalnaja/Вокзальная 5.

Omnibusbahnhof: Saveckaja/Советская 1.

Hotel Rodnitschok (Роднйчок), Leninskaja 47, Tel. +375/2239/31367; DZ ab 8 Euro. Mit Friseursalon und Café.

Restaurants Yawlo (Явло) und **Labirint** (Лабйрйнт) befinden sich auf der Saveckaja, das **Café Duet** (Дуэт) findet man auf der Leninskaja 47.

Kopys und Aleksandryja

Etwa 20 Kilometer nördlich von Škloŭ liegt Kopys (Копысь); am westlichen Dnjepr-Ufer gegenüber befindet sich Aleksandryja. In Kopys wurde 1954 Aljaksandr Lukašenka geboren, er lebte aber in Aleksandryja. Kopys wurde 1059 das erste Mal schriftlich erwähnt, im 14.

Karte vordere Umschlagklappe

Jahrhundert hatte es ein großes Schloss. Bis zum Zweiten Weltkrieg konnte man da ein Haus besichtigen, wo Peter der Große gewohnt hat. Außer Lukašenka ist dieses Dorf auch durch den Peter-Wall (Verteidigungserdwall aus dem Großen-Nordischen Krieg) und eine Töpferei bekannt. Aus Kopys stammt die Kapust: eine Dynastie von Chassidim, die sich auf die Chabad-Schule gründete.

Aleksandryja (Александрыя/Александрия) ist seit 1695 bekannt und wurde nach seinem Gründer und Magnaten Alexander Chodkiewicz (nicht nach Lukašenka!) benannt. An einem kleinen See befindet sich hier eine der Residenzen von Lukašenka (nicht Chodkiewicz), er versucht jährlich, am 6. Juli zum Kupalle-Fest hier beim traditionellen Festival ›Aleksandryja lädt Freunde ein‹ (Александрыя збірае сяброў) zu sein und eine Weile zu bleiben.

Im Zentrum der Stadt, die ein paar Straßen zählt, steht die Schule, die Lukašenka besuchte und wo er seine Frau Halina kennenlernte. Die Tafel an der Schule sagt, dass ›der erste Präsident von Belarus‹ hier gelernt hat. Die Schule ist nicht in Betrieb, deren Klassenzimmer ist praktisch das einzige **Lukašenka-Museum** in Belarus. Er saß am dritten Tisch neben dem Fenster, wo jetzt ein russischsprachiges Schild sagt ›Lukašenko Aleksandr Grigorjevič‹ (russ. Лукашенко Александр Григорьевич). Auf dem Tisch liegen Bücher von Marx, Engels und Lenin, und es steht dort ein leeres Tintenfass mit einer Schreibfeder. Außer der Geburtsklinik können Touristen auch den Ort besichtigen, wo das **Geburtshaus von Lukašenka** stand. Heute steht hier ein wiederaufgebautes, unbewohntes Haus, daneben eine Garage. Es ist auf der anderen Straßenseite von der lokalen Residenz vom Präsidenten zu finden.

Aleksandryja ist heute ein Agrarstädtchen und sieht unglaublich gepflegt aus. Die örtliche Kolchose ist ziemlich erfolgreich, hat ein Obst- und Gemüselagerhaus und baut Austernpilze an. Es gibt eine schicke Sportanlage (für 2000 Personen, mit Schwimmhalle, Sauna, einem Fitnesszentrum und Sprudelbad), davor ein großes, modernes Hotel mit einem Café.

Zwei Kilometer nördlich von Kopys am westlichen Dnjepr-Ufer steht das **Sommerhaus des belarussischen Schriftstellers Janka Kupala** in Ljaŭki (→ S. 385).

Die ehemalige Schule des Präsidenten Lukašenka

Mahiljoŭ und Mahiljoŭer Gebiet

Das Gebiet Homel, im Südosten des Landes zwischen den Flüssen Pripjat, Dnepr und Sož gelegen, ist bekannt für den Pripjat-Nationalpark mit seinen Sümpfen und Wäldern. Einen Besuch der Gebietshauptstadt Homel mit dem riesigen Schlosspark sollte man nicht versäumen.

Am Leninplatz in Mazyr

Homel

Homel (blr./russ. Гомель) ist mit etwa einer halben Million Einwohner die zweitgrößte Stadt des Landes. Optische Dominante ist das **Schloss**, das dem russischen Klassizismus zuzurechnen ist (18./19. Jh.), mit der **Peter- und Paulskathedrale**; dieser Gebäudekomplex direkt auf dem Hochufer des Sož ist von einem großen **Park** umgeben und befindet sich mitten im Zentrum, neben dem heutigen **Leninplatz**.

Die Stadt war ab 1776 im Besitz von Generalfeldmarschall Pëtr Rumjancev-Zadunajski und dessen Söhnen. Ab 1834, nachdem Sergej Rumjancev, der Enkel des ersten Rumjacev, Homel aufgrund hoher Schulden an den Staat verpfänden musste, kam die Stadt in den Besitz von Generalfeldmarschall Ivan Paskevič. Beide Familien waren Förderer der Stadt, ihrer Wirtschaft und Kultur.

▲ *Die Statue ›Erster Homeler‹*

In Homel sind vor allem der Maschinenbau und die Lebensmittelindustrie ansässig. Die **Süßwarenfabrik Spartak** befindet sich relativ zentral auf der vul. Saveckaja 63 (Ecke ul. Chataevič). Hier hängt oft ein auffälliger Schokoladenduft in der Luft, für die Studenten, die in der Uni gegenüber über ihren Büchern schwitzen sicher eine wahre Qual... Auf dem Fabrikgelände gibt es ein kleines Geschäft, wo man nicht nur Produkte des Hauses einkaufen kann, sondern auch eine heiße Schokolade oder ein Stück Torte genießen kann.

Sieben Hochschulen sind in Homel ansässig. Ferner ist infolge der Tschernobyl-Katastrophe 1986 in Homel das heute so genannte **Institut für Radiologie** gegründet worden.

Homel hat eine Reihe von **kulturellen Veranstaltungen und Festivals** zu bieten, so u. a. das choreografische Festival Ringelreihen an der Sož, Gitarrenrenaissance, ein internationales Festival für Instrumentalmusik, ein Liederfestival, sowie das Festival Artsessija (Jugendmusikfestival), Go-Fest (Rockfestival), Sporttanzwettbewerbe. Das jährliche Theaterfestival Slavische Theaterbegegnungen, ist eine gemeinsame grenzüberschreitende Veranstaltung der Theater Homel (Belarus), Brjansk (Russland) und Tschernihiw (Ukraine) und findet immer abwechselnd in einer dieser Städte statt.

Palast und Peter- und Paulskathedrale

Der Umbau des ursprünglich feudalen Homel begann Ende des 18. Jahrhunderts, als die russische Zarin Katharina die Große die damalige Stadt dem russischen Feldherrn Pjotr Rumjancev-Zadunajskij (der einer Legende zufolge

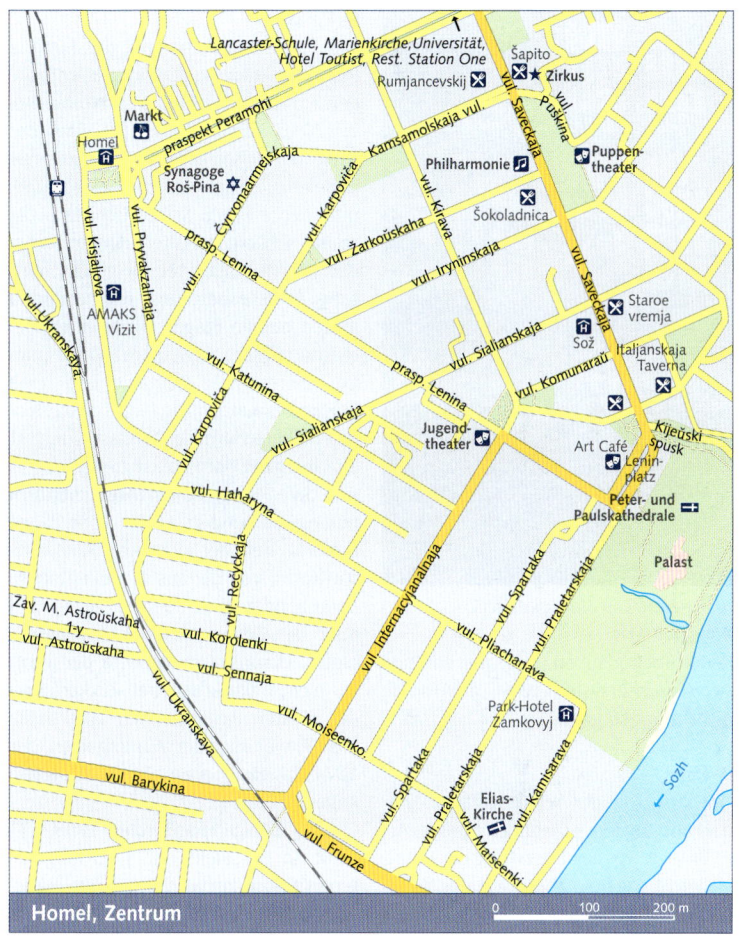

Homel, Zentrum

0   100   200 m

ein unehelicher Sohn des russischen Zaren Peter I gewesen sein soll!) für Verdienste am Vaterland schenkte (1775) und auch Geld aus der Staatskasse für den Bau eines Schlosses bereitstellte.

Der **pl. Lenina** (Leninplatz) mit der Leninstatue schließt an den großen Schlosspark an. Zwei Straßen laufen direkt auf den Palast zu und betonen somit die (einstige) Bedeutung dieser Schlossanlage. Der Palast zeichnet sich durch Schlichtheit und hohen architektonisch-

künstlerischen Wert der einzelnen Gebäude aus. Zur Anlage gehören der Palast, die orthodoxe Peter- und Pauls-Kathedrale und eine Grabkapelle. Vom nördlichen Rand des Schlossparks, in einer Art Schlucht als natürliche Grenze zwischen Schloss und Kirche (dem sogenannten Kievskij spusk) führen unterirdische Gänge auf die andere Seite des Flusses. Ob es sich bei diesen offen zugänglichen Schächten wirklich um Geheimgänge handelt, wie Romantiker

In der Halle des Hauptbahnhofs

heute noch glauben, oder nur um eine Art Abwassersystem, weiß man heute nicht mehr so genau.

■ Park

Der Park mit der Schlossanlage, einer der am besten erhaltenen dieser Art in Belarus, ist das Herzstück der Stadt, vielleicht sogar so etwas wie das Wahrzeichen Homels. Der Park mit Statuen, Skulpturen, Grotten, Brücken und Gedenksteinen hat durchaus natürliche Elemente, ist oben allerdings, in Palastnähe, künstlich angelegt.

Die Bronzestatue unten am Fluss, am Ende des Kievskij Spusk trägt den Titel **Erster Homeler** und stellt einen Schiffer in einer Barke dar, neben dem ein Luchs, das Wappentier der Stadt, sitzt – der Mann symbolisiert den ersten Siedler von Homel, der an dieser Stelle anlegte, die im so gut gefiel, dass er beschloss, hier zu bleiben.

■ Palast

Der Palast selbst, der mit der Fassade Richtung Stadt zeigt und der im übrigen auf der aktuellen 20 000-Rubel-Note (2015) abgebildet ist, ist eines der frühesten Beispiele für Frühklassizismus in Belarus. Er hat eine kompakte, quadratähnliche Form. Seine Architektur ist relativ schlicht gehalten. Unten befindet sich der Saal, der für gesellschaftliche Anlässe bestimmt war, während in den oberen Etagen die privaten Gemächer lagen. Außerdem findet man im Inneren viele Gemälde und feine Stuckornamentik. Die weit auslaufende, halbkreisförmige Terrasse fungiert als Übergang vom Palast zum Park.

Auf dem 42 m hohen **Aussichtsturm** nur einige hundert Meter vom Palast entfernt befindet sich eine Aussichtsplattform, von der aus sich ein atemmberaubender Blick über die Stadt und über die Gegend jenseits des Flusses bietet. Ursprünglich gehörte der Turm zur nicht mehr erhaltenen Zuckerfabrik des Fürsten Paskevič. Eine Werkshalle (1839) war auch der **Wintergarten**, der 1877 in einer ehemaligen Orangerie angelegt wurde.

Die altgläubige **Elias-Kirche** (1793–94) steht an der Stelle der 1737 abgerissenen Erlöserkirche, hinter dem Palastensemble, etwas weiter flussabwärts (Ecke vul. Komisarava/Ilinski spusk). Es ist eine für die belarussische Architektur charakteristische, schlichte Holzkirche.

■ Peter- und Paulskathedrale

Die sich direkt an den Palast anschließende orthodoxe Kathedrale (1809–1824; Spätklassizismus) wurde durch den englischen Architekten John Clarke errichtet, der zu Beginn des 19. Jahrhunderts die Architektur Homels entscheidend prägte. Zu Sowjetzeiten war hier u. a. ein Planetarium untergebracht.

Karte S. 263

Zur Kirche gehört ebenfalls das 1993 gegründete orthodoxe **Tichwinskij-Nonnenkloster**, das nach der Tichwiner Ikone der Gottesmutter benannt ist (vul. Katoŭskaja 36).

■ **Grabkapelle**

Bei der im nördlichen Teil des Parks befindlichen **Grabkapelle der Paskevič** (1870–89; neobyzantinisch/altrussisch) handelt es sich um einen quadratischen, turmartigen Bau mit fünf Kuppeln, im Stile von Holzkirchen mit fünf Zwiebeln und Zeltdach, sowie einer Krypta. Auffallend sind die vielfarbigen Majolika-Fliesen mit Pflanzenornamentik. Daneben befindet sich der Eingang in die unterirdische Familiengruft, die eine länglich, tunnelartige Form mit zylindrischem Gewölbe hat.

■ **Jägerhäuschen**

Das Jägerhäuschen (1820; Klassizismus/Empire), eine kleine Villa (Wohnhaus) unweit des Schlossparks (vul. Puškina 32) und aufgrund seiner architektonisch-künstlerischen Gestaltung als Empire-Haus, bezeichnet, wurde als Winterresidenz der Rumjancevs gebaut und beherbergt heute das **Museum der Homeler Stadtgeschichte**. Die aus Holz gefertigte Villa ist mit Ziegelsteinen umfasst und verputzt, so dass die Illusion erzeugt wird, es handele sich um ein Steingebäude. Der Stolz des Museums sind drei noch erhaltene Kachelöfen.

Stadtrundgang

Ein Stadtrundgang sollte sich an der zentralen Verkehrsader orientieren, der **vul. Saveckaja**, die in allen Zeiten die zentrale Straße der Stadt war, angefangen beim pl. Lenina und dem Schlosspark im Süden bis hin zur nördlichen Stadtgrenze. Hier stehen einige Gebäude aus der Zeit vor den beiden Weltkriegen, zum Beispiel das Gebäude der ehemaligen Russisch-Asiatischen Bank (1910–12; vul. Saveckaja 11) und das der damaligen Kommerzbank (1901; vul. Saveckaja 17), aber auch die Kirche der Geburt der Jungfrau Maria (vul. Saveckaja 118; s. u.). Auf der vul. Saveckaja und den angrenzenden Straßen gibt es zahlreiche Cafés/Restaurants sowie Geschäfte.

Homel und Homeler Gebiet

Im Jägerhäuschen hat das Museum für Stadtgeschichte seinen Sitz

■ **Kirche der Geburt
der Jungfrau Maria**

Beim Bau dieser katholischen Kirche (vermutlich 1896/nach 1990; vul. Saveckaja 118) wurde in den Hauptbereich als Querschiff ein an dieser Stelle stehendes Haus mit integriert. Vermutlich handelt es sich um eine orthodoxe Friedhofskirche, die zu Sowjetzeiten in ein Verwaltungsgebäude umgewandelt wurde.

■ **Kirche des Erzengels Michael**

Interessant ist die Geschichte dieser orthodoxen Kirche (2005), einer Holzkirche (Rečckaja šaša 34), die nach der Havarie im Atomkraftwerk Tschernobyl aus dem umgesiedelten Dorf Vyleva (Rajon Dobruš, östlich von Homel) hierher gebracht wurde. Es ist aber zweifelhaft, dass die Kirche genau aus den Brettern wieder zusammengesetzt wurde, aus denen die Kirche in Vyleva bestanden hatte. Jedenfalls gibt es einige Unterschiede zwischen der Kirche in Homel und dem Original.

■ **Theologische Schule**

Die theologische Schule (Klassizismus) wurde 1799 bis 1819 als Sommerhaus der Rumjancevs errichtet, ebenfalls von John Clarke (vul. Bileckaja 11). In der zweiten Hälfte des 19. Jahrhunderts war hier das theologische Seminar untergebracht. Dieses zweistöckige Steingebäude mit Hufeisenumriss besteht aus drei Gebäudeteilen, einem Hauptteil und zwei Seitenflügeln.

■ **Lancaster-Schule**

Das Gebäude der Lancaster-Schule (1818; Klassizismus), ein rechteckiges, zweistöckiges Steingebäude (vul. Saveckaja 39) trägt ebenfalls die Handschrift von John Clarke. Der Bau war einst das Hauptgebäude der Grundschule, wo nach der Lancaster-Pädagogik unterrichtet wurde: Ältere, erfahrene Schüler unterrichten die jüngeren. Es war die erste derartige Schule im damaligen Russland. Ursprünglich bestand die Anlage aus Hauptgebäude und vier Flügeln, Banja, Scheune, Pferdeställen sowie eigenen Ländereien, einer Farm und Werkstätten. Es war eine der größten Lehranstalten, die zu jener Zeit in Belarus existierten, und wenn sie auch nicht lange bestand, so interessierten sich damals über die Stadtgrenzen hin-

Karte S. 263

▲ *In der vul. Saveckaja*

aus viele für diese neuartige Schulform. Initiiert wurde dieses Projekt von Graf Rumjancev, die ersten Schüler waren Waisenkinder.

■ Bahuslaŭski-Landgut

Das Bahuslaŭski-Landgut (19. Jh.) befindet sich auf der vul. Lepjašynskaha, im nördlichen Teil der Stadt, etwas außerhalb. Das Anwesen besteht aus dem **Gutshaus** (aus rotem Ziegel; 1849), einem heute noch als solchen genutzten **Pferdestall**, einigen **Wirtschaftsgebäuden** und einem **Park**. Im 19. Jahrhundert wurde auf dem Anwesen ein landwirtschaftlicher Gutshof betrieben. Nebenan befindet sich nach wie vor eine Reitschule mit Pferderennbahn.

■ Synagogen

Von den neun Synagogen aus der Zeit vor dem Krieg steht heute nur noch die **Synagoge Roš-Pina** (1895; vul. Čyrvonaarmejskaja 1a). Nicht weit von dort (vul. Sennaja 13) steht auch ein hübsches Holzhaus, das man auf den ersten Blick nicht mit einer religiösen Einrichtung in Verbindung bringen würde: ein Anfang das 20. Jahrhunderts erbautes **jüdische Gebetshaus**, das sogar von 1917 bis 1982, also bis weit in die Sowjetzeit hinein, als Synagoge genutzt wurde.

■ Denkmäler

Homel ist offensichtlich auch die Stadt der etwas außergewöhnlichen Denkmäler, die nicht an große Geister und Ruhmestaten erinnern, dafür aber Kindern und Erwachsenen viel Freude bereiten können. Einige Beispiele:

Das **Studentinnen-Denkmal** (vul. Saveckaja 102; vor der Universität): eine Bronzestatue, die vielleicht nicht jedem gefallen mag, die aber doch interessant (und für deutsche Geschmäcker

Buratino vor dem Puppentheater

etwas gewagt geraten) ist: Die Statue stellt ein junges Mädchen in einem kurzen, die Figur betonenden Kleid in sitzender Pose dar, mit einem Buch auf dem Schoss, in der Hand hält sie einen Apfel, und daneben steht eine Handtasche.

Das **Denkmal Kofferstimmung oder Der ewige Passagier** am Bahnhof: ein Mann, der auf einem riesigen Koffer sitzt und den Kopf leicht geneigt und lächelnd die Hände ausbreitet, als ob er auf den Zug wartete. Oder vielleicht hat er seinen Zug soeben versäumt?

Vor dem Puppentheater steht ein **Buratino-Denkmal**. Buratino ist eine Romanfigur von Alexej Tolstoj, so etwas wie der sowjetische Pinocchio.

Vor dem Zirkus steht ein **Karandasch-Denkmal**: Karandasch, zu Deutsch Bleistift, war der Künstlername des russischen Clowns Michail Rumjancev (1901–1981), der auch im Zirkus von Homel einige Auftritte hatte; mit dem Fürsten Pëtr Rumjancaŭ-Zadunajski hat er nichts zu tun.

Homel und Homeler Gebiet

Das Homeler Theater

■ **Persönlichkeiten aus Homel**
Pavel Suchoj (russ.; blr.: Pavel Suchi) (1895–1975) war ein sowjetischer Flugzeugkonstrukteur, der in Hlybokae (Gebiet Vicebsk) geboren wurde, aber in Homel das Gymnasium besuchte. Nach ihm ist die Technische Universität von Homel benannt, sein Denkmal steht auf dem pr. Lenina 22.

Der langjährige Außenminister der Sowjetunion, **Andrej Gromyko**, der sein Amt fast drei Jahrzehnte, von 1957 bis 1985, bekleidete, stammte aus einem Dorf in der Nähe von Homel. Seine Büste steht auf der vul. Saveckaja, im sogenannten Skver Gromyko.

Außerdem wäre noch ein Prominenter aus dem Pop-Business zu erwähnen: **Sjarhej Parchamenko**, im russischen Raum bekannter unter dem Künstlername **Seryoga**, ist ein in Homel geborener und aufgewachsener Rapper. Für Besucher aus Deutschland deshalb interessant, weil er in Deutschland, an der Universität Vechta (Niedersachsen) Germanistik studierte und daher Deutsch beherrscht. Und es gab auch schon Versuche, von Deutschland aus, den westlichen Musikmarkt etwas aufzumischen... Ein Denkmal in seiner Heimatstadt hat man ihm übrigens noch nicht gewidmet.

ℹ Homel

Vorwahl: + 375/232
Internet:
www.gorod.gomel.by, offizielle Internet-Präsenz der Stadtverwaltung von Homel (nur russ.)
www.gomel-region.by/en, offizielle Internet-Präsenz der Homeler Gebietsverwaltung (russ. und engl.)
www.vseogomele.net, Informationsportal zur Stadt (nur russ.)
www.vgomele.by, Informationsportal zur mit vor allem touristisch relevanten Infos und Tipps – aber auch leider nur russ.

Homel liegt an der Kreuzung M5 (ab Minsk), M8 (ab Orša/Mahiljoŭ) und M10 (Palesse-Autobahn).

Mit der **Bahn** kommt man von Minsk, Brest, Vicebsk, Orša, Mahiljoŭ, Hrodna, Lida, Baranavičy, Moskau, St. Petersburg, Kiew, Charkiw und Dnipropetrovsk in die Stadt. Der **Bahnhof** (Homel' Passashirskij) liegt am westlichen Ende des pr. Peramohi.

Busse fahren ab Minsk Ostbahnhof (Fahrzeit ca. 5 Stunden). Weitere Anreisemöglichkeiten mit dem Bus ab Navapolack/Polack, Vicebsk, Orša, Mahiljoŭ. Der **Busbahnhof** liegt in der vul. Kurčatava 1 (am Ende des pr. Peramohi, schräg gegenüber vom Bahnhof)

ÖPNV in Homel: www.gomeltrans.net (russ.). In Homel verkehren Busse, Trolleybusse und Marschrutki.

Taxi, Kurzwahlnummern: 107, 135, 152, 155, 156, 157, 161, 163, 181, 184.

◀ Karte S. 263

Sož, vul. Sjaljanskaja 16 (russ. ul. Krest-janskaja), www.hotelsozh.by (russ., engl.). Bewachter Parkplatz. Pro Person und Zimmer ab ca. 20 Euro.

Park-Hotel Zamkovyj, vul. Haharyna 6, www.zamkovyi.com (russ., engl.). Restaurant/Bar, Billard, Frühstücksbuffet (kostet extra), Sauna. Parken inklusive. Oberes Preissegment, Zimmer pro Nacht ab ca. 50 Euro.

Homel, Pryvakzalnaja pl. 1 (Bahnhofs-platz), Tel. 770229, 716725, www.gomel-hotel.by (russ., engl.). Mit Restaurant/Café, Wäscherei, Apotheke, Wechselstube, bewachter Parkplatz. Zimmer ab ca. 30 Euro.

Paradiz, Pryvakzalnaja pl. 1 (Bahnhofs-platz; 1. Obergeschoss des Hotels Homel), Tel. 716725, 774111, www.gomelparadis.com (russ., engl.). Zimmer ab ca. 40 Euro, Frühstück zzgl. ca. 7 Euro.

AMAKS Vizit/(Ujut), vul. Kisjaljova 6 (nahe Bahnhof), Tel. 775283, mobil +375/(0)44/5353017, www.gomel.amaks-ho tels.ru/ (russ., engl.). Mit Café und Parkplatz. Übernachtung ab ca. 40 Euro.

Tourist, **Nadzeja** (zwei Hotels in einem), vul. Saveckaja 87, Tel. 574951, 575903, www.gomeltourist.com (russ., engl.). Mit Restaurant/Bar, Fitnessraum; Zimmer ab ca. 40 Euro.

Villa Rosa, vul. Iličy 150 (südl. Stadt-rand auf der anderen Flussseite, stadt-auswärts Richtung ukr. Grenze), Tel. 391919, www.villarosa.by (russ., engl., ital.). Kleines privates Hotel. Übernach-tung einschl. Frühstück ab ca. 40 Euro.

Art Café, vul. Saveckaja 2. Europäische Küche, (Bier-)Bar.

Šapito, vul. Saveckaja 27. Donnerstag bis Sonntag Abend mit Livemusik.

Šokoladnica, vul. Saveckaja 30. Café und Konditorei, leckere Torten.

Rumjancevskij, vul. Saveckaja 38. Ita-lienische, europäische Küche. Teilweise abends Livemusik.

Staroe vremja (Alte Zeit), vul. Sjaljans-kaja 14 (russ. ul. Krestjanskaja). Belarus-sische, ukrainische, europäische Küche. Interieur mit vielen Symbolen aus der Sowjetzeit (und der Zeit davor): Banner, Photos usw. Wie eine Zeitreise in die so-wjetische Geschichte.

Station ONE, vul. Rahačoŭskaja 2; 12–1 Uhr. Lybische, europäische Küche. Freund-liche Bedienung. Sehr zentral gelegen (Ecke Saveckaja 54).

Italjanskaja Taverna, vul. Bileckaha 4 (sehr zentral, nahe Schlosspark). Italieni-sche, europäische Küche, Pizzeria.

Café de Paris, pl. Lenina 2. Diese Bar nennt sich selber Lounge Bar: Gemüt-liches Interieur, weiche Sofas und Ses-sel. Eine Etage tiefer gibt es eine Disko. Wenns einem zu laut wird, kann man in der Lounge Bar entspannen.

Die Museen des Homeler Gebietes fin-det man unter www.museum.gomel-re gion.by (russ.).

Schloss und Parkanlage Homel, pl. Leni-na 4, www.palacegomel.by (russ., engl.); Di–Fr 11–19, Sa, So 10–18 Uhr. Hierzu gehört der Park einschließlich aller darin befindlichen Objekte. Der Eintritt in den Park ist kostenlos.

Museum der Homeler Stadtgeschichte, vul. Puškina 32 (Jägerhäuschen); Mi–So 9–19; Mo Ruhetag; Di nur angemelde-te Museumführungen (Gruppenführun-gen).

Museum für Kriegsruhm, vul. Puškina 5; 11–19 Uhr (Mai–Sept), 10–18 Uht (Okt–Apr). Die Ausstellung unter freiem Himmel präsentiert militärtechnische Geräte und Ausrüstung, u. a. Panzer und einen Sanitätswaggon aus dem Zweiten Weltkrieg. Integriert ist außerdem das Museum für Kriminalistik (Sonderaus-stellung).

Gavriil-Vaščnko-Gemäldegalerie, vul. Karpoviča 4 (Galerie); pr. Lenina 43 (Aus-stellungssaal, Kunstsalon); tgl. 10–19 Uhr.

Homel und Homeler Gebiet

Gebietstheater, pl. Lenina 1, www.gomel
drama.gomel.by (russ.). Aufführungen in
belarusischer und in russischer Sprache.
Das Theater wurde 1954 im Stil des sozialistischen Realismus gebaut.

Städtisches Jugendtheater Homel, pr.
Lenina 10, www.moltheatre.gomel.by
(russ.). Es wurde 1992 als unabhängiges
(privates) Theater gegründet und ist seit
1999 staatlich. Es werden hauptsächlich
ausländische, avantgardistische/moder-
ne Theaterstücke für ein eher jugend-
liches Publikum (Komödien, Melodra-
men, psychologische Stücke) aufgeführt,
auch Märchen für Kinder.

Puppentheater, vul. Puškina 2, www.
puppet.gorodgomel.by (russ.). Es wurde
1968 von einer Gruppe von Puppenspie-
lern, die bereits am Gebietstheater tätig
waren, gegründet. Es treten auch Schauspieler zusammen mit den Puppen auf.
Vor dem Theatergebäude stehen nette
Skulpturengruppen.

Gebietsphilharmonie Homel, vul. Saveckaja 32, www.gomelfil.by (russ.)

Homeler Kinos im Netz: www.kinotavr.
by (russ.), Kinos des gesamten Homeler
Gebietes im Netz: www.gomelkino.by
(russ.).

Kalinin-Lichtspielhaus, vul. Kamunaraŭ
4 (Stadtzentrum).

Oktjabr, vul. Barykina 127 (Westen).

Die **vul**. **Saveckaja** ist gespickt mit allen
möglichen Läden und Boutiquen.

Zentraler Markt, vul. Karpovič 28, relativ zentral; ungefähre Lage: zwischen
Schlosspark und Bahnhof.

Sekret, vul. Haharyna 65, www.secret-
tc.by (russ.); 10–20 Uhr, Mo nur bis 18
Uhr. In diesem Einkaufszentrum gibt es
fast alles, auch Andenken für Zuhause,
Kosmetik, Süßigkeiten, Spirituosen –
aber keine richtigen Lebensmittel.

Karte S. 263

▲ *Leider nur russisch beschriftet: Homeler Sehenswürdigkeitn*

Homeler Gebiet

Vetka

Traditionell ist Vetka (blr./russ. Ветка) ein Zentrum für Kunsthandwerk und Kunstgewerbe, insbesondere Holzschnitzereien, die auch in der Architektur, zum Beispiel bei Fensterverkleidungen und Fensterschmuck, Anwendung finden. Davon kann das **Museum für Volkskunst und Volkshandwerk** erzählen.

Interessant ist die Entstehungsgeschichte der Stadt: Vetka wurde 1685/1682 (je nach Quelle) von **Altgläubigen** gegründet, die aus Zentralrussland hatten fliehen müssen, da sie von den zaristischen Behörden und von der russisch-orthodoxen Kirche verfolgt wurden. So entwickelte sich der Ort ziemlich schnell zu einem Zentrum der Altgläubigen, die hier einigermaßen frei leben konnten. Gegen Ende des 18. Jahrhunderts wurde Vetka zu einer Hochburg der sog. **Popovcy** (Strömung der Altgläubigen), derer es bis zu 4000 gab. Es wurden mehrere Klöster und Einsiedeleien gegründet. Zweimal, 1735 und 1764, kamen zaristische Strafbataillone nach Vetka, um die Altgläubigen wieder zurück nach Russland zu treiben. Die russischen Truppen brannten die Stadt nieder, die meisten Stadtbewohner wurden in die östlichen Gouvernements Russlands verbannt.

Im 18. Jahrhundert bildeten sich örtliche Besonderheiten der Ikonographie heraus, die sog. Vetkaer Ikone, und die Gestaltung handgeschriebener Bücher, es entstand eine eigenständige Schule von Vetkaer Holzschnitzereien.

Der **Altgläubigenfriedhof** befindet sich auf der vul. Paryžskaj kamuny.

■ Stadtrundgang

Ein Stadtrundgang kann gut am **Roten Platz** beginnen. Genau, so heißt der zentrale Platz in Vetka in der Tat (russ. Krasnaja ploščad'/Красная площадь)! Hier gehen mehrere Straßen voneinander ab (im Uhrzeigersinn): **vul**. **Lenina**, **vul**. **Peršamajskaja**, **vul**. **Praletarskaja**, **vul**. **Saveckaja**. Hier stehen noch eine ganze Reihe Häuser aus der Zeit um 1900. Es dominieren ein- bis zweistöckige Häuser, viele davon aus Holz.

Gleich am Roten Platz befindet sich auch die wichtigste Sehenswürdigkeit von Vetka: Die **Villa des Kaufmanns Hrošikaŭ** (1897), in der das Museum untergebracht ist, das uns Einiges über belarussische Volkstraditionen erzählen kann. Hier werden Traditionen von regionaler **Volkskunst und Volkshandwerk** präsentiert (Krasnaja pl. 5, 9–18 Uhr).

> **ℹ Vetka**
>
> Vetka liegt ca. 20 km nordöstlich von Homel an der P30.
> **Busse** ab Homel fahren im 15- bis 20-Minuten-Takt (Fahrzeit ca. 30 Min).
> **Informationsportal** zur Stadt und Region: www.vetka.by (russ.).

Čačersk

1774 schenkte Katharina II. (die Große) Čačersk dem Generalgouverneur Sachar Tschernyschow (1722–1784), der die Stadt grundlegend umbaute und neue Gebäude errichtete. Auf seine Initiative bekommt Čačersk (blr.. Чачэрск; russ. Чечерск) ein Rathaus, drei Kirchen, zwei Krankenhäuser und ein Theater mit Orchester. Lindenalleen wurden angelegt, ein Park mit Orangerie und exotischen Bäumen ebenso. Das 1787 wiederaufgebaute Landgut wurde zur architektonischen Dominante in der Stadt. Um das Rathaus verteilten sich vier Kirchen, von denen sich bis heute nur die ortho-

Das Tschernyschow-Landgut in Čačersk sieht heute etwas verfallen aus

doxe Verklärungskirche erhalten ist. 1780 wurde eine Glasmanufaktur gegründet, Mitte des 19. Jahrhunderts eine Terpentinfabrik. Die Stadt war auch ein Zentrum für Kunsthandwerk (Sticken, Weben).

Anreise: Die Kleinstadt liegt an der P38, etwa 50 Kilometer nordöstlich von Homelʹ. Die Fahrt mit dem Bus dauert etwa eineinhalb Stunden.

■ **Sehenswürdigkeiten**

Wahrzeichen der Stadt ist das **Rathaus**: Es wurde Ende des 18. Jahrhunderts unter Tschernyschow errichtet und 2003 restauriert (Klassizismus mit neogotischen Elementen). Das Gebäude fiel auf und hatte sogar einen Belvedere, von dem aus man einen Blick auf die Stadt hatte. Im Thronsaal des Rathauses geben sich Brautpaare heutzutage gerne das Ja-Wort. Der kompakte, symmetrische, zweistöckige Bau unterscheidet sich stark von anderen damals in Belarus üblichen Gebäuden, schon alleine aufgrund der fünf viereckigen Türme: Vier Ecktürme und ein fünfter zentraler Turm, der etwas höher ist als

die anderen und nach oben hin schmaler wird. Die Türme sind aus Holz, doch das Dekor entspricht dem übrigen Steinbau. An beiden Eingängen führen monumentale Steintreppen hinauf.

Neben dem Rathaus ist unter einem **Gedenkstein** ein Brief an die zukünftige Generation vergraben, der erst im Jahre 2099 ausgegraben werden darf.

Im Rathaus ist heute das **Historisch-Ethnographische Museum** untergebracht (Di–So 9–18 Uhr).

An der anderen Ecke des zentralen Platzes steht ein **Flugzeug**, in dem früher ein Kino untergebracht war und das heute den örtlichen Grafitti-Künstlern als Projektionsfläche dient.

Das **Landgut der Grafen Tschernyschow und Kruglik** in der vul. Ulʹjanava ist besonders prachtvoll. Die Anlage entstand im 19. Jahrhundert und besteht aus dem Palast, einem Wirtschaftsgebäude, einem Pferdestall, Tor und Park. Hier fanden die Aufführungen des Leibeigenentheaters statt, es wurde von Leuten aus dem Zarenhause, von Alexander Puschkin, von Dekabristen besucht.

Karte vordere Umschlagklappe

Zur klassizistischen orthodoxen **Erlöser-Verklärungskirche** (1779–83; restauriert 2000) in der vul. Pracoŭnaja 6a gehört eine hölzerne **Taufkirche**. Die Kirche, an deren Eröffnung die russische Zarin Katherina II (die Große) höchstpersönlich teilnahm, nimmt eine inselartige Lage auf einem Platz in der Stadt ein. Es ist ein zweistöckiger Rundbau mit Narthex/Glockenturm sowie Apsis. In der ehemaligen **Synagoge** (Ende 19. Jh.), einem zweistöckigen Bau mit Giebeldach und symmetrischer Komposition, hat heute die baptistische Kirche ihr Domizil. Der **jüdische Friedhof** befindet sich westlich der Stadt (Trasse bei Kavalëŭ Roh/Edinstvo); viele Gräber und Grabsteine sind erhalten, aber stark verwittert und zugewachsen.

Das Tschernobyl-Denkmal am westlichen Stadtrand

Am westlichen Ortseingang (vul. Lenina) gibt es ein gigantisches **Denkmal für die bei der Tschernobyl-Katastrophe zu Schaden gekommenen Dörfer**, welches dem Rathaus nachempfunden ist.

Rahačoŭ

Wissen Sie, was ›Sguschtschonka‹ (blr. згушчонка; russ. сгущённое молоко/сгущёнка) ist? Wenn Sie diese nicht nur für Belarus, sondern auch für Russland und Polen charakteristische Spezialität probieren sollten, so werden Sie sie entweder lieben oder hassen. Sguschtschonka ist nichts anderes als gezuckerte Kondensmilch, in Deutschland auch unter dem Namen Milchmädchen erhältlich. Für die Belarussen jedoch ist sie ein Lebensgefühl: Torten und anderen Süßwaren werden mit Sguschtschonka abgeschmeckt, oft dient sie auch als Füllung oder wird in den Tee oder Kaffee gegeben. Die belarussische Küche ist ohne sie fast nicht denkbar. Sguschtschonka aus Rahačoŭ ist im gesamten postsowjetischen Raum bekannt und beliebt, und auch Ihnen werden die meist hellblauen Konservendosen in den Geschäften und auf dem Markt auffallen. In Rahačoŭ hat man 2013 zum 75. Jubiläum des **Milchkonservenkombinats**, einem der ältesten Milchverarbeitungsbetriebe in Belarus und die Visitenkarte der Stadt, dieser klebrigen Masse mit der seltsamen Konsistenz sogar ein **Denkmal** gesetzt (vul. Kirava 31).

Kondensmilchdenkmal in Rahačoŭ

Homel und Homeler Gebiet

Die schöne Alexander-Nevskij-Kirche

Die heute 34 000 Einwohner zählende, am Dnepr liegende Kleinstadt Rahačoŭ (blr. Параčоŭ; rus. Poračёв) ist zudem eine der ältesten in Belarus und deswegen bis heute Standort archäologischer Ausgrabungen.

Die sogenannte Liebesinsel am **Schloss-hügel** hat laut einer Legende ein Schuster aufgeworfen, der sich in die Tochter der Königin Bona Sforza verliebt hat. Seit 1522/23 gehörte die Stadt nämlich der Prinzessin Bona Sforza, die mehr als 30 Jahre die Geschicke des Gutes Rahačoŭ lenkte. Sie ließ auf dem alten Burgwall ein Schloss und einen Palast bauen, welches im Volksmund ›Schloss der Bona Sforza‹ genannt wurde – der heutige Schlosshügel.

■ **Sehenswürdigkeiten**

Das **Haus von Uladzimir Karatkevič** (1930–1984) steht auf der Straße, die jetzt auch den Namen des bekannten Schriftstellers trägt, der vul. Uladzimir Karatkeviča. Der kleine Valodzia kam oft in den Ferien hierher zu seinen Großeltern, und auch als Erwachsener verbrachte er oft mehrere Monate im Jahr in diesem Haus. Hier entstanden einige sehr besten Werke, u. a. Teile des historischen Romans ›Ähren unter deiner Sichel‹.

Von der katholischen **Kirche des heiligen Antonio von Padua** (1912) im Stil der Neogotik ist heute nur noch eine Ruine erhalten, die aber momentan restauriert wird. Sie steht zwischen vul. Kirava, vul. Valadarskaha und vul. Frunze. Die 1886 eröffnete, im neobyzantinischen Stil gehaltene orthodoxe **Alexander-Nevskij-Kathedrale**, ein monumentales Bauwerk mit fünf Kuppeln, wurde im Zweiten Weltkrieg zerstört. 1989 wurde diese neue Kirche in der vul. Sannikava errichtet.

Das **Museum des Nationalruhms** in der vul. Lenina 58 ist kein Kriegsmuseum, sondern ein Landeskundemuseum (Mo 8.30–17, Di–Fr 8.30–19, Sa/So 10–19 Uhr).

🚍 🚆 Rahačoŭ

Rahačoŭ liegt etwa 120 km nördlich von Homel' an der Kreuzung von P39, P43, P97, direkt am Fluss Dnepr.
Es fahren zahlreiche **Busse** ab Minsk (ca. 3–4 Std.) und ab Homel (ca. 2 Std.). Anreisemöglichkeiten auch ab Babrujsk, Žlobin, Čačersk, Karma.
Direkte **Zugverbindungen** gibt es ab Homel, Mahiljoŭ, Vicebsk, Brest, Polack, Žlobin.

Rogačёv, vul. Dzjaržynskaha 1, Tel. +375/(0)2339/41405, www.rogachev.by (russ.). Mit Buddha-Bar, Sauna. Kostenloser Parkplatz. Übernachtung pro Person ab ca. 15 Euro. Hier können auch Stadtführungen (mit Übernachtung, auch ab Minsk) gebucht werden.

Rečyca

Im Jahre 1910 war Rečyca (blr. Рэчыца; russ. Речица) der erste Ort in Belarus, an dem die sterblichen Überreste der Euphrosyne von Polack auf ihrem Weg von Kiew nach Polack halt machten (→ S. 394). Daher ist die wichtigste Sehenswürdigkeit in der Stadt die **Euphrosyne-von-Polack-Kapelle** (1995) – sie ist allerdings mehr ein Denkmal als eine Kapelle. Das Monument steht am hohen Dnepr-Ufer auf einem rechteckigen Platz, an der Stelle, an der 1910 die Prozession mit den Reliquien der belarussischen Nationalheiligen auf dem Weg von Kiew nach Polack – auf dem Flusswege – Station machte. 85 Jahre später wurde die Kapelle mit dem Heiligen Feuer aus dem Heiligen Grab, die eine Expedition aus dem Heiligen Land mitgebracht hatte, eingeweiht.

Die zweigeteilte, asymmetrische, 24,24 Meter hohe Konstruktion eines örtlichen Künstlers besteht aus rostfreiem Stahl und Messing. Vier gestufte Stützen stellen die Lebensentwicklung der Nationalheiligen in einer Spirale dar. Darin sind von unten nach oben, auf einer aufsteigenden Linie, die Namen der zwölf belarussischen Heiligen und Aufklärer geschrieben. Die Formen sollen den Betrachter assoziativ zu den Traditionen altrussischer Kirchenbaukunst zurückbringen. Die Komposition wird gekrönt durch den Heiligenschein der Euphrosyne von Polack, die in der Hand ein Kreuz hält.

Rečyca hat vielleicht sonst nicht so viel zu bieten, doch schlängelt sich der Dnepr malerisch an der Stadt vorbei.

Sehenswert ist eventuell das ehemalige **Post- und Telegraphenamt** (Ende 19. Jh./Anf. 20. Jh.; vul. Saveckaja 34). Ein zweistöckiges, L-förmiges Gebäude mit Fassadendekor, das ursprünglich als Privathaus gebaut wurde. Im Anbau wurde 1912 das erste Kino der Stadt eingerichtet.

Die katholische **Dreifaltigkeitskirche** (1901–1903; Neogotik) steht in der vul. Saveckaja 31/Ecke vul. Lunačarskaha. Eine dreischiffige Kirche mit Turm, die einst zum Dominikanerkloster gehörte.

Das **Landeskundemuseum** findet man in der vul. Praletarskaja 2. In der Stadt gibt es sogar eine kleine **Gemäldegalerie** in einer klassizistischen einstöckigen Villa. Hier werden neben Gemälden auch wechselnde Ausstellungen gezeigt (vul. Nabjarežnaja 11).

 Rečyca

Vorwahl: +375/(0)2340
Internet: www.rechitsa.by (russ.)

Die Stadt liegt an der Palesse-Autobahn M10 etwa 60 km südwestlich von Homel, direkt am Dnepr.

Zahlreiche **Busse** ab Homel (ca. 1 Std.). Auch ab Minsk Ostbahnhof (5–6 Std.). Anreisemöglichkeiten auch ab Svetlahorsk und Baranaviča.

Rečyca ist mit dem **Zug** sehr gut zu erreichen, am besten ab Homel. Die Züge Minsk–Homel und Brest–Homel halten hier. Anreisemöglichkeiten gibt es auch aus Kalinkaviča, Elsk, Chojniki, Pinsk, Kobryn.

Dnepr, vul. Snjažkova 3a, Tel. 35546, www.rechitsalux.by (russ.). Übernachtung ab 15 Euro pro Person. Mit Parkplatz, Billard, Konferenzräumen, Restaurant (belarussische, russische, europäische Küche; Livemusik, Tanz), Sauna, Fitnessraum.

Landgut Sergej Milogradskij, vul. Mira 45, Dorf Milograd (ca. 20 km nördlich von Rečyca), Tel. 75291, mobil +375/(0)29/6528712, schernens@mail.ru. Häuschen auf dem Land oder einzelne

Zimmer, Wald und Fluss in der Nähe. Ideal zum Angeln. Schwimmbecken, Sauna. Sanitäranlagen befinden sich im Hof (modern), Dusche in der Sauna (kann jederzeit benutzt werden). Küche kann mitbenutzt werden. Verpflegung nach Absprache. Ab 50 Euro pro Übernachtung. Sauna kostet extra.
Landgut Horval', zav. Zarečny 24, im Dorf Horval' (ca. 20 km nördlich von Rečyca), Tel. 91524, mobil +375/ (0)29/3922319, www.gorval.by (russ.). Doppel-, Vierer-, Sechserzimmer. Ab ca. 30 Euro. Kinder bis 12 Jahren umsonst, 13–18 Jahre 50 Prozent Rabatt. Schwimmbecken, Sauna, Fahrrad-, Ski-, Schlittschuhverleih kosten extra. Frühstück, Mittag- und Abendessen kosten extra (hauseigenes Menü, Verpflegung auch auf Wunsch des Gastes nach Absprache). Transfer vom Bahnhof Homel und Rečyca kann organisiert werden.

Juravičy

Juravičy (blr. Юравічы; russ. Юровичи) ist zusammen mit Berdyž im Rajon Čačersk, die früheste bekannte Siedlung im heutigen Belarus, die auf etwa 26 000 bis 23 000 vor Christus datiert wird.

Auch sonst ist das Dorf ein recht geheimnisumwitterter Ort. Der Legende nach soll es hier im 12. Jahrhundert eine Stadt gegeben haben (Mežymosce), die durch die Angriffe der Mongolataren in Schutt und Asche gelegt wurde. Anderen Quellen zufolge gab es hier einen Ort (Vidoličy) mit befestigtem Schloss, den die Tataren 1240 niederbrannten.

Die Überreste der Siedlung aus der Steinzeit, das **Hünengrab der Dregowitscher** (12./13. Jh.) und den **Burgwall** findet man in der Ortsmitte. Hier wurden Keramik aus dem 10. bis 13. Jahrhundert sowie Geschirr und Kacheln (15./16. Jh.) gefunden, so dass man sich eine Vorstellung davon machen kann, was die Leute hier früher so trieben: Sie lebten vom Fischfang, jagten Mammuts und sogar Nashörner (eine Nashornart war hier verbreitet), deren Knochen man hier fand.

Einige Funde aus den Ausgrabungen aus Juravičy gelangten ins **Landeskundemuseum** im etwa 25 Kilometer entfernten **Kalinkaviči** (blr. Калінкавічы; russ. Калинкавичи), vor allem Mammutknochen und Stoßzähne, Gegenstände aus Stein, Feuerstein und Keramik (Kalinkaviči, vul. Internacyjanalnaja 11a, Di–So 10–19 Uhr).

■ **Ehemaliges Jesuitenkloster**
Die Jesuitenresidenz bestand genau 100 Jahre, von 1673 bis 1773. Heute kann man noch die **Kirche** und das **Kollegium**, die beide miteinander verbunden sind, sowie eine **Steinmauer** mit **Tor** und kleinen **Türmen** besichtigen. Heute ist hier das orthodoxe **Mönchskloster der Geburt der Gottesmutter** untergebracht.

Die Gründung des Klosters ist eng mit dem Namen eines jungen Priesters verbunden, Martyn Tyraŭski, der sich hier niederließ und die wundertätige Ikone der Juravičer Gottesmutter mitbrachte, woraufhin Juravičy zu einem beliebten Wallfahrtsort wurde. 1681 wurde für die Ikone eine Kirche gebaut, 1726/1746 (je nach Quelle) die heute noch stehende majestätische Steinkirche. Auch die Szlachta spendete Geld für den Bau der neuen Kirche und unterstützte den Orden finanziell.

Von den **Türmen der Kirche** kann man bei gutem Wetter angeblich bis nach Mazyr (20 km entfernt!) sehen. Es handelt sich um eine dreischiffige Basilika mit einer länglichen halbrunden Apsis

Karte vordere Umschlagklappe ▲

und zwei Türmen an der Hauptfassade. Unter der Kirche liegt eine Krypta.

Im **Kollegium** (18. Jh.) ist seit den 1990er Jahren ein **Gebetsraum (Kirche) der Geburt der Gottesmutter** untergebracht. Es ist ein zweistöckiges Gebäude mit Hufeisenform. Auffallend sind die beiden dreistöckigen Türme an der Hoffassade.

Anreise: Juravičy liegt an der P35 etwa 30 Kilometer südwestlich von Mazyr. Mit dem Bus kommt man am besten ab Kalinkavičy (ca. 20 Min.) oder Mazyr (ca. 1 Std.).

An der Uferpromenade in Mazyr

Mazyr

Mazyr (blr. Мазыр; russ. Мозырь) liegt landschaftlich sehr reizvoll, nicht zuletzt durch die Kombination alter Holzarchitektur inmitten sozialistischer Plattenbauten, die sich auf mehreren Hügeln über dem Prypjac' erheben. Im Spätwinter/Frühling tritt mit der Schneeschmelze der Fluss über die Ufer und setzt ganze Landstriche unter Wasser, aber nur auf der linken Seite des Flusses – die Stadt selber und insbesondere die Schlafbezirke liegen auf der rechten Flussseite und etwas erhöht, so dass für die Stadtbewohner keine Gefahr droht. Die Stadt zieht sich am Fluss etwas in die Länge, hier gibt es eine lange **Uferpromenade** (vul. Saveckaja), wo man die frische Luft genießen kann. Übrigens: Mazyr hat den größten Hafen in Belarus, der jedoch als solcher nicht mehr genutzt wird. Zu Sowjetzeiten hatte die Stadt sogar einen Flughafen.

Heute ist Mazyr neben Navapolack ein Standort der erdölverarbeitenden Industrie in Belarus, aber auch die Lebensmittelindustrie, d. h. die Salzproduktion, ist hier beheimatet. Außerdem gibt es eine Brauerei, die außer Bier auch Mineralwasser herstellt.

Zudem ist Mazyr Universitätsstadt, die **Staatliche Ivan-Šamkjakin-Universität**, war zu Sowjetzeiten benannt nach der Revolutionärin und Ehefrau Lenins, Nadeschda Krupskaja. Auf dem Gelände der Universität steht heute noch ein **Krupskaja-Denkmal** (vul. Studenckaja.

Mazyr wird urkundlich zum ersten Male um 1155 erwähnt, es gehörte erst zum Fürstentum Kiew, später zu den Fürstentümern Tschernihiw und Turaŭ. Ab dem 14. Jahrhundert war es Teil des Großfürstentums Litauen. 1615 fand ein antifeudaler Aufstand (s. u) statt, der vom damaligen Bürgermeister angeführt wurde. Er richtete sich gegen den damaligen Starost Baltazar Stravinski, der die Rechte der Bürger beschneiden wollte und deshalb das Magdeburger Stadtrecht außer Kraft gesetzt hatte. Die Aufständischen forderten die Einhaltung der Stadtrechte und der Selbstverwaltung nach dem Magdeburger Recht. Die Aufständischen erweiterten die Vergünstigungen des Magdeburger Rechts auf alle Bürger und die Macht ging somit auf einen Stadtmagistrat über.

Mit dem Bau der Palesse-Eisenbahn in den 1880er Jahren kam es zu einem Wirtschaftswachstum und somit zu ei-

Homel und Homeler Gebiet

nem Bevölkerungsanstieg. 1885 wurde die Streichholzfabrik Malanka (russ. Molnija, ›Blitz‹) gegründet.

In Mazyr wurden der in Belarus recht bekannte Dirigent und Orchesterleiter Michail Finberg (geb. 1947) sowie der Journalist und Herausgeber Sjarhej Dubavec (geb. 1959) geboren, der von 1990 bis 2001 Chefredakteur der Wochenzeitung Naša Niva (→ S. 67) war und heute in Vilnius lebt.

■ Stadtrundgang

Die heutige Architektur ist bedingt durch das komplizierte Relief: flaches linkes und hohes, steil abschüssiges rechtes Ufer. Die Straßen verlaufen strahlenförmig vom Prypjac' aus in südwestliche Richtung, die **vul**. Saveckaja, die das Zentrum bildet, verläuft parallel zum Fluss, und hier gibt es auch eine Uferpromenade und einen kleinen Park.

Die **vul**. Leninskaja (u. a. mit der Rajonverwaltung und dem Theater) mündet am **pl**. Lenina (Leninplatz) mit der obligatorischen **Leninstatue** in die vul. Saveckaja und verbindet diese mit der **vul**. Ryžkova, jener Hauptstraße, die in südwestliche Richtung das Stadtzentrum mit den ›Schlafvierteln‹ verbindet.

Verwaltungsgebäude in der Leninstraße

Wir empfehlen, den Stadtrundgang am nur spärlich bebauten Ufer zu beginnen. Von hier hat man eine gute Aussicht sowohl auf die andere Flussseite als auch auf die **vul**. Saveckaja, welche in den 1950er/1960er Jahren mit drei- bis fünfstöckigen Ziegelbauten bebaut wurde. Hier steht u. a. die orthodoxe **Nikolaikirche** (s. u.), die alten **Markthallen** (Ecke vul. Saveckaja/vul. Internacyjanalnaja) sowie, direkt daneben, die ursprünglich zum Bernhardinerkloster gehörende **Brauerei** (s. u.), in der man auch noch heute im firmeneigenen Geschäft ein kühles Blondes genießen kann. Auf der vul. Saveckaja sind auch Bauten vom Ende des 19. Jahrhunderts/Anfang des 20. Jahrhunderts erhalten.

Auf dem pl. Lenina 4 stand das damalige **Mädchengymnasium** (Ende 19. Jh.), welches **Vera Charužaja** von 1910 bis 1911 besuchte. Vera Charužaja (1902–1943) war eine Partisanin, nach der viele Straßen im Land benannt sind. Sie wurde in Babrujsk geboren und in Vicebsk hingerichtet. Das zweistöckige, hufeisenförmige Gebäude aus rotem Ziegelstein ist heute nicht mehr erhalten. Eine **Gedenktafel** ist installiert an der vul. Saveckaja 107 – an der Stelle, wo das Haus stand, in dem sie von 1909 bis 1921 lebte. Ein **Vera-Charužaja-Denkmal** steht auf der vul. Leninskaja.

Mazyr hat auch ein eigenes **Theater**. Gegründet wurde es 1990 auf der Grundlage des Volkstheaters des städtischen Kulturhauses Mazyr. Zum Repertoire gehören vor allem Komödien und Märchen für Kinder. Mazyr war das erste Zentrum eines Rajons mit einem eigenen Theater, die Truppe ist vergleichsweise jung. Aufgrund von Umbauarbeiten ist das Theater derzeit geschlossen (Stand: Sommer 2015).

Die Brauerei von Mazyr

Das historische zweistöckige und hufeisenförmige Theatergebäude (1929–32; vul. Leninskaja 23) im Stil des Konstruktivismus hat eine interessante asymmetrische Struktur. Das Gebäude hat einen Theaterbereich und einen ›Klubbereich‹, jeweils mit getrennten Eingängen, über einen Durchgang miteinander verbunden. Der Theaterbereich hat eine halbrunde Kolonnade (sechs Säulen) an der Hauptfassade, im Inneren gibt es einen Zuschauersaal (mit Parterre, Balkon, sieben kleine Logen), eine Bühne, Diensträume an den Seiten, ein halbrundes Vestibül, ein Foyer mit Seitentreppen. Von außen ist das Dekor schlicht und bescheiden (www.melezh.narod.ru).

Das **Gebäude vul**. **Frunze 1** diente 1944/45 als Feldlazarett. Heute ist hier das Militärkommissariat (Militärbehörde) untergebracht.

■ Das Schloss

Wenn Sie in Mazyr sind, lassen Sie natürlich nicht lumpen und merken sofort: Dieses Bauwerk ist kein Original. Diese Rekonstruktion des alten Holzschlosses wurde 2010 fertiggestellt.

Der alte **Schlosshügel** – hier befindet sich die Wiege von Mazyr, im Zentrum auf einer Anhöhe (**vul**. **Hara**

Kamunaraŭ; früher Spaskaja Hara; zwischen vul. Kamsamolskaja und vul. Saveckaja).

Das Schloss erfüllte für die Stadt wichtige Verteidigungsfunktionen. Im 14. Jahrhundert wurde hier anstelle des alten Detinec ein Holzschloss errichtet (erste Erwähnung 1519), welches vom 16. bis zum 18. Jahrhundert existierte. Es hatte Verteidigungsmauern aus Holz mit Schießscharten und Maschikulis, drei Türmen, von denen einer als Einfahrtstor fungierte, mit Zugbrücke über einen Graben. Auf der Nordwestseite bot eine Art Zaun Schutz.

In den Kriegen des 17. Jahrhunderts wurde das Schloss mehrmals zerstört

Nachbau des Holzschlosses von Mazyr

Homel und Homeler Gebiet

Schönes Holzhaus in Mazyr

und nicht wieder aufgebaut: Mitte des 17. Jahrhunderts stellt die Stadt Mazyr ein wichtiges antifeudales Zentrum in der Region (Belarus und Ukraine) dar. Nachdem sich belarussische Aufständische den Kosaken angeschlossen hatten, brannten im Januar 1649 Truppen unter Hetman Janusz Radziwiłł bei der Niederschlagung des Aufstandes die Stadt nieder, das Schloss wurde so stark beschädigt, dass es nicht mehr als Verteidigungsanlage dienen konnte.

Auf dem Schlossgelände selbst ist das **Fundament** der alten Erlöserkirche (Anf. 15. Jh.) erhalten sowie ein mehr als 70 Meter tiefer **Brunnen**. Für das Betreten des Geländes wird Eintritt verlangt.

Außerdem befindet sich hier das **Landeskundemuseum** von Mazyr (8.30–17.30 Uhr; Ruhetag Mo, Di). Dem Museum angegliedert sind mehrere in der Stadt verteilte Einrichtungen: Das eigentliche Museum auf dem Schlossgelände, ein Ausstellungssaal, eine Museumswerkstatt des Keramikkünstlers

Mikalaj Puškar, der die Geschichte und Kultur der Mazyr-Region in seinen Werken verarbeitet, das Museum für Volkskultur Polesse-Wissen, eine Kunstgalerie mit über 50 Gemälden des Künstlers Uladzimir Minejko, und das Partisanenmuseum im Dorf **Ramanaŭka**. Letzteres liegt westlich von Mazyr, von dort gibt es etwa drei Busse täglich (Fahrtzeit: ca. 60 Minuten); mit dem Auto fährt man über Prudok und Slabodka.

■ Kirchen und Klöster

Obwohl Mazyr nicht die kulturhistorische Bedeutung hat wie beispielsweise Vicebsk, Polack oder Hrodna, so war die Stadt am Prypjac' stets nicht nur ein wichtiges Handelszentrum der Palesse-Region, sondern auch ein geistliches Zentrum. Für das Jahr 1676 werden in der Stadt fünf orthodoxe Holzkirchen und ein Kloster verzeichnet, von denen 1861 nur noch die Kirche des Erzengel Michaels, die Mikalajkirche und die Paraskeva-Pjatnica-Kirche existierten. Es gab hier ein Basilianerkloster, ein Mariavitinnenkloster, eine Jesuitenmission. Die beiden **Zisterzienser-Klöster** (vul. Hohalja 93/98) wurden Anfang des 18. Jahrhunderts bzw. in der ersten Hälfte des 18. Jahrhunderts (um 1744, **Nonnenkloster**) bzw. gegründet. Das **Zisterzienser-Mönchskloster** wurde 1864 aufgelöst, das **Frauenkloster der Zisterzienserinnen** wurde 1883 aufgelöst und 1888 den Orthodoxen übergeben. Die Nonnen gingen nach der Schließung 1889 ins Kloster nach Imbramowice (bei Kielce, Polen). Erhalten ist heute neben einem **Wohnhaus** des Mönchsklosters noch die zu dieser Glaubensgemeinschaft gehörende katholische **Kirche des Heiligen Erzengel Michael** (1743–1745; Spätbarock).

Das **Bernhardiner-Kloster** (Barock; heute vul. Kamsomolskaja 14–16) wurde

Karte vordere Umschlagklappe

1645 gegründet. Zum Kloster gehörten auch die heute immer noch in Betrieb befindliche **Brauerei** (1885) und das **Jungengymnasium** (19. Jh.). Die Anlage wurde in der ersten Hälfte des 18. Jahrhunderts gebaut und bestand aus Klostergebäude und Kirche, die sich auf der Ostseite anschließt, alles andere (Brauerei, Stall, Wagenschuppen, Pferdemühle) war aus Holz. Zum Kloster gehörten eine Schule und eine Bibliothek. Zum Kloster gehört die heute orthodoxe **Kathedrale des Heiligen Erzengel Michael** (zwischen 1760 und 1778; Spätbarock; nicht zu verwechseln mit der Kirche des Erzengels Michael des Zisterzienserinnenklosters!). 1832 wurde das Kloster aufgelöst, die Kirche wurde 1865 orthodox. Die Hauptfassade war reich dekoriert (Wilnaer Barock; erhalten ist aber nur die untere Hälfte). An die Kirche schloss sich von Osten das **Klostergebäude** an.

Den Ersten Weltkrieg überlebte die Kirche relativ unbeschadet, von 1937 bis 1941 diente sie als Gefängnis des NKWD, in dem mehr als 2000 Todesurteile vollstreckt wurden. Man nahm sich nicht die Mühe, die Leichen zu bestatten oder wenigstens aus der Krypta fortzuschaffen. Mazyr hat sozusagen sein eigenes Kurapaty – ein Kuriosum: In der Krypta der Kathedrale befindet sich das einzige (Kirchen-) **Museum für politische Repressionen** (Opfer des Stalinismus). Ausgestellt sind zum Beispiel menschliche Schädel mit Kugeleinschüssen. Hunderte von Altarlämpchen brennen zum Gedenken an die Opfer. Hier gibt es auch eine geschmiedete Ikonostase und einen steinernen Thron.

Zwei weitere Kirchen jüngeren Datums sind die leicht erhöht stehende orthodoxe **Nikolaikirche** (1. Hälfte 20. Jh.; vul. Saveckaja/neben dem Schloss), die deshalb interessant ist, weil es sich um ein in der Postsowjetzeit zu einer Kirche umgebautes Haus handelt, und die ebenfalls orthodoxe **Neuapostolische Kirche** (eröffnet 1997; vul. Uljanaŭskaja 20).

Frühjahrshochwasser am Prypjac bei Mazyr

Homel und Homeler Gebiet

■ **Denkmäler**

Gegenüber der Stadtverwaltung (vul. Leninskaja) steht in einer kleinen Grünanlage eine **Gedenktafel für die Opfer der Tschernobyl-Katastrophe**.

Der **Ruhmeshügel** wurde 1967 eröffnet. Er besteht aus einer 45 Meter hohen Stele, einem Kubus auf einem Granitpostament mit dem Modell einer Haubitze von 1938 und der Beerdigungsstätte von Soldaten der Sowjetarmee und Partisanen aus der Palesse-Region, die bei der Befreiung der Stadt Mazyr 1944 fielen. Diese Gedenkstätte befindet sich auf der vul. Ryžkova (ungefähr in der Mitte, daneben liegt gleich der große städtische Friedhof) auf einem der höchsten Punkte in der Stadt, von dem aus sich ein herrliches Panorama über die Gegend bietet. Hier befindet sich auch der **Jüdische Friedhof**.

■ **Wintersportanlage**

Für die Palesse-Region ein weniger erwartetes Vergnügen: In Mazyr kann man auch Ski laufen. Visitenkarte der Anlage ist eine ›Toboggan‹ genannte Rodelbahn (auch im Sommer), die in Belarus ihresgleichen sucht (Länge: 620 m). Ansonsten bietet die Anlage einen Skilift und eine Eisbahn. Auch Snowboard, Eishockey und sogar Tennisspielen (und andere Sportarten) sind möglich. Preis pro Stunde ca. 4 Euro (Kinder unter 14 Jahren zahlen die Hälfte). Schlittschuhverleih ca. 2 Euro pro Stunde. Auch Ski- und Hockeyausrüstung können ausgeliehen werden. Die Anlage bietet auch im Sommer ein breites Freizeitangebot. Außerdem im Angebot: Ferienhäuser, die sechs bis acht Personen Platz bieten (vul. Internacyjanalnaja 119, tgl. 9–21 Uhr).

■ **Das Festival ›Land unter weißen Flügeln‹**

Maskottchen dieses Musikfestivals ist der Storch, ein Nationaltier der Belarussen und das Sinnbild für eine glückliche Kindheit. Es handelt sich um einen internationalen Talentwettbewerb für junge Künstler bis 17 Jahren in den Sparten Gesang und Tanz, der 1998 ins Leben gerufen wurde und alle zwei Jahre im April/Mai stattfindet, zum Jahrestag der Tschernobyl-Katastrophe, die vor allem für Kinder bis heute schwerwiegende Folgen hatte und hat (→ S. 446). Für so manchen jungen belarussischen Künstler diente das Festival als Sprungbrett in eine Musikkarriere, so zum Beispiel für Ksenija Sitnik (geb. 1995), die selber aus Mazyr stammt und 2005 den Junior Eurovision Song Contest (die Kindervariante des Eurovision Song Contest) in Belgien gewann.

ℹ️ **Mazyr**

Vorwahl: +375/(0)236
www.mozyr.by (russ.), Informationsportal zur Stadt.

🚌 🚋

Mazyr liegt an der P31, südlich der M10, etwa 130 km westlich von Homel'.
Busbahnhöfe: vul. Šašejnaja 1b (Fernverkehr); pl. Prymastavaja/Zentrum (ÖPNV). Mehrere Busse täglich ab Minsk Ostbahnhof (5–6 Std.). Ab Homel ebenfalls täglich mehrere Busse (2–3 Std.).

Der **Bahnhof** befindet sich am westlichen Stadtrand, etwas weit entfernt vom Zentrum (vul. Sacyjalistyčnaja). Das Bahnhofsgebäude wurde in der ersten Hälfte des 20. Jahrhunderts gebaut. Es gibt direkte Anbindungen ab Kalinkavičy, Homel, Minsk, Baranavičy.
ÖPNV: Neben Bussen fährt in Mazyr eine fast 20 km lange Straßenbahnlinie (eröffnet 1988), die das Straßenbahndepot im Westen der Stadt mit dem erdölverarbeitenden Betrieb außerhalb (südlich von Mazyr) verbindet. Somit ist

Mazyr neben Minsk, Vicebsk und Nava-polack eine von vier Städten in Belarus mit Straßenbahnbetrieb.

🛏️ ▬▬▬▬▬▬▬▬▬

Pripjat', vul. Praletarskaja 8, www.hotel-pripyat.by (russ.). Mit Restaurant, Café, Konferenzsaal. Übernachtung ca. 70 Euro (upper class).
Guest House, vul. Kalinina 38, Tel. 322910, mobil +375/(0)29/5340151. Mit kostenlosem Parkplatz, Billard. Übernachtung ab ca. 15 Euro.
Panski sad (Gutshaus/Ferien auf dem Lande), vul. Nabjarežnaja 2, Dorf Kascju-kovičy, mobil +375/(0)29/6623123. Rustikale Einrichtung. Mit kostenlosem Parkplatz, Billard. Übernachtung ab ca.

15 Euro. Das Dorf liegt etwa 10 Kilometer nördlich von Mazyr am Flussufer.

🍴 ▬▬▬▬▬▬▬▬▬

Speisemöglichkeiten gibt es auch in den Hotels **Pripjat'** und **Ellada**. Ansonsten hier eine kleine Auswahl:
Tri peskarja, Park 50 hadoŭ peramohi. Direkt am Fluss im Park. Belarussische und russische Küche. Gericht des Hauses: Soljanka (deftige Fleischsuppe, die satt macht). Abends Live-Musik.
Sputnik, vul. Kastryčnika 1, www.sput nik-m.by (russ.); Restaurant: 14–24 Uhr; Sportbar: 12–3 Uhr, Fr/Sa/So bis 5 Uhr; Bowling: 12–3 Uhr. Restaurant und Sportbar, außerdem Bowling, ca. 9 Euro pro Bahn und Stunde. Billard (ca. 5 Euro).

Naroŭlia

Naroŭlia (blr. Нароўля; russ. Наровля) liegt infolge der Tschernobyl-Katastrophe auf radioaktiv verseuchtem Gebiet, die Bevölkerung wurde teilweise umgesiedelt. Der Name stammt vom Fluss Naraŭljanka, der im Frühling die Gegend unter Wasser setzt.
Ab 1764 gehörte der Ort der Familie Oskierko. Der letzte Besitzer aus diesem Adelsgeschlecht war Jan Oskierko (1735–1796). Für die Teilnahme der Oskierkos am Kosciuszko-Aufstand wurde der Ort konfisziert. Um 1900 werden Holzgeschirr und Bastmatten hergestellt.

■ **Horvat-Landgut**

Das von Danil Horvat errichtete klassizistische Anwesen (2. Hälfte 18. Jh./19. Jh.) befindet sich am linken Ufer der Naraŭljanka bzw. am rechten Ufer des Prypjac' im Mündungsbereich an einem Abhang. Von der einstigen Pracht ist leider nicht viel übrig. Erhalten sind der **Palast**, der **Park** (1870), ein **Pavillon in Leuchtturmform**, die Ruine eines **Springbrunnens**, sowie einige

Wirtschaftsgebäude aus rotem Backstein mit Elementen mittelalterlicher Schlösser. Das genaue Baudatum des Palastes ist nicht bekannt, aber vermutlich wurde der Bau 1850 abgeschlossen, denn auf der Attika am Haupteingang war früher die Inschrift DiH 1850 angebracht, als Hinweise auf den Hausherrn (Initialen **D**anil **I**hnatavič **H**orvat) und das Baujahr (1850). Eine Allee führt als Verlängerung der vul. Makaranka direkt auf den Palast zu. Der Park ist der zweitgrößte dieser Art in Belarus und galt noch in den 1930er Jahren als einer der schönsten, denn er war kleinen architektonischen Kompositionen, Skulpturen usw. ausgestattet. An der Stelle des heutigen Stadions befand sich früher ein Teich, in dem laut Legende Horvats einzige Tochter ertrunken sein soll, woraufhin der unglückliche Vater den Teich angeblich zuschütten und an der Stelle Gras pflanzen ließ. 1913 ließ Horvat auch eine **Süßwarenfabrik** bauen (heute: **Krasnyj Mozyrjanin**), von der noch einige Gebäude aus rotem Backstein im Empire-Stil erhalten sind. Romani-

Homel und Homeler Gebiet

Warnung vor Radioaktivität im Gebiet Homel

sche Elemente sind die Arkatur und die Schießscharten, gotische Elemente sind die Spitzbogenfenster. Angeblich sind der Palast und die Zuckerfabrik über einen unterirdischen Gang miteinander verbunden.

Vor dem zweistöckigen, rechteckigen **Palast** auf einem hohen Sockel, der relativ dicke Mauern (bis zu einem Meter) hat, gibt es eine große Wiese. Auf den Sockeln im Süden lagen einst Bronzelöwen, die im Zweiten Weltkrieg versteckt und nicht wieder gefunden wurden. Auf den nördlichen Sockeln lagen Sphinxe.

Die Ecken sind mit Erkern flankiert. Die Fassaden sind nicht mehr im Original-zustand erhalten – so fehlen heute zum Beispiel das Vier-Säulen-Portal und eini-ge der ursprünglichen Skulpturen. Auch der Anbau eines neuen Schulgebäudes hat seine Optik verändert.

Der **Pavillon** steht auf einem Hügel an der Flussmündung. Er ist schon von weitem gut zu sehen und dient Gästen der Kleinstadt als Orientierungspunkt. Es ist ein ca. elf Meter hoher Bau aus Backstein, schlank und klassizistisch streng.

🚌 🚐 **Naroŭlia**

Naroŭlia liegt ca. 40 km südlich von Ma-zyr, ab dort P31 und dann weiter P37. Busse ab Minsk Ostbahnhof täglich ca. 14.30 Uhr (über Kalinkavičy und Ma-zyr; Fahrzeit ca. sechseinhalb Stunden). Mehrere Busse auch ab Mazyr (Fahrzeit ca. 60 Minuten) und Homel (Fahrzeit ca. dreieinhalb Stunden).

🛏 **Naraŭljanka**, vul. Kastryčnickaja 5, +375/(0)2355/21668; Übernachtung ab ca. 15 Euro.
Eine Reise in die Vergangenheit gefällig? Dies ist ein sauberes Hotel im Sowjet-Stil.

Turaŭ

Turaŭ (blr. Typaŭ; russ. Туров) ist heute ein 3000 Seelen zählendes Städtchen am Prypjac', das sich so kaum von ande-ren unbedeutenden Orten in Belarus zu unterscheiden scheint. Dabei ist der Ort eine der ältesten Städte in Belarus (nach Polack und Vicebsk) und wurde 980 das erste Mal in der Nestorchronik er-wähnt. Es war ein kulturelles und geist-liches Zentrum der Kiewer Rus, in dem es einst um die 40 Kirchen und Klöster gegeben haben muss. Ende des zehn-ten Jahrhunderts/Anfang des 11. Jahr-hunderts entstand in Turaŭ eine or-thodoxe Diözese, die zweitälteste auf dem Gebiet von Belarus. Während der Herrschaft von Sviatapolk Izjaslavič (1097–1113) gründete dessen Frau Bar-bara das Barbara-Nonnenkloster, wel-ches von den Tataren zerstört und nicht wieder aufgebaut wurde. Das **Boris-**

und **Gleb-Mönchskloster** baute in der zweiten Hälfte des 12. Jahrhunderts Marcin von Turaŭ (einst Bischofskoch) am Prypjac'-Ufer. Hier erhielt Kirill von Turaŭ die Mönchsweihe.

Kirill von Turaŭ war Bischof, Schriftsteller und ist heute ein Heiliger der russisch-orthodoxen Kirche (Gedenktag: 28. April), geboren und aufgewachsen in Turaŭ, das zu jener Zeit zum Fürstentum Kiew gehörte. Ein **Kirill-von-Turaŭ-Denkmal** darf natürlich nicht fehlen, es steht auf dem Burgwall (vul. Kamsamol'skaja), hinter dem Pavillon der Kirche aus dem 12. Jahrhundert.

Das Turaŭer Evangelium (11. Jh.) gilt als das älteste Buch von Belarus. Es handelt sich dabei um eine handgeschriebene Evangeliensammlung und eine der ältesten Schriften in einer slavischen Sprache. Erhalten sind nur zehn Seiten, die man in 1865 in Turaŭ entdeckte. Die Seiten sind mit Initialen und Randverzierungen geschmückt.

■ **Der historische Stadtkern**
Hauptverkehrsachse in der Stadt ist heute die **vul**. **Leninskaja**, die zusammen mit der **vul**. **Kirava** und der **vul**. **Internacyjanalnaja** am zentralen Platz mündet. In der Stadt dominieren einstöckige Häuser.

Vom 13. bis zum 19. Jahrhundert stand auf dem Detinec der Turaŭer Turm, der wichtigste Verteidigungsbau im alten Turaŭ, gebaut aus Backstein mit einer Kalkmischung. Auch Fragmente alter Verteidigungsarchitektur sind erhalten. Der **Burgwall** befindet sich an der ehemaligen Mündung des damaligen Flusses Jazda in den Strumen' (vul. Kamsamol'skaja). Er ist durch einen tiefen Graben in zwei Bereiche unterteilt und war einst durch Wälle befestigt.

Archäologische Funde belegten, dass Handwerk und Handel hier weit entwickelt waren und einst intensive Wirtschaftsbeziehungen zu Kiew bestanden: Man fand Schmuck, Fensterglas, Pfeil- und Speerspitzen, Messer, Metallschlösser, Bilder, Schachfiguren, Geschirr. Sie sind im sehr interessanten **Landeskundemuseum** des Ortes zu sehen.

Die Überreste des **Fundamentes** einer im 12. Jahrhundert gebauten Kirche fand man 1963 bei Ausgrabungen, mit Sarkophagen, Resten von Wohnstätten und Wirtschaftsgebäuden aus Holz mit Steinöfen. Das Fundament beeindruckt aufgrund seiner Ausmaße und ist mit 29,3 m Länge und 17,9 m Breite eines der größten im Westen der ehemaligen Rus. Die Kirche wurde bei einem mut-

Homel und Homeler Gebiet

Diese Halle schützt die Ausgrabungsstätte in Turaŭ

maßlichen Erdbeben 1230 (?) zerstört. Es war eine dreischiffige Kirche mit vier Säulen, Narthex und Apsis. Beim Bau ist ein Fehler aufgetreten: Die Ausmaße sind etwas schief geraten.

Das besondere an der orthodoxen **Allerheiligenkirche** (1810?) sind die beiden zwei Meter hohen **Steinkreuze** (14.–17. Jh.?), die der Legende nach am Prypjac' angeschwemmt wurden, von Kiev aus flussaufwärts (gegen den Strom!). Auch ein drittes Kreuz soll dabei gewesen sein. Die Einheimischen behaupten, dass dieses dritte, ca. 50 cm große Kreuz im wahrsten Sinne des Wortes auf dem Friedhof hinter Turaŭ (auf dem Weg nach Davyd-Haradok) jedes Jahr um ein paar Millimeter aus dem Erdreich herauswachse. Die Kreuze schützen angeblich vor Krankheit. Zu bestimmten Anlässen schmückten die Bewohner die Kreuze und brachte an deren Füßen Opfer dar, indem sie Münzen, Fleisch, Fisch u. a. niederlegten.

Die gut und gerne 200 Jahre alte Kirche stellt ein Prachtexemplar belarussischer Architektur dar. Sie hat einen rechteckigen Grundriss und besteht aus drei Gebäudeteilen, dem Gebetssaal, dem Narthex und der Apsis.

Neben der Kirche steht das **Kanstancin-Astrožski-Denkmal** (1998). Kanstancin Astrožski (1526–1608) ist in Turaŭ aufgewachsen und war ein Förderer der orthodoxen Kirche und der Gründer der berühmten Druckerei in Ostroh (heute Ukraine), die Iwan Fjodorow leitete.

Die **Kirill- und Laurentius-Kathedrale**, benannt nach den beiden Bischöfen Kirill von Turaŭ und Laurentius von Turaŭ (letzterer war Kirills Nachfolger im Bischofsamt), imponiert durch ihre Größe und Pracht und mag an den einstigen Glanz dieses geistlichen Zentrums erinnern. Gebaut wurde sie im Zeitraum von nur drei Jahren (2010–2013). Sie hat einen Glockenturm und eine Steinmauer, die das Gelände umgibt.

 Turaŭ

Turaŭ liegt an der P88, etwa 40 km südlich der Palesse-Autobahn M10 Brest–Homel. Busse fahren ab Minsk Ostbahnhof täglich 16.30 Uhr und Fr 15.50 (Fahrzeit ca. fünfeinhalb Stunden). Ab Homel' (alle zwei Tage; Fahrzeit ca. 6,5 Stunden).

Hotel Nad Pripyatyu, im westlich von Turaŭ am Pripjat' gelegenen Ljaskavičy, Tel. +375/(0)2353/75276. Hotelkomplex mit Restaurant (belarussische Küche). Fitnessraum, Bowling, Billard, Sauna, Schwimmbecken.

Hotel Turov, vul. Leninskaja 10, Turaŭ, Tel. +375/(0)2353/75164. Übernachtung ab ca. 20 Euro.

Gästehaus des Nationalparks Pripjatskij, vul. Leninskaja 127, Turaŭ, Tel. +375/(0)2353/75644. Übernachtung ab ca. 20 Euro.

Polesje (Hotelboot), vul. Kamsamolskaja, (Anlegestelle Turaŭ), Tel. +375/(0)2353/76214, mobil +375/(0)29/1245099. 8 Kajüten, Platz für 16 Personen. Übernachtung ab ca. 30 Euro. Das ganze Boot kann auch für eine Schifffahrt gemietet werden, für 16 Personen einschl. sechsstündiger Fahrt ca. 500 Euro. Mahlzeiten können aus örtlichen Restaurants bestellt werden (Essen und Lieferung kosten extra).

 Bonfesto, vul. Leninskaja 154, www.turovmilk.by (russ.). Zum örtlichen Milchkombinat gehörendes Café-Restaurant.

🏛 **Landeskundemuseum**, vul. Kirava 21; tgl. außer Mo 8.30–16.30; Pause 13–14 Uhr.

Karte vordere Umschlagklappe ▲

Das Gebiet Hrodna liegt an der Schnittstelle zwischen West und Ost; es ist reich an Sehenswürdigkeiten und zeugt von der einstigen kulturellen und ökonomischen Bedeutung der Region. Hier gibt es neben Kirchen, Synagogen und Moscheen auch viele Schlösser, Burgruinen, ehemalige Gutshöfe und viel Natur.

Blick über den Njoman auf die Altstadt von Hrodna

HRODNA UND
HRODNAER GEBIET

Hrodna

Hrodna (blr. Гродна; russ. Гродно) ist eine der historisch bedeutsamsten und gemessen an den erhaltenen Baudenkmälern und der Altstadt eine der interessantesten und schönsten Städte in Belarus.

Die Stadt, die heute etwa 330 000 Einwohner zählt, liegt im belarussisch-polnisch-litauischen Dreiländereck, nur 20 bis 30 Kilometer von den EU-Außengrenzen entfernt am Fluss Njoman, der den Deutschen aus der Geschichte unter dem Namen Memel bekannt ist. Hrodna ist Standort dreier Hochschulen. Zudem ist hier Chemieindustrie zu Hause, aber auch Maschinenbau und die Textilindustrie.

Stadtgeschichte

Hrodna, urkundlich zum ersten Male 1128 in der Hypatius-Chronik als Fürstentum Hrodna erwähnt, war schon immer eine Grenzstadt, der entsprechende strategische Funktion zukam. Sie befand sich aufgrund der günstigen Lage stets im direkten Einflussbereich der polnischen Krone und der litaui-

Karte S. 293

Hausfassade in der vul. Saveckaja

schen Großfürsten. Zudem war Hrodna seit dem 12. Jahrhundert ein bedeutendes Kultur- und Handelszentrum. Ab dem 13. Jahrhundert gehörte es zum Großfürstentum Litauen.

1376 machte der litauische Großfürst Vytautas (Witold der Große) die Stadt zu seiner Residenz. Im 15. Jahrhundert wurde Hrodna zu einem Handels- und Handwerkszentrum, ab dem 16. Jahrhundert war es Residenz der litauischen Fürsten und der polnischen Könige – insbesondere unter Stephan Báthory, der das Alte Schloss zu einem seinen modernen Bedürfnissen entsprechenden Königspalast umbauen ließ. Aufgrund kriegerischer Auseinandersetzungen und mehrerer Stadtbrände im 17. und 18. Jahrhundert kam es zu einem wirtschaftlichen Niedergang in der Stadt.

In Hrodna wurde die erste Zeitung in Belarus überhaupt, die polnischsprachige ›Gazeta Grodzieńska‹ (1776–1783), publiziert. Diese vorerst letzte Blütezeit im Leben der Stadt war eng verbunden mit dem Namen Antoni Tyzenhaus, einem Starost (einer Art Landrat, vom polnischen König eingesetzt) und Mäzen der Stadt. Er entstammte einem alten baltischen Adelsgeschlecht deutscher Abstammung (dtsch. Tiesenhausen) und bekam seine Ausbildung im Jesuitenkolleg in Vilnius. Als Starost von Hrodna (1765–1780) setzte er aufklärerische Ideen um, indem er wirtschaftliche Reformen in der Rzeczpospolita in Gang setzte und als Förderer von Kunst und Kultur in Erscheinung trat. Im neu entstandenen Stadtteil Haradnica gründete er Manufakturen (die mit bis zu 1500 Beschäftigten seinerzeit zu den größten in Belarus gehörten) sowie Bildungseinrichtungen und baut Wohnhäuser für die zugereisten Handwerker und Arbeiter.

Tyzenhaus hatte einen schwierigen Charakter und galt als Despot. Die einfachen Landbewohner, deren Kinder er zur Arbeit in seinen Manufakturen holte (nicht immer freiwillig, versteht sich) oder zum Studium in seine Schulen, nannten ihn einen Teufel. Für die konservativen Kräfte war er ein Wahnsinniger, fürchteten sie doch aufgrund von Tyzenhaus' Reformen um die Aufrechterhaltung des Status Quo. Zum Schluss sagte sich auch König Stanislaus II. August Poniatowski von ihm los.

Hrodna galt nach Krakau und Vilnius auch als dritte Hauptstadt der Rzeczpospolita, da hier ab 1678 jeder dritte Sejm (Parlament in der Rzeczpospolita) stattfand, weswegen das neue Schloss als Sitz des Sejm und des Senats errichtet wurde. Hier wurde auch 1793 auf dem sogenannten ›Stummen Sejm‹ die Zweite Teilung der Rzeczpospolita ratifiziert, und der letzte polnische König Stanislaus II. August Poniatowski dankte hier 1795 ab.

Die Russen taten damals gut daran, den Sejm nicht in Warschau abzuhalten, sondern in Hrodna. Warschau schien ihnen offenbar nicht sicher genug – der Warschauer Aufstand ein Jahr später sollte ihnen Recht geben. Jedenfalls wurde die zweite, von Russland, Österreich und Preußen erzwungene Teilung der Rzeczpospolita auf dieser letzten Zusammenkunft des Parlamentes ratifiziert. Den Versammelten wurde unter Strafandrohung nahegelegt, sich für die Teilung auszusprechen. Als dann der führende Marschall in Anwesenheit russischer Soldaten, welche die Abgeordneten am Verlassen des Saales hindern sollten, diese dreimal fragte, ob es Zustimmung für den Antrag gebe (und einige äußerten durchaus Widerspruch), schwiegen die

Versammelten bis zum Morgen – daher ›stummer Sejm‹. Als ein Unterstützer der ausländischen Mächte in die Stille rief: »Schweigen bedeutet Zustimmung«, galt der Antrag als einstimmig (!) angenommen.

Im 19. Jahrhundert entwickelte sich Hrodna wieder zu einem Handels-, Handwerks- und Industriezentrum in der Region, wozu der Bau der Eisenbahn 1862 mit Verbindungen nach Petersburg und Warschau entscheidend beitrug. Der größte Arbeitgeber der Stadt war die in den 1860er Jahren gegründete Tabakfabrik, die auch heute noch existiert.

Bis zum Ausbruch des Zweiten Weltkrieges bildeten Polen und Juden einen Großteil der Stadtbevölkerung, zur Jahrhundertwende waren etwa 50 Prozent der Stadtbevölkerung Juden. In der Zwischenkriegszeit, als Hrodna zu Polen gehörte (1921–1939), verlor die Stadt ihre kulturelle und wirtschaftliche Bedeutung zugunsten des heute immer noch zu Polen gehörenden Białystok. Die Politik der Polonisierung führte auch in Hrodna zur Schließung aller belarussischen Schulen.

Zur Zeit der nationalsozialistischen Besatzung (1941–1944), als die Stadt von den Okkupanten den deutschen Namen Garten erhielt, wurden hier nicht zur zwei Ghettos eingerichtet – der Eingang in eines davon kann heute noch, mit einer symbolischen Menora versehen, auf der vul. Zamkavaja besichtigt werden –, sondern auch ein Konzentrationslager auf dem Gebiet des heutigen Stadtteils Foljuš.

Hrodna heute

Da Hrodna über weite Strecken seiner Geschichte eine (polnische) Grenzstadt war, ähnelt die Stadt im historischen Kern weniger den anderen belarussischen, sehr sowjetisch geprägten Städ-

Hrodna und Hrodnaer Gebiet

Der ehemalige Eingang zum Hrodnaer Ghetto

ten. Sie wurde auch weniger stark als andere belarussische Städte im Krieg zerstört und es blieb noch vergleichsweise viel historische Bausubstanz erhalten.

Anhand architektonischer Stile aus unterschiedlichen Epochen kann man die Entwicklung der Stadtgeschichte an den Gebäuden gut ablesen: von der Gotik und altrussischer Baukunst über die Renaissance und den Barock bis hin zum Klassizismus, dem russisch-(neo)byzantinischen Stil der zweiten Hälfte des neunzehnten Jahrhunderts bis in die Moderne (Neogotik, Konstruktivismus) hinein.

Das historische Stadtzentrum besteht heut im Kern vor allem aus folgenden Straßen: **vul. Zamkavaja** (Schlossstraße), **vul. Vjalikaja Traeckaja** (Große Dreifaltigkeitsstraße), **vul. Saveckaja** (Sowjetstraße) mit dem **pl. Saveckaja** (Sowjetplatz), **vul. Ėlizy Ažeški**, **vul. Akademičnaja** (Akademische Straße) und **vul. 1 Maja** (Straße des ersten Mai)

und nicht zuletzt der **pl. Lenin** (Leninplatz) mit der **Lenin-Statue** (1950) und der **pl. Tyzenhaŭsa** (Tyzenhaus-Platz). Auf der **vul. Kirava** und auf der **vul. Karla Marksa**, die parallel zueinander verlaufen und beide in den pl. Saveckaja münden, sind noch zahlreiche kleinere Gebäude aus der Zeit um 1900 erhalten.

■ **Festival der Nationalkulturen**

Alle zwei Jahre Anfang Juni wird es in Hrodna immer ganz schön laut und ganz schön bunt: Das Festival der Nationalkulturen ist wie ein großes Straßenfest, bei dem anscheinend die ganze Stadt auf den Beinen ist: Im Stadtzentrum, insbesondere auf einer großen Bühne auf dem pl. Saveckaja, finden im Verlaufe von zwei Tagen Konzerte statt, Orchester, Chöre, Ensembles präsentieren ihre Kultur, ihre Musik, ihre Volkstänze, ihre Volkstrachten, ihre Traditionen, ihre Küche. Außerdem gibt es Ausstellungen und 2014 zum ersten Male sogar einen Schönheitswettbewerb, der unter den Vertreterinnen der unterschiedlichen Nationalitäten ausgetragen wird und bei dem es unter Anderem um die schönste Nationaltracht geht. Die einzelnen Veranstaltungen finden größtenteils unter freiem Himmel statt, der Eintritt ist frei. Das große Fest beginnt am Freitag mit einer großen Eröffnungsveranstaltung, bei dem die Delegationen der einzelnen Volksgruppen durch die Stadt ziehen, und endet am Sonntag.

Altes und Neues Schloss

Einen Stadtrundgang beginnt man am besten dort, wo die Stadt ihren Ursprung nahm: Am Alten Schloss und am Neuen Schloss, die einander direkt zugewandt und nur durch eine Brücke voneinander getrennt sind. Sie liegen

▲ Karte S. 293

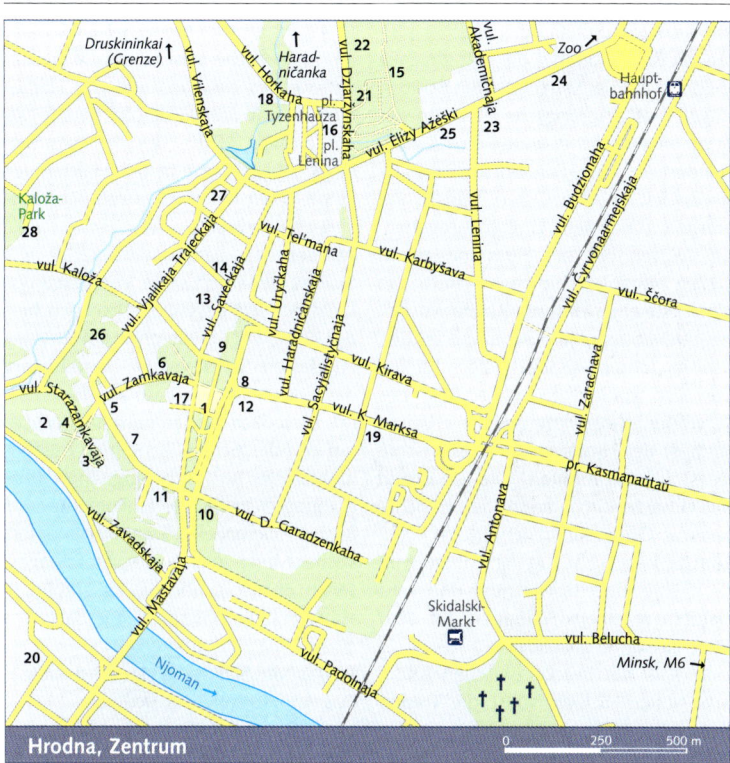

Hrodna, Zentrum

0   250   500 m

Sehenswürdigkeiten

1 pl. Saveckaja
2 Altes Schloss
3 Neues Schloss (Königspalast)
4 Feuerwehrdepot (Aussichtsterrasse)
5 Chraptovič-Palast
6 Masalski-Haus
7 Geburt-Christi-Kirche (Museum für Religionsgeschichte)
8 Franz-Xaver-Kathedrale (ehem. Jesuitenkloster)
9 Haus des Kaufmanns Muravjov
10 Heiligkreuz-Kirche (ehem. Bernhardinerkloster)
11 Gebietstheater
12 Báthory-Palast (medizinische Uni)
13 ehemaliges Dominikanerkloster
14 ehemaliger Sapieha-Palast
15 Gilibert-Park
16 Haus des Administrators (Nationalarchiv)

17 Kulturpalast der Textilarbeiter
18 Palast des Vize-Administrators/ Bischofshaus
19 Verkündigungskirche (ehem. Birgittenkloster)
20 Kirche der Heiligen Jungfrau Maria (ehem. Franziskanerkloster)
21 Tyzenhaus-Puppentheater
22 Ljamus
23 Mariä-Schutz-und-Fürbitten-Kathedrale
24 Haus des Handwerksmeisters (Haradnica-Museum)
25 Wohnhaus von Eliza Orzeszkowa (Kinderbibliothek)
26 Hauptsynagoge
27 ehem. Synagoge (Sportschule)
28 Boris- und Gleb-Kirche im Kaloža-Park

Hrodna und Hrodnaer Gebiet

am rechten Njomanufer auf einer steilen Anhöhe, dort wo die Haradničnka mündet, auf dem sogenannten Schlosshügel. Das ursprüngliche Zentrum der Stadt, eine Festung, wurde im 12. Jahrhundert in eine Fürstenresidenz umgewandelt und im Osten, Süden und Norden von einem Graben umgeben, im Westen bot der Fluss mit einem steilen Abhang natürlichen Schutz. Die Überreste einer **Unteren Kirche** wurden bei archäologischen Arbeiten in den 1930er Jahren entdeckt; diese Kirche, von der Mauerreste sowie Teile des verzierten Keramikfußbodens erhalten sind, ist der Hrodnaer Architekturschule (s. u.) zuzuordnen. Die Überreste der Unteren Kirche kann man besichtigen, die Obere Kirche ist für den Publikumsverkehr nicht zugänglich: Sie wurde in ihre Einzelteile zerlegt und wird seitdem in einem Schuppen auf dem Schlossgelände gelagert.

Unterhalb der Brücke zwischen Altem und Neuem Schloss führt die **Treppe der Liebe** direkt an die Uferpromenade. Vom Schlossinnenhof aus eröffnet sich von den Resten der alten Befestigungsmauern dem Betrachter ein Blick auf das **Franziskanerkloster** am gegenüberliegenden Flussufer (→ S. 306).

Das Alte Schloss von Hrodna

Die Stadt entwickelte sich vom Schloss aus in nördliche und östliche Richtung, entlang des Njomans und der Haradničnka. Das linke Flussufer wurde ab der zweiten Hälfte des 15. Jahrhunderts bebaut. Diese beiden Hälften der Stadt waren mit einer Holzbrücke miteinander verbunden.

Ab dem 15. Jahrhundert verlor das Schloss allmählich seine Verteidigungsfunktion; stattdessen siedelte sich hier der Königshof von Stephan Báthory an, an dessen Stelle im 17. Jahrhundert das Neue Schloss gebaut wurde.

Im **Historisch-Archäologischen Museum** im Alten Schloss kann man Ausstellungsstücke aus archäologischen Ausgrabungen sowie alte Dokumente und Bücher, Inkunabeln, Graphiken, Kupferstiche, Münz- und Waffensammlungen sehen. Ebenso gehört die Ausgrabungsstätte mit der Unteren Kirche dazu.

■ **Das Alte Schloss (Vytautas-Schloss)**
Das Alte Schloss, das sich vom 11. bis zum 19. Jahrhundert entwickelte, hat sich im Laufe der Jahrhunderte stark verändert und weist Merkmale unterschiedlicher Epochen auf. Durch einen bis zu 15 Meter hohen Wall und einen Graben war die Burg von der Stadt getrennt. Anstelle einer alten Siedlung als Festung (Detinec) am rechten Ufer des Njomans auf einer steilen Anhöhe entstanden, diente es zunächst der Verteidigung der Stadt, beherbergte aber auch den Verwaltungsapparat, hier gab es Verwaltungs-, Wohn- und Wirtschaftsräume sowie eine Untere und eine Obere Kirche (letztere erst ab 14. Jh.). Das Schloss war Wehr- und Befestigungsanlage, Wohn- und Arbeitsplatz und Ort religiöser Riten in einem. So konnten Ausgrabungen, bei denen ca. zwei Meter unter dem Alten Schloss zahlreiche Reste eines Holzgebäudes

aus dem 12. bis 17. Jahrhundert freigelegt wurde, belegen, dass es hier einst Wohn- und Wirtschaftsgebäude sowie gepflasterte Straßen und Gassen gab. Auch konnten Reste von Malereien vom Ende des 16. Jahrhunderts, sogenannte Sgrafitti auf der Fassade nachgewiesen werden. Gefunden wurden auch Alltags- und Haushaltsgegenstände, Waffen und vieles mehr, die es der Nachwelt erlauben, sich ein detailliertes Bild vom Leben in Hrodna im Mittelalter zu machen.

Ende des 14. Jahrhunderts baute Vytautas infolge eines großen Feuers ein gotisches Oberes Schloss, die Fürstenresidenz, die wir heute als Altes Schloss kennen. Von den fünf Türmen ist heute keiner mehr erhalten. Das Schloss mit 45 x 15 Metern an und für sich nicht groß. Eine Holzbrücke verband das Obere Schloss mit dem Unteren Schloss, d.h. mit der Stadt. Die Holzbrücke wurde im 18. Jahrhundert durch eine Steinbrücke ersetzt.

In seiner heutigen Form ist das Alte Schloss in den Jahren 1580 bis 1588 vom polnischen König Stephan Báthory auf den Ruinen des alten VytautasSchlosses errichtet worden; lediglich die Mauern und einige Türme des Alten Schlosses blieben erhalten. Unter Leitung des italienischen Architekten Scotto da Parma wurde ein völlig neuer Königspalast im Renaissance-Stil errichtet. Im dekorativ schlicht gehaltenen Erdgeschoss befanden sich die Verwaltungsräume, das Archiv, die Schatzkammer, die Wache und die Lagerräume. Der Thronsaal und die königlichen Gemächer befanden sich im ersten Obergeschoss. Sie waren prachtvoll ausgestattet und mit Kacheln und Holzschnitzarbeiten dekoriert, der Fußboden war mit Keramikfliesen und Marmor ausgelegt.

■ Neues Schloss (Königspalast)

Beim barocken Neuen Schloss (1734–1751) handelt es sich um das ehemalige unter König August III. anstelle des Unteren Schlosses errichtete Gebäude, in dem jeder dritte Sejm stattfand. Gleichzeitig ist es ein Beispiel für sächsische Baukunst, stammten die drei Architekten doch aus Dresden: Matthäus Daniel Pöppelmann (1662–1736), der auch den Dresdener Zwinger entwarf, Joachim Christian Jauch (1688–1754) und Jan Frederic Knobel. 1789 wurde es von dem Italiener Guiseppe Sacco rekonstruiert. Während sich die Außenfassaden sehr schlicht präsentieren, ist das Interieur sehr üppig ausgestattet. Sehr beliebt ist das Neue Schloss bei Brautpaaren, aber auch andere feierliche Veranstaltungen finden dort statt. Betritt man das Schlossgelände durch die Pforte, so sieht man rechts und links zwei einstöckige Gebäude: Hierbei handelt es sich (vermutlich) um das Wachhaus und um eine Hofbäckerei. Das Schloss besteht aus einem Hauptteil und zwei Seitenflügeln. Das Hauptgebäude hat einen hufeisenförmigen Grundriss und befindet sich auf einem großen weitläufigen Hof. Im Erdgeschoss befanden sich die Vorhalle, eine Kapelle und ein ovaler Saal, daran angrenzend Wirtschaftsräume. Die Wohnräume befanden sich im ersten Obergeschoss und in der Mansarde. Die an der Hoffassade einst links angeschlossene Kapelle mit Glockenturm ist nicht erhalten. Im Innern ist das Neue Schloss üppig gestaltet und verziert. Heute befindet sich hier die **Gebiets-bibliothek** und ein Teil des **Historisch-Archäologischen Museums**. Die Bibliothek, die heute nach Jaŭchim Karski (1860–1931), einem der Begründer der belarussischen Philologie, benannt ist, wurde 1830 gegründet. Da zur Un-

Das barocke Neue Schloss

terstützung der Bibliothek eine Finanzierung fehlte, schlug der Gouverneur vor, dass alle Angestellten der Stadt ein Prozent ihres Monatsgehalt spendeten, und wer spendete, durfte die Bibliothek kostenlos benutzen. Am Katalog arbeitete in späteren Jahren u. a. Adam Bahdanovič, der Vater des Dichters Maksim Bahdanovič.

Schlossstraße

Die Schlossstraße (vul. Zamkavaja) führt direkt ins Stadtzentrum, zum **pl. Saveckaja**. Sie ist einer der ältesten Straßen, die ursprünglich das Schloss (daher der Name!) und den Detinec mit dem Marktplatz (heute pl. Saveckaja) verband. Im 17./18. Jahrhundert wurde sie dicht bebaut und mit Kopfsteinpflaster ausgestattet. Die meisten heute noch erhaltenen historischen Gebäude stammen aus dem 19. Jahrhundert (Klassizismus).

Der **Turm des Feuerwehrdepots** gegenüber dem Neuen Schloss wurde nach einem Stadtbrand 1899 aus Ziegelstein errichtet. Mit dem einstöckigen Feuerwehrdepot bildet er eine Einheit. In der obersten Etage befindet sich eine

Aussichtsterrasse. Das Feuerwehrdepot selber wurde zwischen 1783 und 1793 gebaut und erfüllte ursprünglich die Funktion eines königlichen Pferdestalls. Achten Sie auf die Wandmalerei am Feuerwehrdepot: Wenn Sie aufmerksam hinschauen, erblicken Sie die berühmte Mona Lisa, einen Mann, der Otto von Bismarck sein könnte, und vielleicht auch andere Personen, die man aus der Weltgeschichte kennt.

Das dreistöckige, formstrenge **Masalski-Haus** (vul. Zamkavaja 5; 1643) mit großen rechteckigen Fenstern und Balkonen ist das wohl älteste Wohnhaus in Hrodna.

Der **Chreptowicz-Palast** (1742–1752; Umbau 1790; vul. Zamkavaja 16**)** wurde zwar im Laufe der Jahrhunderte mehreren Umbaumaßnahmen unterworfen, jedoch ist die schlichte Fassade des Gebäudes im Wesentlichen unverändert erhalten. Im Innenhof befindet sich ein für die Barockarchitektur charakteristischer Empfangshof.

Pl. Saveckaja (Sowjetplatz)

Auf dem rechteckigen ehemaligen Marktplatz stand einst ein Holzrathaus

Das Feuerwehrdepot gegenüber dem Alten Schloss

Karte S. 293

Ein Erbe aus der Sowjetzeit: der Kulturpalast der Textilarbeiter

(gebaut 1496). Darum herum gruppierten sich die Häuser der Adeligen und und der Händler sowie die Kirchen. Einst stand an jeder Ecke dieses Platzes eine katholische Kirche, von denen nur zwei erhalten sind: die **Franz-Xaver-Kathedrale** (→ S. 304) sowie die **Heilig-Kreuz-Kirche** des Bernhardinerordens gegenüber dem Theater (→ S. 305). Ebenfalls am Platz liegt der sowjetische **Kulturpalast der Textilarbeiter** (1950er Jahre). Ursprünglich gingen von diesem Platz sieben Straßen in alle Richtungen auseinander, hier kamen die Händler aus allen Himmelsrichtungen zusammen, um Waren feilzubieten, hier traf man sich, um über die letzten Neuigkeiten der Stadt zu tratschen!

Das Gebäude des **Gebietstheaters** ist ein typisch sowjetischer Bau (gebaut 1977–1984) mit einem riesigen mosaikartigen Panneau à la Sowjetunion im Foyer. Auch sehr sowjetisch: die protzige Skulptur über dem Haupteingang mit dem Namen ›Pegasus‹.

Genau in der Mitte zwischen der Bernhardinerkirche und dem Theater, auf einer Art Rondell, steht das **Denkmal zu Ehren der Befreier-Soldaten** (1968), in Form eines **Panzers** T-34. Sozusagen das inoffizielle Wahrzeichen der Stadt. Das Theater und der Panzer symbolisieren die Nachkriegsgeschichte Hrodnas. Vom einstigen Glanz des ehemaligen Markplatzes ist heute nicht mehr viel zu spüren: Der Platz wurde 2006 restauriert. Er ist von Blumenbeeten gesäumt, hier finden oft Märkte zu bestimmten Anlässen (Dažynki/Erntedankfest u. a.) statt, an denen Kolchosen und Bauern aus der Gegend ihre frischen Lebensmittel anbieten, von Honig über Käse bis hin zu Obst.

Zum Sowjetplatz gehört ebenfalls das **Haus des Kaufmanns Muravjov** (Ende 19. Jh.; zwischen vul. Saveckaja und vul. Karla Marksa, gegenüber der Kathedrale). An der Fassade des symmetrischen, dreistöckigen Gebäudes fanden vor einigen Jahren Restaurierungsarbeiten statt. Früher war hier die Bibliothek untergebracht.

Rechts neben der Franz-Xaver-Kathedrale steht der **Báthory-Palast**, im Volksmund als Batorievka bekannt, auf den ersten Blick ein Wohnhaus, das man der späten Stalin-Ära zuordnen könnte.

In der Franz-Xaver-Kathedrale

In Wirklichkeit jedoch handelt es sich – und daher der Name – um einen Palast, den der polnische König Stephan Báthory bauen ließ (Mitte 17. Jh.). Das mehrmals umgebaute dreistöckige Gebäude hatte ursprünglich einen L-förmigen Grundriss, und man betrat es vom Marktplatz (pl. Saveckaja) aus, möglicherweise wurde ein geplanter Seitenflügel nie fertiggestellt.

Vul. Saveckaja (Sowjetstraße)

Die vul. Saveckaja, ehemals vul. Vilenskaja (Wilnaer Straße), vul. Sabornaja (Kathedralsstraße), vul. Daminikanskaja (Dominikanerstraße), ist eine der zentralen Straßen, sie verbindet den Marktplatz (pl. Saveckaja) mit der vul. Ėlizy Ažeški. Auch heute gilt sie als die Hauptstraße im Stadtzentrum, eine Fußgängerzone mit zahlreichen Geschäften und Boutiquen, mit Restaurants und Cafés. Hier sind noch viele Häuser aus früheren Jahrhunderten erhalten, und das Kopfsteinpflaster hat auch seinen Charme. Die meisten Gebäude stammen aus dem 19. Jahrhundert/Anfang des 20. Jahrhundert.

Aus sowjetischer Zeit stammt das Gebäude vul. Saveckaja 18, das zentrale **Einkaufszentrum (ZUM) Njoman**, welches aus zwei Teilen (1950er und 1970er Jahre) besteht.

An manchen Tagen sieht die Straße aus wie ein Flohmarkt, es werden Kunsthandwerk, gestickte Handtücher, Tischdecken, Spielzeug und sonst alles Mögliche feilgeboten. Zwischendurch kann man auch in eines der Cafés einkehren, ein Glas Wein trinken oder ein Eis schlecken. Oder direkt auf der Straße sich einen kühlen, frisch gezapften Kwas einschenken lassen.

Vom ehemaligen **Dominikanerkloster**, das im 19. Jahrhundert als Jungengymnasium fungierte, sind noch zwei Gebäude erhalten (vul. Saveckaja 6 und 8). Das Kloster existierte vom 16. bis zum 19. Jahrhundert, in den 1630er Jahren stifteten die Sapiehas eine dreischiffige Steinkirche (Heilig-Geist-Kirche) mit einer Apsis sowie zwei Glockentürmen an der Hauptfassade, die ab 1830 als Kirche zum Jungengymnasium gehörte (1874 abgerissen). Die Kirche war anfangs fast das einzige Steingebäude auf dieser Straße. Das zweistöckige Klostergebäude aus Stein, in dem zunächst die Dominikanerschule und ab 1834 ein Jungengymnasium untergebracht war (vul. Saveckaja 6), wurde 1735 anstelle eines alten Holzgebäudes errichtet. Es zieht sich die Straße entlang und ist klassizistisch streng gehalten, mit einem dreieckigen Giebel in der Mitte der Hauptfassade.

Der **Sapieha-Palast** (vul. Saveckaja 10; errichtet 1795, in den 1970er Jahren grundlegend umgebaut) ist dreistöckig, mit symmetrischer Hauptfassade, mit drei halbkreisförmigen Durchfahrten, mit verzierten rechteckigen Fenstern.

Das Haus von Sevjaryn Romer (vul. Saveckaja 23; gebaut 1856, Umbau 1873–1875 und 1910er Jahre), einem Szlachta-Marschall und Teilnehmer des Aufstandes von 1863/64, wurde von diesem als Petersburger Hotel gebaut, die Familie lebte dort jedoch nur fünf Jahre, bevor das Haus aufgrund des Aufstandes konfisziert wurde. Als Hotel dienten auch die Häuser vul. Saveckaja 17, 20 und 25.

Am Ende der Straße (vul. Saveckaja 31), gegenüber dem ZUM, befindet sich das ehemalige **Bezirksgericht** (gebaut 1881), ein dreistöckiges Gebäude mit einer üppig gestalteten Fassade. Im Süden schließt sich ein zweistöckiger Flügel an, der dritte Stock (zweites Obergeschoss) in der Mitte und im Norden wurde erst 1910 hinzugebaut,

Relief in der vul. Ėlizy Ažeški

so dass der Bau heute eine asymmetrische Komposition darstellt.

Von der vul. Saveckaja gelangt man direkt auf die **vul. Ėlizy Ažeški** (Eliza-Orzeszkowa-Straße), die den Bahnhof mit dem Zentrum (pl. Lenin, vul. Saveckaja) verbindet. Mit dem Bau der Eisenbahnlinie von St. Petersburg nach Warschau durch Hrodna 1862 erlangte die Straße wieder an Bedeutung, bis ca. 1880 wurde sie neu bebaut. Zur Zeit der deutschen Besatzung von 1941 bis 1944 hieß die Straße übrigens Adolf-Hitler-Straße. Hier sind noch einige historische Gebäude aus dem 19. Jahrhundert und vom Anfang des 20. Jahrhunderts erhalten

Novy Svet

Novy Svet (›Neue Welt‹) ist ein um 1900 entstandenes Stadtviertel nordwestlich von der Innenstadt und von dort zu Fuß in wenigen Minuten erreichbar (in etwa im Viereck zwischen den Straßen vul. Horkaha, vul. 17 Verasnja, vul. Dzjaržynskaha, vul. Astroŭskaha). Hier gibt es keine offiziellen Sehenswürdigkeiten, jedoch begegnet man einer ganz ungewohnten Atmosphäre vom Anfang des 20. Jahrhunderts: ein- bis zweistöckige Gebäude der Moderne, des Eklektizismus und nicht zuletzt des Konstruktivismus, viele auch in der

Zwischenkriegszeit, als Hrodna polnisch war, errichtet, teilweise aus Holz, teilweise aus Stein, teilweise etwas heruntergekommen, teilweise mit urigen Innenhöfen und kleinen reizenden Vorgärten. Das meiste ist noch im Originalzustand erhalten, und hier wohnen tatsächlich auch Menschen. Beeilen Sie sich nach Hrodna zu kommen, denn es geht das Gerücht, dass die alten, nicht unter Denkmalschutz stehenden Gebäude früher oder später modernen Wohnanlagen weichen müssen!

Gilibert-Park – ein ehemaliger botanischer Garten

Hrodna wäre keine belarussische Stadt, wenn sie nicht einen Park mit einem kleinen Café, Bierständen im Sommer und Karussells hätte. Der **Gilibert-Park** wurde in den 1770er Jahren als botanischer Garten angelegt und ist benannt nach Jean Emmanuel Gilibert (1741–1814). Er war ein aus Lyon stammender Biologe, Botaniker und Mediziner, der 1774 von Antoni Tyzenhaus nach Hrodna eingeladen wurde, um hier eine Ärzteausbildung zu initiieren. Er gründete die **Medizinschule**, die sich mitten im Park befindet und den Grundstein für die Medizin in Belarus legte. An die Akademie waren neben dem botanischen Garten auch ein Krankenhaus und eine Hebammenschule angeschlossen. Gilibert lehrte eine Zeitlang in Vilnius und kehrte bereits 1783 nach Lyon zurück.

Haradnica

Haradnica ist der neuere Teil der Stadt, der zwischen 1765 und 1780 unter Antoni Tyzenhaus entstand, gleichermaßen ein Industrie- und ein Wohngebiet, in dem zahlreiche Manufakturen angesiedelt waren, die Textilien, Waffen, Farben u. a. produzierten, sowie

Karte S. 293 ▲

20 Wohnhäuser für ausländische Fachkräfte sowie Schulen, eine Kneipe und Gasthäuser. Der Name Haradnica ist ein historischer Begriff, ein Stadtteil mit dieser Bezeichnung ist nicht mehr existent. Die Bauten der Haradnica entsprachen der Barock-Architektur, die meisten hatten etwas Fachwerkartiges. Entworfen wurden sie von den beiden Architekten Johann Möser aus Deutschland und Giuseppe Sacco aus Italien.

Von den einst 85 Gebäuden sind heute noch etwa zehn in gutem Zustand erhalten, von denen einige hier vorgestellt werden.

Das **Haus des Administrators** (manchmal auch Palast des Vize-Administrators genannt) trennt den pl. Tyzenhaŭza vom pl. Lenina (direkt gegenüber dem Haupteingang in den Gilibert-Park und der Ewigen Flamme) und beherbergt heute das Nationalarchiv von Belarus. Es hat einen rechteckigen Grundriss, zwei Etagen, ein Walmdach und ist aus Ziegelstein gefertigt. Das wie eine Zwillingsschwester aussehende Gebäude gegenüber ist die alte **Kadettenkaserne** (pl. Tyzenhaŭza 5).

Der dreistöckige **Palast des Vize-Administrators** (vul. Horkaha 2/2; im 19. Jh. umgebaut) sowie ein einstöckiger Seitenflügel wurden unlängst renoviert,

Das Gebäude der ehemaligen Musikschule

der andere Seitenflügel wurde 2007 abgerissen und durch einen neueren Bau ersetzt, der heute als eine kleine Kapelle dient. Bis dahin hatte das Hauptgebäude mit den beiden länglichen Flügeln einen halboffenen Paradehof gebildet, wie das für solche Bauten nicht untypisch war. Der einst darum befindliche Park ist nicht erhalten. Das Gebäude gehörte einem Grafen Michail Valicki, einem damals stadtbekannten Abenteurer, Spieler und Schürzenjäger, der gerne auf großem Fuße lebte und einige der Manufakturen mitgründete.

Ab 1842 gehört die Anlage dem orthodoxen Konsistorium – was für ein Gegensatz zu dem ausschweifenden Leben, das der Bau unter dem Vorbesitzer gesehen hatte! Die Anlage wurde zur Residenz des Erzbischofs und diente den Geistlichen als Wohnhaus – daher auch der Spitzname Bischofshaus. Die Wände des Palastes wurden mit Fresken ausgestattet, der Südflügel wurde

Das Haus des Administrators

Hrodna und Hrodnaer Gebiet

in eine Hauskirche – die Johannes-der-Täufer-Kirche – umgewandelt.

Das **Haus der Forstverwaltung** (pl. Lenina 4b) ist ein zweistöckiges Gebäude mit rechteckigem Grundriss, es wirkt heute etwas baufällig, der Putz ist abgeblättert. Es hat ein Walmdach mit Mansarden an den beiden Seitenfassaden.

Die **Musikschule**, aufgrund der krummlinigen Form im Volksmund auch als ›Krumme Offizin‹ bezeichnet, wurde von Tyzenhaus zur Ausbildung der Tänzer und Sänger für sein Theater gegründet. Die Schüler entstammten Adeligen- und Bürgerfamilien. Das Gebäude hat ein Giebeldach, hatte anfangs zwei Stockwerke (heute drei) mit Mansarde. Das Erdgeschoss hatte an der Hauptfassade eine offene Galerie mit Arkade, von der aus drei Eingänge in die Klassenräume im Erd- und im Obergeschoss führten. Die Mansarde diente den Lehrern und Schülern als Wohnraum. Das heutige Aussehen geht auf Umbauarbeiten im 19. Jahrhundert zurück: Die Mansardenetage wurde in ein gewöhnliches zusätzliches Stockwerk umgewandelt, die Galerie im Erdgeschoss verschwand, Balkone kamen hinzu.

Das **Tyzenhaus-Theater** war als Theater von 1769 bis 1780 in Betrieb. Bevor das Gebietstheater in den Protzbau am pl. Saveckaja umzog, war es von 1947 bis 1984 im ehemaligen Tyzenhaus-Theater untergebracht. Seitdem lässt hier das **Puppentheater** die Figuren tanzen. Stücke für Kinder und für Erwachsene stehen auf dem Programm, auch unter Einbeziehung von Schauspielern und Sängern aus Fleisch und Blut. Das Repertoire ist in belarussischer und in russischer Sprache.

Das Gebäude gibt optisch einiges her, es wirkt pompös, luxuriös, geräumig, hat jedoch im Vergleich zum heutigen Theater eher Spielzeuggröße. Es war als eine Art Verlängerung des heute nicht erhaltenen Tyzenhaus-Palastes gedacht und mit diesem über einen überdachten Durchgang verbunden. Für den Zuschauerraum diente das italienische Theater als Vorbild, halbrund, mit einer Bühne und einem galerieartigen Gang darum. Es wurde mehrmals umgebaut und erweitert (zuletzt 2013). Über dem Haupteingang gibt es einen großen, von vier Säulen getragenen Balkon.

Ein **Ljamus** ist eine Art belarussisches Fachwerkhaus (auch etymologisch: von dtsch. Lehmhaus), ganz oder größtenteils aus Holz bestehend. In Hrodna sind noch zwei davon erhalten, eines steht auf der vul. Dzjaržynskaha 1a (2. Hälfte 18. Jh.). Es hat zwei Stockwerke und ein hohes Walmdach, an der Haupt- und den Seitenfassaden Mansarden, außerdem Schornsteine. Eine Holztreppe führt ins Obergeschoss, auch die Innenräume sind mit Holz ausgestattet. Heute ist hier ein schickes Restaurant untergebracht, das Stary Ljamus (Alter Ljamus). Es gibt belarussische Küche, deftig, aber lecker und sehr empfehlenswert!

Das ehemalige Gebäude der **Medizinschule** (manchmal auch als medizinische Akademie bezeichnet; vul. Élizy Ažéški 20) ist etwas abseits gelegen, im Gilibert-Park, hinter der Universität. Die Medizinschule war hier von 1775 bis 1781 untergebracht, ehe sie nach Vilnius umzog und dort zur Grundlage der medizinischen Fakultät der Universität wurde. Das symmetrische, dreistöckige Gebäude besteht aus einem Hauptteil mit Walmdach, in den Klassen und Lehrerzimmer waren, und zwei turmartigen, wie Erker hervortretenden Seitenflügeln, in denen die Hörsäle untergebracht waren.

Karte S. 293 ▲

Ein Novum waren die 20 Holzhäuser mit Steinfassaden für die Arbeiter der königlichen Manufakturen. Das **Haus des Handwerkers** (vul. Élizy Ažéški 37) ist als einziges erhalten – ein charakteristisches Holzgebäude aus der Tyzenhaus-Ära und gleichzeitig eines der frühesten erhaltenen Beispiele für Wohnarchitektur in Belarus. Das Haus gehört zu einer Reihe von Bauten, die symmetrisch auf beiden Seiten der Straße angeordnet waren, einstöckig (mit Mansarde), rechteckig, mit Giebeldach. Die Hauptfassade ist aus Backstein, mit kleinen, symmetrischen Fenstern. Die Seiten- und Rückfassade sind aus Holz. Heute beherbergt es das stadtgeschichtliche Museum, genauer gesagt das **Museum zur Geschichte der Haradnica**. Man zeigt hier Ausstellungsstücke zur Tyzenhaus-Ära, Fundstücke aus archäologischen Ausstellungen, ein Haradnica-Modell sowie Waren der königlichen Manufakturen in Hrodna.

Das religiöse Leben der Stadt

Kirchen bildeten offenbar schon immer die architektonische Dominante des Stadtbildes und waren, ähnlich wie in Vilnius, überall präsent. Das religiöse Leben präsentiert sich hier sehr eindrucksvoll in all seinen Facetten: Neben zahlreichen **katholischen** und **russisch-orthodoxen Kirchen** steht hier noch eine von ehemals 44 **Synagogen** und sogar eine **evangelische Kirche**. Auch scheint Hrodna eine Stadt der Glaubensgemeinschaften zu sein, denn an viele Kirchen war einst ein Kloster angeschlossen, von denen heute noch einige erhalten sind. Zudem hat Hrodna das einzige **Museum für Religionsgeschichte** des Landes.

Die erste katholische Kirche der Stadt – die gotische **Marienkirche**, besser bekannt unter dem Namen **Witold-Kirche** (benannt nach ihrem Erbauer, dem litauischen Großfürsten Vytautas/Witold dem Großen) – stand einst (ab 14. Jh.) auf dem zentralen Marktplatz, gegenüber der erst im 17. Jahrhundert gebauten Franz-Xaver-Kirche. Ungefähr ab der Zeit von Stephan Báthory (16. Jh.) wurde das Gotteshaus durch eine Steinkirche ersetzt. 1961 wurde sie vom Sowjetregime abgerissen. Seit 2014 steht an der Stelle der zerstörten Kirche ein **Denkmal**.

■ Ehemaliges Jesuitenkloster

Die Jesuiten spielten bei der Ausbreitung des Katholizismus in Hrodna eine wichtige Rolle. Zum Jesuitenkloster, gegründet 1585 von König Stephan Báthory, gehörten die **Franz-Xaver-Kirche**, das **alte Kollegium** (1677–1683) und das **neue Kollegium** (Erdgeschoss 1691, erstes und zweites Obergeschoss 1740–1744), das bereits seit Mitte des 19. Jahrhunderts als Gefängnis diente, eine (ehemalige) **Bibliothek** (Anf. 18. Jh.), eine **Apotheke**, Wohnhäuser, ein Pferdestall, Werkstätten, ein Refektorium, ein Seminar sowie Wirtschaftsgebäude. Die Klostergebäude bildeten ei-

Das Haus des Handwerkers, heute Haradnica-Museum

Hrodna und Hrodnaer Gebiet

Das Jesuitenkloster dient heute als Gefängnis

nen geschlossenen Innenhof und waren miteinander und mit der Kirche über Korridore verbunden. Somit bildete das Kloster fast ein ganzes Stadtviertel für sich. Ende des 18. Jahrhunderts gehörten dem Kloster zahlreiche Landgüter und Dörfer in der Gegend, die nach der Auflösung des Ordens 1773 in Staatsbesitz übergingen. Die Kirchturmuhr dient von jeher allgemein als Stadtuhr. Die **Franz-Xaver-Kathedrale** (1678–1703) wurde mit der Schließung des Klosters eine einfache Gemeindekirche und wird seitdem im Volksmund auch einfach als ›Pfarrkirche‹ bezeichnet. Hier traf sich 1705 der russische Zar Peter I. (der Große) mit dem polnischen König und Großfürsten von Litauen August II., den Deutschen besser bekannt als August der Starke (Kurfürst von Sachsen). Bei der Kirche handelt es sich um eine dreischiffige Kreuzkuppelbasilika mit einer reichverzierten Barockfassade, in deren Nischen Holzskulpturen der Heiligen Peter und Paul und von Franz Xaver (Missionar und Mitbegründer des Jesuitenordens) stehen. An der halbrunden Apsis sind jeweils zwei Kapellen angebaut. Sehr üppig präsentiert sich das Gotteshaus auch im Inneren, mit vielen Skulpturen, Plastiken, Ikonen,

Fresken, mit 13 Altären (12 Holzaltäre, einer aus Stein) sowie vier Beichtstühlen aus Holz, darunter einer im Rokoko-Stil (1768). Besonders deutlich tritt der 21 Meter hohe hölzerne Hauptaltar (1736) hervor. Er zeigt Abbildungen von Franz Xaver, Jesu Christi, den vier Evangelisten sowie eine allegorische Abbildung des Sieges von Gut über Böse. Die Ikonostase ist vollständig aus Holz. In den Fresken wird das Leben des hl. Franz Xaver in 14 Szenen dargestellt. Außerdem ist ein **Tyzenhaus-Denkmal** (Anf. 20. Jh.) vorhanden.

Das zweistöckige, rechteckige **Apothekenhäuschen** links von der Kirche, im Jahre 1709 als einstöckiges Haus errichtet (1763 kam das Obergeschoss hinzu), hat ein Walmdach mit Mansarde und eine symmetrische Fassade. Ursprünglich gab es auf beiden Etagen einen direkten Durchgang von der Apotheke ins Kloster. Die Apotheke war bis 1950 in Betrieb und ist es seit 1996 wieder. Zu Sowjetzeiten war hier u. a. ein Möbelgeschäft untergebracht. Heute besteht die Apotheke aus dem Verkaufsbereich und dem für Belarus sehr kleinen, aber einzigartigen **Apothekenmuseum**. Eintritt kostenlos, Führungen kosten etwas.

Karte S. 293

■ Ehemaliges Bernhardinerkloster

Auf der anderen Seite des pl. Saveckaja erhebt sich die **Heilig-Kreuz-Kirche** mit dem Bernhardinerkloster (gegründet 1494) aus dem 16./17. Jahrhundert, die Elemente von Gotik, Renaissance und Barock in sich vereint, in den Himmel. Zur Anlage gehören die **Kirche** (1602–1618) und ein **Wohngebäude** (1595–1618); bis zum Zweiten Weltkrieg stand an der Stelle des heutigen Theaters noch ein Frauenkloster des Bernhardinerordens, das Kloster selbst aber wurde bereits 1852 aufgelöst. Hinter der Kirche gab es auch einen Garten und Wirtschaftsgebäude. Mit der Schließung des Klosters 1863 wurde die Kirche zur Gemeindekirche. In der Architektur vereinigen sich Elemente aus Gotik (u. a. Spitzbogenfenster), Renaissance und Barock (auffällige Verzierungen an den Fassaden). In den Nischen gibt es Darstellungen der zwölf Apostel.

Die Kirche hat 14 teilweise sehr aufwändig gestaltete Altäre. Es gibt hier Fresken und Skulpturen aus der Renaissance sowie eine Orgel des 17. Jahrhunderts.

Geht man weiter Richtung Njoman, so erblickt man zu Beginn (vul. Mastavaja 37) rechter Hand das Gebäude des ehemaligen **Karmelitenklosters** (zwischen 1738 und 1765; restauriert 1994). Die Kirche – eine dreischiffige Basilika ohne Querschiff – ist nicht erhalten.

■ Birgittenkloster

Bei der **Verkündigungskirche** mit dem Birgittenkloster (auch Erlöserkloster; vul. Karla Marksa) handelt es sich um eine von einer Mauer umgebene Anlage, die in den Jahren 1634–1642 entstand und architektonisch dem Frühbarock zuzurechnen ist. Hierzu gehören auch ein Wohngebäude (1645–1655)

sowie ein Ljamus aus Holz (Ende 18. Jh.). Ein Garten und ein Glockenturm, der separat auf der anderen Straßenseite stand, sind nicht erhalten. Die gesamte Anlage wurde durch den Hofmarschall Krzysztof Vesjaloŭski und seine Frau Alejaksandra Maryjka errichtet, die 1634 Ordensschwestern des Erlöserordens (Birgittenorden) in die Stadt eingeladen hatten. Es wurden Töchter aus Szlachta- und Magnatenfamilien aufgenommen, etwa 20 bis 30 Nonnen lebten hier. Ab Ende des 18. Jahrhunderts wurden auch Waisenkinder (Mädchen) aus Szlachtafamilien erzogen. 1908 wurden in den Klostermauern Nonnen des Nazarenerinnenordens einquartiert.

Die Kirche ist einschiffig und hat zwei Türme und eine halbrunde Apsis, die Fassade ist auf barocke Art üppig dekoriert. Im Kirchenkeller wurden 1966 sarmatische Porträts der Vesjaloŭski-Familie gefunden, die Mitte des 17. Jahrhunderts von Mönchen aus Hrod-

Die Bernhardinerkirche

na im Stile holländischer Kunst gemalt wurden.

Beim **Ljamus** (Ende 18. Jh.) handelt es sich um ein Holzgebäude auf einem Fundament aus Bruchstein, das ein Erdgeschoss aus Stein und ein Obergeschosse aus Holz hat und einst den Nonnen als Wirtschaftsgebäude und als Dormitorium diente. Es hat zwei Etagen und eine zweistufige Loggia sowie Bogengalerien aus Holz an der Hauptfassade. Im Inneren bestehen alle Elemente aus Holz und werden mit querstehenden Holzbalken zusammengehalten, so dass keine Befestigungen aus Metall nötig sind. Architektonisch steht das Holzhaus – sehr schlicht, aber ausdrucksstark – in der Tradition der belarussischen Volksbaukunst.

■ Ehemaliges Franziskanerkloster

Auf der anderen Flussseite, erreichbar über die alte Brücke (vul. Mastavaja), befindet sich die Anlage einer weiteren großen Glaubensgemeinschaft: die barocke **Kirche der Heiligen Jungfrau Maria** mit dem 1635 gegründeten und 1832 aufgelösten Franziskanerkloster. Von hier bietet sich dem Betrachter ein Panorama des historischen Stadtzentrums mit den beiden Schlössern und der Franz-Xaver-Kathedrale. Die Kirche wurde um 1700 errichtet, das heute noch erhaltene ehemalige Wohnhaus der Mönche entstammt der Mitte des 18. Jahrhunderts. Die Errichtung der Anlage auf relativ kompliziertem Terrain nahe der Uferböschung bedingte eine asymmetrische Komposition des Kirchengebäudes und des Klosters. Das Klostergebäude aus Stein und zwei Stockwerken sowie die dreischiffige Basilika bilden einen geschlossenen Innenhof.

Der Innenraum der Kirche ist geprägt durch einen Reichtum verschiedener Plastiken, Skulpturen, Figuren und Holzschnitzarbeiten, darunter auch die wundertätige Ikone der Gottesmutter.

■ Boris- und Gleb-Kirche

Diese orthodoxe Kirche ist ein Wahrzeichen von Hrodna und eine der ältesten Kirchen des Landes. Auf der rechten Seite der Haradničanka, nördlich von den beiden Schlösser, ragt die im Volksmund auch als **Kaloža-Kirche** bekannte Kirche in den Himmel. Sie ist von

▲ *Das ehemalige Karmelitenkloster; im Hintergrund die Franziskanerkirche*

Karte S. 293

einem großen Park, dem **Kaloža-Park**, umgeben und steht auf dem Territorium des ehemaligen Kaložski pasad (so etwas wie ein Vorort, der der Burganlage vorgelagert war). Vom 15. bis zum 18. Jahrhundert gab es hier auch ein Kloster (nach der Brester Kirchenunion 1596 ein uniertes Basilianerkloster). Seit 1839 (Aufhebung der Brester Kichenunion) ist die Kirche orthodox. Am Kloster existierten ein Waisenhaus sowie eine Kirchenschule. Der Legende nach wurde Davyd von Hrodna (Feldherr, Starost, und Kastellan von Hrodna; um 1300) an der Kirche bestattet.

Der Park wirkt etwas verwildert, was einem Spaziergang aber keinen Abbruch tut, im Gegenteil! Am Rand des Parks steht auch der sowjetische **Palast der Pioniere und Schüler** (1975) und außerdem, am Ende einer langen Allee, das **Denkmal (Stele) zum 850. Stadtjubiläum** (1978; vul. Lermantava), ein aus zwei Säulen bestehender, 31 Meter hoher Obelisk mit der Zahl 850 oben. An Ost- und Westseite der Stele stehen zwei allegorische Skulpturen: ein Soldat und eine Frau mit einem gestickten Handtuch, ein Symbol von Belarus, in der Hand.

Die Lage an einem steilen Abhang über dem Njoman ist nicht die günstigste: Durch einen Erdrutsch stürzte die Kirche 1853 in den Fluss und wurde danach wieder neuaufgebaut; 1889 stürzten die südliche Apsis und ein Teil der Westmauer ein. 1897 wurde das Ufer befestigt und die zerstörten Mauern aus Holz wieder aufgebaut; seitdem präsentiert sich das Gotteshaus in der heutigen Form. Noch heute kann man sehr gut die alte Bausubstanz von der neuen unterscheiden.

Dieses der altrussischen Baukunst zuzurechnende Gotteshaus kann zusammen mit der heute nicht mehr erhaltenen

Die Fassade der Boris-und-Gleb-Kirche (Kaloža-Kirche)

Unteren Kirche als Beleg dienen für eine einst in der Hrodna-Region existente selbständige Architekturrichtung. In der sogenannten Hrodnaer Architekturschule fanden örtliche Materialien, Keramik und Elemente angewandter Volkskunst Anwendung. In das Gemäuer aus Ziegelstein sind außen dekorative Kreuze unterschiedlicher Größe eingearbeitet.

Eine Besonderheit der Kaloža-Kirche besteht darin, dass die Außenwände aus Naturstein (Plinthit) gefertigt sind und die Fassade mit braunen, grünen und gelben Majolika-Fliesen verziert sind; die Fliesen sind kreuzförmig.

Zur Verbesserung der Akustik, zum Beispiel für den Gesang der Mönche, mauerte man in die Wand Krüge aus Lehm, sogenannte Golosniki (von russ. golos = Stimme), ein, was das Fehlen von Wandmalereien erklärt.

Hrodna und Hrodnaer Gebiet

Golosniki in der Apsis der Kaloža-Kirche

◼ Kirche der Himmelfahrt der Gottesmutter

Zur heutigen orthodoxen Kirche und dem ehemaligen Baslianerkloster (18. Jh.; Barock; vul. Davyda Haradzenskaha 3) gehören neben der eigentlichen Kirche (1726–1751) die teilweise erhaltene Kirche der Himmelfahrt der Gottesmutter (12. Jh.) auf dem Gelände des Basilianerklosters, die Sergej-Radonežskij-Kirche (1860er Jahre; warme, d. h. beheizte Kirche), ein Wohngebäude (Mitte 18. Jh.), ein Wirtschaftsgebäude (1891) sowie ein Äbtissinnenhaus (wahrscheinlich Ende 19. Jh.). 1980 wurden bei Ausgrabungsarbeiten vor der Hauptfassade der heutigen Kirche die Überreste der Kirche der Himmelfahrt der Gottesmutter freigelegt, die urkundlich 1560 erstmals erwähnt wurde und wie die Kaloža-Kirche ein Beispiel der Hrodnaer Architekturschule ist. Erhalten sind Teile des Fundaments, der Mauern und der Säulen. Heute ist es immer noch

ein Frauenkloster. Zudem ist das **Religionsmuseum** hier untergebracht.

Es wurde 1977 als Museum für Atheismus und Religionsgeschichte gegründet und ist das einzige Museum seiner Art in Belarus. Es thematisiert die Geschichte und Kultur der Völker, die in Belarus leben. Es gibt Exponate zu Christentum, Judentum und Islam in Belarus und es werden Führungen, Vorträge und Konzerte angeboten.

◼ Mariä-Schutz-und-Fürbitten-Kathedrale

Bei dieser Kirche auf der Eliza-Orzeszkowa-Straße gegenüber der Universität, einem typisch russisch-orthodoxen Gotteshaus mit Zwiebeltürmen, handelt es sich um eine 1904/05 in neobyzantinischem Stil erbaute Garnisonskirche. Sie wurde in Gedenken an die im russisch-japanischen Krieg gefallenen Soldaten und Offiziere der 26. Artilleriebrigade errichtet. Die Kathedrale ist im Stile einer römischen Basilika gehalten. Sie

Die Mariä-Schutz-und-Fürbitten-Kathedrale

Karte S. 293

verfügt über zwölf Säulen und drei Kirchenschiffe mit einer Apsis. Über dem Narthex (Hauptfassade) befindet sich ein zehn Meter hoher Glockenturm. Über der Apsis befinden sich fünf Zwiebelkuppeln. Im Inneren steht ein bemalter Holzaltar. Geschnitzte Holzikonostasen mit brauner Farbtönung und Blattgold am Kopfende und an den Seiten prägen die Apsis. Ein wichtiges Element der Innenausstattung sind die Gedenktafeln: Auf zwei weißen Marmortafeln stehen die Namen der im russischen-japanischen Krieg 1904/05 gefallenen Soldaten aus Hrodna.

■ Vladimir-Kirche

Die Vladimir-Kirche (1896; neobyzantinisch) befindet sich nicht im Zentrum, sondern auf der anderen Seite des Flusses (vul. Peramohi 5). Der zweistöckige Glockenturm hat ein typisch orthodoxes spitz zulaufendes Zeltdach mit Zwiebelhelm. Im Inneren gibt es eine Ikonostase aus Holz.

■ Evangelische (lutherische) Kirche

Als sich in Hrodna Ende des 18. Jahrhunderts die ersten Protestanten ansiedeln, entsteht hier die erste Kirche. Die **Evangelische Johannes-Kirche** (Kreuzung vul. 1 Maja/vul. Akademičnaja) wurde 1912 im neogotischen Stil errichtet. Es ist eine von drei erhaltenen authentischen evangelischen Kirchen in Belarus und die einzige, die von der Gemeinde wieder genutzt wird, die heute etwa 60 Mitglieder hat. 2012 bekam die Kirche Bänke aus Deutschland, 2014 wurde eine Orgel (gestiftet aus Frankfurt am Main) installiert. Die Restaurierung wurde dank des Engagements des Pastors im Sommer 2015 abgeschlossen, die Kirche erstrahlt jetzt wieder in neuem Glanz. Neben der Kirche steht das **Pfarrhaus** (1912).

Die Hauptsynagoge wird derzeit restauriert

Jüdisches Hrodna

Das jüdische Leben war in Hrodna besonders stark ausgeprägt und konzentrierte sich auf der **vul. Vjalikaja Traeckaja** und in den anliegenden Vierteln. Hier befand bzw. befindet sich heute noch (symbolisch) der Eingang in das ehemalige jüdische Ghetto (heute nur noch eine Verbindungsgasse zwischen der vul. Zamkavaja und der vul. Vjalikaja Traeckaja). Das Ghetto (1941/42) lag im Wohnblock zwischen der vul. Saveckaja und der vul. Vjalikaja Traeckaja. Eine Gedenktafel und eine symbolische Menora am Eingang erinnern noch daran (Abbildung → S. 292).
Von einst 44 Synagogen sind nur noch wenige erhalten: die ehemalige **Hauptsynagoge** (um 1900; vul. Vjalikaja Traeckaja 59a), die als eine der wenigen in Belarus heute wieder als jüdisches

Gotteshaus genutzt wird, sowie die Gebäude in der **vul**. **Sacyjalistyčnaja 5** (erkennbar an den hohen halbrunden Fenstern, heute ein Notarskontor), auf dem **pr**. **Kasmanaŭtaŭ 1** und in der **vul**. **Vjalikaja Traeckaja 13** (heute beherbergt das Gebäude eine Sportschule). Andere ehemalige jüdische Einrichtungen sind zum Beispiel die **Jüdische Gebetsschule für Mädchen** (1890) direkt neben der Hauptsynagoge, und die **Jüdische Gebetsschule** (1905; vul. Telmana 10).

Die **Hauptsynagoge**, die schon seit einigen Jahren restauriert wird, finanziert durch private Spenden vor allem aus dem Ausland, stammt aus der zweiten Hälfte des 19. Jahrhunderts. Der Hauptteil des Gebäudes könnte schon sehr viel älter sein, bis in das 16.

Jahrhundert zurückreichen. Zu Sowjetzeiten wurde die Synagoge als Künstlerwerkstatt genutzt. Sie hat drei Stockwerke, einen quadratischen Grundriss und ein Giebeldach. Die Hauptfassade wird von quadratischen Türmen flankiert, dazwischen gibt es über dem Erdgeschoss/Haupteingang eine Art Terrasse oder Balkon. Die Fassade ist reich verziert. Im Inneren erkennt man Gotikelemente. Im Gebetssaal befindet sich in der Mitte eine Bima, deren vier Säulen das Kreuzgewölbe von innen stützen. Die Synagoge ist nicht immer geöffnet, aber reinschauen (falls möglich) lohnt sich!

Der alte **jüdische Friedhof**, einer der ältesten im Land (17. Jh.), befindet sich in einem Waldstück an der vul. Papoviča (linksseitig des Flusses).

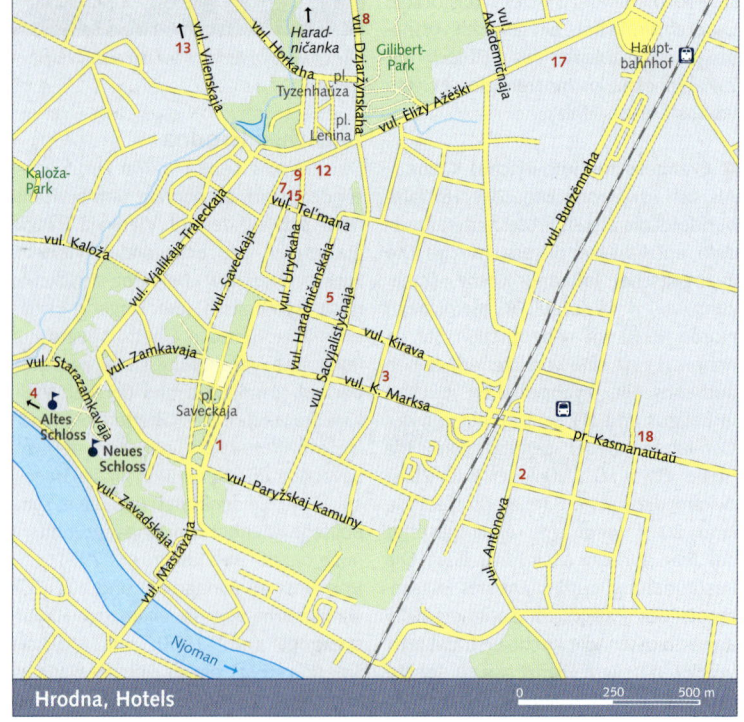

Königliche Landgüter

Der letzte polnische König, August Poniatowski, ließ in und um Hrodna herum drei Residenzen bauen: Die Landgüter Stanislavava, Panjamun und Aŭhustava. Das einst prächtige **Landgut Panjamun** (1771, Umbau 19. Jh.; Spätbarock), drei Kilometer vor den Stadttoren am rechten Ufer des Njoman in Richtung Skid-zel, besteht aus dem Palast, Wirtschaftsgebäuden, einer Kapelle und dem Park, im Süden durch den Njoman, im Osten und Norden durch einen Graben begrenzt. Vom eigentlichen Palast steht noch das Fragment eines Eckturms.

Fast im Zentrum (Ende vul. Cimirazeva/nördlich vom Bahnhof) befindet sich das **Landgut Stanislavava** (um 1770; Architekt: Giuseppe Sacco), von Antoni Tyzenhaus für den polnischen König August Poniatowski gebaut und heute noch sehr gut erhalten. Wie es einst aussah, wissen wir dank eines Gemäldes von Napoleon Orda aus der zweiten Hälfte des 19. Jahrhunderts. Es bestand aus dem Gutshaus, zwei Gebäudeflügeln, Wirtschaftsgebäuden, einem Park. Das Haus selbst steht in der Mitte auf einem hohen abschüssigen Hügel. Etwas weiter unterhalb stehen symmetrisch die beiden anderen Flügel, die einen Paradehof bilden. An einem halbrunden Erker an der Hoffassade ist ein Monogramm des Königs angebracht.

Vom ehemaligen **Landgut Augustova** oder Auhustoŭka (1770er Jahre; vul. Repina/linke Flussseite; Architekt: Giuseppe Sacco) sind nur das Gasthaus (hinter Haus vul. Repina 1; einstöckig, mit Giebeldach, Vier-Säulen-Portikus, Mansarde) und die Peter- und Pauls-Kapelle (1817/18; gegenüber Haus vul. Repina 3) erhalten, die so heißt, da sie der Peter- und Pauls-Basilika in Rom nachempfunden sein sollte. In der Sowjetzeit dehnte sich im Zuge der Industrialisierung das Stadtgebiet immer weiter aus, die Gegend um Auhustoŭka wurde mit Wohnhäusern und Industrieanlagen bebaut.

1 Hotel Njoman	10 Restaurant Karčma u Pričala
2 Hotel Semaško	11 Restaurant Vena
3 Hotel Slavija	12 Rest. Korolevskaja ochota
4 Kronon Park Hotel	13 Restaurant Paluba
5 Hostel Hello, Grodno!	14 Restaurant Retro-Pizza
6 Anticafe Živoe Vremja	15 Café Kofemanija
7 Restaurant Karčma	16 Café Raskoša 1795
8 Restaurant Stary Ljamus	17 Café Salodki pačastunak
9 Restaurant Čeburečnaja	18 Café ČajKoffskij

Hrodna und Hrodnaer Gebiet

ℹ️ **Hrodna**

Vorwahl: + 375/(0)152
Internet:
www.harodnia.com/be/ (kulturelle und aktuelle Informationen über die Stadt Hrodna; blr./russ./pln., einzelne Beiträge auch eng. und dtsch.)

region.grodno.by/ru/ (alte Postkarten aus Hrodna; pln., teilweise eng., aber die schönen Bilder versteht man auch ohne Worte!)

www.mein-grodno.eu (deutschsprachige Touristeninformationen über die Stadt und das Gebiet Hrodna)

Von Minsk nimmt man die M7 Richtung Vilnius und weiter die M6. **Ab Białystok/ polnische Grenze** reist man über den Grenzübergang Kuźnica Białostocka/ Bruzhi ein. **Ab Brest** P83, P85 (über Pružany), P47 (über Svislač, P99 (über

Vjalikaja Berastavica). Ab Druskininkai/ litauische Grenze P42 (ca. 30 km).

Vom Bahnhof und Busbahnhof sind es nur ca. 10 Minuten Fußweg ins Zentrum. **Busbahnhof**: vul. Čyrvonaarmejskaja 7a. Ab Minsk Ostbahnhof/Hauptbahnhof und ab Brest (Fahrzeit ca. vier bis sechs Stunden). Anreisemöglichkeiten auch ab Baranavičy, Vaŭkavysk, Salihorsk. Außerdem Marschrutkas zu jeder vollen Stunden (von morgens bis abends), Platz rechtzeitig telefonisch reservieren: +375/(0)29/3806000.
Bahnhof: vul. Budzënnaha 37. Zugverbindungen ab Minsk. Direkte Anschlüsse auch ab Mahiljoŭ, Vicebsk, Brest, Białystok, Moskau, St. Petersburg.

Njoman, vul. Batoryja 8/pl. Saveckaja, Tel. 791700, mob. +375/(0)44/7918179, www.hotel-neman.by (russ.). Sowjetisch, aber sauber und Upper Class. Mit Restaurant, Sauna und Konferenzsaal. Lebensmittelgeschäft gleich nebenan. Übernachtung ab 60 Euro.
Semaško, vul. Antonava 10 (nahe Busbahnhof und Bahnhof), Tel. 750299, mob. +375/(0)44/6750295, www.hotel-semashko.ru/ (russ., engl.). Privates Hotel, gehobenes Preissegment. Mit Restaurant, Bar, Sauna. Buchung im Voraus wird empfohlen.
Slavija, vul. Maladzëžnaja 1 (Zentrum, zwischen vul. Karla Marksa und vul. Kirava), Tel. 773535, 740964, mobil +375/(0)44/7998393, www.hotel-slavia.by (russ.). Ebenfalls gehobenes Preissegment. Mit Restaurant, Bar, Sauna. Buchung im Voraus wird empfohlen.
Kronon Park Hotel, im Wald Pyški, Autozufahrt möglich; ÖPNV: Buslinie 6 oder Trolleybuslinie 3 ab/bis Endstation danach noch ca. 1 bzw. 2 km zu Fuß), Tel. 939800, mobil +375/(0)29/3600050, www.kronon.by (russ.). Das Luxus-Hotel der Stadt, schön ruhig im Wald Pyški

gelegen. Mit Restaurant, Schwimmbad, Sauna. Frühstücksbüffet. Das Personal spricht Englisch. Übernachtung ca. 100–200 Euro. Kleines Hotel (15 Zimmer), daher frühzeitig buchen.
Hello, Grodno! (Hostel), vul. Haradničanskaja 30-1, Tel. 743308, mobil +375/(0)29/9329790, www.grodnohostel.by (russ., engl.). Übernachtung ab ca. 9 Euro. Im historischen Stadtzentrum in einem Gebäude aus dem 19. Jahrhundert.

In den Hotels Belarus, Njoman, Semaško, Kronon Park gibt es auch Restaurant/Cafés oder Bars. Ansonsten hier eine kleine Auswahl gastronomischer Betriebe.
Anticafé Živoe Vremja (Lebendige Zeit), vul. Vjalikaja Traeckaja 48; Mo-Do 11–23 Uhr, Fr/Sa 12–1 Uhr, So 12–23 Uhr. Anticafé? Richtig gelesen! Hier bezahlt man nicht für die Bestellung, sondern für die hier verbrachte Zeit.
Karčma, vul. Saveckaja 31, Tel. 743563; tgl. 10-24 Uhr. Europäische und deftige belarussische Küche. Gemütlich, rustikal eingerichtet.
Stary Ljamus, vul. Djaržynskaha 1a, tgl. 12-2 Uhr. Im historischen Ljamus (s. o.), gemütlich und rustikal. Belarussische, europäische Küche, abends teilweise Live-Musik.
Čeburečnaja, vul. Ažeški 1, Mo-Sa 10-22 Uhr, So 12-22 Uhr. Gemütlich eingerichtet und garantiert die leckersten Tscheburki (gefüllte Teigtaschen) in der Stadt.
Karčma u Pričala, vul. Zavadskaja 14, 12-24 Uhr, Sa/So 12-2 Uhr. Europäische, belarussische Küche. Gemütlich, rustikal eingerichtet. In den Sommermonaten mit Terrasse. Mit herrlichem Blick auf den Fluss.
Vena (Wien), vul. Mastavaja 37, tgl. 12-24 Uhr. Europäische Küche. Besondere Spezialität: Strudel. Mittagsmenü.
Korolevskaja ochota, vul. Ėlizy Ažeški 3, tgl. 11-23 Uhr. Belarussische Küche, viel

Fleisch. Gemütliche Atmosphäre, königliche Einrichtung.

Paluba, vul. Davatara 4, 12–2 Uhr. Nördlich des Zentrums. Spezialisiert auf Fischgerichte (Paluba bedeutet Segel), aber im Großen und Ganzen gibt es hier etwas für jeden Geschmack. Mittagsmenü.

Retro-Pizza, vul. Saveckaja 31, So–Do 12–1 Uhr, Fr/Sa 12–2 Uhr. Belarussische und italienische Küche. Die beste Pizza in der Stadt! Speisen auch zum Mitnehmen.

Kofemanija, vul. Saveckaja 31, So–Do 9–21, Fr/Sa 9–23 Uhr. Café mit Süßspeisen (Torten, Eis, Desserts), kalten und heißen Getränken.

Raskoša 1795, vul. Saveckaja 7, tgl. 9–24 Uhr. Benannt nach dem berühmten historischen Gasthaus Raskoša. Aber erst vor wenigen Jahren gegründet. Gemütliche Einrichtung und leckere Speisen, vor allem Konditorwaren (Torten), aber auch leichte Kost für den kleinen Hunger zwischendurch. Lädt zum Frühstücken ein!

Salodki pačastunak, vul. Ažeški 25/3, tgl. 10–22 Uhr. Konditorei (leckere Torten) und belarussische Küche. Speisen auch zum Mitnehmen.

ČajKoffskij, pr. Kasmanaŭtaŭ 6a, www.chaikoffskiy.by (russ.), Café: tgl. 10–22 Uhr; Geschäft: 8.30–19, Sa/So 10–17. Konditorei und Café. Leckere Torten, auch zum Mitnehmen.

Historisch-Archäologisches Museum, vul. Zamkavaja 20 (Altes Schloss), www.museum-grodno.by (blr., russ., engl.); tgl. außer Mo 10–18 Uhr.

Museum zur Geschichte der Haradnica, vul. Ėlizy Ažeški 37; 10–17 Uhr; Ruhetag So/Mo.

Museum für Religionsgeschichte, vul. Zamkavaja 16, www.muzej.by (russ.); tgl. außer Mo 10–18 Uhr.

Apothekenmuseum, pl. Saveckaja 4, Tel. 7878101 (Führungen), mobil +375/(0)29/3888101, www.am.biotest.by (russ.); 9–18 Uhr; Ruhetag So/Mo.

Museum moderner Volkskunst in der Hrodna-Region, vul. Saveckaja 8; 9–13 Uhr u. 14–17 Uhr; Ruhetag Sa/So. Kunstgewerbe und bildende Kunst.

Ausstellungssaal, vul. Ėlizy Ažeški 38; tgl. außer Mo 10–19 Uhr. Ausstellungen und Verkauf von Kunstwerken. Schwerpunkt: Künstler aus Hrodna.

Galerie Tyzenhaus, pl. Tyzenhaŭza 4, www.t-gallery.grodno.by/ (russ., engl.); Mo–Fr 10–18 Uhr, Sa/So 11–17 Uhr. Galerie moderner Kunst (einschl. Verkauf) in einem barocken Gebäude der Tyzenhaus-Ära.

Galerie U majstra, vul. Kirava 8, 10–19 Uhr; Sa 11–19 Uhr; So 11–16 Uhr. Arbeiten von Künstlern aus Hrodna (Gemälde, Graphiken, Kunstgewerbe).

Galerie Kryha, vul. Saveckaja 3–11 (Innenhof), www.kryga.by; Mo–Sa 11–19 Uhr, Ruhetag So. Ein kleiner Geheimtipp: Graphiken, Aquarelle, Skulpturen, Keramik (nicht nur) von Hrodnaer Künstlern. Einschließlich Verkauf.

Gebietstheater, vul. Mastavaja 35, www.drama.grodno.by (russ.)

Puppentheater, vul. Dziaržynskaha 1/1, www.grodnolyalka.by (russ.)

Gebietsphilharmonie, vul. Harnavych 17 (auf der anderen Seite der Alten Brücke, von der Altstadt ca. 15 Minuten Fußweg), www.grof.by (russ.).

Auf dem **Skidelski Rynok** (Skideler Markt) bekommt man alles von Lebensmittel bis Kleidung, vul. Antonava/vul. Palihrafistaŭ (gegenüber Busbahnhof).

Hrodna und Hrodnaer Gebiet

Hrodnaer Gebiet

Der nordwestliche Zipfel von Belarus umfasst, von Hrodna aus kommend, die Dörfer **Navumavičy** mit den Überresten einer **Festung aus dem Ersten Weltkrieg**, **Svjack** (mit einem **Schloss**), **Sapockin** sowie **Dambroŭka** und **Njamnova** mit **Schleusen** und einem **Schleusenmuseum**. Die Hauptattraktion ist sicherlich der 102 Kilometer lange **Augustowski-Kanal**, der über 22 Kilometer auf belarussischem Gebiet verläuft. Er durchläuft ein System von Seen, Teichen und Flüssen, mit den Schleusen ist er ein Stück Industriekultur und für Technikfans sicher von großem Interesse, aber auch Naturfreunde werden sich hier wohl fühlen.

Augustowski-Kanal

Der Augustowski-Kanal im Dreiländereck Belarus-Polen-Litauen hat seine ursprüngliche Funktion, nämlich den Warenverkehr und Holztransport zwischen Njoman und Weichsel, längt eingebüßt, ist dafür aber ein beliebtes Reiseziel mit Wald, Natur, Grill- und Angelmöglichkeiten. Auch Ausflugsschiffe und kleine

Boote verkehren hier, man kann sich Katamarane und Fahrräder ausleihen. Die touristische Infrastruktur weist leider noch Defizite auf, wer aber mobil, naturverbunden und auch etwas abenteuerlustig ist, kann hier durchaus auf seine Kosten kommen. Das Gebiet liegt an der Grenze zu Polen und Litauen auf der linken Seite des Njoman, ohne Grenzübergang, d. h. man kommt nur über Hrodna aus hierhin. Von Hrodna verkehren auch Busse in die Region. Der teilweise grenzüberschreitende Schiffsverkehr auf dem Kanal soll in den nächsten Jahren ausgebaut werden. Ausländischen Besuchern von Belarus mit einem Einfachvisum (einmalige Einreise) wird dringend davon abgeraten, auf diesem Wege das Land zu verlassen, sie kommen mit einem Einfachvisum nämlich nicht wieder zurück.

Der russische Imperator Alexander I. ließ den Kanal 1824–1839 anlegen, um die Schifffahrt und den Holztransport zu ermöglichen. Aufgrund zu hoher Steuern in Preußen suchte man damals eine Möglichkeit, preußisches Territori-

Karte vordere Umschlagklappe

▲ *Der Augustowski-Kanal mit der Schleuse Dambroŭka*

um zu umgehen. Benannt ist der Kanal nach der polnischen Stadt Augustów (60 km nordwestlich von Hrodna).

■ Festung Hrodna

Auf dem Weg zum Kanal lohnt es sich, einen ersten Halt an der **Hrodnaer Festung** zu machen, sie liegt direkt an der Hauptstraße. Das Dorf **Navumavičyy** (blr. Навумавічы; russ. Наумовичи) liegt etwas abseits (östlich von der Hauptstraße). Die **Festung Fort Nr. II** – heute eine kleine Gedenkstätte – kann man begehen und besteigen, von oben hat man eine einizigartige Aussicht: Man sieht viel Grün, Bäume, Felder und auch die Festung ist selber sehr grün und teilweise mit Gras bewachsen. Heute stehen hier ein **Gedenkkreuz** mit Platten, darauf die Namen der hier von den Nazis erschossenen Menschen, sowie eine **Statue**, die eine um ihre im Krieg gefallenen Söhne trauernde Mutter darstellt.

Als Ruine erhalten sind außerdem die **Festung Fort Nr. I** in **Zahara ny** (blr. Загараны; russ. Загораны; hinter Navumavičy, auch östlich/etwas abseits von der Hauptstraße), die **Festung Fort Nr. IX** in **Paharany** (blr. Пагараны; russ. Пагораны; südlich von Hrodna und **Festung Fort Nr. IV** in **Strelčyki** (blr. Стрэльчыкі; russ. Стрельчики) an der H6453 östlich von Hrodna/Karobčycy, kurz vor der Grenze. Das Hrodnaer Festungssystem im Netz: www.fortress.grodno.by; russ..

■ Njamnova

In Njamnova (blr. Нямнова; russ. Немново) befindet sich mit einer **Dreikammernschleuse** die größte Schleuse des Augustowski-Kanals (polnischer Teil inbegriffen), die nach der Restaurierung zu Beginn des Jahrhunderts wieder in Betrieb ist; der Wasserstand

Tafel der Gedenkstätte Fort Nr. II

fällt bzw. steigt zehn Meter, der Prozess dauert ungefähr eine Stunde. Die Metalltore wiegen ca. sechs Tonnen, die Holztore ca. zwei Tonnen.

Gegenüber der Schleuse ist im **Haus des Schleusenwärters** (19. Jh.) das **Museum Augustowski-Kanal** untergebracht. Die ausgestellten Gegenstände, die der Enkel des letzten Schleusenwärters sein ganzes Leben lang sammelte, erzählen die Geschichte(n) des Kanals und derjenigen, die dort arbeiteten. Es ist das einzige Museum seiner Art in der Region. Das Steinhaus wird heute noch bewohnt; die Hausbesitzer kümmern sich um die kleine Privatsammlung, die ungefähr die Hälfte des Gebäudes einnimmt.

■ Dambroŭka

In Dambroŭka (blr. Дамброŭка; russ. Домбровка) findet jedes Jahr Ende August das Festival ›Der Augustowski-Kanal in der Kultur dreier Nationen‹ statt (Volksmusik, Tänze, Jahrmarkt, Kunstgewerbe). Auch hier gibt es ein altes **Schleusenwärterhäuschen** (Ende 19. Jh./Anf. 20. Jh.). Am rechten Ufer des Kanals gibt es eine **Bunkeranlage** aus Stahlbeton (1940), die sog. Molotow-Linie, die mit zur Hrodnaer Festung gehört.

Augustowski-Kanal

Internet: www.augustow.ru (russ.), touristische Informationen über beide Seiten des Kanals, die polnische und die belarussische, mit Unterkünften.

Den Kanal erreicht man nur von Hrodna aus über die H-6054. Navumaviči, Svjack und Sapockin liegen direkt auf dem Weg. Der Augustowski-Kanal liegt dahinter, ebenso Dambroŭka und etwas weiter östlich Njamnova. Es gibt zwischen Hrodna und der litauischen Grenze keine Brücke über den Njoman, geschweige denn eine Fähre.

Täglich fahren Busse von Hrodna nach Sapockin und Njamnova, Halt auch in Svjack. Fahrzeit ab Hrodna ca. 30–90 Minuten.

Caritas-Unterkunft in Sapockin, vul. Tealinskaja 39, Tel. +375/(0)152/ 992292.

Lja Svjacka (Landgut zwischen Svjack und Sapockin), Tel. +375/(0)29/8866757, +375/(0)44/7721583, www.sviatsk.by (russ.). Zweistöckiges Haus für bis zu 10 Personen, Übernachtung 20 Euro. Mit Parkplatz, Banja.

Landgut Soniči, Dorf Soniči, Haus-Nr. 6a, Tel. +375/(0)29/8844887, www. usadba-sonichi.by (russ.). Blockhütte für bis zu 10 Personen, Übernachtung ca. 20–30 Euro. 10 Personen pro Tag: 100 Euro. Mit Banja, Schwimmbecken, Grillmöglichkeit, Fahrrad- und Bootsverleih.

Unterkünfte für den Augustowski-Kanal kann man auch organisieren unter Tel. +375/(0)152/743802, 723408, Firma Grodnomeliovodchoz, Hrodna, vul. Sacyjalistyčnaja.

Museum des Augustowski-Kanals, Haus des Schleusenwärters im Ortszentrum Njamnova, gegenüber der Schleuse, Tel. +375/(0)152/976699 (Maryna Andrejevna); tgl. 9–18 Uhr.

Hudzeviči

In Hudzeviči (blr. Гудзевічы; russ. Гудевичи) ist neben der orthodoxen **Kirche der Geburt der Gottesmutter** (1877) vor allem das **Museum für belarussische Literatur und Ethnographie** von Interesse, ein Literatur- und Landeskundemuseum, das in einer alten Holzhütte – ein Beispiel für belarussische Holzarchitektur (19. Jh.) – untergebracht ist. Das Museum gründete Ales Belakoz (geb. 1928), ein pensionierter Belarussisch-Lehrer aus der Dorfschule, der die Ausstellungen im Laufe von Jahrzehnten zusammentrug und sich gut mit Volksmedizin und verschiedenen Heilmitteln – einem der thematischen Aspekte des Museums – auskennt. Abgesehen davon, dass die Gäste hier selber ihre Wehwehchen heilen können, werden im Museum Vorstellungen vom Leben in Belarus vor Jahrhunderten und vom bäuerlichen Leben vermittelt. Hier kann man auch gewebte Gürtel, die nach alten belarussischen Traditionen hergestellt werden, in Auftrag geben und erwerben. Ausstellungen u. a.: Schriftsteller der Hrodna-Region, Weben und Sticken, Erzeugnisse aus Stroh, Töpfern. Außerdem kann man sich in einem Webzirkel mit dieser Handwerksart vertraut machen (vul. Centralnaja 7, Tel. +375/ (0)1515/38782, Mo–Fr 9–18, Sa/ So 9–17; Feiertags geschlossen, www. gudevichi-muzey.narod.ru/ (blr.).

Lunna

Lunna (blr. Лунна; russ. Лунно) war einst ein jüdisches Schtetl. Noch vor dem Krieg waren 60 Prozent der Einwohner Juden. Ein alter **jüdischer Friedhof** zeugt noch davon. Charakteristisch für jüdische Schtetl in Belarus des 18./19. Jahrhunderts waren Holzsynagogen, große, geräumige Bauten mit Steildach, ohne Türme, oft mit einer Galerie oder Anbauten, die ein eigenes Dach hatten. Die Holzsynagoge in Lunna (um 1800) wurde 1942 von den Nazis niedergebrannt. Die deutschen Okkupanten richteten im benachbarten Städtchen **Volia** ein Ghetto ein (1941/42) und legten die beiden Orte Lunna und Volia zusammen. (Volia hat übrigens zynischerweise die Doppelbedeutung Freiheit und Wille.). Den Holocaust überlebten nur 15 Bewohner aus Lunna. Einem Juden aus Lunna gelang es vor seinem Tod in Auschwitz, Erinnerungen, die er aufgeschrieben hatte, zu verstecken; diese wurden nach der Befreiung des KZ gefunden und publiziert.

Ein **Gedenkstein** (2006) auf der vul. Kirava erinnert heute an den Holocaust – auf einer **Gedenktafel** steht auf Jiddisch geschrieben: Ewiges Gedenken den 1459 Einwohnern des Städtchens Lunna, die im Großen Vaterländischen Krieg unschuldig ermordet wurden.

Die katholische **Annakirche** (1782; Spätklassizismus; rekonstruiert 1895) im Zentrum des Ortes, besteht aus einem rechteckigen Gebetsaal und einer fünfseitigen Apsis sowie zwei Sakristeien mit Galerien. Die Apsis ist der einzige Gebäudeteil, der den Umbau 1895 ohne Veränderungen überstand. Das Gemäuer ist mit Bruchstein ummantelt, die Zierelemente sind weiß. Innen hat die Kirche Holzdecken sowie sieben neogotische Altäre, angefertigt von örtlichen Handwerkern.

 Lunna und Hudzevičy

Lunna liegt an der Kreuzung P41/P44. Um nach Hudzevičy zu gelangen, fahren Sie bis nach Lunna und von dort weiter über die H6012.

Nach Lunna: Ab Hrodna (Fahrzeit ca. 50 Min), täglich ca. 11.30 und 16.40 (Fahrzeit ca. 5 Stunden). Anreisemöglichkeiten auch ab Masty, Vaŭkavysk, Slonim, Zelva, Pinsk.
Nach Hudzevičy: Busse nur Di, Fr. Sa, So ab Hrodna und Masty. Oder einfach zu Fuß ab Lunna (ca. 12 km).

Das ehemalige jüdische Schtetl Lunna

Hrodna und Hrodnaer Gebiet

Die Johanneskirche in Lunna

Vaŭkavysk

Die Vermutung liegt nahe, dass sich der Name **Vaŭkavysk** (blr. Ваўкавыск; russ. Волковыск) auf heulende Wölfe bezieht, bedeutet doch das Wort voŭk/воўк (blr.) bzw. волк/volk (russ.) Wolf. Diese Deutung wird durch das **Stadtwappen**, einen silbernen zurückschauenden Wolf auf blauem Grund, gestützt. Jedoch liegt Vaŭkavysk am Fluss Vaŭkavyja (blr. Ваўкавыя; russ. Волковыя), der der Stadt ihren Namen gab, und Namen von Gewässern sind meist viel älter und geben neu entstehenden Siedlungen ihen Name, wie das in Belarus oft der Fall ist.

Die Stadt mit etwa 44 000 Einwohnern liegt an der Mündung der Vaŭkavyja in den Fluss Ros', welcher wiederum ein Nebenfluss des Njoman ist. Historisch gesehen befand sich Vaŭkavysk auf drei Hügeln: Auf dem sog. Schwedischen Berg, dem Burghügel, und dem Burgwall, genannt Muravelnik (Ameisenhaufen). Hier entstanden zunächst drei unbefestigte Siedlungen, die vom 10. bis zum 14. Jahrhundert existierten. Archäologische Funde zeugen von Handwerkskunst auf hohem Niveau sowie von Handelsbeziehungen mit der Dneprregion und Wolhynien. Es wurden Waffen, Kriegsrüstungen, Kleidung und Schuhwerk, Geschirr und Spirituosen hergestellt, Bier gebraut. Besichtigen kann man heute noch den Schwedischen Berg und den ›Ameisenhaufen‹.

Im Jahre 2005 feierte die Stadt ihren tausendsten Geburtstag, wird sie doch 1005 zum ersten Male urkundlich erwähnt, und zwar in der Turaŭer Chronik. Als ‚offizielles‘ Gründungsdatum jedoch gilt das Jahr 1252, da die Stadt in der Hypatiuschronik genannt wird. Im 13. Jahrhundert gab es das Fürstentum Vaŭkavysk, das von Galizien-Wolhynien im Süden und den litauischen Fürsten im Norden umkämpft wurde. Ab Anfang des 14. Jahrhundert gehörte es zum Großfürstentum Litauen.

Während der Kriege im 17./18. Jahrhundert brannte die Stadt mehrmals ab. Im Jahr 1795 (Dritte polnische Teilung) ging sie an Russland. 1812 wurde die Stadt von französischen Truppen besetzt und zerstört. Der Anschluss von Vaŭkavysk an das Eisenbahnnetz über die Eisenbahnstrecke Baranavičy–Białystok (1885) förderte Wirtschaft und Industrie, im Jahre 1891 waren 19 Fabriken verzeichnet.

■ Stadtrundgang

Von der tausendjährigen Geschichte der Stadt ist heute leider nicht mehr viel zu sehen. Die Hauptsehenswürdigkeiten sind heute die katholische Waclaw-Kirche, die orthodoxe Nikolaikirche und das sog. Bagration-Haus.

Das einstöckige Gutshaus (1805; Klassizismus) in der vul. Bahraciëna 10), das sog. **Bagration-Haus**, ist ein gutes Beispiel für belarussische Holzarchitektur. Hier befand sich 1812 das Hauptquartier von Pjotr Bagration, dem Befehlshaber der Zweiten Westarmee. In der

Karte vordere Umschlagklappe ▲

zweiten Hälfte des 19. Jahrhunderts war hier das städtische Krankenhaus untergebracht, danach ein Seniorenheim. Zu Beginn des 20. Jahrhunderts befand es sich in privatem Besitz. Im Zweiten Weltkrieg wurde es teilweise zerstört, 1949 renoviert. Heute ist hier das **militärgeschichtliche Bagration-Museum** untergebracht. Vor dem Gebäude steht eine **Bagrationbüste**. Am Gebäude hängt auch eine **Gedenktafel**. Pjotr Bagration (1767–1812) war ein Fürst aus einer georgischen Königsdynastie und russischer Infanteriegeneral. Er sorgte für einen geordneten Rückzug der russischen Truppen in der berühmten Schlacht von Austerlitz (1805). 1812 war er Oberbefehlshaber der Zweiten Westarmee und befreite Belarus von den Franzosen. In der Schlacht von Borodino wurde er schwer verletzt, wenige Tage später starb er. Die sogenannte Operation Bagration (1944), eine Offensive gegen die deutsche Armee, die die Rückeroberung von Minsk zum Ziel hatte, jedoch erst an der Weichsel gestoppt wurde, wurde nach diesem Feldherrn benannt.

Die katholische **Waclaw-Kirche** (1846-48; Spätklassizismus) in der vul. Karla Marksa 25 ist dreischiffig und besteht aus zwei Türmen, einem Steintor und einer Grabkapelle. Sie hat eine rechteckige Apsis sowie zwei Sakristeien. Die Decke im Inneren ist aus Holz. Der Hauptaltar hat vier Säulen und ist mit Holzskulpturen verziert, Stuckornamenten und Fresken. Die Seitenaltäre sind dem Hauptaltar nachempfunden. Zudem befinden sich in der Kirche die Ikonen Geburt Christi und Der heilige Kasimir (18. Jh.). Das Gelände ist mit einer Mauer aus Bruchstein und einem Metallgitter umgeben.

Auf dem **Friedhof** daneben steht eine **Grabkapelle** (Mitte 19. Jh.).

Reizend sind die Häuser auf der **vul. Žoludzeva** (2. Hälfte 19. Jh. – Anf. 20. Jh) in der Nähe des Bahnhofes: Rot geklinkerte Backsteinbauten, die dem Viertel einen besonderen Flair verleihen.

■ **Hnezna**

Hnezna (blr: Гнезна; russ. Гнезно) ist ein Dorf mit etwa 500 Einwohnern. Es liegt an der P99 etwa vier Kilometer westlich von Vaŭkavysk. Hier stehen ein spätklassizistisches Landgut, die gotische katholische Kirche des Heiligen Erzengel Michaels und eine gotische orthodoxe Kirche.

Die **Kirche des Heiligen Erzengels Michael** (um 1524), zu der eine Kapelle und eine Grabkapelle (Krypta) gehören, stellt ein seltenes Beispiel gotischer Kirchenbaukunst in Belarus dar, wobei aber der Übergang zur Renaissance erkennbar ist, und gehört mit einem Alter von fast 500 Jahren zu den ältesten Gotteshäusern im Land. Nach frühen Zeugnissen wurde die Steinkirche bereits 1121 gebaut; dieser historische Fehler mag daher rühren, dass der Ort im Bezirk Vaŭkavysk mit dem polnischen Gniezno verwechselt wurde.

Springbrunnen mit Wolf im Stadtzentrum von Vaŭkavysk

Mit der Übernahme des Dorfes durch Heranim Chadkevič einem Vertreter des Protestantismus, wurde die Kirche 1555 kalvinistisch (die Elemente der Renaissancearchitektur sind den Protestanten zu verdanken) und blieb dies bis 1643, danach wurde sie den Katholiken zurückgegeben. Die Sakristei und der Narthex wurden bei einem Brand 1839 zerstört und fehlen daher auf einem Gemälde von Napoleon Orda aus den 1860er Jahren.

Im Vergleich zu anderen gotischen Kirchen macht die Kirche in Hnezna einen relativ schlichten, lakonischen Eindruck. Es handelt sich um eine breite, einschiffige, rechteckige Kirche mit einem zweistöckigen Turm und einer dreiseitigen Apsis.

Im Inneren gibt es Ikonen und Skulpturen aus dem 17./18. Jahrhundert. Auf dem Gelände sind Grabdenkmäler aus dem 19. Jahrhundert/erste Hälfte 20. Jahrhundert erhalten.

Das **Landgut**, das dem Adelsgeschlechte der Romers (2. Hälfte 19. Jh.) gehörte, besteht heute noch aus dem Gutshaus (einschl. zweier Gebäudeflügel; alles noch gut in Schuss), zwei Steintoren, einem Pferdestall, einem Wirtschaftsgebäude und einem teilweise erhaltenen Park. Das rechteckige, einstöckige Gutshaus hat an der Hofseite ein Souterrain. In der Mitte der Hauptfassade gibt es eine Mansarde mit einem breiten Balkon auf vier massiven Säulen, die ein Bogenportal bilden.

Ein Teil des **Parks**, der auf der Nordseite vom Fluss Niatupa (Nebenfluss des Ros') und auf der Südseite von einer Straße begrenzt ist, hat einen Teich, der über einen Kanal mit dem Fluss verbunden ist, während sich der andere Bereich des Parks mit Parterre vor dem Gutshaus befindet.

 Vaŭkavysk

Vorwahl: +375/(0)1512

Vaŭkavysk liegt an der Kreuzung der Straßen P44, P99, P85.
Busverbindungen gibt es ab Minsk Haupt-/Ostbahnhof (Fahrzeit etwas mehr als vier Stunden; teilweise über Zelva), ab Hrodna (Fahrzeit ca. 2 Stunden), ab Brest (ca. 3 Stunden).
Direkte **Bahnverbindungen** gibt es ab Minsk, Baranaviču, Slonim, Zelva, Hrodna, Masty.

Hotel Berjozka, vul. Karla Marksa 7, Tel. 41296. Hier gibts auch ein Café. Übernachtung ab ca. 20 Euro.

Weitere Restaurants und Cafés findet man in der vul. Saveckaja, der vul. Lenina und der vul. Fabryčnaja.

Pjotr-Bagration-Militär- und Kriegsmuseum, vul. Bahraciëna 10, www.volkovysk.museum.by/en; tgl. außer Mo 10–17 Uhr. Jeden ersten Dienstag im Monat kostenloser Eintritt (nur individuell, ohne Museumsführung).

Der **Zentrale Markt** liegt in der vul. Fabryčnaja 18.

Voŭpa

Das Örtchen Voŭpa (blr. Boŭna; russ. Волпа) am Fluss Vaŭpjanka wurde im 15. Jahrhundert urkundlich zum ersten Male erwähnt, die erste Johannes-der-Täufer-Kirche wurde 1478 gebaut. So einige, die im Großfürstentum Litauen und in der Rzeczpospolita etwas galten,

Karte vordere Umschlagklappe ▲

Barocke Holzkirche in Voŭpa

hatten hier das Sagen: Nachdem der Ort eine Zeitlang den Halšaner Fürsten gehört hatte, wurde er im 16. Jahrhundert unter der polnischen Königin Bona Sforza zum Zentrum eines Starostwo (Verwaltungseinheit im damaligen Polen), 1624 kaufte Leŭ Sapieha den Ort für seinen Sohn Kasimir. 1792 wurde dem heutigen Dorf sogar das Magdeburger Stadtrecht verliehen. Voŭpa liegt an der P44 zwischen Hrodna und Vaŭkavysk und an der P100. Busse fahren ab Hrodna, Brest und Vaŭkavysk.

Bei der katholischen **Johannes-der-Täufer-Kirche** (1773; restauriert Ende 19. Jh.) handelt es sich um ein schönes Beispiel belarussischer barocker Holzarchitektur: Eine rechteckige Kirche mit Mittelschiff, mit zwei angebauten und in das Gebäude integrierten Kapellen sowie zwei Türmen. Die drei Altäre (zwei Seiten-, ein Hauptaltar) sind aus Holz. Der Hauptaltar (1. Hälfte 17. Jh.), den seinerzeit Leon Sapieha (Sohn von Leŭ Sapieha) gestiftet hatte, ist reich mit Schnitzarbeiten geschmückt. Charakteristisch ist der Kontrast zwischen dem Schwarz der Altaroberfläche und dem Gold des Schnitzwerkes und der Skulpturen. In der Kirche werden Ikonen aus dem 17. bis 19. Jahrhundert aufbewahrt. Im Anbau befindet sich der mit Skulpturen und Schnitzereien geschmückten Altar der Gottesmutter von Ružany.

Sehr hübsch und in der Tat wie ein richtiges Schiff aussehend, ist die orthodoxe **Peter- und Paulskirche** (1859) – auch sie ist ein typisches Beispiel belarussischer Holzarchitektur.

Svislač

Svislač (blr. Свіслач; russ. Свислочь) ist ein Toponym, dem man in Belarus öfter begegnet: Es gibt zwei Flüsse dieses Namens, von denen der eine durch Zentralbelarus und durch Minsk fließt in die Bjarezina mündet. Außerdem tragen zwei Dörfer sowie diese Stadt ca. 90 Kilometer südlich von Hrodna diesen Namen. In der Stadt Svislač stand der ehemalige Palast der Magnatenfamilie der Tyszkiewicz (heute erhalten ist noch der Park mit zwei Teichen), eine von zwei erhaltenen Stalin-Statuen ›in freier Wildbahn‹, und der Aufständische Kastus Kalinoŭski (→ S. 29) drückte hier die Schulbank. Das örtliche

Die Allee der Denkmäler

Gymnasium war im 19. Jahrhundert überhaupt ein Hort demokratisch-revolutionärer Geister.

Von der zweiten Hälfte des 18. Jahrhunderts bis 1831 gehörte der Ort den Tyszkiewicz. Graf Wincenty Tyszkiewicz ließ hier einen Palast bauen und den Park anlegen. Um 1800 betrieben die Tyszkiewicz hier ein Amateurtheater. Ab 1795 (Dritte Teilung der Rzeczpospolita) gehörte die Stadt zu Russland. 1805 wurde ein Gymnasium gegründet, dessen Lehrer und Schüler Kontakte in die Revolutionärenszene (auch nach Vilnius) unterhielten und die 1851 in eine Adeligenschule umgewandelt wurde.

Der Schriftsteller und Philosoph Valjancin Akudovič wurde 1950 in Svislač geboren. 2013 erschien in deutscher Sprache sein Buch ›Der Abwesenheitscode: Versuch, Weißrussland zu verstehen‹ (Suhrkamp).

■ Stadtrundgang

Die Stadt ist sehr übersichtlich und ruhig, mit dem Auto braucht man kaum zehn Minuten von einem Ende zum anderen. Unterwegs begegnet man zwar teilweise auch der charakteristischen Sowjetarchitektur, aber es dominieren ein- bis zweistöckige Gebäude.

Einen Stadtrundgang beginnt man am besten am zentralen Platz, heute **pl. Lenina** (Leninplatz), mit dem obligatorischen **Lenin-Denkmal** (installiert 1946). Gegenüber beginnt ein kleiner Boulevard, der im Volksmund einfach nur **Allee der Denkmäler** genannt wird. Diese Straße liest sich wie eine Geschichte von Belarus: Hier stehen, von Osten (zentraler Platz) bis Westen das **Denkmal für die sowjetischen Soldaten**, eine **Leninbüste**, eine **Stalinbüste**, ein **Ramuald-Traŭhut-Denkmal** sowie ein **Denkmal für die Soldaten des nicht erklärten Krieges** (Afghanistankrieg). Einzig ein Platz ist leer: Hier stand noch bis vor einigen Jahren eine **Kastus-Kalinoŭski-Büste**. Was mit dem Monument passiert ist, weiß niemand – vermutlich gestohlen. Zum Glück hatte Svislač zwei **Kalinoŭski-Denkmäler**: Am zentralen Platz (gegenüber der Alle./vul. Lenina) steht eine weitere **Kalinoŭski-Büste** (1958).

Romuald Traugutt (1826–1864) war ein polnischer General, der zunächst

Am pl. Lenina

in der russischen Armee diente und an mehreren Feldzügen teilnahm. Beim Aufstand 1863/64 befehligte er die polnischen Truppen, wofür er 1864 in Warschau gehängt wurde. Auch er war Schüler des **Gymnasiums**, das am Ende des Boulevards steht, ein kleines, gelb verputztes Gebäude auf der linken Seite: Hier gingen die Brüder Kastus' und Viktar Kalinoŭski zur Schule. Auch der belarussische Maler Napoleon Orda drückte hier die Schulbank. Das Gymnasium wurde 1802/03 erbaut, initiiert und finanziert von Graf Tyszkiewicz. Erhalten ist heute noch der rechte Flügel. Die Schüler und Lehrer unterhielten Kontakte in die revolutionäre Szene, gründeten hier auch Geheimorganisationen mit Kontakten zu Studentenorganisationen der Universität Vilnius. 1824/25 wurden sämtliche Geheimbünde aufgelöst und ihre Teilnehmer verhaftet, verurteilt und zwangsrekrutiert. Die Schüler beteiligten sich auch aktiv am Aufstand von 1863/64 unter Kastus Kalinoŭski. Nach der Verlegung des Gymnasiums nach Šiauliai (heute Litauen) wurde hier das Lehrerseminar untergebracht. In der Nachkriegszeit wurde fast die ganze Anlage abgetragen. Sie musste dem neuen Bezirkskrankenhaus, welches heute die gesamte linke Seite der Allee einnimmt, weichen. Der erhaltene rechte Gebäudeflügel des ehemaligen Gymnasiums gehört heute ebenfalls zum Krankenhaus. Bei der Ortseinfahrt (von Hrodna kommend, vul. Kamsamsol'skaja) kommt man linkerhand übrigens an einem großen **orthodoxen Friedhof** vorbei, in dessen Zentrum eine kleine **Kapelle** die Anlage dominiert, die 1884 als Grabkapelle der Tyszkiewicz und als orthodoxe Kreuzerhöhungskirche gebaut wurde. Rechts von der Kapelle (nördliche Seite) kann man das Grab von Viktar Kalinoŭski besuchen.

Der barfüßige Recke am Stadtrand von Svislač

Entfernt man sich weiter vom Zentrum und geht weiter geradeaus, so erreicht man nach gut 300 Meter den **Park** (18. Jh.) am linken Svislač-Ufer mit dem **Landgut der Tyszkiewicz**. Die Tätigkeit von Graf Wincenty Tyszkiewicz ist ebenfalls mit dem Gymnasium verbunden, gingen einige Schüler hier doch ein und aus. Teilweise erhalten ist auch die Steinmauer, die das Anwesen umgibt. Die Svislač fließt durch den Park, hier gibt es zwei Teiche sowie ein Stadion. Das eigentliche Gutshaus, das etwas abseits stand, ist nicht mehr erhalten. Es war ein zweistöckiger Holzpalast mit großen Paradesälen, zwölf Wohnräumen, einem Café. Im Park stand auch das Theatergebäude. Das heutige Holzhaus im Park hat mit dem ursprünglichen Anwesen nichts zu tun. Der Park ist mit 10 Hektar einer der größten dieser Art in Belarus. Hier standen Wirtschaftsgebäude, eine Orangerie, eine Menagerie sowie Pavillons.

Hrodna und Hrodner Gebiet

Außerhalb der Stadt an der Umgehungsstraße (Ende vul. Saveckaja) steht ein etwa zwölf Meter großes Monument: Der **Recke** (blr. Asilak/Асіпак), als symbolhafter Beschützer von Belarus, im Volksmund auch ›der Barfüßige‹ genannt. Dieser Recke richtet seinen Blick gen Westen – in die Richtung, aus der im Krieg die Gefahr kam. Ein Symbol für das einfache belarussische Volk, in ein einfache Hemd gekleidet und barfuß, das Schwert auf den Boden gesenkt als Zeichen für Friedfertigkeit, aber doch jederzeit kampfbereit. Auf gusseisernen Tafeln stehen die Namen der Landsleute, die unter deutscher Besatzung umkamen. Das Monument wurde 1989 zum 45. Jahrestag der Befreiung installiert.

ℹ Svislač

Vorwahl: +375/(0)1513
Internet: www.svisloch.grodno-region.by
(Rajon-Verwaltung; nur russ.)

Restaurant Belovežskij, vul. Kamsamolskaja 4. Im Sowjet-Stil. Gegenüber vom Restaurant (andere Straßenseite) gibt es auch eine noch einfachere Kantine.

🚌 🚃

Mit dem **Bus** ab Minsk Ostbahnhof/Hauptbahnhof täglich außer Di ca. 16.30 oder ca. 17.40 (Fahrzeit ca. fünfeinhalb Stunden). Mehrere Busse täglich ab Hrodna (Fahrzeit ca. zwei Stunden), Brest (ca. drei Stunden), Vaŭkavysk (ca. 50 min).
Mit der **Elektritschka** nur ab Vaŭkavysk (drei Züge täglich, ca. 7, 12.20, 20.20; Fahrzeit ca. eine Stunde).

🚌 🚃

Mit dem **Bus** ab Minsk Ostbahnhof/Hauptbahnhof täglich außer Di ca. 16.30 oder ca. 17.40 Uhr (Fahrzeit ca. fünfeinhalb Stunden). Mehrere Busse täglich ab Hrodna (Fahrzeit ca. zwei Stunden), Brest (ca. drei Stunden), Vaŭkavysk (ca. 50 min).
Mit der **Elektritschka** nur ab Vaŭkavysk (drei Züge täglich, ca. 7, 12.20, 20.20; Fahrzeit ca. eine Stunde).

🛏 🍴

Hotel Svislač (russ. Svislač'), vul. Kastusja Kalinoŭskaha 7, Tel. 21360, 33010. Übernachtung ab. ca. 10 Euro pro per Person.

🏛

Historisch-landeskundliches Museum, vul. Lenina 8. Untergebracht in einem der ältesten Häuser der Stadt (Anf. 20. Jh.).

Zelva

Die etwa 8000 Einwohner zählende Stadt Zelva (blr. Зэльва; russ. Зельва) liegt sehr malerisch an einem großen **Stausee**, der die Stadt mit Wasser versorgt und für die Einheimischen ein beliebtes Naherholungsgebiet darstellt, sowie am Fluss Zalvjanka (russ. Zelvjanka/Зельвянка). Außerdem ist Zelva Heimat der Dichterin Larysa Henijuš.
Die Hauptstraßen im Zentrum sind die **vul. Puškina**, die im Norden dann weiter als **vul. Vakzalnaja** Richtung Bahnhof führt (im Norden), sowie die **vul. Pera-**mohi, die das Zentrum mit dem Stausee und dem Park verbindet (im Süden).
Die **katholische Dreifaltigkeitskirche** (1912/1913; Neogotik) aus Ziegelstein ist dreischiffig und hat zwei hohe Türme mit schmalen halbkreisförmigen Fensteröffnungen. Ein kleines Türmchen über der fünfseitigen Apsis endet mit Spitzdach. Der Haupteingang an der Vorderfassade ist als offene Galerie mit breiten halbkreisförmigen und Spitzbögen gestaltet, die dem Gebäude eine Ähnlichkeit mit einer mittelalterlichen Kirche verleihen.

◄ **Karte vordere Umschlagklappe**

Ortseinfahrt von Zelva

Die **orthodoxe Dreifaltigkeitskirche** (1815, umgebaut 1909) im Stil des Klassizismus mit neobyzantinischen Elementen steht an der Ecke vul. Saveckaja/vul. Kastryčnickaja und wurde regelmäßig von Larysa Henijuš besucht. Es handelt sich um einen kompakten, rechteckigen Bau (einschiffig) mit halbrunder Apsis, quadratischem Glockenturm mit Zwiebeldach und einer kleinen Kuppel auf einem Tambour darunter.

Weitere Sehenswürdigkeiten sind die **Wassermühle** (Ende 19. Jh./1. Hälfte 20. Jh.) in einem Holzhaus, die noch bis vor einiger Zeit mit einem Elektromotor betrieben wurde, mittlerweile aber etwas verfallen ist, das **Bahnhofsgebäude** (1. Hälfte 20. Jh.) sowie das **Haus von Larysa Henijuš** (1. Hälfte 20. Jh.?), ein Holzhaus gegenüber der orthodoxen Kirche), in dem die Dichterin mit ihrem Mann nach ihrer Rückkehr aus dem Exil 1956 bis zu ihrem Tode 1983 lebte. Ein Museum ist in dem Häuschen, in dem heute drei Familien wohnen, leider nicht untergebracht. An der orthodoxen Kirche (gegenüber vom Wohnhaus) steht ein **Larysa-Henijuš-Denkmal**. Larysa Henijuš (1910–1983), vor allem als Verfasserin von Gedichten bekannt, hatte kein einfaches Los: Im Ausland setzte sie sich als politische Aktivistin für ein unabhängiges Belarus ein und wurde dafür nach dem Krieg mit Lagerhaft und einer Art innerer Migration bestraft. Sie durfte die Sowjetunion nach ihrer frühzeitigen Haftentlassung nicht mehr verlassen und blieb bis zu ihrem Lebensende in Zelva. Aus Sicht der heutigen Behörden im Ort ist Larysa Henijuš nach wie vor eine Staatsfeindin; Veranstaltungen wie Buchpräsentationen oder Lesungen werden meistens verboten. Treffpunkt für Literaturfans ist das Larysa-Henijuš-Denkmal an der orthodoxen Kirche gegenüber vom Wohnhaus der Dichterin.

Hrodna und Hrodnaer Gebiet

🚌 🚆 **Zelva**

Man erreicht den Ort ab Hrodna über die P44/P99 und P78, ab Minsk über die M2 Minsk–Brest und ab Baranaviču über die P99 über Slonim.

Busse fahren ab Minsk Hauptbahnhof/Ostbahnhof (Fahrzeit ca. 3,5 Std.), ab Hrodna (Fahrzeit ca. 2 Std.). Anreisemöglichkeiten auch ab Vaŭkavysk, Slonim, Baranaviču, Navahrudak, Salihorsk.

Am Stausee von Zelva

Bahnverbindungen gibt es ab Hrodna, Baranaviču, Minsk, Slonim und Vaŭkavysk.

Pridorožnyj service, vul. Šašovaja 29 (P99), Tel. +375/(0)1564/25701. Das Hotel befindet sich direkt an der Durchgangsstraße P99 und bietet einen Ausblick auf den Stausee. Übernachtung ca. 15 Euro pro Person.

Slonim

Die schon im 11. Jahrhundert entstandene und 1252 als Uslonim/Vslonim erstmals erwähnte Stadt (Magdeburger Stadtrecht 1531) am Fluss Ščara zählt heute ca. 51 000 Einwohner. Der Ortsname Slonim (blr. Слонім; russ. Слоним) kommt wahrscheinlich vom altslawischen ›slona‹, ›vslona‹, was so viel bedeutet wie Absperrung, Hindernis und auf den ursprünglichen Befestigungsposten hindeuten mag. Eine andere, nette, aber eher unwahrscheinliche Hypothese erklärt die Herkunft des Namens mit dem Wort ›slon‹ (Elefant), da eine Legende besagt, dass man hier in der Frühzeit angeblich Elfenbein (Mammutknochen) gefunden habe.

Slonim ist außerordentlich multikonfessionell geprägt: Neben katholischen und orthodoxen Kirchen gab es hier eine große jüdische Gemeinde und bis heute auch Moslems (Tataren). Zudem ist die Stadt ein altes Zentrum des Weberhandwerks – hier gab es Webereimanufakturen, die den Ogińskis (s. Ogiński-Kanal)

gehörten. Die meisten Häuser im Stadtzentrum wie das Bank- und das Postgebäude wurden um 1900 gebaut.

Im 12./13. Jahrhundert entwickelt sich die Stadt zu einem Handwerks- und Handelszentrum. Ab 1586 gehörte die Stadt Leŭ Sapieha. Nach der Lubliner Union (1569) und der Kirchenunion von Brest (1596) lassen sich hier katholische Orden nieder: Bernhardiner (Männer und Frauen), Benediktinerinnen, Franziskaner, Dominikaner u. a. bauen hier ihre Klöster (17./18. Jh.), die Teil der Stadtbefestigungsanlagen werden.

Eng verbunden ist die Stadtgeschichte mit dem Namen des Adelsgeschlechtes der Ogiński. Fürst Michail Kazimir Ogiński (ca. 1730–1800), Starost, war für den wirtschaftlichen Wiederaufbau nach dem russisch-polnischen Krieg (1654–1667) verantwortlich. Er baute Manufakturen, Geschäfte, Häuser für die Angestellten und ließ eine Wasserleitung legen. Vor allem aber machte er sich als Förderer der Kunst einen Namen. 1768 wurde der alte Palast abge-

rissen. An seine Stelle trat ein Architekturensemble (1770er Jahre) bestehend
aus Palast, Manege, Orangerie, Wohnhäusern für Bedienstete und Gäste sowie einem Park. Der neue Palast war
reich und üppig geschmückt, architektonischer Mittel- und Höhepunkt war
der im Rokokostil gestaltete Saal der
Göttinnen. Im 19. Jahrhundert verfiel
die Anlage und wurde in den 1940er
Jahren abgetragen. Um 1777 gründete Ogiński eine Druckerei und rief
eine Kapelle und eine Theatergruppe
ins Leben – das Theater, an das auch
eine Ballett- und eine Musikschule angeschlossen waren, entstand um 1770.
Die Pusloŭskis förderten schließlich im
19. Jahrhundert die Industrie und ließen im Vorort Albertin (→ S. 331) neue
moderne Manufakturen bauen.

Am Ogiński-Kanal in Slonim

1885 wurde Slonim an das Eisenbahnnetz angeschlossen und ist seitdem ein
wichtiger regionaler Eisenbahnknotenpunkt.

■ **Ogiński-Kanal**
Der etwa 55 Kilometer lange Ogiński-
Kanal wurde zwischen 1767 und 1782
auf Initiative von Michail Ogiński gebaut. Er verbindet die Flüsse Jasel'da
und Ščara und ermöglichte die Schifffahrt vom Njoman bis zum Dnepr und
verband somit die Ostsee mit dem
Schwarzen Meer, wodurch die wirtschaftliche Bedeutung der Stadt wuchs.
Es gab zwei Häfen entlang des Kanals,
alle zwei Tage fuhren Dampfer auf der
Strecke Pinsk–Slonim und Pinsk–Celja-
chany (heute Brester Gebiet). Im Zusammenhang mit dem Theater diente
der Kanal in Slonim auch als natürliches
Bühnenbild. Im Ersten Weltkrieg zerstört, wurde er in der Zwischenkriegszeit, als dieser Teil von Belarus zu Polen gehörte, modernisiert und wieder
genutzt. Nach dem Zweiten Weltkrieg

verfiel die Anlage endgültig. Der Kanal
ist an manchen Stellen nur zehn Meter breit und nur 50 Zentimeter tief, so
dass es kaum vorstellbar erscheint, dass
das Gewässer jemals schiffbar gewesen
sein soll. Trotzdem: Ein Ausflug lohnt
sich immer, zumal der Kanal direkt am
See Vyhanaščnskae (Vyjanaŭskaje – es
gibt zwei Namen für diesen See) im Rajon Ivacevičy (ungefähr zwischen Pinsk,
Baranavičy und Ivacevič, Brester Gebiet) liegt. Eine touristische Infrastruktur entlang des Kanals ist allerdings
nicht vorhanden.

■ **Stadtrundgang**
Den historischen Stadtkern mit einigen
interessanten Gebäuden bildet der Leninplatz mit dem obligatorischen Lenindenkmal (1950) zusammen mit den
umliegenden Straßen (linksseitig des
Flusses). Hier stehen die Überbleibsel
einer früheren Wohnanlage aus der
Zeit der Jahrhundertwende (um 1900),
vor allem das ehemalige Rathaus (18.
Jh.), das sich an der Kreuzung vul. Sa-
veckaja/Peršamajskaja (vul. Saveckaja
6) befindet – hierbei handelt es sich
um ein zweistöckiges barockes Gebäude mit Pfeilern aus dem 18. Jahrhundert –, aber auch eine Stadtvilla. Das

Das Gebäude des Theaters

turmlose **Rathaus** sieht eher aus wie ein gewöhnliches Verwaltungsgebäude und fällt architektonisch kaum auf. Das Gebäude bildete zusammen mit Dienstgebäuden einen geschlossenen rechteckigen Hof. Im Inneren gab es einen Sitzungssaal sowie Räume für den Polizeimeister, für das Gericht, das Archiv, ein kleines Gefängnis u. a. Heute ist hier die **Jakub-Kolas-Bezirksbibliothek** mit dem **Museum des Belarussischen Buches** untergebracht: Ein kleines Museum zum Schaffen von Jakub Kolas sowie zum literarischen Leben der Slonim-Region (u. a. Leben und Werk des Schriftsteller Valjancin Taŭlaj, 1914–1947, sowie Aleh Lojka, 1931–2008).

Etwas weiter nördlich, auf der vul. Kamsamolskaja 25 liegt eine **Stadtvilla** (1. Hälfte 19. Jh.; Spätklassizismus), die sich auf einem Hof befindet: Der mittlere zweistöckige Gebäudeteil mit wuchtigem, hohem Eingangsportal (mit vier Säulen und einem dreieckigen Giebel) wird flankiert von zwei einstöckigen Seitenflügeln. Der symmetrische, rechteckige Bau steht auf einer hohen Sockeletage und ist durch ein Walmdach gekrönt.

Zu diesen Gebäuden gehören auch einige **weitere Wohnhäuser** auf dem pl. Lenina sowie den umliegenden Straßen: vul. Vasi Krajnjaha, vul. Janki Kupaly und vul. Puškina. Zu nennen wären vor allem die Gebäude pl. Lenina 1, ein eckiges, zweistöckiges, irgendwie auch farbenfrohes Gebäude – heute ist dort das **Landeskundemuseum** untergebracht, **Handwerkshäuser** (pl. Lenina 7, 9, 11), pl. Lenina 6, vul. Janki Kupaly. 5, vul. Puškina 8 und vul. Vasi Krajnjaha 5, sowie ein ehemaliger **Gasthof** (vul. Saveckaja 10; 2. Hälfte 18. Jh.).

Am pl. Lenina liegt das **Iosif-Stabroŭski-Landeskundemuseum**. Das für das Museum wohl wichtigste Exponat ist der **Slonimer Götze**, eine heidnische Gottheit, die man 1937 am Stadtrand fand (und die wohl von den Dregowitschern, 10.–13. Jh., stammt). Das Museum ist benannt nach seinem Gründer, Iosif Stabroŭski, einem hiesigen Historiker und Archäologen.

■ **Die Kirchen von Slonim**

Eine besondere Rolle im Stadtbild von Slonim spielen die Kirchen, die, zusammen mit der Hauptsynagoge, eine Zeitlang zum Befestigungssystem der Stadt (Verteidigung gegen Angriffe) gehörten.

An der vul. Horkaha (vul. Janki Kupaly 42; im Dreieck mit vul. Janki Kupaly/ vul. Kasmanaŭtaŭ; rechte Flussseite) steht die katholische **Andreaskirche** (1775; Spätbarock), zu der auch ein (ehemaliges) **Spital** und ein **Klostergebäude** gehören und die einen wichtigen Teil des historischen Stadtzentrums ausmacht; außerdem stellt sie ein gutes Beispiel für den sogenannten Wilnaer Barock dar. Dieses spätbarocke Architekturdenkmal aus Ziegelstein wurde erst in den 1990er Jahren restauriert und wieder der katholischen Gemeinde zurückgegeben. Nach dem Zweiten Weltkrieg diente die Kirche erst als Getreide-, dann als Salzlager, das Salz trug seinen Teil zur Zerstörung der alten Fresken bei.

Die barocke **Dreifaltigkeitskirche** (1639–1645) am linken Ščara-Ufer (vul. Vasi Krajnjaha 23), die heute orthodox ist, war einst Gotteshaus des **Bernhardinerordens**, zu dem auch ein **Kloster** (Mitte 18. Jh.) gehört (vul. Vasi Krajnjaha). Nachdem die Bernhardiner 1630 nach Slonim eingeladen worden waren, wurde die Kirche als Stützpunkt im Stadtbefestigungssystem gebaut. Das Kloster existierte bis 1864. Auf der Südseite der Kirche steht das hufeisenförmige zweistöckige ehemalige, aus Ziegel gefertigte **Klostergebäude** (1749), das 1870 zu einem Priesterseminar umgebaut wurde.

Das **Bernhardinerinnenkloster** (vul. Peršamajskaja 11) wurde um 1640 gegründet und existierte bis 1850. Die Anlage vereinigt in sich Barock-, Rokoko- und Klassizismuselemente. Das Gelände war umgeben von einer robusten Mauer mit barockem Einfahrtstor (nicht erhalten) und hat sich seit dem 17. Jahrhundert kaum verändert. Die ursprüngliche Holzkirche (1645) war schon bei einem Brand 1656 zerstört worden. Die heutige Mariä-Empfängnis-Kirche (1664–1670; Barock) entspricht der örtlichen Architekturschule: Sie ist einschiffig, hat eine halbrunde Apsis und einen pompösen Turm, der über der Stadt in den Himmel ragt, dreigliedrig mit für das Barock typischen Verzierungen. Innen besitzt die Kirche einen Hauptaltar und vier Seitenaltäre sowie einen Beichtstuhl nach Entwürfen des schlesischen (deutschstämmigen) Architekten (und Begründer des Wilnaer Barock) Johann Christoph Glaubitz.

Die barocke Dreifaltigkeitskirche

Auch die Protestanten waren in Slonim einst gut vertreten. An der Stelle der heute orthodoxen **Erlöser-Verklärungskathedrale** (1994–2005; vul. Puškina 2) wurde von 1635 bis 1650 die evangelische (lutherische) Corpus-Christi-Kirche errichtet, zu der auch ein Kloster gehörte. 1846 kam sie in die Hände der Orthodoxen und wurde 1849 bis 1851 entsprechend umgebaut und mit einem Glockenturm versehen. Die beiden Weltkriege überlebte die Kirche, wenn auch teilweise zerstört, die Ära des Kommunismus bedeutete aber das Ende: 1963 wurde sie gesprengt. Beim heutigen Prachtbau, der an der Stelle der alten, zerstörten Kirche steht, handelt es sich um eine ganz neues Gebäude der Postsowjet-Ära, architektonisch jedoch dem ›Original‹ nachempfunden. Mit 45 Metern Höhe ist es die größte Kirche im Hrodnaer Gebiet. Auf dem Hof wurde 1991 ein Gedenkkreuz aufgestellt.

Der **Alte Friedhof** befindet sich auf der vul. Ružanskaja (westlich vom Zentrum, stadtauswärts). Hier gibt es auch einen Friedhof polnischer Soldaten (1919–1921) und einen Friedhof der Soldaten des Ersten Weltkrieges. Vom Zentrum

Die orthodoxe Erlöser-Verklärungskathedrale mit Lenin

aus ist der Friedhof auch zu Fuß gut zu erreichen.

Einen **deutschen Soldatenfriedhof** (mit Gräbern aus dem Ersten Weltkrieg) findet man auf der vul. Internacyjanalnaja (vul. Čyrvonaarmejskaja stadtauswärts und dann fast am Ende).

Einen **Friedhof der Soldaten des Ersten Weltkrieges** bietet auch der **tatarische** Friedhof, der in einem Waldstück nördlich der Stadt (Richtung vul. Padlesnaja) liegt und schwer zu finden ist. Am besten fährt man zunächst bis zum modernen Friedhof Roter Partisan (!!) am Ende der vul. Čyrvonych Partizan (Straße der Roten Partisanen) und nach diesem, am Ende der Straße biegt man in den Waldweg ein und läuft noch ca. zwei Kilometer. Der Friedhof ist von einem Zaun mit einem Eingangstor mit einem Halbmond umgeben.

Auf der vul. Ahinskaha 10 befindet sich ein unscheinbares Steingebäude (2. Hälfte 19. Jh.), in dem die 1994 eröffnete **Moschee** untergebracht ist.

■ Jüdisches Erbe

Slonim kann auf eine lange jüdische Tradition zurückblicken und ist bekannt für seine chassidische Rabbiner-Dynastie. Nachdem das Deutsche Reich 1939 in Polen eingefallen war und seine Schreckensherrschaft nach Osten ausweiten konnte, flohen viele Juden in die Sowjetunion bzw. nach Belarus, und da Slonim relativ nah im Westen liegt, blieben viele Flüchtlinge zunächst einmal hier, so dass die Zahl der Juden 1939 auf 27000 Personen anstieg – das waren fast 80 Prozent der Stadtbevölkerung. Das Slonimer Ghetto existierte von Juni 1941 bis Dezember 1942 und befand sich im Stadtzentrum (ungefähre Lage: die Wohnblocks um die Ščara und den Oginski-Kanal herum). In den ersten zwei Jahren der Okkupation wurden schätzungsweise 25000 Juden aus der Stadt und der Region ermordet. Aufgrund von Warnungen einer örtlichen Partisaneneinheit gelang im Juni1942 etwa 170 Juden die Flucht in die Wäl-

Karte vordere Umschlagklappe

der. 1994 wurde auf dem ehemaligen jüdischen Friedhof eine **Gedenkstätte für die Opfer des Holocaust in Slonim** eingerichtet. Dieser jüdische Friedhof, der in Slonim einzig noch erhaltene, befindet sich auf der vul. Bresckaja (westlich vom Zentrum).

Die ursprüngliche zentrale **Synagoge** der Stadt (1642–1648; vul. Saveckaja/Marktplatz) gilt als älteste Synagoge des Landes. Bis 1940 diente sie der jüdischen Gemeinde als Gotteshaus und befindet sich seither in einem Zustand des Verfalls, die vor einigen Jahren begonnenen Restaurierungsarbeiten sind ins Stocken geraten. Nach dem Krieg wurde das Gebäude als Lager benutzt. Links neben der Hauptsynagoge sowie auf der **vul. Kamunistyčnaja (Nr.26)** stehen ebenfalls **zwei Häuser** (zweite Hälfte 19. Jh./Anf. 20. Jh.), die einst **Synagogen** waren. Die Architektur der Hauptsynagoge ist typisch für Belarus im 17. und 18. Jahrhundert. Sie sieht aus wie eine Basilika und hatte ursprüng-

lich auch Verteidigungsfunktion, erkennbar an den massiven, fast zwei Meter dicken Wänden, hohen Fensteröffnungen und Nischen, die als Schießscharten dienten – ein sehr kompaktes Gebäude. Die Hauptfassade schmückt eine große Rosette. Wandmalereien sind im Inneren teilweise noch erhalten. Auch die Bima (Ort, von dem aus die Tora während des Gottesdienstes gelesen wird) ist noch vorhanden.

■ Albertin

Am östlichen Stadtrand ist dieser Vorort von Slonim gelegen, wo sich das in klassizistischem Stile gehaltene **Landgut Albertin** (1. Hälfte 19. Jh.) am Fluss Isa befindet, das einst den Pusloŭskis gehörte (vul. Kalhasnaja 8).

Vojcech Pusloŭski förderte im 19. Jahrhundert die Industrie in der Stadt und gründete hier mehrere Manufakturen. Auf dem Gelände des Gutshofes ist heute immer noch die Papier- und Kartonagenfabrik Albertin ansässig. Das

Die Synagoge von Slonim

Anwesen ist in gutem Zustand erhalten, die Papierfabrik hat aber kein Geld zur Restaurierung, weshalb das Gut in absehbarer Zukunft veräußert werden soll. Bis heute stehen das Gutshaus (Winter- und Festpalais), Wirtschaftsgebäude, ein Pferdestall, ein Park mit dem See (von leibeigenen Bauern 1823 künstlich angelegt) sowie zwei Kirchen: Die katholische **Marienkirche** (1937) sowie die orthodoxe **Athanasius-von-Brest-Kirche** (1933) mit einem **Klostergebäude**. Der See, an dem es einen künstlichen Wasserfall gibt, ist von einem Strand gesäumt und stellt ein beliebtes Ausflugsziel dar.

Das **Winterpalais** hat sein Aussehen bis heute fast unverändert erhalten und beherbergt heute den Sportklub der Papierfabrik. Das **Festpalais**, das sich im Zentrum befindet, ist im Vergleich zu früher geringfügig verändert. Den Eingang, ein prachtvolles Portal mit vier Säulen, schmücken Löwenskulpturen. Vom Winterpalais aus führen Alleen durch den Park Richtung Fabrik und Richtung Wirtschaftsgebäude.

Das Sommerpalais als dritte Hauptkomponente dieses Gebäudeensembles steht zwar nicht mehr; aber dafür wurde seinem Fundament 2005 ein Jugendzentrum mit Hotel errichtet.

 Slonim

Vorwahl: +375/(0)1562
Internet:
www.slonim.grodno-region.by/en (Slonimer Bezirksverwaltung; russ., engl.)
www.gorodslonim.by (Informationsportal mit nützlichen Hinweisen zu Dienstleistungen in der Stadt wie Einkaufen, Ausgehen, Kultur usw.; nur russ.)
www.myslonim.com (ein weiteres Informationsportal zur Stadt; nur russ.)
Der **Tag der Stadt** wird jedes Jahr am **10.** Juli gefeiert – dem Tag, an dem die Stadt von den Nazis befreit wurde (10. Juli 1 1944).

Slonim liegt an der P99, ab Minsk erreichbar über die für Ausländer kostenpflichtige M1.
Busse fahren von Minsk Ostbahnhof (Fahrzeit ca. 3 Stunden). Ab Hrodna (Fahrzeit zwischen ca. zweieinhalb und 4 Stunden). Ab Brest Busbahnhof nur Freitags und Sonntags ca. 18.20 (Fahrzeit ca. 5 Stunden). Anreisemöglichkeiten auch ab Baranavičy.
Direkte **Zugverbindungen** gibt es ab Hrodna und Baranavičy. Von Minsk aus Umstieg in Baranavičy.

Hotel Ščara, vul. Peršamajskaja 19 (Zentrum), Tel. 21302. Übernachtung ab ca. 15 Euro. Mit Restaurant.
Hotel Venecija, vul. Bahraciëna 5, Tel. 24740, 25932. Übernachtung ab ca. 15 Euro. Nördlich des Zentrums am See.
Hotel Albertin, vul. Kalhasnaja 19, Tel. 32334. Übernachtung ab ca. 15 Euro.
Restaurant 101 etaž, vul. Čyrvonaarmejskaja 25. Günstige Speisemöglichkeit im Zentrum.

Iosif-Stabroŭski-Landeskundemuseum, pl. Lenina 1, www.museumslonim.grodno.by (blr., russ.); tgl. außer Mo 9–18 Uhr.
A. Žukovskij-Revolutions- und Kriegsmuseum, vul. Saveckaja 62. Typisches Kriegsmuseum.

Kossovskij Rynok (Markt), Kosaŭski Trakt 37.
Slonimer Fabrik für Kunstartikel, vul. Bresckaja 40, www.slonimfhi.by (russ.). Hier werden Textilien und andere Souvenirs hergestellt und auch verkauft. Wer den Kitsch nicht fürchtet, kann sich gerne mal umsehen.

Žyrovičy

Wer Slonim besucht, sollte auch einen Abstecher in das nur zehn Kilometer südlich liegende Žyrovičy (blr. Жыровічы, russ. Жировичи) unternehmen. Hier befindet sich eine der größten und ältesten Klosteranlagen des Landes, das **Mariä-Entschlafenskloster** (Uspenskij-Kloster) (17./18. Jh.; erste Erwähnung 1587). Besuchen Sie unbedingt eine der beiden Quellen und nehmen Weihwasser aus Žyrovičy mit nach Hause!

Das Kloster in Žyrovičy, einer der ältesten Städte in Belarus (heute mehr ein Dorf), liegt am Fluss Ščara; es war im 17. Jahrhundert eines der reichsten und größten in Belarus und Litauen. Heute ist es eines der wichtigsten geistigen Zentren der Orthodoxie in Belarus sowie ein beliebtes Ziel für Wallfahrer. Falls Sie gläubig sind oder sich für Religionsgeschichte interessieren, lohnt sich ein Besuch auf jeden Fall. Verpflegung vor Ort und Übernachtung sind bei vorheriger Anmeldung kein Problem (s. u.). Seit 1989 ist hier das Minsker Priesterseminar untergebracht. Das landeskundliche Museum Slonim unterhält einen **Ausstellungssaal** mit einer Dauerausstellung **seltener Bücher und Iko-**nen (vul. Saveckaja 56, tgl. außer Mo 10–19 Uhr). Zudem liegt dieser heilige Ort landschaftlich sehr reizvoll, etwas erhöht und abseits von der Hektik des Großstadtalltags.

Im Kloster wird die **Žyrovičyer Ikone der Gottesmutter Maria**, ein für Belarus sehr wichtiges Heiligtum aufbewahrt. Die Klosteranlage in ihrer heutigen Form entstand im 17./18. Jahrhundert. Die Klosteranlage am hohen Ščara-Ufer mit der massiven weißen **Mariä-Entschlafenskirche** (Uspenskij-Kathedrale), die sich zwischen grünen Hügeln und Wäldern hervorhebt, ist schon von weit außerhalb zu sehen. Die berühmte Ikone mit Silberrahmen befindet sich in der Mariä-Entschlafenskirche rechts vom königlichen Tor. Es ist die kleinste Marienikone überhaupt (5,6 x 4,4 cm). Freitags um 17 Uhr findet hier immer ein Gebet statt. Die Kirche ist auch berühmt für viele Heilungen. Unter der Kirche befindet sich die **Heilquelle**, die der Legende nach 1470 (beim Entdecken der Ikone) zu sprudeln begann.

Zu der Anlage gehören neben den Kirchen ein dreistöckiges Kloster mit Seminar, Mönchsklausen, ein Refektorium, eine Kapelle und zahlreiche weitere

Hrodna und Hrodnaer Gebiet

Das Mariä-Entschlafenskloster in Žyrovičy lohnt einen Besuch

Die Kirche der Erscheinung des Herrn im Mariä-Entschlafenskloster in Žyrovičy

Gebäude. Auch gab es hier eine kleine Druckerei, ein Garten mit Teichen an der Vichna, einem Zufluss der Ščara. Die **Georgskirche** (Holzkirche) befindet sich auf dem alten Friedhof in der Nähe des Klosters.

Das Kloster besaß eine umfangreiche Bibliothek mit seltenen Manuskripten, darunter auch das **Žyrovičyer Evangelium**, ein belarussisches Schriftdenkmal des 15. Jahrhunderts, welches sich heute in Litauen befindet. Der Besitz des Klosters wurde während des Ersten Weltkrieges nach Russland gebracht, die berühmte Marienikone, die während des Krieges in der Basilius-Kathedrale in Moskau Asyl fand, kehrte zu Beginn der 1920er Jahre zurück. Heute betreibt das Uspenskij-Kloster Landwirtschaft.

Die gesamte Klosteranlage bildet eine architektonische Einheit, die von der **Mariä-Himmelfahrtskirche** (1613–1650) dominiert wird. Es ist ein monumentaler Prachtbau mit zwei Türmen aus der Zeit des Barock, der sein heutiges klassizistisches Aussehen durch die Renovierung 1828 erhielt, mit drei Kirchenschiffen, einer halbrunden Apsis, einer Kuppel, einem **Glockenturm**.

Die **Kirche der Erscheinung des Herrn** ist im Grunde genommen eine Kapelle ohne Turm. Während die Hauptfassade reichhaltig verziert ist, sind die flachen Seitenwände sehr asketisch gehalten. Unter der Kirche gibt es eine Krypta.

Die **Kreuzerhöhungskirche** (1769; Barock/Rokoko) steht auf dem höchsten Punkt des Klosters hinter der Kirche der Erscheinung des Herrn. Im Inneren ist die Kirche wie Golgata, der Ort, an dem Jesus der Überlieferung nach gekreuzigt wurde, gestaltet und imitiert die Pilgerreise nach Jerusalem. Deswegen gelangt man in die Kirche nur über eine lange Paradetreppe, als Anspielung auf Jesu Leidensweg. Die großen Fenster beleuchten den Innenraum und ermöglichen eine gute Wahrnehmung der Malereien. Die Kirche ist schlicht gebaut, rechteckig, ohne Altarapsiden und hat hohe Giebeldächer. Es gibt einen Glockenturm und zudem zwei hohe schlanke Türme mit Kuppeln.

Gegenüber der Uspenskij-Kathedrale steht eine **Kapelle** (1828), die aus zwei Teilen besteht. Beim unteren Teil handelt es sich um die eigentliche Kapelle, der obere Teil ist der Glockenturm, der mit einer Kuppel endet. Architektonisch steht die Kapelle der Kathedrale nahe, ist aber im Stil des Klassizismus gehalten. Hier bekommt man geweihtes Wasser.

Das **Seminargebäude** (17./18. Jh.; Barock; nordöstlich von der Kathedrale) bildet einen großen Hof vor der Apsis der Kathedrale. Die Architektur ist asketisch – hufeisenförmig, dreistöckig und symmetrisch, mit Mansardendach. Das Seminargebäude diente zu Sowjetzeiten als Lehranstalt (Technikum), seit 1989 ist hier wieder das orthodoxe theologische Seminar untergebracht. Das lange, schlichte zweistöckige **Wohngebäude** schließt sich an die Kathedrale in Form eines Übergangs von Südwesten an.

Das Wasser aus der ältesten **heiligen Quelle**, welche sich in der **Uspenskij-Kathedrale** befindet, kann man auf dem Klostergelände erwerben. Die anderen beiden Quellen etwas außerhalb vom Ort sind täglich geöffnet: die **alte Quelle** (1500 Meter westlich des Dorfs daneben die **Olga-Kapelle**) und die **neue Quelle**, die etwa zwei Kilometer südöstlich liegt. Hier kann man in das Wasser ganz eintauchen und das Wasser auch zum Mitnehmen selber abschöpfen.

Vor den Quellen bilden sich oft lange Touristenschlange, insbesondere an Samstagen. Besuchen Sie Žyrovičy also nach Möglichkeit unter der Woche!

Hrodna und Hrodnaer Gebiet

Internet: www.minds.by (Minsker Theologisches Seminar in Žyrovičy; nur russ.)
Feiertag: Erscheinung der Ikone am 7. Mai

Das Kloster liegt in der vul. Sabornaja 57, palomnik-zhirovichi@mail.ru, Tel. +375/(0)1562/96460 (Diözese); Fragen zu Führungen, Verpflegung, Unterbringung: Tel. +375/(0)1562/39410; mobil +375/(0)29/1717561 (Svetlana Leanidaŭna, bei Gruppen)

Auf jeden Fall im Voraus anmelden/buchen, am besten unter der Woche, da am Wochenende meistens alles ausgebucht ist. Übernachtung nur getrennt (Männer im Kloster, Frauen im Haus des Pilgers); Ausnahmen werden bei Krankheit eines Ehepartners und bei mitreisenden kleinen Kindern gemacht (vorher anrufen/vereinbaren). Preis pro Person und Übernachtung: Ermessenssache (Spende an das Kloster). Auch Verpflegung möglich.

Wehrkirche von Synkavičy

Die Michaelskirche liegt sehr reizvoll, nicht direkt im Dorf Synkavičy (blr. Сынкавічы; russ. Сынковичи), sondern außerhalb, am nördlichen Ortsrand, die nächsten Häuser sind einige hundert Meter weit entfernt, und außerdem abseits von verkehrsreichen Straßen und weit entfernt von größeren Städten.

Bei dieser Wehrkirche, die – abgesehen von einer Reparatur 1891 – ihr Aussehen kaum verändert hat, handelt es sich um einen der ältesten gotischen Bauten in Belarus, dessen Entstehungszeitraum nicht eindeutig geklärt werden kann. Laut einer Legende baute kein geringerer als der litauische Großfürst Vytautas die Kirche aus Dankbarkeit, da er sich in nahegelegenen Wäldern vor den Verfolgungen Jahajlas versteckt hatte (14. Jh.). Aufgrund architektonischer Merkmale wird der Entstehungszeitraum auf Ende 15. Jahrhundert/Anfang 16. Jahrhundert datiert.

Ein massives Mauerwerk (bis zu 1,50 m dick), vier Ecktürme und Räume über dem Gewölbe mit Schießscharten erinnern an eine kleine Burg und lassen

▲ *Das malerische Ensemble der Wehrkirche mit ihrem Glockenturm*

Karte vordere Umschlagklappe

die Verteidigungsfunktion erahnen. Das Fundament besteht aus Ziegelsteinen und Findlingen. Es handelt sich um eine dreischiffige Basilika mit drei halbrunden Apsiden, was typisch für die ostslavische Baukunst im 12./13. Jahrhundert ist.

Die Jahrzehnte der Sowjetunion, in denen das Gotteshaus als Getreidespeicher zweckentfremdet worden war, war nicht spurlos an ihm vorübergegangen. Die Dorfbewohner entschlossen sich Anfang der 1990er Jahre also, das Innere der Kirche zu restaurieren, und zwar mit Farbe, die sie in einem örtlichen Laden gekauft hatten. Dies war aus kunsthistorischer und architektonischer Sicht sicher nicht förderlich, führte dies doch dazu, dass die letzten noch erhaltenen Fresken übermalt wurden.

Der Künstler Ales Puškin entfernte 1990 im Auftrag des örtlichen Priesters im Kircheninneren die Ölfarbe zwecks weiterer Rekonstruktion und verputzte die Wände und Decken. Nun sollen diese Bereiche mit Fresken verziert werden. Da von staatlicher Seite jedoch keine finanzielle Hilfe zu erwarten ist, muss das Geld für die Arbeit mit Spenden aufgebracht werden.

🚗 🚌 **Synkaviçy**

Synkaviçy liegt an P99 zwischen Slonim und Zelva.
Busverbindungen gibt es ab Slonim (Fahrzeit ca. 15–30 Min.) oder Zelva (ca. 30–60 Min.). Von Hrodna Busbahnhof täglich 14.10 (Fahrzeit ca. zweieinhalb Stunden), Fr, Sa, So 8.30 (Fahrzeit ca. vier Stunden). Ab Minsk Hauptbahnhof täglich 8.55 (Fahrzeit ca. vier Stunden).

Staryja Vasiliški

Der Grund, warum Sie um Staryja Vasiliški (blr. Старыя Васілішкі; russ. Старые Василишки) keinen Bogen machen sollten, ist der polnische Liedermacher Czeslaw Niemen (1939–2004), der hier geboren ist. Sein Wohnhaus, in dem er bis 1958 lebte, ist heute ein **Museum** (www.niemen-muzey.by; russ.).

Czeslaw Niemen, der eigentlich Czeslaw Juliusz Wydrzycki hieß, gilt als eine der größten Legenden der polnischen Rockmusik und kam Zeit seines Lebens wohl nicht wirklich von seiner belarussischen Heimat los. Er sang im Kirchenchor in der Kirche in Vasiliški und gab sich später selbst das Pseudonym Niemen in Erinnerung an den Fluss Njoman (pln. Niemen).

1958 zog die Familie nach Danzig um, wo er in einer Musikhochschule studierte. Seine größten Erfolge als Musiker feierte er in den 1960er und 1970er Jahren, die Musik, die er machte, war für den sozialistischen Ostblock revolutionär, er stand für eine ganze Generation und riss die Jugend hinter dem Eisernen Vorhang mit. Später macht er auch psychedelische und avantgardistische elektronische Musik, in den 1980er Jahren auch Filmmusik. Er trat in Westeuropa auf, sogar in Indien und in den USA, was seinen musikalischen Horizont erweiterte. Marlene Dietrich war von seinem Song ›Czy mnie jeszcze pamiętasz?‹ so begeistert, dass sie ein deutschen Text dazu schrieb (Mutter, hast du mir vergeben?, 1964). Sein Lied ›Sen o Warszawie‹ (Traum von Warschau) gilt als inoffizielle Hymne der polnischen Hauptstadt und des Fußballklubs Legia Warschau, dessen Anhänger es vor jedem Spiel singen.

Vasiliški und Staryja Vasiliški liegen dicht beieinander, nördlich der M6, ab hier der Beschilderung Vasiliški folgen.

Navahrudak

Die geografische Lage Navahrudaks (russ. Навагрудок, blr. Навагрудак, inoffiziell auch Наваградак) begüns-

Hrodna und Hrodnaer Gebiet

Im Museum für Czeslaw Niemen

tigte einerseits die wirtschaftliche Entwicklung der Stadt, lockte anderseits aber auch immer wieder Feinde an. Navahrudak ist eine der ältesten Städte des Landes. Eine erste baltische oder slavische Siedlung muss hier Ende des 10. Jahrhunderts entstanden sein, zum ersten Male urkundlich erwähnt wird die Stadt 1044. Die Burg, die heute noch als Ruine erhalten ist, entstand ab dem 11. Jahrhundert und bildet zusammen mit der Stadtbefestigungsanlage und einem Pasad (einer Art Marktplatz vor den Burgtoren) den historischen Stadtkern.

Eine besondere Rolle spielte die heute knapp 30 000 Einwohner zählende Kleinstadt vom 12. bis zum 18. Jahrhundert. Im 13./14. Jahrhundert entstand das Fürstentum Navahrudak. Ab 1252 war die Stadt die Residenz des Großfürsten Mindaugas, der 1253 vom Papst als erster (und einziger) litauischer König gekrönt wurde, und somit die erste Hauptstadt des Großfürstentums Litauen. Nachdem Vilnius 1323 zur Hauptstadt wurde, blieb es Residenz der litauischen Großfürsten. Um 1400 und um 1500 wurde das Schloss mit sieben Steintürmen befestigt (von denen noch die Überreste zweier erhalten sind).

Der einstige Wohlstand des Handelszentrums des (damaligen) belarussisch-litauischen Staates ist heute zwar nicht mehr erkennbar, aber doch spürbar: Ungefähr 50 historische Gebäude sind erhalten. Navahrudak war nicht nur politisches, sondern auch geistiges Zentrum im Großfürstentum: Katholiken und Orthodoxen lebten hier über Jahrhunderte hindurch einst mit Unierten, Juden und Moslems zusammen: Belarussen, Polen, Juden sowie Tataren, letztere wurden um 1500 von Großfürst Vytautas hier angesiedelt.

Im 16. Jahrhundert wurde die Stadt auch zum Zentrum reformatorischer Tätigkeit in Belarus (vor allem des Kalvinismus). Ab 1581 finden in Navahrudak alle zwei Jahre Sitzungen des Obersten Tribunals (Appellationsgericht des Großfürstentums Litauen) statt – Könige und Botschafter geben sich hier ein Stelldichein. Die historische Pahonia, das belarussisch-litauische Wappen, ein weißer Ritter auf hochstehendem Ross auf rotem Grund, wurde zum ersten Male in Navahrudak benutzt. Die Pahonia, was so viel bedeutet wie Verfolgung, ist das historische Staatswappen des Großfürstentums Litauen bzw. von Belarus und Litauen. 1990/91 ist es für kurze Zeit wieder eingeführt worden, 1995 wurde es infolge eines umstrittenen Referendums wieder abgeschafft und durch an die Sowjetzeit erinnernde Symbole ersetzt.

Seit 2000 findet in Navahrudak jährlich ein Festival mittelalterlicher Kultur mit Ritterlager und Ritterturnier; das **Navahrudski Zamak**, statt.

■ Museum des jüdischen Widerstandes

Insgesamt kamen in der Region 5100 Juden um. Das Museum befindet sich

Karte vordere Umschlagklappe ▲

auf dem Gelände des ehemaligen Ghettos, heute eine Berufsschule, und präsentiert den jüdischen Widerstand und den Partisanenkampf in der Region. Die Ausstellung befindet sich in der ehemaligen Baracke, in der das Ghetto 1942/1943 untergebracht war und die aus zwei Räumen bestand. Das Ghetto hatte den Status eines Arbeitslagers: In den Werkstätten flickten die Gefangenen die Uniformen der Soldaten, nähten Kleidung für die deutsche Zivilverwaltung und die örtliche Bevölkerung und stellten Möbel her.

Die Hauptausstellung befindet sich im ehemaligem Pferdestall, wo nach der vierten Erschießungsaktion am 7. Mai 1943 (mehr als die Hälfte der Ghettobewohner wurden erschossen) mit dem Bau eines Fluchttunnels begonnen wurde. Der Komplex umfasst das Gebäude, in denen sich die Werkstätten, die Wohngebäude und ein Brunnen befanden. Die Ausstellung (Rekonstruktion zweier Wohnräume und des Tunneleingangs) befindet sich in der Baracke und erzählt von der Flucht und der jüdischen Partisaneneinheit unter der Leitung von Tuvija Belskij.

■ **Stadtrundgang**

Das ehemalige **Mindaugas-Schloss** im Stadtzentrum ist wohl das älteste (teilweise) noch erhaltene Schloss im ehemaligen Großfürstentum Litauen. Es diente den russischen Fürsten und litauischen Großfürsten ehemals als Residenz. Im 16. Jahrhundert war es mit sieben Türmen das mächtigste in ganz Belarus bzw. im Großfürstentum Litauen, das vielen Angriffen trotzte. Heute sind nur noch Ruinen zweier Türme (Wehrturm und Kirchturm) sowie Reste der Befestigungsanlage (Mauerwerk) vorhanden. Der baufällige Kirchturm oder besser das, was davon noch übrig ist, wird von einem Gerüst gestützt. Bereits im 11. Jahrhundert entstand eine Befestigungsanlage aus Holz mit Erdumwallung. Ab der zweiten Hälfte des 13. Jahrhunderts wurden Steinmauern errichtet. Primäre Verteidigungsfunktion kam dem heute noch als Ruine stehenden Wehrturm zu, der zentrale Turm, der Schießscharten hatte.

Bei Ausgrabungsarbeiten 1924 wurde die teilweise erhaltene orthodoxe **Kirche der Geburt der Gottesmutter** (Obere Kirche; 14. Jh.) freigelegt, die

Blick vom Schlosshügel auf die Stadt Navahrudak

*Reste des Mindaugas-Schlosses auf dem
Schlosshügel während der Restaurierung*

sich auf dem Schlossgelände befand,
inzwischen wurde sie wieder zuge-
schüttet.

Die Mauer- und Turmreste werden heute von einer Wiese gesäumt, von der
aus sich dem Betrachter ein Panorama
über die Umgebung über die Stadtgrenzen hinaus bietet. Auf dem **Mindau-
gas-Hügel** daneben befindet sich laut
Legende das Grab des ersten und einzigen König Litauens; 1993 wurde dort
ein **Gedenkstein** aufgestellt.

Der zehn Hektar große **Park** am südlichen Fuße des Burghügels wurde in
den in 1930er Jahren angelegt und in
den 1950er Jahren mit künstlichem
See, Alleen und neuen Pflanzungen rekonstruiert.

Adam Mickiewicz (1798–1855) ist
zweifelsfrei die prominenteste Persönlichkeit von Navahrudak. Die Belarussen befinden sich mit den Polen und
den Litauern in einem literarischen
Streit um die nationale Zugehörigkeit
des Dichters. Unumstritten ist, dass
der Verfasser des ›Pan Tadeusz‹ und
des Dramenzyklus ›Totenfeier‹ (pln.
Dziady) in einem Dorf unweit Navah-

rudak geboren wurde und in Navahrudak getauft wurde und aufwuchs;
unbestritten ist aber auch, dass Mickiewicz dem polnischen Landadel (Szlachta) entstammte und auf Polnisch
dichtete, aber eben auch in Vilnius
studierte und in Kaunas eine Zeitlang
als Lehrer arbeitete. Im 1807 errichteten und mehrmals umgebauten
Wohnhaus der Familie des Dichters,
dem heutigen **Adam-Mickiewicz-Haus**
kann man mehr über Leben und Werk
des Dichters erfahren. Der Vater des
noch kleinen Jungen kaufte 1804 in
Navahrudak ein Landgut, auf dem er
ein Holzhaus baute, das aber 1807
abbrannte. Im stattdessen errichteten
Haus aus Ziegelstein verbrachte Adam
seine Kindheit und Jugend. In Navahrudak besuchte er die Dominikanerschule, die er 1815 abschloss.

Neben dem Mickiewicz-Museum gibt
es eine kleine parkähnlich gestaltete
Grünanlagen mit einem **Obesliken –
dem Siegesdenkmal – und der ewigen Flamme**. Hier stehen auch einige
Bänke, auf denen man sich ausruhen
kann.

Im Stadtzentrum gehen nur wenige
Schritte nördlich der Schlossruinen
acht Straßen in unterschiedliche Richtung ab, am Marktplatz (heute: **Leninplatz**), wo früher zweimal wöchentlich

Das Adam-Mickiewicz-Haus

Karte vordere Umschlagklappe

Märkte stattfanden (und wo heute natürlich eine **Leninstatue** steht).

Bei der **historischen Bebauung im Stadzentrum (19. Jh./Anf. 20. Jh.)** handelt es sich um die Gebäude an der heutigen **vul**. **Lenina** (früher vul. Handljovaja = Handelsstraße) und **vul**. **Zamkavaja** (Schlossstraße), die den historischen Teil (das Schloss) mit dem Marktplatz und der Altstadt verbinden. An dieser Stelle laufen alle wichtigen Verkehrswege zusammen. Die Gebäude vul. Zamkavaja Nr. 3, 7, 9, 13, 15 sowie vul. Lenina Nr. 4, 5, 9 und die **ehemaligen Markthallen** (vul. Minskaja) bilden ein Architekturensemble aus der Zeit des Spätklassizismus. Alle Gebäude sind aus Stein und sehen ähnlich aus.

Interessant ist die Geschichte des **Bahnhofgebäudes**. 1916 sorgten die Deutschen für einen Anschluss Navahrudaks an das Eisenbahnnetz – zu militärischen Zwecken, versteht sich. In den 1920er Jahren, als die Stadt zu Polen gehörte, entstand das heutige Bahnhofsgebäude. Als dann nach dem Zweiten Weltkrieg der Eisenbahnstandort Navahrudak an Bedeutung verlor, wurde die Strecke wieder abgebaut (1965). Heute dient der Bau auf der Adam-Mickiewicz-Straße als **Busbahnhof**.

Die katholische **Kirche der Verklärung Christi**, in der Mickiewicz 1799 getauft wurde, wurde Anfang des 18. Jahrhunderts anstelle einer Holzkirche, die 1395 von Fürst Vytautas errichtet wurde (kurz nach dem er sich hat taufen lassen und Litauen den christlichen Glauben annahm), am südwestlichen Fuße des Burghügels (vul. 1 Maja) gebaut. Die Trauung des polnischen Königs Władysław Jagiełło mit Sophia von Halšany in dieser Kirche 1422 gilt als Grundsteinlegung der Jagiellonen-

Die Kirche der Verklärung Christi mit der Gedenktafel für die Jagiellonen-Hochzeit

Dynastien (→ S. 27). Zwei Kapellen aus der ursprünglichen Kirche sind erhalten und wurden 1723 in die neue einschiffige Barockkirche integriert.

Außerdem steht in der Stadt ein Gebäude des 1929 gegründeten **Nazarenerinnen-Klosters** (vul. 1 Maja). Hierbei handelt es sich um einen katholischen Nonnenorden, der 1875 in Polen gegründet wurde. Am 1. August 1943 erschossen die Nazis elf Nazarenerinnen aus Navahrudak, 1945 wurden ihre sterblichen Überreste umgebettet und an der Verklärungskirche beigesetzt, wo heute noch eine Gedenktafel daran erinnert. 2000 wurden sie selig gesprochen. 1995 nahmen die Nazarenerinnen ihre Tätigkeit im Klostergebäude wieder auf.

Zwei weitere Kirchen sind russischorthodox: Die **Boris- und Gleb-Kirche** in der vul. Paštovaja, die vom 12. bis 17. Jahrhundert ihr heutiges Aussehen bekam (Gotik/Renaissance) mit

Hrodna und Hrodnaer Gebiet

Das Historisch-landeskundliche Museum in der vul. Hrodnenskaja

einem **orthodoxen Kloster** sowie die spätbarocke **Nikolaikirche** (1780), die ehemalige **Franziskanerkirche** mit ehemaligem **Franziskanerkloster** (also ehemals katholisch; vul. Hrodnenskaja 4), die auch Elemente neobyzantinischer Bauweise aufweist. Die Kirche befindet sich in der Fußgängerzone im Stadtzentrum, vom Kloster ist noch ein Gebäude erhalten.

In einer ursprünglich multikonfessionellen Stadt, in der die erste urkundliche Erwähnung einer tatarischen (also islamischen) Besiedlung auf das Jahr 1420 datiert, darf eine **Moschee** nicht fehlen. Es handelt sich um eine 1855 gebaute Holzmoschee, die seit 1997 als solche von der Gemeinde wieder genutzt wird (vul. Lenina 28). Sie hat einen quadratähnlichen Grundriss, ein Zeltdach als Minarett, einen Narthex und zwei Seitenflügel. Die Mauern sind verschalt. Weiße kielförmige Verkleidungen, wie sie in der islamischen Architektur verbreitet sind, schmücken Fenster und Türen.

Darüber hinaus gibt es mehrere orthodoxe und katholische sowie einen jüdischen und einen tatarischen Friedhof, wobei letzterer im 16. Jahrhundert angelegt wurde und damit einer der ältesten im Lande sein dürfte.

Navahrudak

Vorwahl: +375/(0)1597

Internet:
www.novogrudok.grodno-region.by/en
(Bezirksverwaltung, russ., engl.)

Ab Minsk M1 (Brest-Minsk) und P 11 (über Mir). Ab Hrodna M6 (Hrodna-Minsk) und nach ca. 100 km P11. Ab Brest/Baranaviču P5.

Busse fahren ab Minsk Ostbahnhof (Fahrzeit ca. 3 Stunden), ab Hrodna (Fahrzeit zwischen ca. zweieinhalb und vier Stunden). Ab Brest Busbahnhof nur Freitags und Sonntags ca. um 18.20 (Fahrzeit ca. 5 Stunden). Anreisemöglichkeiten auch ab Baranaviču.

Karte vordere Umschlagklappe

Hotel-Restaurant Panski Dom, vul. Hrodnenskaja 3, Tel. 25385. Keine Drei-Sterne-Küche, aber in Ordnung. Unterkunft schlicht, aber sauber.
Hotel Novogrudok, vul. Mickiewicza 12, Tel. 23272. Auch dies ist eine eher schlichte Unterkunft.
Café Rym, vul. Lenina 9. Auf dem Lenin- bzw. altem Marktplatz; kein kulinarischer Geheimtipp, aber für ein warmes Getränk oder einen kleinen Imbiss durchaus zu empfehlen.

Adam-Mickiewicz-Museum, vul. Lenina 1, www.mickiewicz-museum.narod.ru/ (russ., pln., engl.); tgl. außer Mo 9–18 Uhr.
Historisch-landeskundliches Museum, vul. Hrodnenskaja 2; tgl. außer Mo 9–18 Uhr (Mittagsruhe 13–14 Uhr), Sa und So 9–17 Uhr.
Museum des jüdischen Widerstandes in der Navahrudak-Region, vul. Minskaja 64–66, www.jrmn.info/ (russ., teilweise engl.); tgl. außer Mo 9–18 Uhr.

Ljubča

Der malerische Ort Ljubča (blr./russ. Любча) an der Flussbiegung nordöstlich von Navahrudak mit heute ca. 1400 Einwohnern war einst ein bedeutendes Städtchen, das 1590 die Magdeburger Stadtrechte erhielt. Es befand sich im Privatbesitz und gehörte u. a. den Kiszkas und den Radziwiłłs. Ende des 16. Jahrhunderts/Anfang des 17. Jahrhunderts wurde hier ein Schloss errichtet, von dem noch zwei Türme stehen. Zur Förderung des wirtschaftlichen Aufschwungs und zur Vergrößerung des Ortes siedelte Radziwiłł hier Personen aus Navahrudak, Minsk und anderen Städten des Großfürstentums an. Im 17. Jahrhundert wurden hier Handwerksbetriebe eröffnet, es gab eine Druckerei, die vor allem Bücher mit religiösem Inhalt (hauptsächlich kalvinistische) druckte.

Das Zentrum machen vor allem drei Straßen aus: Die **vul**. **Saveckaja** (Hauptstaße), die **vul**. **Jubilejnaja** und die **vul**. **Čyrvonaarmejskaja** bilden ein Dreieck und verlaufen parallel oder im rechten Winkel zum Fluss.

Der Ortsname Ljubča hat die selbe Wurzel wie das russische Wort ljubitʼ/любить (lieben). Eine Legende über den Ursprung des Ortsnamens besagt, dass der litauische Großfürst und König, der gerade dabei war, genau an dieser Stelle über den Njoman zu setzen, am Ufer des Flusses ein Mädchen sah, das von solcher Schönheit war, dass er sich auf den ersten Blick in sie verliebte und mitnahm, um sie später zur Königin zu machen.

■ Sehenswürdigkeiten

Das **Schloss**, existierte vom 16. bis zum 19. Jahrhundert, es vereint in sich Merkmale von Gotik und Renaissance und hat sich im Laufe der Jahrhunderte im Gegensatz zu anderen Schlössern in Belarus kaum verändert. Es wurde am hohen Ufer des Njomans errichtet und

Das Schloss in Ljubča

Hrodna und Hrodnaer Gebiet

ragte über die einst florierende Stadt in den Himmel; von der ursprünglich urbanen Landschaft mit historischen Gebäuden und Straßen sind noch zwei Türme aus Ziegelstein erhalten, einer davon nur als Ruine. Auch zwei weiße Gebäude sowie die Erdwälle und Gräben sind noch erhalten. Das Schloss hatte einen rechteckigen Grundriss und war an drei Seiten von einem Graben umgeben. Auf der Nordseite bot der Njoman natürlichen Schutz.

Einzigartig für Belarus ist es, dass das Schloss von einer privaten Initiative restauriert wird, finanziert durch Spenden und Sponsoren. Im Sommer finden Camps statt, wo Freiwillige auf dem Schlossgelände schuften und sicher auch viel Spaß haben.

Der **Park** wurde in der ersten Hälfte des 18. Jahrhunderts angelegt und bildet mit dem Schloss eine architektonische Einheit; hier wurde Obst, später auch exotische Pflanzen angebaut. Heute ist alles etwas verwildert, aber sehr schön! Die orthodoxe **Eliaskirche** (1910–14; neobyzantinisch) hat eine Apsis und einen quadratischen kreuzförmigen Grundriss. Über dem Dach erheben sich mehrere Zwiebeltürme, und auch der Glockenturm endet mit einem Zeltdach und Zwiebelkopf.

Bemerkenswert ist auch, das an der Stelle einer vor dem Krieg errichteten katholischen Kirche, die in den 1980er Jahren abgerissen wurde, jetzt ein zweistöckiges Wohnhaus steht – ein Wohnhaus, das auf dem Fundament des Gotteshauses errichtet wurde und daher den gleichen Grundriss aufweist. In Ljubča gab es auch eine jüdische Gemeinde, heute noch erkennbar an einigen allesamt aus dem 19. Jahrhundert stammenden Gebäuden wie der **Synagoge**, dem **Cheder**, einer **jüdischen Schule**, und der **Mikve**.

Ein Museum in der örtlichen Mittelschule, wie sie in Belarus gang und gäbe sind, wurde 1964 von einem Geschichtslehrer gegründet. Hier gibt es ein Modell des Schlosses und den einzigen erhaltenen Wetterhahn eines Schlosses in Belarus mit Wappen. Sollten Sie das Museum besuchen wollen, rufen Sie vorher an und machen Sie einen Termin aus (vul. 1 maja 29 (Mittelschule), Tel. +375/(0)29/9669298, Taccjana Aljaksandraŭna). Unter www.lubcza.by informiert die Initiative über die Geschichte des Schlosses sowie ihre Tätigkeit (blr., russ.).

Ščorsy

Im Dorf Ščorsy (blr. Шчорсы; russ. Щорсы), in dem 1819/20 Adam Mickiewicz lebte, ist eine ursprünglich spätbarocke **Schloss- und Parkanlage** (1770–1776) zu sehen. Sie gehörte einst den Chreptowicz und ist vom Architekten Jakub Gabriel nach Plänen Giuseppe Saccos gebaut worden. Ursprünglich bestand der Komplex aus einem langgezogenen Hof, der auf einer Seite vom Palast und auf der anderen Seite vom Eingangsportal und einigen Wirtschaftsgebäuden (Küche, Werkstätten, Pferdställe) flankiert war. Hier befand sich eine große Bibliothek mit an die 10 000 Büchern – alte Manuskripte, Geschichte von Belarus, Litauen und Polen, Landkarten und andere seltene Dokumente, die sich heute teils in Kiew, teils in Krakau befinden. Darunter ist zum Beispiel der Briefwechsel des Kosakenführers Bohdan Chmelnicki mit den polnischen Hetmanen. Hier arbeiteten unter anderem Adam Mickiewicz, Uladzislaŭ Syrakomlja und Jan Čačot. Heute noch erhalten ist das Gebäude der Bibliothek (Westflügel), einige Wirtschaftsgebäude sowie der Park mit Teichen und die sogenannte **Mi-**

Die orthodoxe Eliaskirche in Ljubča

Ruinen der Pferdeställe in Ščorsy

ckiewicz-Eiche, unter der laut einer Legende Mickiewicz das Poem ›Grażyna‹ (veröffentlicht 1823) schrieb, woran eine Gedenktafel (1956) erinnert; vom Baum ist nur noch der Baumstumpf erhalten.Das klassizistische Gebäude der **Bibliothek** (Ende 18. Jh) ist ebenfalls noch erhalten und hat zwei Stockwerke. Über dem Eingang befindet sich ein breiter Balkon mit vier Säulen.

Der etwa 40 Hektar große Park mit dem Palast in der Mitte wurde Ende des 18. Jahrhunderts angelegt.

Ščorsy ist nur über Navahrudak erreichbar, man fährt Richtung Ljubča und dann über die H6325 weiter in südöstliche Richtung.

Lida

Lida (blr. Ліда; russ. Лида) ist mit ungefähr 100 000 Einwohnern eine der größeren Städte des Landes. Sie liegt am Fluss Lidzejka, von dem sie auch ihren Namen hat. Wahrzeichen der Stadt ist das Schloss (14. Jhd.), das einst am Zusammenfluss der Lidzejka und der Kamenka (nicht mehr vorhanden) gebaut wurde. Die Stadt stellt einen wichtigen Eisenbahnknotenpunkt in der Region dar und liegt an den Tras-

sen Minsk–Hrodna und Slonim–Vilnius (ca. 35 km von der litauischen Grenze entfernt) in günstiger Lage, die früher zur Entwicklung von Wirtschaft und Handel beitrug. Das Stadtwappen ist in zwei Hälften gespalten, rechts ein goldener Löwe auf rotem Grund und links zwei gekreuzte goldene Schlüssel auf blauem Grund.

Ab 1323 baute Gediminas zum Schutz gegen die Angriffe der Tataren und des Deutschen Ritterordens das Schloss, um das herum sich die Stadt entwickelte. Vom 14. bis 16. Jahrhundert gehörte Lida zu den fünf größten Städten des Großfürstentums Litauen. Ab dem 16. Jahrhundert war es Kreisstadt und ein administratives, juristisches und wirtschaftliches Zentrum in der Region. 1587 bekam die Stadt das Magdeburger Stadtrecht verliehen. Im russisch-polnischen Krieg (1654–1667) und im Großen Nordischen Krieg (1700–1721) wurden Stadt und Schloss zerstört.

■ **Jüdisches Lida**

In Lida befand sich lange Zeit eine **Jeschiwa**. Ab 1885 wurde sie von Rabbiner Jizchak Jakob Reines geleitet, der 1902 die zionistische Misrachi-Bewegung (orthodoxer Zweig des Zionismus) mitbegründete. Reines wurde 1839 in einem Vorort von Pinsk geboren und starb 1915 in Lida.

Das **jüdische Ghetto** in Lida war eines der größten in der damaligen Sowjetunion. Die Belskij-Brüder aus Navahrudak versuchten auch hier Leute anzuwerben, zur Flucht zu bewegen und zum Kampf gegen die Besatzer zu überreden.

In Lida wurden auch der französische, jüdischstämmige Historiker und Jouralist Henry Bulawko (1918–2011), sowie der Berliner Zigarettenfabrikant Joseph Garbáty (1851–1939) geboren, der,

Das Schloss von Lida

ebenfalls aus einer jüdischen Familie stammend, Ende des 19. Jahrhunderts in Berlin-Pankow (Schönhauser Allee) seine erste Zigarettenfabrik gründete, die sich in den nächsten Jahrzehnten zu einem international agierenden Tabakimperium entwickelte. 1939 wanderte die Familie in die USA aus, Joseph Garbáty selber verstarb noch in jenem Jahr. Zu DDR-Zeiten wurde die Zigarettenproduktion fortgeführt und erst nach der Wende in den 1990er Jahren eingestellt.

Außerdem waren in Lida und in der Region muslimische Lipka-Tataren ansässig, die sich ab dem 14. im Großfürstentum Litauen niederließen.

■ Stadtrundgang

Die Stadt bestand einst aus dem Schloss, das man schon von weitem sehen kann, einem Fürstenhof (dieser stand südwestlich vom Schloss und hatte auch Wirtschaftsgebäude, Mühlen u. a.), der Stadt (nördlich vom Schloss) und einer Vorstadt (mehrere dutzend Hütten). Außer dem **Schloss** kann man vor allem die katholische **Kirche** (1770), als Vertreterin des **Wilnaer Barocks**, erbaut vom Begründer dieser

Richtung, Johann Christoph Glaubitz (1700–1767), und die ehemalige katholische **Josephskirche der Piaristen** (1797–1825; Klassizismus) bewundern.

Wirtschaftlich gesehen steht Lida u. a. für die Schuhproduktion; die Schuhfabrik befindet sich auf der vul. 8 sakavika. Wichtiger für Touristen könnten allerdings die örtlichen Biertraditionen sein. Lida ist eine Stadt des Bieres. Die hiesige **Brauerei** wurde 1876 gegründet und bringt heute neben mehreren Biersorten auch Mineralwasser, Kwass und andere Erfrischungsgetränke auf den Markt. Das Werk steht am nördlichen Rand des Stadtzentrums (vul. Mickiewicza 32). Das historische Brauereigebäude wurde um 1910 fertiggestellt. Weitere Gebäude aus der Zeit (Ende 19. Jh./Anf. 20. Jh.): **Postgebäude** (1935; vul. Mickiewicza 8), **Druckerei** (vul. Leninskaja 23), **Feuerwehrdepot**, das erst seit 1964 in Betrieb war (Ecke vul. 8 sakavika/vul. Lamanosava). Auf der Adam-Mickiewicz-Str. darf das **Adam-Mickiewicz-Denkmal** natürlich nicht fehlen. Neben dem Kino Jubilejnyj (vul. Leninskaja 11) befindet sich eine **Sonnenuhr** (2008).

Hrodna und Hrodner Gebiet

Die katholische Kirche mit dem Gedenk-stein für die Stadtgründung

■ Gediminas-Schloss

In Belarus drohten Angriffe vor allem von zwei Seiten: vom Deutschen Ritterorden im Westen und den Tataren im Osten. Der litauische Großfürst Gediminas baute von 1323 bis 1325 dieses befestigte Schloss als Bestandteil der Verteidigungslinie Navahrudak–Kreva–Medininkai–Trakai, um sich gegen diese Gefahren zu wappnen. Insgesamt ein sehr imposantes Gebäude, wenn man sich vorstellt, wie es im Original, vor einigen hundert Jahren ausgesehen haben mag. Beeindruckend ist auch die technische Bauleistung: ganz ohne Maschinen, bestehend aus roten Ziegelsteinen und aus 23000 (!) Findlingen, von denen viele so schwer waren, dass sie selbst zwei Männer nur mit Mühe und Not heben konnten. Das Schloss inspirierte auch Künstler und fand künstlerischen Ausdruck u. a. in Kunstwerken von Jozef Peszka und Napoleon Orda.

Es wurde von Kreuzfahrern, Krimtataren sowie russischen Truppen angegriffen und schwer beschädigt und im Großen Nordischen Krieg (1700–1721), als das Schloss keine strategische Rolle mehr spielte, endgültig zerstört. 1794 verbarrikadierten sich die Aufständischen unter Kosciuszko im Kampf gegen die zaristischen Truppen im Schloss. Im 19. Jahrhundert zerfiel es endgültig zu einer Ruine, Ende des 19. Jahrhunderts verkauften Einheimische die Überreste, die noch zu gebrauchen waren, bis der Vandalismus aufgrund von Protesten gestoppt werden konnte. Seit 2005 findet hier das **Festival mittelalterlicher Kultur Gediminas-Schloss** statt.

Das Schloss war umgeben von einem Wassergraben sowie von den beiden Flüssen Lidzejka und Kamenka als natürlichen Schutz. Vermutlich im 16. oder im 17. Jahrhundert wurde auf östlicher Seite ein künstlicher See angelegt. Im Schloss befanden sich neben einer orthodoxen Kirche, die 1533 in die Stadt verlegt wurde, auch Wohn- und Wirtschaftsgebäude, zwei Brunnen im Hof, ein Gericht, ein Archiv, ein Gefängnis.

■ Kreuzerhöhungskirche

Diese dreischiffige Kirche (1747–70; фарный костел) in der vul. Saveckaja 2 ist vielleicht das prominenteste Beispiel für den Wilnaer Barock im heutigen Belarus, gebaut von Johann Christoph Glaubitz. Sie hat einen rechteckigen Altarraum und quadratische Sakristeien und endet mit einem hohen Giebeldach mit Walm über dem Altarraum. Der Narthex war ursprünglich mit zwei Türmen ausgestattet, wurde aber nach dem Brand 1821 umgebaut.

Neben der Kirche steht ein **Francysk-Skaryna-Denkmal** (→ S. 394).

Karte vordere Umschlagklappe ▲

Lida

Vorwahl: +375/(0)154
Internet: www.lida.by (Rajonverwaltung; nur russ.)

Lida ist sowohl mit dem Auto als auch Bus und Bahn sehr gut zu erreichen. Bahnhof und Busbahnhof liegen in der vul. Truchanava. westlich vom Schloss und dem historischen Stadtkern.
Lida liegt an der M6/M11, einige Kilometer abseits von der. M6
Ab Minsk fahren **Busse** vom Haupt- und Ostbahnhof (Fahrzeit ca. 3 Stunden). Ab Hrodna vom Busbahnhof (Fahrzeit knapp 2 Stunden). Ab Navahrudak (ca. anderthalb Stunden), ebenso direkte Anbindungen ab Pinsk, Slonim, Iŭe.
Bahnverbindungen gibt es ab Hrodna, Minsk, Vicebsk, Mahiljoŭ, Moskau.

Lida, vul. Grjunwaldskaja 1 (gegenüber vom Schloss), Tel. 526995. Übernachtung ab ca. 25 Euro, Restaurant

Staryj Zamok, vul. Mickiewicza 34; Mo/Di 12–15 Uhr, Mi bis So 12–15 Uhr und 17–1.
Legenda, pr. Peramohi 145; Do/So 19–24 Uhr, Fr/Sa 19–2 Uhr
Café Skazka (Märchen), vul. Mickiewiczy 7; Mo–Mi 17-01; Do 17-02 Uhr, Fr/So 14–02 Uhr, Sa 14–3 Uhr.
Café 7-e Nebo (Siebter Himmel), ul. Grjunvaldskaja 1; Mo-Fr 7–16 Uhr/19-23 Uhr, Sa/So 19–23 Uhr.
Café Kalipso, vul. Leninskaja 14; So–Do 12–24 Uhr, Fr/Sa 12–2 Uhr. Mittagsmenü 12–16 Uhr.

Landeskundemuseum für Kunst und Geschichte, ul. Peramohi 37 a, www.lixmuseum.by (russ.); tgl. außer Mo 9–18 Uhr;

Zentraler Markt, vul. Kamsamolskaja/ul. Padzjuka (ungefähre Lage: südwestlich vom Schloss, östlich vom Bahnhof).

Blick über den Schlossteich auf die orthodoxe Kirche

Hrodna und Hrodnaer Gebiet

Bjarozaŭka

Die Kleinstadt Bjarozaŭka (blr. Бярозаў-ка; russ. Берёзовка) mit ihren heute 12 000 Einwohnern entwickelte sich erst ab Ende des 19. Jahrhunderts durch die örtliche Glasproduktion. 1883 grün-dete der Gutsbesitzer Lenski die Glas-hütte, die seit 1908 den heutigen Na-men ›Njoman‹ (vul. Karzjuka 8) trägt.

In den 1890er Jahren wurde die **Glas-fabrik** (vul. Navahrudskaja), die älteste in Belarus, von den beiden Tschechen **Julius Stolle** und **Wilhelm Kraeŭski** ge-gründet. Der große Betrieb mit 1000 Arbeitern bildete sich 1910 infolge der Zusammenlegung dreier kleinere Betrie-be. Es wurden Geschirr, Lampen, Lam-penglas und Vasen hergestellt. Ende des 19. Jahrhunderts waren die Waren im Jugendstil (Moderne) gehalten, später waren sie eher funktional (Bauhaus). Die Erzeugnisse bekamen dabei die unterschiedlichsten Bemalungen und Verzierungen. Bis 1960 wurden die al-ten Gebäude rekonstruiert. Zwischen 1963 und 1980 kamen neue Gebäu-de hinzu. Heute werden hier Geschirr, Vasen, Skulpturen und Kunstgewerbe hergestellt.

Man kann die Fabrik besichtigen (bei vorheriger Anmeldung; ca. 9 Euro pro Person), in Bjarozaŭka, Lida, Hrodna, Minsk und zahlreichen anderen Städten unterhält die Fabrik eigene Geschäfte, wo man Souvenirs kaufen kann (www.neman.by; russ., engl., dtsch.).

 Bjarozaŭka

Bjarozaŭka liegt an der M11 zwischen Lida und Navahrudak.
Von Lida und Navahrudak mehrere Busse täglich (Fahrzeit ca. 35–45 Minuten). Ab Minsk Ostbahnhof/Hauptbahnhof täg-lich ca. 16 Uhr (Fahrzeit ca. 4 Stunden). Ab Hrodna Busbahnhof, außerdem ab Mir und Navahrudak.

Die ersten beiden Unterkünfte gehören zur Glasfabrik. Angeboten werden auch Sauna, Schwimmbad, Billard, Tischtennis u. a.

Hotel Bjarozaŭka, vul. Navahrudskaja 16 a, Tel. +375/(0)154/561671; mobil +375/(0)29/189-79-23
Prynjomanski, vul. Jakuba Kolasa 2, Tel. wie oben. Urlaub auf dem Land. Mit Ca-fé.
Gutshauf Nad Njomanom, vul. Levabia-režnaja 3a, Tel. +375/(0)154/604604; mobil +375/(0)29/1056056. Tourismus auf dem Land, am Fluss Njoman. Über-nachtung ca. 30 Euro, mit Vollpension ca. 40 Euro. Man spricht Deutsch und Englisch.

Iŭe

Iŭe (blr. Iўе; russ. Ивье), am Fluss Iŭjanka zwischen dem Naliboki-Wald (Nalibock-kaja Pušča) und dem Fluss Haŭja gele-gen, war einst ein wichtiges Handels-zentrum in der Region mit Fernverbin-dungen nach Lida, Navahrudak und Vilnius. Außerdem waren hier (und sind bis heute) Tataren ansässig, Iŭe gilt als die inoffizielle Hauptstadt der Tataren in Belarus. Die Holzmoschee (1887), im ganzen Lande bekannt, ist eine von we-nigen erhaltenen Moscheen dieser Art in Belarus. Eine weitere Sehenswürdig-keit ist zudem die Peter- und Paulskir-che mit dem Bernhardinerkloster. Heute zählt die Stadt ca. 8600 Einwohner.

Der Ort Iŭe, der zum ersten Mal 1444 als großfürstliches Gut erwähnt wurde, gehörte u. a. den Kiškas, Sapiehas, Ty-zenhaus', Ogińskis und Zamojskis. Hier wird eine arianische Schule betrieben (Arianismus = christliche Lehre/Konfes-sion, die die Dreifaltigkeit ablehnt und daher von den anderen Konfessionen als Häresie angesehen wird). Ab 1598 lässt sich hier eine tatarische Minderheit (Krimtartaren vom Asowschen Meer) nieder. In der zweiten Hälfte des 16. Jahrhunderts wird eine kalvinistische Kirche gebaut. Um 1600 werden das Bernhardinerkloster mit der Kirche sowie eine Gemeindekirche aus Holz (nicht erhalten) gebaut, 1765 ein Krankenhaus. 1611 wird hier eine der ersten Druckereien in Belarus gegründet, in der eine Reihe orthodoxer Bücher gedruckt werden.

Der **Naliboki-Wald** ist mit 140 000 Hektar Fläche das größte Waldgebiet in Belarus, benannt nach dem Dorf Naliboki.

In der Umgebung der Stadt, in grenznaher Lage zu Litauen, begegnen einem viele Ortsnamen, die auf -iški (-ischki; blr. -iшki; russ. -ишки) enden: Lipniški, Zyhmunciški, Urciški, Juraciški, Dociški, Vasiliški … Dieses Suffix ist baltischen/litauischen Ursprungs und daher in seiner litauischen Variante auch jenseits der Grenze anzutreffen. In der Grenz-

Die Bernhardinerkirche

region leben viele ethnische Litauer, die litausch bzw. ihren litauischen Dialekt sprechen, so wie es auf der anderen Seite der Grenze nicht wenige Belarussen gibt, die ihren belarussischen Dialekt benutzen.

■ Stadtrundgang

Das Städtchen wird heute durch den Fluss in einen westlichen und einen östlichen Teil geteilt. In Zentrumsnähe, wo der Fluss die Stadt teilt, läuft der Fluss zu einem Teich auseinander, wo man spazieren gehen kann und sich ein eindrucksvoller Blick auf die **Bernhardinerkirche** eröffnet.

In der Mitte des ehemaligen **Marktplatzes** (pl. Kamsamolskaja) hat man eine Grünfläche angelegt, hier stehen zwei **Denkmäler** zum **Großen Vaterländischen Krieg** (erst vor wenigen Jahren aufgestellt) und direkt gegenüber für die **Gefallenen des Afghanistankrieges** (1979–1989) und außerdem die **Leninstatue** (installiert 1954). Im

Die tatarische Moschee in Iŭe

Hrodna und Hrodnaer Gebiet

Die alte Wassermühle

Jahre 2012 wurde das Denkmal ›Zu Ehren der Freundschaft und der Einheit der Konfessionen der Iůje-Region‹ installiert, das den vier Konfessionen gewidmet ist. Es stellt vier majestätische Bögen dar, von denen jeder einer der Konfessionen gewidmet ist, deren Vertreter in Iůje und dem Rajon leben: den Katholiken, den Orthodoxen, den Moslems und den Juden. Während der feierlichen Eröffnung des Denkmales weihten die Vertreter der vier Konfessionen ihren Teil jeweils ein. Jede Konfession gestaltete eine Seite des Denkmals, und jede Seite des Denkmals ist auf das Gotteshaus der jeweiligen Religion ausgerichte.

Entlang der vul. Karla Marksa zwischen Peter- und Paulskirche und dem zentralen Platz stehen auf einer Wegstrecke von gut 400 Metern eng beieinander eine Reihe **historischer einstöckiger Gebäude**, teilweise mit Mansarde (alle entstanden Ende 19. Jh./Anf. 20. Jh.). Ähnliche Häuser findet man auf der vul. 1 Maja und am pl. Komsomolskaja. Die alte **Wassermühle** (19./20. Jh.) steht

direkt am Fluss (vul. Karla Marksa). Bei der orthodoxen **Gavriil-von-Białystok-Kirche** (vul. 1 Maja) handelt es sich um ein Wohnhaus, (20. Jh.), das 1994/95 in eine orthodoxe Kirche umgewandelt wurde. Auf dem **Friedhof** (nördlicher Stadtrand) steht die **Kapelle der heiligen Barbara**.

■ Jüdisches Iůe

Bei den Gebäuden **vul. 1 Maja Nr. 9, 11** und **13** handelt es sich um ehemalige **Synagogen** (alle Anf. 20. Jh.). In Iůe gab es, wie in vielen anderen belarussischen Orten, nicht wenige Juden. Auch hier richteten die Nazis im Februar 1942 ein Ghetto ein, in dem ca. 3000 Menschen eingesperrt wurden. Bereits drei Monate später wurde das Ghetto liquidiert. An der Stelle, an dem am 12. Mai 1942 über 2500 Ghettobewohner erschossen wurden, im Dorf **Stoneviĉy** (blr. Стоневічы; russ. Стоневичы), befindet sich heute eine kleine **Gedenkstätte**, an der sich jedes Jahr am 12. Mai Menschen aus Lida und Iůe zu einer Gedenkveranstaltung zusammenfinden (Lage/Anreise nach Stoneviĉy: vul. Karla Marksa stadtauswärts in östliche Richtung, kurz nach der Peter- und Paulskirche rechts abbiegen in die vul. Kastryĉnickaja/N61747, ca. zwei Kilometer fahren). Nach dem Krieg wurden übrigens einige Personen aus Iůe und Umgebung mit dem Ehrentitel ›Gerechter unter den Völkern‹ ausgezeichnet. Dieser Titel wird vom Staat Israel an nichtjüdische Personen vergeben, die sich in der NS-Zeit für Juden eingesetzt haben.

■ Peter- und Paulskirche und Bernhardinerkloster

Die Kirche steht auf dem höchsten Punkt von Iůe und ist von weitem zu sehen (vul. Karla Marksa). Die Kirche ist von der Straße (Südseite) durch einen Damm getrennt (heute auch durch einen Zaun), welcher ursprünglich Verteidigungsfunktion hatte.

Die Anlage besteht aus der eigentlichen **Kirche** (1491–95 oder um 1600; Barock) und dem direkt an die Kirche angeschlossenen zweistöckigen **Klostergebäude** (Wohngebäude, 1633) mit Walmdach, von dem der Westflügel und teilweise der Ostflügel erhalten sind. Im Inneren ist noch ein **Terrakotta-Kachelofen** aus dem 17. Jahrhundert mit Pflanzen- und geometrischen Ornamenten erhalten. Zusammen mit der Kirche bildete das Wohngebäude einst einen rechteckigen Innenhof. Die **Jesus-Statue**, die der Christus-Statue (Cristo Redentor) in Rio de Janeiro nachempfunden ist, wurde erst 2002 aufgestellt.

In der Nähe der Kirche befindet sich übrigens eine künstliche Quelle, d. h. eine Art Loch, das die Deutschen 1916 gebohrt hatten und aus dem seither ununterbrochen frisches, reines Quellwasser sprudelt.

■ Moschee

Wenn man ganz viel Glück hat, so kann man an der Moschee in der vul. Saveckaja 46 einen kurzen Blick auf eine Hochzeitsgesellschaft erhaschen, denn die Moschee wird seit den 1990er Jahren wieder genutzt. Sie befindet sich etwas abseits vom Zentrum (ca. 15 Gehminuten von der vul. Karla Marksa) auf einer freien Fläche. Die Moschee war zu Sowjetzeiten die einzige in ganz Belarus, die als solche genutzt wurde. Sie wurde 1884 errichtet, gestiftet von Ėlvira Zamojskaja, an die heute eine Gedenktafel im Inneren des Gebäudes erinnert.

Dieses charakteristische Beispiel belarussischer Holzarchitektur ist rechteckig und hat eine kleine fünfeckige Mihrab (Gebetsnische in Richtung Mekka) und endet mit einen Zeltdach mit einem achtseitigen Minarett in der Mitte mit einem kleinen Balkon darum. Der Innenraum ist in einen Bereich für Männer und in einen für Frauen unterteilt, mit separaten Eingängen.

Jedes Jahr wird in Iŭe das traditionelle Fest der Moslems, das Fastenbrechen nach dem Ramadan, gefeiert – dann kommen nicht nur Tataren aus ganz Belarus zusammen, sondern auch Gäste aus dem benachbarten Ausland.

Der **tartarische Friedhof** befindet sich am Ende der vul. Saveckaja.

■ Museum der Nationalkulturen

Das Museum existiert erst seit 2009 und befindet sich noch im Aufbau. Eine entsteht eine Art Landeskundemuseum mit dem Schwerpunkt auf den Multikulti-Charakter der Stadt (vul. 17 Verasnja 9, Mi-Fr 10–19, Sa/So 9–18 Uhr).

Hrodna und Hrodnaer Gebiet

🚗 🚌 **Iŭe**

Iŭe liegt an der M5, unweit der M5/M6. Der Busbahnhof befindet sich in der vul. Maladzëžnaja 2. Busse nach Iŭe fahren von Minsk Ostbahnhof/Hauptbahnhof (Fahrzeit ca. drei bis dreieinhalb Stunden) sowie ab Hrodna (Fahrzeit ca. drei Stunden) und ab Lida (Fahrzeit ca. 50 Minuten). Anreisemöglichkeiten ebenso ab Ašmjany, Smarhon.

🛏

Hotel Iŭe (russ. Ive), vul. 50 hadoŭ Kastryčika 22 (400 m vom Busbahnhof entfernt), Tel. +375/(0)1595/22224. Übernachtung pro Person ab ca. 15 Euro.

🍴

Staraja Mel'nica (Cafétéria), vul. Karla Marksa 38.

Žamyslaŭl

Beim ehemaligen **Landgut des Grafen Umjastoŭski** (19. Jh.; Klassizismus) in Žamyslaŭl (blr. Жамыслаўль; russ. Жемыславль) im Grenzgebiet am rechten Ufer des Flusses Haŭja handelt es sich um eine kleine Kopie des Łazienki-Palastes in Warschau. Als Architekt zeichnet Leandro Marconi (1834–1919), ein polnischer Architekt italienischer Abstammung, verantwortlich. Erhalten sind heute noch der **Palast**, eine **Offizin**, einige **Wirtschaftsgebäude**, Teile des **Parks**. Gehen Sie einfach mal durch den Ort spazieren, besuchen Sie das Anwesen, den Palast, bummeln Sie durch den Park, genießen Sie die Stille. Seit die letzte Besitzerin, Gräfin Janina Umjastoŭskaja, das Anwesen in den 1920er Jahren der Universität Vilnius vermachte und Belarus für immer verließ, hat sich hier kaum etwas verändert.

Das Landgut der Umjastoŭskis ist ein Ort, an dem viele Prominente zu Besuch waren, Künstler, Schriftsteller und andere – zum Beispiel Alexandre Dumas. Doch nicht nur zur Erholung fand man sich hier ein, sondern auch um sich im Wirtschaften weiterzubilden. Die Anlage entstand ab der zweiten Hälfte des 18. Jahrhunderts und entwickelte sich ständig weiter. Ende des 19. Jahrhunderts stellt Uladzislaŭ Umjastoŭski das Landgut der Universität Vilnius als wissenschaftlichen Stützpunkt zur Verfügung. Im Ersten Weltkrieg (1914) eröffneten die Deutschen hier einen Kurort und plünderten ansonsten den Palast und führten die unschätzbaren Wertgegenstände (Geschirr, Teppiche, Gemälde, die Bücher aus der Bibliothek) aus. 1922 vermachte die erwähnte Gräfin Janina Žamyslaŭl und all ihre anderen Besitztümer und Ländereien der Universität Vilnius – zu wissenschaftlichen Zwecken. Gräfin Janina verließ Belarus daraufhin für immer und starb 1941 in Warschau.

Žamyslaŭl liegt kurz vor der litauischen Grenze (Grenzgebiet) und abseits von den gängigen Trassen, daher ist es schwer zu finden. Am besten fährt man von Iŭe aus nach Lipniški, dort rechts abbiegen von der vul. Iŭeskaja/P135 in die vul. Mlynnaja (Melničnaja), nach dem See rechts halten, über **Subotniki** (blr. Суботнікі; russ. Субботники). Es gibt zahlreiche Busse ab Iŭe (Fahrzeit ca. 40 min).

Ašmjany

Der Fluss Ašmjanka teilt die Stadt Ašmjany (blr. Ашмяны; russ. Ошмяны) in zwei Hälften, linksseitig (historischer Stadtkern, Novyja Ašmjany) und rechtsseitig (Häuser/Wohnhäuser aus Holz, Staryja Ašmjany, ab 19. Jh.). In Novyja Ašmjany gab es die Fürstenresidenz, ein Holzpalast, den eine Erdumwallung umgab. Staryja Ašmjany war eine kleine Siedlung mit einem Holzkloster und gehörte ab 1505 dem Franziskanerorden (rechtsseitig, heute eher Außenbezirke). Sehenswerte Gebäude sind das alte **Krankenhaus** (Anf. 20. Jh.; ul. Saveckaja 39), welches entfernt dem Krankenhaus in Dzisna ähnelt (s. Dzisna), die **Wassermühle** (Ende 19. Jh.; am Fluss Ecke vul. Barunskaja/vul. Francyskanskaja), in der heute ein Café untergebracht ist, sowie die alte jüdische **Apotheke** (2 Hälfte 19. Jh.; vul. Saveckaja 128). Dieses Gebäude wurde vor einigen Jahren aufwändig restauriert und beherbergt heute das Landeskundemuseum.

Das Francyšak-Bahuševič-Landeskundemuseum ist benannt nach dem Dichter Franzyšak Bahuševič. Das Gebäude, in dem das Museum seit 2000 untergebracht ist (am Platz zwischen den Kirchen und der Synagoge), stammt von

Die baufällige Synagoge in Ašmjany

1850 (vul. Saveckaja 128, tgl. außer Mo 10–19 Uhr).

Bei der orthodoxen **Auferstehungskirche** (1875; neobyzantinisch) aus Ziegelstein handelt es sich um eine Kreuzkuppelkirche mit einer Apsis und Giebeldach. Über dem Narthex erhebt sich ein achtseitiger Glockenturm mit Zwiebelhelm. Die drei Eingänge (Haupteingang und zwei Seiteneingänge) haben monumentale Portale mit kielförmigen Bögen.

Die katholische **Kirche des Erzengel Michaels** (gebaut 1900–1910; Neobarock) wurde 1948 geschlossen und in ihren Mauern eine Fabrik untergebracht. Es handelt sich um eine dreischiffige Basilika mit zwei fünfseitigen Türmen (mit Zeltdach), eine fünfseitigen Apsis und Seitensakristeien sowie ein Giebeldach (Mittelschiff). Am Haupteingang (Portal) steht die lateinische Aufschrift Te Deum Laudamus (Dich, Gott, loben wir).

Die **Synagoge** (1912; vul. Saveckaja, etwas versteckt hinter dem Museum) wirkt eher wie ein verfallenes Lagerhaus, gilt aber als eine der am besten erhaltenen in Belarus, zumindest was das Interieur angeht. Die Wände und Gewölbe sind mit Malereien reich dekoriert, einzelne Elemente der Innenarchitektur sind ebenfalls noch vorhanden. Die Synagoge wurde 1940 geschlossen und diente zu Sowjetzeiten als Lager.

 Ašmjany

www.oshmiany.gov.by (Rajon-Verwaltung; russ., engl.)
www.oshmiany.info (Informationsportal zur Stadt, nur russ.)

Die Stadt liegt an der M7 kurz vor der litauischen Grenze.

Busse fahren ab Minsk Haupt- und/oder Ostbahnhof (Fahrzeit ca. zwei Stun-

den). Ab Hrodna (Fahrzeit ca. vier Stunden). Anreisemöglichkeiten ab Lida, Iŭe, Halšany, Smarhon, Pastavy. Fahrzeit ca. vier Stunden.

Ab Minsk, Maladečna, Smarhon, Vilnius. Vorsicht! Der Bahnhof Ašmjany befindet sich ca. 17 km nördlich von der Stadt entfernt! Von hier verkehren Busse in die Stadt.

Hrodna und Hrodnaer Gebiet

🛏 ✕

Ašmjany (russ. Ošmjany), vul. Saveckaja 66, Tel. +375/(0)1593/40774

In der vul. Saveckaja gibt es einige **Cafés** und den örtlichen **Markt**.

Halšany

Ein Ort für Romantiker: Hier scheint es nicht mit rechten Dingen zuzugehen. Im Schloss spuken eine junge Frau in weißen Gewändern sowie ein schwarzgekleideter Mönch. Aus der alten Mühle hört man des Nachts Geklappere und Gerattere, Stimmen und sogar Pferdegewieher. Die Uhren gehen auf einmal falsch. Auch vor Touristen haben die Gespenster keinen Respekt. Wundern Sie sich also nicht, wenn ihre Batterien (Handy, Fotoapparat) auf unerklärliche Weise entladen sind oder Sie zu Hause feststellen, dass ihre Fotos überbelichtet sind... Aber am besten Sie kommen selber und übernachten in den Schlossruinen...

Der Ort Halšany (blr. Гальшаны; russ. Гольшаны) am Flüsschen Halšanka war einmal eine wohlhabende kleine Stadt, was an der guten Infrastruktur Ende des 19. Jahrhunderts zu erkennen ist: Es gab hier ein Gericht,

Schulen, eine katholische und eine orthodoxe Kirche, eine Synagoge, eine Sparkasse, eine Apotheke, Manufakturen und Werkstätten. Dieser einstige Wohlstand ist heute nur noch zu erahnen. Halšany nahm eine Entwicklung, wie sie charakteristisch für viele belarussische Ortschaften und Städte ist – von einer Magnatenresidenz einst bis hin zu einem Agrarstädtchen heutzutage.

Im Übrigen entsteht hier langsam auch so etwas wie touristische Infrastruktur. So hat Halšany ein kleines Café, in dem man Mittag essen kann, und sogar ein kleines, wenn auch sehr schlichtes Hotel.

Die Hauptattraktionen sind das Schloss der Sapiehas (erbaut Ende 16. Jh./ Anfang 17. Jh.) sowie das Franziskanerkloster mit der Johannes-der-Täufer-Kirche (16.–18. Jh.). Besonders hübsch ist auch die alte Wassermühle aus Holz (1. Hälfte 19. Jh./Anf. 20. Jh.) am Ort-

Karte vordere Umschlagklappe

▲ *Die Ruinen des Sapieha-Schlosses*

Historische Gebäude im Ortszentrum

seingang (von Juraciški aus kommend, vul. Barunskaja). Am linken Flussufer, gut anderthalb Kilometer östlich vom Ort gibt es einen Burgwall und die Überreste einer alten unbefestigen Siedlung (12.–14. Jh.) zu besichtigen.

■ Marktplatz

Durch Halšany verlaufen zwei Straßen, die sich in der Mitte kreuzen (vul. Zamkavaja, vul. Barunskaja). An dieser zentralen Stelle befindet sich der große Markplatz, wo bis heute immer noch Händler ihre Ware feilbieten. Das umliegende Territorium ist nach wie vor eng bebaut, hauptsächlich mit einstöckigen privaten Wohnhäusern. Auch moderne Gebäude aus der Sowjetzeit – das zweistöckige Gebäude der heutigen Dorfverwaltung, ein Klub (Haus, in dem Kulturveranstaltungen, Diskos u. ä. stattfinden) sowie das Geschäft – befinden sich hier.

Halšany war ein Zentrum des Handwerks in der Gegend, was auch die charakteristische Architektur in der Ortsmitte prägte. Die ehemaligen einstöckigen **Handwerker- und Händlerhäuser** aus Stein (Ende 18. Jh./Anf.

19. Jh.) gehören zu den besten noch erhaltenen Beispielen einer solchen Architektur in Belarus. Eine solche Anordnung dicht beieinander stehender Häuser ist für Belarus eine relativ seltene Erscheinung.

Auf dem Marktplatz steht ein **Gedenkstein für Sophia von Halšany**. Sophia von Halšany (um 1405–1461) heiratete 1422, gerade einmal siebzehnjährig, in Navahrudak den bereits über 60 Jahre alten polnischen König Władysław II. Jagiełło. 1424 wurde sie, nachdem sie zum Katholizismus konvertiert war, zur Königin Polens gekrönt. Als bereits vierte Frau des Königs schenkte sie ihm endlich die gewünschten Söhne. Außerdem initiierte sie die erste Übersetzung der Bibel ins Polnische.

■ Schloss der Fürsten von Halšany

Dem Schloss (Ende 16. Jh./Anf. 17. Jh.; Barock) setzte **Uladzimir Karatkevič** mit seinem Roman ›Schwarzes Schloss Alšanski‹ ein literarisches Denkmal. Es galt als eines der reichsten, prachtvollsten und schönsten Schlösser im Großfürstentum Litauen. Heute ist diese ehemalige Sapieha-Residenz am Ende

Alte Wassermühle in Halšany

Hrodna und Hrodnaer Gebiet

Gedenkstein für Sophia von Halšany

der vul. Zamkavaja nur noch eine mit Unkraut zugewachsene Ruine. Als Ruine erhalten sind noch zwei Türme und der Ostflügel des Palastes. Die Anlage ist von einem Zaun umgeben, so dass man es leider nicht mehr von innen besichtigen oder auf den Ruinen herumklettern kann.

Vom Interieur ist selbstverständlich nichts erhalten, doch weiß man, dass es ein sehr reiches Schloss war, ausgestattet mit Kachelöfen, Kaminen und Deck- sowie Kaminstuck. Kacheln waren mit dem Monogramm Pavel Stefan Sapiehas geschmückt, Porträts und Gobeline zierten die Wände, Fußböden aus Keramik- und Terrakotta-Fliesen.

Im 19. Jahrhundert konfiszierte die zaristische Regierung den gesamten Besitz der Sapiehas aufgrund ihrer Teilnahme an den Aufständen 1831/32 und gab das Schloss dem neuen russischen Gutsbesitzer Gorbanjov, der 1880 mit dem Abriss des Schlosses begann und die Ziegel aus dem Mauerwerk und den Türmen für den Bau eines Gasthofes verkaufte.

In der Sowjetzeit war im Ostflügel anfangs eine Imkerschule untergebracht, ansonsten verfiel das Schloss weiter. Auf dem Schlossgelände gab es auch jahrelang einen Kuhstall. Jedes Jahr im Sommer (August) findet das **Festival Halšanski Zamak** (Schloss von Halšany) statt, eine Mischung aus Mittelaltermarkt, Ritterturnier, Bogenschützenturnier und mittelalterlicher belarussischer Musik.

■ Historisch-landeskundliches Museum

Das Museum befindet sich im örtlichen Gymnasium. Themen sind unter anderem die Sapieha-Herrschaft und die Familiengeschichte der Fürsten von Halšany. Ausgestellt sind vor allem Gegenstände, die die Lehrer und Schüler auf dem Burgwall entdeckten (vul. Školnaja 9).

🚗 🚌 Halšany

Der Ort liegt an der P95 zwischen Baruny und Kreva.

Ein Bus täglich ab Minsk Hauptbahnhof (7.40; Fahrzeit ca. dreieinhalb Stunden), ab Hrodna (Fahrzeit ca. vier bis viereinhalb Stunden), ebenso ab Ašmjany (Fahrzeit ca. 15 min), Astravec (ca. eine Stunde), Smarhon (ca. anderthalb Std.).

🛏 ✕

Hotel Zamok, am Marktplatz, Tel. +375/(0)1593/39301. Sehr einfach, eher wie ein Studentenwohnheim. Übernachtung ca. 8 Euro. Am besten vorher reservieren, da es oft ausgebucht ist.

Am Marktplatz gibt es auch zwei Cafés.

Kreva

Hauptsehenswürdigkeit von Kreva (blr. Крэва; russ. Крево) ist die **Schlossruine**. In diesem im 14. Jahrhundert erbauten Schloss fand 1382 der Mord an Fürst Kęstutis durch dessen Neffen Fürst Jagiełło statt, der seinen Konkurrenten auf den Titel des Großfürsten aus dem Weg räumen wollte, und drei Jahre später (1385) wurde hier die Union von Kreva unterzeichnet. 1387 wurde eine der ersten katholischen Kirchen des Großfürstentums Litauen hier gebaut. Das Jahr 1387 gilt nach litauischer Geschichtsschreibung als das Jahr, in dem Litauen ›getauft‹ wurde und somit den christlichen Glauben annahm, womit Litauen das letzte Land in Europa wäre, das christianisiert wurde. 1998 wurde die Stiftung Schloss Kreva ins Leben gerufen, eine NGO, die sich das Ziel gesteckt hat, das Schloss von Kreva zu konservieren und wiederaufzubauen. In Sommerlagern, die vor allem für Jugendliche und junge Erwachsene interessant sein dürften, werden Ausgrabungen durchgeführt, das Gelände gereinigt, mündlich überlieferte Geschichten gesammelt (www.kreuskizamak.by/, nur blr.; kreuskizamak@gmail.com).

Als wäre das 21. Jahrhundert noch weit entfernt: Das Schloss, eindrucksvoll, mächtig, imposant, steht etwas abseits von der Hauptstraße, auf drei Seiten von Häusern umgeben, ohne asphaltierte Wege, es fahren hier weder Autos noch Traktoren.

Vom Schloss ist heute leider nur noch, ähnlich wie in Halšany, Ružany und Kosava, eine Ruine zu sehen. Erhalten sind heute noch eine Mauer sowie Überreste des großen sogenannten Fürstenturms.

Eine wichtige Rolle spielte das Schloss nach der Union von Kreva auch im Kampf gegen den deutschen Ritterorden. Im 18. Jahrhundert befand sich das Schloss noch in gutem Zustand, später begann dann sein Verfall. Im Ersten Weltkrieg wurde das Schloss zusätzlich in Mitleidenschaft gezogen, da sich Kreva direkt an der Frontlinie befand und die Deutschen einen Bunker anbauten.

Die alte katholische **Verklärungskirche** (Holzkirche) stand auf dem Platz vor der heutigen Kirche (gegenüber dem Schloss, an der Hauptstraße, auf einer Anhöhe) und wurde 1934–1936 gebaut, die heutige Kirche stammt von 1997. Hierzu gehört ein **Pfarrhaus** (19. Jh./ 1. Hälfte 20. Jh.; Holzarchitektur).

Die orthodoxe **Alexander-Nevkij-Kirche** (1854; Spätklassizismus/neobyzantinisch) wurde 1854 aus Bruchstein gebaut und 1928 restauriert. Ein interessanter Kontrast kommt durch die Kombination von Bruchstein und weiß verputzten Zierelementen zustande.

Zwischen dem Schloss und der Hauptstraße steht die aus Ziegelstein erbaute,

Die Ruine des Schlosses von Kreva

Hrodna und Hrodnaer Gebiet

heute verfallene **Synagoge** (Ende 19. Jh./Anf. 20. Jh.). An der Ostfassade prangt ein sechszackiger Davidstern. Außerdem stehen im Ort eine ehema-

lige **Mikwe** (19. Jh./Anf. 20. Jh.) und das Gebäude eines ehemaligen **Cheder** (jüdische Grundschule; Ende 19. Jh./Anf. 20. Jh.).

Kreva liegt an der P95 zwischen Baruny und Smarhon.
Busse ab Minsk Ostbahnhof/Hauptbahnhof ca 15.30 und 18.40 (nicht täglich!; Fahrzeit ca. 2 Stunden). Ab Ašmjany (Fahrzeit ca. 20 min). Ab Hrodna Busbahnhof ein Bus Montags ca. 10 Uhr (Bus nach Smarhon, Fahrzeit ca dreieinhalb Stunden).

Café Ujut, an der Hauptstraße (P95), gegenüber der katholischen Kirche. Das Café befindet sich mitten im Zentrum und ist bis ca. 22/23 Uhr geöffnet, nebenan befindet sich ein kleines Geschäft, so dass man hier einen kleinen Imbiss zu sich nehmen oder seine Wasser- und Gebäckvorräte auffüllen kann.

Smarhon

Der Revolutionär und Führer der kommunistischen Partei Russlands, Wladimir Iljitsch Lenin, zeigt direkt auf die beiden Hauptattraktionen von Smarhon (blr. Смаргонь; russ. Сморгонь) und scheint diese fast zu umarmen: Die katholische Michaelskirche und die orthodoxe Verklärungskirche, die in unmittelbarer Nachbarschaft zueinander direkt im Zentrum, an der vul. Lenina und in der Nähe des Leninplatzes stehen. Eine interessante Symbiose von Religiosität und Atheismus.

Ansonsten gilt die heute ca. 37 000 Einwohner zählende Stadt an den Flüssen Oksna und Hervjatka als Heimatstadt eines ostslawischen Gebäcks, der sog. Bubliki (Sgl: Bublik; blr. бублік; russ. бублик). Hierbei handelt es sich um Kringel aus Weißbrotteig (Weizen), die erst im Wasser gekocht und dann gebacken werden und traditionell zu Jahrmarktfesten angeboten werden.

An die 300 Jahre befand sich Smarhon im Besitz der Radziwiłłs, die hier ab dem 17. Jahrhundert die sog. Smarhoner (Bären-)Akademie betrieben, so die scherzhafte Bezeichnung für eine Bärendressurschule, die bis in die erste Hälfte des 19. Jahrhunderts bestanden

haben muss. Daher auch das Stadtwappen: Ein schwarzer Bär mit einem goldenen Halsband auf weißem Grund, der ein schwarz-gold-rotes Dreipass hält (drei Jagdhörner).

Beim Rückzug der napoleonischen Truppen 1812 machte Napoleon hier halt und übergab das Kommando Marschal Joachim Murat, bevor er nach Paris aufbrach. Seitdem wird die Strecke Smarhon–Ašmjany auch als Napoleonischer Weg bezeichnet.

Außerdem war Smarhon im 19. Jahrhundert ein Zentrum des Gerberei- und Schneiderhandwerks und überhaupt ein Handwerkerzentrum (Ende 19. Jh. ca. 650 Handwerker).

Im ersten Weltkrieg verlief die Frontlinie durch die Stadt, die vollständig zerstört wird. In den Zeitungen wird Smarhon als ›tote Stadt‹ bezeichnet.

Smarhon ist die Geburtsstadt des Schriftstellers Uladzimir Njakljaeŭ (geb. 1946), der bei den Präsidentschaftswahlen 2010 Amtsinhaber Aljaksander Lukašenka herausforderte.

■ Smarhon als jüdisches Schtetl

Smarhon war einst ein bedeutendes jüdisches Schtetl, bis zum Zweiten Weltkrieg war ein Großteil der Bevöl-

KKarte vordere Umschlagklappe

kerung Juden, von denen nicht wenige im Gerbergewebe, aber auch als Händler oder als Bäcker beschäftigt sind, die hier Bubliki hersteččllen. Die heute eher mit amerikanischem Fast Food in Verbindung gebrachten Bagels, also rundes Gebäck mit einem Loch in der Mitte, entstammen der Küche mittel- und osteuropäischer Juden; jüdische Bagels/Beigels sind mit Bubliki nicht identisch, diesen aber wohl sehr ähnlich. Zu Beginn des 20. Jahrhunderts zählte Smarhon 16 Synagogen, drei Talmud-Tora-Schulen und ein jüdisches Krankenhaus, hier gab es zudem eine zionistische Gruppe und ab 1905 auch eine Zelle der Zionistischen Sozialistischen Arbeiterpartei. Schon während des Ersten Weltkrieges wurden viele Juden aus Smarhon deportiert oder emigrierten nach Russland. Nach dem Krieg kehrten viele in die Stadt zurück. 1942 kamen die meisten ins Ghetto und wurden umgebracht. Aufgrund des Wachstums der Stadt wurde der jüdische Friedhof rund 30 Jahre später zerstört.

■ **Sehenswürdigkeiten**

Die Hauptstraßen sind die **vul**. **Saveckaja** und die **vul**. **Lenina**, die im Stadtzentrum, am **pl**. **Lenina** (Leninplatz) ineinander übergehen. Im Stadtzentrum stehen die beiden Kirchen in unmittelbarer Nachbarschaft zur Leninstatue, der Park mit dem Fluss Oksna befindet sich zwischen den beiden Kirchen. Ein weiterer Park befindet sich im Bereich Ecke vul. Lenina/vul. Sinickaha.

Das einzige ›echte‹ historische Gebäude in der Stadt ist die katholische **Michaelskirche**, die im 17. Jahrhundert gebaut wurde und somit eines der ältesten Gotteshäuser in Belarus darstellt. Die orthodoxe **Verklärungskirche**, die sich quasi direkt daneben, aber auf der anderen Seite des Flusses befindet, ist auch recht imposant, wurde aber erst nach 2000 fertiggestellt.

Es gibt ein **Historisch-landeskundliches Museum** in der vul. Kutuzava 23. Seine Themen sind das Schloss in Kreva, der ›Transit‹ – hohe Staatsleute auf der Durchreise in Smarhon: Zar Alexej 1654–1667, Karl II. 1708, Napoleon

Die orthodoxe Verklärungskirche in Smarhon

Hrodna und Hrodnaer Gebiet

1812 – und ›Auf den Jahrmarktwegen, Smarhon als Handelszentrum. Eine weitere Austellung ist 810 Tagen Stellungskrieg und Befreiungskampf gewidmet: ›Smarhon als tote Stadt‹ (Mo Ruhetag).

Alle zwei Jahre im Mai findet in Smarhon der Internationaler **Michal-Kleafas-Ogiński-Wettbewerb für Kammermusik und Streichquartette statt**. Die nächste Veranstaltung steht 2017 an.

 Smarhon

www.smorgon.gov.by (Rajon-Verwaltung; russ., engl.)

Smarhon liegt an der P63, ab Minsk über Maladečna.
Mit dem Bus ab Minsk (Fahrzeit ca. zweieinhalb Stunden), ab Hrodna (Fahrzeit je nach Anbindung ca. vier bis sechs Stunden), ab Ašmjany und Maladečna (Fahrzeit ca. 60 Minuten).

Mit der Bahn erreicht man den Ort ab Minsk, Maladečna und Vilnius.

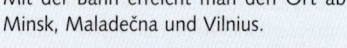
Hotel Smarhon, vul. Saveckaja 29, Tel. +375/(0)1592/21017; Übernachtung ab ca. 20 Euro.
Eine Reihe von Cafés und Geschäften gibt es auf der vul. Saveckaja: z.B. **Vilija** (Nr. 4), **Straŭnja** (Nr. 6), **Parnas** (Nr. 11). Außerdem: **Café Spadar**, vul. Maladzёžnaja 3a, und **Vulkan**, vul. Haharyna 9.

Zalesse

Zalesse (blr. Залесце; russ. Залесье) ist ein in Belarus weit verbreitetes Toponym: Es bedeutet so viel wie hinter dem Wald, jenseits des Waldes.
Das Dorf besteht aus einem alten und einem neuen Teil. Der neue Teil entlang der Eisenbahnstrecke Minsk–Vilnius ist mit modernen ein- und zweistöckigen Wohnhäusern und anderen Gebäuden bebaut. Der alte Teil des Dorf mit für das belarussische Dorf typischen einstöckigen Wohnhäusern

befindet sich gut einen Kilometer von der Eisenbahnstation entfernt (südlich von der Eisenbahnlinie).
Das Dorf ist seit dem 15. Jahrhundert bekannt, ab dem 18. Jahrhundert war es im Besitz der Ogiński-Familie. Da Franciszek Xavier Ogiński (1742–1814) keine Kinder hatte, vererbte er das Anwesen an seinen Neffen Michal Kleafas Ogiński (1765–1833), Komponist und Diplomat. In Zalesse verbrachte dieser 20 Jahre seines Lebens und lud zu musikalisch-literarischen

Holzhaus vor seiner Renovierung im Park des Ogiński-Palastes

Karte vordere Umschlagklappe

Die Marienkapelle neben dem Palast in Zalesse

Soirées ein, auf denen seine Klavierwerke und Lieder, Polonäsen und Walzer und Mazurki dargeboten wurden. Vermutlich ist seine berühmte Polonäse ›Abschied von der Heimat‹ hier entstanden.

Der weiße **Ogiński-Palast** (Klassizismus) wurde von 1802 bis 1805 auf einem freien Gelände zwischen dem Fluss Neris (blr. Vilija) und dem alten Landgut errrichtet. Er ist umgeben von einem Park, in dem noch eine Kapelle und eine Wassermühle erhalten sind. Er ist ziemlich schlicht, ohne Außendekoration und eher lang als groß. Zweistöckig sind nur die Eckflügel.

Die vor einigen Jahren begonnene Restaurierung ist mittlerweile fortgeschritten – sie soll dem Palast und dem Park einst das ursprüngliche Aussehen wiedergeben. Im Vestibül sind die ornamentale Freskenbemalung und die Kachelöfen noch vorhanden.

Zu Sowjetzeiten wurde der Park teilweise abgeholzt, da die lokale Kolchose Land für Apfelbäume brauchte. Wenigstens sind die Äpfel sehr lecker! Es gab hier auch eine Menagerie, eine Brauerei und eine Molkerei. An einigen Stellen ist der Park lichter geworden, an eigenen Stellen ist er zugewachsen. Früher wurden vor dem Palast jedes Jahr aufs Neue Blumen gepflanzt. Manche Tiere aus der Menagerie ließ man oft im Park spazieren gehen.

Anfang August findet das Festival **Zalessje lädt Freunde ein** statt, mit Volksmusik, traditionellem Essen und Verkauf von traditionellem Kunstgewerbe und anderen Souvenirs.

Zalesse

Zalesse liegt an der P106 zwischen Smarhon und Maladečna.
Mit dem Bus erreicht man es ab Smarhon und Maladečna; Fahrzeit ca. 20 Min.

(ab Smarhon) bzw. ca. 40 Min. ab Maladzeča (Fahrzeit ca. 60 Minuten).
Täglich verkehren zwei Elektritschki (Nahverkehrszüge) zwischen Minsk und Hudahaj (hin und zurück) und ab Ašmjany/Smarhon.

Aus Vicebsk stammt der große Maler Marc Chagall. Seine Heimatstadt verließ er als junger Mann, sie ließ ihn aber nie los. In der Region liegt auch Polack, die älteste Stadt von Belarus, sowie die Braslaŭer Seen, die neben hügeliger Natur und kleinen hübschen Ortschaften auch viele Legenden zu bieten haben.

An der Dzvina

VICEBSK
UND VICEBSKER GEBIET

Vicebsk

Der Name der heute mit ca. 350 000 Einwohnern viertgrößten Stadt des Landes am Ufer der Westlichen Dzvina, wie die Düna auf russisch/belarussisch genannt wird, geht auf den Fluss Vitba zurück; die Vitba und die Lučosa münden im Stadtzentrum direkt in die Westliche Dzvina. Wie viele belarussische Städte ist die Bevölkerung von Vicebsk (blr. Віцебск; russ. Витебск) sehr gemischt. Bis in die 1920er Jahre hinein gab es hier etwa 60 Synagogen und ein ausgeprägtes jüdisches Leben; annähernd 45 Prozent der Bevölkerung waren Juden. Vom 14. bis 18. Jahrhundert betrieben Katholiken, Orthodoxe und Protestanten in ihren Kirchen und Klöstern eigene Schulen. Heute besteht die Stadtbevölkerung überwiegend aus Russen, auch auf Grund der geografischen Lage im Nordosten des Landes. Darüber hinaus galt Vicebsk einst als ein Zentrum europäischer Kultur und war nicht nur mit dem Namen Marc Chagall eng verbunden, sondern auch andere Künstler der Moderne wie Ilja Repin und Kasimir Malewitsch schufen hier ihre Werke.

Geschichte

Der Legende nach wurde Vicebsk 974 von Fürstin Olga gegründet; ab 1021 (erste Erwähnung) gehörte die Stadt, einst als Verteidigungsanlage auf einem alten Burghügel an der Flussmündung der Vitba gebaut, zum Fürstentum Polack. Sie war über Jahrhunderte ein bedeutendes Handels- und Handwerkerzentrum mit Verbindungen zur Hanse. Einst gab es hier ein Oberes Schloss und ein Unteres Schloss, gebaut von Fürst Algirda und seiner Frau Uljana, der Schutzpatronin der Stadt. Ab 1101 existierte ein eigenständiges Fürstentum Vicebsk. 1441 gehörte Vicebsk zu den 15 größten Städten im Großfürstentum. 1597 erhielt es das Magdeburger Stadtrecht und somit einen eigenen Magistrat und das Stadtwappen. In der zweiten Hälfte des 18. Jahrhunderts war

Blick über die Stadt

Vicebsk die zweitgrößte Stadt in Belarus (nach Mahiljoŭ). Ab 1866 wurde durch Vicebsk eine Eisenbahnlinie verlegt, so dass sich die Stadt zu einem wichtigen Eisenbahnknotenpunkt mauserte.

In der Stadt sind heute vier Universitäten ansässig, darunter auch eine Medizinische Hochschule (neben Minsk, Homel und Hrodna ist somit Vicebsk eine von vier Städten in Belarus, in der man sich zum Arzt oder Pharmazeuten ausbilden lassen kann) und die einzige Veterinärmedizinische Universität des Landes.

Viele Straßen und Einrichtungen in Belarus sind nach Pëtr Mašeraŭ benannt, und man stellt sich vielleicht die Frage, wer diese Persönlichkeit wohl sein mag. Mašeraŭ, 1918 nahe Vicebsk geboren, machte nach dem Zweiten Weltkrieg eine steile Karriere als sowjetischer Parteifunktionär und war von 1965 bis zu seinem Tode 1980 Erster Sekretär des Zentralkomitees der Kommunistischen Partei von Belarus. Er galt als sehr volksnah und war daher, im Gegensatz zu vielen anderen Parteigenossen, ziemlich beliebt. Außerdem sagte man ihm Ambitionen auf das Amt des Generalsekertärs der KP – also auf den Posten des damals schon schwerkranken Leonid Breschnew – nach. Daher führte sein Unfalltod am 4. Oktober 1980 auf der Autobahntrasse Moskau–Minsk dazu, dass Gerüchte über eine Unfallbeteiligung oberster Parteikreise an diesem Unfall laut wurden und teilweise bis heute nicht verstummt sind. Es wird geglaubt, dass sein Ururgroßvater ein Franzose war, der nach dem Krieg 1812 zurückblieb.

Stadtrundgang

Die Stadt Vicebsk besteht heute aus drei Verwaltungsbezirken: Auf der linken Flussseite liegt der **Oktoberbezirk**

In der Altstadt von Vicebsk

(Zentrum und nördlicher Teil der Stadt) und der **Bezirk des Ersten Mai** (Süden, beidseitig des Flusses) sowie rechtsseitig der **Bahnhofsbezirk** (im Westen).

Hauptstraße, wichtigste Verkehrsader und für Touristen gleichzeitig ein guter Orientierungspunkt in der Stadt ist die **vul**. Lenina, die parallel zur Westlichen Dzvina verläuft und die wichtigsten Plätze der Stadt miteinander verbindet: den **pl**. Peramohi (Platz des Sieges) im Süden, den **pl**. Svabody (Platz der Freiheit, ehemals Kathedralplatz/pl. Sabornaja) in der Mitte und den früheren Smolensker Platz bzw. Marktplatz (heute: **pl**. Lenina) mit dem **Rathaus** im Norden. Die beiden Straßen **vul**. Henerala Belabarodava und **vul**. Zamkavaja führen über zwei **Bücken** in den westlichen Teil der Stadt.

Der historische Stadtkern ist durch eine besonders dichte Straßenbebauung mit Gebäuden im klassizistischen Stil geprägt.

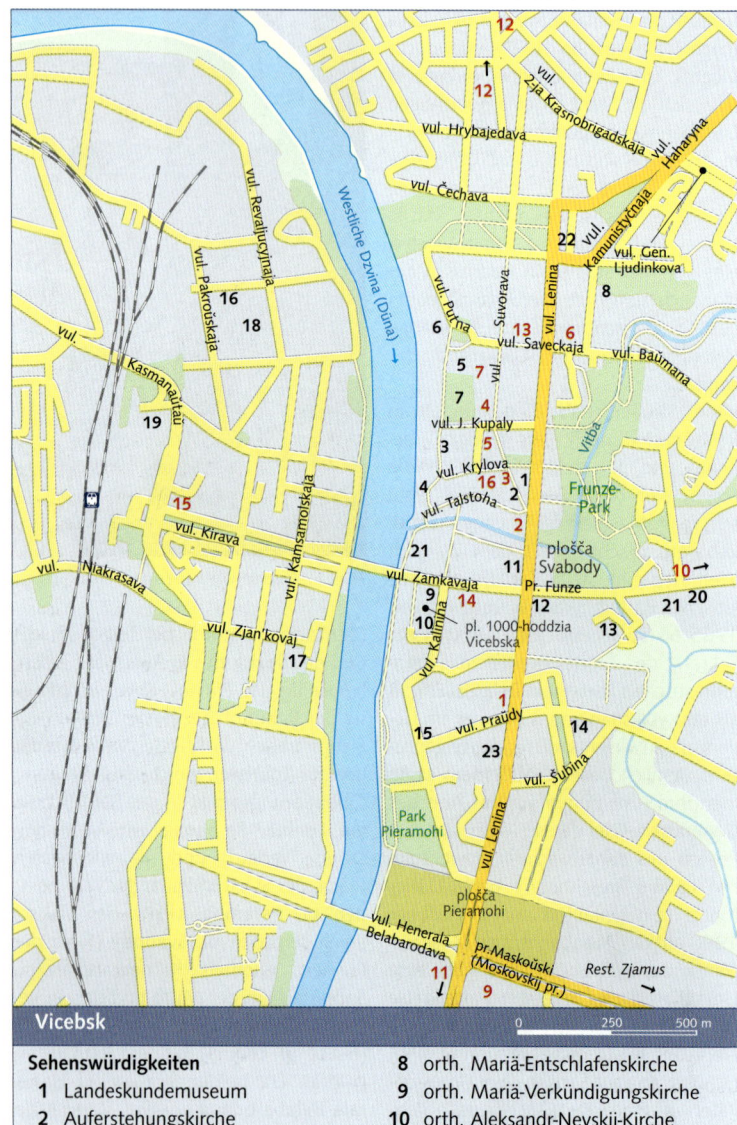

Vicebsk

0   250   500 m

Sehenswürdigkeiten

1 Landeskundemuseum
2 Auferstehungskirche
3 Basilianerkloster mit der Uspenskij-Kathedrale
4 Heilig-Geist-Kloster
5 Gouverneurspalast
6 Marc-Chagall-Art-Centre
7 Zoo
8 orth. Mariä-Entschlafenskirche
9 orth. Mariä-Verkündigungskirche
10 orth. Aleksandr-Nevskij-Kirche
11 Kunstmuseum
12 Elektrizitätswerk
13 Amphitheater
14 orth. Schutz-und Fürbitten-kathedrale
15 Kunstschule von Marc Chagall

16 Elternhaus des Künstlers	**4** Zolotoj Lev
17 orth. Kirche der Geburt der Gottesmutter	**5** Pelmennaja
	6 Chabibi
18 Ruine der Hauptsynagoge	**7** Graf Suvorov
19 ehem. jüdisches Krankenhaus	**8** Žuravinka
20 Straßenbahnmuseum	**9** Vasilki
21 Jakub-Kolas-Theater	**10** Dastarchan
22 Philharmonie	**11** Hotel Vetraz
23 Galerie Stena	**12** Hotel U Petroviča
	13 Hotel Eridan
Gastronomie (→ S. 377)	**14** Hotel Vicebsk
1 Lidskie bliny	**15** Hotel Zolotoj teljonok
2 Knjaz Algirda	**16** Hotel Suvorova
3 Staraja Arka	

Direkt am Fluss befindet sich der **pl. 1000-hoddzia Vicebska** (Platz des 1000-jährigen Jubiläums von Vicebsk) mit der **Verkündungskirche** (→ S. 373), einem der zentralen orthodoxen Gotteshäuser in der Stadt. Ein wichtiger Ort in der Stadt stellt auch der sog. Uspenskij-Berg dar, eine Erhebung am linken Ufer der Westlichen Dzvina, im Volksmund auch als Kahler Berg bekannt, zwischen der Vitba (vul. Talstoha) und der vul. Janka Kupaly gelegen, dar: Diese Anhöhe kann wohl auf eine über tausendjährige Kirchengeschichte zurückblicken. Wahrscheinlich huldigten schon Heiden zu einer Zeit, als die ersten Christianisierungsversuche unternommen wurden, hier ihren Gottheiten, was an dem weltlichen Namen dieses Hügels – Kahler Berg – zu erkennen ist. Dieser Hügel war auch vermutlich Kultstätte für die einzige Göttin des slavischen Pantheons Mokosch. Heute befinden sich hier die **Uspenskij-Kathedrale** (→ S. 373) und das **Heilig-Geist-Kloster** (→ S. 372).

Wahrzeichen der Stadt ist das **Rathaus** (1775; Spätbarock/Klassizismus; vul. Lenina): Das heute dreistöckige Steingebäude mit einem Turm, auf dem eine Uhr angebracht ist, wurde anstelle eines Holzrathauses (16. Jh.) gebaut und mehrfach umgebaut. Die städtische Uhr und die Glocke in der obersten Etage symbolisieren die Autonomie der Stadt. Das Gebäude, dessen drittes Stockwerk erst zu Beginn des 20. Jahrhunderts hinzugefügt wurde, hat einen rechteckigen Grundriss sowie einen dreistöckigen Turm in der Mitte. Der Turm verfügt über für barocke Architektur typische Formen und Verzierungen. Heute ist im Rathaus das **Landeskundemuseum** untergebracht. Es werden thematische Exkursionen und Stadtführungen angeboten und es gibt einige Dauerausstellungen: Altes Vicebsk, Großer Vaterländischer Krieg und Natur der Vicebsk-Region. Bedeutende Exponate sind ein Birkenrindendokument aus dem 13. Jahrhundert, eine Klarinette aus dem 17. Jahrhundert, Geschirr aus den ersten belarussischen Manufakturen sowie Gemälde von Ilja Repin, Jehuda Pen und anderen Künstlern.

Das ebenfalls am Platz liegende **Kunstmuseum** beherbergt eine der bedeutsamsten Kunstsammlungen in Belarus: Bewundern kann man hier Sammlungen von Porzellan und Fayence aus Russland und Europa (18.–Anf. 20. Jh.), belarussische Stickereien (1. Hälfte 19. Jh.), Geschirr aus belarussischen

Vicebsk und Vicebsker Gebiet

Manufakturen, Ikonen, Kunstwerke von Künstlern aus der Region sowie von russischen und belarussischen Künstlern.

Eine **Stadtvilla** (2. Hälfte 19. Jh.; Spätklassizismus) befindet sich am linken Ufer der Vitba (vul. Puškina 2); die Hauptfassade zeigt zum Fluss hinaus. Sie hat zwei Etagen und einen E-förmigen Grundriss, ist aus Ziegel und verfügt über ein Souterrain. Der Haupteingang in der Mitte ist mit einem Zwei-Säulen-Portal akzentuiert und hat in der zweiten Etage einen Balkon mit einer Metallballustrade. Heute ist hier das 1990 gegründete **Puppentheater Ljalka** (blr. ›Puppe‹) untergebracht.

Der **Gouverneurspalast** (1772; Klassizismus; vul. Saveckaja 18), am hohen rechten Ufer der Westlichen Dzvina, in dem sich Napoleon auf seinem Feldzug nach Moskau während seines kurzen Aufenthaltes in der Stadt Ende Juli 1812 einquartierte, ist ein monumentales Baudenkmal aus der Zeit des alten Vicebsk. Es besteht aus zwei Gebäuden. Das nördlich gelegene, dreistöckige Hauptgebäude liegt an einem kleinen Platz mit einem **Obelisken**, der den Kriegsteilnehmern von 1812 gewidmet ist (errichtet 1912). Die Seitenfassade liegt in Flussrichtung und hat ein Vier-Säulen-Portal. Das andere Gebäude mit Hufeisenform und zwei Etagen hat ein ebensolches Portal wie das Hauptgebäude.

Beim **Duchovskoj Kruglik** (2007; Frunze-Prospekt 13a) handelt es sich um die Rekonstruktion eines Turms des Unteren Schlosses (gebaut 1330–1351), welcher als Ausstellungssaal und Museum (**Museum des Unteren und Oberen Schlosses, Museum des Slavischen Basars**) fungiert. Hier gibt es Relikte des Schlossfundaments und des Mauerwerkes, die man bei Ausgrabungen 1984 freilegte, ein Stadtplan des alten Vitebsk, wie man ihn nach der Großen Zeichnung von 1664 kennt, eine Ausstellung zur Geschichte des Slavischen Basars sowie eine Aussichtsplattform, von der aus sich dem Betrachter ein Panorama der Stadt eröffnet. Der Name des Turmes kommt im Übrigen daher, dass er sich gegenüber der Heilig-Geist-Kirche (Svjato-Duchovskaja cerkov) befand, die Fürst Algirda im 14. Jahrhundert bauen ließ.

Das 1897/98 errichtete **Elektrizitätswerk**, ein für heutige Verhältnisse unwahrscheinlich kleines E-Werk auf dem pr. Frunze 13, diente ursprünglich dazu, das Straßenbahnnetz von Vicebsk mit Strom zu versorgen.

In der **Kachel- und Majolika-Fabrik** (1877-Anf. 20. Jh.; pr. Frunze 41 b), die der Adelige Branislaŭ Lisoŭski gründete und die bis 1914 in Betrieb war, wurden Terrakotta-, Weißglasur- und vergoldete Kacheln und Majolika hergestellt. Am Vorabend der Oktoberrevolution war die Fabrik eine der größten im russischen Reich mit Geschäften in Warschau sowie St. Petersburg und anderen russischen Städten. Es stehen noch einige Gebäude, die heute dem Militär gehören, weswegen das Gelände heute teilweise gesperrt und nur schwer oder gar nicht zugänglich ist.

Das **Haus der Vicebsker Kommune** (1927; vul. Maksima Horkaha 36/25) befindet sich stadtauswärts in westlicher Richtung am rechten Ufer der Westlichen Dzvina. Es handelt sich hierbei ursprünglich um ein Arbeiterwohnheim, das etwa 300 Personen Platz bot, und um das erste Gebäude dieser Art in Belarus.

Der sich seit 1959 in Betrieb befindliche, fast 245 Meter hohe **Fernsehturm** steht im Waldgebiet Jureva Horka am rechten Flussufer und ist mit dem in Hrodna fast identisch.

Karte S. 368 ▲

Das Vicebsk von Marc Chagall

Marc Chagall (1887–1985; bürgerlicher Name: Moische Schagalow) war jüdischer Abstammung und wurde in Peskavacik geboren, einem heute zu Vicebsk gehörenden Stadtteil (im Norden der Stadt). Die Stadt spielt in seinem Werk eine herausragende Rolle, auch und gerade während seiner Pariser Zeit, ebenso wie seine aus Vicebsk stammende Ehefrau Bella Rosenfeld (1895–1944). Nachdem er die Stadt 1920 verlassen hatte, kehrte er nie mehr wieder dorthin zurück – nicht einmal, als er in den 1970er Jahren hochbetagt eine Reise nach Moskau unternahm, denn er wollte Vicebsk so in Erinnerung behalten, wie er es von früher kannte. Dabei führte Chagall ein sehr bewegtes Leben, lebte eine Zeitlang in Deutschland, wanderte zur Zeit der Judenverfolgung in die USA aus und lebte schließlich in Frankreich.

Marc Chagall verließ Vicebsk zwar bereits im Alter von etwa 34 Jahren, war aber in der Tat ein Katalysator, der die moderne Kunst nach Vicebsk brachte, unter anderem durch seinen Freund Anatolij Lunartcharskij, der im postrevolutionären Russland Volkskommissar für das Bildungswesen war und Chagall als Kommissar für die schönen Künste im Vicebsker Gouvernement einsetzte; in dieser Funktion lud Chagall u. a. Kasimir Malewitsch nach Vicebsk ein. Auch der russische Maler Ilja Repin (1844–1930) hatte in der Nähe von Vicebsk ein Sommerhaus, in dem viele seiner Werk entstanden und das man als Museum heute besichtigen kann (→ S. 379).

Das **Marc-Chagall-Museum** hat zwei Standorte: Sein Elternhaus sowie das Marc-Chagall-Art-Centre.Das einstöckige **Elternhaus** des Künstlers (vul. Pakroŭskaja 11) aus rotem Backstein, baute der Vater des Künstlers zu Beginn des 20. Jahrhunderts. Marc Chagall vebrachte seine Kindheit und Jugend in dem Haus, in dem sein Vater ursprünglich einen kleinen Laden betrieb und zu dem auch ein Holzhaus und ein Schuppen gehörten. In fünf Räumen, die nach alten Dokumenten und Arbeiten Chagalls rekonstruiert sind, sind hier Alltagsgegenstände aus der Zeit um 1900 ausgestellt: Fotografien, Dokumente, Arbeiten des Künstlers (allesamt Kopien) sowie persönliche Gegenstände der Familie.

Dem zweistöckigen Ziegelbau, in dem das **Marc-Chagall-Art-Centre** untergebracht ist (gebaut Ende 19. Jh.), setzte Mark Chagall mit seinem Gemälde ›Über der Stadt‹ ein künstlerisches Denkmal. Dieses Zentrum (vul. Putna 11) konzentriert sich auf die künstlerische Arbeit Chagalls, und die Einrichtung ist auch deswegen einmalig, weil ansonsten in ganz Belarus keine einzige Originalarbeit des Vicebsker Künstlers ausgestellt ist: Hier sind über 300 Originalarbeiten, vor allem Lithographien, versammelt. Aus einer privaten Sammlung aus Rheinland-Pfalz stammen zahlreiche Originalarbeiten sowie über 2000 Bücher. Darüber hinaus kann man im Art-Centre auch an die 130 originale Grafiken namhafter Künstler wie Joan Miró, Pablo Picasso, Henri Matisse u. a. besichtigen. In Zusammenarbeit mit Partnern und Förderern aus dem Ausland finden auch immer wieder Einzelausstellungen statt.

In Vicebsk stehen **zwei Marc-Chagall-Denkmäler**, eines an der Straßenkreuzung vul. Pakroŭskaja/vul. Saveckaj Armii (1992), und das andere im Innenhof des Marc-Chagall-Museums (1997; Titel: Vicebsker Melodie auf französischer Geige).

Das geistliche Vicebsk

Vicebsk ist eine Kirchenstadt par excellence. Es dominieren orthodoxe Kirchen, aber es gibt auch Gotteshäuser anderer Konfessionen sowie einige ehemalige Synagogen.

■ Markus-Dreifaltigkeitskkloster

Hierbei handelt es sich um ein Mönchskloster, das hier seit dem 14. Jahrhundert, mit einer Unterbrechung von 1920 bis 2000 existiert (vul. Maksima Horkaha 84a). Außer der heute sogenannten Kasaner Kirche, ursprünglich als Schutz- und Fürbittenkirche gegründet, befinden sich auf dem Gelände hinter der Kirche noch zwei Gebäude, die aus dem 19. Jahrhundert stammen. Die orthodoxe **Kasaner Kirche** (1760) am rechten Flussufer (vul. Maksima Horkaha 87), die so heißt, weil in ihr die **Kasaner Ikone der Gottesmutter**, die dem Kloster eins der russische Zar Aleksej I geschenkt hatte, aufbewahrt wird, ist dem Barock zuzuordnen, trägt aber auch klassizistische Züge. Heute zeigt das Gebäude Spuren des Umbau aus der Nachkriegszeit: Es handelt sich um eine Kreuzkuppelkirche mit drei Apsiden und einem Narthex. 1995 wurde über dem Dach eine eckige Kuppel errichtet, über dem Eingangsportal ein Zwiebelturm.

■ Heilig-Geist-Kloster

Das orthodoxe **Heilig-Geist-Kloster** (gegr. 1345; vul. Talstoha 15) ist im heutigen orthodoxen geistlich-kulturellen Zentrum am Fuße des Uspenskij-Berges untergebracht. Es ist ein seit 2001 wieder in Betrieb befindliches Nonnenkloster, das 1345 (der Legende nach von Fürst Algirda) gegründet wurde. Im Erdgeschoss des Gebäudes befindet sich die **Olga-Kirche**, die 1992 geweiht wurde. Die einstige Mariä-Schutz- und Fürbittenkirche wurde 1923 geschlossen und 1954 zerstört. Im 19. Jahrhundert war in den Klostermauern eine Zeitlang ein Gefängnis untergebracht. Nach einem Umbau in den 1860er Jahren wurde hier eine

▲ *Die Uspenskij-Kathedrale*

Karte S. 368

Nonnenschule eingerichtet. Das 1902 errichtete, mit der damaligen Heilig-Geist-Kirche verbundene dreistöckige **Lehrgebäude** fungiert heute als Gebietsverwaltung.

■ **Trinitarierkloster**

Das 1795 gegründete **Trinitarierkloster** (1814-21; Klassizismus; Kreuzung vul. Lenina/vul. Šubina) besteht aus der **Schutz- und Fürbittenkathedrale**, der momentan wichtigsten orthodoxen Kirche in der Stadt, und einem Wohnhaus. Die Kathedrale, eine frühere Holzkirche stammt aus dem Jahre 1758. Nach der Schließung der Kirche war im zweistöckigen Wohngebäude zunächst ein Waisenhaus untergebracht, später ein Frauengefängnis. Die bereits in den 1930er Jahren durch das Sowjetregime geschlossene Kirche wurde zur Zeit der deutschen Besatzung wieder eröffnet. Im August 1941 wurden die Reliquien der belarussischen Schutzheiligen Euphrosyne von Polack aus dem Atheismus-Museum hierhin verlegt, ehe sie 1943 nach Polack in die Sophienkathedrale (→ S. 396) kamen. Im Krieg dann zerstört, wurde die Kirche 1989 wiederaufgebaut. Sie ist dreischiffig und hat zwei Glockentürme. Das rechteckige Eingangsportal ist mit der Freske der Gottesmutter verziert, darüber sind die quadratischen Panneau-Fresken ›Dreifaltigkeit‹ sowie seitlich vom Eingang die Bilder des heiligen Seraphim von Sarow und von Euphrosyne von Polack angebracht.

■ **Basilianerkloster mit Uspenskij-Kathedrale**

Zentrales Element dieser Klosteranlage (gegründet 1682; vul. Komisara Krylova), die ursprünglich uniert war und erst 1799 den Orthodoxen übergeben wurde, ist die **Entschlafens-** bzw.

Uspenskij-Kathedrale, die von 2001 bis 2011 wiederaufgebaut wurde. Die ursprüngliche, 1743 bis 1785 im Wilnaer Barock errichtete Kathedrale wurde 1937 gesprengt.

Stifter des Klosters war Adam Kisiel, dessen Testament nach seinem Tod (um 1724) zu einem Eklat zwischen den Jesuiten und den Basilianern in der Stadt führte: Die Jesuiten stahlen Kisiels Leichnam und begruben ihn in ihrer eigenen Kirche, ein Fall, mit dem sich sogar die päpstliche Nuntiatur befassen musste. Die später von der Sowjetmacht zerstörte und mittlerweile rekonstruierte Kirche war ursprünglich im Stile des Spätbarocks gebaut, mit einer halbrunden Apsis und zwei Türmen. Im dreistöckigen **Hauptgebäude** (vul. Palitechničnaja 2) befanden sich die Mönchsklausen und eine Schule für die Kinder der Szlachta (polnischer Landadel). Mit der Kirche war es über eine kurze überdachte Galerie verbunden. Vom Hof aus schloss sich rechtwinklig ein zweistöckiges Gebäude an, in der sich nicht nur im Erdgeschoss das Refektorium und im Obergeschoss die Bibliothek befanden, sondern in dem auch eine sogenannte ›warme‹ (im Winter beheizte) Kirche untergebracht war. Im ersten Obergeschoss befindet sich seit 1997 die orthodoxe **Kyrill- und Methodioskirche**.

■ **Mariä-Verkündigungskirche**

Eines der bedeutendsten altrussischen Architekturdenkmäler in der Stadt der frühfeudalen Zeit auf heutigem belarussischem Staatsgebiet stellt die **Mariä-Verkündigungskirche** (1120–1130er Jahre; pl. 1000-hoddzia Vicebska) dar; sie steht an der Stelle des früheren Unteren Schlosses und ist architektonisch und kulturhistorisch der Polacker Architekturschule zuzuordnen – eine dreischiffige Kirche

Mariä-Verkündigungskirche

mit sechs Grundpfeilern, einer Kuppel und drei Apsiden, die im 12. Jahrhundert ursprünglich vermutlich von einem griechischen Bauherren am linkem Ufer der Westlichen Dzvina gebaut wurde. 1862 erhält sie im Zug von Russifizierungsbestrebungen im zaristischen Russland ihre ursprüngliche Gestalt mit neobyzantinischen Zügen (Giebel und Türme wurden durch eine Zwiebelkuppel ersetzt) zurück. Das Gotteshaus wurde 1961 vom Sowjetregime gesprengt und 1992 wieder aufgebaut. Direkt neben der Verkündigungskirche steht die orthodoxe **Aleksandr-Nevskij-Kirche**, eine Holzkirche aus den 1990er Jahren.

■ Mariä-Entschlafenskirche

Die aus Ziegel bestehende orthodoxe **Mariä-Entschlafenskirche** (1858; vul. Kamunistyčnaja 15) hat einen rechteckige Grundriss, eine halbrunde Apsis, ein Giebeldach mit Walm auf der Seite der Vorderfassade und einem achtseitigen Holztambour mit zwiebelförmiger Kuppel. In der Kirche, die im neorussischen Stil erbaut wurde, werden zur Zeit die Gebeine mehrerer Heiliger und Märtyrer aufbewahrt.

■ Auferstehungskirche

Dieses Gotteshaus (vul. Suvorava 2) wurde 1772 im Wilnaer Barockstil zunächst als unierte Kirche errichtet, 1936 wurde das Gebäude zerstört und 2009 dem Original entsprechend wiederaufgebaut. Es handelt sich um eine einschiffige Kirche mit halbrunder Apsis, in der der Altar steht. An der Vorderfassade erheben sich zwei Glockentürme mit insgesamt elf Glocken, von denen die größte 1,2 Tonnen und die kleinste gerade einmal acht Kilogramm wiegt; bei einer davon handelt es sich um eine alte Glocke aus Holland (19. Jh.), die als Kriegstrophäe im Zweiten Weltkrieg nach Belarus gelangte. In den Nischen befinden sich Abbildungen von Heiligen. Im Inneren ist die Kirche mit Fresken ortsansässiger Künstler geschmückt. Der Wiederaufbau 2011 wurde von in der Stadt ansässigen Unternehmen finanziert, und jeder konnte sich finanziell beteiligen, indem er/sie einen Ziegelstein kaufte, auf dem dann später sein/ihr Name stand.

■ Kirche der Geburt der Gottesmutter

Bei dieser orthodoxen Kirche (1886; vul. Zjankovaj 9) handelt es sich um eine ›warme‹ Kirche – sie wurde mit zwei Steinöfen beheizt –, die zur nicht erhaltenen Peter- und Paulskirche gehörte. Nach dem Ersten Weltkrieg wurde die Kirche in ein Wohnhaus für die Mitarbeiter des Straßenbahndepots umgebaut; zur Zeit gibt es Bestrebungen das Gebäude wieder in den Besitz der Kirche zurückzuführen. Es ist ein von außen nicht verputztes Steingebäude. Über der Frontfassade gibt es einen kleinen Turm mit einem Kreuz darauf. Der Narthex besteht aus Holz. Im Inneren bestehen der Fußboden, die Decke und die Ikonostase mit vergoldeten Schnitzereien ebenfalls aus Holz.

■ Barbara Kirche

Diese katholische Kirche im neoromanischen Stil (1785/1884-85; vul. Leninhradskaja 27) war bis 2011 Diözesalkirche von Vitebsk, ehe sie durch die Jesus-Barmherzigkeits-Kirche abgelöst wurde. Im Zweiten Weltkrieg teilweise zerstört, wurde sie in den 1990er Jahren restauriert. Es handelt sich um eine traditionelle dreischiffige Basilika mit zwei Türmen, einer halbrunden Apsis und rechteckigen Sakristeien an den Seiten. Zum Grundstück gehören eine Kapelle, ein Tor und eine Steinmauer. Die Kirche ist mit einer elektrischen Orgel ausgestattet.

■ Das jüdische Leben

Von der großen, einstigen zentralen **Synagoge** in der Stadt, der sog. **Bolšaja Ljubavičskaja**, stehen nur noch die Frontfassade und ein Teil des Mauerwerks. Es ist ein Steinbau, der wahrscheinlich Ende des 19. Jahrhunderts errichtet wurde – als eine von mehr als 50 Synagogen in der Stadt, als mehr als die Hälfte der Stadtbevölkerung Juden waren. Die Synagoge befindet sich auf der heutigen vul. Revaljucyjnaja, neben dem Gebäude mit der Hausnummer 10, auf der rechten Seite der Westlichen Dzvina, wo auch Mark Chagall wohnte; nicht unwahrscheinlich, dass der Vater des Künstlers die Synagoge frequentierte. Nach der Schließung 1923 befanden sich hier nacheinander ein Luftfahrtklub, ein Kulturhaus und Lagerräume. Ob das Gebäude jemals restauriert werden wird, ist wohl mehr als unwahrscheinlich.

Das ehemalige **jüdische Krankenhaus** (Ende 18./Anf. 19. Jh.), dem auch ein Armenhaus angeschlossen war, befindet sich an der rechten Flussseite unweit des Marc-Chagall-Museums (vul. Kasmanaŭtaŭ 14).

■ Friedhöfe

Von den etwa 30 Friedhöfen in der Stadt wären zwei historische durchaus einen Spaziergang wert: Der jüdische Friedhof Staroulanovskoje im nördlichen Stadtteil Peskavacik auf der linken Seite des Flusses, in dem Marc Chagall aufwuchs, sowie der Friedhof Staro-Semjonovskoje.

Der **jüdische Friedhof** (zavulak 2-oj Laherny) ist einer der ältesten (eröffnet 1909) und der heute einzige jüdische Friedhof in der Stadt, benannt nach einer sich damals dort befindlichen Straße. Aufgrund von Umbettungen von anderen heute nicht mehr existenten Friedhöfen kann man dort auch Gräber aus der Zeit vor 1909 finden. 1941 wurden dort Bewohner des jüdischen Ghettos erschossen, nach dem Krieg wurden die Grabsteine teilweise geplündert, unter anderem deswegen, weil man an Baumaterialien für Häuser kommen wollte.

Auf dem **Friedhof Staro-Semjonovskoje** im Bahnhofsviertel im Westen der Stadt (vul. 7-ja Polackaja) fanden Protestanten (Lutheraner, vor allem Deutsche) und Orthodoxe, vor allem Militärs, ihre letzte Ruhestätte. Die berühmteste Person ist wahrscheinlich

In der vul. Suvorova

Alte Bausubstanz In Vicebsk

Jehuda Pen, der erste Lehrer Marc Chagalls. Der Friedhof existiert seit Ende des 19. Jahrhunderts und wurde für Bestattungen 1972 eigentlich geschlossen, doch Beerdigungen finden dort bis heute statt.

Kunstfestival Slavischer Basar

Das jährlich stattfindende ›Internationale Kunstfestival Slavischer Basar‹, wie die Veranstaltung offiziell heißt, ist wohl das größte Kunst- und Musikfestival in Belarus. Es findet unter der Losung ›Über die Kunst zu Frieden‹ statt.

Logo des Slavischen Basars ist eine zu einer Note stilisierte Kornblume auf einem Notenständer (die Kornblume ist ein Nationalsymbol der Belarussen).

Wenn der Slavische Basar sich auch als internationales Festival präsentiert, so muss doch gesagt werden, dass die Prominenten aus dem Showbiz, die hier auftreten, hauptsächlich aus dem russischsprachigen Raum stammen. Die kulturpolitische Rolle dieser (staatlichen) Veranstaltung besteht vor allem darin, die Einheit dieses Kulturraums zu unterstreichen. Viele auftretenden Musiker bieten vor allem (russischen) Schlager und Popmusik, alternative Künstler oder Kunstformen wird man vergeblich suchen; auch kritische Töne sind nicht zu vernehmen. Nichts desto trotz treten durchaus auch Künstler aus Ländern Westeuropas und den USA auf.

Die meisten Veranstaltungen finden im Amphitheater statt, aber darüber werden auch Veranstaltungen im Jakub-Kolas-Theater, in der Philharmonie, im Art-Café Maestro und in verschiedenen Museen der Stadt wie zum Beispiel dem Duchovskoj Kruglik abgehalten.

 Vicebsk

Vorwahl: + 375/(0)212
Internet: www.vitebsk.gov.by/en. Offizielle Seite der Gebietsverwaltung Vicebsk russisch und englisch.

Ab Minsk M3, ab Homel, Mahiloŭ, Orša M8, ab Polack/Navapolack P20.

Bahnhof und Busbahnhof liegen in unmittelbarer Nähe zueinander. In der Stadt fahren Busse, Trolleybusse, Straßenbahnen und Marschrutki.

Mit dem **Bus** fährt man ab Minsk Ostbahnhof (Fahrzeit ca. vier Stunden), ebenso ab Orša (Fahrzeit ca. anderthalb Stunden), Homel und Mahiloŭ.

Direkte **Bahnanbindung** gibt es ab Minsk, Brest, Hrodna, Orša, Homel, Mahiloŭ.

Busauskunft in Vicebsk: Tel. 114; Bahnauskunft: Tel. 105.

Vetraz, pr. Čarnjachoŭskaha 25/1, Tel. 217204. Hotel im Sowjetstil; wer auf guten Service pfeift (und Landeskunde erleben will), kann es hier durchaus ein paar Nächte aushalten. Südlich des Zentrums am Flussufer gelegen.

U Petroviča, vul. Very Charužaj 38, Tel. +375/(0)29/7102321, 3339909. Einfache Unterkunft, etwa in der Art eines

Hostels, mit Gemeinschaftsküche, etwas dezentral (nördlich, Richtung Peskavacik); Übernachtung ca. 15 Euro; Banja kann gegen Aufpreis mitbenutzt werden. Wer sich in einem Hotel im Sowjetstil unwohl fühlt, kann dieses ausprobieren.

Eridan, vul. Saveckaja 21/17, Tel. 362456, www.eridan-vitebsk.com (russ., engl., span.). Im Zentrum, nahe Frunze-Park; einschl. Restaurant, Café, Bar (Territoria Kofe), Parkplatz, Schwimmbad, Sauna; Übernachtung ab ca. 40 Euro; Kinder bis 8 Jahren übernachten umsonst; keine Haustiere; Frühstücksbuffet zuzüglich ca. 8 Euro.

Vicebsk, vul. Zamkavaja 5/2a, Tel. 359280, www.hotel-vitebsk.by (russ., engl.). Im Zentrum; Parkplatz, Einzel-, Doppelzimmer, Appartements. Übernachtung einschl. Frühstück ca. 25–40 Euro (Appartements ab ca. 160 Euro).

Zolotoj teljonok, vul. Belaruskaja 6a, Tel. 362791, www.zt-hotel.by (russ.). Sehr zentral, in Bahnhofsnähe; mit Café, Billard, Bowling, Übernachtung einschl. Frühstück ab ca. 20 Euro.

Hostel Jazz, vul. Suvorava 10-2/1, Tel. 236626, +375/(0)29/5152584. Die richtige Anlaufstelle für Reisende, die die Stadt erleben möchten und eine Unterkunft nur zum Schlafen brauchen.

Lidskie bliny, vul. Lenina 22/16. Bliny (Pfannkuchen), Suppen, Salate. Mittagmenüs.

Knjaz Algirda, vul. Talstoha 2a (Vitba-Ufer). Europäische Küche.

Staraja Arka, vul. Suvorava 8. Kleines, gemütliches Café.

Zolotoj Lev, vul. Suvorava 20/13. Europäische Küche. Günstige Mittagsmenüs.

Graf Suvorov, vul. Suvorava 28. Relativ neues Café. Russische, europäische Küche. Günstige Mittagsmenüs.

Pelmennaja, vul. Janki Kupaly 12/5. Wie der Name schon sagt, spezialisiert auf Pelmeny (mit Hackfleisch gefüllte Teigtaschen). Für hungrige Besucher der Stadt,

die schnell weiterziehen möchten, sicherlich keine schlechte Wahl.

Chabibi, vul. Saveckaja 9. Arabische Küche.

Ljamus, pr. Peramohi 1. Bierrestaurant mit eigener Brauerei. Hauptsächlich belarussische Küche. Abends Livemusik (geringfügiger Eintritt). Gemütliches, rustikales Interieur. Südöstlich des Zentrums, Abzweig bei pr. Maskoŭski 33 (Universität).

Žuravinka, pr. Maskoŭski 7. Europäische Küche. Günstiges Mittagsmenü. Abends Livemusik. Gemütliche Atmosphäre.

Vasilki, pr. Maskoŭski 9–1, www.vasilki. by. Belarussische Restaurantkette; hauptsächlich belarussische Küche; spezielle Menüs für Kinder. Gemütliches Interieur.

Art-Café Maestro, pr. Frunze 13a (Amphitheater). Europäische Küche. Mittagsmenü (nur 12–14 Uhr). Livemusik.

Dastarchan, pr. Frunze 44a. Belarussische, usbekische, europäische Küche. Abends Livemusik (außer Dienstags).

Marc-Chagall-Museum (Marc-Chagall-Haus), vul. Pakroŭskaja 11, chagal-vitebsk.com/ (russ., blr., engl., frz., deutsch); 1. Okt.–1. März Mi-So 11–18.30 Uhr; 1. März.–1. Okt. Di-So 11–18.30 Uhr.

Marc-Chagall-Art Centre, vul. Putna 2, chagal-vitebsk.com; 1. Okt.–1. März Mittwoch-Sonntag und 1. März.–1. Okt. Di-So 11–18.30 Uhr.

Zentrum für moderne Kunst, vul. G. Belabarodava 5. Hierzu gehört auch das Gebäude der ehemaligen Kunstschule (1918-1923), die Marc Chagall gründete und in der Kasimir Malewitsch, Jehuda Pen u. a. arbeiteten (vul. Praŭdy 5a).

Landeskundliches Gebietsmuseum, vul. Lenina 36 (Rathaus); Di– So 10–18 Uhr.

Kunstmuseum, vul. Lenina 32/pl. Svabody (Gebäude des ehemaligen Bezirksgerichts); Mi-So 10–18 Uhr.

Patriotenmuseum, vul. Krylova 7; Di-So 10–18 Uhr. Dieses Museum ist vor allem dadurch interessant, dass es sich in den Kellern des ehemaligen SS-Gefängnisses befindet. Es erzählt von der Besatzungszeit in Vicebsk im Zweiten Weltkrieg, u. a. auch von der in Babrujsk geborenen und in Vicebsk hingerichteten Partisanin Vera Charužaja.

Museum der Geschichte der Vicebsker Straßenbahn, 5-ja vul. Frunze 7 (Straßenbahndepot); tgl. 8–17 Uhr. Vicebsk ist zusammen mit Minsk, Mazyr und Navapolack eine von vier Städten in Belarus mit Straßenbahnbetrieb. Die Vicebsker Straßenbahn wurde 1898 eröffnet. Die 1966 eröffnete Einrichtung erzählt in mehreren Etappen von der Geschichte des Straßenbahn- und Trolleybusbetriebes in der Stadt.

Stena (Kunstgalerie), vul. Lenina 16/2, gallery_stena@mail.ru.

Jakub-Kolas-Theater, vul. Zamkavaja 2, kolastheatre.by/en (russ., blr. engl.). Das heutige Theatergebäude im sowjetisch-neoklassizistischen Stil mit acht Säulen wurde 1958 errichtet, die Hauptfassade zeigt auf den Platz des 1000-jährigen Jubiläums von Vicebsk.

Puppentheater Ljalka, vul. Puškina 2 (Stadtvilla), lialka.vitebsk.biz/rus (russ.).

Gebietsphilharmonie, vul. Lenina 69 (pl. Lenina). Hier kann man seit 2007 den Klängen einer Orgel des deutschen Herstellers Glatter-Götz lauschen.

Sommeramphitheater, Duchovskoj Kruglik, pr. Frunze 13a. Eine große Freilichtbühne, die mehr als 6000 Zuschauern Platz bietet und auf der die meisten Veranstaltungen des Slavischen Basars (s. u.) stattfinden. Gebaut wurde das Amphitheater 1988 in nur sechs Monaten an der Vitba in einer Art natürlicher Vertiefung, um Veranstaltungen vor dem Straßenlärm zu schützen. **Informationen zum Festival:** festival.vitebsk.by (russ., engl.); Städtisches Kulturzentrum Vicebsk: www.gck.by.

Märkte: Polocki Rynok, vul. Leninhradskaja 2; Južnyj Rynok, vul. Čkalava 30a.

Bon Vin, pr. Čarnjachoŭskaha 7. Alkoholische Getränke.

Pridvinje, vul. Čkalava 19/1. Geschäft des Vicebsker Wodkaherstellers.

ZUM (Zentrales Kaufhaus), vul. Zamkavaja. Neben dem Hotel Vicebsk.

Karte S. 368

▲ *Die Auferstehungskirche in Vicebsk mit einer sowjetischen Brunnenfigur*

Vicebsker Gebiet

Zdraŭnjova

Wenn man von Kunst und Vicebsker Künstlern spricht, darf man Zdraŭvnjova (blr. Здраўнёва; russ. Здравнёво) nicht vergessen. Das **Landgut** ist auch als **Repino** bekannt und liegt 16 Kilometer nordwestlich von Vicebsk direkt an der Westlichen Dzvina, nahe des Dorfes Kojtava. Hier besaß der aus Russland stammende Künstler Ilja Repin (1844–1930) ein Landhaus, das heute als **Museum** eingerichtet ist. Dabei handelt es sich nicht um das Originalhaus, das der Künstler 1892 erwarb und in dem er von 1892 bis 1902 lebte, sondern um eine Rekonstruktion (2000), denn das Original überlebte den Krieg nicht. Ab 1930, nach der Abreise von Repins Tochter Tatjana, die seit 1918 in der hiesigen Grundschule unterrichtet hatte, stand das Gebäude leer.

Die Anlage besteht aus dem **Gutshaus** (aus Holz), in dem der Großteil der Ausstellung untergebracht ist, dem **Haus des Verwalters** mit Räumlichkeiten für die Bediensteten und einem **Ausstellungssaal** sowie einem restaurierten Keller. Zum Grundstück gehören auch eine **Lindenallee** in Gedenken an den Künstler, der die Bäume dort selber pflanzte. Erhalten ist ebenfalls ein künstlich angelegter Teich und ein kleines Kühlhaus. auf dem Grundstück steht eine Ilja-Repin-Statue. Hier schuf Repin einige seiner berühmtesten Bilder wie zum Beispiel ›Der Belarusse‹, ›Das Duell‹, ›Mondnacht‹. Ausstellungsstücke sind neben einigen Gemälden auch Alltagsgegenstände der Familie Repin, Möbel aus der Zeit um 1900 sowie archäologische Funde aus Zdraŭnjova.

🏛 **Ilja-Repin-Museum**

Im Dorf **Zdraŭnjova**, bei Kojtava (nordwestlich von Vicebsk), von Vicebsk aus erreichbar über die P112 (östliche Richtung) und dann M8 (Richtung Norden). Mi–So 11–18 Uhr.

Ilja Repin im Internet: Keine offiziellen Seiten des Museums in Zdraŭnjova, aber trotzdem kann man sich hier mit dem Schaffen Ilja Repins vertraut machen: www.ilja-jefimowitsch-repin.de (dt.), www.ilyarepin.org (engl.).

Orša

Die Stadt Orša (blr./russ. Орша; inoffiziell auch Ворша) liegt im Osten von Belarus am Zufluss der Aršyca in den Dnepr und ist ein wichtiger Eisenbahnknotenpunkt des Landes. Heute leben hier etwa 12 5000 Einwohner. Die beiden Flüsse umklammern das historische Stadtzentrum – den Burgwall – wie eine Schere.

Das offizielle Gründungsdatum der Stadt ist das Jahr 1067 (erste Erwähnung in der Nestorchronik). Ab 1119 gehörte die Stadt zwischen Vicebsk, Polack und der heute zu Russland gehörenden Stadt Smolensk zum Fürs-

tentum Polack, 1320 ging sie an das Großfürstentum Litauen. In der ersten Hälfte des 14. Jahrhunderts wurden hier aufgrund der grenznahen Lage auf Initiative von Fürst Algirda Stadtbefestigungen angelegt. 1398–1407 ließ Vytautas der Große hier ein Schloss errichten.

Im 17. Jahrhundert war Orša eines der größten Kunstzentren von Belarus, in dem zahlreiche Handwerksarten beheimatet waren. Aufgrund seiner günstigen geografischen Lage zwischen Ost und West, zwischen Nord und Süd einerseits und am Ufer des Dnepr andererseits unterhielt Orša Handelsbe-

Vicebsk und Vicebsker Gebiet

Am Zentralplatz von Orša

ziehungen zu Russland, Polen und ins Baltikum und war Transitzentrum und Ausgangspunkt eines Handelsweges, der von Osten nach Westen durch Belarus verlief.

In Orša liegen auch die Anfänge belarussischer Schriftkultur. Erhalten ist zum Beispiel der Briefwechsel von Starost Filon Kmita-Čarnobylski (1530–1587). Überliefert ist auch die Sammlung polnischer und russischer Gedichte (Ende 17 Jh.), der Oršaer Kodex (1693), ein im Jesuitenkolleg entstandener Sammelband mit Manuskripten barocker Theaterstücke, die in Vicebsk, Navahradak, Polack und sogar in Warschau aufgeführt wurden und heute in der Bibliothek in Breslau (Wroclaw) aufbewahrt werden, sowie das vermutlich eher im Polacker Raum entstandene Manuskript des Oršaer Evangeliums (Ende 12. Jh./ Anf. 13 Jh; im 18. Jh. entdeckt).

1812 wurde die Stadt von französischen Truppen eingenommen – der französische Schriftsteller Stendhal hatte hier die Funktion eines Kommandanten inne. Im November 1812 verbrannten die Franzosen während ihres Rückzuges die Städt.

■ Bahnhof

Wenn man die Stadt Orša schon als Eisenbahnknotenpunkt preist, kann man einen Stadtrundgang auch am Bahnhof beginnen. Wie vielerorts in Belarus (und anders als zum Beispiel in Deutschland), befindet sich der Bahnhof nicht direkt im Zentrum, sondern etwas außerhalb – im Falle von Orša im Westen der Stadt. Das pompös wirkende **Bahnhofsgebäude** wurde 1912 gebaut und in den 1930er/1950er Jahren restauriert. Die erste Eisenbahnstrecke (Brest – Smolensk) wurde 1871 durch Orša verlegt. Seitdem wurde das Östliche Tor von Belarus ständig erweitert, heute fahren die Züge in insgesamt sechs Richtungen. Neben dem Bahnhofsgebäude steht eine alte **Dampflokomotive** (Denkmal des Arbeitsruhms der Eisenbahner), die 1984 hier aufgestellt wurde – anlässlich des 40. Jahrestages der Befreiung des Landes von den Nazis.

Direkt daneben steht das **Konstantin-Zaslonov-Denkmal**. Konstancin Zaslonaŭ (1910–1942) war der Anführer der Partisanen der Region um Orša. Unter dem Decknamen ›Onkel Kostja‹ war er direkt am Eisenbahnknotenpunt Orša ak-

Der Bahnhof von Orša

In der Wassermühle ist ein Museum untergebracht

tiv. Das **Konstantin-Zaslonov-Museum** (vul. Molakava/unweit des Bahnhofes) erzählt vom Leben dieses Partisanen und seiner Partisaneneinheit.

Vor dem Bahnhofsgebäude findet man dann auch Busse und Marschrutki, die einen ins Zentrum bringen. Die **vul. Molokova** geht in die **vul. Mira** über, und dort geht es dann direkt in die Stadtmitte, wo sich die wesentlichen Architekturdenkmäler und Museen befinden.

■ Burgwall

Ihren Anfang nahm die Stadt an der Mündung der Aršyca in den Dnepr: Der Burgwall entstand im 11. Jahrhundert. Vom 14. bis 16. Jahrhundert stand hier eine Burg, die zwar aus Stein bestehen sollte, letzten Endes jedoch aus ökonomischen Gründen – es gingen schlicht die finanziellen Mittel aus – mit Holz vollendet wurde. Nichtsdestotrotz muss die Burg mit fünf Türmen recht imposant gewesen sein. Dies verwundert nicht, bedenkt man, dass die Stadt in direkter Grenzlage zwischen dem Großfürstentum Litauen und dem Russischen Reich eine wichtige strategische Rolle spielte. Und hier, an der

Flussmündung, wo man altslawische Aufschriften fand, dürfte auch viele Male das Schicksal der Stadt in blutigen Kämpfen entschieden worden sein. Einer Legende zufolge verbirgt sich am Ufer der Aršyca ein Findling, der, wenn man sich darunter versteckt, jede Krankheit heilt. Ein **Denkmal** mit der Jahreszahl 1067 auf dem Burgwall erinnert direkt zwischen Dnepr und Aršyca heute noch an das Geburtsdatum der Stadt.

■ Wassermühle

Die nächste Station ist vom Burgwall gut zu sehen: Die Wassermühle, 1902 im neogotischen Stil an der Stelle einer alten Holzmühle gebaut und bis zum Ersten Weltkrieg als Mühle in Betrieb, mit Bogenbrücke. Dieser rote Backsteinbau befindet sich direkt im Stadtzentrum, an der vul. Lenina, zwischen Jesuitenkollegium und dem Burgwall. Heute ist hier das **Ethnographische Museum Mlyn** (Mühle) untergebracht. Diese Anlage mit der Bogenbrücke befindet sich auf einem kleinen Kanal, der die Aršyca mit dem Dnepr verbindet. Das Mühlrad kann man in der unte-

Vicebsk und Vicebsker Gebiet

ren Etage sehen. Insgesamt bildet die Wassermühle zusammen mit dem Jesuitenkollegium einen wichtigen Teil der Altstadtarchitektur in Orša.

Die Tatsache, dass die Museumsräume nicht mit elektrischem Licht, sondern mit Tageslicht ausgeleuchtet sind, sorgt für eine bestimmte Atmosphäre, die sich auch auf den Besucher überträgt. Die gemütliche Atmosphäre wird durch die kleinen Räume, die Holzdielen und die Holztreppen noch verstärkt.

■ Gedenkstätte Katjuscha

Begeben wir uns kurz auf die andere Seite des Dnepr, über die vul. Kamsamolskaja stadtauswärts. Am anderen Ufer, oberhalb des Flusses, steht die Gedenkstätte Katjuscha (1966). Bei der Katjuscha handelt es sich um einen Mehrfachraketenwerfer der Sowjetarmee, der eine Flugweite von mehreren Kilometern hatte und während des Zweiten Weltkrieges Angst und Schrecken unter den deutschen Soldaten verbreitete. Aufgrund der spezifischen Anordnung der Raketen wurde der Raketenwerfer

von den Deutschen als ›Stalinorgel‹ bezeichnet. Das Denkmal erinnert u. a. an einen der ersten Schüsse aus der Katjuscha, welcher 1941 in einem Dorf nicht weit von Orša erfolgte. Die Gedenkstätte Katjuscha in Orša besteht aus sechs symbolisch wie schussbereit aufgerichtete Raketenwerfer und einer Katjuscha auf einem Fahrzeug. Auf einem Kubus erinnert eine Tafel an den 14. Juli 1941, den Tag, an dem die Wehrmacht die Sowjetunion überfiel. Von hier aus hat man einen herrlichen Ausblick auf die beiden Flüsse Dnepr und Aršyca, eine Treppe führt zum Fluss hinab.

■ Hügel der Unsterblichkeit

Der Hügel der Unsterblichkeit liegt weiter nördlich, etwas außerhalb des Stadtzentrums, zwischen vul. Lenina, vul. 1 Maja und vul. Šaǔčenki. Vom Denkmal führen strahlenförmig Wege in sechs verschiedene Richtungen, von denen fünf nach Helden der Sowjetunion aus der Region benannt sind; die sechste ist die Allee des Unbekannten Soldaten.

▲ *Die Gedenkstätte Katjuscha*

Karte vordere Umschlagklappe

■ **Lenindenkmal**

Was ist schon ein Lenindenkmal in Belarus? Eigentlich nichts Besonderes. Das Lenindenkmal jedoch in Orša, selbstverständlich auf dem Leninplatz, wurde erst 1987 aufgestellt und ist somit das jüngste bzw. das als letztes errichtete Lenindenkmal in der ehemaligen Sowjetrepublik.

■ **Uladzimir-Karatkevič-Museum**

Die wohl berühmteste Persönlichkeit der Stadt ist Uladzimir Karatkevič (1930–1984), ein in Orša geborener Schriftsteller, der die belarussische Geschichte, Kultur und Ethnologie zum Thema seiner Texte gemacht hat und als Begründer des historischen Romans in der belarussischen Literatur gilt. In deutscher Übersetzung liegen der Kurzroman ›Die wilde Jagd des Königs Stach‹ (1964, Deutsch 1985), ›Das Land unter weißen Flügeln‹ (1977, Deutsch 1983), eine Art Reiseführer durch die belarussische Geschichte und Kultur, und die Erzählung ›Das Blau und Gold des Tages‹ (1961, Deutsch 1971) vor (nur antiquarisch und in Bibliotheken erhältlich). Seine Werke sowie Audiodateien zum Herunterladen und Übersetzungen in verschiedene Sprachen, findet man auch hier: knihi.com/Uladzimir_Karatkievic.

Der Besuch des Museums in der vul. Lenina 26 ist auch für Literaturfans, die des Russischen oder Belarussischen nicht mächtig sind, durchaus ein Muss! Es zeigt persönliche Gegenstände der Familie, Dokumente, Fotos, Manuskripte, Bücher. Die Mitarbeiter des Museums sind sehr freundlich und hilfsbereit und erzählen interessierten Besuchern gerne etwas aus dem Leben des Literaten. Die chronologische Anordnung der Ausstellungsstücke erleichtert den Zugang zu Leben und Werk des Schriftstellers.

Das Jesuitenkollegium

■ **Das geistliche Orša**

Die katholische **Josephskirche** (1808; Barock; vul. Saveckaja) aus Ziegel gehörte einst den Dominikanern und ist heute noch, wenn auch in verändertem Zustand, erhalten. Ursprünglich war es eine dreischiffige Basilika mit zwei Türmen, die 1870 abgerissen wurden. Von 1937 bis 1989 diente die Kirche als Kulturhaus. Das ehemalige Dominikanerkloster steht nicht mehr.

Vom ehemaligen katholischen **Trinitarierkloster** (Barock; Ecke vul. Lenina/ vul. Kamsamolskaja) ist nur noch das Wohngebäude erhalten. Auch die frühere Dreifaltigkeitskirche aus Ziegel steht nicht mehr. Das Kloster wurde 1714 gegründet und 1831 aufgelöst. Das zweistöckige Klostergebäude mit dem L-förmigen Grundriss hat ein Walmdach. Hier ist heute eine Abteilung des Staatsarchivs des Vicebsker Gebietes untergebracht, der andere Gebäudeteil wird als Wohnhaus genutzt.

Der Bau des **Jesuitenkollegiums** (ul. Lenina 6) mit L-förmigem Grundriss wurde 1803 vollendet. Der Jesuitenordnen siedelte sich 1604 in Orša an. Orša hatte ab dem 17. Jahrhundert eine von drei Höheren Lehranstalten, die von den Jesuiten betrieben wurden (neben Pinsk und Njasviž). Die heute restau-

Die orthodoxe Elias-Kirche

rierten Steinbauten wurden 1690 errichtet, die erst um 1760 fertiggestellte Kirche wurde in den 1840er Jahren zerstört. In der Sowjetzeit wurde die Anlage als Gefängnis benutzt. Zwischen 2004 und 2007 wurden die Ruinen des zweistöckigen Ziegelbaus abgerissen. Das mittlerweile wieder vollends restaurierte Gebäude (2007/08) hat einen Turm mit Uhren auf allen vier Seiten, die den alten Turmuhren, wie man sie von Bildern aus dem Archiv her kannte, nachempfunden sind. Jede volle Stunde ist – statt eines Glockenschlags – eine andere Melodie zu hören.

Das orthodoxe **Kuteinka-Mönchskloster der Erscheinung des Herrn** (1. Hälfte 17. Jh.; Barock) bildet zusammen mit der **Dreifaltigkeitskirche** (Kirche des Heiligen Geistes; 1624–26) eine

architektonische Einheit. Es liegt im Nordwesten der Stadt, an der Mündung der Kuteinka (ausgetrocknet) in den Dnepr und wird seit einiger Zeit restauriert. Die Anlage bestand ursprünglich aus der Kathedrale der Erscheinung des Herrn, der Heiliggeistkirche, einem Glockenturm und den Kloster- sowie Wirtschaftsgebäuden. Sie war auf drei Seiten von einer Steinmauer umgeben. An den Hauptteil mit rechteckigem Grundriss schließen sich eine fünfseitige Apsis mit einer kleinen Sakristei sowie ein zweistöckiger Glockenturm mit quadratischem Grundriss an.

Die orthodoxe **Eliaskirche** (1898; neorussisch) mit dem **Mariä-Entschlafens-Kloster** (Uspenskij-Kloster) befindet sich am linken Dnepr-Ufer. Architektonisch bildet die Anlage eine vierteilige Komposition aus Narthex und Glockenturm, Refektorium, Gebetsaal und einer fünfseitigen Apsis mit Sakristeien an den Seiten. Über dem zentralen Teil gibt es eine zwiebelförmige Kuppel. Über dem Zeltdach des Glockenturms und dem Dach der Apsis ist ein Zwiebelturm angebracht. Das Kloster selber wurde erst in den 1990er Jahren gegründet.

Das einzige noch erhaltene Gebäude einer **Synagoge** (Ende 19. Jh./Anf. 20. Jh.) ist heute als solches nicht mehr erkennbar: Ein Betonklotz mit großen blau gestrichenen Eisentoren auf der vul Zamkavaja (gegenüber der Wassermühle) dient als Sitz der Feuerwehr.

ℹ️ **Orša**

Internet: www.orshatut.by. Nützliche, auch für den Besucher der Stadt relevante Infos, aber nur in russischer Sprache.

🚗 Orša liegt etwa 90 km südlich von Vicebsk an der M1 und an der M8.

 Bahnhof und Busbahnhof befinden sich in unmittelbarer Nähe zueinander an der vul. Dzjaržynskaha bzw. vul. Zaslonava. Eine **Busverbindung** gibt es einmal täglich (außer Sonntags) ab Minsk (Zentraler Busbahnhof) um 13.30, Fahrzeit ca.

 ▲ Karte vordere Umschlagklappe

drei Stunden. Anreisemöglichkeiten auch ab Mahiloŭ, Homel, Babrujsk, Vicebsk. Orša ist eine der wenigen Städte in Belarus, die mit dem Zug einfacher und vor allem schneller zu erreichen sind als mit dem Bus. Direkte Anbindung mit der **Elektritschka** ab Minsk Institut Kultury und Ostbahnhof (Fahrzeit je nach Verbindung ca. 4 bis 6 Stunden). Die Elektritschkas um 9.27 und um 18.04 brauchen weniger als drei Stunden. Außerdem ist der Ort erreichbar ab Vicebsk, Mahiloŭ (Elektritschka) sowie Brest, Baranavičy, Moskau, St. Petersburg.

Orša, vul. Mira 11, Tel. +375/(0)216/211376, +375/(0)29/2921699, www.orshahotel.by (russ., engl.). Ab ca. 20 Euro pro Zimmer/Nacht.
Das Hotel hat noch eine weitere **Filiale** im südlichen Teil der Stadt, nicht zentral aber unweit des Kuteinka-Klosters, vul. Zadnjaproŭskaja 11, Tel. +375/(0)216/223163, +375/(0)29/2921794. Ab ca. 10 Euro pro Zimmer/Nacht.
Viktoria, vul. Zoi Kasmadzjamjanskaj 5, Tel. +375/(0)216/232947.
Touristische Anlage Orsha, vul. 1 Maja 72, Tel. +375/(0)216/219480, 219401, -02; -03; tchuporsha@yandex.ru. In einer Park-/Waldanlage am nordwestlichen

Stadtrand, an der Aršyca; hier gibt es auch Banja, Sportanlagen, und es werden Exkursionen durch Belarus angeboten.

Spatkanne, vul. Dzjaržinskaha 3.
Mari (Café/Konditorei), vul. Astroŭskaha 7a; vul. Saveckaja 2.

Die Museen der Stadt Orša im Internet: www.orsha.museum.by (russ., blr., engl.)
Uladzimir-Karatkevič-Museum, vul. Lenina 26.
Museum für Stadtgeschichte und -kultur Orša, vul. Lenina 9.
Ethnographisches Museum Mlyn, vul. Zamkavaja 2; tgl. außer Mo 10–18 Uhr. Ruhetag
Holzskulptur-Museum von Siamion Šaŭroŭ, vul. Krasina 26. Dieses Museum im Hause des Künstlers zeigt ca. 20 seiner Skulpturen; ausgestellt sind überdies Fotos, Dokumente, Arbeitswerkzeuge. Außerdem gibt es im Museum eine Werkstatt für Holzskulpturen.
Gromyko-Stadtgalerie (Kunstgalerie), vul. Lenina 6a (Jesuitenkollegium). Bietet u. a. einen Überblick über die Geschichte des Kollegiums, verfügt aber auch über eine Ikonenausstellung und zeigt altgedruckte Bücher.

Ljaŭki und Janka Kupala

Im Dorf Ljaŭki (blr. Ляўкі; russ. Левки) knapp 30 Kilometer südlich von Orša, steht die Datscha des belarussischen Schriftstellers Janka Kupala. Es ist jedoch keine Datscha im modernen Sinne des Wortes, wo gearbeitet und geackert, Obst und Gemüse angebaut wird, sondern ein Sommerhaus mit großem Grundstück, welches der Dichter zum dreißigjährigen Jubiläum seiner schriftstellerischen Tätigkeit vom Staat geschenkt bekam. Das Haus steht direkt auf einer Anhöhe am linken Ufer des Dnepr, eine Treppe führt zum Fluss hinab. Das Gelände ist von großen Bäumen gesäumt, die im Sommer Schatten spenden. Spaziergänge sind hier zu jeder Jahreszeit zu empfehlen! Unten am Fluss stehen Sitzbänke.
Janka Kupala verbrachte jedes Jahr mehrere Monate hier, schrieb und wollte, nachdem im Juni 1941 sein Haus in Minsk abgebrannt war, sich hier zunächst niederlassen, doch eine Woche später wurde auch das Sommerhaus in

Ljaŭki bei einem Angriff der Deutschen zerstört. In den 1980er Jahren wurde es wieder aufgebaut und in ein Museum umgewandelt. Zu der Anlage gehört neben dem Haus auch die Garage, in der heute immer noch der schwarze Chevrolet, den der Dichter 1935 ebenfalls vom Staat geschenkt bekam, geparkt ist. Mit diesem Fahrzeug verließ er das brennende Minsk und fuhr später bis nach Moskau und sogar bis Tatarstan. Vor der Garage steht eine große Janka-Kupala-Statue, die den Titel ›Herbst des Dichters‹ trägt – vielleicht weil Janka Kupala hier seine letzten Lebensjahre verbrachte? Zum Grundstück gehören auch die Gebäude der ehemaligen Forstwirtschaft, in denen Janka Kupala ab 1935 unterkam (weil das eigentliche Sommerhaus erst noch gebaut werde musste).

Das Haus-Museum für Janka Kupala

> ℹ️ **Janka-Kupala-Museum**
>
> Ljaŭki (Dorf in der Nähe von Kopys, Rajon Orša), Tel. +375/(0)216/271646; tgl. außer Mo 10–17 Uhr.
> Von Orša nimmt man die M8 in südliche Richtung (Richtun Mahiljoŭ – Homel), nach ca. 20 km rechts abbiegen Richtung Kopys.
> Mehrere **Busse**, die ab Orša nach Kopys fahren, machen Halt in Ljaŭki (Fahrzeit ca. 60 min).

Bešankovičy

Bešankovičy (blr. Бешанковічы; russ. Бешенковичи) wird urkundlich zum ersten Male um 1447/1460 erwähnt. Es war ab Anfang des 16. Jahrhunderts ein Teil der Wojewodschaft Polack und gehörte im 16. und 17. Jahrhundert den Sapiehas (ab 1630), Ogińskis (ab Ende 17. Jh.) und Chreptowicz. Im 17. Jahrhundert hatte Bešankovičy einen der größten Häfen an der Westlichen Dzvina. 1634 bekam der Ort das Magdeburger Stadtrecht verliehen, es werden die ersten Steinhäuser gebaut.

Der Jahrmarkt war der zweitgrößte in Belarus und der fünftgrößte im russischen Imperium, woran nicht zuletzt auch die jüdische Bevölkerung in der Stadt, die hauptsächlich Handwerk und Handel trieb, einen entscheidenden Anteil hatte. Einige alte Lagerhäuser am ehemaligen Fährhafen sind noch erhalten. Zudem ist Bešankovičy traditionell als Zentrum des Töpferhandwerks (Bešankovičer Keramik) bekannt.

Im Juli 1812 hielten sich hier Napoleon und sein Stiefsohn und Vizekönig von Italien, Eugène de Beauharnais, sowie Joachim Murat, französischer General, Schwager von Napoleon sowie König von Neapel auf. Der deutsche Maler Albrecht Adam (1786–1862), der mit dabei war, malte später das Bild ›Napoleon und seine Truppen bei Bešankovičy 24. Juli 1812‹.

■ Bešankovičy heute

Der Ort ist klein und übersichtlich, die zentralen Straßen sind – fast parallel zur Westlichen Dvzina verlaufend, von Westen nach Osten – die **vul.** Svabody, **vul.** Kamunistyčnaja und **vul.** Čarnjachoŭskaha. Die **vul.** Savecka-

Karte vordere Umschlagklappe ▲

ja führt von Süden nach Norden über den Fluss. Das Zentrum bildet der pl. Lenina (vul. Svabody/vul. Uryckaha/ vul. Kamunistyčnaja). Einst lag hier der zentrale Marktplatz, auf dem noch im 19. Jahrhundert ein Rathaus und zwei Kirchen standen, eine katholische und eine orthodoxe.

Die Fähre auf die andere Seite der Westlichen Dzvina verkehrt seit einigen Jahren nicht mehr, stattdessen gelangt man über eine **Pontonbrücke** auf die andere Flussseite (Ende vul. Saveckaja). Das **spätklassizistische Anwesen**, welches um 1770 bereits unter den Ogiń-skis entstand, ab 1786 dann aber den Chreptowicz gehörte (Joachim Chreptowicz, 1729–1812, war der letzte Kanzler des Großfürstentum Litauen), wurde Zeuge vieler historischer Ereignisse: Hier waren einst niemand geringeres als Napoleon Bonaparte sowie Alexander I. zu Besuch. Erhalten sind noch das Gutshaus, der Park mit Teichen und einige Wirtschaftsgebäude. Im Park stand bis vor wenigen Jahren noch die fast 30 Meter hohe sogenannte Napoleon-Eiche, unter der der französische Feldherr

im Juli 1812 angeblich dem Künstler Albrecht Adam posierte. Was man heute dort findet, könnte man den Napoleon-Baumstamm nennen. Im ehemaligen Palast sind heute die Kunstschule und die Kinderbibliothek untergebracht.

Der hufeisenförmige Palast besteht aus drei Teilen, einem zweistöckigen, etwas nach vorne geschobene Teil in der Mitte und zwei einstöckigen Seitenflügeln. In der Architektur des Palastes fehlt das für den Frühklassizismus charakteristische Portal, die Fassade ist relativ schlicht gehalten. Der weitläufige Park hat eine regelmäßige Anordnung, im Norden und Westen durch den Fluss begrenzt, im Süden und Osten durch Alleen.

Hier in der Nähe steht der **Hügel des Ruhms** (vul. Kamunistyčnaja).

Bei der orthodoxen **Elias-Kirche** (1866–1870; neobyzantinisch) in der vul. Internacyjanalnaja 1 handelt es sich um eine dreischiffige Kreuzkuppelkirche mit fünf Zwiebeltürmen. An den Ecken gibt es ebensolche Zwiebeltürmchen, nur kleiner. Die Kirche ist imposant, vom dekorativen Standpunkt her jedoch schlicht gestaltet. In der Kirche

Pontonbrücke in Bešankovičy

Das Landeskundemuseum in Bešankovičy

werden Ikonen aus dem 17. bis 19. Jahrhundert aufbewahrt.

Bei der Ortausfahrt Richtung Vicebsk (Ecke vul. Kamunistyčnaja/vul. Inter-

nacyjanalnaja) steht eine interessante **Statue**, ein sozialistischer Arbeiter, der sich auf einen Hammer aufstützt, ein Raketenschleif bildet die Sichel.

 Bešankovičy

Bešankovičy liegt an der M3 etwa 50 Kilometer westlich von Vicebsk

Mit dem Bus erreicht man den Ort ab Minsk Hauptbahnhof/Ostbahnhof (Fahrzeit ca. viereinhalb Stunden), ab Vicebsk (ca. eine Stunde). Anreisemöglichkeiten auch von anderen Rajonstädten im Vicebsker Gebiet (Lepel, Dokšycy u. a.).

Es gibt ein **Hotel**, vul. Kamunistyčnaja 22, Tel. +375/(0)/2131/21506. 10 Euro pro Übernachtung.

Ein **Geschäft** mit **Restaurant Sputnik** befindet sich an der Kreuzung vul.

Kamunistyčnaja/vul. Uryckaha (zentraler Platz, neben der Elias-Kirche).

Außerdem gibt es noch das **Bistro Randevu**, dieselbe Kreuzung, gleich gegenüber.

Historisch-landeskundliches Museum, vul. Valadarskaha 6; tgl. außer Mo 9–18 Uhr, Pause 13–14 Uhr. Ursprünglich wurde das Museum als Kriegsmuseum 1979 gegründet (35-jähriges Jubiläum der Befreiung). Es zeigt Regionalgeschichte, u. a. Besuche von Peter I. und Napoleon in Bešankovičy.

Polack

Polack (blr. Полацк; russ. Полоцк) wurde in der Nestorchronik (862) zum ersten Male urkundlich erwähnt und ist somit die älteste Stadt des Landes. Die älteste Besiedlung jedoch liegt schon

Jahrhunderte davor; die heutige Stadt entstand an der Stelle einer mit Wällen befestigten Siedlung am Flüsschen Palata, welches der Stadt seinen Namen gab und hier in die Westliche Dzvina mündet.

Karte S. 389

Ab Ende des neunten Jahrhunderts gehörte die Stadt zur Kiewer Rus. Um die Jahrtausendwende bestand die Siedlung aus der oberen Burg, d. h. dem befestigten Stadtzentrum (Detinec) im Bereich der Mündung der Palata in die Westliche Dzvina, aus der Unteren Burg (Pasad bzw. Vorstadt vor der Befestigungsanlage). Die Stadt war im 12. Jahrhundert für damalige Verhältnisse eine der größten in Osteuropa, ein bedeutendes Kultur- und Handelszentrum und die Hauptstadt des ersten Staates auf heutigem belarussischem Territorium, des Fürstentums Polack (10.–13. Jh.), aber auch ein geistliches Zentrum; die berühmte Sophienkathedrale, eines

der ältesten Gotteshäuser im Land, wurde auf dem Gelände des Oberen Schlosses im 11. Jahrhundert errichtet. Im 12. Jahrhundert bildete sich eine eigene Polacker Architekturschule heraus. Tätig waren hier Prominente der damaligen Handwerkskunst wie der Juwelier Lazar Bohša, der das Kreuz von Euphrosyne von Polack anfertigte, und der Architekt Johann, welcher für die Euphrosyne-von-Polack-Kirche verantwortlich zeichnet.

Ihren wirtschaftlichen und kulturellen Höhepunkt erlebte die Stadt im Verbund des Großfürstentums Litauen und später dann in der Rzeczpospolita, der Union von Polen und Litauen).

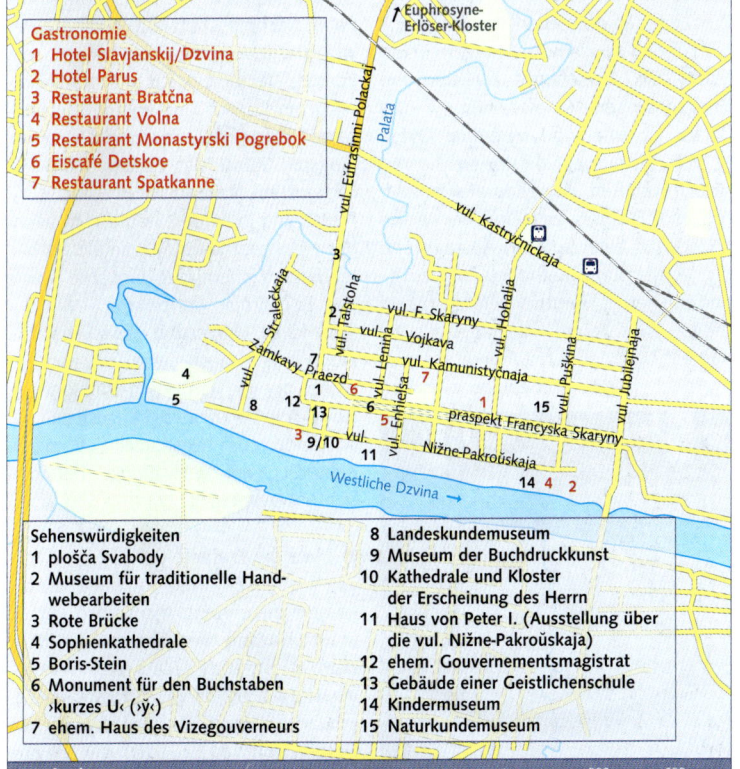

Gastronomie
1 Hotel Slavjanskij/Dzvina
2 Hotel Parus
3 Restaurant Bratčna
4 Restaurant Volna
5 Restaurant Monastyrski Pogrebok
6 Eiscafé Detskoe
7 Restaurant Spatkanne

Sehenswürdigkeiten
1 plošča Svabody
2 Museum für traditionelle Handwebearbeiten
3 Rote Brücke
4 Sophienkathedrale
5 Boris-Stein
6 Monument für den Buchstaben ›kurzes U‹ (›ŭ‹)
7 ehem. Haus des Vizegouverneurs

8 Landeskundemuseum
9 Museum der Buchdruckkunst
10 Kathedrale und Kloster der Erscheinung des Herrn
11 Haus von Peter I. (Ausstellung über die vul. Nižne-Pakroŭskaja)
12 ehem. Gouvernementsmagistrat
13 Gebäude einer Geistlichenschule
14 Kindermuseum
15 Naturkundemuseum

Polack

0   300   600 m

Vicebsk und Vicebsker Gebiet

1498 bekam sie das Stadtrecht nach dem Magdeburger Recht, ab dem 16. Jahrhundert ein eigenes Stadtwappen: Heute eine dreimastige Kogge mit zwei weißen Segeln und drei Mastflaggen auf blauem Grund – als Symbol für die einstige Bedeutung der Stadt als Handelszentrum an einem der größten Flüsse in der Region.

In der zweiten Hälfte des 17. Jahrhunderts begann der wirtschaftliche Niedergang der Stadt. 1772 ging im Zuge der Ersten Teilung der Rzeczpospolita das rechte Ufer der Westlichen Dzivina an Russland, 1793 (Zweite Teilung der Rzeczpospolita) wurde auch das linke Ufer und somit der Rest der Stadt russisch.

Zur Zeit der deutschen Besatzung kamen in den Konzentrationslagern in der Stadt 1500 Personen – Zivilisten und Kriegsgefangene – ums Leben.

Polack ist einer von mehreren Orten in Mittelosteuropa, die für sich in Anspruch nehmen, der geografische Mittelpunkt Europas zu sein. Der Wahrheitsgehalt einer solchen Aussage und die Vermessungsmethoden, die zu einer solchen Erkenntnis geführt haben mögen, seien einmal dahingestellt. Jedenfalls befindet sich auf dem Skaryna-Prospekt in der Grünanlage zwischen den beiden Fahrbahnen ein kleines **Denkmal Geografischer Mittelpunkt Europas**. Besucher der Stadt können sich ein Zertifikat aushändigen lassen, mit dem bescheinigt wird, dass sie in der Mitte Europas gewesen sind.

■ Navapolack

Der etwa 82 000 Einwohner zählende Ort Polack kann eigentlich nicht erwähnt werden ohne Hinweis auf die sieben Kilometer weiter westlich liegende sozialistische Planstadt Navapolack (blr. Наваполацк; russ. Новополоцк), die im Zusammenhang mit dem 1958 neugegründeten erdölverarbeitendem Betrieb am linken Ufer der Westlichen Dzvina entstand. Man hat in unmittelbarer Nachbarschaft also zwei Städte, wie sie unterschiedlicher kaum sein können – einerseits das alte, traditionsreiche, historisch und kulturell bedeutsame Polack und andererseits eine der jüngsten Städte des Landes – die Trabantenstadt Navapolack.

Heute sind in beiden Städten vor allem die erdölverarbeitende, metallverarbeitende und chemische Industrie sowie der Buchdruck beheimatet. Mit der Staatlichen Universität Polack hat die Doppelstadt auch eine Hochschule, wobei nur die Historisch-philologische Fakultät in Polack selbst angesiedelt ist. Alle anderen Universitätseinrichtungen, Rektorat und Verwaltung, befinden sich in Navapolack.

■ Platz der Freiheit

Einen ersten Eindruck von der Stadt bekommt man, wenn man einen kurzen Stadtrundgang vom zentralen Platz, dem pl. Svabody (Platz der Freiheit), aus startet. An einen Teil russischer Geschichte erinnert das **Denkmal für die Helden von 1812** (2010), ein 24 Meter hohes gusseisernes Monument und

Denkmal ›Mittelpunkt Europas‹

eine Kopie des 1850 errichteten und 1932 von der Sowjetmacht entfernten Denkmals; es steht ganz zentral auf dem pl. Svabody.

Hier verlaufen mehrere Straßen in verschiedene Richtungen: die vul. Eŭfrasinni Polackaj in nördliche Richtung, die man zwei Kilometer gehen bzw. fahren muss, um zum berühmten Kloster der belarussischen Nationalheiligen Euphrosyne von Polack (s. u.) zu gelangen; in westliche Richtung der Zamkavy Praezd, in östlicher der praspekt Francyska Skaryny

■ Paspekt Francyska Skaryny

Dies ist eine Art Boulevard-Straße, die zum Promenieren einlädt; die beiden Fahrbahnen sind durch eine alleeartige Grünanlage (mit Fußgängerweg) getrennt. Hier findet man auch einige historische Gebäude: das **Gebäude des Gouvernementsmagistrates** (Nr. 4; gebaut 1778–1784; heute ein Wohnhaus); das **Gebäude des ehemaligen Grand Hotel** (Nr. 5; heute das Gebäude eines College); **Haus des Gouverneurs** (Nr. 6; errichtet im Klassizismus-Stil Ende 18. Jh.; heute eine Notarzteinrichtung); das **Gebäude einer Geistlichenschule** (Nr. 10; errichtet 2. Hälfte 19. Jh.; heute ist hier die Stadtverwaltung untergebracht); und nicht zuletzt die **Schutz- und Fürbittenkirche** (s. u.). Auf dem Zamkavy Praezd steht im Übrigen das **Haus des Vizegouverneurs** (Nr. 2; errichtet 1775–1778) und das **Kommandantenhaus** (Nr. 4; Ende 18. Jh., Klassizismus).

Das **Denkmal für das kurze u** (ў) auf dem Skaryny-Prospekt stellt wohl weltweit ein Unikum dar. Das Belarussische ist zwar nicht die einzige Sprache, die sich der kyrillischen Schrift bedient und auch nicht die einzige, die diesen Laut – in etwa vergleichbar mit dem engli-

Denkmal für die Befreier auf dem Platz der Freiheit

schen w und dem polnischen ł – kennt. Sie ist wohl aber die einzige, die ein Graphem dafür hat: ў, ein kyrillisches u mit einer Breve, dem man in Polack 2003 im Rahmen des Tages der belarussischen Schriftlichkeit dieses skurrile Denkmal widmete, das auch als Sonnenuhr fungieren kann. (Abb. → S. 61)

■ Vul. Nižne-Pakroŭskaja

Parallel zum Zamkavy Praezd und dem Skaryna-Prospekt verläuft am Ufer der Westlichen Dzvina die älteste Straße der Stadt, die **vul. Nižne-Pakroŭskaja**, die zu Sowjetzeiten übrigens nach Lenin benannt war. Hier steht u. a. das **Gebäude der ehemaligen städtischen Bank** (Nr. 9; Anfang 19. Jh.). Das alte Postgebäude (1778/79) findet man auf der vul. Eŭfrasinni Polackaj 3. Hier befinden sich auch das **Feuerwehdepot** (vermutlich 1927) und die (ehemalige) **Realschule** (Ende 19. Jh./Anf. 20. Jh.; vul. Straleckaja 7; um 1900). Zwei

Franziskanerkirche mit Glockenturm in Udzela

ehemalige Luxushotels findet man auf der vul. Lenina: die **Gebäude des Hotels Bristol** (vul. Lenina 4; gebaut Ende 19. Jh.; heute ein Wohngebäude) und des **Hotels London** (vul. Lenina 3; Anf. 20. Jh.). Auf der vul. Talstoha stehen außerdem ein **Verwaltunggebäude** (Nr. 6; gebaut 1951; heute Rajon-Verwaltung) und das Haus der Roten Armee (Nr. 8; gebaut 1939; nach dem Zweiten Weltkrieg das Haus der Offiziere).

Das barocke Wohnhaus in der vul. Nižne-Pakroŭskaja 33 stammt aus dem Jahr 1692 und wird des öfteren als **Haus von Peter I.** bezeichnet; ob der russische Zar, der die Stadt mehrfach besuchte, jemals hier abstieg (1705, so wird gemunkelt), ist jedoch ungewiss. Das einstöckige Haus aus Stein mit Souterrain trägt barocke Züge. Im Haupteingang sind die Türen mit Pflanzenornamenten und Holzschnitzereien geschmückt. In dem Gebäude ist die **Dauerausstellung Spaziergang über die Nižne-Pakroŭskaja** untergebracht. Vor dem Haus steht ein **Lew-Tolstoj-Denkmal**. Die Ausstellung erzählt die Geschichte einer der ältesten Straßen in der ältesten Stadt von Belarus und ihrer der Bewohner zu Beginn des 20. Jahrhunderts.

In der **evangelischen (lutherischen) Kirche** (1888; vul. Nižne-Pakroŭskaja 11; Neogotik) ist seit 1937 bzw. seit 1948 (und bis heute!) das **Landeskundemusem** untergebracht. An das rechteckige Kirchenschiff schließt sich eine Apsis mit Sakristei an, an der Hauptfassade steht ein Turm mit Walmdach.

■ Die Rote Brücke

Die Rote Brücke (1975; vul. Eŭfrasinni Polackaj), eine Brücke über die Palata, erhielt ihren Namen aufgrund des Blutvergießens im Kampf zwischen russischen und französischen Truppen 1812, als es über 14 000 Gefallene auf beiden Seiten gab. Eine **Gedenktafel** von 1974 erinnert heute an die Befreiung von den Franzosen. Die heutige Brücke aus Stahlbeton ersetzt seit 1975 die frühere Holzbrücke, ist dieser aber nachempfunden: Stilisierte Laternen auf dem Bürgersteig, gußeiserne Medaillons auf den Platten am Geländer.

Karte S. 389

Persönlichkeiten aus Polack

Francysk Skaryna

Skaryna (blr. Францыск Скарына; russ. Франциск Скорина, um 1490–1551) war ein Zeitgenosse von Martin Luther und ein Humanist. Er symbolisiert wie kaum eine andere Geistesgröße von Belarus die Geschichte und die Kultur des Landes. Polack war zu Skarynas Lebzeiten eine der bedeutendsten und größten Städte im Großfürstentum Litauen, nicht nur ein Handels-, sondern auch ein kulturelles und geistliches Zentrum. Geboren wurde Skaryna um 1490 in einer Kaufmannsfamilie. Er war Arzt und Übersetzer und gilt als erster Drucker von Belarus. Er holte Gutenbergs Buchdruckkunst in den ostslavischen Raum und fertigte als erster eine Bibelübersetzung in einer ostslavischen Mundart, dem damaligen (Alt-)Belarussischen, an. Die gedruckten und heute zumeist nicht mehr erhaltenen Skaryna-Bibeln sind von hohem künstlerischem Werk und stets mit Annotationen und Glossen Skarynas versehen, was damals bei religiösen Texten nicht üblich war; sowohl die katholische als auch die orthodoxe Kirche erkannten die Übersetzungen Skarynas nicht an, da selbständige Bibelübersetzungen verboten waren.

Zunächst genoss Skaryna in der Schule des Bernhardinerklosters seiner Heimatstadt eine humanistische Ausbildung. Anschließend studierte er an der Universität Krakau Freie Künste und schließlich Medizin und ging nach Padua (Italien), wo er 1512 zum Doktor der Medizin promovierte. 1517 gründete er in Prag eine Druckerei, wo seine berühmte Bibelübersetzung entstand. Zwischen 1517 und 1519 übersetzte und publizierte er 23 Bücher der Bibel. 1520 gründete er in Vilnius, damals Hauptstadt des Großfürstentums Litauen, die erste Druckerei von Litauen und Belarus.

Ein Sensationsfund war 2003 die Entdeckung einer 1517 bis 1519 in Prag gedruckten Skaryna-Bibel in Görlitz. In der dortigen Oberlausitzischen Bibliothek der Wissenschaft entdeckte man dieses Schätzchen, das erste jemals in einer ostslavischen Sprache gedruckte Buch.

Denkmal mit dem Siegel des Druckers Francysk Skaryna

Euphrosyne von Polack

Die Schutzheilige der Belarussen (blr. Еўфрасіння Полацкая; russ. Евфросиния Полоцкая) lebte vom Anfang des 12. Jahrhunderts bis 1167. Sie entstammte einem kulturell-aufklärerischen Milieu im damaligen Fürstentum Polack, das für seine hohe Geisteskultur bekannt war. Sie förderte Kunst und Kultur und war die erste Frau, die in Belarus als Heilige anerkannt wurde. Euphrosyne wurde mit dem bürgerlichen Namen Pradslava als Tochter des Polacker Fürsten Svjataslaŭ Usjaslavič geboren und bekam eine für damalige Verhältnisse gute Ausbildung, sie konnte immerhin lesen und schreiben. Im Alter von zwölf Jahren ging sie gegen den Willen der Eltern, die sie verheiraten wollten, ins Kloster, wo sie Bücher aus der Bibliothek der Sophienkathedrale – einem damals geistlichen sowie kulturellen Zentrum der Region – abschrieb und Übersetzungen aus dem Griechischen anfertigte, was damals eigentliche eine Männern vorbehaltene Tätigkeit war. 1127/28 gründete sie das Erlöser-Kloster, wo sie später noch die bis heute erhaltene Erlöserkirche aus Stein (Euphrosyne-Erlöser-Kirche) sowie die Marienkirche (einschl. Mönchskloster) bauen ließ.

Das schon erwähnte Altarkreuz, welches Lazar Bohša im Auftrag von Euphrosyne 1161 anfertigte, aus Zypressenholz, mit erlesenen Edelsteinen besetzt und mit Darstellungen der Evangelisten, hing in dieser Kirche und gilt als wertvollste nationale Reliquie der Belarussen. Seit dem Zweiten Weltkrieg gilt es als verschollen.

Am Ende ihres Lebens begab sich Euphrosyne auf eine Pilgerreise nach Jerusalem, wo sie starb; ihre Gebeine liegen seit Beginn des 20. Jahrhunderts im von ihr gegründeten Kloster in Polack. Auf dem pl. Svabody steht ein Denkmal zu Ehren der Heiligen. Euphrosyne war übrigens die Enkelin von Useslaŭ Bračslavič genannt der Zauberer, der von 1044 bis zu seinem Tod 1101 Fürst von Polack war und der so hieß, weil man ihn für einen Werwolf hielt; sein Denkmal (errichtet 2007) steht an der Straßenkreuzung vul. Eŭfrasinni Polackaj/vul. Kastryčnickaja.

Denkmal für Euphrosyne von Polack

Simeon von Polack

Der Basilianermönch Simeon von Polack (blr. Сымяон Полацкі; russ. Симеон Полоцкий, 1629–1680) war nicht nur Theologe, sondern auch Schriftsteller, der ein umfangreiches Werk von Gedichten hinterließ und alle im Barock beliebten Gattungen beherrschte. Er bekam seine Ausbildung in Kiew und trat 1656 in das Basilianerkloster in Polack ein. In Moskau war er ab 1664 durch Berufung von

Zar Alexej I. als Lehrer und Übersetzer an der Klosterschule tätig und dort u. a. für die Erziehung der Zarensprösslinge zuständig. Er trat in die Fußstapfen Skarynas und gründete 1678 am Hofe des Zaren eine Druckerei, dessen erste Publikation eine Fibel war. Er vertrat einen humanistischen Rationalismus und schrieb sich die Aufklärung und weltliche Bildung des Volkes auf die Fahnen, da er der Auffassung war, dass, je gebildeter ein Mensch sei, desto näher er bei Gott stehe. Er starb in Moskau, ohne jemals wieder in seine Heimatstadt zurückgekehrt zu sein.

Kirche im Euphrosyne-Erlöser-Kloster

Orte in Polack, die mit Simeon von Polack in direktem Zusammenhang stehen, sind das Kloster der Erscheinung des Herrn, in dessen Brüderschule er tätig war; die dortige Bibliothek, in der es auch eine kleine Dauerausstellung zu Leben und Werk gibt, ist nach ihm bekannt. Sein Denkmal (2003) steht auf dem Skaryna-Prospekt im Zentrum, nahe dem Kino Rodina.

Uladzimir Arloŭ

In dieser Runde darf ein vierter Name nicht fehlen: Uladsimir Arloŭ (blr. Уладзімір Алоў; russ. Владимир Орлов, geb. 1953) ist zwar ein Zeitgenosse, steht seinen drei Kollegen aus Polack aber in nichts nach; er schreibt hauptsächlich zu Themen belarussischer Geschichte und Kultur. Als Historiker war es wahrscheinlich sein Schicksal, das Licht der Welt ausgerechnet in der ältesten Stadt des Landes zu erblicken. Uladsimir Arloŭ studierte Geschichte an der Belarussischen Staatsuniversität in Minsk, war danach einige Zeit als Geschichtslehrer tätig und arbeitete für verschiedene Literaturzeitungen sowie für den staatlichen Literaturverlag Mastackaja Litaratura in Minsk. Heute ist er freischaffender Schriftsteller, der in fast allen Genres aktiv ist. Eines seiner Hauptwerke der letzten Jahre ist ein illustriertes Geschichtsbuch von Belarus, welches auch in englischer Übersetzung erhältlich ist: This country called Belarus (blr. Originaltitel: Краіна Беларусь) – dieses vielseitige und farbenfrohe Buch bietet einen sehr umfangreichen und kurzweiligen Überblick über die belarussische Geschichte. In seinem Buch Seiten der Polacker Geschichte beschreibt er sehr detailliert die Geschichte von Polack, allerdings nicht als bloße Stadtgeschichte, sondern vor dem Hintergrund der belarussischen Nationalgeschichte. Einige Leseproben in deutscher Sprache findet man im Internet unterr www.literabel.de; ein umfangreiches Archiv seiner Texte, aber eben nur auf Belarussisch, findet man auf seiner persönlichen Homepage www. arlou.org. Mit dem Text Unabhängigkeit ist... (blr. Незалежнасць – гэта ...) kann man sich auch in anderen Sprachen vertraut machen. Dieser kurze Text entstand 1990 – also noch vor dem Zusammenbruch der Sowjetunion – und besitzt auch heute noch eine nicht zu unterschätzende politische Brisanz.

Karte S. 389

■ **Sophienkathedrale**

Das Wahrzeichen der Stadt stellt die altbyzantinische orthodoxe Sophienkathedrale (1044–1066; grundlegend umgebaut 1738–50) dar, an der Palata-Mündung gelegen. Sie wurde ursprünglich als Zitadellenkirche auf dem Detinec (Oberes Schloss) erichtet und ist das früheste Beispiel monumentaler Steinarchitektur. Sie wurde im 15./16. Jahrhundert zu einer Wehrkirche ausgebaut. Mit den Sophienkathedralen in Kiew und Nowgorod hat die Kirche im belarussischen Polack nicht nur dem Namen nach, sondern auch architektonisch zwei größere Schwestern. Von der ursprünglichen, zwischen 1044 und 1066 gebauten Sophienkathedrale ist nicht mehr viel erhalten, die heutige Kirche steht auf dem Fundament der alten. Die ursprünglich turmlose Kathedrale spielte im Leben der Gemeinde eine zentrale Rolle, hier gab es eine Bibliothek und ein Archiv, und Versammlungen wurden hier abgehalten. Ursprünglich war es eine fünfschiffige

Die Sophienkathedrale mit einem der sogenannten Boris-Steine

Steinkirche mit quadratischem Grundriss, mit vier Ecktürmen und mit mehreren Kuppeln und drei Apsiden.

Zwischen 1738 und 1750 wurde die Kirche von Johann Chistoph Glaubitz, dem Hauptvertreter des sogenannten Wilnaer Barock, im Stile des Spätbarock grundlegend umgebaut und wechselte sogar die Konfession, sie wird zu einer unierten Kirche. Seit dem 18. Jahrhundert ist die Sophienkathedrale eine dreischiffige Basilika mit zwei Türmen. Eine Besonderheit der Sophienkathdrale sind die eckigen Apsiden, die eher für Holzkirchen charakteristisch sind. Auf der Ostseite sind nach wie vor Mauerreste sowie das Grabgewölbe und Teile der alten Apsis aus der zweiten Hälfte des 11. Jahrhunderts integriert. Auch einige Fresken aus dieser Zeit sind im alten Teil der Kirche erhalten.

Seit der Restauration 1985 gibt es hier einen Konzertsaal mit Orgel, und auch das **Museum der Architekturgeschichte der Sophienkathedrale** ist hier untergebracht. Jedes Jahr im April und im November finden hier Kammermusik- und Orgelmusikfestivals statt, sonntags finden Orgelmusikkonzerte statt.

■ **Boris-Steine**

Hierbei handelt es sich um große Findlinge mit eingemeißeltem Kreuz und Inschriften, deren Namen auf den Polacker Fürsten Barys Usieslavič (russ. Boris Vsleslavič) zurückgehen, der sie im 12. Jahrhundert anfertigen ließ und u. a. auch die Stadt Barysaŭ (Minsker Gebiet) gründete; diese Steine enthalten oft auch seinen Namen (russ. Борисовы камни). Es sind nur noch drei solcher Boris-Steine in Belarus erhalten, in Druja (Vitebsker Gebiet, Rajon Braslaŭ), in Kamiena (Minsker Gebiet, Rajon Vilejka) sowie in Polack an der Sophienkathedrale. Der vierte noch erhaltene Boris-Stein stammt übrigens aus der Gegend um Orša und befindet sich heute im Freilichtmuseum Kolomenskoe in Moskau.

■ Jesuitenkollegium

Polack war so etwas wie die Hauptstadt der Jesuiten in Belarus. Das Kloster (gegründet 1580) war das größte im ganzen Land zu jener Zeit. Der Jesuitenorden unterhielt in Polack einst sechs Kirchen und besaß zahlreiche Dörfer und mehrere Gehöfte in der Region sowie eine Apotheke, ein Krankenhaus und andere Einrichtungen in der Stadt. Ab 1777 gab es hier sogar das damals einzige Noviziat in ganz Europa. Eine Zeitlang gehörte der Glaubensgemeinschaft sogar das eigentlich orthodoxe Euphrosyne-Erlöser-Kloster (s. u.). Das Jesuitenkollegium war zunächst im Polacker Schloss untergebracht, das heutige Gebäude (Ecke vul. Straleckaja/vul. Zamkavaja) wurde 1750 gebaut. Erhalten sind der südliche Teil des Hauptgebäudes und der Westflügel.

Die Jesuitenresidenz war die zweite im Großfürstentum Litauen (nach Vilnius) und die erste auf dem heutigen belarussischen Staatsgebiet. Hier wurden vor allem klassische Philologie (Griechisch, Latein) und Theologie unterrichtet. Auch gehörte zum Kollegium ein Theater, in dem barocke Dramen zu antiken und biblischen Themen, sogenannte Jesuitendramen, aufgeführt wurden. 1812 wurde das Kollegium in eine Akademie umgewandelt, die einzige Hochschule in Belarus zu der Zeit, mit der größten Bibliothek und einer eigene Druckerei. 1816 schloss der polnisch-belarussische Schriftsteller Jan Barščeŭski (pln. Jan Barszczewski), der als ein Begründer einer modernen belarussischen Literatur gilt, die Akademie

Das Jesuitenkollegium wird von der staatlichen Universität genutzt

ab. 1822 ging die Anlage an die Piaristen, 1830 wurde daraus eine Kadettenanstalt. Die ursprünglich den Jesuiten gehörende barocke Stephanskirche, die 1738 errichtet wurde und ab 1830 als Nikolaikathedrale orthodox wurde, wurde 1964 gesprengt.

Heute ist in diesem Gebäude die **Historisch-philologische Fakultät** der Polacker Staatsuniversität untergebracht. Geht man durch die Gänge dieses geschichtsträchtigen Baus, so wird man das Gefühl nicht los, dass sich das Rad der Zeit gar nicht weitergedreht hätte – hier scheint noch die richtige Atmosphäre für eine humanistische Ausbildung zu herrschen! Und da Polack auch recht gemütlich und überschaubar ist, gibt es hier auch nicht so viele Ablenkungen für die Studenten wie zum Beispiel in der schönen Hauptstadt Minsk!

■ Kloster der Erscheinung des Herrn

Das orthodoxe Kloster der Erscheinung des Herrn (17./18. Jh.; Barock mit Klassizismus-Elementen) und die dazugehörige orthodoxe Kathedrale der Erscheinung des Herrn (1761–1779) im

Die Kathedrale der Erscheinung des Herrn

Stadtzentrum (vul. Nižne-Pakroŭskaja 22/24) war einst das Zentrum der Orthodoxie in Polack. Als einzige orthodoxe Kirche in der Stadt hat sie einen Altar, der in östliche Richtung zeigt. Im 17. Jahrhundert wurde das Gebäude der Brüderschule errichtet, in der Simeon von Polack vor seiner Übersiedlung nach Moskau unterrichtete (1656–1659). Die meisten Gebäude aus dem 16. und 17. Jahrhundert sind nicht mehr erhalten. Es stehen heute noch ein Wohnhaus sowie die Kathedrale, eine Kreuzkuppelkirche mit einer Apsis und zwei Türmen. Im Innenraum sind Malereifragmente aus dem 18. Jahrhundert erhalten. Nach dem Besuch von Katharina der Großen im Jahre 1780 wurde die Anlage mit von der Zarin zur Verfügung gestellten Mitteln entscheidend erweitert. So wurde westlich von der Kirche anstelle des alten Holzgebäudes, in dem die

Brüderschule untergebracht war, ein Steingebäude errichtet. Im Gebäude befindet sich die **Simeon-von-Polack-Museumsbibliothek** sowie das **Museum der Buchdruckkunst**. Es ist das einzige Museum seiner Art in Belarus. Über 1200 Ausstellungsstücke, zu denen neben einigen selten Manuskripten auch Zeitungen und Zeitschriften gehören, erzählen die Geschichte des Buches und der Buchdruckkunst in Belarus, der Buchillustration, verschiedener Drucktechniken und nicht zuletzt des prominenten Polacker Druckers Francysk Skaryna. Empfehlenswert!

■ Euphrosyne-Erlöser-Kloster

Das Euphrosyne-Erlöser-Kloster direkt am rechten Palata-Ufer ist bis heute eines der Zentren der Orthodoxie in Belarus geblieben. Gegründet wurde es 1125 von der belarussischen Nationalheiligen Euphrosyne von Polack die hier 45 Jahre lang Igumenija (orthodoxe Klostervorsteherin) war. Die Anlage befindet sich am Ende der vul. Eŭfrasinni Polackaja im Norden der Stadt, gut zwei Kilometer vom Stadtzentrum entfernt. Ursprünglich wurde sie als Verteidigungsvorposten der Stadt gegründet, in dem zunächst die hölzerne Erlöser-Kirche gebaut wurde. Bis zum 16. Jahrhundert war es ein Nonnenkloster. 1579 nahm der polnische König Stephan Báthory Polack ein und übergab es den Jesuiten, die sich hier, mit einer Unterbrechung von 1654 bis 1667, niederlassen (bis 1820). Nachdem das Kloster 1832 den Orthodoxen zurückgegeben wurde, war es ab 1841 ein Frauenkloster. Im Zweiten Weltkrieg stark zerstört, wird es erst 1990 wieder aufgebaut. Das Kloster wurde 1960 geschlossen – seine Kirche war danach die einzige in der Stadt, die als solche in Betrieb war;

zu hohen Feiertagen (Weihnachten, Ostern, Taufe) war sie immer brechend voll. Seit 2006 werden die Gebeine von Euphrosyne in der Kreuzerhöhungskathedrale aufbewahrt.

Das heutige Kloster hat eine eigene Webseite, die nicht nur über Glaubensfragen informiert, sondern auch über Geschichte des Klosters und einzelner Gebäude: www.spas-monastery.by (russ.).

Herzstück des Gebäudeensembles ist die **Erlöserverklärungskirche**, die ein Paradebeispiel für die Polacker Architekturschule der damaligen Zeit darstellt, der altrussischen Baukunst entsprechend und heute auch mit Klassizismus-Elementen versehen. Sie wurde in der Mitte des 12. Jahrhunderts unter dem Architekten Johann in einer für damalige Verhältnisse rekordverdächtigen Bauzeit von nur 30 Wochen gebaut und stellt das einzige vollständig erhaltene Architekturdenkmal der Region Polack der damaligen Zeit dar. Hier wurde bis zu seinem Verschwinden im Zweiten Weltkrieg das berühmte Kreuz der Euphrosyne von Polack, das Lazar Bohša angefertigt hatte (s. o.), aufbewahrt. Die noch erhaltenen acht Fresken aus dem 12. Jahrhundert sind Beispiele altrussischer Kirchenkunst.

Die größte Kirche innerhalb des Gebäudekomplexes ist die seinerzeit durch Spenden finanzierte, nördlich von der Euphrosyne-Erlöser-Kathedrale gelegene **Kreuzerhöhungskathedrale** (1893–97). Diese ist eine dreischiffige Kreuzkuppelkirche mit drei Narthizes und einer halbkreisförmigen Apsis aus weißem Stein, mit fünf helmförmigen Kuppeln mit vergoldeten Kreuzen. Ein Höhepunkt in der Geschichte der Kirche war die Verlegung der sterblichen Überreste von Euphrosyne von Kiew hierhin am 4. Juni 1910, die sich seit Ende 2006 aufgrund von Restaurierungsarbeiten in der Erlöserverklärungskirche in der Kreuzerhöhungskirche befinden, aufbewahrt in einem neuen Silberschrein. Im Zweiten Weltkrieg war unter der deutschen Besatzermacht in einem der Klostergebäude eine Kommandantur untergebracht, umgeben von Stacheldraht, da hier auch russische Kriegsgefangene einsaßen. Nach dem Krieg wurde die gesamte Anlage stark vernachlässigt, 15 Jahre kam die Kreuzerhöhungskirche ohne Dach aus, die Witterung sorgte für weitere Schäden. 1988 wurde die Kirche der orthodoxen Gemeinde zurückgegeben, woraufhin die ersten Restaurierungsarbeiten begannen.

Von der teilweise unterirdisch erhaltenen **Grabkapelle** (1. Hälfte 12. Jh.) sind die Fundamente und Fragmente der unteren Wandteile erhalten. Die Kapelle diente als letzte Ruhestätte der Polacker Fürsten. Die sich heute unterirdisch befindlichen Reste sind nicht mehr zugänglich, an ihrer Stelle befindet sich ein Gedenkkreuz.

In der aus rotem Backtein gebauten diözesalen **Mädchenschule** (Ende 19. Jh.) direkt neben dem Euphrosyne-Erlöser-Kloster (vul. Eŭfrasinni Polackaj 45) ist heute ein Technikum untergebracht.

■ **Festungsanlage**

Nordwestlich der Altstadt, am linken Palata-Ufer, befinden sich Reste einer Befestigungsanlage aus dem 16. Jahrhundert. Den sogenannten Wall von Iwan dem Schrecklichen ließ der Zar zur Verteidigung des Unteren Schlosses errichten, nachdem 1562 russische Truppen die Stadt eingenommen hatten; die Höhe dieses Erdwalls beträgt zehn Meter. Heute ist dies eine wunderschöne Grünanlage, wo man herrlich spazieren gehen kann.

Polack

Internet: www.polack.by (Seite zur Stadt, mit praktischen Informationen wie Gastronomie, Hotels usw., auch engl.), www.polotsk-turizm.by (touristische Seite, auch engl.).

Polack liegt an der P20 (von Minsk P3 über Lepel).

Bahnhof und **Busbahnhof** liegen in der vul. Kastryčnickaja (unweit des Stadtzentrums, ca. 15 Min. Fußweg).

Busverbindungen ab Minsk Ostbahnhof (Fahrzeit ca. 4 Stunden).

Zugverbindungen gibt es ab Vicebsk und Minsk.

Sollten Sie einen Abstecher nach **Navapolack** planen, so nehmen Sie die Buslinie 5 oder 10 ab Polack Bahnhof. Mit dem Auto P46 und P20 Richtung Verchnjadzvinsk (blr. Вярхнядзвінск)/Daugavpils (blr. Даўгаўпілс). Navapolack ist ausgeschildert (blr. Навапалацк). Navapolack besteht im Wesentlichen aus zwei parallelen Hauptstraßen, vul. Maladzëžnaja und vul. Kamsamolskaja, die durch die vul. Kalinina und andere kleinere Querstraßen miteinander verbunden sind.

Hotelanlage Slavjanskij/Dzvina, pr. Francyska Skaryny 13, Tel. +375/(0)214/492059, 422235, www.slavyanskiy.by (russ., engl.). Mit Hotel Dzvina, Restaurant Slavjanskij, Café Spasskoe, Friseur u. a. Typisch sowjetisch. Zimmer ab ca. 20 Euro.

Parus, vul. Nižne-Pakroŭskaja 50a, Tel. +375/(0)214/425170, 425415, www.parus-polotsk.by (russ., engl.). Zimmer ab ca. 20 Euro.

Hotel Naftan, in Navapolack, Tel. +375/(0)214/522126, 528849, hotel.naftan.by (russ., engl.) hotel@naftan.by. Modernes Gebäude direkt am Flussufer. Übernachtung (ohne Frühstück) ab ca. 15 Euro.

Bratčina, vul. Nižne-Pakroŭskaja 22; 12–24 Uhr. Im Gebäude der ehemaligen Brüderschule, in dem sich jetzt auch das Museum für Buchdruckkunst befindet.

Volna, vul. Nižne-Pakroŭskaja 50a, 12–24 Uhr, Fr, Sa, So 12–2 Uhr, volna. polotsk-portal.ru (russ.). Im Erdgeschoss des Hotels Parus; armenische und belarussische Küche.

Monastyrski Pogrebok (in etwa: Klosterkeller), vul. Ėngelsa 3, 12–24 Uhr.

Detskoe (Eiscafé), pr. Francyska Skaryny 2.

Spatkanne (= Begegnung, Treffen), vul. Kamunistyčnaja 10; 12–24 Uhr. Belarussische und europäische Küche

Polack gehört mit elf Museen zu den museumsreichsten Städten des Landes. Einen Besuch wird man nicht bereuen: Die Ausstellungen sind nicht so umfangreich, dass man einen stundenlangen Gang durch dunkle Museumkorridore fürchten müsste. Einige sind auch in geschichtsträchtigen Architekturdenkmälern untergebracht (zum Beispiel in der Sophienkathedrale).

Landeskundemuseum, vul. Nižne-Pakroŭskaja 11; tgl. außer Mo 10–17 Uhr. 10–17 Uhr; Ruhetag Mo

Museum der belarussischen Buchdruckkunst, vul. Nižne-Pakroŭskaja 22; tgl. außer Mo 10–17 Uhr.

Simeon-von-Polack-Museumsbliohek, vul. Nižne-Pakroŭskaja 22; tgl. außer Mo 10–17 Uhr; Lesesaal: Mi, Do, Sa 10 bis 16 Uhr.

Museum der Architekturgeschichte der Sophienkathedrale, vul. Zamkavaja 1; tgl. außer Mo 10–17 Uhr (im Sommer bis 18 Uhr).

Dauerausstellung Spaziergang über die Nižne-Pakroŭskaja; vul. Nižne-Pakroŭskaja 33; tgl. außer Mo 10–17 Uhr.

Museen für traditionelle Handwebearbeiten, vul. Vojkava 1; tgl. außer Mo 10–18 Uhr. Dieses Museum befindet sich in einem ehemaligen Wohnhaus (Ende 19. Jh.) an der Stelle eines ehemaligen städtischen Armenhauses (errichtet 1850er Jahre) und stellt das für Belarus so wichtige Webehandwerk vor, mit einem Schwerpunkt auf die Region Polack.

Kindermuseum, vul. Nižne-Pakroŭskaja 44; tgl. außer Mo 10–18 Uhr. Das einzige Museum seiner Art in Belarus. Hier dürfen die Kleinen (und Großen) die Exponate anfassen und mit ihnen spielen. In zwei Räumen kann man hier Uhren, Glocken, Waagen, Schallplattenspieler/Grammophone, Fotoapparate, Samoware, Briefmarken, Münzen u. v. m. eigenhändig begutachten (und etwas dabei lernen).

Kunstgalerie, pr. Francyska Skaryny 2a; tgl. außer Mo 10–17 Uhr. Die Kunstgalerie ist im Gebäude des ehemaligen Jesuitenkollegiums untergebracht. Kirchenkunst (Ikonen u. a.) sowie Portraits aus dem 18. Jahrhundert und belarussische Kunst des 20. Jahrhunderts.

Naturkundemuseum, vul. Skaryny 21; tgl. außer Mo 10–18 Uhr. Untergebracht im ehemaligen, 1953 errichteten, 32 m hohen Wasserturm. Hier gibt es eine Aussichtsplattform, von der aus sich einem ein fantastisches Panorama der Stadt bietet. Themen: belarussische Natur, Umweltprobleme in der der modernen Stadt, Umweltschutzgebiete und bedrohte Arten.

Zinaida-Tusnalobavaja-Marčanko-Museum, vul. 23 hvardzejcaŭ 1; tgl. außer Mo 11–15 Uhr. Zinaida Tusnalobavaja-Marčanko (1920–1980) hatte im Krieg zahlreiche Verwundete vom Schlachtfeld geholt und – so gut es eben ging – medizinisch versorgt und wurde dafür als ›Held der Sowjetunion‹ ausgezeichnet. Das Museum befindet sich in einem der Zimmer in dem Haus, in dem sie ihre letzten Lebensjahre verbrachte.

Museum für Kampfesruhm, vul. Tusnalobavaj-Marčanka 1; tgl. außer Mo 10–18 Uhr. Typisches Kriegsmuseum.

In Polack findet neben mittelalterlichen Ritterturnieren auch jedes Jahr im Herbst ein **Festival für Orgelmusik** statt – Sophienklänge (russ. Звоны Софии); Ort: Sophienkathedrale.

Markt Kolchoznyj, vul. Skaryny 40. Lebensmittel, Stadtzentrum.

Markt Streleckij, vul. Kastryčnickaja 23. (Nicht nur Lebensmittel-)Markt in Bahnhofsnähe.

Einkaufszentrum Strelec, pr. Francycka Skaryny 37. Lebensmittelmarkt in Bahnhofsnähe.

Mosar

Mosar (blr./russ. Mocap) ist der vermutlich einzige alkoholfreie Ort in Belarus. Er liegt etwa 100 Kilometer westlich von Polack an der P3. Der Priester Juozas Bulka gab den Anstoß für eine schöne gepflegte Anlage mit Blumen, Bäumen und Sträuchern rund um die katholische St.-Anna-Kirche. Man bekommt fast den Eindruck, als handele es sich nicht bloß um eine Kirche, sondern um ein Kloster: Die Anlage besteht aus Kirche, Glockenturm (einzeln stehend; 1931), einer Kapelle (1997) und einer mächtigen Steinmauer mit Eingangstor. Vor den Gebäuden erstreckt sich eine eindrucksvolle Grünanlage, mit Blumenbeeten, Skulpturen, einem Teich mit Seerosen, die ebenfalls auf das Konto des Geistlichen gehen. Die Allee der Nüchternheit befindet sich hinter der Kirche. An einer heiligen Quelle südlich vom Dorf kann man sich gerne laben und dort Wasser schöpfen und mitnehmen: Dem an Mineralien reichen Wasser wird heilsame Wirkung

Vicebsk und Vicebsker Gebiet

zugeschrieben. Dort befindet sich außerdem das belarussische Golgatha (Ort der Kreuzigung Jesu), mit dem wahrscheinlich größten Kreuz (ca. 40 m hoch) in Belarus (auf dem Weg von Hlybokae nach Mosar kommt man hier vorbei).

Juozas Bulka war litauischer Abstammung und arbeitete nach dem Krieg zunächst in einer Fabrik in Vilnius. Erst Ende der 1980er Jahre, schon als Pensionär, ließ er sich zum Priester weihen und ging ins belarussische Mosar, wo er von 1990 bis zu seinem Tod 2010 tätig war. Er setzte sich für eine gesunde Lebensweise ein und verbannte den Alkohol aus Mosar. Er gründete ein Museum der Nüchternheit, legte zusammen mit anonymen Alkoholikern aus Belarus, Litauen und Lettland die sog. Allee der Nüchternheit und den Kreuzweg an, baute ein Stadion, gründete hinter der Kirche eine Straußenfarm und ließ das Johannes-Paul-II-Denkmal (2005) vor der Kirche aufstellen. 2006 bekam er die Francysk-Skaryna-Medaille verliehen. Jedoch ist nicht alles Gold, was glänzt. Die andere Seite der Medaille: 2008 wurde in Litauen wegen des Verdachts auf Völkermord ein Haftbefehl gegen Juozas Bulka erlassen, da er in den 1950er Jahren geholfen haben soll, Partisanen, die gegen die Sowjetmacht kämpften, aufzuspüren und umzubringen. Die belarussischen Behörden weigerten sich jedoch, den hochbetagten Bulka an Litauen auszuliefern.

Die im Dorfzentrum befindliche klassizistische St.–Anna-Kirche wurde 1792 aus Ziegelstein gebaut, gestiftet von Robert und Anna Brzostowski, den damaligen Besitzern des Ortes, die auch einen heute nicht mehr erhaltenen Palast bauten. Im Inneren gibt es eine mit den Darstellungen der Evangelisten geschmückte Altarwand. In der Kirche werden mehrere Gemälde (18. Jh.) aufbewahrt. An den Wänden hängen 14 Hochrelief-Panneaus, die die Stationen des Kreuzweges darstellen (Ende 18. Jh./ Anf. 19. Jh.). Außerdem wird in der am Altar der Gottesmutter ein Fragment der Reliquien des hlg. Justinius von Chieti aufbewahrt, das im 18. Jahrhundert als Geschenk von Papst Benedikt XIV. nach Belarus gebracht wurde.

Für das Gelände ist ein geringfügiger Eintritt (ca. 50 Cent) zu entrichten. Die Kasse befindet sich auf dem Parkplatz gegenüber der Kirche.

Gegenüber von der Anlage gibt es noch einen interessanten, großen Friedhof mit einer Kapellen und mehreren Grabkapellen/Grabdenkmälern.

▲ *Die ›Allee der Nüchternheit‹*

Udzela

Auf dem Weg von Hlybokae nach Mosar kommt man durch das Dorf Udzela (blr. Удзела; russ. Удело), welches sich eines **Franziskanerklosters** mit Kirche rühmen kann. Dieser Gebäudekomplex aus dem 17. Jahrhundert (Barock/Klassizismus) beherbergt heute ein Museum. Die Anlage besteht aus der Kirche, dem Klostergebäude, einem Wirtschaftsgebäude, einer Steinmauer mit Glockenturm (Einfahrtstor). Kloster und Kirche wurden ursprünglich aus Holz 1643 gebaut (gestifter von Iosif Korsak), später dann aus Ziegelstein.

Bei der **Kirche der Unbefleckten Empfängnis** handelt es sich um eine dreischiffige Basilika mit rechteckigem Grundriss. Sie hat eine halbrunde Apsis sowie symmetrisch angeordnete Sakristeien an den Seiten. Die drei gleichhohen Schiffe teilen sich ein gemeinsames Giebeldach.

Katholische Kirche mit Teich in Pastavy

Das zweistöckige **Klostergebäude** hat einen hufeisenförmigen Grundriss und war mit der Kirche über einen Korridor verbunden (erhalten ist nur ein Gebäudeteil, die anderen beiden wurden 1882 abgerissen, die Steine zur Reparatur der Kirche und der Umzäunung benutzt).

Der zweistöckige **Glockenturm**, über die man das Gelände betritt, steht gegenüber dem Haupteingang der Kirche, an den Seiten gibt es jeweils zwei zusätzliche, im Originalzustand erhaltene Eingangstore.

Pastavy

Ähnlich wie Hrodna ist Pastavy (blr. Паставы; russ. Поставы) eng mit den Namen Tyzenhaus verbunden. Antoni Tyzenhaus (1733–1785), der bereits das Amt des Starost in Hrodna innehatte, wollte seinen Einfluss ausweiten und seine Ländereien zu einem Wirtschafts- und Kulturzentrum in der Region machen. In der zweiten Hälfte des 18. Jahrhunderts kam er in den Besitz der Stadt Pastavy. Er sorgte für einen grundlegenden Umbau der Stadt, anstelle der Holzhäuser errichtete er Steingebäude, und die bisher eher unbedeutende Siedlung wuchs zu einem wirtschaftlichen und kulturellen Zentrum der Region heran. Tyzenhaus gründet Manufakturen (insgesamt 35 Betriebe) und eine Gerberei, er baut Mühlen und Wohnhäuser, vor allem um den zentralen Marktplatz herum (heute: pl. Lenina, Leninplatz). Außerdem entstanden im Zentrum eine Markthalle, Büros für die Manufakturen, ein Hotel, eine Apotheke, eine Gaststätte, eine Herberge, eine orthodoxe Kirche, eine katholische Kirche – und ein Palast südlich vom Zentrum. Außerdem war in Pastavy von 1772 bis 1785 die aus Hrodna hierher verlegte Theaterschule beheimatet. 1793 (Zweite Teilung der Rzeczpospolita) ging die Stadt an das Russische Imperium, von 1814 bis

Die Nikolaikirche von Pastavy

1853 befand sie sich Besitz von **Kanstancin Tyzenhaus** (1786–1853), der in der ersten Hälfte des 19. Jahrhunderts als Ornithologe in der Stadt nicht nur ein ornithologischen Museum gründete, sondern auch eine Gemäldegalerie und eine Bibliothek.

■ **Sehenswürdigkeiten**

Pastavy ist eine sehr wasserreiche Stadt. Mitten durch das Zentrum fließt der Fluss **Mjadzelka**, der sich zu zwei Seen weitet und die Stadt in eine östliche und eine westliche Hälfte teilt. Der historische Stadtkern liegt westlich davon, die westlichen und die östlichen Stadtteile werden durch zwei Brücken (vul. Čyrvonaarmejskaja und zav. Savecki) miteinander verbunden. Der sog. **Tyzenhaus-Kanal** verbindet den See Kruhlae (runder See) weiter westlich mit der Mjadzelka. Um die Stadt herum und im ganzen Rajon verteilt sind eine ganze Reihe kleinerer Gewässer zu finden. Die Architekturdenkmäler bilden zusammen mit den Seen, dem Fluss, den Grünanlagen das malerische Panorama der Stadt und verleihen dem Städtchen etwas Romantisches, Verträumtes, einen gewissen Charme. Und wem dies zu pathetisch ist, der wird einen Spaziergang durch Pastavy trotzdem genießen: Zum Beispiel im **Stadtpark** und an der **Uferpromenade** (unweit des Amphitheaters; vul. Saveckaja).

Am **pl. Lenina** (ehemals Marktplatz, administratives, kulturelles und Handelszentrum der Stadt) laufen die vul. Saveckaja, die vul. 17 Verasnja, die vul. Leninskaja und die vul. Čyrvonaarmejskaja zusammen. In der Mitte gibt es heute eine kleine Grünfläche mit Sitzbänken und einem kleinen Springbrunnen.

Das architektonische Ensemble auf dem heutigen Leninplatz (1660–1680; Barock) ist Tyzenhaus zu verdanken; als Architekt war Guiseppe Sacco, der andernorts schon für Tyzenhaus gearbeitet hatte (s. Hrodna), verantwortlich Erhalten sind heute ein **Ärztehaus** (Nr. 4), drei **Handwerkerhäuser** (Nr. 5), ein **Hotel**, **Wohnhäuser** (Nr 9, 13) sowie die teilweise erhaltenen **Marktstände/ Markthalle**.

Das Besondere am einstöckigen **Handwerkerhaus** mit Mansarde, das in einen Arbeits- und einen Wohnbereich unterteilt war, besteht darin, dass die zum Markt zeigende Vorderfassade aus Holz ist, während die anderen Wände aus Holz sind; dies war durchaus nicht unüblich in Belarus, kann auch in Hrodna festgestellt werden, wurde aber zum ersten Male in Pastavy praktiziert.

Auf der vul. Čyrvonaarmejskaja, an der Flussbrücke stadtauswärts, steht die **Wassermühle** (Ende 18. Jh.; Spätklassizismus), ein dreistöckiger Ziegelbau mit rechteckigem Grundriss und Giebeldach. Die Steinmauern sind sehr massiv. Die Turbine befand sich im Erdgeschoss, während sich im ersten Obergeschoss eine Handmühle und im zweiten Obergeschoss weitere Räume befanden.

Die orthodoxe **Nikolaikirche** (1894; neobyzantinisch) wurde aus weißem Backstein anstelle einer unierten Holzkirche gebaut. Sie verfügt über die vier klassischen Teile einer russisch-orthodoxen Kirche: Gebetsaal, Glockenturm mit Narthex, Apsis mit Seitensakristeien und Refektorium. An den Außenfassaden ist der Bau mit für altrussische Kirchen typischen Ornamenten geschmückt. Im Innenraum fällt vor allem die vergoldete Ikonostase mit zwiebelförmigen Kuppeln in der Mitte und an den Seiten auf. Bei gutem Wetter kann man das Spiegelbild der aus rotem Ziegel auf dem Gelände des ehemaligen Franziskanerklosters gebauten katholischen **Kirche des heiligen Antonio von Padua** (Anf.

20. Jh.; Neogotik) sehen, mit dem **Pfarr-haus** (vul. Čyrvonarmejskaja /vul. Haharyna). Während des Ersten Weltkrieges stark zerstört, wurde sie in der Zwischenkriegszeit, als Pastavy als westbelarussische Stadt zu Polen gehörte (1921–1939), restauriert, und nachdem es wieder belarussisch (lies: sowjetisch) wurde, diente sie zunächst als Lager-, später dann als Werkshalle eines Industriebetriebes. 1988 wurde die Kirche den Gläubigen zurückgegeben und anschließend aufwändig restauriert. Es handelt sich um eine dreischiffige Basilika mit kreuzförmigem Grundriss und einer fünfseitigen Apsis und zwei Sakristeien an den Seiten sowie einem spitz zulaufenden Giebeldach. Der vierseitige Glockenturm kann mit einer Höhe von ca. 100 Meter die ganze Stadt überblicken.

Der **Tyzenhaus-Palast** (1788–1. Hälfte 19. Jh.; Klassizismus) bestehend aus dem Schloss (Gutshaus), einem Park (Ende 18. Jh./1. Hälfte 19. Jh.) sowie Wirtschaftsgebäuden (18./19. Jh.), befindet sich am südlichen Stadtrand (ul. Saveckaja 2). Der Bau der Anlage anstelle eines ehemaligen Gutshofes (1. Hälfte 17. Jh.) begann in den 1760er Jahren und wurde in den 1770er Jahren (vor-erst) gestoppt. Bis dahin waren zwei Seitenflügel und das Palastfundament fertiggestellt. Die ursprünglichen, heute zumeist nicht mehr existierenden Gebäude (Bedienstetengebäude, Ställe für das Vieh, Getreidespeicher, Scheune und sogar eine Brauerei) bildeten einen rechteckigen Hof. Vom Park kann man noch die Kanäle und Überreste alter Lindenalleen überwiegend am Ufer der künstlichen Gewässer, begutachten.

Das einstöckige Schloss mit hufeisenförmigem Grundriss wurde erst in der ersten Hälfte des 19. Jahrhunderts fertiggestellt. Der zentrale Teil des Süd- und des Ostflügels ist etwas höher und hat Mezzaninen. Alle Gebäude haben ein Giebeldach mit dreieckigen Giebeln. Im Nordflügel ist eine Kapelle untergebracht. Äußerlich hat der Bau weitestgehend seine Originalgestalt beibehalten. Heute ist dort ein Krankenhaus untergebracht. Vor dem Palast steht ein **Konstantin-Tyzenhaus-Denkmal** (2006); zwei Vögel haben sich auf die Hand des Ornithologen gesetzt; zu seinen Fuß hockt eine Eule (Symbol der Weisheit). Und vor dem Palast ist selbstverständlich auch ein **Antoni-Tyzenhaus-Denkmal** vorhanden.

 Pastavy

Internet: postavy.vitebsk-region.gov.by/en (Bezirksverwaltung Pastavy; russ., blr., engl.).

Pastavy liegt ganz im Nordwesten des Landes an der P45 (ab Minsk P28 über Mjadzel und Narač. Ab Vicebsk P20 über Polack und von dort weiter P45).

Bahnhof und Busbahnhof liegen beide in der vul. Vakzalnaja.

Busverbindungen ab Minsk Ostbahnhof/Hauptbahnhof (Fahrzeit ca. 3 Stunden). Ab Vicebsk (Fahrzeit ca. viereinhalb Stunden). Erreichbar auch ab Polack und Hrodna.

Es fährt täglich ein **Nachtzug Vicebsk–Lyntupy**, Abfahrt 21.30 Uhr, Zustiegmöglichkeit in Polack ca. 23 Uhr.

Postavy, vul. Saveckaja 63, Tel. + 375/ (0)2155/41271. Klassizistisches Gebäude im Stadtzentrum, mit Restaurant und Bar. Pro Person ab 14 Euro.

Svitanok, pl. Lenina 5.
U Antonija (Retro-Café), vul. Saveckaja 73.

Briz (Café), vul. Čyrvonarmejskaja 9a.
Kamelija (Café), vul. 17 Verasnja 25.

 ▬▬▬▬▬▬▬

Landeskundemuseum, pl. Lenina 11/2; täglich von 10–18 Uhr (Sa/So ab 11 Uhr), Mittagspause 14–15 Uhr; Ruhetag Mo.

 ▬▬▬▬▬▬▬

Festival Zymbal- und Harmonikaklänge (russ. Звенят цимбалы и гармоник):

Das Zymbal und die Harmonika sind traditionelle Musikinstrumente aus Belarus, und bei diesem jährlich im Juni stattfindenden Festival in Pastavy, zu dem auch Musikensembles aus dem Ausland eingeladen werden, präsentieren Musiker und Gruppen aus Belarus und meist aus dem benachbarten Ausland ihre Traditionen, Volksieder, Volkstänze und traditionellen Instrumente. Inklusive Ausstellungen (Schwerpunkt Kunsthandwerk), Theateraufführungen, Wettbewerbe.

Lučaj

Die katholische **Tadeusz-Kirche** (1766–1776; Barock/Klassizismus) in Lučaj (blr./russ. Лучай) ist aufgrund ihrer Formen an und für sich schon einen Besuch wert, sie ist wuchtig und monumental, wirkt dabei aber schlank und grazil. Zudem steht aber hier an der Kirche ein **Bendedikt-XVI-Denkmal** – weltweit das erste dem aus Bayern stammenden Papst a. D. gewidmete. Es wurde noch in seiner Amtszeit hier installiert (2008). Die von Elżbieta Puzynina (geb. Ahinskaja) gestiftete Kirche, gebaut als Jesuitenkirche, wurde in der ersten Hälfte des 19. Jahrhunderts teilweise umgebaut.

Bei der Kirche handelt es sich um eine dreischiffige Basilika mit Querschiff und zwei Türmen, die kein normales Zelt- oder Spitzdach haben, sondern mit halbkreisrunden Kuppeln enden, was dem Bau etwas Außergewöhnliches verleiht. Die rechteckigen Fenster sind teilweise zugemauert.

Im Inneren sind teilweise Fresken erhalten, ebenso Skulpturen (Evangelisten, Engels-. Heiligendarstellungen). Über dem Eingang gibt es ein Panneau mit den Abbildungen zweier Krieger mit Schilden kriegerischer Attribute.

Lučaj liegt an der P110 (unweit P45) etwa 20 Kilometer östlich von Pastavy.

■ **Straußenfarm Solovjinaja Rošča**

Auf der Straußenfarm Solovjinaja Rošča (blr. Салавіха; russ. Сала-выха) bei Salavicha gibt es ein Café, in dem man sich unterwegs stärken kann. Neben diesem größten aller noch lebenden Vögel kann man hier auch Hirsche, Pferde, Schafe und andere Vierbeiner besuchen. Ausritte zu Pferde werden angeboten. Die Farm liegt direkt an der P45 nahe Lučaj.

Dieses Denkmal soll den emeritierten Papst Benedikt XVI. darstellen

Paryž

Warum nach Frankreich fahren, um den **Eiffelturm** zu besichtigen? Belarus hat sein eigenes Exemplar! Paryž (Pariž) ist die belarussische Variante des Namens der französischen Hauptstadt, und das belarussische Paris (blr. Парыж; russ. Париж) liegt zwischen Pastavy und Hlybokae. Angeblich heißt der Ort so, weil Napoleon während des Krieges 1812 bei der Durchfahrt geäußert haben soll, es sehe hier aus wie in Paris. Einer anderen Version zufolge hat angeblich ein Gutsbesitzer aus einer Laune heraus dem Ort diesen Namen verpasst. 1973 wurde das Dorf in Navadruck (blr. Навадруцк; russ. Новодруцк) umbenannt. Die Bewohner des Dorfes jedoch sind so stolz auf ihr Paris, dass sie 2006 durchsetzen konnten, dass der Ort seinen ursprünglichen Namen zurückerhielt.

Übrigens ist der belarussische Eiffelturm 30 Meter hoch – zum Vergleich: das Original in Frankreich misst 324 Meter.

Paryž erreicht man besten mit dem eigenen Auto von Pastavy über die P45 oder die P10

Rasony

Der am gleichnamigen See Rasony (blr. Расоны; russ. Россоны) gelegene Ort zählt gut 5500 Einwohner und befand sich ursprünglich im Besitz der Familie Korsak. Heute gibt es im Ort eine Milchfabrik und eine Keramikfabrik. Außerdem Rasony hat eine eigene Radiostation (Веснік Расоншчыны).

Am Ufer des Sees befindet sich sehr malerisch das **Hlaska-Landgut Stanislavava** (Ende 19. Jh.; vul. Kamsomolskaja 23), von dem noch das Gutshaus (1900), Wirtschaftsgebäude und der Park erhalten sind. Das Gutshaus aus Ziegel, gebaut auf einem Fundament aus Bruchstein, entspricht einer Art neoromantischem Stil, das Landhaus ist sehr prachtvoll und groß, hat etwas Palastartiges, die Architektur ist sehr komplex, asymmetrisch, bestehend aus unterschiedlich gro-

▲ *Die aus Feldsteinen erbaute Auferstehungskirche von Rasony*

ßen rechteckigen Gebäudeteilen, Erkern und Risaliten. Die Fassaden sind reich verziert. Die Hauptfassade ist auf einen kleinen Platz mit einem Teich ausgerichtet. Auf der Nordseite schließt sich ein dreistöckiger Turm an, auf der Südseite ein einstöckiger Gebäudeflügel.

Die orthodoxe **Auferstehungskirche** (1879) am südlichen Ortsrand (P24, stadtauswärts), aus Bruchstein gefertigt, hat einen quadratischen Grundriss und wird durch fünf Zwiebeltürmchen gekrönt, außerdem schließt sich ein rechteckiger Glockenturm mit Zwiebelhelm sowie eine fünfseitige Apsis und Seitensakristeien an.

Die katholische **Iasafat-Kuncevič-Kirche** wurde erst 2010 gebaut. Sie ist weiß verputzt, hat ein Giebeldach sowie einen Glockenturm mit spitzem Zeltdach. Sie steht am Ende der vul. Sadovaja (Kalcavaja vul.), am östlichen Seeufer. Die Namensgebung ist übrigens ungewöhnlich: **Iasafat Kuncevič** (blr. Іасафат Кунцэвіч; russ. Иосафат Кунцевич), 1580–1623) war Erzbischof von Polack (unierte Kirche) im damaligen Großfürstentum und wird heute in der katholischen Kirche als Heiliger verehrt.

Das **Museum der Militärgemeinschaft** (vul. Saveckaja 10a) wurde 1981 eröffnet. Hier im Grenzland zwischen Belarus, Russland, Lettland bildete sich im Zweiten Weltkrieg die zweite Partisanenfront, bestehend aus Belarussen, Russen, Litauern und Letten.

Schwerpunkt neben den Kriegsereignissen in der Region und allgemein ist das Leben und Wirken des Sowjetpolitikers Pëtr Mašeraü (1918–1980). Er arbeitete direkt nach dem Studium als Lehrer für Mathematik und Physik in Rasony und war hier nach seiner Flucht aus der Kriegsgefangenschaft im August 1941 Organisator und Anführer des Untergrundes.

 Rasony

Rasony liegt nahe der russischen Grenze. Ab Polack P24.
Busverbindungen ab Vicebsk (Fahrzeit ca. 3 Stunden), ab Polack (ca. 1 Stunde).

Rossony, vul. Saveckaja 5, Tel. +375/(0)2159/41271. Übernachtung etwa 15 Euro.
Einige **Bars** und **Cafés** gibt es auf der vul. Chamčanoŭskaha.

Dzisna

Herzlich willkommen in Dzisna (blr. Дзісна; russ. Дисна), an der Mündung des gleichnamigen Flusses Dzisna in die Westliche Dzvina, umgeben von viel Wasser und Natur. Der Ort hat weniger als 2000 Einwohner und gilt als kleinste Stadt des Landes und sollte in einem Buch über Belarus deshalb nicht fehlen. Dzisna weiß zu überraschen: Mit einer Fähre kann man über die Westliche Dzvina übersetzen, und es gibt sogar zweisprachige touristische Wegweiser (russisch/englisch). Übrigens scheint Dzisna eine Stadt der Superlative zu sein: In die Stadt gelangt man aus südlicher Richtung kommend über die sogenannte Jahrhundertbrücke (um 1900), angeblich die älteste Brücke in Belarus. Die beiden Flüsse umspülen den Ort im Norden, im Osten und im Süden.

Die Geschichte der Stadt ist eng mit dem polnischen König Stephan Báthory verbunden: Nachdem Iwan der Schreckliche den strategisch so wichtigen Standort Polack eingenommen hatte (1563), trieb der Monarch den Bau eines Schlosses in Dzisna voran, um den Verlust auszugleichen, und gründete hier seine Residenz. Erhalten sind vom Alten Schloss lediglich die Wälle des unteren Schlosses. Nicht untypisch für Belarus, lebten hier auch verschiedene Glaubensgemein-

Dzisna – die kleinste Stadt von Belarus

schaften friedlich nebeneinander: Es gab orthodoxe, katholische und unierte Kirchen und Klöster, auch ein Franziskanerkloster. Ab dem 19. Jahrhundert ließen sich hier auch Juden nieder, die zu Beginn des 20. Jahrhunderts den Großteil der Stadtbevölkerung ausmachten.

Insbesondere unter russischer Herrschaft war die Stadt ein bedeutender Handelsstandort: Speck, Brot, Wachs, Honig, Fisch, Wild, Hanf, Leinen wurden auf dem Wasserwege nach Riga, Königsberg, Vicebsk, Smolensk exportiert. Von dort wurden Gewebe, Spitzen, Kurzwaren importiert. Ab den 1670er Jahren gab es eine Zollstation, dreimal jährlich fanden Jahrmärkte statt.

In neuerer Zeit diente Dzisna des öfteren als Filmkulisse: Hier wurden zu Sowjetzeiten (1970er/1980er Jahre) einige Filme gedreht.

■ Sehenswürdigkeiten

Gehen Sie einfach durch den Ort spazieren und machen ein paar Fotos zur Erinnerung. Viele Gebäude stammen noch aus vorrevolutionärer Zeit. Man glaubt, die Zeit wäre stehen geblieben. Die Stadt hat zwei Hauptstraßen, die **vul**. **Jubilejnaja** und die **vul**. **Kirava**. In diesem Bereich entwickelte sich auch

der Marktplatz mit dem Rathaus und den Marktständen. Alle anderen Straßen sind direkt zum Fluss hin ausgerichtet und umfassen in einer Art Halbkreis die Dzisna. Im Mündungsbereich der beiden Flüsse gibt es auch einen kleinen **Park**. Ein **Grab von Holocaust-Opfern** gibt es bereits am Ortseingang (vul. Čapaeva). Im Viereck vul. Jubilejnaja/vul. Peršamajskaja/vul. Kamarova findet man ein **Denkmal zu Ehren der Soldaten**, die die Stadt vor den Nazis befreit haben.

An die **vul**. Lenina, die sich von Süden nach Norden langzieht und über die man in die Stadt einfährt, schließt sich auch der zentrale Platz mit dem **Lenin-Denkmal** an. Hier sind einige ein- bis dreistöckige Steinhäuser aus der zweiten Hälfte des 19. Jahrhunderts/ Anfang des 20. Jahrhunderts erhalten. Am Platz standen einst Läden, ein Rathaus, das orthodoxe Kloster mit der Kirche und die katholische Gemeindekirche.

Auf den ersten Blick ist Dzisna nur ein kleiner Ort, aber wer mit offenen Augen herumläuft, wird einige optische Leckerbissen finden, insbesondere im Ortszentrum: Beispielsweise das Gebäude des ehemaligen **Hotels Riga** (um 1900; Ecke vul. Jublejnaja/vul.Telmana) oder das des **Kreisversorgungsamtes**

Die Franziskanerkirche wird restauriert

Die Ruine des Krankenhauses in Dzisna

zur **Ausnüchterung** (Anf. 20. Jh.), eine Wohltätigkeitseinrichtung.

Weitere interessante Gebäude sind de ehemalige **Synagoge**, eine alte **Schule**, ein **Handwerkshaus** (vul. Peršamajskaja), die Überreste eines alten **Landguts**.

Ein Augenschmaus ist auch die Ruine des **Krankenhauses** (Anf. 20. Jh.; vul. Puškina/Ecke vul. Praletarskaja); unterliegen Sie nicht dem Fehlurteil, es könne sich um die Überreste eines alten Schlosses handeln. Auch wenn sich so mancher Bauherr hier schon an den roten Ziegeln bedient haben mag, so ist es doch gut, dass das alte Gemäuer noch steht und nicht abgerissen wurde. Schließlich stört der alte Bau, der sich majestätisch über der Westlichen Dzvina erhebt, niemanden. Das Krankenhaus wurde damals in Analogie zum Krankenhaus in Ašmjany gebaut. Von hier bietet sich dem Betrachter eine schöne Aussicht auf das andere Flussufer.

Die meisten (ehemaligen) Franziskaner-Klöster sind offenbar im Vicebsker Gebiet anzufinden, so auch in Dzisna: Die katholische **Kirche der unbefleckten Empfängnis** (ca. 1773) an der Ecke vul. Puškina/vul. Kirava, die zum Franziskanerorden gehörte, ist heute nur mehr eine Ruine, wird aber derzeit restauriert. Das Kloster hatte der polnische König Stephan Báthory schon 1583 gegründet. 1882 wurde die Kirche in ein orthodoxes Gotteshaus umgewandelt.

Die orthodoxe **Hodegitria-Kirche** (1904; auf dem orthodoxen Friedhof zwischen vul. Puškina/vul. Horkaha), mit Glockenturm, wurde aus Ziegelsteinen errichtet, sie ist rechteckig, hat eine fünfseitige Apsis und ein Walmdach mit Zwiebelhelm. Daneben steht ein Glockenturm mit Zeltdach und Zwiebelhelm. Die ursprünglich hier aufbewahrte Ikone der Hodegitria von Smolensk befindet sich heute in der orthodoxen **Auferstehungskirche** (1864–70; Dreieck zwschen vul. Jubilejnaja/vul. Pija-nerskaja/vul. Ardžonikidze). Bei diesem Heiligenbild, das laut Legende der Evangelienschreiber Lukas persönlich malte, handelt es sich um

Originelle Fähre über die westliche Dzvina

eines der wichtigsten Heiligtümer der orthodoxen Kirche in Belarus und in Russland.

Der **katholische Friedhof** mit Kapelle befindet sich etwas weiter westlich auf der vul. Puškina.

Sie können auch an das andere Ufer der Westlichen Dzvina übersetzen. Die **Fäh**re verkehrt täglich von ca. 7.30 bis ca. 20 Uhr Uhr, die Überfahrt ist kostenlos. Als Motor fungiert ein alter Traktor ohne Räder. Sehr exotisch! Probieren Sie es mal aus, zu Fuß oder mit dem Auto, die **Anlegestelle** ist nahe der vul. Puškina, etwa 100 Meter nach der Krankenhausruine.

  Dzisna

Internet: www.disna.by (touristische Seite, russ., engl.); vandrouka.by/wp-content/uploads/2011/11/mapa-disna.jpg (touristischer Stadtplan; russ., engl.).

 Dzisna liegt an der P14, etwa 40 km nordwestlich von Polack.

Der **Busbahnhof** liegt in der vul. Lenina (Ortsmitte). Mit dem Bus kommt man am besten ab Polack/Navapolack (Fahrzeit ca. 1 Stunde), auch ab Vicebsk (Fahrzeit ca., dreieinhalb Stunden), Miëry, Braslaŭ.

 Dzvina (Café), vul. Jubilejnaja 11.

 Disna, vul. Jubilejnaja 24, Tel. 39098. Übernachtung ca. 10 Euro pro Person.
Alënuška (Ferienhaus), vul. Frunze 22, Tel. +375/(0)215237307, +375/(0)29/8901887. Fünf Zimmer für bis zu zehn Personen. Verpflegung nach Absprache (belarussisch, turkmenisch).
Dostatok (Ferienhaus), vul. Kirova 18, +375/(0)2152/37259, +375/(0)29/8940182, disna.tourism@gmail.com, disna.dostatok@gmail.com.

 Stadtgeschichtliches Museum, vul. Peršamajskaja 2a.

Asveja

Der Ort Asveja (blr. Асвея; russ. Освея) ist vor allem wegen der Operation Winterzauber, auch Asvejer Tragödie genannt, ein Begriff. Diese gegen Partisanengruppen gerichtete Strafaktion (Februar bis April 1943) von belarussischen, ukrainischen und baltischen Kollaborateuren der NS-Truppen fand im Dreieck Sebesch (Russland) – Asveja – Polack statt. Ziel war die Schaffung eines 40 Kilometer breiten bevölkerungsfreien Streifens zwischen Sebesch im Norden und dem Fluss Drysa im Süden, um die Partisanen ihrer Stützpunkte zu berauben. Ein Schwerpunkt der Aktion lag bei Asveja. Man zog einfach durch die Dörfer und erschoss jeden, der verdächtigt wurde, sich den Partisanen angeschlossen zu haben, also praktisch alle Männer im Alter von 16 bis 50 Jahren, ebenso aber alte und kranke Menschen. Die übrigen, vor allem Frauen mit ihren Kindern, wurden in Lager verschleppt, wer unterwegs schlapp machte, wurde ebenfalls auf der Stelle erschossen. So wurde zum Beispiel im Februar 1943 das Dorf **Rosica** zerstört, die Menschen teilweise in ihren Häusern verbrannt, teilweise erschossen. Die dabei umgekommenen katholischen Geistlichen Juryj Kašyra und Antonij Ljaščevič wurden 1999 selig gesprochen.

Das **Landgut der Hilzens** (2. Hälfte 18. Jh.) besteht heute noch aus der Schlossruine (1782; Klassizismus) und dem Park. Auch das Fundament der (katholischen) Kirche ist erhalten. Ab 1786 gehörte das Anwesen dem Grafen Šadurski. Auf dem Anwesen war auch das Jesuitenseminar untergebracht. Das Landgut wurde 1914 zerstört.

Im westlichen Bereich des Parks (zwischen Haupteingang und Palast) befindet sich ein **Massengrab** mit den sterblichen Überresten sowjetischer Soldaten und Partisanen, darauf steht die **Skulptur eines Soldaten**.

Am nördlichen Rand des Parks, an der Stelle, an der die Nazis Juden erschossen, befindet sich eine kleine **Gedenkstätte**.

Am Parkeingang steht das alte **Klosterkrankenhaus** (1759; Barock), das zum Missionarskloster der Barmherzigen Schwestern gehörte: ein Stockwerk, hufeisenförmig, Giebeldach, mit Kellergeschoss in den Seitenflügeln.

In Asveja steht die vermutlich nördlichste Kirche von Belarus, die orthodoxe **Georgskirche**, ein charakteristisches Beispiel für belarussische Holzarchitektur, die 1992 gebaut bzw. in den 1990er Jahren aus Verchjadvinsk von einem Friedhof hierher verlegt wurde. Sie entspricht dem Stil der belarussichen Volksarchitektur, hat eine dreiseitige Apsis und ein hohes, spitzes Giebeldach aus Blech mit Zwiebelhelm in der Mitte. An der Frontfassade erhebt sich ein dreigliedriger Narthex mit Glockentum.

Kriegsdenkmal im Park des Landgutes in Asveja

Asveja

Asveja liegt am gleichnamigen See, nördlich von Verchnjadzvinsk im nördlichsten Zipfel von Belarus. Von Verchnjadzvinsk verkehren Busse nach Asveja.

Jablonovka, Dorf Vjalikae Sjalo (westlich vom Ort, einige Kilometer außerhalb, Ausfahrtsstraße Richtung Westen, am südlichen Seeufer), Tel. +375/ (0)29/1501806, 5903928, www.yablonovca.ru (russ., engl.). Landgut mit direktem Zugang zum See. Zwei Blockhütten aus Kiefernholz für maximal neun bzw. zwölf Personen. Pro Haus und Tag ca. 80 Euro (bis zu 4 Personen), bei mehr als 4 Personen ca. 20 Euro pro Mann/ Frau. Verpflegung nach vorheriger Absprache. Banja ca. 40 Euro. Ausritte nach Absprache möglich. Angeln und Grillen (Schaschlik) immer möglich.

Vidzy

Vidzy (blr. Відзы; russ. Видзы) ist ein malerischer, ruhiger Ort (ca. 2000 Einwohner) im Grenzgebiet zu Litauen, in dem die Zeit stehengeblieben zu sein scheint. An historischer Bausubstanz ist gar nichts mehr erhalten, da alles den Vernichtungen der beiden Weltkriege zum Opfer fiel.

Vidzy wird auch als Babylon bezeichnet – aufgrund seiner einst international geprägten Bevölkerung. Außer Belarussen lebten hier schon immer Polen, Russen (insbesondere Altgläubige), Litauer, Tataren, Zigeuner. Kein Wunder, dass der Ort auch multikonfessionell geprägt war. Die jüdische Gemeinde wurde im Krieg ausgelöscht, doch der große jüdische Friedhof ist erhalten (s. u.). Ferner gibt es hier einen katholischen, einen orthodoxen sowie einen tatarischen Friedhof.

Auch ein junger Mann, zukünftiger Student der Universität Vilnius, war hier zu Besuch bei seinem Onkel: ein gewisser Adam Mickiewicz.

Im Ersten Weltkrieg verlief die Frontlinie durch Vidzy, der Ort wurde 1915 fast vollständig zerstört.

Vidzy hat ein originelles Stadtwappen: eine gelbe Biene mit roten Augen auf rotem Grund.

■ Sehenswürdigkeiten

Im Bereich des zentralen Platzes, heute eine Grünfläche, sind noch einzelne Steinbauten aus der Zeit um 1900 erhalten.

In Vidzy steht eine der höchsten Kirchen von Belarus, je nach Quelle beträgt ihre Höhe 59 bis 76 Meter. Anfang des 20. Jahrhunderts war die katholische Gemeinde in Vidzy eine der größten im ganzen Gouvernement, daher fiel die neue Kirche damals so riesig aus. Die **Dreifaltigkeitskirche** (1914) am ehemaligen zentralen Marktplatz (vul. Kirava/vul. Kujbyšava) ist ein monumentales, sehr imposantes Bauwerk aus rotem Backstein, das in sich neogotische und neoromanische Züge vereinigt, was für katholische Kirchen aus

Die orthodoxe Nikolaikirche von Vidzy

Karte vordere Umschlagklappe

jener Zeit in Belarus nicht untypisch ist. Im Ersten Weltkrieg wurde die Kirche stark beschädigt und in den 1920er Jahren wieder aufgebaut. In das Mauerwerk sind in Erinnerung an die Schrecken des Krieges Geschosse aus dem Ersten Weltkrieg eingemauert. In den 1940er Jahren wurde die Kirche geschlossen, später diente sie als Getreidelager, in den 1960er/1970er Jahre als Sporthalle. Neben dem Gotteshaus steht ein Pfarrhaus aus Backstein, in dem heute ein Krankenhaus untergebracht ist.

Das katholische Pfarrhaus Vidzy

Es handelt sich um eine dreischiffige Kirche mit Querschiff, fünfseitiger Altarapsis mit jeweils einer Sakristei auf beiden Seiten, mit Spitzbogenfenstern. Außerdem gibt es Türmchen, Fensterrosen und Glasmalereien.

Nahe der Kirche steht ein **Gedenkkreuz für die Ofer der stalinistischen Repressionen**, in der Nähe befand sich früher die örtliche NKWD-Abteilung.

Ebenfalls am Vorabend des Ersten Weltkrieges (Anf. 20. Jh.) wurde die **altorthodoxe Mariä-Entschlafenskirche** aus rotem Ziegelstein gebaut (vul. Saveckaja). Ein rechteckiger Bau mit einer fünfseitigen Apsis, mit Giebeldach und hohem Eingangsportal. An der Hauptfassade erhebt sich ein Turm mit Zwiebelkuppel. Über der Apsis befindet sich ein Zwiebelhelm. In Nischen seitlich vom Eingangsportal befinden sich die Abbildungen orthodoxer Kreuze. In der Kirche wird die Ikone des heiligen Nikolaus von Myra aufbewahrt.

Weiter nördlich steht an der Hauptstraße (Ecke vul. Braslaŭskaja/vul. Čyrvonaarmejskaja) eine schöne Holzkirche jüngeren Datums (nach 2000), die orthodoxe **Nikolaikirche**.

Am westlichen Ortsausgang Richtung Vidzy-Laŭcnskija (Nachbardorf) findet man rechter Hand zwei **christliche Friedhöfe**. Auf dem zweiten der beiden steht die Ruine einer katholischen Kapelle (1861). Gegenüber, auf der anderen Straßenseite (linker Hand, von Vidzy kommend) gibt es einen **jüdischen Friedhof**. An der P27 gibt es am nördlichen Ortsrand (stadteinwärts) einen weiteren Friedhof. Dort steht auch eine sehr moderne Kapelle am Wegesrand.

Weiter südlich (vul. Lenina) steht eine alte **Wassermühle** (1930er Jahre), die seinerzeit ein Herschka Hetman, ein jüdischer Unternehmer aus dem Ort, gebaut hatte. Es ist die einzige von ursprünglich drei Mühlen aus dem Ort. Da die Mühle rund um die Uhr arbeitete, waren hier mehr als 15 Personen beschäftigt. In der oberen Etage waren die Wohnräume untergebracht. Im Zweiten Weltkrieg gelang es Hetman, sich vor den Nazis auf einem Gehöft in der Gegend zu verstecken, wo er bis Kriegsende ausharrte. Als er nach dem Krieg seine Wirtschaft wiederbeleben wollte, bürdeten ihm die sowjetischen Behörden, die offenbar nicht so freundlich gesinnt waren wie die polnischen vor dem Krieg, so hohe Steuern auf, dass ihm das Arbeiten unmöglich wurde, und er verließ Vidzy.

Das Landeskunde-Museum von Braslaŭ,
untergebracht in einem Holzhäuschen

Einen **tatarischen Friedhof** findet man südlich außerhalb des Dorfes. In der Nähe des Friedhofs sind noch Schützengräben der Deutschen teilweise erhalten. Man verlässt die Stadt in südliche Richtung, folgt aber nicht dem Verlauf der Hauptstraße (vul. Lenina/P27), sondern hält sich rechts (Straßengabelung), kurz vor dem Gut Melniki auf der linken Seite. Von der Dreifaltigkeitskirche in Vidzy sind es ca. dreieinhalb Kilometer.

Jedes Jahr feiern die muslimischen Tataren in Vidzy das Opferfest, zu dem Moslems aus Belarus und aus dem benachbarten Ausland anreisen.

Braslaŭ

Braslaŭ (blr. Браслаў; russ. Браслав) liegt zwischen mehreren Seen inmitten des gleichnamigen Nationalparks im Nordwesten des Landes und gilt als wasserreichste Stadt in Belarus. Der Ort war nie ein Handwerker- oder Handelszentrum, die 2000-Einwohner-Marke wurde erst Anfang des 20. Jahrhunderts überschritten.

Die erste Erwähnung von Braslaŭ wird auf das Jahr 1065 datiert, als litauische Stämme in Polack und Braslaŭ einfielen; somit gehört die Stadt zu den ältesten in Belarus. Der Name stammt vom Polacker Fürsten Bračyslaŭ ab, der als Stadtgründer gelten darf. Er wandelte den einstigen Burghügel in eine Grenzfestung um (alter, historischer Name der Stadt: Brjačyslavl), was eine mögliche Besiedlung günstig beeinflusste.

Warscheinlich entstand eine erste Siedlung im 9. Jahrhundert an der Stelle einer verbrannten Siedlung der Latgalen (baltischer Volksstamm) und Krywitscher (einer der Urstämme der Belarussen). Die Stadt liegt auf einer nur schwer zugänglichen Anhöhe zwischen zwei Seen. Vom 11. bis 13. Jahrhundert war Braslaŭ befestigte Grenzstadt im Fürstentum Polack. Die Festung, die mehrere Türme hatte, wird auf einer Gravur des Künstlers Tomasz Makowki (Anf. 17. Jh.) dargestellt. Das Schloss wird 1402 zum ersten Mal erwähnt. Später verfiel die mittlerweile nicht mehr modernen Ansprüchen genügende Burg, doch Ruinen der einstigen Festung existierten noch bis Ende des 18. Jahrhunderts.

Ab dem 14. Jahrhundert gehörte der Ort zum Goßfürstentum Litauen. Im 17./18 Jahrhundert fiel der Ort mehreren Kriegen zum Opfer, während des Kosciuszko-Aufstandes 1794 brannte die Stadt vollständig ab. 1812 schlug der französische Marschall Michel Ney hier mit seinen Truppen für neun Tage seine Zelte auf. Während des Ersten Weltkrieges war Braslaŭ Frontstadt mit Schmalspurbahn zur Frontlinie (Strecke Druja–Braslaŭ–Opsa). Das Bahnhofsgebäude (1. Hälfte 20. Jh.), ein schönes Beispiel belarussischer Holzarchitektur, ist noch erhalten, die Eisenbahnstation der Strecke Druja–Dukšty (heute Dukštas, Litauen) wurde 1967 geschlossen, die Gleise wurden entfernt.

Karte vordere Umschlagklappe ▲

Das Stadtwappen von Braslaŭ (1792) zeigt eine Sonne mit dem Gottesauge des Segens in einem Dreieck auf blauem Grund, welches das damals zerstörte Braslaŭ vor Krieg und anderen Nöten beschützen sollte. Das Dreieck symbolisert zudem die Dreifaltigkeit Gottes. Die Farbe blau symbolisiert natürlich den Wasserreichtum und die vielen Seen in der Gegend.

■ **Jüdisches Ghetto**

Ende des 19. Jahrhunderts bildeten die Juden einen überwiegenden Teil der Bevölkerung. Beim Einfall der deutschen Wehrmacht 1941 leben in Braslaŭ mehr als 2000 Juden. Schon am ersten Tag der Okkupation, am 27. Juni 1941, einem Freitag, versammelten die Deutschen alle Juden auf dem zentralen Marktplatz und hielten sie dort über Nacht fest, drei Juden werden beim Fluchtversuch erschossen. Sie wurden am nächsten Tag überraschend freigelassen und fanden ihre Häuser von Nachbarn geplündert vor. Während und nach der Auflösung des Ghettos zogen Trupps durch die Stadt auf der Suche nach möglichen Verstecken. Besonders makaber mutet die Geschichte an, nach der ein Ortsansässiger, der gut Jiddisch konnte, durch die Häuser zog und auf Jiddisch rief, die Ermordungen seien vorbei, alle könnten ihre Verstecke verlassen. Daraufhin kamen einige aus ihren Verstecken gekrochen – und wurden auf der Stelle erschossen.

Anfang September 1942 wurde ein zweites Ghetto in Braslaŭ eingerichtet, das sogenannte Opsaer Ghetto, so genannt, weil Juden aus dem Dorf Opsa und anderen Dörfern dort eingesperrt wurden. Dieses Ghetto wurde am 19. März, am Vorabend des jüdischen Purimfestes, aufgelöst, die Juden in den Wald zu bereits ausgehobenen Gruben geführt und auf der Stelle erschossen.

Einem Juden war es gelungen, einem Soldaten der Wehrmacht die Pistole zu entwenden; er erschoss diesen und noch andere Nazis, bis man ihn schließlich selber erschoss.

Eine Gedenkstätte für die Gefangenen des Braslaŭer Ghettos – das Massengrab – befindet sich auf dem jüdischen Friedhof am Ende der vul. Dzjaržynskaha (stadtauswärts).

Die katholische Kirche in Braslaŭ

Vicebsk und Vicebsker Gebiet

■ Sehenswürdigkeiten

Mit fünf angrenzenden Seen und 30 Seen im Radius von zehn Kilometern ist Braslaü nicht nur die wasserreichste Stadt in Belarus, sondern auch eine sehr grüne Stadt mit vielen Pflanzungen und Parks. Es dominieren ein- bis zweistöckige Häuser. Um den Burgwall herum stehen noch einige wenige Backsteingebäude aus der Zeit um 1900. Typische Sowjetarchitektur ist kaum vorhanden.

Die zwei Hauptstraßen sind die **vul. Leninskaja** und die **vul. Saveckaja**. Diese beiden Straßen verlaufen im Bereich des heutigen Stadtzentrums teilweise parallel zueinander und machen einen Bogen um den Burghügel. Ansonsten sind die Straßen in der Stadt kurz und gewunden. Der nördliche Teil der Stadt heißt Judoŭka. Es verkehren drei Buslinien in der Stadt.

Die **vul. Hornaja** (Bergstraße) hat wohl den passenden Namen, da sie sich auf einer Anhöhe befindet. Hier steht auf dem höchsten Punkt ein niedliches, mehrfarbiges Holzhaus (1930er Jahre) mit Mansarden und einem Walmdach, die vier Fassaden sind fast identisch, mit der Abbildung einer Sonne am Giebel der Mansarde.

Am Fuße des Burghügels auf der vul. Leninskaja, stehen zwei Kirchen: Die katholische Kirche der Geburt der Jungfrau Maria (neoromanisch) wurde 1824 errichtet und 1897 neu gebaut. Die orthodoxe Mariä-Entschlafenskirche (neobyzantinisch) wurde 1897 gebaut.

Beim Bau der **katholischen Kirche** (vul. Saveckaja 1) 1824 wurde die sog. Braslaŭer Mosaik-Technik angewandt, ein aus der Region stammendes Verfahren. Durch die Verbindung von Bruchstein und rotem Ziegel entsteht eine Art Mosaikstruktur. Teile der Nord- und Ostwand wurden mit anderen Techniken gestaltet; manchmal werden in die Wand auch Muster und Abbildungen (Pflanzen, Tiere, Ornamente, auch Sonne) mit eingearbeitet. Diese Muster stammen aus der ursprünglichen Kirche von 1824 (die für die Gemeinde irgendwann zu klein wurde). Beim Aufbau der neuen Kirche 1897 wurden Teile des alten Mauerwerks bewahrt. In der Mitte des auf Barock gemachten Holzaltars wird das Haupheiligtum der Kirche aufbewahrt, die **Braslaŭer Ikone der Gottesmutter**, die als wunderwirksam gilt und eine der bekanntesten katholischen Ikonen in Belarus ist, bezeichnet als Herrin der Seen, Beschützerin und Patronin der Braslaŭ-Region. Bis zum 19. Jahrhundert befand sich die Kirche im Basilianerkloster auf der Insel Nespiš (→ S. 424). Hier in der Kirche wird die Ikone seit der Schließung des Klosters 1927 aufbewahrt (eine Kopie vom Anf. 20. Jh.) und bei großen Festen und vor Pilgern gezeigt. Seit 2000 ist die Kirche ein Wallfahrtsort, ihr Feiertag ist der 22. August. Zusätzlich befindet sich ein Nonnenkloster der Eucharistieschwestern in der Nähe. Internetseite der katholischen Gemeinde Braslaŭ: waladarka.by (nur blr.). Wenn Sie die Kirche von innen sehen oder die Ikone besuchen möchten, wenden Sie sich direkt an den Geistlichen oder an die Nonnen.

Gegenüber der katholischen Kirche (vul. Leninskaja 72) steht die **orthodoxe Mariä-Entschlafenskirche**, aus Ziegel erbaut, mit Stuck. Sie besteht aus einem würfelförmigen Hauptteil, einer fünfseitigen Apsis mit einer Sakristei an der Seite, einem Refektorium und einem Glockenturm mit Narthex, mit Zeltdach, geschmückt mit Zwiebeltürmen. Das Innere der Kirche ist sehr reich geschmückt, mit mehr als 100

Skulpturengruppe auf dem Schlosshügel in Braslaŭ

Ikonen (18./19. Jh.) und einer von Kiewer Künstlern hergestellten Ikonostase (Ende 19. Jh,).

Neben der Kirche steht das Gebäude der ehemaligen Gemeindeschule (ebenfalls 1897); heute ist hier eine Sonntagsschule untergebracht.

■ **Schlosshügel**

Im Zentrum im Viereck zwischen vul. Lenina (Süden), vul. Kirava (Westen), vul. Ėngelsa (Norden) und vul. Saveckaja (Osten) sowie zwischen den beiden Seen Dryvjaty und Navjaty befindet sich der Schlosshügel, der historische Kern und der Geburtsort der Stadt, ursprünglich von Wällen umgeben und befestigt, zusammen mit dem Grab von Stanislaŭ Narbut (→ S. 422). Oben gibt es auch einen Gedenkstein für den Schlosshügel, ein roter Granitflindling mit einer bronzenen Gedenktafel, auf der steht: ›Der Schlosshügel ist der Ort, an dem Braslaŭ gegründet wurde. 1065‹. Im oberen Teil ist das Stadtwappen angebracht. In der Nähe von Narbuts Grab (Westen) ist der Wall am höchsten (bis 7 m), da es im Westen keinen schützenden See gibt.

Man hat hier eine herrliche Aussicht auf die Stadt in alle Richtungen und bei klarem Wetter kann man bis an das andere Ufer des Dryvjaty sehen. Der Schlosshügel beeindruckt aufgrund seiner Größe: Er ist sehr hoch, steil, mit einem Plateau oben. Er wurde verglichen mit einem riesigen Schiff aus der Vergangenheit, mit einem alten buckeligen Mann, mit dem Krater eines Vulkans. Und Legenden ranken sich um diesen Ort: von unterirdischen Gänge, die auf die andere Seite des Dryvjaty führen (was bei Belagerungen der Stadt von Vorteil sein kann), oder von unterirdischen Räumen mit Schätzen und Ritterrüstungen aus Gold. Oder vom geheimnisvollen Schatten der Fürstin, die dort spuken soll.

Auf dem Schlosshügel steht eine **Skulptur aus Eichenholz**, bestehend aus sechs Figuren, die allesamt Gestalten einer tragischen Geschichte sind: Fürst Dzvin, Besitzer des Schlosses, seine Gemahlin Drujka, seine Tochter Dryva und die drei Brüder Bras, Snud und Noŭ, die um Dryva werben. Dryva ist ein stolzes, launisches Mädchen, dem kein Bräutigam gut genug ist, die ihrerseits

Die ehemalige Administration des Pavet

Stadt, die Burg. Anfang des neunten Jahrhunderts wird am Ufer eine Festung des Polacker Fürstentums gebaut, die Stadt wird zu einem Grenzstützpunkt. Anstelle der ehemaligen latgalischen Siedlung entsteht eine Festung, der Palisadenzaun weicht einem System von Wällen, Mauern, Türmen. Im Mittelalter sind hier die Administration des Pavet (Landkreis), das Gericht, ein Archiv untergebracht, hier finden Sejmy (Landtage) statt. Bis zum 17. Jahrhundert behält der Schlosshügel seine Verteidigungsfunktion.

Bei der **ehemaligen Kolonie der Angestellten des Braslauer Pavet** handelt es sich um einen 1924 bis 1926 gebauten Wohnkomplex neben dem zentralen Platz (vul. Saveckaja/vul. Bulojčka) auf einem leicht hügeligen Relief über dem Dryvjaty. Verantwortlich für diese Anlage im sogenannten Zakopane-Stil ist der Architekt Juliusz Klosz. Der Komplex bestand aus 18 Gebäuden, darunter das Gericht und das Wohnhaus für den Starost sowie Wirtschaftsgebäude. Die meisten Gebäude sind bis heute erhalten.

Bei der **Administration des Pavet** (Landkreis; vul. Saveckaja 119) handelt es sich um ein zweistöckiges Haus, das ohne Veränderungen erhalten ist. Heute hat hier die Rajonverwaltung ihr Domizil.

Im Innenhof des **Kulturhauses** (vul. Saveckaja 106) steht ein uriger Brunnen mit Zeltdach, ein Beispiel belarussischer Holzarchitektur (1920er Jahre).

Auf dem **alten Friedhof** (vul. 1 Maja/vul. Juranka) sind Katholiken, Orthodoxe, Altgläubige und Tataren begraben. Die frühesten Beerdigungen fanden hier Mitte des 19. Jahrhunderts statt. Erhalten sind auch Teile von Soldatengräbern, Soldaten der russischen Armee (1. Weltkrieg) sowie polnische Soldaten (1920).

aber demjenigen ihre Hand verspricht, der es schafft, seine Überlegenheit zu beweisen. Da jedoch niemand stärker und mutiger ist als Bras, beschließen Snud und Noŭ den Nebenbuhler zu töten. Da aber ja nur einer das Mädchen haben kann, kommt es zu einem Kampf, in dem auch Snud und Noŭ ihr Leben lassen müssen. Da sich am Morgen herausstellt, dass sie nicht Bras getötet haben, sondern dessen Knecht, der die Kleidung seines Herrn trug, beschuldigt Bras Dryva, am Tod seiner Brüder schuld zu sein; diese erträgt seine Worte nicht und stürzt sich von einem der Türme in den See hinab... Bras herrscht von nun an dort gerecht, bleibt aber sein Leben lang alleine. Und auch andere Objekte tragen den Namen dieser tragischen Figuren, die Seen Dryvjaty, in dem Dryva den Tod fand, sowie Snudy und Navjaty, der Fluss Drujka, der Wasser aus dem Dryvjaty in die Westliche Dzvina transportiert.

Auf dem Schlosshügel befand sich das alte historische befestigte Zentrum der

Karte vordere Umschlagklappe ▲

Braslaŭ

Internet: **www.braslaw.by** (Informationsportal mit Adressen, Telefonnummer, Unterkünften usw.; nur russ.)
braslav.vitebsk-region.gov.by (Rajonverwaltung; russ., engl.)
www.braslav.com (touristisches Informationsportal; nur russ.)
braslavskie.by (touristisches Informationsportal; nur russ.)

Braslaŭ liegt an der P14.
Der **Busbahnhof** liegt in der vul. Leninskaja 182. Von dort gibt es Anschlüsse auch an die nächsten **Eisenbahnstationen** (Druja, Miëry, Šarkaŭščyna). Von Braslaŭ verkehren Busse in die umliegenden Dörfer.
Nach Braslaŭ fahren Busse ab Minsk (Fahrzeit ca. 5 Stunden), ab Vicebsk (Fahrzeit ca. 4 bis 4,5 Stunden).

Hotel Braslav, vul. Saveckaja 121, Tel. +375/(0)2153/22271. Das **Geschäft** nebenan hat rund um die Uhr geöffnet.

Ozernyj, vul. Saveckaja 115. Eher eine Kantine mit Selbstbedienung.
Café Suzore, vul. Leninskaja 137.
Café Otdeločnik, vul. Čyrvonaarmejskaja 1.

Museum für traditionelle Kultur, vul. Haharyna 8, tgl. außer Mo 9–18. Das Museum ist in einer Mühle untergebracht und zeigt traditionelle Handwerkskunst aus der Gegend (Flechten, Weben, Gerberei, Töpfern) sowie Holzschnitzkunst. Es werden Workshops dazu angeboten. Führungen auf Englisch sind möglich.
Historisch-landeskundliches Museum, vul. Ėnhelsa 39, tgl. außer Mo 9–18. Das Museum ist in einem Holzhaus untergebracht, gebaut wurde dieses in den 1930er Jahren als private Druckerei. Es zeigt Ethnographie, Geschichte, Handwerkskunst der Braslaŭer Region sowie Werke von Pëtr Sjarhievič (1900–1984), einem Künstler aus dem Dorf Sabrovo im Rajon Braslaŭ. Museumsführungen sowie Stadtführungen sind möglich.

Häuschen im sogenannten Zakopane-Stil

Vicebsk und Vicebsker Gebiet

Stanislaŭ Narbut

Stanislaŭ Narbut (blr. Станіслаў Нарбут; russ. Станислав Нарбут, 1853–1926) ist wohl der berühmteste Braslaŭer, noch zu Lebzeiten wurde eine Straße nach ihm benannt. Er förderte das Gesundheitswesen in der Braslaŭ-Region und baute das Krankenhaus, das heute im Volksmund immer noch als Narbut-Krankenhaus bekannt ist.

Schon damals, mehr als ein Jahrhundert vor dem einheitlichen europäischen Hochschulraum à la Bologna wusste man studentische Mobilität zu schätzen: der Sohn von Teador Narbut (1784–1864; Historiker, Archäologe, Ingenieur), geboren im Landgut (Dorf) Šaŭry (heute Rajon Voranava), besucht das Gymnasium in Vilnius. Ab 1872 Medizin-Studium in München. Zunächst praktiziert er in Deutschland, studiert weiter in Tartu (heute Estland), landet dann in Braslaŭ, hat seine ersten privaten Arztpraxen in Druja und in Braslaŭ. Das neue, für damalige Verhältnisse hochmoderne Krankenhaus – von Narbut finanziert – wird innerhalb von anderthalb Jahren errichtet und am 24. November 1906 eröffet. Doch damit nicht genug: Narbut engagiert sich in der Gemeinde, nimmt sich der Waisenkinder an, gründet die Feuerwehr, ist als Schauspieler und Regisseur im örtlichen Laientheater tätig, gibt eine Lokalzeitung heraus. Im Ersten Weltkrieg leitet er ein Kriegslazarett. Er selber stirbt an einer Lungenentzündung, die er sich unterwegs zu einem Patienten zugezogen hatte. Nach einer Legende soll Narbut nach einer lebenverlängernden Mixtur gesucht haben. Auf dem Krankenbett kam ihm die Erleuchtung, er bat um Papier und Bleistift, doch das, was er in der Stunde seines Todes zu Papier brachte, war nicht zu entziffern…

Er wurde an der Westseite des Burghügels beigesetzt – auf seinen eigenen Wunsch, denn er wollte einen schönen Ausblick auf sein Haus, das Krankenhaus und die Seenlandschaft haben. Auf seinem Grab steht heute eine Stele auf einem massiven Würfel mit einer Laterne, die nachts leuchtet; das Licht symbolisiert die selbstaufopfernde Arbeit des Arztes aus Braslaŭ. Auf einer bronzenen Gedenktafel

steht die belarussische Aufschrift, aber mit lateinischen Buchstaben (Łacinka): ›Stanislaŭ Oscik Narbut. 1853–1926. Dem Arzt, von den dankbaren Menschen aus der Braslaŭ-Region‹, darunter das Pahonia-Wappen.

Das hufeisenförmige Landeskrankenhaus (1906) aus rotem Backstein steht, ebenso wie das Wohnhaus von Narbut (ebenfalls roter Ziegel), auf der vul. Kirava, die übrigens früher vul. Narbuta hieß. Das Krankenhaus war Anfang des 20. Jahrhunderts eines der besten im ganzen Gouvernement. Es hat in der Mitte der Hauptfassade ein Portal mit Giebel, geschmückt mit viereckigen Türmchen. Die Mauer weist Verzierungen auf.

Das Narbut-Krankenhaus in Braslaŭ

Am Dryvjaty-See

Braslaůer Seen

Im äußersten Nordwesten von Belarus befindet sich eine außerordentliche Naturlandschaft, wie man sie hier kaum erwarten würde, die Braslaůer Seen (blr. Браслаўскія Азёры; russ. Браславскія Озёры). Im ganzen Rajon gibt es 250 Seeen, alleine an die Stadt Braslaů, die somit als wasserreichste Stadt in Belarus gelten dürfte, grenzen fünf Gewässer, darunter auch der Dryvjaty, der größte See im Rajon und der fünftgrößte in Belarus. Zudem ist Braslaů in der Region erste Anlaufstelle für Wassertouristen und Naturfans und (Verwaltungs-)Zentrum des 1995 gegründeten Nationalparks Braslaůer Seen. Freunde des kühlen Nass finden hier auf jeden Fall Freizeit- und Sportmöglichkeiten.

Den größten Teil der Region machen Sümpfe aus. Das Relief ist hügelig-moränenartig. Das Klima ist, wie überall in Belarus, feucht und gemäßigt warm. Die Seen sind in der Eiszeit entstanden und durch ein System von Flüssen und Bächen miteinander verbunden. Reisebüros bieten Exkursionen an: Wanderungen, Reittouren, Exkursionen mit dem Auto, Bootsausflüge, Dampferfahrten. Die meisten Seen haben eine gewundene Küstenlinie mit kleinen Buchte und Lagunen. Viele weisen eine üppige Vegetation auf, der Zugang ist oft schwierig oder nur zu Fuß möglich. Unter Ökotourismus fällt in Belarus leider auch das gewerbliche Jagen. Für einen entsprechenden Betrag kann man hier auf alles schießen, was vier Beine hat oder ein Federkleid trägt. Ausländer zahlen mehr als Belarussen. Das Abknallen eines Wolfes zum Beispiel ist ab etwa 500 Euro möglich. Wir empfehlen, die Natur zu genießen, aber die Tier- und Pflanzenwelt zu schonen.

■ Dryvjaty-See

Der Dryvjaty, mit einer Fläche von 36 Quadratkilometern der fünftgrößte See in Belarus, umschließt die Stadt Braslaů und wird daher auch einfach als **Braslaůer See** bezeichnet. Er wird in den Aufzeichnungen des reisenden österreichischen Diplomaten Siegmund Freiherr von Herberstein beschrieben. Er galt früher mal als der fischreichste See in der Gegend, hier lebten Zander, Brachse, Hecht, Aal, die auf den Märkten weggingen wie warme Semmeln.

Kleines Dorf im Seengebiet

Man erzählt auch, dass das Wasser dieses Sees früher so rein und schmackhaft war, dass man Tee damit aufbrühen konnte. Der Fluss Drujka, ein relativ großer Fluss in dieser Region, entspringt dem Dryvjaty und mündet etwa 50 Kilometer weiter nördlich in die Westliche Dzvina. Für Sprachfans noch ein kleiner Hinweise auf die Etymologie der geographischen Namen: Die Wurzel dr-, eine Konsonantenverbindung, der man hier öfter begegnet (Dryvjaty, Drujka), bedeutet im Finno-Ugrischen See.

Am **Racki Bor**, in einem Waldgebiet westlich vom Dryvjaty, findet man **Hünengräber** baltisch-slavischen Ursprungs (6.–11. Jh.), im Volksmund als französische Gräber bezeichnet, die mit dem Krieg gegen Frankreich 1812 aber nichts zu tun haben; jedoch schlugen im Juni 1812 in der Nähe dieses archäologischen Denkmals Truppen von Marschall Michel Ney ihre Zelte auf, damit sich die Soldaten und Offiziere von der damals grassierenden Ruhr auskurieren konnten. Im See **Raka** suchen bis heute suchen eifrige Zeitgenossen einen Schatz, den die französischen Truppen hier vergraben haben sollen...

■ Nespiš-See

Auf dem Nespiš gibt es mehrere kleine Inseln, u. a. die **Klosterinsel** (im Südosten), wo sich bis ins 19. Jahrhundert ein ursprünglich orthodoxes und später uniertes Kloster befand. Mit der Zeit wurden die Mönche selber zu Großgrundbesitzern, der See sowie Dörfer an dessen Ufer kamen in ihren Besitz. Auf der Klosterinsel, die mit dem Festland über eine Brücke verbunden war, standen eine Kirche und ein Wohngebäude. Am Ufer des Sees gab es ein Wirtshaus, in dem sich Pilger stärken konnten. Wichtigster geistlicher Schatz des Klosters war die wunderwirksame Ikone der Gottesmutter, von der heute eine Kopie in der katholischen Kirche in Braslaŭ steht (→ S. 418) und die zu bestimmten Anlässen für die Gläubigen aus der Kirche getragen wurde. Bei einem Brand 1832 wurde das Kloster zerstört: Man glaubte, die Mönche seien für ihre Habgier und Grausamkeit bestraft worden, da sie um Almosen bittende Bettler und Krüppel im Keller eingesperrt hätten. Der Ikone taten die Flammen übrigens nichts zuleide, was zum Mythos dieses Heiligenbildes beitrug. Eine Legende erzählt davon, dass die Ikone einige Tage nach dem Feuer auf der Nachbarinsel (die heute als Heilige Insel bezeichnet wird) gefunden wurde. Man brachte das Heiligtum in die Kirche nach Braslaŭ, aber jedes Mal kehrte es auf mysteriöse Weise an den alten Platz zurück. Der Ratschlag, die Ikone von Verbrechern, die um die Vergebung ihrer Sünden baten, nach Braslaŭ bringen zu lassen, half: Die Ikone blieb dort. Man erzählt sich auch, dass bei großen Feiertagen, wenn die Kirchenglocken in Braslaŭ und in Slabodka gleichzeitig läuten, man die Glocken des untergegangenen Klosters aus dem Nespiš vernehmen könne. Man muss nur genau hinhören...

Karte vordere Umschlagklappe

■ **Maskoviçy**

Das nächste Dorf in der Nähe heißt Maskoviçy oder Maskoŭcy. Hier machte man einen für Belarus sensationellen Fund: Man entdeckte Tierknochen mit Runen darauf – sensationell deshalb, weil man Runen nur aus dem germanischen Kulturkreis und speziell aus Skandinavien kennt. Herkunft und Bedeutung der Runen ist bis heute nicht geklärt. Neben den Runen befinden sich auch Darstellungen von Menschen, Booten u. a. auf den Tierknochen, die man heute im Landeskundemuseum in Braslaŭ bewundern kann (→ S. 418). Militärausrüstung (Waffen, Pfeilspitzen usw.), die man hier freilegte, zeugen von einem recht intensiven militärischen Leben auf dieser damaligen Festung, und einer Hypothese zufolge wurde zu Beginn des 14. Jahrhundert beim Kampf des Fürstentums Polack gegen die Kreuzfahrer die Festung zerstört. Die Menschen kehrten nicht mehr hierher zurück.

■ **Slabodka**

Slabodka (blr. Слабодка; russ. Слободка) ist der zweitgrößte Ort in der Gegend, durch den im ersten Weltkrieg ebenfalls die 1964 demontierte Schmalspureisenbahn verlief. Reste davon kann man noch sehen. Slabodka war ursprünglich (11./12. Jh.) eine Festung an der Grenze des Fürstentums Polack. Die erste Erwähnung stammt von 1618. Slabada (russ. Sloboda) ist ein in Belarus häufig vorkommendes Toponym und bezeichnet eine Siedlung, deren Bewohner keine Leibeigenen waren oder von Steuern u. ä. befreit waren; abgeleitet ist es von ›svobodny‹ (frei).

Ein Hingucker ist die katholische **Herz-Jesus-Kirche** in Slabodka, die im Ortszentrum (vul. 8 Sakavika 10) auf einer Anhöhe, mit der Hauptfassade zum zentralen Platz zugewandt, steht und einen kilometerweiten Überblick über die ganze Gegend bietet. Gebaut zwischen 1901 und 1903 ist sie ein Beispiel eines neoromanischen/neogotischen Kirchengebäudes aus Backstein. Die im Zweiten Weltkrieg beschädigte Orgel wurde erst 1999 restauriert. Es handelt sich um eine dreischiffige Basilika mit zwei hohen, dreistöckigen Türmen, einer Apsis und zwei Sakristeien. Die beiden Türme haben einen quadra-

Angeln an den Braslaŭer Seen

Vicebsk und Vicebsker Gebiet

tischen Grundriss und spitz zulaufende Zeltdächer. Über dem Haupteingang und an den flachen Fassaden des Querschiffes sind Fensterrosen angebracht. Eine breite Treppe führt in das Gebäude hinein. Eine Kostbarkeit stellen die geschmiedeten Eisentüren mit Pflanzenmustern dar.

■ Strusta-See

Dieser See gehört zu den größten der Gegend, er ist von viel Ried umgeben und bekannt für sein sehr reines, klares Wasser und für die vielen Inseln (sieben an der Zahl), darunter auch die **Insel Čajčyn**, die zweitgrößte Insel in Belarus, auf der 1931 noch 27 Personen lebten. Auf der Insel gibt es sogar einen Minisee, in dem man Karauschen angeln kann. Die Insel ist sehr malerisch, Spaziergänge sind erlaubt, Zelten und Lagerfeuer verboten. Eine der höchsten Erhebungen in der Gegend und daher eine beliebte Aussichtsplattform ist der **Majak** (Leuchtturm).

■ Snudy-See

Der Snudy-See ist mit 22 Qudratkilometern der zweitgrößte See in der Gegend und einer der fischreichsten. Hier gibt es zum Beispiel Hecht in Hülle und Fülle, aber auch Krebse, die früher von deutschen Kaufleuten erworben und bis nach Preußen geliefert wurden. Im 19. Jahrhundert kaufte eine deutsche Familie einmal sogar 85 000 Krebse. Bis zum Eintreffen der Kaufleute wurden die Krustentiere in speziell hierfür angefertigten Wasserbehältern im seichten Wasser aufbewahrt. Als zu Beginn des 20. Jahrhunderts die Nachfrage nach den Krebseen einmal ausblieb, verendeten die Krebse in den Behältern und wurden in den See gekippt. Seitdem ist die Krebspopulation stark zurückgegangen.

Die beiden Dörfer am Ufer des Snudy, **Bulaviški** (blr. Булавішкі; russ. Буловишки) und **Krasnahorka** (blr. Краснагорка; russ. Красногорка) sind teilweise altgläubig, die Bewohner dieser Dörfer betrieben vor allem Fischfang und wurden als Fischer sogar in anderen Regionen angeheuert. In Bulaviški ist eine **altorthodoxe Kirche** aus Holz (Anf. 20. Jh.) erhalten, mit einem Glockenturm mit Zeltdach.

Bulaviški wurde Altgläubigen aus der Region Twer (Russland) gegründet. Ursprünglich lebten die Leute hier sehr isoliert, sie lehnten es ab, ihre Kinder in den Kirchenbüchern registrieren zu lassen, sie verweigerten sich Riten bei der Trauung und lehnten Musikinstrumente ab, konsumierten keinen Alkohol.

Die **Inseln Lakina** und **Turmas**, die zu den größten in Belarus gehören, waren früher auch bewohnt. Auf den Inseln des Snudy gibt es außerdem ein Vogelschutzgebiet.

■ Volasa-Seen

Der **Volasa Paŭnočny** (Nördlicher Volasa) hat reines, klares Wasser. Zum sogenanntem Volasa-Stein am Ufer, der seinen Ursprung in der Steinzeit hat und stark lädiert ist, erzählt man sich eine Legende: Der Stein sei deshalb so zerstört, weil Perun ihn immer mit Blitzen traktiere (Perun ist in der slavischen Mythologie der Hauptgott, der mit Blitzen ausgestattet war, ähnlich wie Jupiter und Zeus). Laut einer anderen Legende fand man unter dem Stein mal einen Goldschatz. Möglicherweise gab es hier eine heidnische Heiligenstätte. Der Name Volasa klingt wie Veles, der slavische Gott der Haustiere und außerdem Gegner von Perun.

Der **Volasa Paŭdněvy** (Südlicher Volasa) ist der tiefste der Braslaŭer Seen, seine maximale Tiefe beträgt 40 Meter.

Östlich vom Volasa Paŭdnëvy befindet sich das **Dorf Luni** (blr. Луні; russ. Луни): Früher glaubte man, die Leute aus Luni seien mit dem Teufel im Bunde. Es wird sogar die Legende von der verzauberten Hochzeit erzählt: Eine Hochzeitsgesellschaft fuhr in mehreren Kutschen an einem Haus vorbei, aus dem eine alte Frau, sich aus dem Fenster lehnend, Flüche ausstieß – und alle

Menschen, Pferde, sogar die Fuhrwerke verwandelten sich in Stein. Sieben Steine am Wegesrand erinnern noch daran. Doch auch die Hexe bekam ihr Fett weg: Ihr wuchsen Hörner, so dass sie ihren Körper nicht mehr aus dem Fenster herausbekam... Anscheinend hatte in einer der Kutschen ein Zauberer gesessen, der den bösen Fluch teilweise in die andere Richtung gelenkt hatte.

> **ℹ Nationalpark Braslaüer Seen**
>
> **Verwaltung**, vul. Dačnaja 1, Tel. 62461, Tel. +375/(0)29/6638774, www.bras lavpark.by, braslav_by@tut.by. Hier kann man Informationen bekommen sowie die unten genannten Unterkünfte, Exkursionen, oder eine Stadtführung buchen. Sie sollten aber darauf eingestellt sein, dass man nur Russisch mit Ihnen sprechen kann.

Angebote des Nationalparks:
Die folgenden Hotelanlagen sind sogenannte ›touristische Stationen‹ (russ. туристическая база, турбаза, база отдыха), sie liegen in der Natur und verfügen meistens über Ferienhäuschen (Cottages, russ. коттедж). Neben Übernachtung und Verpflegung bieten sie viele andere Dienstleistungen wie Banja, Schwimmbad, Bootsverleih, Fahrradverleih, Bar, Billard, Verleih von Angelausrüstungen u. ä. an Das unterscheidet sich aber von Anlage zu Anlage, erkundigen Sie sich also vorab nach den Möglichkeiten. Die Preise sind in allen Einrichtungen ähnlich, ab ca. 20 Euro pro Übernachtung und Person, zuzüglich Vollpension ca. 15–20 Euro.
Zelten/Campen ist nur an kenntlich gemachten Standorten erlaubt (russ. туристическая стоянка). 1 Euro pro Person, bei größeren Gruppen (ab 6 Personen) muss reserviert werden (zwischen 10 und 60 Euro). Kinder unter 6 Jahren campen umsonst. Meistens mit Grillmöglichkeit, Brennholz kann bestellt

werden. Wenn man angeln möchte, muss man dies vorbuchen.
Dryvjaty, vul. Nabjarёžnaja (Braslaŭ, mitten im Wald, am See Dryvjaty). Ein- und Zweibettzimmer. Mit Kochzeile, TV, Loggia, Fitnessraum, Billard, Kinderspielplatz, bewachter Parkplatz, Banja mit Schwimmbad, Strand. Auch Bar und Restaurant sowie Bootsverleih. Exkursionen werden angeboten.
Zolovo, mitten im im Wald am See Zolava, ca. 15 km südlich von Braslaŭ, südlich P3 Strand, Bootsverleih, Banja, Billard.
Slobodka, im Dorf Slabodka (ca. 22 km nördlich von Braslaŭ). Strand, Banja, Grillplatz. Zwischen den Seen Nedrava, Pocech, Ilmenok. Hier in der Nähe kann man eine Moränenlandschaft aus der Eiszeit bewundern.
Leoški, Volasa Paŭnočny, ca. 20 km nördlich von Braslaŭ. Waldreiche Gegend. Kochmöglichkeiten, Banja, Bootsverleih, Angeln, Parkplatz. Der Aussichtsberg Majak ist in der Nähe.

Private Angebote im Nationalpark:
Strusto, Dorf Strusta, Westufer des Strusta, Tel. +375/(0)29/1103410 (8–23 Uhr), www.strusto.by. Übernachtung ab ca. 20 Euro, zuz. ca. 15 Euro Vollpension. Ferienhäuschen und Camping, Banja, Angeln, Exkursionen können gebucht werden.
Green Club, Gut Pasnudze, See Snudy, Tel. +375/(0)29/3959979, www.green-club.by. Ferienhäuschen ab ca. 160 Euro. Café, Banja, Fahrradverleih, Bootsausflüge, Kinderspielplatz, Grillmöglichkeiten.

Quelle Akmianica und Berg Majak in der Nähe.
Ferienhaus Bogino, vul. 40 hadoǔ Peramohi, Dorf Bohina, westlich von Vidzy, südlich von Braslaǔ, Tel. +375/

(0)29/6837173, www.bogino.by. Zimmer pro Person ab ca. 20 Euro. Küchenbenutzung, Banjanutzung (ca. 25 Euro). Direkt am See Bohinskae.

Druja

Das Örtchen Druja (blr./russ. Друя) liegt direkt an der Mündung des Flüsschens Drujka in die Westliche Dzvina, an der Grenze zu Lettland. Die Dzvina bildet hier die natürliche Grenze zwischen den beiden Staaten, auf der anderen Seite des Flusses liegt schon der lettische Ort Piedruja, der einst unter dem Namen Prydrujsk zu Druja gehörte. 1618 wurde der Ort Sapežyn bei Druja gegründet, eigentlich eine Stadt für sich, mit dem Ziel der Schaffung eines wichtigen Handwerks-, Handels- und Verteidigungszentrums. 1618 bekam Druja (Sapežyn) das Magdeburger Recht, 1620 das Wappen zugesprochen: Ein Nachen mit einem Segel auf silbernem Wasser auf blauem Grund, als Symbol für die Bedeutung Drujas als Handelszentrum. Zu der Zeit wurde auch das Rathaus gebaut. Die Stadtverwaltung bildete ein Magistrat mit einem Vogt an der Spitze. Die Einwohner verdienten ihren Lebensunterhalt als Schneider, Sattler, Schmied, Zimmermann, Maurer und man lehrte hier sogar Ikonenmalerei. Darüber hinaus betrieb man Landwirtschaft und Fischfang. Seine Blütezeit erlebte Druja, als die Stadt den Sapiehas gehörte und die Handwerker in Zünften organisiert waren. Im 17. und 18. Jahrhundert war es das Verwaltungs- und Wirtschaftszentrum der Sapieha-Ländereien, damals ›Drujer Grafschaft‹ genannt.
Dies führte zu einem Bauboom, auch Steinhäuser wurden gebaut. In der Stadt wurden im Laufe der Geschichte ungefähr 20 Sakralbauten errichtet. Im 17.

und 18. Jahrhundert bauten hier die Bernhardiner, die Dominikaner, die Orthodoxen ihre Klöster und es entstand eine Synagoge sowie eine unierte Kirche. Im 17. Jahrhundert bauten die Sapiehas ein neues Schloss mit Wällen und mit zwei Einfahrtstoren. Vom 16. bis zum 18. Jahrhundert existierte hier eine Zollstation. In den Kriegen des 17. und 18. Jahrhunderts wurde Druja stark in Mitleidenschaft gezogen.

■ **Sehenswürdigkeiten**
Dass der Ort schon älter ist und wahrscheinlich schon im Fürstentum Polack existierte, ist daran zu erkennen, dass man hier einen sog. **Barys-Stein** (12. Jh.; s. Polack) aus dem Fluss angelte (2002), der heute auf dem zentralen Platz steht und sehr eindrucksvoll ist!
Die **Dreifaltigkeitskirche** (1643–46; Barock) mit dem **Bernhardinerkloster** steht auf der Anhöhe, an der sich früher die Befestigungsanlage mit den Wällen befand. Von 1923 bis 1928 nutzten Marianermönche die Anlage als Kloster. Ab 1924 war hier ein Gymnasium untergebracht. Bei der Kirche handelt es sich um eine dreischiffige Basilika mit einem Turm (1772) und einer Apsis, an die sich eine Sakristei anschließt. Das Innere der Kirche ist reicher und üppiger verziert als die Außenfassade. Erhalten sind reiche Stuckverzierungen sowie der reich verzierte Hauptaltar sowie Seitenaltäre (1779) im Rokokostil. Zusammen mit der Kirche bildet das zweistöckige **Klostergebäude** auf der Nordseite einen geschlossenen Innenhof. Auf drei Seiten verläuft ein Korridor mit Gewölbe.

Karte vordere Umschlagklappe ▲

Vom Dekor her ist das Klostergebäude schlicht gestaltet. Im Keller der Kirche sprudelt eine **Quelle**, es gibt dort einen Bach.

Neben der Kirche steht das für Belarus einmalige **Denkmal für die Geistlichen**, die Opfer der totalitären Regime des Kommunismus und des Faschismus wurden.

Ein Herrschaftsanwesen (19. Jh.) befindet sich auf einer Anhöhe am Fluss gegenüber der Insel und besteht aus dem **Palast**, einem **Wirtschaftsgebäude** und dem **Park**. Der Park wurde Anfang des 19. Jahrhunderts angelegt.

Die orthodoxe **Verkündigungskirche** (1740er Jahre), zu der auch ein orthodoxes Kloster gehörte, heute nur mehr eine Ruine, steht weiter westlich, ebenfalls direkt am Fluss. Das schlicht gestaltete Gebäude dieses Gotteshauses besteht aus einem Hauptteil und einem Glockenturm mit Zeltdach.

Der **orthodoxe Friedhof** befindet sich im Westen des Ortes, nur einen Katzensprung davon entfernt liegt der **jüdische Friedhof** (ab 1542). Auf dem orthodoxen Friedhof steht ein Beispiel für belarussische Holzarchitektur, die orthodoxe **Georgskirche** (19. Jh). Der noch gut erhaltene jüdische Friedhof ist der einzige jüdische Friedhof in Belarus mit farbigen Inschriften auf den Grabsteinen, von denen ca. 250 erhalten sind. Der Friedhof wurde 1959 geschlossen und 2000 wieder eröffnet.

Von der orthodoxen **Peter- und Paulskirche** (Ende 18. Jh.) steht nur noch eine Ruine. Daneben bzw. dahinter steht die **Maria-Entschlafenskirche** (Uspenskaja Kirche), eine altorthodoxe Kirche, deren Bauzeit unbekannt ist.

Die **Synagoge**, vielleicht einst auch eine Mikwe (Ende 19. Jh.), steht im Ortszentrum, kurz vor der **Drujkabrücke** (1933).

Ausflugsboot auf der Westlichen Dzvina

Reisetipps von A bis Z

Alkohol am Steuer

In Belarus gilt die 0,3-Promille-Grenze. Trotzdem ist davon abzuraten, Alkohol zu trinken, wenn eine Autofahrt bevorsteht. Für Fahren in alkoholisiertem Zustand werden drakonische Strafen verhängt, bis hin zur Konfiszierung des Fahrzeugs.

Amtssprachen

Die offiziellen Amtssprachen des Landes sind Belarussisch und Russisch, wobei die russische Sprache im Alltag und im öffentlichen Leben dominiert, ca. 12 Prozent der Bevölkerung nutzt das Belarussische. Sehr verbreitet ist auch die Trasjanka, eine mündliche Mischsprache aus Belarussisch und Russisch. Diese entstand zur Zeit der Russifizierung in den 1920er- und 1930er Jahren, als große Teile der Landbevölkerung in die Städte umzog und versuchte, mittels der Trasjanka mit der russischsprachigen Verwaltung zu kommunizieren. Aber auch in der Nachkriegszeit erhielt sich diese Mischsprache.

Ausgehen

Zu Sowjetzeiten war Ausgehen ein erschwinglicher Bestandteil des Lebens. Nach der Perestroika und den Jahren der ökonomischen Krise verschwanden mit der Zahlungskraft viele Restaurants und Bars.

Spielzeughandel an der Autobahn

Seit der Jahrtausendwende hat sich aber vieles in Belarus bzw. in Minsk getan. Nachtklubs sind in Belarus in größeren Städten zu finden und definieren sich nach ihrer Klientel. Manche orientieren sich mehr an Studierenden und jungem Publikum (und bieten daher MTV-Hits sowie DJ-Sets) oder z. B. an reichen oder ausländischen Kunden, andere wollen ihre Gäste mehr tanzen und trinken als essen sehen oder setzen auf eine bestimmte Musikrichtung. Es gibt inzwischen auch Karaoke- sowie Stripklubs.

Die Türpolitik unterscheidet sich von Klub zu Klub je nach Publikum, man prüft am Eingang, wie wohlhabend oder betrunken oder gut gekleidet oder (bei Frauen) wie gutaussehend sie sind.

Spielkasinos haben in Belarus bzw. in Minsk eine rasante Entwicklung genommen, im Gegensatz zu Russland, wo 2006 in vier Gebieten Spielotheken als legal bestimmt wurden und 2009 Kasinos anderswo als illegal erklärt wurden. Seit 2008 wächst die Anzahl der Kasinos in Minsk und sie beträgt heute ca. 40. Die Mehrheit der Gäste sind Touristen aus Russland oder anderen Ländern.

Bars und Kneipen

Kneipen wie in Deutschland, insbesondere auch solche, die sich an ein bestimmtes Publikum richten, sind in Belarus eher unbekannt, wenn sich in den letzten Jahren auch in diesem Bereich einiges zu tun scheint. Die Belarussen kennen vor allem Bars (russ./blr. бар), die es in jeder Preisklasse und für jeden Geschmack gibt. In Bars wird meistens nur getrunken, kleine Imbisse gibt es aber auch. Viele Diskotheken ersetzen die Bar (hier wird gesessen, getanzt, getrunken); auch in Restaurants bzw. Cafés kann man einfach nur sitzen, sich unterhalten, ein, zwei Bierchen (oder etwas ›Härteres‹) zu sich nehmen. Echtes Lokalkolorit findet man in einer sog. ›Pivnaja‹ (russ. пивная) oder ›Piv-

Obstverkauf in Minsk

nucha‹ (russ. пивнуха), abgeleitet vom russischen (belarussischen) Wort für ›Bier‹ (пива bzw. піва). Dies sind eher billige Spelunken, in denen neben Bier vor allem Wodka fließt. Vorsicht: die Bekanntschaft mit streitsüchtigen und nicht mehr ganz nüchternen Haudegen mit anschließender Schlägerei ist nicht ganz auszuschließen!

Einen Unterschied zwischen Restaurants und Cafés auf der einen Seite und Bars und Diskotheken auf der anderen Seite machen die Öffnungszeiten aus. Während noch vor einigen Jahren die meisten Restaurants und Cafés schon um 23 Uhr schlossen, sind die meisten Einrichtungen mittlerweile dazu übergegangen, ihre Pforten bis in die Nacht offen zu halten, zumindest Freitags und an Wochenenden. Bars und vor allem ›Nachtklubs‹ sind bis in die Morgenstunden geöffnet.

Übrigens ist in Belarus wie in Westeuropa der Begriff ›Diskothek‹ in den letzten Jahren aus der Mode gekommen. Man sagt meistens Klub (russ. клуб).

→ S. 437 (Gastronomisches Angebot),
→ S. 449 (Restaurants und Cafés)

Einkaufen

Man kann seine Einkäufe sehr flexibel erledigen, da die meisten Geschäfte täglich geöffnet sind, auch an Sonntagen, und viele bis 22 Uhr (manche sogar noch länger). Dies gilt insbesondere für größere Geschäfte in Minsk und in anderen Großstädten.

In Belarus gibt es mittlerweile auch eine Reihe von **Ladenketten**, wo man (fast) alles kaufen kann von Lebensmitteln bis hin zu Hygieneartikeln. Diese findet man natürlich in Minsk, aber auch in den Gebietshauptstädten und oft in anderen Städten. Manchmal handelt es sich bei diesen Unternehmen auch um ausländische (vor allem russische) Konsortien. Die größten sind Evroopt, Rublevskij, Korona, Rodnaja Storona und ALMI.

Neben Lebensmittelgeschäften gibt es auch **Kaufhäuser** (russ. универсальный магазин), wo man mehr oder weniger alles bekommt, was das Herz begehrt, von Lebensmitteln über Kleidung, Hygieneartikel bis hin zu Schreibwaren, Spielsachen, Haushaltsgeräten und Unterhaltungselektronik. Die größten und bekanntesten ›Kaufhäuser‹ sind das ›GUM‹ (›Staatliches Kaufhaus‹) in Minsk und das ›ZUM‹ (›Zentrales Kaufhaus‹) in Minsk und vielen anderen Großstädten des Landes.

Darüber hinaus gibt es in Belarus **Handelszentren** (russ. торговый центр; blr. гандлёвы цэнтр), die mit den Kaufhäusern in etwa vergleichbar sind.

Wegweiser in Mir

Gut einkaufen kann man auch auf **Märkten** (russ. рынок; blr. рынак; umgangssprachlich oft auch als базар – ›Basar‹ – bezeichnet), die nicht nur an bestimmten Tagen (wie deutsche ›Wochenmärkte‹), sondern meist täglich (außer Montags) geöffnet sind und tendenziell eher günstiger sind als Geschäfte. Hier bieten oft ›Babuschki‹ ihr selbst angebautes (oder eingemachtes) Obst und Gemüse an, von Dill und Petersilie über Zwiebeln und Knoblauch bis hin zu Äpfeln, Birnen, Gurken, Tomaten, (selbst gesammelten) Pilzen; sogar Honig aus eigener Produktion kann man hier finden.

Eine relative Neuerscheinung, aber aus dem Stadtbild von Minsk und den Gebietshauptstädten nicht mehr wegzudenken, sind die **Hypermärkte** (russ. гипермаркет), die großen deutschen Supermärkten entsprechen: ein großes Sortiment, in großen Regalen einsortiert, meist einen Tick teurer als ›normale‹ Geschäfte, was in einem durchschnittlichen deutschen Geldbeutel jedoch nicht ins Gewicht fallen dürfte. Außerdem kann man seine Einkäufe hier ganz bequem mit einem Einkaufswagen erledigen, die es vor einigen Jahren in Belarus noch gar nicht gab. Obst und Gemüse sind in den ›Hypermärkten‹ meist weniger frisch als auf dem Markt.

Ein Überbleibsel aus alten Zeiten, aber immer noch weit verbreitet sind **Kioske**, die man an Bushaltestellen, in den U-Bahn-Stationen (in Minsk), aber oft auch auf den Märkten findet. Sie fallen dadurch auf, dass es kleine Büdchen sind, deren Auslagen von oben bis unten mit unterschiedlichster Ware zugestellt sind, den Verkäufer kann man nur durch eine winzige Luke kontaktieren und er ist dabei kaum zu sehen. Hier ist vieles erhältlich, was man für den täglichen Bedarf braucht: Zahnpasta, Seife, Tee, Kaffee, Süßwaren, Zigaretten, Bier (jedoch keine hochprozentigen Spirituosen), Tütensuppen, nicht selten Spielzeug, Schreibwaren, oft auch Bücher, meistens Tickets für den öffentlichen Nahverkehr. Nicht an allen Kiosken sind Zeitungen, Zeitschriften und Bücher erhältlich.

Einreise

→ S. 441 (Grenzübertritt), → S. 447 (Registrierung)

Einreisebestimmungen

Für die Einreise nach Belarus ist ein **Visum** erforderlich, das in der belarussischen Botschaft in Berlin oder im Generalkonsulat in München beantragt werden kann. Auch in Wien und in Muri bei Bern gibt es Belarussische Botschaften.

Das Visum wird meist relativ schnell, innerhalb von fünf Werktagen, ausgestellt und kann glücklicherweise auf postalischem Wege beantragt werden (einen frankierten Rückumschlag und den Einzahlungsbeleg über die Visumsgebühr mitschicken!). Vor allem die belarussische Botschaft in Berlin ist immer sehr entgegenkommend und bearbeitet die Anträge zügig. Dennoch wird empfohlen, die für die Ausstellung eines Visums erforderlichen Unterlagen spätestens einen Monat vor der geplanten Reise abzuschicken.

An der Grenze und am Flughafen Minsk werden keine Visa ausgestellt, am Flughafen nur in gut begründeten Ausnahmefällen – z. B. im Falle einer schweren Krankheit oder Tod eines nahen Verwandten, was dann noch mit Dokumenten nachgewiesen werden muss.

Die **Kosten für ein Visum** betragen 60 Euro (eine Einreise), 90 Euro (zwei Einreisen) oder 120 Euro (Multivisum für ein Jahr), Express-Visa kosten das Doppelte. Für Kinder unter 14 Jahren ist das Visum kostenlos. Wer zum Studium nach Belarus reist, hat aufgrund des deutsch-belarussischen Kulturabkommens (welches von deutscher Seite jedoch nie ratifiziert wurde) eventuell auch die Möglichkeit, ein kostenloses Visum zu bekommen. Die einladende Hochschule aus Belarus kann in der Einladung ggf. einen Vermerk mit der Bitte um ein gebührenfreies Visum einbringen, eine Förderorganisation aus Deutschland (z. B. Deutscher Akademischer Austauschdienst) kann ebenfalls ggf. um kostenfreie Ausstellung des Visums ersuchen.

Es wird generell empfohlen, ein **Visum für eine touristische Reise** oder für eine **Privatreise** zu beantragen. Der geplante Aufenthalt darf **90 Tage** nicht überschreiten. Wer beabsichtigt, das Land zwischendurch zu verlassen und wiederzukommen, ist gut darin beraten, ein **Visum für zwei Einreisen** zu beantragen.

Zu den für ein Visum **einzureichenden Unterlagen** gehört neben dem Formular, dem Pass (der nach der Reise mindestens noch drei Monate gültig sein muss!), einem biometrischen (!) Foto und dem Einzahlungsbeleg auch eine Einladung einer Privatperson, eines Hotels oder einer einladenden Organisation (z. B. Hochschule, Firma, humanitäre Organisation u. ä.). Ein Visum kann man auch über ein Reisebüro bekommen (zusätzliche Gebühren fällig), welches sich dann um alles kümmert. In Deutschland gibt es zahlreiche solcher Büros, die auf Reisen in die GUS-Staaten spezialisiert sind.

Seit dem 01. Juli 2014 gilt eine neue Regelung hinsichtlich der **Pflichtkrankenversicherung**. Der Nachweis der bestehenden Versicherung ist jetzt bereits mit dem Visa-Antrag einzureichen, dabei können auch ausländische Versicherungsunternehmen angegeben werden. Es gibt also nicht mehr die Verpflichtung, an der Grenze einen Vertrag mit einem belarussischen Unternehmen abzuschließen, allerdings muss man sich früher darum kümmern. Entsprechende Berichte in Foren legen allerdings nahe, dass sich diese neue Regelung noch nicht bei allen Meldebehörden herumgesprochen hat, so dass man vor Ort dann doch noch zum Ab-

Hotel in Slonim

Reisetipps von A bis Z

schluss einer belarussischen Krankenversicherung gezwungen wird (→ S. 441).

Die **belarussischen Vertretungen** im Internet:

Deutschland: www.germany.mfa.gov.by/de

Österreich: www.austria.mfa.gov.by/de/

Schweiz: http://switzerland.mfa.gov.by/de/

Visaagenturen, die gegen Gebühr die Visabeschaffung für Individualreisende übernehmen, sind u. a.:

VenTro Travel and Service GmbH
Bugenhagenstr. 14
10551 Berlin
Tel. +49/30/48620620
www.ventro.info

Visa Express Service
Hedemannstr. 13
10969 Berlin
Tel.: +49/30/84409060
www.expressvisa.de

Visa?Wie
Konsular und Visadienste
Fontanestrasse 19
14193 Berlin
Tel. +49/30/78990305
www.visa-wie.de

Eisenbahn

Die Eisenbahnlinie wird von der staatlichen belarussischen Eisenbahn Belaruskaja Čyhunka (Belarussische Eisenbahn) betrieben. Die Eisenbahnspur ist um 89 mm breiter als die europäische (1,524 mm gegenüber 1,435 mm), die breitere Spur war stabiler für schwere Frachtgüter und wurde aus militärischen sowie aus wirtschaftlichen Gründen genutzt. Auch die Kuppelungssysteme sind unterschiedlich, daher werden beim Grenzübergang in Brest die Züge auf die rechte Spur umgestellt: Drehgestelle und Kupplungen werden ausgewechselt. Das verlängert die Fahrt um zwei Stunden, auch wenn die eigentliche Tauschprozedur nur ca. 20 Minuten dauert. Durch die breitere Spur ist das Fahrgefühl deutlich komfortabler als in vergleichbaren westeuropäischen Zügen.

›Schont den Wald‹

Das Eisenbahnnetz läuft ebenso wie die Fernverkehrsstraßen sternförmig in Minsk zusammen und verbindet alle größeren Städte des Landes (**Netzplan** unter www.bueker.net). Nähere Informationen und Fahrpläne unter **www.rw.by** (Belaruss./Russ./Engl.).

Feiertage

Die Feiertage in Belarus verkoppeln traditionelle auf diesem Territorium existierende Feste, sowjetische, kirchliche, heidnische sowie eigene belarussische. Die folgenden Tage sind arbeitsfrei:

1. Januar: Neujahr
7. Januar: Weihnachten (russisch-orthodox)
8. März: Internationaler Frauentag
März/April: Ostern (das russisch-orthodoxe Datum liegt meist eine Woche nach dem katholischen Osterfest)
März/April: Radunica (slavisch-heidnisches Fest, zweiter Dienstag nach dem orthodoxen Osterfest)
1. Mai: Tag der Arbeit
9. Mai: Tag des Sieges, das Ende des Zweiten Weltkrieges wird gefeiert

3. Juli: Tag der Unabhängigkeit (Tag der Republik), am 3. Juli 1944 wurde Belarus von den Nazis befreit.

7. November: Tag der Oktoberrevolution

25. Dezember: (katholisches) Weihnachten

Festivals

Mehrere Festivals sind in Belarus traditionell geworden und finden jährlich statt. Hier sind die größten davon:

Mai/Juni

Helfe den Kindern mit uns (russ. Помоги детям вместе с нами) – eine Benefizveranstaltung mit bekannten belarussischen Musikern, wo das gesammelte Geld Erholungsreisen der behinderten Kinder aus dem Waisenhaus in Nowinki zugute kommt. Das Festival findet im Mai in Minsk statt.

Das Festival **Rock sa bobrow** (russ. Рок за бобров) bringt die besten belarussischen Bands zusammen, jedes Jahr im Juni, unweit von Minsk, am Flugfeld Borowaja; www.rockzabobrov.by (russ.).

Juli/August

Traditionell ist auch **Der Slavische Basar** in Vicebsk (russ. Славянский базар в Витебске), dieses internationale Festival der Künste vereint einen Wettbewerb für junge Sänger aus Osteuropa, Konzerte von bekannten Bands aus Belarus, Russland und der Ukraine sowie Märkte mit lokalen handgefertigten Souvenirs. Es dauert ca. eine Woche und findet immer Anfang Juli statt; www.festival.vitebsk.by (russ.).

Volnaje pavetra (bel. Вольнае паветра) bringt Musiker und Fans neuer Ethnomusik zusammen im August, in Šabli, einem Dorf 100 km von Minsk; www.shabli.by (bel.).

Es gibt auch ein Festival der Kultur des Mittelalters **Halšanski Zamak** (russ. Гольшанский замок), das in Halšany, auch ca. 100 km von Minsk, im August zu erleben wäre.

Im August in Minsk findet das sogenannte **Picknick der Künste** statt: Die FSP – Freesbee Summer Party vereint Freiluftspiele sowie Konzerte und Wettbewerbe; www.fundivers.org (russ.).

Das **Biker Festival** (russ. Лидский Байк Фестиваль) kann man Ende August, Anfang September im Sommerlager Berjosska, 15 km von Lida besuchen.

September

Das **Erntedankfest Dažynki** (bel. Дажынкі) ist ein offizielles, staatliches Erntefest, auf dem Bauern und Kolchosen geehrt werden, wofür jedes Jahr eine andere Kleinstadt gewählt und renoviert wird. 2014 findet es in der zweiten Hälfte im September in Haradok (Vicebsker Gebiet) statt. Das Fest als solches ist das traditionelle Erntedankfest (auch in Polen), es wird nur einmal jährlich immer in einer wechselnden Stadt von offizieller, staatlicher Seite gefeiert.

Das **Jugendfestival Trolley** im September ist für aktive Leute gedacht, hier gibt es viele Freiluftaktivitäten (Frisbee, Capoeira, Rope Jumping, Klettern); www.trolley.by (russ.)

Das **Folklore-Festival Kamjanica** (bel. Камяніца) findet jährlich im September im belarussischen Skansen in Stročyca, 10 km von Minsk statt; www.fest.kamyanitsa.by (bel.).

Volksfest in Braslaŭ

Studentinnen-Denkmal in Homel

Das anerkannte internationale **Theaterfestival Belaja Veža** (bel. Белая вежа) zeigt innerhalb von acht Tagen alle Aspekte der modernen Theaterkunst: Dramen, experimentelle Vorführungen, Puppen-, Tanz- und Straßentheater. Es findet im September in Brest statt; www.bresttheatre.com (Russ.).

Das Theaterfestival **Teatralny kufar** (bel. Тэатральны куфар) bietet im September in Minsk studentischen Theatergruppen eine Bühne; www.theatre-fest.bsu.by (Russ.).

Oktober/November
Orgelmusik findet man auf dem internationalen **Festival Zvany Safii** (bel. Званы Сафіі) in Polack im Oktober oder November.

Beliebt ist das **Kinofestival Listapad** (bel. Лістапад), das im November osteuropäische und baltische Filme nach Minsk bringt; www.listapad.com (Engl.).

Ebenfalls im November findet in Minsk das **Festival des unabhängigen Films und der Musik Beloe Serkalo** statt (russ. Белое зеркало) mit Filmen, Trickfilmen sowie Dokus über Musik; www.beloezerkalo.by (Russ.).

Dezember
Die traditionelle **Rock-Krönung** (bel. РОК-каранацыя) ist eine Preisverleihung für die besten belarussischen Rockmusiker, die jedes Jahr im Dezember in Minsk stattfindet.

Das neue **Festival der aktuellen belarussischen Musik** sagt ›Wir dürfen!‹ (russ. Можно! Moschno!), hier kann man im Dezember in Minsk alternative populäre Bands hören.

Flugverkehr

Bei Minsk befindet sich ein internationaler Flughafen (MSQ), jährlich werden über eine Million Passagiere befördert (www.airport.by). Täglich zwischen 7 und 22.35 Uhr verbindet ein Pendelbus den internationalen Flughafen und die Hauptstadt mit stündlichen Abfahrten; eine Taxifahrt kostet ca. 20–40 EUR. Es gibt auch eine Reihe Regionalflughäfen, die keine internationale Bedeutung haben. Die nationale Fluggesellschaft ist Belavia.

Zahlreiche Fluggesellschaften bieten Umsteigeverbindungen nach Minsk an, z. B. Lot, Aeroflot, Siberia, KLM, Austrian, Air Berlin, Air France, Belavia etc. Direktflüge gibt es unter anderem von Frankfurt, Hannover, Berlin und Wien. Die Preise für ein Hin- und Rückflugticket beginnen bei rechtzeitiger Buchung bei 200 Euro.

Fotografieren

An der Grenze oder auf dem Flughafen Minsk darf nicht fotografiert werden. Auch das Fotografieren von militärischen Anlagen etc. ist verboten. In letzter Zeit mehren sich Berichte, dass lokale Behörden nervös werden, wenn Touristen ›administrative Gebäude‹ fotografieren. Wer also Fotos von Bibliotheken, Stadtverwaltungen, etc. macht, die ja oft in historisch oder architektonisch interessanten Gebäuden zu finden sind, sollte sich unter Umständen auf Nachfragen einstellen, auch wenn es für diese Gebäude kein offizielles Fotografierverbot gibt.

Gastgeschenke

In Belarus ist es üblich, kleine Gastgeschenke als Aufmerksamkeit mitzubringen, wenn man jemanden besucht: Eine Torte, etwas Konfekt oder einfach nur frisches Obst, vielleicht auch eine Flasche Sekt, Wein oder auch Wodka. Am schönsten ist natürlich etwas, von dem Sie glauben, dass es das in Belarus nicht gibt, z. B. eine Spezialität oder etwas Originelles aus der eigenen Heimatstadt oder –region (Bier, Schnaps, Süßigkeiten, Kaffee, Bildbände etc.). Denken Sie daran, dass viele ›westliche‹ Produkte zwar auch in Belarus erhältlich sind, dort aber als Importware oft das Doppelte oder Dreifache des deutschen Preises kosten.

Gastronomisches Angebot

Die belarussische Gastronomie kennt u. a. folgende ›Sparten‹:

Belarussische Küche (russische, ukrainische Küche): gut bürgerliche Küche auf belarussisch; hier bekommt man all das, was (angeblich) charakteristisch ist, insbesondere Fleisch- und Fischgerichte und allerlei aus Kartoffeln, darunter die obligatorischen ›Draniki‹ (Kartoffelpuffer) in allen denkbaren Varianten, aber auch ›Bliny‹ (Pfannkuchen), ›Borschtsch‹ (Rote-Bete-Suppe), ›Schtschi‹ (Kohlsuppe) usw. Da die russische und die ukrainische Küche mit der belarussischen viele Parallelen aufweist, lässt sich hier keine exakte Linie ziehen.

Europäische Küche: eine Sammelbezeichnung für alles Kulinarische, das vermeintlich aus Westeuropa stammt; wer keine Experimente mit seinem Gaumen wagen möchte, findet hier garantiert etwas nach seinem Geschmack.

Italienische Küche: vor allem Pizzen, aber auch Pastagerichte, wie man sie auch von zu Hause kennt.

Aserbaidschanische Küche: oft scharf gewürzt und viel Fleisch. Aufgrund der Zugehörigkeit zur ehemaligen Sowjetunion verwundert es nicht, dass man in Belarus Restaurants findet, die auf die Küche anderer ehemaliger Sowjetrepubliken spezialisiert sind.

Japanische Küche: Sushi wird in Belarus immer beliebter...

Darüber hinaus findet man natürlich auch Restaurants mit spanischer, chinesischer, indischer und anderen Nationalküchen. Restaurants, die sich nicht nur auf eine Nationalküche beschränken, sind auch ganz beliebt – z. B. belarussische und europäische Küche, belarussische und italienische Küche und sogar Restaurants, in denen man italienische (Pizza) und japanische (Sushi) Gerichte bekommt.

Besonderheiten

Die Wahl einer Gaststätte ist nicht ganz einfach. Die **Menükarte** findet man – im Gegensatz zu Deutschland, Österreich oder der Schweiz – in der Regel nicht

Reisetipps von A bis Z

Die Wodkafabrik Njoman in Hrodna

auf der Straße, d. h. vor dem Eingang, sodass man das Speisenangebot oder die Preise in Augenschein nehmen und eine Entscheidung treffen könnte. In Belarus nicht üblich, aber durchaus möglich: Betreten Sie einfach ein Restaurant, das Sie gerne ausprobieren möchten, und bitten erst einmal darum, einen Blick in die Speisekarte werfen zu dürfen. Falls Ihre Entscheidung negativ ausfällt, so brauchen Sie sich nicht zu schämen, falls Sie das Etablissement wieder verlassen. Auch in Belarus leben die Restaurants vom Angebot, vom guten Service und nicht zuletzt von den Preisen.

Falls man aber eine Speisegaststätte betritt und dort bleiben möchte, so wird der Gast von einem Mitarbeiter in Empfang genommen und an einen Tisch geführt – daher wird man auch meistens nach der Personenzahl gefragt. Außerdem muss (bzw. sollte) man seine Jacke oder seinen Mantel in der Garderobe abgeben (bitte kein Geld und keine Wertgegenstände in den Taschen lassen!). Übrigens kann es auch sein, dass man keinen Einlass bekommt, da (angeblich) kein Platz mehr frei ist.

Ein großer Unterschied zu Gaststätten in Deutschland, Österreich oder der Schweiz besteht auch darin, dass das **Bedienungspersonal** in Belarus meist kurz angebunden ist: knappe Sätze, oft sehr bieder, auf einen deutschen Gast viel-

Café an der Autobahn

leicht sogar unhöflich wirkend. Dies liegt daran, dass ein zu enger Kontakt oder ein zu umgangssprachlicher Ton nicht als angemessener Umgang mit einem Gast empfunden wird. Daher wird man nach dem Essen auch nicht danach gefragt, ob ›es geschmeckt hat‹.

Sie sprechen kein Russisch, geschweige denn Belarussisch? Kein Problem! Dies ist oft eine Möglichkeit, das Eis zwischen Gast und Kellner zumindest etwas tauen zu lassen. Die Englischkenntnisse sind bei belarussischem Bedienungspersonal zwar nicht die Besten, aber die Kellner geben sich schon Mühe, sich verständlich zu machen und die richtige Bestellung aufzunehmen. Und spätestens in einer Kauderwelsch-Situation, die aus schlechtem Englisch und ein paar Russisch-Brocken besteht, kann man die Situation schon etwas auflockern, und Sie werden sehen, dass es Ihnen gelungen ist, mit einem harmlosen Scherz der hübschen Kellnerin ein Lächeln zu entreißen oder den attraktiven Kellner zum Reden zu bringen! Übrigens gibt es in vielen, wenn auch bei weitem nicht in allen Restaurants und Cafés Speisekarten in englischer Sprache.

Das Menü

Man unterscheidet in Belarus zwischen mehreren Gängen: Erster Gang (meist Suppe, auch Salat), Hauptgericht, Dessert. Es wird erst immer die Suppe, anschließend der Salat, danach das Hauptgericht gereicht. Salat ist also keine Beilage, im Gegensatz zur deutschen oder westeuropäischen Küche, sondern ein Gang für sich. Übrigens kann es passieren, dass Sie nur ein Hauptgericht bestellt haben und nun lange darauf warten müssen, da zuvor die anderen Personen am Tisch, die eine Suppe oder einen Salat bestellt haben, bedient werden. Aber Sie können dem Kellner gerne mitteilen, dass alle Gerichte sofort nach der Zubereitung serviert werden können! Das Dessert können Sie dann im Anschluss – mit Kaffee oder Tee – bestellen.

Die im Menü aufgeführten Fleisch- oder Fischgerichte verstehen sich meist ohne Beilagen (russ. гарнир; blr. гарнір), die man extra bestellen muss. Hier kann man also nach eigenem Belieben mixen. Übliche Beilagen sind Kartoffeln, Kartoffelpüree, Pommes Frites, Kartoffelscheiben (картофельные дольки), Reis, Nudeln, Gemüse.

Die Getränke

Bier wird meist nur in einer ›Einheitsgröße‹ (ein halber Liter) serviert. Gläser in unterschiedlichen Größen sind eher unüblich, aber in welchen Portionen ausgeschenkt wird, geht immer aus der Speisekarte bzw. Getränkekarte hervor. Man unterscheidet zwischen hellem und dunklem Bier und zwischen einzelnen Herkunftsländern (neben Belarus, der Ukraine und auch Russland vor allem Deutschland und Tschechien; aber entscheidend ist die Marke, die in der Speise- bzw. Getränkekarte steht). Lassen Sie sich nicht lumpen! Wenn Sie belarussisches Bier kosten möchten, so bestehen Sie auch darauf, belarussisches Bier serviert zu bekommen! Es lohnt sich übrigens: Belarussisches Bier kann sich durchaus sehen bzw. trinken lassen!

Wodka wird in der Regel begleitend zum Essen getrunken (also weniger als Apéritif oder als Digestif) und mengenweise (grammweise) bestellt, meist in Karaffen zu 200 g, 300 g, einem halben Liter... je nach Zahl der Mittrinkenden und nach dem eigenen Vermögen. Trotzdem begeht man keinen Fauxpas, wenn man vor oder nach der Mahlzeit ein kleines Gläschen à 50 g bestellt. Dasselbe gilt übrigens für andere Spirituosen wie Whisky oder Weinbrand (in Belarus ›Cognac‹ – russ. коньяк; blr. каньяк).

Lassen Sie sich aber von mit am Tisch sitzenden Belarussen nicht zum Trinken animieren, wenn Sie dies selber nicht wollen! Jeder Belarusse, der Sie achtet und einschätzen kann, dass dies vielleicht eine neue Erfahrung für Sie ist, wird es akzep-

Wohnhaus in einer Kleinstadt

tieren und respektieren, falls Sie nicht mitmachen wollen. Und entgegen gewisser Klischees wird Ihnen nicht jeder Belarusse diesen (vermeintlichen) Teil belarussischer Traditionen zeigen wollen oder bereit dazu sein, mehr zu trinken, als er selber vertragen kann.

Zahlen bitte!

Im Restaurant bittet man, wie in vielen anderen Ländern (z. B. in Italien), um die Rechnung (russ. ›stschot, pozhalujsta‹ [›счёт, пожалуйста‹]; blr. ›rachunak, kali laska‹ [›рахунак, калі ласка‹]). Die Rechnung wird an den Tisch gebracht, oft auf einem Tellerchen, in einer kleinen Schatulle o. ä., der Gast oder die Gäste legen den zu zahlenden Betrag hinein (einschl. Trinkgeld, → S. 447). Wenig später sammelt der Kellner das Geld ein. Falls Sie noch auf Wechselgeld warten, müssen Sie sich noch ein paar Minuten gedulden (in der Zwischenzeit können Sie ja Ihren Kaffee austrinken...) – der Kellner bringt meist ohne zusätzliche Erinnerung das Wechselgeld zurück an den Tisch.

Übrigens werden Sie nie gefragt, ob Sie ›getrennt oder zusammen‹ zahlen möchten, so wie dies in Deutschland üblich wäre. Die Gäste machen unter sich aus, wer wie viel bezahlt. Oft wird der Rechnungsbetrag auch einfach durch die Zahl der Personen am Tisch geteilt, ohne auf

Postamt in Slonim

den Cent genau zu berechnen, wer für viele Rubel gegessen und getrunken hat. Falls Sie in Belarus Bekannte oder Freunde besuchen oder Kontakte zu Belarussen knüpfen, so wäre es sicher eine nette Geste, diese Personen einfach einzuladen. Die meisten Belarussinnen und Belarussen gehen nur zu festlichen Anlässen auswärts essen. Übrigens ist es in Belarus ein ungeschriebenes Gesetz, dass der Mann im Restaurant für die Frau mit bezahlt.

Manchmal kann es passieren, dass man die Rechnung auch unaufgefordert erhält, insbesondere beim sogenannten ›Business Lunch‹-Angebot (→ S. 450). Als Gast aus einem westeuropäischen Land könnte man dies als Unhöflichkeit oder schlechten Service missverstehen, als Aufforderung, den Platz für die nächsten Gäste zu räumen und das Restaurant zu verlassen. In Belarus ist dies nicht böse gemeint. Seien Sie also nicht beleidigt und teilen Sie dem Kellner oder der Kellnerin ruhig mit, wenn Sie noch etwas trinken oder einen Nachtisch bestellen möchten.

→ S. 449 (Restaurants und Cafés)

Geldwechsel, Geldautomaten

Bei kürzeren Reisen nach Belarus empfiehlt es sich, genug ausländische Währung (Euro oder Dollar) dabei zu haben, da man überall bequem und problemlos Geld wechseln kann – in Banken (übliche Öffnungszeiten in der Regel ca. 9 bis 17 Uhr) und in Wechselstuben, die auch spät abends (selten rund um die Uhr) geöffnet sind.

Wechselstuben (russ. обменный пункт, umgangssprachlich auch обменник) findet man in den großen Kaufhäusern (›GUM‹, ›ZUM‹), in ›Hypermärkten‹, auf dem Markt, am Bahnhof (in Minsk und ggf. in den Gebietshauptstädten), im Stadtzentrum sowieso (zu den einzelnen Geschäftsarten s. u.). Für den Geldumtausch werden keine Gebühren erhoben, und man braucht auch kein Dokument (Reisepass) vorzulegen.

Für das **Abheben am Automaten** (russ. банкомат, also ›Bankomat‹) werden Gebühren verlangt, und die Summe des abzuhebenden Betrages ist aufgrund der hohen Rubelwerte stark begrenzt, man kann maximal ca. zwei Millionen Rubel abheben, was weniger als 200 Euro wäre, das Abheben lohnt sich also nicht unbedingt. In Minsk gibt es einige Geldautomaten, an denen man Euro oder Dollar abheben kann, aber maximal 200 Euro/$ pro Transaktion und auch dies nur gegen

Gebühren. Aus technischer Sicht kann man ohne Bedenken Geld abheben, ohne befürchten zu müssen, dass die EC-Karte/Kreditkarte ›gefressen‹ wird. Gehen Sie aber trotzdem mit Ihrem Reisepass zum Geldautomaten für den Fall, dass doch etwas Unvorhergesehenes passiert.

Achtung: Die in Westeuropa inzwischen weit verbreiteten **V-Pay-Karten** (Girocard) funktionieren außerhalb der EU praktisch nirgends. Wer eine solche Karte hat, sollte vor der Abreise mit seiner Bank Rücksprache halten.

→ S. 455 (Währung, Zahlungsmittel)

Grenzübergänge

Die Frage, welcher Grenzübergang der Beste ist, ist schwer zu beantworten. Die Erfahrung der letzten Jahre zeigt, dass man kaum länger als drei Stunden an der Grenze ›stehen‹ muss, im Durchschnitt sind es vielleicht anderthalb Stunden. Die **Wartezeit** hängt auch nicht zuletzt von der Tageszeit und vom Wochentag ab (den Freitag und den Sonntag sollte man für die Ein- und Ausreise daher vielleicht meiden) und von aktuellen politischen und wirtschaftlichen Entwicklungen, ist aus diesem Grunde also schwer vorherzusagen.

Der größte Grenzübergang, von Polen kommend, ist **Terespol** (poln. Seite)/**Brest** (belarus. Seite). Hier ist erfahrungsgemäß auch immer viel los. Will man direkt nach Minsk, so ist dies zumindest der kürzeste Weg.

Weiter nördlich gibt es die Grenzübergänge **Bobrowniki/Berastavica** (Pahraničny) und **Kuźnica Białostocka/Bruzhi**; letzterer führt direkt nach Hrodna und ist damit auch meistens stark frequentiert, da viele Belarussen zum Einkaufen zwischen Hrodna und Białystok pendeln.

Ein Geheimtipp ist der Grenzübergang **Sławatycze/Damačava**, ca. 30 km Luftlinie südlich von Brest, den nur PKW passieren dürfen und der daher meistens relativ leer ist. Dieser Umweg, z. B. von Warschau nach Minsk oder umgekehrt,

nimmt aber auch gut 60 km zusätzlich in Anspruch.

An der litauisch-belarussischen Grenze gibt es drei Grenzübergänge: **Medininkai/Kamenny Loh**, nahe Vilnius und daher auch gut befahren, da er sich auf direktem Wege von Minsk nach Vilnius befindet; außerdem **Šalčininkai/Benjakoni** (Trasse Vilnius–Lida) und **Raigardas/Pryvalki** (im Nordwesten, Strecke Druskininkai–Hrodna). Um lange Wartezeiten an den Grenzen zu vermeiden, kann man auch den letztgenannten nehmen.

Für Reisende aus Norddeutschland, die über Litauen anreisen wollen, ist möglicherweise die Fahrt mit der **Fähre Kiel–Klaipėda** interessant, die etwa 22 Stunden dauert (www.dfdsseaways.de).

Grenzübertritt

Beim Grenzübertritt gibt es eine Passkontrolle, eine Zollkontrolle (im Zug und im Bus meist nicht so streng), und außerdem muss man eine Migrationskarte ausfüllen und ggf. eine belarussische Krankenversicherung abschließen. Für Autofahrer gelten Zusatzregeln (→ S. 442).

Migrationskarte: Bei der Einreise müssen Reisende aus dem Ausland eine sogenannte Migrationskarte ausfüllen, die man im Flugzeug, Zug oder Bus kostenlos oder direkt bei den Grenzbeamten erhält und die aus zwei Teilen besteht, Teil A und Teil B. Teil A wird gleich bei der Einreise den zuständigen Grenzbeamten ausgehändigt. Teil B mit Einreisevermerk muss unbedingt aufbewahrt und bei der Ausreise dem belarussischen Grenzschutzbeamten zurückgegeben werden. Bei **Verlust der Migrationskarte** während des Aufenthalts sollte man sich sofort an die nächstgelegene belarussische Ausländerbehörde (›Migrationsbehörde‹) wenden, wo ein Duplikat der Migrationskarte ausgestellt werden kann.

Krankenversicherung: Seit Juli 2014 muss man bei der Antragstellung für ein Visum den Nachweis einer Reisekrankenversicherung erbringen, damit entfällt eigentlich

Reisetipps von A bis Z

die frühere Pflicht, beim Grenzübertritt oder spätestens bei der Registrierung am Aufenthaltsort (s. u.) eine – belarussische (!) – Krankenversicherung zu kaufen. Diese kostete pro Tag ca. 1 Euro. Offensichtlich hat sich die neue Regelung noch nicht überall herumgesprochen (→ S. 433).

Belarussische Grenz- und Zollbeamte sind zwar nicht immer freundlich, aber meistens korrekt. Manchmal muss man einfach längere Wartezeiten in Kauf nehmen, bis sich jemand dazu herablässt, die Reisenden abzufertigen, was auch daran liegen mag, dass die Grenz- und Zollbeamten etwas überfordert sind. Sie sprechen meistens nur ein rudimentäres Englisch, von Deutschkenntnissen ganz zu schweigen.

Im Grenzbereich sind das Fotografieren und Filmen übrigens strengstens untersagt.

→ S. 455 (Zollkontrolle)

Grenzübertritt mit dem eigenen Fahrzeug

Hat man Polen (bzw. Litauen oder Lettland) hinter sich gelassen, so bekommt man an der Schranke (›Schlagbaum‹), die den Reisenden direkt in Belarus einlässt, sowohl die Migrationskarte ausgehändigt als auch einen Zettel, der bei den nun folgenden Kontrollen (Pass- und Zollkontrolle) gestempelt wird. Am besten man füllt

Bushaltestelle im Gebiet Polack

die Migrationskarte sofort aus (Teil A und Teil B, → S. 441).

Was nun kommt, klingt furchtbar kompliziert, ist aber ganz einfach, wenn man es einmal gemacht hat. Außerdem trifft man an der Grenze viele erfahrene ›Leidensgenossen‹, vor allem Belarussen, Polen und Litauer, die hilfsbereit sind und gerne Tipps geben.

1. Schritt: Passkontrolle: Im Grenzbereich muss man zunächst die Passkontrolle durchlaufen. **Vorzulegende Dokumente**: Reisepässe des Fahrers und aller Mitfahrer; Fahrzeugschein; Migrationskarte(n), ggf. wird man gebeten, eine belarussische Krankenversicherung abzuschließen bzw. zu ›kaufen‹ (spätestens aber bei der Registrierung – s. u.). Alle Mitreisenden müssen sich dem Grenzbeamten zeigen. Hier bekommt man den ersten Stempel.

2. Schritt: Zollkontrolle: Man fährt ein paar Meter weiter. Das Fahrzeug wird kontrolliert, der Kofferraum ist zu öffnen, ggf. muss man auch einen Blick in das Gepäck gewähren. **Vorzulegende Dokumente**: Reisepass des Fahrers, Fahrzeugschein, Grüne Versicherungskarte, zwei Zollerklärungen (das entsprechende Formular bekommt man erst hier und es muss direkt hier ausgefüllt werden). Wichtig bei der Zollerklärung sind die Angaben zum Fahrzeug (KfZ-Nummer, Fahrgestellnummer usw.).

Man bekommt hier eine Zollerklärung (**Dokument über die vorübergehende Einfuhr des Fahrzeugs**) zurück, welches bei Autofahrten im Land immer mitzuführen ist! Hier bekommt man den zweiten Stempel.

Das Fahrzeug kann für maximal drei Monate eingeführt werden (Verlängerung möglich), eine Verzollung des Fahrzeugs ist nicht nötig!

3. Schritt: Einreise: Man verlässt den Grenzbereich und gibt den Zettel mit den zwei Stempeln am nächsten ›Schlagbaum‹ ab. Sie dürfen in das Land einreisen. Herzlich willkommen!

Busbahnhof in Mazyr

Für den Aufenthalt in der Republik Belarus ist darauf zu achten, dass nur der **Fahrzeughalter** sein Fahrzeug lenken darf (also keine dritte Person ans Steuer lassen!) und dass die ›vorübergehende Einfuhr‹ nur drei Monate gültig ist. Wer also gegen eine dieser beiden Regeln verstößt, muss damit rechnen, dass sein Auto konfisziert wird.

Ausreise mit dem Fahrzeug: Bei der Ausreise müssen dieselben Prozeduren durchgemacht werden, jedoch in umgekehrter Reihenfolge (erst Zoll-, dann Passkontrolle). Teil B der Migrationskarte wird eingezogen. Bei der Zollkontrolle müssen eventuelle **Bußgelder** (insbesondere aufgrund von Mautverstößen) beglichen werden – ansonsten keine Ausreise! Da an der Grenze nicht mehr die Möglichkeit besteht, Widerspruch einzulegen, empfehlen wir, solche Dinge gleich vor Ort zu regeln und gegebenenfalls den Bußgeldbetrag direkt vor Ort zu entrichten.

Grenzzone

Ein kleiner Landstrich unweit der Grenze, ca. fünf Kilometer, gilt in Belarus als Grenzgebiet (blr. пагранічная зона/ памежныя зона; russ. пограничная зона). Innerhalb dieser Zone dürfen Sie sich nur mit einem **Passierschein** aufhalten. Daran sollten Sie denken, falls Sie z. B. Bekannte oder Freunde in einem Dorf

nahe der Grenze zu Polen, Litauen oder Lettland besuchen sollten. Einen Passierschein, der ein Jahr gültig ist, holt man sich bei jeder Filiale von Belarusbank dagegen eine Gebühr von ca. 2 EUR (bitte den Pass nicht vergessen!).

Für die Ein- und Ausreise, also wenn Sie auf direktem Wege ankommen oder das Land verlassen (z. B. von Minsk über Brest Richtung Deutschland), gilt dies nicht.

Haustiere

Tiere, die mit nach Belarus einreisen, brauchen ihren Impfpass, einen Mikrochip und einen Stempel oder eine Bescheinigung, die wenige Tage vor der Abreise ausgestellt ist und vom gesunden Zustand des Tieres zeugt.

Jugendschutz

Minderjährige dürfen sich unbeaufsichtigt nach 23 Uhr nicht auf der Straße aufhalten. Unter 18 Jahren darf man keine Zigaretten und Alkohol kaufen.

Kirchen

Da die Kirchen nicht immer leicht zu erkennen sind, geben wir Ihnen zwei Tipps. Sprachlich unterscheidet man zwischen carkva/cerkov (orthodoxe Kirche) und kascjol/kostjol (katholische Kirche).

Orthodoxe Kirchen kann man am sogenannten russischen Kreuz erkennen, bei

Diese Kirche ist orthodox

dem zwei parallele waagerechte Kreuzarme die Senkrechte schneiden, darunter befindet sich noch ein dritter, schräggestellter Arm. Dieses ›Fußbänkchen‹ mahnt zur Entscheidung zwischen Himmel und Hölle: Auf dem Berg Golgata wurde Jesus zwischen zwei Verbrechern gekreuzigt; einer von ihnen hat um Vergebung gebeten und ihm wurde vergeben.

Klima

Das Klima ist mäßig kontinental, es wird unter dem Einfluss von Luftmassen der Atlantik gebildet. Der heißeste Monat ist der Juli, der kälteste der Januar. Die Durchschnittstemperatur beträgt +17°C (im Norden) und +18/19°C (im Süden). Die jährliche Niederschlagsmenge beträgt etwa 500 mm im Süden bis 800 mm im Nordwesten, es regnet oft in der Regel im Herbst und Winter. In Waldgebieten kann die Schneedecke 1-1,2 m hoch sein. Im Winter kann es strengen Frost geben und im Hochsommer sehr heiß werden.

Mautsystem

Einige Fernstraßen in Belarus sind gebührenpflichtig (0,04 Euro à Kilometer mit dem PKW; für LKW gelten andere Tarife). Einzig die Hauptverbindung von West nach Ost, die M1 (E30) (Brest - Minsk - russische Grenze), ist durchgehend, von Grenze zu Grenze, gebührenpflichtig (609 km). Die anderen gebührenpflichtigen Teilstrecken sind vor allem die Magistralen, die von Minsk sternförmig in alle Richtungen gehen. Allerdings wurde das Mautstreckennetz im letzten Jahr noch einmal erweitert; diese Erweiterung betrifft jetzt keinesfalls mehr nur Magistralen, sondern auch ganz normale Überlandverbindungen. Gegenwärtig (Sommer 2015) gibt es auf beltoll.by nur eine Auflistung der neuen Strecken, die dort abgebildete Karte wurde noch nicht überarbeitet.

Gebührenpflichtige Strecken (Stand Sommer 2015)
M1/E 30 Brest–Minsk– Grenze zu Russland (Red´ki) 609
M2 Minsk–Nationalflughafen Minsk 27
M3 Minsk– Vicebsk 32
M4 Minsk–Mahiljoŭ 176
M5/E271 Minsk–Homel 109
M6 Ščuchyn–Hrodna–Bruzhi (pln. Grenze). Die letzten 10 km vor Hrodna sind gebührenfrei] 73
M6/E28 Minsk–Hrodna45
M7/E28 Minsk–Ašmiany–Grenze zu Litauen (Kamenny Loh) 91
P1 Minsk–Dzerzhinsk 27

Das 2013 eingeführte elektronische Mautsystem gilt nur für PKW mit ausländischem Kennzeichen sowie für alle LKW und Busse. Es funktioniert ähnlich wie das LKW-Mautsystem in Deutschland. Die Firma **Beltoll** ist mit der technischen Umsetzung betraut. Gleich beim Grenzübertritt (oder spätestens dann, wenn eine Fahrt über eine gebührenpflichtige Trasse geplant ist), muss man ein **Bordgerät** käuflich erwerben für 20 Euro (die bei der Rückgabe zurückerstattet werden) und einen entsprechenden Vertrag mit Beltoll abschließen. Auf diesem Bordgerät, an der Windschutzscheibe angebracht, muss immer genug Geld (Guthaben) aufgeladen sein. Stellen, an denen man den Vertrag abschließen und sein Guthaben auffüllen kann, gibt es an den Grenzübergängen und in Minsk sowie in den Gebietshauptstädten; außerdem entlang der M1 sowie auf der M3, M4, M5, M6. Die Kontrolle erfolgt dann über **Mautbrücken** (Mautposten) entlang der Wegstrecke, die die Informationen automatisch vom Bordgerät (On-Board-Unit) an der Windschutzscheibe des Fahrzeugs ablesen. Nähere Informationen dazu findet man auf www.beltoll.by (russ., engl., pol.). Man kann auf dieser Seite ein eigenes Konto anlegen, um z. B. sein Guthaben zu überprüfen, doch lohnt sich dies höchstens, wenn man sich längere Zeit in Belarus aufhält und öfter gebührenpflichtige Straßen nutzt.

VORSICHT: Man sollte **unbedingt vor der Abfahrt** klären, ob die eigene Windschutzscheibe in irgendeiner Weise **beschichtet/reflektierend** ist. In diesen Fällen funktioniert das Mautgerät nämlich nur an ganz bestimmten Stellen und man riskiert bei Fehlanbringung leicht hunderte Euro Strafzahlungen. Sorgen Sie in Ihrem eigenen Interesse dafür, dass auf dem Bordgerät **immer genug Guthaben** vorhanden ist. Die ›erhöhte Straßenbenutzungsgebühr‹ beträgt 100 Euro pro Mautbrücke und kann auch ohne Ihr Wissen erhoben werden (die Mautbrücken registrieren fehlendes Guthaben), so dass Sie beim Verlassen des Landes an der Grenze tief in die Tasche greifen müssen (und dann keine Möglichkeit mehr haben, Widerspruch einzulegen).

Die gebührenpflichtigen Strecken werden von Sondereinsatzfahrzeugen der Polizei abgefahren, die ebenfalls Kontrollen durchführen. Hier können Sie ebenfalls die ›erhöhte Straßenbenutzungsgebühr‹ bezahlen und haben anschließend 24 Stunden lang die Möglichkeit, Widerspruch einzulegen (z. B. im Falle eines nicht korrekt funktionierenden Bordgeräts). Ein entsprechendes Formular bekommt man in diesen Sondereinsatzfahrzeugen der Polizei oder es kann auf der Internetseite von Beltoll heruntergeladen werden.

Sein Guthaben und eventuelle Verstöße erfährt man an den Beltoll-Stellen oder direkt bei der Polizei. Falls Sie glauben, dass Sie schon (unwissentlich) Verstöße begangen haben oder sich nicht sicher sind – haben Sie nur Mut und bringen Sie auf einer gebührenpflichtigen Strecke eines dieser Sondereinsatzfahrzeuge der Polizei zum Anhalten und bitten höflich um entsprechende Auskunft. Die Polizisten sind auch verpflichtet, Ihnen ein Formular auszuhändigen, damit Sie direkt vor Ort Widerspruch erheben können (denn wie gesagt: an der Grenze bei der Ausreise ist es zu spät).

Beltoll im Internet: www.beltoll.by (E).

Notruf

Feuerwehr	101
Polizei/GAI	102
Rettungswagen	103
Gasrettungsdienst	104

Öffentlicher Nahverkehr

Dem öffentlichen Personennahverkehr dienen **Busse** (mit festem Fahrplan) und **Marschrutkas** (Kleinbusse ohne festen Fahrplan, aber auf festgelegten Strecken, die losfahren, wenn sie voll sind), die in

Linienverkehr

Reisetipps von A bis Z

den Städten sowie regional verkehren. Viele, auch kleinere Städte sind auch mit der Eisenbahn zu erreichen (→ S. 434).

Kleinstädte haben gewöhnlich ein gutes Nahverkehrsnetz, das unregelmäßig, aber zuverlässig funktioniert. Städte und Dörfer, die keinen Bahnhof haben, sind mit dem Bus an die größeren Orte angeschlossen.

Minsk hat fünd Busbahnhöfe und bietet Anschlussmöglichkeiten in alle Gebiete, mit dem Bus, mit der Regionalbahn oder mit der Bahn. Die Stadt hat auch ein gutes Nahverkehrsnetz: Trolleybusse, Busse, Trams, Metro, die Haltestellen liegen sehr praktisch und ziemlich dicht aneinander.

Taxis holt man gewöhnlich nicht von der Straße: nicht dass es gefährlich wäre – es ist einfach nicht üblich. Sie sind ziemlich günstig in Belarus (aber z. B. in Mahiljoŭ teurer als in Minsk). Sie sind meistens gelb und haben einen Streifen mit schwarz-weißen Viereckchen und ein Taxi-Zeichen auf dem Dach; sie können aber auch andere Farben haben. Staatliche Unternehmen haben russische Volgas, private Unternehmen benutzen andere Autos. Da Taxifahrer nicht immer – besonders wenn Ausländer den Wagen besteigen – den Taxameter benutzen, sollte man lieber gleich beim Einsteigen fragen, wieviel die Fahrt kosten könnte. Wenn man das Taxi telefonisch bestellt, ist man auf der sicheren Seite, dann muss der Taxifahrer den offiziellen Preis berechnen (ob mit oder ohne Taxameter) und es wird nicht teuer.

Das Transportsystem in Belarus ist insgesamt gut entwickelt, auch wenn es ohne Russischkenntnisse schwer fallen mag, im Land zu reisen. Aber denken Sie daran, dass man reisende Ausländer nicht oft trifft und man ist deswegen besonders hilfsbereit, auch wenn man selbst keine Fremdsprachen beherrscht.

Öffnungszeiten

Die üblichen Ladenöffnungszeiten sind Mo–Fr von 9.00 oder 9.30 bis 17 oder 17.30 Uhr, viele Lebensmittelgeschäfte und Supermärkte haben bis 22 oder 23 Uhr auf, auch am Wochenende. Sehr verbreitet sind Kioske, die kleine Häppchen sowie Getränke rund um die Uhr verkaufen.

Ökologie

Der Tschernobyl-GAU im Jahre 1986 hat die ökologische Lage des Landes dramatisch verändert: 70 Prozent des bei dem

Trauriger Nachlass: Hausrat im verstrahlten Gebiet

Reaktorunfall freigesetzten Cäsium-137 fiel auf das Territorium von Belarus, ein Fünftel des Landes wurde zu unterschiedlichen Graden verseucht, besonders sind das Mahiljoŭer und das Homeler Gebiet betroffen, insgesamt wurde etwa ein Viertel des Landes durch die Katastrophe in Mitleidenschaft gezogen. Bis heute fahren jedes Jahr zahlreiche Kinder aus den vom radioaktiven Niederschlag betroffenen Gebieten nach Deutschland zur Erholung.

Die Umweltsituation verschlechtert sich durch die starke Entwicklung der chemischen und petrochemischen Industrie sowie die weit verbreiteten großen Viehzuchtfarmen, ohne dass geeignete Technologien für die Verarbeitung von organischen Abfällen im Lande entwickelt werden.

Für Besucher ist der Aufenthalt in Belarus unbedenklich. Aus Vorsorgegründen sollten jedoch Pilze, Beeren, Süßwasserfische und Wild in sowie aus dieser Region gemieden werden.

Die Tschernobyl-Zone heißt in Belarus ›Strahlen- und Ökologie-Schutzgebiet der Palessje-Region‹ (www.zapovednik.by/en). Tourismus in diesem Teil des Landes ist illegal, Besucher (gewöhnlich Wissenschaftler, Vertreter der Wohlfahrtsverbände oder diejenigen, die Verwandtengräber besuchen möchten) müssen eine Erlaubnis von der Administration der Ausschlusszone der jeweiligen Gebietsverwaltung holen. Ein sperrfreies Regime funktioniert im April am Tag der Radunica, wenn die Belarussen traditionell ihre Familiengräber besuchen.

Ökologischer sowie Bio-Anbau in Belarus ist noch nicht verbreitet.

Raststätten, Tankstellen

Kleines Snacks, Knabbereien, Naschwerk sowie Tee, Kaffee, Mineralwasser und andere Getränke bekommt man an fast jeder Tankstelle.

Ansonsten gibt es insbesondere an den stark befahrenen Strecken (Magistralen) in ausreichendem Abstand kleine Cafés oder Raststätten, die günstige Menüs zu fast jeder Tageszeit anbieten. Viele Einrichtungen sind rund um die Uhr geöffnet, aber da kann es auch schon mal vorkommen, dass es spätabends oder früh am Morgen nicht mehr viel zu essen gibt. Ansonsten: Es werden meistens warme und auch leckere Mahlzeiten gereicht, die Cafés/Raststätten stehen Cafés und Restaurants in der Großstadt in puncto Qualität in nichts nach. Lediglich die Bedienung bzw. der Service gerade außerhalb der Großstädte (auf dem Land) ist für westliche Besucher des Landes vielleicht etwas gewöhnungsbedürftig, was man ebenso von den sanitären Einrichtungen sagen muss.

Die meisten diese Cafés bzw. Raststätten sind dennoch zu empfehlen. In Belarus gibt es nicht wenige Cafés/Raststätten, die auch noch stark auf die Bedürfnisse von Fernfahrern ausgerichtet und deswegen eigentlich urgemütlich sind.

Rauchen und Trinken

Alkoholverzehr auf der Straße ist verboten, Rauchen in Parks sowie öffentlichen Gebäuden wie Schulen, Krankenhäuser, Geschäfte, usw. ist auch untersagt. In den meisten Restaurants sowie Bars und Klubs wird geraucht, oft ohne Trennbereich zwischen dem Raucher- und dem Nichtraucherbereich. → S. 430 (Ausgehen), → S. 437 (Essen und Trinken).

In einigen Städten dürfen ab 22 oder ab 23 Uhr abends keine Alkoholika in Läden mehr verkauft werden. Auch bei Sportgroßveranstaltungen, wenn z. B. die belarussische Fußballnationalmannschaft eine Partie in Minsk zu bestreiten hat, darf kein Alkohol verkauft werden.

Registrierung

Gleich nach der Ankunft müssen sich Ausländer bei der Ausländerbehörde registrieren – innerhalb von fünf Werktagen; wer kürzer als fünf Werktage bleibt, kann auf diesen bürokratischen Akt verzichten.

Reisetipps von A bis Z

Diese Registrierung erfolgt im Hotel automatisch. Kommt man privat, so muss man sich am Wohnort des Gastgebers in der entsprechenden Migrationsbehörde, einer Abteilung des Innenministeriums, registrieren. Einladende Organisationen, Firmen, Hochschulen usw. übernehmen dies unter Umständen, aber die zu entrichtenden Gebühren muss ggf. der Gast selber übernehmen (ca. 10 Euro pro Person/Registrierung).

Reiseveranstalter

Auch wenn Belarus kein klassisches Urlaubsland ist, gibt es eine Reihe von Spezialreiseveranstaltern, die die unterschiedlichsten Angebote im Programm haben. Von der klassischen Rundreise bis zur vogelkundlichen Studienreise ist alles dabei. Im Folgenden eine kleine Auswahl an einschlägigen, erfahrenen Reiseveranstaltern:

Albatros Tours
Altengaßweg 13
64625 Bensheim
Tel. +49/6251/2294
www.albatros-tours.com
Ornithologische Studienreisen
Belintourist
19, Pobediteley Ave.
Minsk, 220004, Republic of Belarus
Tel. +375/17/2269100
www.belintourist.by
Belarussischer Allrounder mit jahrzehntelanger Erfahrung. Ausflüge, Bus- und Zugtickets, Flugbuchung, Visasupport etc.
Dreizackreisen
Graunstraße 36
13355 Berlin
Tel. +49/30/4677714-6
www.dreizackreisen.de
Individuelle Rundreisen, auch Kombinationen Belarus/Ukraine
Ex Oriente Lux
Neue Grünstr. 38
10179 Berlin
Tel. +49/30/6290820-5
www.eol-reisen.de

Historische und literarische Reisen zu den Themen Zweiter Weltkrieg, Judentum, Architektur und Kulturgeschichte
Go East Reisen
Bahrenfelder Chaussee 53
22761 Hamburg
Tel. +49/40/8969090
www.go-east.de
Rundreisen, Ausflüge und individuell organisierte Reisen
GUSReisen
Stephan Zurfluh
Altenburgstr. 5
CH-5430 Wettingen
Tel. +41/56/4265430
www.gusreisen.ch
Städtereisen, Bahnreisen, Visaservice
Ost & Fern
An der Alster 40
20099 Hamburg
Tel. +49/40/28409570
www.ostundfern.de
Individual- und Sprachreisen, Transfers, Ticketbuchung, Visaservice
Paradeast.com
Bei den Mühlwiesen 8
93149 Nittenau
Tel. +49/9436/9031684
www.paradeast.de
Naturnahe Reisen, Nationalparktouren, Radtouren, Kombitouren Polen/Belarus
Perelingua
Rheinstr. 34
12161 Berlin
Tel. +49/30/8518001
www.perelingua.de
Sprachreisen und Kleingruppenstudienreisen
Rotel Tours
Herrenstr. 11
94104 Tittling
Tel. +49/8504/40430
www.rotel.de
Reise im rollenden Bushotel auf dem Landweg nach Russland
Ventus Reisen
Krefelder Str. 8
10555 Berlin
Tel. +49/30/3910033-2, -3

www.ventus.com
Gruppen- und Individualreisen zu den
Themen Natur und Kultur, Visaservice

Ein **belarussischer Reiseveranstalter** organisiert spannende Reisen durch Belarus (Geschichte, Architektur, Religion, Kultur/Traditionen) mit Akademikern und begeisterten Wissenschaftlern. Kontakt: navukovyja@mail.ru; +375(29)1802838. **Weitere belarussische Veranstalter** (z.B. für Tagesausflüge): → S. 120, 188

Restaurants und Cafés

In Belarus sind die Begriffe ›Restaurant‹ (russ. ресторан; blr. рэстаран, inoffiziell auch рэстаўрацыя) und ›Café‹ (russ. кафе; blr. кавярня, vom Wort кава = ›Kaffee‹) mehr oder weniger gleichbedeutend. Während diese beiden Begriffe im deutschsprachigen Raum grundsätzlich unterschiedliche Einrichtungen bezeichnen, so werden in der modernen Alltagssprache in Belarus diese beiden Wörter (fast) synonym benutzt.

Ein Unterschied dürfte darin bestehen, dass belarussische **Restaurants** eher dem gehobenen Preissegment zuzuordnen sind und eine größere Auswahl an Speisen und Getränken im Angebot haben, während **Cafés** etwas günstiger sind und man dort eher etwas für den ›kleinen Hunger‹ bekommt.

Andere Bezeichnungen für Gaststätte bzw. Restaurant sind **Kartschma** (russ. корчма; blr. карчма), das belarussische **Schynok** (blr. шынок – im Übrigen etymologisch verwandt mit dem deutschen Wort ›Schenke‹!) oder das rein russische **Traktir** (russ. трактирь). Hierbei handelt es sich eher um historische bzw. veraltete Bezeichnungen, die man heute noch oft in den Namen solcher Etablissements findet. Hin und wieder begegnet man auch der nicht aus dem Slavischen stammenden Bezeichnung **Taverne** (russ. ›таверна‹). Auch unter dem Wort **Kabak** (›кабак‹) – eigentlich eine **Kneipe** – rangieren Speisegaststätten.

Café in Polack

Eine weitere Möglichkeit, sich unterwegs zu stärken, bieten sog. ›Kantinen‹ (russ. столовая/столовка; blr. сталовая/сталоўка). Eine belarussische **Stalovaja** bezeichnet entweder eine (Betriebs-)Kantine oder eine (Universitäts-)Mensa. Darüber hinaus existieren auch viele öffentliche ›Kantinen‹, zu denen jeder Zutritt hat, insbesondere in kleineren Städten und Orten. Wer sich nicht unbedingt in einem Drei-Sterne-Restaurant bedienen lassen möchte, dem sei eine belarussische Mensa wärmstens empfohlen. Man sollte sie zumindest mal ausprobieren! Manche Universitäten gehen dazu über, nur noch Universitätsangehörige zu bedienen, in der Praxis wird das selten kontrolliert.

Auch McDonalds ist mit sieben **Fast-Food-Restaurants** in Minsk vertreten. Angesichts immer größer werdender Auswahlmöglichkeiten jedoch würden wir dazu raten, eine der vielen belarussischen Cafés, Pizzerien, ›Blinnajas‹ oder ›Zakusotschnajas‹ auszuprobieren statt auf den Einheitsmischmasch zurückzugreifen, den man auch aus deutschen, polnischen, französischen oder anderen McDonalds-Filialen weltweit kennt! In den **Blinnajas** – Cafés, manchmal auch so etwas wie ›Imbissstände‹ – werden vor allem Pfannkuchen bzw. ›Bliny‹ angeboten (russ. блины, blr. блíны). In einer **Zakusotschnaja** (russ.

Reisetipps von A bis Z

Café am Sternenplatz in Mahiljoŭ

zakusočnaja; blr. zakusačnaja) kann man einfach den kleinen Hunger zwischendurch stillen – das Wort kommt vom Verb ›zakusyvat'‹ (закусывать), was so viel wie ›einen Imbiss zu sich nehmen‹ bedeutet. Wie auch in Deutschland bieten in Belarus viele Restaurants und Cafés **Mittagsgerichte** zu günstigen Preisen an, meist zwischen 12 und 16 Uhr und nur an Wochentagen (Montag bis Freitag). Oft wird dies als ›Business Lunch‹ angeboten, manchmal auch einfach als ›Mittagessen‹ (blr. абед; russ. обед). Für viele berufstätigen Belarussinnen und Belarussen ist dies eine günstige Möglichkeit, in der Mittagspause etwas Warmes zu sich zu nehmen. Auch Besucher des Landes können hiervon profitieren! Man kann hier auch einfach nur eine Suppe oder einen Salat zu sich nehmen und muss nicht das ganze Menü ausschöpfen: Bezahlt wird nur das, was man bestellt hat.

Die Anzahl gastronomischer Betriebe hat in Belarus seit der Jahrtausendwende enorm zugenommen, was zu großen Auswahlmöglichkeiten, zu Qualitätssteigerung und nicht zuletzt zu gewisser Konkurrenz auf dem Markt geführt hat. Nicht nur in Minsk, sondern auch in den Gebietshauptstädten und anderen größeren Städten wie BaranaviČy, Pinsk, Orša, Polack und anderen findet man neben ›klassischen‹ Restaurants und Cafés auch solche, die auf bestimmte kulinarische Bereiche (Pizza, Sushi) spezialisiert sind. Staatliche Läden aus Sowjetzeiten bieten oft noch sowjetischen Kundendienst (langsam und ruppig), die Einrichtung kann teilweise alt und unrenoviert sein. Dagegen haben private moderne Cafés ein Konzept, sind geschmackvoll eingerichtet und möchten, dass Sie wiederkommen. Hier verdienen die Kellnerinnen ihr Trinkgeld.

→ S. 437 (Gastronomisches Angebot), → S. 430 (Bars und Kneipen)

Souvenirs

Klassische Souvenirs (russ. сувениры; blr. сувеніры) für Touristen bekommt man in Souvenirgeschäften. Belarussen würden typische Mitbringsel empfehlen, wie Leinenhandtücher, Leinentischdecken, Wodka sowieso und natürlich, wenn auch russisch und nicht belarussisch, die berühmte Matrjoschka (Schachtelpuppen). Dabei ist die Auswahl viel, viel größer! Hier ein paar Vorschläge an Dingen, nach denen man sich in Belarus umschauen kann:

Wodka: Belarussische Marken, die man empfehlen kann, wären ›Bulbasch‹ (›Бульбаш‹), ›Naliboki‹ (›Налибоки‹), ›Svajak‹ (›Сваяк‹), ›Kryštall‹ (›Крыштал‹). Der Wodka ›PervaČ‹ (›Первач‹) aus Brest ist der einzige Wodka in Belarus mit einem Alkoholgehalt von 56 %. Fast alle Hersteller bieten unterschiedliche Ausführungen an, auch als Obst- und Kräuterschnäpse (russ. настойка) durchsetzt mit einem fruchtigen Aroma, oder – wir sind ja in Belarus! – auf Birkenblütenbasis. Und nicht zu vergessen ›Balsam‹ (russ. бальзам), eine Art hochprozentiger Magenbitter aus Belarus. Ein unbedingtes Muss ist auch ›Krambambulja‹ (russ./blr. крамбамбуля), eine Art Kräuterschnaps (40 % Alkohol), zu dem es auch eine mildere Sorte (25 % Alkohol) gibt.

Süßwaren: Es gibt Schokoladenbonbons (russ. конфеты; blr. цукеркі), die abgewogen verkauft werden, sowie abgepackte Schokolade (Pralinen). Zu empfehlen sind Waren aus dem Hause ›Spartak‹, da hier als Rohmasse mehr Kakao verarbeitet wird als bei der Marke ›Kommunarka‹, deren Produkte mehr Zucker enthalten. Am besten selber probieren! ›Zefir‹ (зефир) ist eine im ganzen ostslawischen Raum beliebte Süßigkeit, die so schwer zu beschreiben ist, dass wir hier raten müssen: Fahren Sie nach Belarus und kosten Sie sie!

Bildbände: Bildbände zu Belarus, zu einzelnen Regionen, Städten oder Sehenswürdigkeiten finden Sie in jeder Buchhandlung. Manche sind auch mehrsprachig oder auf Englisch, mit etwas Glück finden Sie sogar Titel mit einem deutschsprachigen Teil. Die Übersetzungen ins Englische und Deutsche lassen manchmal zu wünschen übrig, aber vielleicht ist Ihnen das ja nicht so wichtig.

Spielwaren: Plastikspielzeug aus Kobryn, Brester Gebiet (Firma ›Polesje‹) – Laster und Bagger für den Sandkasten und für daheim – sowie Plüschtiere der Firma ›Fancy‹ (Minsk) oder aus Žlobin (Homeler Gebiet). Sollten Sie mit dem Zug unterwegs sein und in Žlobin halt machen, so finden Frauen, die diese bunten Spielsachen verkaufen, selbst zu Ihnen, denn sie stehen am Bahnhof in Žlobin mit ihren großen Taschen und warten auf durchfahrende Züge. Gefällt Ihnen etwas, so greifen Sie einfach zu: bunte Teddys, Hunde, Löwen und andere ›wilde Tiere‹ suchen ein neues Zuhause!

Russische (sowjetische) Filme: Vorausgesetzt, Sie können Russisch oder möchten jemandem Filme als Geschenk mitbringen, so sind Filme aus der Sowjetzeit zu empfehlen; viele von ihnen gelten heute als Klassiker. Sehr schön (nicht nur für die Kleinen!) sind auch Zeichentrickfilme aus der Sowjetzeit, so z. B. ›Nu pogodi‹ (›Hy погоди‹) über einen Wolf, der eines Hasen habhaft werden möchte, aber dabei stets den Kürzeren zieht. Dies war einst die sowjetische Antwort auf ›Tom und Jerry‹. Da diese kurzen Filme über Wolf und Hase ohne Sprache auskommen, sind sie auch etwas für Leute ohne Russischkenntnisse.

Straßennamen

Die Straßennamen sind in allen Städten und Orten gleich und häufig sehr sowjetisch: eine typisch belarussische Erscheinung wäre ein ehemaliges kalvinistisches Kloster, das in der Karl-Marx-Straße liegt und heute eine stillvolle orthodoxe Kirche ist. Diese paradoxe Geografie bildet die belarussische Geschichte ab, die von Jahrhunderten gemeinsamen Lebens von Balten, Polen, Russen, Belarussen und Juden zeugt.

Straßennetz und Zustand der Straßen

Belarus verfügt über ein gut ausgebautes und relativ dichtes Straßennetz mit der Hauptstadt Minsk im geografischen Zentrum des Landes.

Von Minsk führen sogenannte **Magistralen** (meist zwei-, nahe Minsk und der anderen großen Städte auch vierspurig) in die Gebietshauptstädte Brest, Hrodna, Vicebsk, Mahiljoŭ und Homel; aber auch andere größere Städte sind miteinander durch Landstraßen verbunden. ›Autobah-

Laden in Mazyr

nen‹ im deutschen Sinne gibt es nicht, lediglich die M1 (Brest–Minsk–Moskau) kommt einer ›Autobahn‹ relativ nahe, zumal sie vierspurig ausgebaut ist, doch gibt es auch hier **Fußgängerüberwege**, **Bushaltestellen**, **Traktoren** und **Pferdefuhrwerke** auf der Straße.

Die **Landstraßen** (P ...) sind meistens in gutem Zustand (breit und gut asphaltiert), viele ›Magistralen‹ und Umgehungsstraßen befinden sich derzeit auch im Bau bzw. werden ausgebaut.

Auch in den **Städten** braucht man keine Angst um seine Stoßdämpfer zu haben, die Zeit der Schlaglöcher ist vorbei. Lediglich in den **Dörfern**, insbesondere abseits größerer Trassen, ist Vorsicht geboten. Viele Dörfer erreicht man nur über **Schotterstraßen**. Insbesondere hier sollte man sehr vorsichtig und nicht zu schnell fahren (max. 60 km/h), da man hier oft auf unvorhergesehene Schlaglöcher stößt und durch aufgeworfenen Kies leicht Schäden im Lack und in der Windschutzscheibe entstehen können. Daher auch Abstand zu voranfahrenden Fahrzeugen halten und Busse und Traktoren, sofern möglich, in großem Bogen umfahren.

Einen Sonderfall stellen Lastwagen mit nicht ausreichend gesicherter Ladung dar – z. B. Kartoffeln oder Zuckerrüben, die gerne auch mal auf die Fahrbahn fallen können; daher empfiehlt es sich, auch solche Fahrzeuge vorausschauend zu überholen.

Schwierig können auch die Ampelschaltungen und die Positionierung der Ampeln an großen Kreuzungen sein, vor allem wenn dann noch die Straßenbahn oder Trolleybusse mit von der Partie sind. Lieber dann zweimal schauen, welches ›Grün‹ dann für die eigene Spur gemeint ist. Und wichtig: der grüne Linksabbiegerpfeil (an der Ampel leuchtend!) hat lediglich die Bedeutung unseres grünen ›Blechpfeiles‹ – d. h. dass der querende Fußgängerverkehr keineswegs immer Rot hat!

→ S. 453 (Verkehrsregeln)

Tanken

Belarus verfügt über ein dichtes Netz an Tankstellen, und es werden immer noch mehr gebaut. Nur auf einsamen Strecken sollte man dafür sorgen, dass immer genug Sprit im Tank vorhanden ist. In Belarus gilt das **Erst-Zahlen-Dann-Tanken-Prinzip**. Man kann in belarussischen und russischen Rubeln sowie in Euro und in US-Dollar bezahlen, die Preise sind in

Belarussischer Fuhrpark

allen vier Währungen angegeben. Ansonsten ist zu beachten, dass bei Benzin die Oktanzahl (meist ohnehin nur noch 95) angegeben wird. Es wird empfohlen, westliche Automodelle immer mit 95er-Benzin zu betanken. Die **Preise** liegen für Benzin bei ca. 70 Euro-Cent, für Diesel sind sie unwesentlich höher.

Im übrigen sind die Preise aufgrund eines staatlichen Monopols auf Erdölerzeugnisse im ganzen Lande an allen Tankstellen gleich – der Preisvergleich lohnt sich also nicht!

Elektroautos können in Belarus nicht aufgeladen werden.

Darüber hinaus kann man an den meisten Tankstellen Kaffee, Tee, Getränke und kleine Snacks kaufen – im Gegensatz zu Deutschland zu moderaten Preisen.

Tankstelle in Minsk

Trinkgeld

Auch in Belarus ist es üblich, ein Trinkgeld zu geben (russ. чаевые, čaevye – Teegeld). Die Höhe des Trinkgeldes liegt ganz alleine im Ermessen des Gastes. Ob fünf Prozent oder zehn Prozent des Rechnungsbetrages angemessen sind, dafür gibt es keine klaren Vorgaben. Aufgrund der inflationsbedingt hohen Rechnungsbeträge (200 000 BYR entsprechen ungefähr 10 Euro, Stand im November 2015) können Sie einen etwas höheren Betrag hinterlegen und das Restaurant verlassen, ohne auf das Wechselgeld zu warten. Dies ist in Belarus so üblich. Ein Beispiel: Sie haben für 284 500 Rubel gespeist. Jetzt können Sie dem Kellner 300 000 Rubel hinterlegen und das Restaurant verlassen, ohne auf das Restgeld zu warten, welches Sie sozusagen als Trinkgeld hinterlassen.

Vegetarier und Veganer

Sie haben es in Belarus schwer: Fleisch ist immer auf der Speisekarte und verdrängt alles andere, nicht alle Beilagen sind vegetarisch. Es wird oft geglaubt, dass Vegetarier Hühnerfleisch und Fisch immer essen. Da hilft nur, genau nachzufragen.

Verkehrsregeln

Jedes Fahrzeug muss mit einem Verbandskasten, einem Warndreieck und einem Feuerlöscher, wie man Sie auch in Deutschland günstig kaufen kann, ausgerüstet sein.

Wichtig, gerade für Gäste aus dem Ausland, ist, dass man als Autofahrer immer die **nötigen Papiere** dabei hat: Reisepass (mit Visum, ggf. auch Registrierung), Führerschein, Fahrzeugschein, grüne Versicherungskarte, Dokument über die vorübergehende Einfuhr (Zollerklärung). Ein internationaler (EU-)Führerschein ist nicht nötig. → S. 442

Im Großen und Ganzen fahren die belarussischen Autofahrer relativ rücksichtsvoll (aber nicht immer vorsichtig), lassen einen gerne in den Verkehr einscheren, den Fahrstreifen wechseln u. ä. Trotzdem ist zu schnelles Fahren ein nicht zu unterschätzendes Problem, auch in den Städten. Vorsicht geboten ist auch bei Kreisverkehren, die in Belarus, vor allem in den Städten, nicht immer ungefährlich sind. So mancher Verkehrsteilnehmer merkt erst sehr spät, dass er den Kreisverkehr eigentlich verlassen möchte und unternimmt daher ein wagemutiges Überholmanöver beim Abbiegen...

Reisetipps von A bis Z

Hinweis auf einen ›liegenden Polizisten‹

Man bedankt sich bei anderen Verkehrsteilnehmern, indem man – wie in Deutschland – ein Handzeichen gibt oder indem man für ein paar Sekunden die Warnblinkanlage einschaltet.

Ein **Lichtsignal** von entgegenkommenden Autofahrern bedeutet meistens: ›Vorsicht! Verkehrskontrolle!‹ Spätestens hier sollte man auf die vorgeschriebene Geschwindigkeit herunterschalten.

Dies ist auch die wichtigste Regel, die man einhalten sollte – die **Geschwindigkeitsbegrenzung**: In geschlossenen Ortschaften 60 km/h, außerhalb geschlossener Ortschaften 90 km/h (es sei denn anders ausgeschildert); auf ›Autobahnen‹ 100 km/h oder 120 km/h (ausgeschildert), dies betrifft aber hauptsächlich die M1 (Brest–Minsk–Moskau): fast durchgehend 120 km/h, es sei denn, es ist anders ausgeschildert. Auch die letzten 60 km vor Hrodna (M6) sind vierspurig, daher darf man hier 100 km/h schnell fahren. Für Fahrzeuge mit Anhänger gelten 50 km/h (geschlossene Ortschaften), 70 km/h (außerhalb geschlossener Ortschaften) und 90 km/h (›Autobahnen‹).

Lassen Sie an **Fußgängerübergängen**, gekennzeichnet durch das Schild ›Zebrastreifen‹, Fußgänger immer passieren. Vorsicht: Relevant ist das Schild, nicht immer ist ein Überweg durch Zebrastreifen auf der Fahrbahn kenntlich gemacht!

Das gleiche gilt beim **Rechtsabbiegen**! Fußgänger, die die Straße überqueren, haben stets Vorrang.

Außerdem herrscht in Belarus **Anschnallpflicht**, auch auf den Rücksitzen. Kinder unter 12 Jahren müssen in entsprechenden Kindersitzen Platz nehmen.

Das **Telefonieren mit dem Handy** ist beim Autofahren strengstens verboten bzw. nur mit einer entsprechenden Freisprechanlage erlaubt – ansonsten droht ein Bußgeld in Höhe von ca. 20 Euro.

Insgesamt tut man gut daran, möglichst defensiv und vorausschauend zu fahren und gar nicht erst in Versuchung zu geraten, schneller zu fahren als erlaubt.

→ S. 451, 455 (Straßennetz, Maut)

Verkehrsverstöße

Der Verkehr in Belarus wird durch die sog. Staatliche Automobilinspektion, abgekürzt GAI (russ. Государственная автомобильная инспекция/ГАИ; blr. Дзяржаўная аўтамабільная інспекцыя/ДАІ) geregelt. Verkehrskontrollen kommen relativ häufig vor, sowohl innerstädtisch als auch außerorts. Dass die ›Gaischniki‹, wie die Verkehrspolizisten im Volksmund heißen, es besonders auf Fahrzeuge mit ausländischem Kennzeichen abgesehen haben, ist ein Klischee, das sich durch die Erfahrung nicht bestätigen lässt. Sie sind auch meistens korrekt, überprüfen nur die Papiere, sind oft auch gesprächig, stellen harmlose Fragen in der Art wie ›Was machen Sie in Belarus?‹ usw.

Verkehrsverstöße werden direkt vor Ort geahndet. Einen Bestechungsobolus verlangen die ›Gaischniki‹ nicht, und man selbst tut gut daran, angesichts der relativ niedrigen Bußgelder Schmiergeld nicht anzubieten.

Die **Einhaltung der Geschwindigkeit** wird in Belarus mittlerweile auch modern mit entsprechenden **Messgeräten** mit eingebauter Kamera kontrolliert, welche jedoch mit Schildern einige Hundert Meter vorher angekündigt werden. Halten Sie sich insbesondere hier an die vorgeschriebene Geschwindigkeit, denn Sie erfahren von Ihrem Vergehen erst bei der Ausreise an der Grenze – und dürfen das Land erst nach Begleichung des Bußgeldbetrages verlassen. Auf der Strecke vom Grenzübergang bis Polack gibt es zum Beispiel vier **Radarfallen**, alle in kleinen Tempo-60-Orten und nur kurz vorher durch ein kleines oranges Schild angekündigt. Auch auf der Strecke Vicebsk–Minsk sowie Minsk–Hrodna wurden schon welche aufgestellt.

Bei einem **Unfall** sollte man unbedingt die Polizei (›GAI‹; Tel. 102) rufen und sich auf keine ›Deals‹ einlassen, dann ist man auf der sicheren Seite. Die Aufnahme eines Unfallhergangs kann etwas Zeit in Anspruch nehmen. In der Regel muss der Unfallverursacher nicht nur für den Schaden am Fahrzeug des Unfallgegners aufkommen (die Schadensregulierung übernimmt ohnehin die Versicherung), sondern auch ein Bußgeld entrichten. Eventuell kann es passieren, dass der Führerschein bis zur Klärung des Vorfalls einbehalten wird.

Visum
→ S. 432 (Einreisebestimmungen)

Währung
Der belarussische Rubel (BYR) ist konvertierbar, der Umtauschkurs lag im Herbst 2015 bei 1 EUR = 19 000 BYR, 1 USD = 17500. Aktuellste Informationen gibt es auf der Seite der Nationalbank von Belarus: http://www.nbrb.by/engl/
In Belarus existieren keine Münzen, es gibt nur Geldscheine. → S. 440 (Geld)

Wasser
Leitungswasser ist von guter Qualität und kann als Trinkwasser verwendet werden. **Kohlensäurehaltiges Wasser** ist in Belarus leicht mit Mineralwasser zu verwechseln, das zwar sehr beliebt ist, aber ziemlich salzig. Passen Sie auf, dass auf der Flasche für Sprudelwasser (газаваная пітная вада/ газированная питьевая вода) steht.

Zahlungsmittel
Am besten bezahlt man mit Bargeld! Kreditkarten (Mastercard, Visa) werden in größeren Geschäften (›Hypermärkte‹; s. u.), in Boutiquen, in Vertretungen ausländischer Marken, in vielen Buchläden, im Hotel, in vielen Restaurants und Cafés akzeptiert. Auf dem Markt können Sie mit der Kreditkarte nicht bezahlen, und auch in gewöhnlichen Lebensmittelgeschäften sollten Sie Bargeld dabei haben. Es kann auch immer passieren, dass Ihre Karte nicht gelesen werden kann. Mit der EC-Karte kann man nur Geld abheben, nicht jedoch bezahlen. → S. 440 (Geldwechsel)

Zollkontrolle
Die Pass- und die Zollkontrolle erfolgen bei Bus- und Zugreisen meist gleichzeitig, so dass man als Reisender das Gefühl bekommt, dass es sich um einen einzelnen Vorgang handelt. Man wird in der Regel nur nach Alkoholika oder Tabakwaren gefragt, gegebenenfalls muss man auch einen Blick in Koffer oder Rucksack ermöglichen. Gegenstände des persönlichen Bedarfs kann man problemlos einführen, maximal jedoch pro Person 35 kg. Ansonsten gelten folgende Einfuhrbeschränkungen: Spirituosen (einschl. Bier und Wein) maximal 2 l pro (volljährige) Person; maximal 200 Zigaretten oder 50 Zigarren oder 250 g Tabak; Geld: maximal 10 000 Euro oder US-Dollar.
→ S. 441 (Grenzübertritt)

Rezeption im Hotel in Homel

Reisetipps von A bis Z

Sprachführer Russisch/Belarussisch

Das kyrillische Alphabet

Kyrillisch	Aussprache	Transkription	Transliteration	engl. Transkription
A a	›a‹ wie in ›Vater‹	a	a	a
Б б	›b‹ wie in ›Ball‹	b	b	b
В в	›w‹ wie in ›Wasser‹	w	v	v
Г г	**Russ.:** ›g‹ wie in ›gut‹, in den Endungen -ero und -oro wie ›w‹; **Blr.:** ›h‹ wie in ›Himmel‹	g (russ.)	h (blr.)	g (russ.)
Д д	›d‹ wie in ›dort‹	d	d	d
E e	am Wortanfang, nach Vokalen und in der Endsilbe ›ite‹ wie ›je‹, sonst wie ›e‹	e	e	e
Ё ё	am Wortanfang und nach Vokalen ›jo‹, sonst betontes ›o‹	jo	ë	yo
Ж ж	›sch‹ wie in ›Journal‹	sch	ž	zh
З з	›s‹ wie in ›Rose‹	s	z	z
И и	**nur Russ.:** ›i‹ wie in ›Ritus‹	i	i	i
I i	**nur Blr.:** ›i‹ wie in ›Ritus‹	i	i	i
Й й	kurzes ›j‹	j	j	y
К к	›k‹ wie in ›Kamm‹	k	k	k
Л л	›l‹ wie in ›Schall‹	l	l	l
М м	›m‹ wie in ›Milch‹	m	m	m
Н н	›n‹ wie in ›Natur‹	n	n	n
О о	›o‹ in betonten, ›a‹ in unbetonten Silben **im Blr. nur in betonten Silben**	o	o	o
П п	›p‹ wie in ›Post‹	p	p	p
Р р	rollendes ›r‹	r	r	r
С с	stimmloses ›s‹ (daß)	s	s	s

Kyrillisch	Aussprache	Transkription	Trans-literation	engl. Trans-kription
T т	›t‹ wie in ›Tisch‹	t	t	t
У у	›u‹ wie in ›gut‹	u	u	u
Ў ў	**nur Blr.:** kurzes ›u‹ wie in ›Baum‹	u	ŭ	u
Ф ф	›f‹ wie in ›falsch‹	f	f	f
Х х	›ch‹ wie in ›acht‹	ch	ch	kh
Ц ц	›z‹ wie in ›Zar‹	z	c	ts
Ч ч	›tsch‹ wie in ›Tsche-chien‹	tsch	č	ch
Ш ш	›sch‹ wie in ›Schule‹	sch	š	sh
Щ щ	**nur Russ.:** länger ge-zogenes ›sch‹	schtsch	šč	shch
ъ	**nur Russ.:** hartes Zei-chen, davorstehende Konsonanten werden hart ausgesprochen	entfällt	"	entfällt
ы	ein im hinteren Mundbereich ausge-sprochenes ›üi‹	y	y	y
ь	Weichheitszeichen, davorstehende Konso-nanten werden weich ausgesprochen	entfällt	'	entfällt
Э э	›ä‹ wie in ›Ente‹	e	é	e
Ю ю	›ju‹ wie in ›Jugend‹	ju	ju	yu
Я я	›ja‹ wie in ›Januar‹	ja	ja	ya

Wichtigste Auspracheregeln

unbetontes o wird wie a ausgesprochen (**russ.**)

unbetontes o und э wird wie a ausgesprochen und als a geschrieben (**blr.**)

unbetontes e direkt vor der betonten Silbe wird wie ja geschrieben (**blr.**)

š entspricht stimmlosen ›sch‹

ž entspricht stimmhaften ›sch‹

č entspricht ›tsch‹

Wörterliste

deutsch	Transliteration, der Akzent zeigt die betonte Silbe an	russisch

Allgemeine Wendungen

deutsch	Transliteration	russisch
Guten Tag!	Dóbryj den'!/Zdravstvújte!	Добрый день!/Здравствуйте!
Hallo!	Privét!	Привет!
Guten Morgen!	Dóbroe útro!	Доброе утро!
Guten Abend!	Dóbryj véčer!	Добрый вечер!
Gute Nacht!	Spokójnoj nóči!	Спокойной ночи!
Auf Wiedersehen!	Do svidánija!	До свидания!
Tschüß!	Poká!/Sčastlivo!	Пока!/Счастливо!
Wie geht's?	Kak delá?	Как дела?
gut	chorošó	хорошо
schlecht	plócho	плохо
Es geht.	Ták sebjé.	Так себе.
Alles Gute.	Vsegó choróšego./Vségo dóbrogo.	Всего хорошего/Всего доброго
Danke!	Spasíbo!	Спасибо!
Bitte!	Požálujsta!	Пожалуйста!
ja	da	да
nein	net	нет
Hilfe!!	Pomogíte!	Помогите!
Entschuldigung!	Izviníte!/Prostite	Извините!/Простите!
Macht nichts!	Ničevó!	Ничего!
Sprechen Sie deutsch/englisch?	Vy govoríte po-nemécki/po-anglíjski?	Вы говорите по-немецки/по-английски?
Ich verstehe nicht.	Ja ne ponimáju.	Я не понимаю.
Ich spreche kein (Bela-)Russisch	Ja ne govorjú po-(belo)rússki.	Я не говорю по-(бело)русски.

belarussisch transliteriert	belarussisch
Dóbry dzen'!	Добры дзень!
Pryvitánne!/Vitáju!	Прывітанне!/Вітаю!
Dóbraj ránicy!	Добрай раніцы!
Dóbry véčar!	Добры вечар!
Dabránač!	Дабранач!
Da pabačénnja!	Да пабачэння!
Pakúl'!	Пакуль!
Jak správy?	Як справы?
dóbra	добра
drènna/képska	дрэнна/кепска
ták sabé	так сабе
Usjahó dóbraha/Usjahó najlépšaha	усяго добрага./Усяго найлепшага.
Dziákuj	дзякуй
kalí láska	калі ласка
tak	так
nie	не
Dapamažýce!	Дапамажыце!
Prabáčce!/Darújce!	Прабачце!/Даруйце!
Njastrášna	Нястрашна
Ci Vy razmaŭliájece pa-njamécku/pa-anhélsku?	Ці Вы размаўляеце па-нямецку/па-ангельску?
Ja ne razuméju	Я не разумею
Ja ne razmaŭljáju pa-(bela)rúsku	Я не размаўляю па-(бела)руску

deutsch	Transliteration, der Akzent zeigt die betonte Silbe an	russisch
Sprechen Sie langsam!	Govoríte médlenno!	Говорите медленно!
Ich weiß es (nicht).	Ja (ne) znáju.	Я (не) знаю.
Schreiben Sie es bitte auf!	Zapišíte, požálujsta!	Запишите, пожалуйста!
Ist es frei?	Tut Svobódno?	Тут Свободно?
Darf ich?	Móžno?/Razrešíte ?	Можно?/Разрешите?
Sie dürfen nicht/Man darf nicht!	Nel'zjá!	Нельзя!

Orientierung

wo?	gde?	где
Sagen Sie bitte, wo ist ...?	Skažíte, požálujsta, gde (nachóditsja)...?	Скажите, пожалуйста, где (находится)...?
Entschuldigen Sie, wie komme ich zu ...?	Izviníte, kak dobrat'sja do ...?	Извините, как добраться до ...?
rechts, nach rechts	právo, naprávo	право, направо
links, nach links	lévo, nalévo	лево, налево
geradeaus	prjámo	прямо
um die Ecke	za uglóm	за углом
hinter der Brücke	za mostóm	за мостом
hier	zdes'	здесь
dort	tam	там
nah	blízko	близко
weit	dalekó	далеко
Norden	séver	север
Süden	jug	юг
Westen	západ	запад
Osten	vostók	восток

Hinweisschilder

Eingang	vchod	вход
Ausgang	vychod	выход
geschlossen	zakrýto	закрыто
außer Betrieb	ne rabótaet	не работает

belarussisch transliteriert	belarussisch
Havaryce pavóli!	Гаварыце паволі!
Ja (nja) védaju	Я (не) ведаю
Zapišýcie, kalí láska.	Запішыце, калі ласка
Ci tut Vólna?	Ці тут вольна?
Móžna?/Dazvól'ce?	Можна?/Дазволіце?
Nél'ha	Нельга

dze?	дзе?
Skažýcie, kalí láska, dze znachódzicca ...?	Скажыце, калі ласка, дзе знаходзіцца ...?
Prabáčce, jak mne patrápic' da ...?	Прабачце, як мне патрапіць да ...?
práva, napráva	права, направа
léva, naléva	лева, налева
práma	прама
za rahom / vuhlom	за рагом / вуглом
za mastóm	за мастом
tut	тут
tam	там
blízka	блізка
dalëka	далёка
paŭnóč	паўноч
póŭdzen'	поўдзень
záchad	захад
uschód	усход

uvachód	уваход
výchad	выхад
začýnena	зачынена
ne pracúe	не працуе

deutsch	Transliteration, der Akzent zeigt die betonte Silbe an	russisch
Kasse	kássa	касса
Umbau, Renovierung	remónt	ремонт
geöffnet	otkrýto	открыто
Hygiene-Tag	sanitárnyj den'	санитарный день
Information	správka	справка
Toilette (Damen/Herren)	tualét (žénskij/mužskój)	туалет (женский/мужской)

Orte

Brücke	most	мост
Straße	úlica	улица
Gasse	pereúlok	переулок
Prospekt (große Straße)	prospékt	проспект
Platz	plóščad'	площадь
Uferstraße	náberežnaja	набережная
Boulevard	bul'vár	бульвар
Haus	dom	дом
Theater	teátr	театр
Kloster	monastýr'	монастырь
Kirche (allg./orth.)/Kirche (kath.)/Kirche (ev.)	cérkov'/kostël/kírcha	церковь/костёл/кирха
Synagoge	sinagóga	синагога
Moschee	mečét'	мечеть
Museum	muzéj	музей

Öffentliche Verkehrsmittel

Bahnhof	vokzál	вокзал
Busbahnhof	avtovokzál	автовокзал
Flughafen	aéropórt	аэропорт
Haltestelle	ostanóvka	остановка
Bahnsteig	perrón, put'	перрон, путь
Abfahrt	otpravlénie	отправление

belarussisch transliteriert	belarussisch
kása	каса
ramónt	рамонт
adčýnena	адчынена
sanitárny dzen'	санітарны дзень
davédka	даведка
prybiral'njá (žanóčaja/mužčynskaja)	прыбіральня (жаночая/мужчынская)

most	мост
vúlica	вуліца
zavúlak	завулак
praspékt	праспект
plóšča	плошча
nabjarėžnaja	набярэжная
bul'vár	бульвар
dom	дом
tėátr	тэатр
kljáštar	кляштар
carkvá/kascėl/kírcha	царква/касцёл/кірха
sinahoha	сінагога
mjačéc'	мячэць
muzéj	музей

vakzál	вакзал
aŭtavakzál	аўтавакзал
aėrapórt	аэрапорт
prypýnak	прыпынак
perón, puc'	перон, пуць
adpraŭlénne	адпраўленне

deutsch	Transliteration, der Akzent zeigt die betonte Silbe an	russisch
Ankunft	pribýtie	прибытие
Bus	avtóbus	автобус
Fährt dieser Zug/Bus nach ...?	Étot póezd/avtóbus idët v ...?	Этот поезд/автобус идёт в ...?
Wann fährt der Bus nach ...?	Kogdá otpravljáetsja avtóbus v ...?	Когда отправляется автобус в ...?
Von welchem Bahnsteig?	S kakój platfórmy?	С какой платформы?
Gleis	put'	путь
Einen Fahrschein nach Hrodna, bitte!	Odín bilét v Grodno, požálujsta!	Один билет в Гродно, пожалуйста!
hin und zurück	tydá i obrátno	туда и обратно
Gute Reise!	Sčastlívogo putí	Счастливого пути!

Öffentliche Einrichtungen

Post	póčta	почта
Geschäft, Laden	magazín	магазин
Bank, Sparkasse	bank, sberkássa	банк, сберкасса
Konsulat	kónsul'stvo	консульство
Botschaft	posól'stvo	посольство
Krankenhaus	bol'níca	больница
Poliklinik	polikliníka	поликлиника
Apotheke	aptéka	аптека
Arzt	vrač	врач
Zahnarzt	zubnój vrač, stomatolog	зубной врач, стомотолог
Polizei	milícija	милиция
Verkehrspolizei	GAÍ	ГАИ

Auf der Post

Wo ist hier die Post?	Gde zdes' póčta?	Где здесь почта?
Wo ist ein Briefkasten?	Gde zdes' póčtóvyj jáščik?	Где здесь почтовый ящик?
Brief	pis'mó	письмо

belarussisch transliteriert	belarussisch
prybyccë	прыбыццё
aŭtóbus	аўтобус
Hėty cjahník/aŭtóbus edet da ...?	Гэты цягнік/аўтобус едзе да ...?
U kól'ki adpraŭljáecca aŭtóbus da ...?	У колькі адпраўляецца аўтобус да ...?
Z jakój platfórmy?	З якой платформы?
puc'	пуць
Adzín kvitók da Hródna, kalí láska	Адзін квіток да Гродна, калі ласка
tudý i abrátna	туды і абратна
Добрай дарогі!	Dobraj darohi!

póšta	пошта
kráma	крама
bank, aščadkása	банк, ашчадкаса
kónsul'stva	консульства
ambasáda	амбасада
ljakárnja	лякарня
paliklínika	паліклініка
aptėka	аптэка
uráč	урач
zubný uráč, stamatólah	зубны урач, стаматолаг
milícyja	міліцыя
DAÍ	ДАІ

dze tut znachódzicca póšta?	дзе тут знаходзіцца пошта?
dze tut paštóvaja skrýnja?	дзе тут паштовая скрыня?
list	ліст

deutsch	Transliteration, der Akzent zeigt die betonte Silbe an	russisch
Briefmarke	márka	марка
Paket	posýlka	посылка
Päckchen	banderól'	бандероль
Briefumschlag	konvért	конверт
Postkarte	otkrýtka	открытка

Im Hotel

Hotel	gostínica, otél'	гостиница, отель
Pension	pansión	пансион
Hostel, Jugendherberge	Hostel	хостел
Zimmer	nómer	номер
für eine Nacht	na odnu noč'	на одну ночь
heißes Wasser	gorjáčaja vodá	горячая вода
Dusche	duš	душ
Heizung	otoplénie	отопление
Preis	cená	цена
dies hier	vot éto	вот это
funktioniert nicht	ne rabótaet	не работает
Licht	svet	свет

Einkaufen

Haben Sie?	U Vas est'?	У Вас есть?
Was kostet das?	Skól'ko éto stóit?	Сколько это стоит?
Wie viel kostet ...?	Počëm ...?	почём ...?
Geben Sie mir bitte ...!	Dájte mne, požálujsta ...!	Дайте мне, пожалуйста ...!
Zeigen Sie mir bitte ...!	Pokažíte mne požálujsta ...!	Покажите мне пожалуйста ...!
Tüte	pakét	пакет
Eine Packung ..., bitte	Odnú páčku ..., požálujsta	Одну пачку ..., пожалуйста
Eine Flasche ..., bitte	Odnú butýlku ..., požálujsta	Одну бутылку ..., пожалуйста

belarussisch transliteriert	belarussisch
márka	марка
pasýlka	пасылка
bandéról	бандэроль
kanvért	канверт
paštoŭka	паштоўка

hascínica, hatél'	гасцініца, гатэль
pansiën	пансіён
hostel	хостел
númar	нумар
na adnú noč	на адну ноч
haráčaja vadá	гарачая вада
duš	душ
acjaplénne	ацяпленне
caná	цана
vos' héta	вось гэта
ne pracúe	не працуе
svjatló	святло

U Vas ësc'?	У Вас ёсць?
Kól'ki héta kaštúe?	Колькі гэта каштуе?
Pačým ...?	Пачым ...?
dájce mne, kalí láska, ...	Дайце мне, калі ласка, ...
pakažýce mne, kalí láska ...	Пакажыце мне, калі ласка ...
pakét	Пакет
Adnú páčku ..., kalí laska	Адну пачку ..., калі ласка
Adnú butél'ku ..., kalí láska	Адну бутэльку ..., калі ласка

deutsch	Transliteration, der Akzent zeigt die betonte Silbe an	russisch
Zeitung	gazéta	газета
Zigaretten	sigaréty	сигареты
Schokolade	šokolád	шоколад
Kaugummi	žváčka	жвачка
Souvenirs	suveníry	сувениры

Im Restaurant

Die Speisekarte bitte!	Menjú, požálujsta!	Меню, пожалуйста!
Ich möchte zahlen.	Ja choču zaplatíť.	Я хочу заплатить.
Die Rechnung, bitte	Sčët, požálusta	Счёт, пожалуйста
Bringen Sie bitte ...!	Prinesíte, požálujsta ...!	Принесите, пожалуйста ...!
Teller	tarélka	тарелка
Tasse	čáška	чашка
Glas	stakán	стакан
Weinglas	bokál	бокал
Schnapsglas	rjumka	рюмка
Messer	nož	нож
Gabel	vílka	вилка
Löffel	lóžka	ложка
Zucker	sáchar	сахар
Salz	sol'	соль
Frühstück	závtrak	завтрак
Mittagessen	obéd	обед
Abendessen	úžin	ужин
Vorspeisen	zakúski	закуски
Erster Gang (Suppe)	pérvoe (sup)	первое (суп)
Zweiter Gang	vtoróe	второе
Obst	frúkty	фрукты
Gemüse	óvošči	овощи
Nachspeise	desért	десерт

belarussisch transliteriert	belarussisch
hazéta	газета
papirósy	цыгарэты
šakalád	шакалад
žújka	жуйка
suveníry	сувеніры

Menjú, kalí láska	Меню, калі ласка
Ja chačú zaplacíc'	Я хачу заплаціць
Rachúnak, kalí láska	Рахунак, калі ласка
Prynjasice, kalí láska, ...	Прынясіце, калі ласка, ...
talérka	талерка
kúbak	кубак
škljanka	шклянка
kélich	келіх
čarka	чарка
nož	нож
vidélec	відэлец
lýžka	лыжка
cúkar	цукар
sol'	соль
snjadának	сняданак
abéd	абед
vjačéra	вячэра
zakúski	закускі
péršaja stráva (sup)	першая страва (суп)
druhája stráva	другая страва
früukty	фрукты
haródnina	гародніна
dèsért	дэсерт

deutsch	Transliteration, der Akzent zeigt die betonte Silbe an	russisch

Frühstück

Tee mit Zitrone	čaj s limónom	чай с лимоном
Kaffee mit Milch und Zucker	kófe s molokóm i sácharom	кофе с молоком и сахаром
Brot	chleb	хлеб
Butter	máslo	масло
Öl	máslo	масло
Honig	mëd	мёд
Marmelade	varén'e	варенье
Milch	molokó	молоко
Eier	jájca	яйца
Käse	syr	сыр
Wurst	kolbasá	колбаса

Vorspeisen

Pfannkuchen	bliný	блины
Fleischsalat mit Mayonnaise	salat oliv'é	салат оливье
Gurkensalat	salát iz ogurcóv	салат из огурцов
Tomatensalat	salát iz pomidór	салат из помидор
Pilze	gribý	грибы
Kaviar	ikrá	икра
Pirogge	piróg	пирог
Gemüsesalat	vinegrét	винегрет

Suppen

Rote-Beete-Suppe	boršč	борщ
Kohlsuppe	šči	щи
Bouillon	bul'ón	бульон
Soljanka	soljánka	солянка
Fischsuppe	uchá	уха

belarussisch transliteriert	belarussisch
harbáta z limónam	гарбата з лімонам
káva z malakóm i cúkram	кава з малаком і цукрам
chleb	хлеб
másla	масла
aléj	алей
mëd	мёд
varénne	варэнне
malakó	малако
jájki	яйкі
syr	сыр
kaŭbasá	каўбаса

bliný	бліны
salat aliv'é	салат алівье
salát z ahurkóŭ	салат з агуркоў
salát z pamidóraŭ	салат з памідораў
hrybý	грыбы
ikrá	ікра
piróh	пірог
vinehrèt	вінегрэт

boršč	боршч
sup sa svežaj kapusty	суп са свежай капусты
bulën	булён
saljánka	салянка
uchá	уха

deutsch	Transliteration, der Akzent zeigt die betonte Silbe an	russisch

Mittag- und Abendessen

deutsch	Transliteration	russisch
Kartoffeln	kartóška	картошка
Reis	ris	рис
saure Sahne	smetána	сметана
russische Maultaschen	pel'méni	пельмени
Fisch	rýba	рыба
Fleisch	mjáso	мясо
Hammelfleisch	baranina	баранина
Boulette	kotléta	котлета
Ragout	ragú	рагу
Würstchen	sosíski	сосиски
Huhn	kúrica	курица
Schwein(efleisch)	svinína	свинина
Rind(fleisch)	govjádina	говядина
Plow (Reisgericht mit Fleisch)	plov	плов
Ich esse kein Fleisch und keinen Fisch.	Ja ne jém ni rýby ni mjása.	Я не ем ни рыбы ни мяса.
Ich bin Vegetarier.	я вегетарианец.	Ja vegetariánec.

Dessert

deutsch	Transliteration	russisch
Speiseeis	moróženoe	мороженое
Bonbons	konféty	конфеты
süßes Teiggebäck	pirožók	пирожок
Kuchen	piróžnoe	пирожное
Torte	tort	торт
Obst	frúkty	фрукты

Getränke

deutsch	Transliteration	russisch
Mineralwasser	minerál'naja vodá	минеральная вода
Saft	sok	сок
Rotwein	krásnoe vinó	красное вино

belarussisch transliteriert	belarussisch
búl'ba	бульба
rys	рыс
smjatána	смятана
pjal'méni	пяльмені
rýba	рыба
mjása	мяса
baránina	бараніна
katléta	катлета
rahú	рагу
sasíski	сасіскі
kurýca	курыца
Svinína	свініна
jalavíčyna	ялавічына
płoŭ	плоў
Ja nja jém ni rýby ni mjása.	Я не ем ні рыбы ні мяса.
Я веретарианец.	Ja vehetaryjánec.

maróziva	марозіва
cukérki	цукеркі
piražók	піражок
piróžnae	пірожнае
tort	торт
sadaviná	садавіна

minerál'naja vadá	мінеральная вада
sok	сок
čyrvónae vino	чырвонае віно

deutsch	Transliteration, der Akzent zeigt die betonte Silbe an	russisch
Weißwein	béloe vinó	белое вино
Bier	pívo	пиво
Wodka	vódka	водка
Cognac	kon'ják	коньяк

Trinksprüche

Auf die Gesundheit!	Za zdoróv'e!	За здоровье!
Auf die Liebe!	Za ljubóv'!	За любовь!
Auf die Frau!	Za žanščin!	За женщин!
Auf die Männer!	Za mužčín!	За мужчин!
Prost!	Váše zdoróv'e.	Ваше здоровье

Zahlen

eins, zwei, drei	odín, dva, tri	один, два, три
vier, fünf, sechs	četýre, pjat', šest'	четыре, пять, шесть
sieben, acht, neun	sem', vósem', dévjat'	семь, восемь, девять
zehn, elf	désjat', odínnadcat'	десять, одиннадцать
zwölf	dvenádcat'	двенадцать
dreizehn	trinádcat'	тринадцать
vierzehn	četýrnadcat'	четырнадцать
fünfzehn	pjatnádcat'	пятнадцать
sechzehn	šestnádcat'	шестнадцать
siebzehn	semnádcat'	семнадцать
achtzehn	vosemnádcat'	восемнадцать
neunzehn	devjatnádcat'	девятнадцать
zwanzig	dvádcat'	двадцать
hundert	sto	сто
tausend	týsjača	тысяча

Zeitangaben

Wie spät ist es?	Kotóryj čas?	Который час?
heute	segódnja	сегодня

belarussisch transliteriert	belarussisch
bélae vinó	белае віно
píva	піва
harélka	гарэлка
kan'ják	каньяк

Za zdaróŭe!	За здароўе!
Za kachánne!	За каханне!
Za žančýn!	За жанчын!
Za mužčýn!	За мужчын!
Búdz'ma!	Будзьма!

adzín, dva, try	адзін, два, тры
čátyry, pjac', šésc	чатыры, пяць, шэсць
sem, vsem, dzevjac'	сем, восем, дзевяць
dzésjac', adsináccac'	дзесяць, адзінаццаць
dvanáccac'	дванаццаць
trynáccac'	трынаццаць
čatyrnáccac'	чатырнаццаць
pjatnáccac'	пятнаццаць
šésnáccac'	шэснаццаць
sjamnáccac'	сямнаццаць
vasjamnáccac'	васямнаццаць
dzevjatnáccac'	дзевятнаццаць
dváccac'	дваццаць
sto	сто
týsjača	тысяча

Kól'ki čásu?	Колькі часу?
sénnja	сёння

deutsch	Transliteration, der Akzent zeigt die betonte Silbe an	russisch
gestern	včerá	вчера
morgen	závtra	завтра
Stunde	čas	час
am Morgen	útrom	утром
tagsüber, am Tag	dněm	Днём
am Abend	véčerom	вечером
Woche	nedélja	неделя
Monat	mésjac	месяц
Jahr	god	год
Montag	ponedél'nik	понедельник
Dienstag	vtórnik	вторник
Mittwoch	sredá	среда
Donnerstag	četvérg	четверг
Freitag	pjátnica	пятница
Sonnabend	subbóta	суббота
Sonntag	voskresén'e	воскресенье
Januar, Februar	janvár', fevrál'	январь, февраль
März, April, Mai	mart, aprél', maj	март, апрель, май
Juni, Juli, August	ijún', ijúl', ávgust	июнь, июль, август
September, Oktober	sentjábr', oktjábr'	сентябрь, октябрь
November, Dezember	nojábr', dekábr	ноябрь, декабрь

belarussisch transliteriert	belarussisch
učóra	учора
záũtra	заўтра
hadzína	гадзіна
ránicaj	раніцай
udzén'	удзень
uvéčary	увечары
týdzen'	тыдзень
mésjac	месяц
hod	год
paniadzélak	панядзелак
aũtórak	аўторак
seradá	серада
čacvér	чацвер
pjátnica	пятніца
subóta	субота
njadzélja	нядзеля
stúdzen', ljúty	студзень, люты
sakavík, krasavík, maj/tráven'	Сакавік, красавік, май/травень
čérven', lípen, žníven'	чэрвень, ліпень, жнівень
vérasen', kastrýčnik	верасень, кастрычнік
listapád, snéžan'	лістапад, снежань

Literatur

Fachliteratur

Erinnerungen gegen den Krieg. Minsk: Journalistenfonds des Journalistenverbandes von Belarus 1995 – zweisprachiger publizistischer Band

Bohn, Thomas M.: Minsk – Musterstadt des Sozialismus. Böhlau Köln 2008

Bohn, Thomas M., Shadurski, Victor: Ein weißer Fleck in Europa: Die Imagination der Belarus als Kontaktzone zwischen Ost und West. transcript Verlag 2011

Duffy, Peter, Schmidt, Michael: Die Bielski-Brüder: Die Geschichte dreier Brüder, die in den Wäldern Weißrusslands 1200 Juden vor den Nazis retteten. Scherz 2005

Friedmann, Alexander: Deutschlandbilder in der weißrussischen sowjetischen Gesellschaft 1919–1941. Propaganda und Erfahrungen. Stuttgart 2011

Hilbk, Merle: Tschernobyl-Baby. Wie wir lernten, das Atom zu lieben. Frankfurt am Main: Eichborn 2011

Lindner, Rainer: Historiker und Herrschaft: Nationsbildung und Geschichtspolitik in Weißrussland im 19. und 20. Jahrhundert. Oldenbourg Wissenschaftsverlag 1999

Macków, Jerzy: Am Rande Europas?: Nation, Zivilgesellschaft und außenpolitische Integration in Belarus, Litauen, Polen, Russland und der Ukraine. Verlag Herder 2004

Rada, Uwe: Die Memel, Siedler 2010

Quinkert, Babette: Propaganda und Terror in Weißrussland 1941-1944: Die deutsche ›geistige‹ Kriegführung gegen Zivilbevölkerung und Partisanen. Schöningh Paderborn 2009

Sprache

Knauf, Holger: Kauderwelsch, Weißrussisch (Belarus) Wort für Wort. Reise Know-How 2001

Ramza, Taccjana, Tesch, Sviatlana: Weißrussische Sprache in 20 Lektionen. Oldenburg, BIS-Verlag 2011

Belletristische Literatur

Belarussische Erzählungen. Minsk: Bellitfond 2000 – zweisprachige Anthologie mit belarussischer Kurzprosa

Weißrussische Anthologie. Ein Lesebuch zur weißrussischen Literatur mit deutschen Übersetzungen. München: Verlag Otto Sagner 1983

Frontlinie Minsk: Lohvinau 2002 – zweisprachige Anthologie mit deutscher und belarussischer Gegenwartslyrik

Frontlinie 2. Minsk: Lohvinau 2007 – zweisprachige Anthologie mit deutscher und belarussischer Gegenwartslyrik

Adamowitsch, Ales, Granin, Daniil: Das Blockadebuch. Verlag Volk und Welt Berlin 1984

Adamowitsch, Ales: Henkersknechte. Das Glück des Messers. Aufbau-Verlag Berlin und Weimar 1982

Adamowitsch, Ales: Stätten des Schweigens. PAHL-RUGENSTEIN 1990

Akudowitsch, Valentin: Der Abwesenheitscode: Versuch, Weißrussland zu verstehen. Suhrkamp Verlag 2013

Alexijewitsch, Swetlana: Tschernobyl: Eine Chronik der Zukunft Taschenbuch. Berlin Verlag 2006

Alexijewitsch, Swetlana: Der Krieg hat kein weibliches Gesicht. Hanser Berlin 2013

Alexijewitsch, Swetlana: Secondhand-Zeit: Leben auf den Trümmern des Sozialismus. Hanser Berlin 2013

Alexijewitsch, Swetlana: Zinkjungen: Afghanistan und die Folgen. 2014

Bacharevič, Alhierd: Die Elster auf dem Galgen. Leipziger Literaturverlag 2010

Bryl, Janka: Vögel und Nester. Berlin: Kultur und Fortschritt. 1968

Büscher, Wolfgang: Berlin – Moskau: Eine Reise zu Fuß. rororo 2004

Bykau, Wassil: Alpenballade. Geschichte einer Liebe. Verlag der Nation 1982

Bykau, Wassil: Zeichen des Unheils. Verlag Volk und Welt Berlin 1984

Bykau, Wassil: Im Nebel. Volk und Welt Berlin 1990

Bykau, Wassil: Romane und Novellen I und II. PAHL-RUGENSTEIN. 1990

Bykau, Wassil: Treibjagd. Aufbau Taschenbuch Verlag 1998

Harezki, Maxim: Zwei Seelen Gebundene. Guggolz Verlag 2014

Karatkevich, Uladsimir: Die wilde Jagd des König Stach. Berlin: Verlag Neues Leben 1985

Kolas, Jakub: Märchen des Lebens. Berlin: Buchverlag Der Morgen 1988

Klinau, Artur: Minsk: Sonnenstadt der Träume. Suhrkamp Verlag 2006

Klinau, Artur et al: Partisanen: KULTUR_MACHT_BELARUS. Essays über Kultur in Belarus. Edition.fotoTAPETA Berlin 2014

Kohl, Paul: Schöne Grüße aus Minsk. München: Droemersche Verlagsanstalt Th. Knaur 2005 – historisch-dokumentarischer Roman zur Okkupationszeit in Minsk

Martinowitsch, Viktor: Paranoia. Voland & Quist 2015

Melesch, Iwan: Menschen im Sumpf. Berlin: Volk und Welt 1974

Mort, Valžyna: Tränenfabrik – Gedichte. Suhrkamp Verlag 2009

Rasanau, Ales: Zeichen vertikaler Zeit. Poeme, Versetten, Punktierungen, Betrachtungen. Agora 1996 – zweisprachige Ausgabe. Ales Rasanau ist aufgrund seiner sehr avantgardistischen Lyrik (er hat einige Gattungen selber entwickelt) sehr zu empfehlen

Rasanau, Ales: Tanz mit den Schlangen. Agora 2002

Rasanau, Ales: Hannoversche Punktierungen. Revonnah 2002 – zweisprachige Ausgabe

Rasanau, Ales: Wortdichte. Steirische Verlagsgesellschaft 2003

Rasanau, Ales: Das dritte Auge. Punktierungen. Engeler Urs Editor 2008 – zweisprachige Ausgabe

Randow, Norbert (Hrg.): Störche über den Sümpfen. Belorussische Erzähler. Berlin: Volk und Welt 1973 – zweisprachige Anthologie mit deutscher und belarussischer Gegenwartslyrik

Randow, Norbert (Hrg.): Die junge Eiche. Klassische belorussische Erzählungen. Leipzig: Reclam 1987 – zweisprachige Anthologie mit deutscher und belarussischer Gegenwartslyrik

Vishniou, Zmicier: Das Brennesselhaus. Luxbooks 201

Fachliteratur auf Englisch

Arlou, Uladzimir, Hierasimovic, Zmicier: This Country Called Belarus. Kalligram 2013

Balmaceda, Margarita: Politics of Energy Dependency: Ukraine, Belarus, and Lithuania between Domestic Oligarchs and Russian Pressure. University of Toronto Press 2015

Ioffe, Grigory: Reassessing Lukashenka: Belarus in Cultural and Geopolitical Context. Palgrave Macmillan 2014

Marples, David: Belarus: A Denationalized Nation. Routledge 2013

McMillin, Arnold: Writing in a Cold Climate: Belarusian Literature from the 1970s to the Present Day. London: Maney Publishing 2009

Parker, Stewart: The Last Soviet Republic: Alexander Lukashenko's Belarus. Trafford Publishing 2007

Silitski, Vitali, Zaprudnik, Jan: The A to Z of Belarus (The A to Z Guide Series) Scarecrow Press 2010

Snyder, Timothy: The Reconstruction of Nations: Poland, Ukraine, Lithuania, Belarus, 1569–1999. Yale University Press 2004

Snyder, Timothy: Bloodlands: Europe between Hitler and Stalin. Basic Books 2010

Walke, Anika: Pioneers and Partisans: An Oral History of Nazi Genocide in Belorussia. Oxford University Press 2015

Wilson, Andrew: The Last European Dictatorship. Yale University Press 2012

Belletristische Literatur auf Englisch

Adamovych, Ales: Khatyn. Glagoslav Publications 2012

Anhang

Babina, Natalka: Down Among The Fishes. Glagoslav Publications 2013
Bykau, Vasil: Alpine Ballad. Glagoslav Publications 2015
Bryl, Yanka, Adamovich, Ales: Out of Fire. Progress Publishers 1980

Conan Doyle, Arthur: The Adventures of Gerard, How the Brigadier Rode to Minsk 1902
Karatkevich, Uladzimir: King Stakh's Wild Hunt. Glagoslav Publications 2014
Kupala, Yanka: Scattered Nest and The Locals. JiaHu Books 2013

Belarus im Internet

(Alle Adressen finden Sie auch als Links auf www.trescherverlag.de)

Allgemeines, Politik, Einreise
www.mfa.gov.by
Webseite des Außenministeriums, Einreisebestimmungen.
www.germany.mfa.gov.by
Informationen der belarussischen Botschaft in Berlin.
www.minsk.diplo.de
Informationen der Deutschen Botschaft in Minsk.
www.auswaertiges-amt.de
Reiseinformationen des Auswärtigen Amtes zu Belarus.
www.beltoll.by
Mautstrecken in Belarus.
www.belarus.by
Offizielles belarussisches Portal.
www.president.gov.by
Internetauftritt des belarussischen Präsidenten.
www.belstat.gov.by
Für Zahlenfans: Informationen der Nationalen Belarussischen Statistikbehörde.

Verkehr
www.rasp.yandex.by
Zeitplan für Regionalbahn, Züge, Busse sowie Fluglinien nach Belarus (russ.).
www.belavia.by
Nationale Fluggesellschaft Belavia.
www.rw.by
Belarussische Eisenbahn und Ticketverkauf.
www.ticketbus.by
Zeitplan für Busse sowie Online-Ticketverkauf (russ.).

www.marshrutka.lpy.by
Info zu Marschrutkas (russ.).
www.metropoliten.by
Metro in Minsk (russ.).
www.minsktrans.by
Öffentlicher Verkehr in und um Minsk.

Kultur und Medien
www.belta.by
Staatliche Nachrichten Agentur Belta.
www.radiobelarus.tvr.by
Staatliches TV sowie Radio.
www.naviny.by
Online-Zeitung ›Belorusskije Nowosti‹ (russ., engl.).
www.belarusdigest.com
Online-Zeitung BelarusDigest (engl.).
www.literabel.de
Deutschsprachiges Portal zur belarussischen Literatur in deutscher Übersetzung, mit Infos zu Autoren und Übersetzern sowie mit Leseproben.
www.yivoencyclopedia.org/article.aspx/ Belarusian_Literature
Überblick zur belarussischen Literaturgeschichte (engl.).
www.ostrogorski.org
Informationen und Analysen in englischer Sprache.
www.ibb-d.de/belarus_perspektiven. html
Informationen über die vierteljährlich erscheinende Zeitung Belarus-Perspektiven.
www.laender-analysen.de/belarus/
Regelmäßig erscheinende kostenlose Informationen der Forschungsstelle Osteuropa an der Uni Bremen. In Zusammenarbeit mit der Deutschen Gesellschaft für Osteuropakunde e.V.

www.belarusnews.de
Deutschsprachiges Forum zu Belarus, man muss sich aber vorher registrieren.

Projekte

www.ibb.by
Seite der Internationalen Bildungs- und Begegnungsstätte ›Johannes Rau‹ in Minsk, die deutsch-belarussische Projekte betreut, u. a. die Geschichtswerkstatt in Minsk, sowie Fortbildungen und Bildungsreisen anbietet.

www.tschernobylhilfe-belarus.de
Private Initiative, die Hilfe für die Kinder aus der betroffenen Region organisiert.

Tourismus

www.belarushotels.by
Buchungsportal, dem die meisten größeren Hotels im Land angeschlossen sind.

www.mein-grodno.eu
Deutschsprachiger Online-Reiseführer zum Gebiet Hrodna, mit Artikeln zu Orten, Sehenswürdigkeiten, Reisezielen sowie mit praktischen Infos.

www.belarustourism.by
Nationale Agentur für Tourismus.

www.museum.by
Liste der Museen.

Judentum

www.owep.de/artikel/648/streiflichter-aus-dem-juedischen-alltag-in-weissrussland
Jüdischer Alltag in Belarus.

www.jewishvirtuallibrary.org/jsource/vjw/Belarus.html
Geschichte des Judentums in Belarus (engl.).

www.eurojewcong.org/communities/belarus.html
Juden in Belarus (engl.).

jewishwebindex.com/Belarus.htm
Überblick zur jüdischen Geschichte in Belarus, mit Linkliste (engl.).

Die Autoren

Andre Böhm, geb. 1974 in Recklinghausen, hat seit den 1990er Jahren ein starkes Interesse an Belarus. Er hat das Land aktiv bereist und ist fast bis in die Sümpfe vorgedrungen. Studium der Slavistik, Romanistik, allg. und vergl. Literaturwissenschaften und Deutsch als Fremdsprache in Bochum, Leipzig, Padua und Minsk, Magisterarbeit zu Uladsimir Karatkevič, Lehrtätigkeiten als Deutsch-Lektor des DAAD in Minsk (2005–2010) und in Hrodna (2011–2015), Übersetzer belarussischer Literatur, Initiator des Online-Reiseführers www.mein-grodno.eu.

Maryna Rakhlei, geb. 1980 in Minsk, Studium der Germanistik in Minsk, Europawissenschaften in Berlin, 2002/04 Lehrtätigkeit, 2004–2011 Journalistin, Redakteurin bei der Nachrichtenagentur Belapan in Minsk. Schrieb auch für DPA sowie EuObserver. Programmleiterin beim German Marshall Fund of the U.S. in Berlin.

Beide zeigen Belarus ihren internationalen Freunden und sehen sich gern als inoffizielle Botschafter des Landes.

Danksagung

Die Autoren danken allen, die den Reiseführer materiell und ideell unterstützt haben. Besonderer Dank gilt unseren Familien für die Inspiration und Geduld sowie Tobias Weihmann (Kiew), Volha Bubich, Yasya Karalevich-Kartel, Irina Rahley, Tacjana Ramza (Minsk), Alena Halauko (Minsker Gebiet), Yelena Laurentieva (Mahiljoŭ und Gebiet), Dorit Happ, Yury Salnikau, Alexander Yanusik (Brest und Gebiet), Sven Peters, Anna Anacker-Santarovich (Berlin).

Anhang

A

Adam, Albrecht 386
Akudovič, Valjancin 47, 68
Alba 168
Aleksandryja 258
Alexander I. 314
Alexijewitsch, Swetlana 67
Alkohol am Steuer 430
Altbelarussische Literatur 65
Altgläubige 244, 271
Amtssprachen 430
Anastassia von Sluck 138
Arbeitslosenrate 43
Arloŭ, Uladzimir 395
Ašmjany 354
Asveja 412
Atomkatastrophe von Tschernobyl 24
Augustowski-Kanal 314
Ausgehen 430
Azjarco 135

B

Babruysk 240
Babruysker Festung 244
Bacharevič, Algirda 68
Bahdanovič, Maksim 67
Ballmer, Steve 217
Bars und Kneipen 430
Barysaŭ 155
Báthory, Stephan 290, 409
Beauharnais, Eugène de 386
Befreiung von Minsk 32
Belarus (Begriff) 24
Belarussifizierung 34
Belarussische Sowjetrepublik (BSSR) 31
Belarussische Volksfront (BNF) 34
Belarussische Volksrepublik 30
belarussisch-orthodoxe Kirche 49

Belovezhskaya Pushcha National Park 194
Beltoll 444
Bernadoni, Jan Maria 167
Bešankovičy 386
Bevölkerung 21
Beziehungen 50
Białowieża 194
Bjarezina 19, 160
Bjaroza 199
Bjarozaŭka 350
Bjelavježa-Urwald 194
Bohdan Chmelnickyj 28
Bona Sforza 196, 274
Braslaŭ 416
Braslaŭer Ghetto 417
Braslaŭer Seen 423
Bräuche 52
Brava, Alena 68
Brest 180–189
Brester Festung 185
Brester Gebiet 190
Brester Kirchenunion 27
Bryli 160
Budny, Symon 65, 164
Budslaŭ 154
Bulawko, Henry 346
Bulgak, Ignatij 246
Bulka, Juozas 402
Business Lunch 450
Bußgelder 443
Butrymowicz, Matheus 221
Buyničy 237
Bychaŭ 238
Bykaŭ, Vasil 67

C

Čačersk 271
Čačot, Jan 66
Cafés 449
Čarnaŭcycy 190
Chabad-Chassidismus 242
Chagall, Marc 371
Chajim ben Isaak Valožynjer 151
Charužaja, Vera 278

Chaschtschewazkij, Juri 46
Chassidismus 216
Chatyn 153
Chibbat Zion 204
Clarke, John 266
Czartoryski-Familie 150

D

Dambroŭka 315
Dastojeva 213
Dnjepr 18, 19
Dostojewski, Fjodor 213
Druja 428
Dryvjaty-See 423
Dserschinski, Felix 89, 96
Dsjaržynskaja Hara 19
Dudutki 136
Düna (Westliche Dzvina) 366
Dunin-Marcinkiewicz, Wincenty 66, 89, 149
Dzisna 409

E

Einkaufen 431
Einreise 432
Einreisebestimmungen 432
Eisenbahn 434
Eishockey 45
Euphrosyne von Polack 65, 275, 394
Eurasische Wirtschaftsunion 41

F

Familie 50
Familie Przezdziecki 144
Familie Tyszkiewicz 322
Fast-Food 449
Feiertage 434
Festival der Nationalkulturen 292
Festivals 435
Festung Brest 185
Festung Fort Nr. II 315
Festung Hrodna 315
Fjodorow, Iwan 252

Flugverkehr 436
Fotografieren 436
Freilichtmuseum Stročyca 135
Freilichtmuseum ›Zaslaüje‹ 144
Freundschaft 50
Friedensvertrag von Riga 31
Frühgeschichte 25
Fürstentum Polack 25

G

Garbáty, Joseph 346
Gastgeschenke 437
Gastronomie 57
Gastronomisches Angebot 437
Gebührenpflichtige Strecken 444
Gediminas 26, 348
Geldautomaten 440
Geldwechsel 440
Generalplan Ost 32
Geografie 19
Getränke 58, 439
Ghetto von Babruysk 242
Gilibert, Jean Emmanuel 300
Golosniki 307
Grenzübergänge 441
Grenzübertritt 441
Grenzübertritt mit dem eigenen Fahrzeug 442
Grenzzone 443
Grodnicki, Adalbertus 219
Gromyko, Andrej 155, 268
Großer Nordischer Krieg 28
Großfürstentum Litauen 23, 26

H

Halšany 356
Haustiere 443
heidnische Traditionen 50
Henijuš, Larysa 325

Hnezna 319
Hochzeit 56
Homel 262–270
Homeler Gebiet 271
Hončar, Viktar 37
Hrodna 290–313
    Alter jüdischer Friedhof 310
    Altes Schloss 292
    Apothekenmuseum 304
    Báthory-Palast 297
    Birgittenkloster 305
    Boris- und Gleb-Kirche (Kaloža-Kirche) 306
    Chreptowicz-Palast 296
    ehemalige Jüdische Gebetsschule 310
    ehemalige Jüdische Gebetsschule für Mädchen 310
    ehemaliges Bernhardinerkloster 305
    ehemaliges Bezirksgericht 299
    ehemaliges Dominikanerkloster 299
    ehemaliges Franziskanerkloster 306
    ehemaliges Jesuitenkloster 303
    ehemaliges jüdisches Ghetto 309
    ehemaliges Karmelitenkloster 305
    Einkaufszentrum (ZUM) Njoman 299
    Evangelische (lutherische) Kirche 309
    Franz-Xaver-Kathedrale 304
    Gebietsbibliothek 295
    Gebietstheater 297
    Gilibert-Park 300
    Haradnica 300
    Hauptsynagoge 309
    Haus des Administrators 301

    Haus des Handwerkers 303
    Haus des Kaufmanns Muravjov 297
    Haus von Sevjaryn Romer 299
    Historisch-Archäologisches Museum 295
    Informationen 311
    Jüdisches Leben 309
    Kirche der Himmelfahrt der Gottesmutter 308
    Kulturpalast der Textilarbeiter 297
    Landgut Augustova 311
    Landgut Panjamun 311
    Landgut Stanislavava 311
    Mariä-Schutz-und-Fürbitten-Kathedrale 308
    Masalski-Haus 296
    Museum zur Geschichte der Haradnica 303
    Musikschule (Krumme Offizin) 302
    Neues Schloss 292
    Novy Svet 300
    Palast des Vize-Administrators 301
    pl. Saveckaja (Sowjetplatz) 296
    Puppentheater 302
    Religionsmuseum 308
    Sapieha-Palast 299
    Schlossstraße 296
    Turm des Feuerwehrdepots 296
    Tyzenhaus-Theater 302
    Vladimir-Kirche 309
    vul. Saveckaja (Sowjetstraße) 299
Hrodnaer Gebiet 314
Hrodnaer Ghetto 291
Hudzeviču 316
Hügel des Ruhms 154

Husoŭski, Mikola 65

I

Identität 46
Industrialisierung 31
Industriezweige 43
Inflation 43
Internet 45
Islam 49
Iŭe 350

J

Jadwiga (Hedwig von An-
jou) 27
Jahajla (Jagiełło) 27
Jauch, Joachim Christi-
an 295
Jeschiwa von Valožyn
151
Johansson, Scarlett 11
Juden 27
Judentum 49
Jugendschutz 443
Juravičy 276

K

Kalinin, Michail 109
Kalinoŭski, Kastus 29,
321
Kalinoŭski, Viktar 323
Kaljady 53
Kaloža-Kirche
Palast der Pioniere und
Schüler 307
Kaminskij, Iossif 153
Kamjanec 191
Kanavalaŭ, Dzmitry 40
Karatkevič, Uladzimir
274, 357, 383
Karelitz, Avrohom Yesha-
ya 207
Karolin-Stolin 216
Kasimir III. 26
Katharina II. 248, 256,
271
Katholiken 27
Katholizismus 48
Katznelson, Berl 243
Kavalioŭ, Uladzimir 40

Kazulin, Aljaksandr 38
Kebič, Viačaslaŭ 35
Kennedy, John F. 102
Kiewer Rus 25
King, Larry 11
Kirchen 443
Kirill von Turaŭ 65, 285
Klima 444
Klinaŭ, Artur 68, 91
Kloster Pustynki 254
Kloster Žyrovičy 333
Knobel, Jan Frederic 295
Kolas, Jakub 67
Kol, Moshe 222
Kopys 258
Kosava 207
Kosciuszko, Andrzej 208
Kosciuszko-Aufstand 208
Krambambulja 70
Krankenversicherung 441
Krasoŭski, Anatol 38
Kreditkarten 455
Kreva 359
Krupskaja, Nadeschda
277
Kryčaŭ 248
Küche 56
Kuncevič, Iasafat 409
Kunstfestival Slavischer
Basar 376
Kupala, Janka 67, 385
Kupallje 55
Kurapaty 134

L

Landwirtschaft 43
Langbard, Iosif 75, 101,
107
Laskow, Chaim 155
Lauren, Ralph 217
Leibeigenentheater 71
Lida 346
Lidaer Ghetto 346
litauisches Jerusalem 151
Literatur 60
Ljaŭki 385
Ljubča 343
Lučaj 407
Ludčycy-Höhe 240

Lukašenka, Aljaksandr
36, 255, 258
Lukašenka, Halina 258
Lunna 316
Łyszczynski, Kazimierz
181

M

Magnaten 27
Mahiljoŭ 228–237
Mahiljoŭer Gebiet 238
Malaja Ljucinka 148
Malewitsch, Kasimir 366
Maračoŭščyna 208
Marcinovič, Viktar 68
Mašeraŭ, Pëtr 367
Maskovičy 425
Maslenica 54
Mastroianni, Marcello 11
Mautsystem 444
Mazyr 277
Medien 44
Meir, Golda 217
Memel (Njoman) 19
Menü 438
Mickiewicz, Adam 66,
211, 340
Migrationskarte 441
Milinkevič, Aljaksandr 38
Mindaugas 26
Minsk 72–133
    *Akademie der Küns-
    te 109*
    *Aljaksandraŭski-Park
    99*
    Asmaloŭka-Viertel 117
    *Bank der Familie Lou-
    rie 88*
    Bars und Klubs 128
    *Botanischer Garten
    109*
    *Botschaft der Bundes-
    republik Deutsch-
    land 105*
    Bücher, Souvenirs 130
    *Deutsch-belarussische
    Geschichtswerkstatt
    114*
    Dreifaltigkeitskirche 80

Dreifaltigkeits-Vorstadt 80

Dserschinski-Klub 87, 96

Dynamo-Stadion 87, 115

Ehemalige Kochfabrik 94

ehemalige Lenin-Nationalbibliothek 101

ehemaliges Basilianer-Mönchskloster 86

ehemaliges Museum für Kirche und Archäologie 101

ehemalige Synagogengebäude 113

Einkaufen 129

Einkaufszentrum GUM 96

Eisbahnen 133

Fahrradverleih 133

Fernsehzentrum 102

Feuerwehrmuseum 88

Filmstudio Belarusfilm 110

Friedhöfe 118

Friedhof Uschodnija 111

Gedenkstätte in Maly Trostinez 114

Ghetto Minsk 112

Gutshof der Familie Przezdziecki 85

Hauptbahnhof (Minsk Passažyrski) 115

Haus der Barmherzigkeit 111

Haus der Völkerfreundschaften 105

Holzhaus von Frau Rschezkaja 102

Horki-Park 105

Hotel d'Europe 88

Hotel Minsk 95

Hotels 121

Ikone der Mutter Gottes von Minsk 83

Industrieviertel 117

Informationen 120

Innenministerium und KGB 96

Israelisches Kulturzentrum 114

Jakub-Kolas-Platz 106

Janka-Kupala-Museum 102

Janka-Kupala-Park 102

Janka-Kupala-Theater 100

Josefskirche (Staatliches Museumsarchiv für Literatur und Kunst) 84

Jüdische Spuren 112

Jüdisches Viertel 79

Kathedrale des Heiligen Geistes 83

Kaufhaus ZUM 106

KGB-Untersuchungshaft 96

Kinder-Eisenbahn 109

Kinder-Musikschule 86

Kino Centralny 96

Kino Oktjabr 107

Kino Pionjer 100

Kino Pobeda 88

Kinos 133

Kirche des Heiligen Geistes (Konzerthalle) 85

Kirche des heiligen Simon und der heiligen Helena 93

Kirche des hl. Rochus 105

Komarowski-Markt 107

Kulturpalast der Gewerkschaften 99

Leninstraße (vulica Lenina) 97

Maria-Namen-Kathedrale 85

Minsker Staatliche Linguistische Universität 105

Museen 131

Museum des Malers Walenty Wankowicz 88

Museum des Zweiten Weltkriegs 80

Museum für belarussische Zirkuskunst 102

Museum für Filmgeschichte 94

Museum für Geschichte und Kultur der Juden in Belarus 114

Museum für Moderne Bildende Kunst 106

Nahverkehr 121

Nationalbank 97

Nationale Akademie der Wissenschaften 107

Nationales Kunstmuseum 97

Nationales Schauspielhaus 89

Neue Nationalbibliothek 110

Niamiha-Straße 77

Oberstadt (Verchni Horad) 82

Oktober-Platz (Kastryčnickaja plošča) 99

Opernhaus 82

Palast der Familie Pischala 89

Palast der Republik 99

Park Tscheljuskinzew 109

Peter-und-Paul-Kirche 77

Philharmonie 106

Platz der Freiheit (plošča Svabody) 84

Polytechnische Universität 107

Postamt 95

Präsidialadministrati-
on 100
praspekt Peramožcaŭ
80
Puppentheater 100
Radweg 133
Rathaus 84
Regierungs- und Parla-
mentsgebäude 91
Reliquien der heiligen
Sophia von Sluck 83
Restaurants 123
Sawizkij-Museum 85
Siedlung des Traktoren-
werkes 117
Siegesplatz (pl. Pere-
mohi) 104
Sonnenstadt der Träu-
me 91
Staatliche Universität
für Körperkultur 106
Supermarkt ›Central-
ny‹ 99
Synagogen 112
Tataren-Siedlung 80
Theater 132
Theater für die Jungen
Zuschauer 100
Theatermuseum 86
Theologie-Institut 101
Unabhängigkeitsplatz
91
Unabhängigkeits-
prospekt (pr.
Nezaležnasci) 90
Universität 94
vulica Internacyjanalna-
ja 88
vulica Marksa 115
vulica Revaljucyyna-
ja 87
vulica Zybickaja 86
Ždanoviči 131
Zentraler Buchladen
96
Zentraler Omnibus-
bahnhof 115
Zentralhaus der Offizie-
re 101

Zirkus 102
Zoo 133
Minsker Gebiet 134
Minsker Meer 134
Minsker Prozess 41
Mir 172
Monatseinkommen 43
Mort, Valžyna 68
Mosar 401
Moslems 27
Motal 212
Mscislaŭ 250
Murat, Joachim 386
Museum Augustowski-Ka-
nal 315
Museum für belarussische
Literatur und Ethnogra-
phie 316
Musik 69

N

Nachkriegszeit 32
Naliboki-Wald 148, 351
Napoleon 155, 386, 408
Narač 146
Naračanski-Nationalpark
146
Narač-See 18
Narbut, Stanislaŭ 422
Narbut, Teador 243
Narkamaŭka 63
Naroŭlia 283
Nationale Gedenkstätte
Chatyn 153
Nationalfeiertag 32
Nationalpark ›Prypjac‹
214
Navahrudak 337
Navapolack 390
Nespiš-See 424
Neue Ökonomische Poli-
tik 31
Neujahr 53
Niemen, Czeslaw 337
Njakljaeŭ, Uladzimir 360
Njamnova 315
Njasviž 162
Njasvižer Hoftheater 164
Njoman (Memel) 18, 19

Notruf 445
N.R.M. 70

O

Öffentlicher Nahverkehr
445
Öffnungszeiten 446
Ogiński-Familie 362
Ogiński, Franciszek Xa-
vier 362
Ogiński-Kanal 327
Ogiński, Michail Kazi-
mir 326
Ökologie 44, 446
Operation Bagration 154
Operation Winterzau-
ber 412
Opperman, Karl 243
Orda, Napoleon 212,
323
Orša 379
Oršaer Kodex 380
Orthodoxe 27
Oskierko, Jan 283
Ostern 54
Östliche Partnerschaft 39
Oswald, Lee Harvey 102

P

Palast von Žyličy 246
Palessje 19
Parchamenko, Sjarhej
268
Partisanenbewegung 32
Paryž 408
Pasniak, Sianon 34, 37
Pastavy 403
Peres, Schimon 11, 151
Perestroika 33
Pflichtkrankenversiche-
rung 433
Philomatenbund 66
Pines, Yehiel Michael 203
Pinsk 215–224
Pinsker Ghetto 217
Pinsker Madonna 219
Pjotr von Mscislaŭ 252
Polack 388
Polesien 214

Politische Situation 41
Polonisierung 31
Pöppelmann, Matthäus Daniel 295
Potjomkin, Grigory 248
Präsidentschaftswahl 2010 39
Protestanten 27
Protestantismus 49
Pružany 196
Prypjat 18, 19
Puppentheater 71
Pustynki 254

R

Radunica 55
Radziwiłł, Barbara 166
Radziwiłł-Familie 137, 150, 166
Radziwiłł, Franciszka Urszula 71, 164
Radziwiłł, Jan 163
Radziwiłł, Mikołaj Czarny 163, 166
Rahačoŭ 273
Rakaŭ 146
Rasony 408
Raststätten 447
Rauchen 447
Razanaŭ, Ales 68
Rečyca 275
Referendum gegen die Auflösung der UdSSR 33
Reformation 49
Registrierung 447
Reines, Jizchak Jakob 346
Reiseveranstalter 448
Religion 48
Repin, Ilja 366, 379
Restaurants 449
Römer, Alfred Isidore 219
Rumjancev-Zadunajskij, Pjotr 262
Russifizierung 31
russisch-belarussischer Unionsstaat 23
Russisches Reich 28

russisch-orthodoxe Kirche 48
Ružany 202
Ryžkavičy 258
Rzeczpospolita 27

S

Sacco, Guiseppe 295
Šalkevič, Viktar 70
Sapieha-Familie 143, 203
Sapieha, Leŭ 326
Sapieha-Palast Ružany 203
Sapieha-Schloss Halšany 357
Schloss Mir 172
Schloss Njasviž 167
Schloss und Park Homel 262
Schreibung und Orthographie 61
Ščorsy 344
Sguschtschonka 273
Sierotka, Mikołaj Krzysztof Radziwiłł 164, 172
Simeon von Polack 65, 394
Skaryna, Francysk 65, 393
Škloŭ 255
Slabodka 425
Slonim 326
Sluck 137
Slucker Gürtel 138, 141
Smarhon 360
Smilavičy 161
Sophia von Halšany 357
Sophia von Sluck 138
Soutine, Chaim 161
Souvenirs 450
Sož 262
Sport 45
Sprache 60
Sprachgeschichte 61
Staatssymbole 21
Stalin-Verteidigungslinie 145
Stanisław II. August Poniatowski 138, 196

Stary Bychaŭ 238
Staryja Vasiliški 337
Stary Olsa 70
Stolypin, Pjotr 30
Straßennamen 451
Straßennetz 451
Straßenzustand 451
Studzjonka 160
Stummer Sejm 291
Suchoj, Pavel 268
Šuškevič, Stanislaŭ 35
Svislač 321
Świątek, Kazimierz 219
Synkavičy 336
Syrakomlja, Uladzislaŭ 177
Szlachta 27, 48

T

Tanken 452
Tankstellen 447
Taraškevica 63
Taraškevič, Branislaŭ 63
Theater 70, 164
Todesstrafe 40
Trasjanka 63
Traugutt, Romuald 322
Trinken 447
Trinkgeld 453
Tschernobyl-Katastrophe 262, 283
Tschernobyl-Zone 44, 447
Tschernyschow, Sachar 271
Tschubais, Anatoli 155
Tsessler, Wladimir 139
Turaŭ 284
Turaŭer Evangelium 285
Tyszkiewicz-Familie 150
Tyszkiewicz, Wincenty 322
Tyzenhaus, Antoni 290, 403
Tyzenhaus, Kanstancin 405

U

Udzela 403

Umweltsituation 447
Unabhängigkeit 34
UNESCO-Weltkulturerbe 163
Unierte (griechisch-katholische) Kirche 49
Union von Lublin 27

V
Vajcešyn 202
Valožyn 150
Varacevičy 212
Vaŭkavysk 318
Veganer 453
Vegetarier 453
Veranicyn, Kanstancin 66
Verfassung 50
Verkehrsregeln 453
Verkehrsverstöße 454
Vetka 271
Vicebsk 366–378
Vicebsker Gebiet 379
Vidzy 414
Visaagenturen 434
Višnioŭ, Zmicer 68

Visum 432, 455
Vladimir I. Svjatoslavič 142
Volski, Ljavon 69
Voŭčyn 196
Voŭpa 320
Vytautas 290

W
Währung 455
Wappen der Familie Sforza 196
Warschauer Aufstand 291
Wasser 455
Wechselstuben 440
Weißrussland (Begriff) 24
Weizmann, Chaim 11, 212
Westliche Dzvina (Düna) 366
Wintersport 282
Wirtschaftliche Situation 43

Wirtschaftsbeziehungen zu Deutschland 43
Władysław Jagiełło 27
Woellke, Hans 153

Z
Zacharanka, Jury 37
Zahlungsmittel 455
Zalesse 362
Žamyslaŭl 354
Zaslaŭje 142
Zaslonaŭ, Konstancin 380
Zavadski, Dzmitry 38
Zavossje 211
Zdraŭnjova 379
Zelva 324
Zionismus 216
Zollkontrolle 455
Zollunion von Belarus, Kasachstan und Russland 39
Zweiter Weltkrieg 32
Žyličy 246
Žyrovičy 333

Bildnachweis

Maria Belikova: 5u., 79, 85, 100o., 100u., 109, 111

André Böhm: 6m., 6u., 7u., 8o., 8m., 8u., 12, 13u., 19, 21, 29, 30, 32, 34, 35, 36, 45, 60, 41, 42, 44, 45, 46, 47, 49, 50, 59, 60, 61, 63, 64, 66, 68, 70, 87, 95, 105, 106o., 106u., 107, 116, 118, 120, 122, 129, 130, 132, 134, 135, 143, 144o., 144u., 147, 152, 167, 169, 170, 171, 174, 175, 176, 180, 181, 184, 186, 197, 198o., 203, 226/227, 255, 256, 258, 260/261, 262, 264, 265, 266, 267, 268, 270, 272, 273o., 273u., 274, 277, 278, 279o., 279u., 280, 281, 285, 287, 290, 291, 292, 294, 295, 296o., 296u., 297, 298, 300, 301o., 301u., 303, 304, 305, 306, 307, 308o., 308u., 309, 314, 315, 317, 318, 319, 321o., 321u., 322, 323, 325, 326, 327, 328, 329, 331, 333, 334, 336, 338, 339, 340o., 340u., 341, 342, 343, 345, 346, 347, 348, 349, 351o., 351u., 352, 355, 356, 357o., 357u., 358, 361, 362, 362, 364/365, 380o., 380u., 381, 382, 383, 384, 386, 387, 388, 390, 391, 392, 394, 395, 396, 398, 402, 403, 404, 407, 408, 410o., 410u., 411, 412, 413, 414, 415, 416, 417, 419, 420, 421, 422, 423, 431, 432, 433, 434, 436, 437, 440, 442, 443, 444, 445, 449, 450, 451, 452, 454

Grisha Bruev/shutterstock.com: 137

Olga Bubich: 24, 187, 206, 372, 393

Irina Burmistrova/shutterstock.com: 52

eAlisa/shutterstock.com: 155

Eillen/shutterstock.com: 288/289

Lena Freigang: 156, 159, 160

Anton_Ivanov/shutterstock.com: 165

Pavel Ivashechkin: 39, 54, 58, 424, 425, 435

Dima Karpov/shutterstock.com: 5m., 83

kavalenkau/shutterstock.com: 33

Alena Kazlouskaya/shutterstock.com: 214

Yelena Laurentieva: 7m., 15o., 23, 77, 93, 96, 98, 101, 133, 142, 232o., 232u., 233, 234, 235u., 252o., 252u., 253, 254

Oleg Malyshev OM/shutterstock.com: 51

Viktar Malyshchyts/shutterstock.com: 173

Mikhail Markovskiy/shutterstock.com: 191, 192

Alexandra Milentey: 28, 208, 238, 257, 284

Lena Mosalov: 10, 14l., 14r., 72, 75, 76, 80, 84u., 94o., 94u., 115, 138, 139, 140, 210, 229, 359

Nakoff/shutterstock.com: 55

nakov/shutterstock.com: 16/17

Maksim Osipau: 366, 367, 374, 375, 376, 378, 429

Darya Peronti: 4o., 26, 439

Irina Rakhlei: 6o., 25, 119u., 125

Maryna Rakhlei: 9u., 13o., 71, 74, 81, 84o., 86o., 86u., 88, 89, 90, 97, 113, 119o., 124, 145, 148, 150, 151, 153, 235o., 243, 245, 246, 247, 248, 259, 330, 430, 438, 446, 455

Yury Salnikau: 183, 185

Tumar/shutterstock.com: 5o., 48

uzhursky/shutterstock.com: 4m, 18

volkova natalia/shutterstock.com: 178/179

yauhenka/shutterstock.com: 4u., 37, 194

Alexander Yanussik: 7o., 15m., 15u., 57, 198u., 200, 201, 204, 209, 215, 216, 219, 220, 221, 222, 223, 225

Titelbild: Schloss Mir (Viktar Malyshchyts/shutterstock.com)

Klappe vorne: Siegesplatz in Minsk (Alexander Chaikin/shutterstock.com

Klappe hinten: Uspenskij-Kathedrale in Vicebsk (Mikhail Markovskiy/shutterstock.com)

Anhang

Kartenlegende

🚆	Bahnhof	🏛	Museum			Autobahn
🏰	Burg/Festung	🎵	Oper			Schnellstraße
🚌	Busbahnhof	✗	Restaurant			Hauptstraße
☕	Café	★	Sehenswürdigkeit			sonstige Straßen
🗿	Denkmal	🛒	Supermarkt	E 65		Europastraße
✈	Flughafen	✡	Synagoge			Eisenbahn
🏨	Hotel	🎭	TheaterTor	⊖		Grenzübergang
🎬	Kino	🚪	Tor			Staatsgrenze
⛪	Kirche	ℹ	Touristeninformation			Hauptstadt
☪	Moschee	🦁	Zoo	●		Stadt/Ortschaft

Zeichenlegende Infokästen

ℹ Allgemeine Informationen

🚌 Busbahnhof

🚆 Bahnhof

🚗 Informationen für Autofahrer

🛏 Hotels, Gästehäuser

✗ Restaurants, Cafés

🏛 Museen, Galerien, Ausstellungen

🎵 Theater, Kino- und Konzerthäuser

🛍 Einkaufsmöglichkeiten

Kartenregister

Babruysk, Zentrum S. 241

Brest S. 182

Homel, Zentrum S. 263

Hrodna, Hotels und Gastronomie S. 310

Hrodna, Zentrum S. 293

Mahiljoŭ, Zentrum S. 230

Minsk, Historisches Zentrum S. 78

Minsk, Übersicht: hintere Umschlagklappe

Minsk, Unabhängigkeitsprospekt, östl. Abschnitt S. 108

Minsk, Unabhängigkeitsprospekt, westl. Abschnitt S. 92

Minsk, zwischen Siegesplatz und Jakub-Kolas-Platz S. 104

Mscislaŭ S. 251

Njasviž S. 163

Pinsk S. 218

Polack S. 389

Verwaltungsbezirke S. 20

Vicebsk S. 368

Weißrussland, Übersicht: vordere Umschlagklappe